HANDBÜCHER FÜR DIE ANWALTSPRAXIS

HANDBÜCHER FÜR DIE ANWALTSPRAXIS

HERAUSGEGEBEN VON

THOMAS GEISER
Dr. iur., Fürsprech und Notar,
ordentlicher Professor an der Universität St. Gallen,
Ersatzrichter am Bundesgericht

PETER MÜNCH
Dr. iur., Advokat,
wissenschaftlicher Mitarbeiter am Bundesgericht

HELBING & LICHTENHAHN
BASEL UND FRANKFURT AM MAIN

Thomas Geiser/Peter Münch (Hrsg.), Handbücher für die Anwaltspraxis

KONZEPT DER REIHE

Anwältinnen und Anwälte helfen, Recht durchzusetzen, Recht zu verwirklichen. Das ist eine hohe, aber schwierige Aufgabe, die zudem zusehends schwieriger wird. Mit steigender Komplexität unserer Gesellschaft wird das Recht differenzierter, seine Durchsetzung komplizierter. Mehr und mehr Prozesse erfordern Spezialwissen. Dieses Wissen aber lässt sich oft nicht ohne weiteres fristgerecht beschaffen, erst recht nicht unter den Bedingungen chronischer Zeitnot und chronischer Arbeitsüberlastung. Hier setzen die HANDBÜCHER FÜR DIE ANWALTSPRAXIS an. Sie wollen Anwältinnen und Anwälten erleichtern, sich in *praktisch bedeutsamen Spezialgebieten* zurechtzufinden, im Rechtsstreit die ausschlaggebenden Gesichtspunkte zu erkennen, das richtige Vorgehen zu wählen, die Rechtsschriften wirkungsvoll abzufassen. Ausgangspunkt ist die Anwaltsperspektive, Ziel die Brauchbarkeit in der Anwaltspraxis. Das bedeutet:

– dass *praxisrelevante Information in praxisgerecht aufbereiteter Form* dargeboten wird, die Aussagen aber zugleich *auf wissenschaftlicher Grundlage* beruhen und dank voll ausgebautem wissenschaftlichem Apparat überprüfbar sind;

– dass das *Schwergewicht* nicht auf den dogmatischen Hintergrund, sondern auf die *praktisch wichtigen Fragen* gelegt wird;

– dass auf *«Fundstellen» praxisrelevanter Zusatzinformation* in Judikatur und Literatur hingewiesen wird;

– dass auf *Fallstricke und Problembereiche*, die besonderer Vorsicht rufen, aufmerksam gemacht wird;

– dass der Fallbezogenheit der Fragestellungen, mit denen Anwältinnen und Anwälte konfrontiert sind, und dem daraus entspringenden Bedürfnis nach *konkreten Anhaltspunkten in Fallbeispielen und Präjudizien* Rechnung getragen wird;

– dass die *Gliederung* der Texte nicht einem dogmatischen Schema, sondern dem *Arbeitsablauf in der Anwaltspraxis* folgt.

ZWEITER BAND

Stellenwechsel und Entlassung

THOMAS GEISER / PETER MÜNCH (Hrsg.)

HELBING & LICHTENHAHN
BASEL UND FRANKFURT AM MAIN

Die Deutsche Bibliothek – CIP-Einheitsaufnahme

Stellenwechsel und Entlassung / Thomas Geiser/Peter Münch (Hrsg.). – Basel ; Frankfurt am Main : Helbing & Lichtenhahn, 1997
　(Handbücher für die Anwaltspraxis ; Bd. 2)
　ISBN 3-7190-1649-8

NE: Geiser, Thomas [Hrsg.]

Zitiervorschlag: von Kaenel, in: Geiser/Münch, Stellenwechsel und Entlassung, Rz. 11.21

Dieses Werk ist weltweit urheberrechtlich geschützt. Das Recht, das Werk mittels irgendeines Mediums (technisch, elektronisch und/oder digital) zu übertragen, zu nutzen oder ab Datenbank sowie via Netzwerke zu kopieren und zu übertragen, oder zu speichern (downloading), liegt ausschliesslich beim Verlag. Jede Verwertung in den genannten oder in anderen als den gesetzlich zugelassenen Fällen bedarf deshalb der vorherigen schriftlichen Einwilligung des Verlags.

ISBN-3-7190-1649-8
Bestellnummer 21 01649
© 1997 by Helbing & Lichtenhahn Verlag AG, Basel
Printed in Germany

Stellenwechsel und Entlassung

Erster Teil
Arbeitsrechtliche Aspekte

PETER MÜNCH
§ 1 Von der Kündigung und ihren Wirkungen 3

ANDREA TARNUTZER-MÜNCH
§ 2 Kündigungsschutz 61

THOMAS GEISER
§ 3 Massenentlassung 85

FRANK VISCHER
§ 4 Kündigung und kollektives Arbeitsrecht 123

PETER BOHNY
§ 5 Konkurrenzverbot 139

PETER HÄNNI
§ 6 Beendigung öffentlicher Dienstverhältnisse 169

Zweiter Teil
Gleichstellungsrechtliche Aspekte

PHILIPP GREMPER
§ 7 Diskriminierende Entlassung 213

KATHRIN KLETT
§ 8 Rachekündigung 245

Dritter Teil
Vorsorgerechtliche Aspekte

ARMIN BRAUN/OLIVIER DEPREZ/BRIGITTE TERIM-HÖSLI
§ 9 System der beruflichen Vorsorge 261

ARMIN BRAUN/OLIVIER DEPREZ/BRIGITTE TERIM-HÖSLI
§ 10 Berufliche Vorsorge und Stellenwechsel 289

Vierter Teil
Aspekte des Sozialversicherungsrechts im engeren Sinne

ADRIAN VON KAENEL
§ 11 Arbeitslosenversicherung 315

HANS MÜNCH
§ 12 Alters-, Hinterlassenen- und Invalidenversicherung (AHV/IV) . . . 355

UELI KIESER
§ 13 Krankenversicherung 367

UELI KIESER
§ 14 Unfallversicherung 389

Fünfter Teil
Steuerrechtliche Aspekte

HEINRICH JUD
§ 15 Steuerfolgen des Stellenwechsels und der Entlassung 415

Sachregister 437

Autorenverzeichnis 467

VORWORT

In der juristischen Literatur, deren klassische Werke häufig aus einer Lehrtätigkeit hervorgegangen sind, tritt uns die Rechtswelt im allgemeinen in strenger dogmatischer Gliederung entgegen, wohl geordnet nach den Fächern des universitären Unterrichts. Die gelebte Rechtswirklichkeit, wie sie an Anwältinnen und Anwälte herangetragen wird, hat dagegen die Eigenart, dass sie gewöhnlich die Grenzen der Disziplinen sprengt. In den meisten Fällen ist eine *bunt aufgefächerte Vielfalt von Aspekten* im Auge zu behalten. Das gilt in besonderem Masse für die lange Reihe von Rechtsfragen, die am Ende eines Arbeitsverhältnisses ihren Anfang zu nehmen pflegt.

Das vorliegende Handbuch ist deshalb interdisziplinär konzipiert. Es versucht, die Auflösung von Arbeitsverhältnissen nicht nur in ihren arbeitsrechtlichen, sondern auch in ihren gleichstellungsrechtlichen, vorsorgerechtlichen, sozialversicherungsrechtlichen und steuerrechtlichen Aspekten einzufangen. Ziel war es, die Fachliteratur, die zu den einzelnen Teilgebieten vorliegt, durch ein spezifisch auf die Bedürfnisse der Anwaltschaft ausgerichtetes Arbeitsmittel zu ergänzen. In diesem Sinne will das Handbuch

- als *fächerübergreifende Problemübersicht* die Bereiche orten helfen, in denen juristischer Handlungsbedarf besteht;
- als *praxisorientiertes Nachschlagewerk* Leitlinien für die Abklärung der Rechtslage bieten;
- als *Begleiter bei rechtlichem Vorgehen* die verschiedenen Verfahrenswege mit ihren Besonderheiten beschreiben.

Das Werk setzt sich aus – aufeinander abgestimmten und untereinander vernetzten – Beiträgen von Autorinnen und Autoren zusammen, die mit dem jeweiligen Teilgebiet aufgrund ihrer beruflichen Tätigkeit eng vertraut sind. Dafür, dass sie mit ihrem Fachwissen und mit einem ganz erhebliches Mass an Zeit und Arbeit die Entstehung des Handbuchs ermöglicht haben, danken wir den Autorinnen und Autoren herzlich. Frau Dr. Thea Kressler-Geiser schulden wir Dank für die Ausarbeitung des Sachregisters.

Möge das Buch in der Praxis von Nutzen sein!

HERAUSGEBER UND VERLAG

Inhaltsverzeichnis

Vorwort IX
Inhaltsverzeichnis XI
Abkürzungsverzeichnis XXXV
Literaturverzeichnis XLIII

Erster Teil
Arbeitsrechtliche Aspekte

§ 1 Von der Kündigung und ihren Wirkungen 3

    I. Problemübersicht 3

    II. Gültigkeitsvoraussetzungen der Kündigung 4

        1. Kündbarkeit des Vertrags 5
            a) Ordentliche Kündbarkeit 5
            b) Ausschluss der Kündbarkeit während gesetzlicher Sperrzeiten 6
            c) Ausserordentliche Kündbarkeit 6

        2. Rechtsgenügliche Kündigungserklärung 7
            a) Form 7
            b) Inhalt 7
            c) Zugang 9

        3. Kein Verstoss gegen Schutzvorschriften mit Nichtigkeits- oder Anfechtbarkeitsfolge 10

    III. Wirkungen der Kündigung 10

        1. Vertragsbeendigung 11
            a) Zeitpunkt des Eintritts der Beendigungswirkung 11
                aa) Vertragliche Kündigungsfristen 11
                bb) Gesetzliche Kündigungsfristen 12
                cc) Verlängerung der Kündigungsfrist infolge Kündigungsschutzes 13
            b) Nebenfolgen der Vertragsbeendigung 13
                aa) Fälligkeit der Forderungen aus dem Arbeitsverhältnis . . 14

		bb) Herausgabe- und Rückerstattungspflichten 14
		cc) Fortwirkungen der Treuepflicht 15

    2. Rechtslage in der Zeit zwischen Kündigung und Ablauf der Kündigungsfrist 16
        a) Freizeit für die Stellensuche 16
        b) Ferienbezug während der Kündigungsfrist 17
        c) Freistellung 19

    3. Finanzielle Folgen der Kündigung 21
        a) Restlohnforderungen 22
            aa) Zeitlicher Umfang des Lohnanspruchs 22
            bb) Lohnhöhe 23
        b) Überstundenvergütungen 24
        c) Gratifikationen 28
        d) Ferienabgeltung und -rückerstattung 32
        e) Abgangsentschädigungen 34
        f) Ansprüche aus Kündigungsschutz 34
        g) Schadenersatzansprüche des Arbeitgebers 35

    4. Anspruch auf schriftliche Begründung der Kündigung 35

    5. Exkurs: Anspruch auf Ausstellung eines Arbeitszeugnisses 37
        a) Tragweite des Zeugnisanspruchs 37
        b) Ausstellen von Arbeitszeugnissen 38
        c) Beurteilen von Arbeitszeugnissen 40
        d) Berichtigungsanspruch 42
        e) Haftungsfolgen 43

IV. Alternativen zur Kündigung 44

    1. Kündigungsdrohung 44

    2. Aufhebungsvertrag oder «einvernehmliche Auflösung» 45
        a) Grenzen der Zulässigkeit 45
        b) Zustandekommen 46
        c) Willensmängel 47

V. Prozessuales Vorgehen 48

    1. Streitbeilegung durch Vergleich 48

    2. Fristen für die Klageeinleitung 49

```
            a) Forderungsklagen . . . . . . . . . . . . . . . . . . . . . . . 49
            b) Zeugnisklagen . . . . . . . . . . . . . . . . . . . . . . . . . . 50

        3. Zuständiges Gericht . . . . . . . . . . . . . . . . . . . . . . . . . . 50
            a) Örtliche Zuständigkeit . . . . . . . . . . . . . . . . . . . . 50
            b) Sachliche Zuständigkeit . . . . . . . . . . . . . . . . . . . 51
            c) Frage der Zulässigkeit von Schiedsvereinbarungen . . . . . . . 51

        4. Prozessvertretung . . . . . . . . . . . . . . . . . . . . . . . . . . 52

        5. Verfahrensmässige Besonderheiten von arbeitsrechtlichen Zivil-
           prozessen mit Streitwerten bis zu Fr. 20 000.– . . . . . . . . . . 52
            a) Kostenlosigkeit . . . . . . . . . . . . . . . . . . . . . . . . . 53
            b) Untersuchungsgrundsatz . . . . . . . . . . . . . . . . . . . 55
            c) «Einfaches und rasches Verfahren» . . . . . . . . . . . . . . 57

    VI. Checklisten . . . . . . . . . . . . . . . . . . . . . . . . . . . . . . . . 57

        1. Liegt eine gültige Kündigung vor? . . . . . . . . . . . . . . . . 57

        2. Was bedeutet die Kündigung konkret? . . . . . . . . . . . . . 58

        3. Welche Besonderheiten gelten für die Zeit, in der der Arbeit-
           nehmer in gekündigter Stellung ist? . . . . . . . . . . . . . . . 58

        4. Die Geltendmachung welcher Ansprüche ist zu prüfen? . . . . . . 58
```

§ 2 Kündigungsschutz 61

```
    I.  Problemübersicht . . . . . . . . . . . . . . . . . . . . . . . . . . . 61

    II. Anwendungsbereich des Kündigungsschutzes . . . . . . . . . . . . 62

        1. Bestehen eines gültigen Arbeitsvertrages . . . . . . . . . . . . . 62

        2. Beendigung des Arbeitsverhältnisses durch Kündigung . . . . . . 63

        3. Unbefristetes Arbeitsverhältnis . . . . . . . . . . . . . . . . . . 63

        4. «Kettenarbeitsverträge» . . . . . . . . . . . . . . . . . . . . . . 63

        5. Probearbeitsverhältnisse . . . . . . . . . . . . . . . . . . . . . . 64

    III. Sachlicher Kündigungsschutz . . . . . . . . . . . . . . . . . . . . 65

        1. Missbrauchstatbestände . . . . . . . . . . . . . . . . . . . . . . 65
```

	a) Kündigung wegen einer persönlichen Eigenschaft	66
	b) Kündigung wegen der Ausübung von verfassungsmässigen Rechten	67
	c) Kündigung zur Vereitelung von Ansprüchen aus dem Arbeitsverhältnis	67
	d) Rachekündigung	68
	e) Kündigung wegen Militärdienstes oder einer anderen nicht freiwillig übernommenen gesetzlichen Pflicht	68
	f) Kündigung wegen Gewerkschaftszugehörigkeit	69
	g) Kündigung wegen der Amtsführung als gewählter Arbeitnehmervertreter	69
	h) Kündigung aus zwei oder mehreren Gründen, von denen nur einer missbräuchlich ist	70
	j) Beweisfragen	70
	2. Rechtsfolgen missbräuchlicher Kündigung	70
	a) Rechtsverletzungsbusse	71
	b) Schadenersatz und Genugtuung	71
	3. Prozessuales Vorgehen	72
	a) Einsprache	72
	b) Klage	73
IV.	Zeitlicher Kündigungsschutz	73
	1. Sperrfristen	73
	a) Schweizerischer obligatorischer Militärdienst, Zivilschutzdienst, Militärischer Frauendienst oder Rotkreuzdienst	74
	b) Krankheits- oder unfallbedingte Arbeitsunfähigkeit	74
	c) Schwangerschaft und Niederkunft	74
	d) Dienstleistung für eine Hilfsaktion im Ausland	75
	e) Vertretung des Vorgesetzten oder des Arbeitgebers während Militärdienst oder ähnlichen Dienstleistungen	75
	2. Wirkungen der Sperrfristen	75
	a) Ungültigkeit der während einer Sperrfrist ausgesprochenen Kündigung	75
	b) Verlängerung der Kündigungsfrist bei Eintritt eines Sperrtatbestandes nach bereits erfolgter Kündigung	76
	aa) Berechnung der verlängerten Kündigungsfrist	76

		bb) Voraussetzungen und zeitlicher Rahmen der Fortdauer des Lohnanspruchs während der verlängerten Kündigungsfrist 76

- 3. Prozessuales Vorgehen 78

V. Schutz gegen ungerechtfertigte fristlose Entlassung 79
  1. «Wichtige Gründe» 79
     a) Begriff 79
     b) Beispiele aus der Gerichtspraxis 80
     c) Obliegenheit unverzüglicher Geltendmachung 80
  2. Rechtsfolgen ungerechtfertigter fristloser Kündigung 81
     a) Lohnersatz 81
     b) Rechtsverletzungsbusse 81
     c) Folgen des ungerechtfertigten fristlosen Verlassens der Arbeitsstelle 82
  3. Prozessuales Vorgehen 82

VI. Checklisten 83
  1. Schutz gegen missbräuchliche Kündigung 83
  2. Schutz gegen unzeitige Kündigungen 84
  3. Schutz gegen ungerechtfertigte fristlose Kündigungen 84

§ 3 Massenentlassung 85

I. Problemübersicht 85

II. Allgemeiner Anwendungsbereich 87
  1. Räumlicher Geltungsbereich 87
  2. Zeitlicher Geltungsbereich 89
  3. Sachliche Geltung 89
     a) Privatrechtliche Anstellungen 89
     b) Keine behördliche Anordnung 89

III. Voraussetzungen 91

	1. Zu berücksichtigende Kündigungen	91
	a) Kündigung des Arbeitgebers	91
	b) Kündigungsgrund	94
	c) Änderungskündigungen	96
	d) Kündigungen im Probeverhältnis	98
	e) Fristlose Kündigung	99
	2. Mindestanzahl der Kündigungen	100
	a) Anzahl der Kündigungen	101
	b) Betrieb	102
	c) Zeitraum von 30 Tagen	102
	3. Beendigung des Arbeitsverhältnisses wegen der Massentlassung?	103
IV.	Vom Arbeitgeber einzuhaltendes Entlassungsverfahren	103
	1. Konsultationen der Arbeitnehmerschaft	104
	2. Mitteilung an das Arbeitsamt	107
	3. Zeitpunkt der Kündigungen	108
V.	Rechtsfolgen bei Verletzung von Verfahrensvorschriften	110
	1. Unterlassen der Konsultationen	110
	a) Rechtsverletzungsbusse	110
	b) Schadenersatz	111
	c) Realerfüllung	113
	2. Unterlassen der Mitteilung an das Arbeitsamt	113
	a) Verlängerung der Kündigungsfrist	113
	b) Verwaltungsrechtliche Folgen	115
VI.	Geltendmachung der Ansprüche	115
	1. Klage auf Lohnzahlung	115
	2. Geltendmachung der Entschädigung	116
	3. Zuständigkeit	117
	4. Klagelegitimation (insbesondere der Verbände)	118
	5. Beweislast	118

VII.	Checklisten	120
	1. Vor dem Aussprechen von Entlassungen	120
	2. Vor dem Geltendmachen von Forderungen auf Grund von Massenentlassungen	121

§ 4 Kündigung und kollektives Arbeitsrecht 123

I.	Problemübersicht	123
II.	Gesamtarbeitsvertrag (GAV): Inhalt und Bedeutung für den Einzelarbeitsvertrag	124
	1. Inhalt des Gesamtarbeitsvertrages	124
	2. Bindung an den GAV	125
	3. Beendigung des GAV	125
III.	Einzelarbeitsvertragliche Kündigungsschutzbestimmungen im GAV	125
	1. Gesetzlicher Rahmen	125
	2. Prinzip der Kündigungsfreiheit	126
	3. Vorbehalt der fristlosen Auflösung gemäss Art. 337 OR	127
	4. Zulässige Kündigungsbeschränkungen	127
IV.	Rechtslage nach Beendigung des GAV	128
	1. Beendigung des GAV	128
	2. Auflösung des GAV aus wichtigem Grund und Neuverhandlungen im Krisenfall	129
	3. Prinzip der Nachwirkung des GAV	130
	4. Nachwirkung auch der Kündigungsbeschränkungen?	131
	5. Besonderheiten bei Massenänderungskündigungen	132
V.	Sozialplan	132
	1. Anspruch auf einen Sozialplan	132
	2. Sozialplan und Anhörungsrechte	133

		3. Abschluss und Inhalt eines Sozialplanes bei Fehlen eines gesamtarbeitsvertraglichen Anspruchs	134
	VI.	Kündigung wegen Teilnahme am Arbeitskampf	134
		1. Arbeitskampffreiheit	134
		2. Teilnahme am Arbeitskampf und der Arbeitsvertrag	135
		3. Rechtmässigkeit des Arbeitskampfes	135

§ 5 Konkurrenzverbot 139

I.	Problemübersicht	139
II.	Geltungsvoraussetzungen	140
	1. Abschlussvoraussetzungen	141
	a) Handlungsfähigkeit der verpflichteten Person	141
	b) Schriftform	141
	2. Wirkungsvoraussetzungen	142
	a) Einblick in den Kundenkreis	143
	b) Einblick in Fabrikations- oder Geschäftsgeheimnisse . . .	144
	c) Schädigungsmöglichkeit	145
	3. Dahinfallen des Konkurrenzverbotes	146
	a) Wegfall mangels Interesses des Berechtigten	146
	b) Wegfall infolge der Kündigungsumstände	146
	c) Verzicht und Aufhebungsvertrag	149
III.	Inhalt und Umfang des Konkurrenzverbotes	149
	1. Verbotene Tätigkeit	149
	a) Betreiben eines Konkurrenzunternehmens	150
	b) Teilnahme an einem Konkurrenzunternehmen	150
	2. Interessenabwägung	151
	a) Erschwerung des wirtschaftlichen Fortkommens	152
	b) Karenzentschädigung	153
	3. Objektive Grenzen	154
	a) Räumliche Begrenzung	154

		b) Zeitliche Begrenzung 155
		c) Inhaltliche Begrenzung 156

        4. Reduktion übermässiger Verbote 157

  IV. Verletzung des Konkurrenzverbotes 158

        1. Schadenersatz als Grundregel 158

        2. Konventionalstrafe als Normalfall 159

        3. Erfüllungsanspruch (Realexekution) als Ausnahme 160

        4. Exkurs: Parallele Ansprüche aus UWG 162

  V. Prozessuales Vorgehen 162

        1. Beweisrechtliches 162

        2. Feststellungsklage der verpflichteten Person 163

        3. Verletzungsklage des berechtigten Arbeitgebers 164

        4. Provisorischer Rechtsschutz 165

  VI. Checkliste 167

§ 6 Beendigung öffentlicher Dienstverhältnisse 169

  I. Problemübersicht 170

  II. Grundlagen 171

        1. Gesetzliche Regelung der Dienstverhältnisse im öffentlichen Recht 171

            a) Grundsatz 171

            b) Arten öffentlichrechtlicher Dienstverhältnisse 172

        2. Die Begründung und Ausgestaltung von Dienstverhältnissen im öffentlichen Recht 175

        3. Übersicht über die Beendigungsgründe 177

  III. Ordentliche Beendigung öffentlichrechtlicher Dienstverhältnisse . . 178

        1. Ordentliche Beendigung des Beamtenverhältnisses 178

		a) Nichtwiederwahl	178
		b) Demission auf den Ablauf der Amtsdauer hin	180
	2.	Ordentliche Beendigung von Angestelltenverhältnissen	181
		a) Beendigung verfügungsbegründeter Angestelltenverhältnisse	181
		b) Beendigung von öffentlichrechtlichen Dienstverträgen . . .	182
	3.	Ordentliche Pensionierung	184
IV.	Ausserordentliche Beendigung öffentlichrechtlicher Dienstverhältnisse	185
	1. Die «wichtigen Gründe» als übergeordnetes Kriterium	185
	2. Administrative Entlassung	187
	3. Disziplinarische Entlassung	188
	4. Demission während der Amtsdauer	189
	5. Ausserordentliche flexible Pensionierung	190
	6. Stellenaufhebung	191
V.	Auflösung privatrechtlicher Dienstverhältnisse	194
	1. Ordentliche Auflösung	195
	2. Ausserordentliche Auflösung	195
	3. Unterschiede zum öffentlichrechtlichen Dienstverhältnis	196
VI.	Beendigungsfolgen	196
	1. Wirksamkeit einer ungerechtfertigten Beendigung	196
	2. Vermögensrechtliche Folgen der Beendigung	198
	a) Vermögensrechtliche Folgen aus dem Dienstverhältnis . . .	198
	b) Vermögensrechtliche Folgen aus dem Kassenverhältnis . . .	199
VII.	Verfahren und Rechtsschutz	200
	1. Verfahren	200
	2. Rechtsschutz	201
	a) Bundesrechtliche Dienstverhältnisse	201

		aa)	Der Rechtsschutz bei Streitigkeiten mit einer Personalvorsorgeeinrichtung 202

              aa) Der Rechtsschutz bei Streitigkeiten mit einer Personalvorsorgeeinrichtung 202
              bb) Der Rechtsschutz bei den übrigen Streitigkeiten 202
                  Die Beschwerdeinstanzen 202
                  Die Beschwerdemöglichkeiten 203
              cc) Der Rechtsschutz aufgrund des Gleichstellungsgesetzes 205
        b) Kantonale Dienstverhältnisse 206
              aa) Der Rechtsschutz auf kantonaler Ebene 206
              bb) Der Rechtsschutz auf Bundesebene 206
        c) Privatrechtliche Dienstverhältnisse 207

VIII. Checklisten 208

    1. Welcher Art war das beendigte Dienstverhältnis? 208

    2. Wie wurde das Dienstverhältnis beendigt? 208
        a) Öffentlichrechtliche Dienstverhältnisse 208
        b) Privatrechtlicher Arbeitsvertrag 209

    3. Die Geltendmachung welcher Ansprüche ist zu prüfen? 209

Zweiter Teil
Gleichstellungsrechtliche Aspekte

§ 7 Diskriminierende Entlassung **213**

    I. Problemübersicht 213

    II. Tatbestände der diskriminierenden Entlassung 215

        1. Direkte und indirekte Diskriminierung 215

        2. Vorbehalt der sachlichen Rechtfertigung einer geschlechtsbezogenen Unterscheidung 217

        3. Bedeutung des Vorbehalts angemessener Massnahmen zur Verwirklichung der tatsächlichen Gleichstellung für die Entlassung . 218

        4. Verhältnis zwischen der diskriminierenden Kündigung (Art. 3 GlG) und der missbräuchlichen Kündigung wegen einer persönlichen Eigenschaft (Art. 336 Abs. 1 lit. a OR) 219

	5. Sonderfall der diskriminierenden Kündigung in der Form einer fristlosen Kündigung	219
	a) Wichtiger Grund	219
	b) Anwendung der verfahrensrechtlichen Erleichterungen des Gleichstellungsgesetzes	220
	c) Sanktion gemäss Art. 337c Abs. 3 OR	220
III.	Rechtsfolgen einer diskriminierenden Entlassung	221
	1. Kein Bestandesschutz im privatrechtlichen Arbeitsverhältnis; Grundsatz und Ausnahmen	221
	a) Grundsatz: Kein Bestandesschutz im privatrechtlichen Arbeitsverhältnis	221
	b) Sonderfall der Rachekündigung im Sinne von Art. 10 GlG	221
	c) Sonderfall der Kündigung, die unter Berufung auf die Schwangerschaft während der entsprechenden Sperrfrist (Art. 336c Abs. 1 lit.c OR) erfolgt	222
	2. Anspruch auf Entschädigung	222
	3. Ansprüche auf Schadenersatz und Genugtuung	223
	4. Weitergehende einzel- oder gesamtarbeitsvertragliche Ansprüche	225
	5. Anspruch auf Feststellung der diskriminierenden Kündigung	225
	a) Frage eines individuellen Feststellungsanspruches	225
	b) Feststellungsanspruch von Organisationen mittels der Verbandsklage im Sinne von Art. 7 GlG	227
	6. Aufhebung der diskriminierenden Entlassungsverfügung beim öffentlichrechtlichen Arbeitsverhältnis	227
IV.	Prozessuales Vorgehen	227
	1. Verfahrensrechtliche Rechtsgrundlagen	227
	a) Kündigung eines privatrechtlichen Arbeitsverhältnisses	227
	b) Beendigung eines öffentlichrechtlichen Arbeitsverhältnisses	228
	2. Vorprozessuale interne Einsprache gegen die diskriminierende Kündigung eines privatrechtlichen Arbeitsverhältnisses	228
	a) Frist	228
	b) Form	229
	c) Einsprecher und Adressat	229

	d)	Frist- und formgerechte Einsprache als Voraussetzung der Klage auf Entschädigung	229
3.		Schlichtungsverfahren	230
	a)	Die kantonalen Schlichtungsstellen	230
	b)	Obligatorische oder fakultative Anrufung der Schlichtungsstelle	231
	c)	Frist für die Anrufung der Schlichtungsstelle	231
	d)	Form des Schlichtungsbegehrens	232
	e)	Kostenlosigkeit des Verfahrens	232
	f)	Parteivertretung	232
	g)	Wirkungen des Zustandekommens bzw. Nichtzustandekommens eines Vergleichs	232
4.		Gerichtliches Verfahren	233
	a)	Zuständiges Gericht	233
	b)	Einfaches und rasches Verfahren unabhängig vom Streitwert	233
	c)	Kein Ausschluss des schriftlichen Verfahrens	233
	d)	Recht auf Prozessvertretung	234
	e)	Untersuchungsmaxime und freie Beweiswürdigung	235
	f)	Beweiserleichterung: Ausreichen der Glaubhaftmachung der diskriminierenden Kündigung	235
	g)	Kostenrisiko	236
5.		Besonderheiten der zivilrechtlichen Klage auf Entschädigung	237
	a)	Parteien	237
	b)	Form- und fristgerechte Einsprache beim Kündigenden als Klagevoraussetzung	237
	c)	Frist für die Klageeinreichung	237
		aa) Beginn des Fristenlaufs	237
		bb) Direkte Klage ohne Anrufung der Schlichtungsstelle	238
		cc) Klage im Nachgang an das Schlichtungsverfahren	238
6.		Besonderheiten der Klage auf Schadenersatz und Genugtuung sowie weitergehende vertragliche Ansprüche	239
	a)	Parteien	239
	b)	Fristen	239
7.		Besonderheiten der Klagen und Beschwerden von Organisationen (Art. 7 GlG)	239
	a)	Parteien	239
	b)	Beschränkung auf Feststellung im eigenen Namen	240

		c) Klagevoraussetzungen	240
		d) Geltung der allgemeinen gleichstellungsrechtlichen Verfahrenserleichterungen für die Verbandsklage	240
		e) Fristen	240
	8.	Koordination zwischen klagender Organisation und betroffener Person	241
V.	Checkliste		243

§ 8 Rachekündigung 245

I.	Problemübersicht		245
II.	Tatbestandselemente		246
	1. Sachliche Voraussetzung: Diskriminierungs-Verfahren		246
	2. Zeitliche Voraussetzung		248
	3. Kein begründeter Anlass		249
	4. Beweislast		251
III.	Rechtsfolgen		251
	1. Kündigungsschutz		252
	2. Entschädigung		254
IV.	Verfahren		254
	1. Schlichtungsverfahren		255
	2. Klagefristen		256
	3. Begehren um vorsorgliche Wiedereinstellung		256
	4. Interne Einsprache als Voraussetzung der Entschädigungsklage		256
	5. Verfahrensgrundsätze		257
V.	Checkliste		257
	1. Liegt ein obligationenrechtliches Arbeitsverhältnis vor? (Art. 8 ff. GlG).		257

2. Ist Abhilfe gegen eine geschlechtsbezogene Benachteiligung
verlangt worden? (Art. 10 Abs. 1 GlG)................ 257

    a) Entweder durch die entlassene Person 257

    b) Oder durch einen Verband 257

3. Liegt ein begründeter Anlass für die Kündigung vor?
(Art. 10 Abs. 1 GlG)............................. 258

4. Anfechtung der Entlassung:...................... 258

5. Entschädigung:................................ 258

Dritter Teil
Vorsorgerechtliche Aspekte

§ 9 System der beruflichen Vorsorge 261

  I. Problemübersicht................................ 261

  II. Grundlagen.................................... 262

    1. Verfassungsmässige Verankerung und gesetzliche Regelungen . 262

    2. Vorsorgeeinrichtungen........................ 263

      a) Die Vorsorgeeinrichtung als Trägerin der beruflichen Vorsorge 263

      b) Typen von Vorsorgeeinrichtungen 267

      c) Reglementarische Bestimmungen der Vorsorgeeinrichtungen und ihre Auslegung 268

      d) Verwaltung und Kontrolle der Vorsorgeeinrichtungen 269

    3. Leistungen der beruflichen Vorsorge 271

      a) Obligatorische Leistungen.................... 271

      b) Überobligatorische Leistungen 273

    4. Finanzierung der beruflichen Vorsorge und Insolvenzdeckung .. 275

  III. Versicherungspflicht und Recht zur Versicherung 277

    1. Obligatorische Vorsorge........................ 278

    2. Überobligatorische Vorsorge 280

IV. Rechtspflege und Verjährung von Ansprüchen gemäss BVG 281
    1. Klageweg und Verjährung von Ansprüchen 282
    2. Verwaltungsrechtsweg 285
V. Exkurs: Wohneigentumsförderung mit Mitteln der beruflichen Vorsorge 286

§ 10 Berufliche Vorsorge und Stellenwechsel 289

I. Problemübersicht 289
II. Freizügigkeit 289
    1. Austrittsleistung 290
        a) Höhe 290
            aa) Allgemeiner gesetzlicher Rahmen 290
            bb) Technische Austrittsleistung und Mindestbetrag im einzelnen 291
        b) Anspruch, Fälligkeit, Verwendung 292
    2. Teilhabe am Liquidationsergebnis 295
        a) Freie Mittel 296
        b) Technischer Fehlbetrag 297
III. Informationspflichten 298
    1. Austritt aus der Vorsorgeeinrichtung 298
    2. Eintritt in eine Vorsorgeeinrichtung 299
IV. Erhaltung des Vorsorgeschutzes 300
    1. Vorsorgeschutz durch die bisherige Vorsorgeeinrichtung 301
    2. Vorsorgeschutz durch die neue Vorsorgeeinrichtung 302
    3. Abgrenzung des Risikoschutzes beim Stellenwechsel 304
        a) Obligatorische berufliche Vorsorge 304
        b) Überobligatorische berufliche Vorsorge 306
        c) Rückerstattung der Austrittsleistung bei nachträglichen Risikoleistungen 306

4. Vorsorgeschutz durch die Auffangeinrichtung 307
5. Vorsorgeschutz durch eine Freizügigkeitseinrichtung 307
   a) Freizügigkeitspolice 308
   b) Freizügigkeitskonto 309

V. Checklisten 309
   1. Beginn eines neuen Arbeitsverhältnisses 310
   2. Ende des Arbeitsverhältnisses, Beginn eines neuen Arbeits-
      verhältnisses und Aufnahme in die neue Vorsorgeeinrichtung . . 310
   3. Ende des Arbeitsverhältnisses, Bezug von Taggeldern der
      Arbeitslosenversicherung 311
   4. Ende des Arbeitsverhältnisses und weder Fall 2 noch Fall 3 . . . 311

Vierter Teil
Aspekte des Sozialversicherungsrechts im engeren Sinne

§ 11 Arbeitslosenversicherung **315**

I. Problemübersicht 315

II. Grundlagen 316

III. Anspruchsvoraussetzungen 320
   1. Arbeitslosigkeit 320
   2. Anrechenbarer Arbeitsausfall 321
   3. Beitragszeit 322
      a) Erfüllung der Beitragszeit 322
      b) Befreiung von der Erfüllung der Beitragszeit 323
   4. Vermittlungsfähigkeit 324
      a) Vermittlungsbereitschaft 325
      b) Zumutbare Arbeit 325
      c) Arbeitsfähigkeit und Verfügbarkeit 326
   5. Erfüllung der Kontrollvorschriften 327

IV.	Geltendmachung des Anspruchs	328
V.	Leistungen der Arbeitslosenversicherung	329
	1. Versicherter Verdienst	329
	a) Ermittlung des versicherten Verdiensts aufgrund des früheren Einkommens	329
	b) Pauschalansätze für den versicherten Verdienst	331
	2. Wartezeiten	331
	a) Allgemeine Wartezeit	331
	b) Besondere Wartezeiten	332
	3. Dauer des Taggeldanspruches	332
	a) Allgemeiner Taggeldanspruch	333
	b) Besonderer Taggeldanspruch	333
	4. Höhe des Taggeldanspruchs	335
	5. Ausgleichszahlungen bei Zwischenverdienst	336
	6. Vorzeitige Pensionierung	337
	7. Aufnahme einer selbständigen Erwerbstätigkeit	338
	8. Einstellung in der Anspruchsberechtigung (Sperrtage)	340
VI.	Exkurs: Die Versicherungssituation der Erwerbslosen	345
	1. Alters-, Hinterlassenen- und Invalidenversicherung	345
	2. Berufliche Vorsorge	345
	3. Unfallversicherung	346
	4. Kranken- und Mutterschaftsversicherung	346
VII.	Sonderfall Insolvenzentschädigung	347
VIII.	Verfahren und Rechtsschutz	350
IX.	Checklisten	352
	1. Arbeitslosenentschädigung	352
	a) Beendigung des Arbeitsverhältnisses	352
	b) Anspruchsvoraussetzungen	352

        c) Geltendmachung des Anspruchs 353
        d) Arbeitslosentaggelder 353
        e) Versicherungssituation 354

    2. Insolvenzentschädigung 354

§ 12 Alters-, Hinterlassenen- und Invalidenversicherung (AHV/IV) 355

  I.   Problemübersicht 355

  II. Grundlagen 355

    1. Allgemeines 355

    2. Versicherungs- und Beitragspflicht 356
        a) Versicherungspflicht 356
        b) Beiträge 356
        c) Beitragsschuldner 357
        d) Individuelle Konten 357

    3. Einfluss der Beiträge auf die Leistungen 357

    4. AHV/IV und Beendigung von Arbeitsverhältnissen 358

  III. Vermeiden von Beitragslücken 358

    1. Auszug aus dem individuellen Konto 359

    2. Aufnahme einer selbständigen Erwerbstätigkeit 359

    3. Aufgabe der Erwerbstätigkeit 360

    4. Ersatzeinkommen 361

  IV. Wegzug aus der Schweiz 361

    1. Schweizer 361

    2. Ausländer 361

  V.   Beitragsfragen 362

    1. Abgangsentschädigungen, freiwillige Vorsorgeleistungen 362

    2. Leistungen aus Kündigungsschutz 363

	VI. Verfahren und Rechtsschutz	363
§ 13 Krankenversicherung		**367**
	I. Problemübersicht	367
	II. Grundlagen	368
	1. Arbeitsverhältnis und Krankenversicherung	368
	2. Krankenpflegeversicherung	368
	a) Umschreibung	368
	b) Gesetzliche Versicherungspflicht	369
	3. Taggeldversicherung	369
	a) Umschreibung sowie Abgrenzungen	369
	b) Soziale und private Taggeldversicherung	370
	c) Bedeutung einer vertraglichen Versicherungspflicht	371
	III. Aufrechterhaltung des Versicherungsschutzes	371
	1. Krankenpflegeversicherung	371
	a) Grundsatz: Automatische Weiterversicherung	371
	b) Sonderfälle	372
	aa) Verlegung des Wohnsitzes ins Ausland (insbesondere auf fremdenpolizeiliche Anordnung hin)	372
	bb) Entsandte Arbeitnehmer und Arbeitnehmerinnen ...	372
	cc) Grenzgänger und Grenzgängerinnen	373
	2. Taggeldversicherung gemäss Art. 67 ff. KVG	373
	a) Weiterführung einer Einzelversicherung	373
	b) Übertritt von einer Kollektiv- in eine Einzelversicherung ..	373
	3. Exkurs: Taggeldversicherung gemäss VVG	375
	a) Weiterführung einer Einzelversicherung	375
	b) Übertritt von einer Kollektiv- in eine Einzelversicherung ..	375
	IV. Versicherungsschutz bei bereits eingetretenem Versicherungsfall .	376
	1. Krankenpflegeversicherung	376
	a) Fortdauer des Leistungsanspruchs bei Bestehenbleiben der Versicherungsdeckung	376

		b) Ende jedes Leistungsanspruchs bei Ende der Versicherungs- deckung?	377

- b) Ende jedes Leistungsanspruchs bei Ende der Versicherungsdeckung? 377
- 2. Taggeldversicherung gemäss Art. 67 ff. KVG 378
  - a) Ausgangslage 378
  - b) Festlegung des Verdienstausfalls 379
  - c) Verwertbarkeit der Arbeitsfähigkeit in einem anderen Berufszweig 380
  - d) Leistungen bei Verlegung des Wohnsitzes ins Ausland 381
- 3. Exkurs: Taggeldversicherung gemäss VVG 382

V. Hinweise zu den Zusatzversicherungen 383

VI. Pflichten des Arbeitgebers 383

VII. Verfahren und Rechtsschutz 384
  1. Soziale Krankenversicherung 384
  2. Zusatzversicherungen zur sozialen Krankenversicherung 384
  3. Sonstige Zusatzversicherungen 385
  4. Ergebnis 386

VIII. Checklisten 386
  1. Versicherungsdeckung 386
  2. Handlungsbedarf bei Stellenwechsel und Entlassung 387
  3. Handlungsbedarf bei bereits eingetretenem Versicherungsfall .. 387
  4. Handlungsbedarf in bezug auf Zusatzversicherungen 387
  5. Handlungsbedarf des Arbeitgebers 387

§ 14 Unfallversicherung **389**

I. Problemübersicht 389

II. Grundlagen 390

III. Aufrechterhaltung des Versicherungsschutzes 391

		1. Ende der Versicherungsdeckung	391
		a) Allgemeines	391
		b) Exkurs: Leistungen der sozialen Krankenversicherung	392
		2. Anspruch auf mindestens den «halben Lohn» als Voraussetzung für den Fortbestand der Versicherungsdeckung	393
		a) Bedeutung	393
		b) Grundsatz	394
		c) Taggelder	396
		d) Weitere Leistungen des Arbeitgebers	398
		e) Leistungen ohne Lohncharakter im Sinne von Art. 3 Abs. 2 UVG	398
		3. Möglichkeit der Weiterführung der Versicherung durch den Abschluss einer Abredeversicherung	399
		4. Aufnahme einer selbständigen Erwerbstätigkeit	401
		5. Zuständigkeiten	402
		6. Ruhen der Versicherung	402
	IV.	Versicherungsschutz bei bereits eingetretenem Versicherungsfall	403
		1. Umfang der Leistungen der obligatorischen Unfallversicherung	403
		2. Ende der Leistungspflicht der obligatorischen Unfallversicherung	405
		3. Rückfälle, Spätfolgen sowie sonstige Änderungen der für die Leistungsausrichtung massgebenden Verhältnisse	405
		a) Rückfälle	405
		b) Spätfolgen	407
		c) Erneuter Unfall	407
		d) Revisionsfälle	408
V.	Hinweise auf Zusatzversicherungen		409
VI.	Pflichten des Arbeitgebers		409
VII.	Verfahren und Rechtsschutz		410
VIII.	Checklisten		411

    1. Vorliegen einer Versicherungsdeckung 411
    2. Ende der Versicherungsdeckung bei Stellenwechsel und Entlassung 411
    3. Abredeversicherung 411
    4. Handlungsbedarf bei bereits eingetretenem Versicherungsfall . . 412
    5. Zusatzversicherungen 412
    6. Handlungsbedarf auf Seiten des Arbeitgebers 412

Fünfter Teil
Steuerrechtliche Aspekte

§ 15 Steuerfolgen von Stellenwechsel und Entlassung 415

    I. Problemübersicht 415

   II. Zwischenveranlagung 416
        1. Warum eine Zwischenveranlagung? 416
        2. Exkurs: Die zeitliche Bemessung 416
        3. Gesetzliche Regelungen 418
            a) Zwischenveranlagung bei der Bundessteuer 418
            b) Zwischenveranlagungen im kantonalen Recht 418
        4. Voraussetzungen für die Durchführung einer Zwischenveranlagung 419
            a) Qualitative Voraussetzung: Wesentlichkeit der Einkommensänderung 420
                aa) Aufgabe der Haupterwerbstätigkeit 420
                bb) Stellenwechsel 421
                cc) Änderung des Beschäftigungsgrades 421
                dd) Berufswechsel 422
                ee) Freiwillige Unterbrechung der Erwerbstätigkeit 422
                ff) Arbeitslosigkeit 423
            b) Zeitliche Voraussetzung: dauernde Änderung 423
            c) Quantitative Voraussetzungen 424

		5. Wirkungen	424
	III.	Abzüge	425
		1. Berufsauslagen des unselbständig Erwerbstätigen; Besonderheiten beim Stellensuchenden und Arbeitslosen	425
		a) Allgemeines	425
		b) Weiterbildungs- und Umschulungskosten im besonderen	426
		2. Zweiverdienerabzug	427
		3. BVG Abzüge	428
		a) 2. Säule	428
		b) Säule 3a	429
		c) Beiträge von Arbeitslosen	430
	IV.	Besteuerung von Leistungen	430
		1. Allgemeines	430
		2. Rentenleistungen des Arbeitgebers	431
		3. Abgangsentschädigungen	431
		4. Unterstützungsleistungen	432
	V.	Steuererlass	433
	VI.	Checklisten	434
		1. Soll eine Zwischenveranlagung verlangt werden?	434
		2. Welche Abzugsmöglichkeiten sind im Auge zu behalten?	434
		3. Wie werden Leistungen an Entlassene/Stellensuchende besteuert?	435
		4. Notlage	435

Sachregister **437**

Autorenverzeichnis **467**

Abkürzungsverzeichnis

a.a.O.	am angegebenen Ort
Abs.	Absatz/Absätze
AG	Aargau
AGE	Appellationsgerichtsentscheide (Basel-Stadt)
AGVE	Aargauische Gerichts- und Verwaltungsentscheide
AHI-Praxis	Rechtsprechung und Verwaltungspraxis (im Bereich der Sozialversicherungen)
AHV	Alters- und Hinterlassenenversicherung
AHVG	Bundesgesetz über die Alters- und Hinterlassenenversicherung vom 20. Dezember 1946, SR 831.10
AHVV	Verordnung über die Alters- und Hinterlassenenversicherung vom 31. Oktober 1947, SR 831.101
AJP	Aktuelle Juristische Praxis, Publikationsorgan der Schweizerischen Richtervereinigung, St. Gallen
ALV	Arbeitslosenversicherung
ALV-Praxis	Informations- und Weisungsorgan der Abteilung Arbeitslosenversicherung des BIGA
a.M.	anderer Meinung
Amtl.Bull.	Amtliches Bulletin der Bundesversammlung
AngO	Angestelltenordnung vom 10. November 1959, SR 172.221.104
Anm.	Anmerkung
AppGer	Appellationsgericht
AppHof	Appellationshof
ArbGer	Arbeitsgericht
ArbR	Mitteilungen des Instituts für schweizerisches Arbeitsrecht, Zürich
Art.	Artikel
ARV	Arbeitsrecht und Arbeitslosenversicherung, Mitteilungsblatt des Bundesamts für Industrie, Gewerbe und Arbeit, Zürich
AS	Amtliche Sammlung der Bundesgesetze und Verordnungen (Eidgenössische Gesetzessammlung)
ASA	Archiv für Schweizerisches Abgaberecht

AVEG	Bundesgesetz über die Allgemeinverbindlicherklärung von Gesamtarbeitsverträgen vom 28. September 1956, SR 221.215.311
AVG	Bundesgesetz über die Arbeitsvermittlung und den Personalverleih (Arbeitsvermittlungsgesetz) vom 6. Oktober 1989, SR 823.11
AVIG	Bundesgesetz über die obligatorische Arbeitslosenversicherung und die Insolvenzentschädigung vom 25. Juni 1982, SR 837.0
AVIV	Verordnung über die obligatorische Arbeitslosenversicherung und die Insolvenzentschädigung vom 31. August 1982, SR 837.02
AVV	Verordnung über die Arbeitsvermittlung und den Personalverleih vom 16. Januar 1991, SR 823.111
BAV ZH	(Zürich) Verordnung über das Dienstverhältnis der Beamten der Verwaltung und der Rechtspflege (Beamtenverordnung) vom 15. Mai 1991 (GS 177.11)
BBl	Bundesblatt der Schweizerischen Eidgenossenschaft
BBtG	Bundesgesetz vom 30. Juni 1927 über das Dienstverhältnis der Bundesbeamten (Beamtengesetz), SR 172.221.10
Bd.	Band
betr.	betreffend
BezGer	Bezirksgericht
BGC	Bulletin du Grand Conseil vaudois
BGE	Bundesgerichtsentscheid/Entscheidungen des Schweizerischen Bundesgerichts, Amtliche Sammlung
BGer	Bundesgericht
BIGA	Bundesamt für Industrie, Gewerbe und Arbeit
BJM	Basler Juristische Mitteilungen, Organ für Gesetzgebung und Rechtspflege der Kantone Basel-Stadt und Basel-Landschaft, Basel
BL	Basel-Land
BLVGE	Basellandschaftliche Verwaltungsgerichtsentscheide
BO 1–3	Beamtenordung 1 und 2 vom 10. November 1959 und 3 vom 29. Dezember 1964, SR 172.221.101–103
BS	Basel-Stadt
BtG	Beamtengesetz
BtG BS	(Basel-Stadt) Gesetz betreffend die Dienstverhältnisse der Beamten und Angestellten des Kantons Basel-Stadt sowie betreffend die Haft-

	barkeit von Behörden und Staat (Beamtengesetz) vom 25. August 1968 (SG 162.100)
BtG GE	(Genf) Loi générale du 15 octobre 1987 relative au personnel de l'administration cantonale et des établissements publics médicaux (RSG B 5/0,5)
BtG JU	(Jura) Loi du 26 octobre 1978 sur le statut des magistrats, fonctionnaires et employés de la République et Canton du Jura (RSJU 173.11)
BtG NE	(Neuenburg) Loi du 4 février 1981 concernant le statut général du personnel relevant du budget de l'Etat (RSN 152.510)
BtG VD	(Waadt) Loi du 9 juin 1947 sur le statut général des fonctions publiques cantonales (RSV 1.6 Statut) (Revision 1988 in Kraft seit 1. September 1989)
BtG VS	(Wallis) Gesetz vom 11. Mai 1983 betreffend das Dienstverhältnis der Beamten und Angestellten des Staates Wallis (Beamtengesetz) (N° 113)
BV	Bundesverfassung der Schweizerischen Eidgenossenschaft vom 29. Mai 1874, SR 101
BVG	Bundesgesetz über die berufliche Alters-, Hinterlassenen- und Invalidenvorsorge vom 25. Juni 1982, SR 831.40
BVR	Bernische Verwaltungsrechtsprechung
BVV 1	Verordnung vom 29. Juni 1983 über die Beaufsichtigung und Registrierung der Vorsorgeeinrichtungen, SR 831.435.1
BVV 2	Verordnung vom 18. April 1984 über die berufliche Alters-, Hinterlassenen- und Invalidenvorsorge, SR 831.441.1
bzw.	beziehungsweise
CaseTex	Juristische Datenbank mit Entscheiden aus den Gebieten Haftpflichtrecht, Strassenverkehrsrecht, Privat- und Sozialversicherungsrecht
DBG	Bundesgesetz über die direkte Bundessteuer vom 14. Dezember 1990, SR 642.11
DBO SG	(St. Gallen) Dienst- und Besoldungsordnung für das Staatspersonal vom 30. März 1971 (sGS 143.2)
ders.	derselbe
d.h.	das heisst
Diss.	Dissertation
E.	Erwägung

EGV SZ	Entscheide der Gerichts- und Verwaltungsbehörden des Kantons Schwyz
EMRK	Konvention zum Schutze der Menschenrechte und Grundfreiheiten (Europäische Menschenrechtskonvention) vom 4. November 1950, SR 0.101
ESCh	Europäische Sozialcharta
etc.	et cetera
ETH	Eidgenössische Technische Hochschule
EVG	Eidgenössisches Versicherungsgericht
EVGE	Entscheidungen des Eidgenössischen Versicherungsgerichts, Amtliche Sammlung (bis 1969, nachher als Bd. V der BGE erschienen).
EVK	Eidgenössische Versicherungskasse
EVK-Statuten	Verordnung vom 2. März 1987 über die Eidgenössische Versicherungskasse (SR 172.222.1)
evtl.	eventuell
f.	folgende
ff.	fortfolgende
Fn.	Fussnote
FR	Freiburg
FS	Festschrift
FZG	Bundesgesetz über die Freizügigkeit in der beruflichen Alters-, Hinterlassenen- und Invalidenvorsorge (Freizügigkeitsgesetz) vom 17. Dezember 1993
FZR	Freiburger Zeitschrift für Rechtsprechung
FZV	Verordnung über die Erhaltung des Vorsorgeschutzes und die Freizügigkeit vom 12. November 1986, SR 831.425
GAV	Gesamtarbeitsvertrag
GE	Genf
GlG	Bundesgesetz über die Gleichstellung von Frau und Mann
gl.M.	gleicher Meinung
GSG	Gewerbliche Schiedsgerichte
GVP ZG	Gerichts- und Verwaltungspraxis des Kantons Zug
i.d.R.	in der Regel
insbes.	insbesondere

IPRG	Bundesgesetz über das internationale Privatrecht vom 18. Dezember 1987, SR 291
i.S.	in Sachen
IV	Invalidenversicherung
IVG	Bundesgesetz über die Invalidenversicherung (Invalidenversicherungsgesetz) vom 19. Juni 1959, SR 831.20
JAAC	Jurisprudence des autorités administratives de la Confédération
JAR	Jahrbuch des Schweizerischen Arbeitsrechts, Bern
JdT	Journal des Tribunaux
JU	Jura
KassGer	Kassationsgericht
KGer	Kantonsgericht
KLV	Verordnung über Leistungen in der obligatorischen Krankenpflegeversicherung (Krankenpflege-Leistungsverordnung) vom 29. September 1995, SR 832.112.31
KUVG	Bundesgesetz über die (Unfall- und) Krankenversicherung vom 13. Juni 1911
KV	Kantonsverfassung
KVG	Bundesgesetz über die Krankenversicherung (Krankenversicherungsgesetz) vom 18. März 1994, SR 832.10
KVV	Verordnung über die Krankenversicherung vom 18. März 1994, SR 832.102
LCP VD	(Waadt) Loi du 18 juin 1984 sur la Caisse de pension de l'Etat de Vaud (RSV 1.7)
lit.	litera
LPA	(Genf) Loi sur la procédure administrative du 12 septembre 1985 (E/3,5/3)
LU	Luzern
LugÜ	Übereinkommen über die gerichtliche Zuständigkeit und die Vollstreckung gerichtlicher Entscheidungen in Zivil- und Handelssachen (Lugano-Übereinkommen) vom 16. September 1988, SR 0.275.11
N	Note(n)
NAV	Normalarbeitsvertrag
NE	Neuenburg
NR	Nationalrat

Nr.	Nummer(n)
OG	Bundesgesetz über die Organisation der Bundesrechtspflege vom 16. Dezember 1943, SR 173.110
OGer	Obergericht
OR	Bundesgesetz betreffend die Ergänzung des Schweizerischen Zivilgesetzbuches (Fünfter Teil: Obligationenrecht) vom 30. März 1911, SR 220
PG BE	(Bern) Gesetz über das öffentliche Dienstrecht (Personalgesetz) vom 5. November 1992 (BSG 153.01)
PG SH	(Schaffhausen) Gesetz über die Dienstverhältnisse des Staatspersonals (Personalgesetz) vom 26. Oktober 1970 (Nr. 21)
PG ZG	(Zug) Gesetz über das Arbeitsverhältnis des Staatspersonals (Personalgesetz) vom 1. September 1994
PG LU	(Luzern) Gesetz über das öffentlichrechtliche Dienstverhältnis (Personalgesetz) vom 13. September 1988 (Nr. 51)
plädoyer	Plädoyer, Magazin für Recht und Politik, Zürich/Genf
PV GR	Personalverordnung des Kantons Graubünden vom 27. September 1989 (BR 170.4)
PVG	Praxis des Verwaltungsgerichts des Kantons Graubünden
RB ZH	Rechenschaftsbericht an den Kantonsrat des Verwaltungsgerichts des Kantons Zürich
RDAF	Revue de Droit Administratif et de Droit Fiscal, Lausanne
recht	Recht, Zeitschrift für Juristische Ausbildung und Praxis, Bern
resp.	respektive
RJN	Revue de jurisprudence neuchâteloise, Neuenburg
RKUV	Rechtsprechung und Verwaltungspraxis zur Kranken- und Unfallversicherung, Bern (ab 1984, vorher: RSKV)
RSKV	Rechtsprechung und Verwaltungspraxis zur Krankenversicherung, Bern (bis 1983, nachher: RKUV)
Rz.	Randziffer(n)
s.	siehe
SBVR	Schweizerisches Bundesverwaltungsrecht
SchKG	Bundesgesetz über Schuldbetreibung und Konkurs (Schuldbetreibungs- und Konkursgesetz) vom 11. April 1889, SR 281.1
SchlT	Schlusstitel

SemJud	La Semaine judiciaire, revue de jurisprudence, Genf
SG	St. Gallen
SJZ	Schweizerische Juristen-Zeitung, Zürich
SOG	Solothurnische Gerichtspraxis, Solothurn
SR	Systematische Sammlung des Bundesrechts
StPG FR	(Freiburg) Gesetz vom 22. Mai 1975 über das Dienstverhältnis des Staatspersonals (122.70.1)
StE	Der Steuerentscheid, Sammlung aktueller steuerrechtlicher Entscheidungen
StenBull	Stenographisches Bulletin der Bundesversammlung
StGB	Schweizerisches Strafgesetzbuch vom 21. Dezember 1937, SR 311.0
StHG	Bundesgesetz über die Harmonisierung der direkten Steuern der Kantone und Gemeinden (Steuerharmonisierungsgesetz) vom 14. Dezember 1990, SR 642.14
StR	Steuerrevue
SUVA	Schweizerische Unfallversicherungsanstalt
SVR	Sozialversicherungsrecht, Rechtsprechung, Basel
SZS	Schweizerische Zeitschrift für Sozialversicherung und berufliche Vorsorge, Bern
TG	Thurgau
TI	Tessin
TPH	Tribunal des Prud'Hommes
usw.	und so weiter
UVG	Bundesgesetz über die Unfallversicherung (Unfallversicherungsgesetz) vom 20. März 1981, SR 832.20
UVV	Verordnung vom 20. Dezember 1982 über die Unfallversicherung, SR 832.202
UWG	Bundesgesetz gegen den unlauteren Wettbewerb vom 19. Dezember 1986, SR 241
V	Verordnung
VAG	Bundesgesetz betr. die Aufsicht über die privaten Versicherungseinrichtungen vom 23. Juni 1978 (SR 961.01)
VersGer	Versicherungsgericht
vgl.	vergleiche

VPB	Verwaltungspraxis der Bundesbehörden, Bern (bis 1965: VEB)
VRG BE	(Bern) Gesetz über die Verwaltungsrechtspflege vom 23. Mai 1989 (BSG 155.21)
VRG ZG	(Zug) Gesetz über den Rechtsschutz in Verwaltungssachen (Verwaltungsrechtspflegegesetz) vom 1. April 1976 (162.2)
VS	Wallis
VVG	Bundesgesetz über den Versicherungsvertrag (Versicherungsvertragsgesetz) vom 2. April 1908, SR 221.229
VVGE OW	Verwaltungs- und Verwaltungsgerichtsentscheide des Kantons Obwalden
VwGer	Verwaltungsgericht
VwVG	Bundesgesetz über das Verwaltungsverfahren (Verwaltungsverfahrensgesetz) vom 20. Dezember 1968, SR 172.021
WEFG	Wohnbau- und Eigentumsförderungsgesetz vom 4. Oktober 1974, SR 843
WEFV	Verordnung zum WEFG vom 30. November 1981, SR 843.1
z.B.	zum Beispiel
ZBJV	Zeitschrift des bernischen Juristenvereins, Organ für Rechtspflege und Gesetzgebung des Bundes sowie der Kantone Bern, Luzern und Solothurn, Bern
ZBl	Schweizerisches Zentralblatt für Staats- und Verwaltungsrecht, Zürich
ZG	Zug
ZGB	Schweizerisches Zivilgesetzbuch vom 10. Dezember 1907, SR 210
Ziff.	Ziffer(n)
ZivGer	Zivilgericht
ZH	Zürich
zit.	zitiert
ZPO	Zivilprozessordnung
ZSR	Zeitschrift für Schweizerisches Recht, Basel
ZR	Blätter für Zürcherische Rechtsprechung, Zürich
z.T.	zum Teil

Literaturverzeichnis

AGNER PETER/JUNG BEAT/STEINMANN GOTTHARD, Kommentar zum Gesetz über die direkte Bundessteuer, Zürich 1995.

AUBERT GABRIEL, Die neue Regelung über Massenentlassungen und den Übergang von Betrieben, AJP 1994, S. 699 ff.
- Le droit suisse du travail face à l'intégration européenne, ZSR 1993 II, 157 ff.
- Le droit des vacances: quelques problèmes pratiques, in: Journée 1990 du droit du travail et de la sécurité sociale, Zürich 1990, 111 ff.
- La protection des droits – le cas du droit du travail, ZSR 107 (1988) II, 421 ff.
- Quatre cents arrêts sur le contrat de travail, Lausanne 1984.

BAUR JÜRG/KLÖTI-WEBER MARIANNE/KOCH WALTER/MEIER BERNHARD/URSPRUNG URS, Kommentar zum Aargauer Steuergesetz, Muri-Bern 1991.

BELLWALD PETER, Die disziplinarische Verantwortlichkeit der Beamten, Diss. Bern 1985.

BOHNY PETER, Das arbeitsvertragliche Konkurrenzverbot, Zürich 1989.

BOIS PHILIPP, La cessation des rapports de service à l'initiative de l'employeur dans la fonction publique, in: RJN 1983, S. 9 ff.

BRAND DANIEL/DUERR LUCIUS/GUTKNECHT BRUNO et al., Der Einzelarbeitsvertrag im Obligationenrecht, Hrsg. Gewerbeverband, Bern 1991.

BRAND et al., Der Einzelarbeitsvertrag im Obligationenrecht, Kommentar zu den Art. 319–346a, 361/361 OR, Muri-Bern 1991.

BRÜHWILER JÜRG, Kommentar zum Einzelarbeitsvertrag, 2. Auflage, Bern 1996.

BRÜHWILER JÜRG, Beurteilung des Verhältnisses des privaten Arbeitsvertrags zum öffentlichrechtlichen Dienstverhältnis unter dem Aspekt von Art. 342 Abs. 1 OR.
- Die betriebliche Personalvorsorge in der Schweiz, Bern 1989.
- Stellungnahme aus juristischer Sicht zur Verzichtbarkeit auf den privatrechtlichen Arbeitsvertrag, Bern 1991.

BRUNNER CHRISTIANE/BUEHLER JEAN-MICHEL/WAEBER JEAN-BERNARD, Kommentar zum Arbeitsvertrag, 2. Aufl., Basel 1997.
- Commentaire du contrat de travail, Lausanne 1996.

BUSSE THOMAS, Wirksamkeitsvoraussetzungen der Konkurrenzklausel – ein Rechtsvergleich aus schweizerischer und deutscher Sicht, Diss. Basel 1990.

CLASS EDI/BISCHOFBERGER SABINE, Das Arbeitszeugnis und seine «Geheimcodes», Zürich 1993.

CLASS EDI/MÖSSINGER RAINER, Die Rechte der Frau im Arbeitsverhältnis, Zürich 1996.

DE HALLER JEAN-CLAUDE, Révocation disciplinaire des fonctionnaires ou renvoi pour justes motifs, in: SGVW/SSSA 12/1990, 81 ff.

DECURTINS C., Die fristlose Entlassung, Sachverhalte und Urteile, 100 Gerichtsentscheide aller Instanzen, Muri 1981.

DUC JEAN-LOUIS, Statut des invalides dans l'assurance-maladie d'une indemnité jounalière, in: Schweizerische Zeitschrift für Sozialversicherung und berufliche Vorsorge 1987, 177 ff.

ENGLER HERMANN/KIGA des Kantons Aargau, Arbeitslosenversicherung – Bundesgesetz und Verordnung, 6. Aufl., Aarau 1997.

FLACH ROBERT E., Die «Freistellung» von der Arbeitsleistung nach Kündigung – aus der Sicht von Arbeitgeber und -nehmer, SJZ 90 (1994), 209 ff.

FLEINER FRITZ/GIACOMETTI ZACCARIA, Schweizerisches Bundesstaatsrecht, Zürich 1949.

FLEINER-GERSTER THOMAS, Grundzüge des allgemeinen und schweizerischen Verwaltungsrechts, 2. Aufl., Zürich 1980.

FREIVOGEL ANDREAS, Das Ende der Leistungspflicht von Krankenkassen nach Erlöschen der Kassenmitgliedschaft, SJZ 81 (1985), 282 ff.

FREIVOGEL ELISABETH, Die Verbandsklage und -beschwerde im neuen Gleichstellungsgesetz, in: Schwander Yvo / Schaffhauser René (Hrsg.), Das Bundesgesetz über die Gleichstellung von Frau und Mann, in: Veröffentlichungen des Schweizerischen Instituts für Verwaltungskurse an der Universität St. Gallen, Neue Reihe Bd. 41, St. Gallen 1996.

FRITZ MAX, Das Mitwirkungsgesetz, Zürich 1994.

FUNK PHILIP, Der Begriff der Gewinnungskosten nach schweizerischem Einkommenssteuerrecht, 2. unveränd. Aufl., Chur/Zürich 1991.

GEISER THOMAS, Betriebsübernahmen und Massenentlassungen im Zusammenhang mit Zwangsvollstreckungsverfahren, in: Hasenböhler/Schnyder, Zivilprozess, Arbeitsrecht, FS Staehelin, Zürich 1990, 101 ff.
– Der neue Kündigungsschutz im Arbeitsrecht, BJM 1994, 169 ff.

- Die neuen Bestimmungen über Massenentlassungen (OR 335d ff.), ArbR 1995, 105 ff.
- Kündigungsschutz bei Krankheit, AJP 5/1996, 550 ff.
- Massenentlassung, Anwendungsbereich, Voraussetzungen und Verfahren, AJP 1995, 1411 ff.

GERHARDS GERHARD, Grundriss des neuen Arbeitslosenversicherungsrechts: eine erste Einführung in das revidierte Arbeitslosenversicherungsrecht (zweite Teilrevision vom 23. Juni 1995), Bern 1996.
- Grundriss Zweite Säule, Das Recht der beruflichen Vorsorge in der Schweiz, Bern und Stuttgart 1990.
- Kommentar zum Arbeitslosenversicherungsgesetz (AVIG), Bd. 1 und 2 Bern 1987, Bd. 3 (enthaltend die Teilrevision 1990 und die EVG-Regesten 1987 – 1992) Bern 1993.

GHÉLEW ANDRÉ/RAMELET OLIVIER/RITTER JEAN-BAPTISTE, Commentaire de la loi sur l'assurance-accidents (LAA), Lausanne 1992.

GIACOMINI SERGIO, Verwaltungsrechtlicher Vertrag und Verfügung im Subventionsverhältnis «Staat-Privater», Diss. Freiburg 1992.

GLOOR WERNER, Mutterschaft, Kündigungsschutz, Lohnfortzahlung, ArbR 1992, 55 ff.

GNAEGI PHILIPPE, Le droit du travailleur au salaire en cas de maladie, Zurich 1996.

GREMPER PHILIPP, Arbeitsrechtliche Aspekte der Ausübung verfassungsmässiger Rechte, in: Basler Studien zur Rechtswissenschaft, Reihe A: Privatrecht Bd. 29, Basel und Frankfurt am Main 1993.

GRISEL ANDRÉ, Traité de droit administratif, 2 Bände, Neuchâtel 1984.

HÄFELIN ULRICH/ MÜLLER GEORG, Grundriss des Allgemeinen Verwaltungsrechts, 2. Aufl., Zürich 1993.

HAFNER FELIX, Öffentlicher Dienst im Wandel, in: ZBl 1992, S. 481 ff.

HANGARTNER YVO, Das Recht des öffentlichen Dienstes in der Schweiz, in: Zeitschrift für Beamtenrecht, 1979, 285 ff.
- Entwicklungstendenzen im öffentlichen Dienstverhältnis, in: ZSR 1979 I, 389 ff.
- Treuepflicht und Vertrauenswürdigkeit der Beamten, in: ZBl 1984, 385 ff.

HÄNNI PETER, Rechte und Pflichten im öffentlichen Dienstrecht. Eine Fallsammlung zur Gerichts- und Verwaltungspraxis in Bund und Kantonen, Freiburg 1993.

- Die Treuepflicht im öffentlichen Dienstrecht, Diss. Freiburg 1982.
- La fin des rapports de service en droit public, in: RDAF 1995, 407 ff.
- Personalrecht des Bundes, in: Schweizerisches Bundesverwaltungsrecht, hrsg. von Koller Heinrich/Müller Georg/Rhinow René/Zimmerli Ulrich, Basel und Frankfurt a.M. 1996.

HELBING CARL, Personalvorsorge und BVG, Gesamtdarstellung der rechtlichen, betriebswirtschaftlichen, organisatorischen und technischen Grundlagen der beruflichen Vorsorge in der Schweiz, 6. Aufl., Bern/Stuttgart/Wien 1995.

HELBLING PETER, Totalrevision des eidgenössischen Beamtengesetzes – eine rechtliche Auslegeordnung, in: AJP 1993, 647 ff.

HOFMANN URS, Verzicht und Vergleich im Arbeitsrecht, Zürcher Dissertation, Bern 1985.

HUMBERT DENIS, Der neue Kündigungsschutz im Arbeitsrecht, Diss. Zürich, Winterthur 1991.
- Postnumerandobesteuerung natürlicher Personen, Bern 1993.
- Zeitliche Bemessung (natürliche und juristische Personen, inkl. Übergangsregelung), in: Höhn Ernst/Athanas Peter (Hrsg.), Das neue Bundesrecht über die direkten Steuern. Direkte Bundessteuer und Steuerharmonisierung, Bern/Stuttgart/Wien 1993, 317 ff.

IM HOF ADOLF, Das öffentliche Dienstverhältnis, in: ZSR 1929, S. 274a ff.

IMBODEN MAX/ RHINOW RENÉ, Schweizerische Verwaltungsrechtsprechung, Band 2, 6. Auflage, Basel und Frankfurt a.M. 1986.

JAAG TOBIAS, Das öffentliche Dienstverhältnis im Bund und im Kanton Zürich – ausgewählte Fragen, in: ZBl 1994, 433 ff.

JANSSEN SUSANNE, Die Zeugnispflicht des Arbeitgebers, Zürcher Dissertation, Bern 1996.

JEAN-FRITZ STÖCKLI, Schweizerisches Arbeitsrecht und europäische Integration, ZSR 1993 II, 1 ff.

JUD ELMAR MARIO, Besonderheiten öffentlichrechtlicher Dienstverhältnisse nach schweizerischem Recht, insbesondere bei deren Beendigung aus nichtdisziplinarischen Gründen, Diss Freiburg, St. Gallen 1975.

JUD HEINRICH, Besteuerung von Leistungen aus Sozialplänen im Zürcher Steuerrecht, ZStP 1995, 184.

VON KÄNEL DANIEL, Die Beendigung des Angestelltenverhältnisses nach bernischem Personalrecht, in: BVR 1996, 193 ff.

KÄNZIG ERNST, Die eidgenössische Wehrsteuer (Direkte Bundessteuer), 2. Aufl., Basel 1982.

KÄSER, HANSPETER, Unterstellung und Beitragswesen in der obligatorischen AHV, 2. Aufl., Bern 1996.

KAUFMANN OTTO K., Grundzüge des schweizerischen Beamtenrechts, in: ZBl 1972, S. 379 ff.

KIESER, UELI, Rechtsprechung des Bundesgerichts zum AHVG, Zürich 1996.

KLETT KATHRIN, Das Gleichstellungsgesetz, in: Schweizerisches Zentralblatt für Staats- und Verwaltungsrecht 2/1997, 49.

KNAPP BLAISE, La violation du devoir de fidélité, cause de cessation de l'emploi des fonctionnaires fédéraux, in: ZSR 1984 I, 489 ff.
- Précis de droit administrativ, deutschsprachige Ausgabe der 4. vollständig überarbeiteten Aufl., Basel und Frankfurt a.M. 1992/1993.

KOLLER THOMAS, Ordentliche, fristlose und missbräuchliche Kündigung des Arbeitsvertrages, AJP 1995, 1251 ff.

KÖLZ ALFRED, Kommentar zum Verwaltungsrechtspflegegesetz des Kantons Zürich, Zürich 1978.

KREISSCHREIBEN, Kreisschreiben Nr. 11 der Eidgenössischen Steuerverwaltung vom 17. Dezember 1986 betreffend Wegleitung zur Anwendung der Artikel 42 und 96 (Zwischenveranlagung) des Beschlusses über die direkte Bundessteuer, ASA 54, 432.

KUHN RENÉ/KOLLER GERHARD L.: Aktuelles Arbeitsrecht für die betriebliche Praxis, Zürich 1982 ff.

LANDOLT HARDY, Das Zumutbarkeitsprinzip im schweizerischen Sozialversicherungsrecht, Zürich 1995.

LEU URS, in: Honsell/Vogt/Wiegand, Kommentar zum Schweizerischen Privatrecht, Obligationenrecht I, Basel 1996.

LEUZINGER-NAEF SUSANNE, Vorbestehender Gesundheitszustand und Versicherungsschutz in der Sozialversicherung, Diss. Zürich 1994.

LOCHER THOMAS, Grundriss des Sozialversicherungsrechts, 2. Aufl., Bern 1997.

MADER LUZIUS, Das Gleichstellungsgesetz - Entstehung, Ziele und Instrumente, in: Schwander Yvo / Schaffhauser René (Hrsg.), Das Bundesgesetz über die Gleichstellung von Frau und Mann, in: Veröffentlichungen des Schweizerischen Instituts für Verwaltungskurse an der Universität St. Gallen, Neue Reihe Bd. 41, St. Gallen 1996.

MAHON PASCAL, Le statut des fonctionnaires fédéraux entre révision partielle et révision totale, in: Jean-Louis Duc (Hrsg.), Le travail et le droit, enseignements du 3e cycle de droit, Fribourg 1994, 29 ff.

MAURER ALFRED, Schweizerisches Privatversicherungsrecht, 3. Aufl., Bern 1995.
– Das neue Krankenversicherungsrecht, Basel/Frankfurt a.M. 1996.
– Schweizerisches Unfallversicherungsrecht, 2. Aufl., Bern 1989.
– Schweizerisches Sozialversicherungsrecht, Band I, 2. Aufl., Bern 1983, Band II, 2. Aufl, Bern 1981.
– Bundessozialversicherungsrecht, 2. Aufl., Basel/Frankfurt a.M. 1994.

MEIER KURT, Zur Freistellung des Arbeitnehmers, plädoyer 2/1996, 32 ff.

MEYER JEAN, Le certificat de travail, ZSR 110 (1991) I, 471 ff.

MORARD MARTINE, La garantie d'emploi du fonctionnaire cantonal fribourgeoise en cas de suppression de poste, in: FZR 1994, 125 ff.

MÜLLER ROLAND A., Die einvernehmliche Beendigung des Arbeitsverhältnisses, ArbR 1994, 77 ff.
– Die einvernehmliche Beendigung des Arbeitsverhältnisses, Diss. Zürich, Bern 1991.
– Die neuen Bestimmungen über Massenentlassungen (OR 335d ff.), ArbR 1995, 105 ff.

MÜNCH PETER, Arbeitsrechtlicher Kündigungsschutz, AJP 1996, 1094 ff.

MURER ERWIN/STAUFFER HANS-ULRICH, Rechtsprechung des Bundesgerichts zum Sozialversicherungsrecht, berufliche Vorsorge, Zürich 1996.

NEF URS Ch., Aktuelle Probleme im arbeitsrechtlichen Kündigungsschutz, SJZ 88 (1992), 97 ff.
– Arbeitsrechtliche und sozialversicherungsrechtliche Aspekte des Bildungsurlaubs, Schweizerische Zeitschrift für Sozialversicherung und berufliche Vorsorge 1993, 1 ff.

OMLIN PETER, Die Invalidität in der obligatorischen Unfallversicherung (mit besonderer Berücksichtigung der älteren Arbeitnehmerinnen und Arbeitnehmer), Diss. Freiburg 1995.

PEDERGNANA RONALD, Überblick über die neuen Kündigungsbestimmungen im Arbeitsvertragsrecht, recht 1989, 33 ff.

PLOTKE HERBERT, Die Wahl, insbesondere die Wiederwahl der Beamten einschliesslich der Lehrer, in: ZBl 1976, 529 ff.

POLEDNA TOMAS, Disziplinarische und administrative Entlassung von Beamten vom Sinn und Unsinn einer Unterscheidung, in: ZBl 1995, 49 ff.

REHBINDER MANFRED, Berner Kommentar, 2. Abt., 2. Teilbd., 1. Absch., Art. 319–330a OR, Bern 1985.
- Berner Kommentar, 2. Abt., 2. Teilbd., 2. Absch., Art. 331–355, Bern 1992.
- Schweizerisches Arbeitsrecht, 13. Auflage, Bern 1997.

REICH MARKUS, Steuerharmonisierung: Die zeitliche Bemessung bei den natürlichen Personen, ASA 61, 327.
- Zeitliche Bemessung (natürliche und juristische Personen, inkl. Übergangsregelung), in: Höhn Ernst/Athanas Peter (Hrsg.), Das neue Bundesrecht über die direkten Steuern. Direkte Bundessteuer und Steuerharmonisierung, Bern/Stuttgart/Wien 1993, 317 ff.

REIMANN AUGUST/ZUPPINGER FERDINAND/SCHÄRRER ERWIN, Kommentar zum Zürcher Steuergesetz, Band II, Bern 1963 sowie Band III, Bern 1969.

RHINOW RENÉ, Privatrechtliche Arbeitsverhältnisse in der öffentlichen Verwaltung, in: FS Frank Vischer, Zürich 1983, 421 ff.

RHINOW RENÉ/ KRÄHENMANN BEAT, Schweizerische Verwaltungsrechtsprechung, Ergänzungsband zur 5. (und unveränderten 6.) Auflage der Schweizerischen Verwaltungsrechtsprechung von Imboden Max und Rhinow René, Basel und Frankfurt a.M. 1990.

RIEMER–KAFKA GABRIELA, Der neurechtliche Kündigungsschutz bei Schwangerschaft und Niederkunft, SJZ 85 (1989), 57 ff.

RIEMER HANS MICHAEL, Das Recht der beruflichen Vorsorge in der Schweiz, Bern 1985.

RITTER ANDREAS, Das revidierte Arbeitsvermittlungsgesetz, Bern 1994.

RUMO-JUNGO ALEXANDRA, Das Verwaltungsverfahren in der Unfallversicherung, in: René Schaffhauser/Franz Schlauri (Hrsg.), Verfahrensfragen in der Sozialversicherung, St. Gallen 1995, 179 ff.
- Rechtsprechung des Bundesgerichts zum Sozialversicherungsrecht, Bundesgesetz über die Unfallversicherung, 2. Aufl., Zürich 1995.

RYTER EDITH, Abgrenzungsprobleme bei den Leistungen der Arbeitslosenversicherung, in: Festschrift 75 Jahre EVG, Bern 1992, 611 ff.

SAVIAUX NICOLAS, Les rapports de travail en cas de difficultés économiques de l'employeur et l'assurance-chômage, Lausanne 1993.

SCARTAZZINI GUSTAVO, L'assurance perte de gain en cas de maladie dans la jurisprudence du Tribunal fédéral des assurances, in: Journée 1992 de droit du travail et de la sécurité sociale, Zürich 1994, 35 ff.

SCHLEGEL PETER, Gedanken zum Arbeitnehmerbegriff in der obligatorischen Unfallversicherung, in: Schweizerische Zeitschrift für Sozialversicherung und berufliche Vorsorge 1986, 239 ff.

SCHMID HANS (Hrsg.), Berufliche Vorsorge – Freizügigkeit und Wohneigentumsförderung, Bern/Stuttgart/Wien 1995.

SCHROFF HERMAN/ GERBER DAVID, Die Beendigung der Dienstverhältnisse in Bund und Kantonen, St.Gallen 1985.

SON NGUYEN MINH, Le recours par l'administration au contrat de travail pour engager du personnel, in: Jean-Louis Duc (Hrsg.), Le travail et le droit, enseignements du 3e cycle de droit, Fribourg 1994, 3 ff.

SPIRA RAYMOND, Die Rechtspflege in der neuen Krankenversicherung, Soziale Sicherheit (CHSS) 1995, 256 ff.

SPÜHLER KARL, Grundriss des Arbeitslosenversicherungsrechts, Bern 1985

STAEHELIN ADRIAN, Zürcher Kommentar zu Art. 319–355 OR, Zürich 1984/1996.

STAUFFER HANS-ULRICH, Die Arbeitslosenversicherung, Zürich 1984.
– Rechtsprechung des Bundesgerichts zum Sozialversicherungsrecht, Bundesgesetz über die obligatorische Arbeitslosenversicherung und Insolvenzentschädigung, Zürich 1992.

STEIGER-SACKMANN SABINE, Der Beweis in Gleichstellungsprozen, in: Schwander Yvo / Schaffhauser René (Hrsg.), Das Bundesgesetz über die Gleichstellung von Frau und Mann, in: Veröffentlichungen des Schweizerischen Instituts für Verwaltungskurse an der Universität St. Gallen, Neue Reihe Bd. 41, St. Gallen 1996.

STEINMANN GOTTHARD, Neue Anwendungsfälle aus der Steuerpraxis im Bereich der Vorsorge, StR 52 (1997), 293.

STÖCKLI JEAN-FRITZ, Rechtsfragen der Anwendung des Gleichstellungsgesetzes, in: Zivilprozessrecht, Arbeitsrecht, Kolloquium zu Ehren von Prof. Adrian Staehelin, Zürich 1997, 123 ff.
– Schweizerisches Arbeitsrecht und europäische Integration, ZSR 1993 II, 1 ff.

STREIFF ULLIN/ADRIAN VON KAENEL, Leitfaden zum Arbeitsvertragsrecht, Der Arbeitsvertrag OR 319–362 mit Kommentaren für Lehre und Praxis, 5. Aufl., Zürich 1992.

SUTER Urs/RÜEGG PATRICIA, Das Gleichstellungsgesetz und dessen Bedeutung für den Arbeitgeber, Schweizerischer Treuhänder 3/97, 213 ff.

SUTTER THOMAS, Zivilrechtspflege im Einzelarbeitsvertragsrecht (Art. 343 OR), BJM 1986, 121 ff.

TROXLER DIETER M., Der sachliche Kündigungsschutz nach Schweizer Arbeitsvertragsrecht, Diss. Zürich 1993.
– Sachlicher Kündigungsschutz bei Kündigungen während der Probezeit, ArbR 1992, 47 ff.

TSCHUDI HANS PETER, Der Schutz der Mütter durch das Arbeits- und das Sozialversicherungsrecht, ArbR 1995, 9 ff.

VISCHER FRANK, Der Arbeitsvertrag, in: Schweizerisches Privatrecht, Bd. VII/1/3, 2. Aufl., Basel 1994.
– Fragen aus dem Kollektivarbeitsrecht, AJP 1995, 547 ff.
– Zürcher Kommentar, Art. 356 – 360 OR, Zürich 1983.

WACHTER GUSTAV, Die einvernehmliche Beendigung des Arbeitsverhältnisses im schweizerischen Arbeitsrecht, ArbR 1985, 52 ff.

WEBER DENIS, La protection des travailleurs contre les licenciements en temps inopportun, Diss. Lausanne 1992.

ZINSLI JÖRG MATHIAS, Krankheit im Arbeitsverhältnis, Diss. Zürich 1992.

ZUPPINGER FERDINAND/SCHÄRRER ERWIN/FESSLER FERDINAND/REICH MARKUS, Kommentar zum Zürcher Steuergesetz, Ergänzungsband, 2. Aufl., Bern 1983.

Erster Teil

ARBEITSRECHTLICHE ASPEKTE

§ 1 Von der Kündigung und ihren Wirkungen

Peter Münch

Literaturauswahl: Aubert Gabriel, Le droit des vacances: quelques problèmes pratiques, in: Journée 1990 du droit du travail et de la sécurité sociale, Zürich 1990, 111 ff. (*zitiert:* Aubert, Vacances); *ders.*, La protection des droits – le cas du droit du travail, ZSR 107 (1988) II, 421 ff. (*zitiert:* Aubert, Protection des droits); *ders.*, Quatre cents arrêts sur le contrat de travail, Lausanne 1984 (*zitiert:* Aubert, Arrêts); Brühwiler Jürg, Kommentar zum Einzelarbeitsvertrag, 2. Aufl., Bern 1996; Class Edi/Bischofberger Sabine, Das Arbeitszeugnis und seine «Geheimcodes», Zürich 1993; Flach Robert E., Die «Freistellung» von der Arbeitsleistung nach Kündigung – aus der Sicht von Arbeitgeber und -nehmer, SJZ 90 (1994), 209 ff.; Hofmann Urs, Verzicht und Vergleich im Arbeitsrecht, Zürcher Dissertation, Bern 1985; Janssen Susanne, Die Zeugnispflicht des Arbeitgebers, Zürcher Dissertation, Bern 1996; Koller Thomas, Ordentliche, fristlose und missbräuchliche Kündigung des Arbeitsvertrages, AJP 1995, 1251 ff.; Kuhn René/Koller Gerhard L., Aktuelles Arbeitsrecht für die betriebliche Praxis, Zürich 1982 ff. (Loseblatt); Meier Kurt, Zur Freistellung des Arbeitnehmers, plädoyer 2/1996, 32 ff.; Meyer Jean, Le certificat de travail, ZSR 110 (1991) I, 471 ff.; Müller Roland A., Die einvernehmliche Beendigung des Arbeitsverhältnisses, ArbR 1994, 77 ff. (*zitiert:* Müller, ArbR 1994); *ders.*, Die einvernehmliche Beendigung des Arbeitsverhältnisses, Zürcher Dissertation, Bern 1991 (*zitiert:* Müller, Diss.); Rehbinder Manfred, Berner Kommentar zu Art. 319–355 OR, Bern 1985/1992; Sutter Thomas, Zivilrechtspflege im Einzelarbeitsvertragsrecht (Art. 343 OR), BJM 1986, 121 ff.; Staehelin Adrian, Zürcher Kommentar zu Art. 319–355 OR, Zürich 1984/1996; Streiff Ullin/von Kaenel Adrian, Leitfaden zum Arbeitsvertragsrecht, Der Arbeitsvertrag OR 319–362 mit Kommentaren für Lehre und Praxis, 5. Aufl., Zürich 1992; Vischer Frank, Der Arbeitsvertrag, in: Schweizerisches Privatrecht, Bd. VII/1/3, 2. Aufl., Basel 1994; Wachter Gustav, Die einvernehmliche Beendigung des Arbeitsverhältnisses im schweizerischen Arbeitsrecht, ArbR 1985, 52 ff.

I. Problemübersicht

Jeder Arbeitsvertrag ist auf mehr oder weniger lange Dauer angelegt, begründet mithin ein Dauerschuldverhältnis. Zu seiner Beendigung bedarf es in der Regel[1] der Kündigung. Als einseitige Willenserklärung hängt die Kündigung dem Grundsatz nach einzig vom Willen der kündigenden Partei ab; die Gegenseite hat grundsätzlich «nichts dazu zu sagen»[2]. Jede Vertragspartei entscheidet grundsätzlich allein und frei darüber, ob, wann und wie sie ihr Kündigungsrecht ausüben will[3]. Wie andere

1.1

---

1 Als weitere Beendigungsgründe kommen in Betracht: ein Aufhebungsvertrag (Art. 115 OR; dazu näher unten, Rz. 1.101 ff.); Ablauf der vereinbarten Vertragsdauer (bei befristeten Arbeitsverhältnissen; Art. 334 Abs. 1 OR; vgl. dazu auch unten, Rz. 1.7 ff. und 2.7 ff.); der Tod des Arbeitnehmers (Art. 338 OR); der Tod des Arbeitgebers, falls das Arbeitsverhältnis wesentlich mit Rücksicht auf dessen Person eingegangen worden ist (Art. 338a OR).
2 Streiff/von Kaenel, N 2 zu Art. 335.
3 Das Kündigungsrecht ist dogmatisch bei den Gestaltungsrechten einzuordnen. Siehe auch unten, Rz. 1.16.

Peter Münch

Freiheiten unterliegt diese *Kündigungsfreiheit* jedoch im Hinblick auf die berechtigten Interessen der anderen Vertragspartei gewissen Beschränkungen[4].

1.2 Ein grosser Teil der Bevölkerung ist für den Lebensunterhalt auf den Verdienst aus unselbständiger Arbeit angewiesen. Die Kündigung eines Arbeitsverhältnisses wirft daher, insbesondere wenn sie vom Arbeitgeber ausgeht, regelmässig Fragen des *Sozialschutzes* auf. Dieser Situation trägt die Rechtsordnung auf verschiedenen Ebenen Rechnung[5]. Im Bereich des Rechts des Einzelarbeitsvertrages stehen sowohl die Vorschriften über den Kündigungsschutz (dazu unten, § 2) und über die Massenentlassungen (dazu unten, § 3), als auch zahlreiche weitere Bestimmungen im Dienste sozialpolitischer Anliegen.

1.3 Das Recht der Kündigung ist durch eine verhältnismässig *hohe Regelungsdichte* gekennzeichnet. Aus praktischer Sicht ist namentlich zu beachten, dass das Gesetz

– die *Gültigkeit* der Kündigung an verschiedene Voraussetzungen knüpft (Rz. 1.5 ff),
– in bezug auf die *Wirkungen* der Kündigung verschiedene Spezialregeln vorsieht (Rz. 1.23 ff.) und
– *Verfahrens*vorschriften enthält, die dem Arbeitnehmer – als dem in aller Regel sozial schwächeren Vertragspartner – die Durchsetzung seiner Ansprüche erleichtern sollen (Rz. 1.109 ff.).

1.4 In der Praxis wichtige *Alternativen zur Kündigung* sind die Kündigungsdrohung (Rz. 1.98 ff.) und die Auflösung im gegenseitigen Einvernehmen, der Aufhebungsvertrag (Rz. 1.101 ff.).

II. Gültigkeitsvoraussetzungen der Kündigung

1.5 Ist die Gültigkeit einer Kündigung zu beurteilen, so stellt sich zunächst die Frage, ob und wieweit das konkrete Arbeitsverhältnis kündbar ist, d.h. ob es überhaupt durch Kündigung aufgelöst werden kann (Rz. 1.6 ff.). Sodann fragt sich, ob die Kündigung rechtsgenüglich erklärt worden ist (Rz. 1.14 ff.). Schliesslich ist zu prüfen, ob der Gültigkeit der Kündigung keine gesetzlichen Schutzvorschriften entgegenstehen (Rz. 1.21 f.).

---

4 Das schweizerische Recht räumt der Kündigungsfreiheit allerdings einen deutlich höheren Stellenwert ein als die Rechte anderer europäischer Staaten (vgl. den rechtsvergleichenden Überblick bei DIETER M. TROXLER, Der sachliche Kündigungsschutz nach Schweizer Arbeitsvertragsrecht, Basler Dissertation, Zürich 1993, 24 ff.).

5 Rechtlichen Schutz gegen Kündigungen und ihre Folgen bieten neben den Bestimmungen über den Einzelarbeitsvertrag namentlich auch die Gesetzgebung über die Arbeitslosenversicherung (unten, § 11) sowie das Gleichstellungsgesetz (unten, §§ 7 und 8).

§ 1 Von der Kündigung und ihren Wirkungen

1. Kündbarkeit des Vertrags

a) Ordentliche Kündbarkeit

Kündbar sind zunächst alle *unbefristeten*, d.h. auf unbestimmte Dauer abgeschlossenen *Arbeitsverträge* (Art. 335 Abs. 1 OR). Die Kündbarkeit kann allerdings durch die Vereinbarung einer Minimaldauer eingeschränkt werden. Sieht der Vertrag eine solche vor, so kann er frühestens auf deren Ende hin durch ordentliche Kündigung beendet werden.   1.6

Bei *befristeten Arbeitsverhältnissen* ist zu differenzieren: Ist eine feste Vertragsdauer ohne Kündigungsmöglichkeit vereinbart, so ist eine ordentliche Kündigung grundsätzlich ausgeschlossen[6]. Eine Befristung, der bloss die Bedeutung einer Maximaldauer zukommt, steht dagegen einer ordentlichen Kündigung des Arbeitsverhältnisses nicht entgegen. Wird ein befristetes Arbeitsverhältnis nach Ablauf der vereinbarten – festen oder maximalen – Dauer stillschweigend fortgesetzt, so wandelt es sich zu einem unbefristeten (Art. 334 Abs. 2 OR).   1.7

Verträge, die auf eine *minimale* oder auf eine *maximale Dauer* abgeschlossen sind, werden zum Teil als «unecht befristet» bezeichnet. Diese Terminologie ist unglücklich. Die Frage der Befristung ist von jener der Kündbarkeit scharf zu trennen. Die Vereinbarung einer Minimaldauer tangiert einzig die Kündbarkeit des Arbeitsverhältnisses; eine Befristung im Sinne einer automatischen Vertragsbeendigung durch Zeitablauf vermag sie nicht herbeizuführen. Bei den Verträgen mit einer maximalen Dauer verhält es sich genau umgekehrt: Sie sind zwar frei kündbar, aber befristet, weil sie – sofern vorher keine Kündigung erfolgt ist – automatisch enden, wenn das Ende der Maximaldauer erreicht ist.   1.8

Die Abgrenzung zwischen befristeten und unbefristeten Arbeitsverhältnissen spielt vor allem für die Frage der Anwendbarkeit des gesetzlichen Kündigungsschutzes eine entscheidende Rolle; endet ein Arbeitsverhältnis zufolge Befristung durch blossen Zeitablauf, greifen die Kündigungsschutzvorschriften nicht[7]. Im vorliegenden Zusammenhang interessiert dagegen einzig, wieweit ein Arbeitsverhältnis kündbar ist.

Ob das Arbeitsverhältnis frei, erst von einem bestimmten Zeitpunkt an oder überhaupt nicht gekündigt werden kann, ist auf dem Weg der *Vertragsauslegung* zu ermitteln[8]. Beschränkungen der Kündbarkeit können ausdrücklich vereinbart sein. Sie können sich aber auch aus den Umständen, insbesondere aus dem Zweck der Anstellung ergeben.   1.9

---

6 Nach Ablauf von zehn Jahren besteht allerdings für Arbeitsverhältnisse, die auf längere Dauer abgeschlossen sind, von Gesetzes wegen die Möglichkeit, unter Einhaltung einer Kündigungsfrist von sechs Monaten auf das Ende eines Monats zu kündigen (Art. 334 Abs. 3 OR). – Möglich bleibt ferner eine ausserordentliche Kündigung (unten, Rz. 1.13).

7 Dazu näher unten, Rz. 2.7 ff.

8 Argumentationshilfen bieten hier insbesondere KRAMER, Berner Kommentar, N 100 ff. zu Art. 1 OR und N 10 ff. zu Art. 18 OR; JÄGGI/GAUCH, Zürcher Kommentar, N 329 ff. zu Art. 18 OR; MERZ, Berner Kommentar, N 119 ff. zu Art. 2 ZGB; GAUCH/SCHLUEP, Schweizerisches Obligationenrecht, Allgemeiner Teil, 6. Aufl., Zürich 1995, Bd. I, 277 ff. Rz. 1195 ff.

b) Ausschluss der Kündbarkeit während gesetzlicher Sperrzeiten

1.10 Der zeitliche Kündigungsschutz[9] gemäss Art. 336c und 336d OR bewirkt, dass sonst kündbare Verträge während bestimmter vom Gesetz umschriebener Zeiträume nicht gültig gekündigt werden können. Für die Dauer solcher *Sperrzeiten* ist somit die Kündbarkeit des Arbeitsverhältnisses gewissermassen suspendiert. Die zur Unzeit ausgesprochene Kündigung ist nichtig; sie muss nach dem Ende der Sperrfrist wiederholt werden.

1.11 Das Kündigungshindernis bezieht sich aber nur auf die ordentliche Kündigung. Der Gültigkeit einer *fristlosen Kündigung* steht der zeitliche Kündigungsschutz nicht entgegen. Ist ein Arbeitsverhältnis während einer Sperrzeit fristlos gekündigt worden, so ist es gültig (und mit sofortiger Wirkung) beendet[10].

Das bedeutet:
– dass die Kündigung nach dem Wegfall des Sperrtatbestandes nicht wiederholt zu werden braucht;
– dass der Arbeitnehmer seine Arbeitsleistung nicht mehr anzubieten hat[11];
– dass sich die finanziellen Folgen der Kündigung nach Art. 337c OR bestimmen[12].

Bei der Berechnung des Lohnersatzanspruchs des ohne wichtigen Grund fristlos Entlassenen (Art. 337c Abs. 1 OR) ist indessen zu berücksichtigen, dass der Arbeitgeber erst nach Ablauf der Sperrfrist ordentlich hätte kündigen können[13]. Massgebend ist demnach der Umfang der Lohnfortzahlungspflicht des Arbeitgebers während der Sperrfrist und der sich daran anschliessenden Kündigungsfrist (vgl. Art. 324a OR).

1.12 Ein Kündigungsschutz, der im praktischen Ergebnis einer vorübergehenden Kündigungssperre nahekommen kann, ergibt sich aus *Art. 10 GlG* für die Zeit bis zur Erledigung einer innerbetrieblichen Beschwerde über eine Diskriminierung oder für die Zeit der Hängigkeit eines Verfahrens, mit welchem bei der Schlichtungsstelle oder beim Gericht gleichstellungsrechtliche Ansprüche geltend gemacht werden[14].

c) Ausserordentliche Kündbarkeit

1.13 Nach Art. 337 Abs. 1 OR kann das Arbeitsverhältnis aus wichtigem Grund jederzeit fristlos, d.h. mit sofortiger Wirkung gekündigt werden. Das gilt selbst dann, wenn

---

9 Dazu unten, Rz. 2.40 ff.
10 REHBINDER, N 1 zu Art. 336c OR; STAEHELIN, N 3 zu Art. 336c OR; BRÜHWILER, N II zu Art. 336c OR.
11 Anbieten der Arbeitsleistung ist nach ordentlicher Kündigung Voraussetzung für das Fortbestehen des Lohnanspruchs bis zum Ablauf der Kündigungsfrist (vgl. unten, Rz. 1.49 f.). Bei ungerechtfertigter fristloser Entlassung tritt dagegen an die Stelle des Lohnanspruchs, der zufolge der Beendigung des Arbeitsverhältnisses endet, der Anspruch auf Ersatz dessen, was der Arbeitnehmer bis zum Ablauf der Kündigungsfrist verdient hätte (Art. 337c Abs. 2 OR; unten, Rz. 2.66 f.).
12 Dazu unten, Rz. 2.53 ff.
13 REHBINDER, N 2 zu Art. 337c OR; STAEHELIN, N 7 zu Art. 337c OR; STREIFF/VON KAENEL, N 13 zu Art. 337c OR.
14 Dazu näher unten, Rz. 8.13 ff.

der Vertrag eine feste oder eine minimale Dauer vorsieht. Ohne Einfluss auf die Wirksamkeit der Kündigung bleibt auch, ob sich der Kündigende überhaupt auf einen wichtigen Grund berufen kann, der ihn zur fristlosen Vertragsauflösung berechtigt. Denn auch die ungerechtfertigte fristlose Kündigung ist trotz ihrer Rechtswidrigkeit gültig; sie zieht für die kündigende Partei lediglich indirekte Sanktionen nach sich[15].

2. Rechtsgenügliche Kündigungserklärung

a) Form

Das Gesetz schreibt für die Kündigung an sich *keine besondere Form* vor[16]. Aus Gründen der Beweissicherung ist jedoch zu empfehlen, die Kündigung schriftlich zu erklären oder sie nach mündlicher Erklärung zumindest schriftlich zu bestätigen. Das Kündigungsschreiben sollte dabei der Gegenpartei entweder gegen schriftliche Empfangsbescheinigung ausgehändigt oder frühzeitig (!)[17] mit eingeschriebener Post zugesandt werden.   1.14

Im Arbeitsvertrag oder im Gesamtarbeitsvertrag kann eine bestimmte Form für die Kündigung festgelegt sein, beispielsweise einfache Schriftlichkeit oder Einschreibebrief. Ist dies der Fall, so ist die *vereinbarte Form* zwingend einzuhalten. Eine formwidrig erklärte Kündigung ist in der Regel nichtig, weil vertragliche Formvorschriften vermutungsweise Gültigkeitsvoraussetzungen schaffen (Art. 16 Abs. 1 OR)[18].   1.15

b) Inhalt

In der Kündigungserklärung muss der *Kündigungswille* der kündigenden Partei *hinreichend klar und bestimmt zum Ausdruck kommen*. Es geht nicht an, den Kündigungsempfänger über den Eintritt der Vertragsbeendigung im unklaren zu lassen[19]. Die Kündigung darf deshalb grundsätzlich auch nicht von Bedingungen   1.16

---

15 Unten, Rz. 1.21 und 2.65 ff.
16 Denkbar sind deshalb auch Kündigungen durch konkludentes Verhalten. In der Praxis wird es jedoch meistens an einem hinreichend klaren Ausdruck des Kündigungswillens fehlen (dazu unten, Rz. 1.16).
17 Der Kündigende trägt das Risiko des fristgemässen Zugangs der Kündigung; siehe dazu näher unten, Rz. 1.19 f.
18 Ebenso BRÜHWILER, N 6a zu Art. 335 OR; BRUNNER/BÜHLER/WAEBER, N 8 zu Art. 335 OR; STREIFF/VON KAENEL, N 8 zu Art. 335 OR; a.M. REHBINDER, N 5 zu Art. 335 OR; STAEHELIN, N 9 zu Art. 335 OR.
19 Bei Unklarheit wird die Erklärung zulasten des Erklärenden ausgelegt (BRÜHWILER, N 6b zu Art. 335 OR; REHBINDER, N 6 zu Art. 335 OR; STAEHELIN, N 4 zu Art. 335 OR; BRUNNER/BÜHLER/WAEBER, N 4 zu Art. 335 OR).

abhängig gemacht werden; sie ist – wie die Ausübung anderer Gestaltungsrechte – grundsätzlich bedingungsfeindlich[20].

Ungültig, weil in unzulässiger Weise mit einer Bedingung verknüpft, ist die Kündigung beispielsweise, wenn sie für den Fall ausgesprochen wird, dass die Auftragslage sich weiter verschlechtert oder dass die Leistungen des Arbeitnehmers sich nicht verbessern[21]. Als *Beispiele* für Erklärungen, denen sich kein genügend klarer und bestimmter Kündigungswille entnehmen lässt, werden in Lehre und Rechtsprechung etwa genannt:

- «Suchen Sie sich möglichst bald eine neue Stelle.»[22]
- «Sie können gehen, wenn Sie das Personal aufhetzen wollen.»[23]
- «Die Arbeit geht bald zu Ende.»[24]

Ebensowenig genügen impulsive Erklärungen oder Handlungen, die angesichts ihrer Vieldeutigkeit unterschiedlich ausgelegt werden können, wie das Hinausweisen aus dem Büro, die Aufforderung, mit der Arbeit auszusetzen, oder die Zusendung des Zeugnisses[25].

1.17 Ausnahmsweise zulässig ist eine bedingte Kündigung, wenn der Eintritt der Bedingung einzig vom Willen des Gekündigten abhängt[26]; denn hier bleibt der Gekündigte nicht im Ungewissen[27]. Grundsätzlich zulässig ist es insbesondere auch, eine Kündigung für den Fall der Ablehnung einer vorgeschlagenen Vertragsänderung auszusprechen. Man spricht hier von *Änderungskündigung*[28]. Hauptbeispiele sind die Kündung des Arbeitnehmers für den Fall, dass eine Lohnerhöhung ausbleibt, und diejenige des Arbeitgebers für den Fall, dass es der Arbeitnehmer ablehnt, den Tätigkeitsbereich zu wechseln oder für weniger Lohn zu arbeiten.

Nach der bundesgerichtlichen Rechtsprechung sind Änderungskündigungen allerdings dann missbräuchlich im Sinne von Art. 336 OR, wenn die Kündigung als Druckmittel dazu dient, eine für die Gegenpartei belastende Änderung des Vertrags durchzusetzen, die sich sachlich nicht rechtfertigen lässt. Nach Auffassung des Bundesgerichts darf die Kündigung nicht zur Durchsetzung von Lohn- und Arbeitsbedingungen, die sachlich jeder betrieblichen Begründung entbehren, missbraucht werden[29].

---

20 VISCHER, 163; BRÜHWILER, N 2a zu Art. 335 OR; REHBINDER, N 1 zu Art. 335 OR.
21 Vgl. REHBINDER, N 1a zu Art. 335 OR; BRUNNER/BÜHLER/WAEBER, N 4 zu Art. 335 OR.
22 ZR 1948 Nr. 148, 362; STAEHELIN, N 4 zu Art. 335 OR.
23 REHBINDER, N 6 zu Art. 335 OR.
24 STAEHELIN, N 4 zu Art. 335 OR.
25 A.a.O.; vgl. auch REHBINDER, N 6 zu Art. 335 OR.
26 Das gilt beispielsweise für eine Kündigung, die der Arbeitnehmer für den Fall ausspricht, dass der Arbeitgeber einen bestimmten Lohnausfall nicht innert bestimmter Frist bezahlt (STAEHELIN, N 5 zu Art. 335 OR).
27 BRÜHWILER, N 2 zu Art. 335 OR; STAEHELIN, N 5 zu Art. 335 OR; REHBINDER, N 1 zu Art. 335 OR.
28 Zweck der Änderungskündigung ist nicht primär die Beendigung, sondern die inhaltliche Neugestaltung des Arbeitsverhältnisses (VISCHER, 163; BARTH, Die Änderungskündigung im Arbeitsrecht, Diss. Zürich 1990, 23).
29 Zur Veröffentlichung bestimmter BGE vom 22. April 1997; ähnlich bereits BGE 118 II 165; vgl. auch STAEHELIN, N 23 zu Art. 336 OR; a.M. GEISER, BJM 1994, 757 ff.; KOLLER, 1259; BRÜHWILER, N 5 zu Art. 336 OR. – Liegt ein derartiger Kündigungsmissbrauch vor, so berührt dies allerdings die Gültigkeit der Kündigung nicht; es kommen nur indirekte Sanktionen in Betracht (dazu näher unten, Rz. 1.76).

Nicht erforderlich ist für die Gültigkeit der Kündigung, dass der Kündigende sie 1.18
begründet. Auch eine Kündigungserklärung, in der keinerlei Gründe angeführt
werden, ist wirksam[30]. Allerdings verleiht Art. 335 Abs. 2 OR dem Gekündigten
einen Anspruch darauf, dass die Kündigung auf sein Verlangen hin schriftlich
begründet wird[31]. Kommt die kündigende Partei einem entsprechenden Begehren
des Gekündigten nicht nach, so berührt dies jedoch die Gültigkeit der Kündigung
wiederum nicht; es bestehen nur indirekte Sanktionen[32].

c) Zugang

Als empfangsbedürftige Willenserklärung ist die Kündigung erst wirksam, wenn 1.19
sie dem Adressaten zugegangen ist. Zu beweisen hat den Zugang der Kündigende.
Je nach der Form, in der die Kündigung erklärt worden ist, kommen als *Beweismittel*
namentlich in Betracht:

– *Zeugen* bei mündlicher Kündigung;
– schriftliche *Empfangsbestätigung* bei persönlich ausgehändigter schriftlicher Kündigung;
– *Versandbeleg* und *Nachforschung bei den PTT* bei eingeschrieben versandter schriftlicher Kündigung.

Das Kündigungsschreiben geht im *Zeitpunkt* zu, in dem es in den Machtbereich des 1.20
Adressaten gelangt. Das ist bei einem Einschreibebrief der Fall, sobald er dem
Adressaten oder einer zur Entgegennahme befugten und geeigneten Drittperson
ausgehändigt wird[33]. Weigert sich der Adressat oder die angetroffene Drittperson,
die Sendung vom Postbeamten entgegenzunehmen, so gilt sie als im Zeitpunkt der
Annahmeverweigerung zugegangen[34]. Umstritten ist, auf welchen Zeitpunkt eine
in den Briefkasten gelegte Abholungseinladung den Zugang bewirkt: Nach der
einen Auffassung gilt die Zustellung als am ersten Tag der Abholfrist vollendet[35];
nach der andern ist auf den Zeitpunkt abzustellen, in dem die Sendung auf der Post
abgeholt wird, und, falls dies nicht innerhalb der siebentägigen Abholfrist geschieht,
von einer Zustellung am letzten Tag dieser Frist auszugehen[36]. Einigkeit besteht
dagegen wiederum darüber, dass ein Kündigungsschreiben, das der Arbeitgeber

---

30 Ebensowenig schadet eine unvollständige oder unwahre Begründung der Wirksamkeit der Kündigung (BGE 121 III 62).
31 Dazu unten, Rz. 1.78 ff.
32 Unten, Rz. 1.76.
33 BGE 118 II 43 f.
34 BRÜHWILER, N 3b zu Art. 335 OR.
35 REHBINDER, N 8 zu Art. 335 OR; STREIFF/VON KAENEL, N 5 zu Art. 335 OR; KRAMER, Berner Kommentar, N 88 zu Art. 18 OR; JAR 1992, 216; JAR 1986, 115.
36 BRÜHWILER, N 3c zu Art. 335 OR; JAR 1992, 218 ff.; SJZ 1988, 327. – In diese Richtung weist auch die Bundesgerichtspraxis zum Zugang behördlicher Verfügungen (BGE 100 III 3 ff.).

dem Arbeitnehmer während dessen Ferien an die Wohnadresse sendet, grundsätzlich erst im Zeitpunkt zugeht, in dem der Arbeitnehmer nach Hause zurückkehrt; anders verhält es sich nur, wenn der Arbeitnehmer sich während der Ferien zu Hause aufhält oder wenn ihm die Kündigung an die Ferienadresse gesandt wird[37].

3. Kein Verstoss gegen Schutzvorschriften mit Nichtigkeits- oder Anfechtbarkeitsfolge

1.21 Das schweizerische Recht betont den Grundsatz der *Kündigungsfreiheit*. Es respektiert den auf Vertragsbeendigung gerichteten Willen des Kündigenden grundsätzlich auch dort, wo es eine Kündigung missbilligt. In der Regel beendigt daher die Kündigung das Arbeitsverhältnis auch dann, wenn sie gegen Schutzvorschriften des OR oder des Gleichstellungsgesetzes verstösst. Trotz Rechtswidrigkeit gültig und wirksam sind namentlich missbräuchliche Kündigungen (Art. 336 ff. OR)[38], ungerechtfertigte fristlose Kündigungen (Art. 337 ff. OR)[39] und diskriminierende Entlassungen (Art. 3 GlG)[40].

1.22 Es gibt jedoch *zwei Ausnahmen:*

– Nichtig sind ordentliche Kündigungen, die während einer der in *Art. 336c und Art. 336d OR* vorgesehenen Sperrfristen ausgesprochen worden sind[41].
– Anfechtbar sind Rachekündigungen im Sinne von *Art. 10 GlG*[42].

In diesen Fällen gewährt das Gesetz der betroffenen Partei ausnahmsweise einen *Bestandesschutz*.

III. Wirkungen der Kündigung

1.23 Hauptwirkung der gültigen Kündigung ist, dass sie das Arbeitsverhältnis beendigt. Diese Wirkung tritt allerdings bei der ordentlichen Kündigung erst nach Ablauf der Kündigungsfrist ein (Rz. 1.24 ff.). Sofort eintretende Wirkungen ergeben sich aber

---

37 BRUNNER/BÜHLER/WAEBER, N 10 zu Art. 335 OR, gehen einen Schritt weiter: Sie vertreten die Auffassung, dass während der Ferien Kündigungen überhaupt nicht gültig zugestellt werden können, und zwar unabhängig davon, ob der Arbeitnehmer zu Hause bleibt oder nicht. Dies würde jedoch auf eine eigentliche Kündigungssperrfrist für die Ferienzeit hinauslaufen, die der Gesetzgeber in Art. 336c OR nicht vorgesehen hat (wie hier aus diesem Grund STREIFF/VON KAENEL, N 5 zu Art. 335 OR; REHBINDER, N 8 zu Art. 335 OR; BRÜHWILER, N 3c in fine zu Art. 335 OR).
38 Unten, Rz. 2.31.
39 Unten, Rz. 2.65.
40 Unten, Rz. 7.13.
41 Oben, Rz. 1.10 f., und unten, Rz. 2.49.
42 Unten, Rz. 7.14 f. und 8.13 ff.

immerhin insoweit, als das Arbeitsverhältnis mit der Kündigung in eine «Endphase» gelangt, für die gewisse rechtliche Besonderheiten gelten (Rz. 1.37 ff.). In finanzieller Hinsicht wirkt sich die Kündigung nach verschiedenen Richtungen hin aus (Rz. 1.47 ff.). Im weiteren knüpft das Gesetz an den Tatbestand der Kündigung einen Anspruch der gekündigten Partei auf eine schriftliche Kündigungsbegründung (Rz. 1.78 ff.). Der Anspruch auf Ausstellung eines Arbeitszeugnisses besteht dagegen an sich schon im ungekündigten Arbeitsverhältnis; in der Praxis wird er aber häufig erst im Zusammenhang mit einer – geplanten oder bereits erfolgten – Kündigung geltend gemacht (Rz. 1.81 ff.).

1. Vertragsbeendigung

a) Zeitpunkt des Eintritts der Beendigungswirkung

Während das Arbeitsverhältnis bei fristloser Kündigung ein sofortiges Ende nimmt, besteht es bei ordentlicher Kündigung noch bis zum Ablauf der Kündigungsfrist fort. Die Dauer der Kündigungsfrist ergibt sich entweder aus Vertrag (Rz. 1.25 f.) oder – bei Fehlen einer vertraglichen Vereinbarung – aus dem Gesetz (Rz. 1.27). Tritt nach erfolgter Kündigung, aber vor dem Ende der Kündigungsfrist ein Sperrtatbestand im Sinne von Art. 336c Abs. 1 oder Art. 336d Abs. 1 OR ein, verlängert sich die Kündigungsfrist um die Dauer der Sperrzeit (Art. 336c Abs. 2 Satz 2 und Art. 336d Abs. 2 OR), so dass die Vertragsbeendigung entsprechend hinausgezögert wird (Rz. 1.28).

1.24

aa) Vertragliche Kündigungsfristen

Häufig wird die Dauer der Kündigungsfristen im Arbeitsvertrag – oder auch im Gesamtarbeitsvertrag bzw. im Normalarbeitsvertrag – festgelegt. Das Gesetz setzt hier der Vertragsfreiheit allerdings in dreifacher Hinsicht *Schranken:*

1.25

- Es *verbietet unterschiedliche Kündigungsfristen für Arbeitgeber und Arbeitnehmer*; wird diese Vorschrift missachtet, gilt für beide Parteien die längere Kündigungsfrist (Art. 335a Abs. 1 OR).
- Es legt – unter Vorbehalt der Probezeit[43] – eine *zwingende Mindestfrist von einem Monat* fest, die allerdings für das erste Dienstjahr durch Gesamtarbeitsvertrag herabgesetzt werden kann (Art. 335c Abs. 2 Satz 2 OR).

---

43 Für die Probezeit kann die gesetzliche Kündigungsfrist von sieben Tagen durch schriftliche Vereinbarung weiter verkürzt oder gar wegbedungen werden. Die Dauer der Probezeit kann vertraglich auf höchstens drei Monate festgelegt werden (Art. 335b Abs. 2 Satz 2); nach der dispositiven Regel von Art. 335b Abs. 1 Satz 2 beträgt sie einen Monat.

- Es schreibt für Vereinbarungen über die Kündigungsfristen die *Schriftform* vor (Art. 335c Abs. 2 Satz 1 OR); das gilt auch für die Vereinbarung von längeren Fristen, als sie das dispositive Gesetzesrecht vorsieht[44].

Anlass zu Zweifelsfragen ergeben sich in der Praxis insbesondere aus dem *Verbot unterschiedlicher Kündigungsfristen* für Arbeitgeber und Arbeitnehmer. Das liegt daran, dass gewöhnlich nicht offen, sondern in verklausulierter Form gegen die Kündigungsparität verstossen wird. Der Gerichtspraxis lässt sich eine reiche Auswahl von Beispielen entnehmen. So wurde ein Verstoss gegen die Kündigungsparität insbesondere angenommen, wenn der Vertrag zwar vordergründig für beide Parteien die gleiche Kündigungsfrist vorsah, aber

- eine Kündigung nur bei Rückruf des Arbeitnehmers aus dem Ausland möglich war, wobei nur der Arbeitgeber zum Rückruf berechtigt war[45];
- der einen Partei eine Kündigung durch einseitige Vorschriften über eine minimale Vertragsdauer verunmöglicht wurde[46];
- die eine Partei durch ein Konventionalstrafe an der Kündigung gehindert wurde[47];
- das Kündigungsrecht von einer Bedingung abhängig gemacht wurde, deren Eintritt allein vom Willen der kündigenden Partei abhing[48].

Als zulässig erachtet die Gerichtspraxis dagegen im allgemeinen «goldene Fesseln», die sich aus vertraglich vorgesehenen Rückzahlungsverpflichtungen des Arbeitnehmers ergeben, wie sie zuweilen für Ausbildungskosten, Gratifikationen oder Mehrleistungen des Arbeitgebers während Militärdiensten vorgesehen werden[49].

1.26 Die Kündigung ist jeweils auf das Ende eines Monats auszusprechen (vgl. Art. 335c Abs. 1 OR). Nach herrschender Auffassung kann allerdings im Vertrag ein anderer *Kündigungstermin* (z.B. das Ende einer Woche oder gar jeder beliebige Arbeitstag) vorgesehen werden[50].

bb) Gesetzliche Kündigungsfristen

1.27 Wenn im Arbeitsvertrag – oder im Gesamt- bzw. im Normalarbeitsvertrag – keine abweichende Abrede getroffen worden ist, gelten aufgrund des dispositiven Gesetzesrechts (Art. 335b Abs. 1 und Art. 335c Abs. 1 OR) die folgenden *Kündigungsfristen*:

---

44 KOLLER, 1252; REHBINDER, N 4 zu Art. 335c OR.
45 BGE 116 II 152 f.; 108 II 115 ff.
46 BGE 92 II 180 ff.
47 JAR 1990, 230; JAR 1987, 201.
48 BGE 96 II 55. – Bedingungen, deren Eintritt vom Willen der gekündigten Partei abhängt, sind dagegen zulässig (KGer SG in JAR 1988, 266).
49 OGer BL in SJZ 1990, 342; ZH JAR 1990, 230; vgl. auch ZR 1984 Nr. 43; abweichend AppGer GE in JAR 1992, 131 ff.
50 Nach STREIFF/VON KAENEL, N 6 zu Art. 335c; BRÜHWILER, N 3 zu Art. 335c sind abweichende Vereinbarungen über den Kündigungstermin formlos gültig; REHBINDER, N 5 zu Art. 335c OR, hält die Formvorschrift von Art. 335c Abs. 2 Satz 1 OR für anwendbar. – BRUNNER/BÜHLER/WAEBER, N 6 zu Art. 335c, vertreten demgegenüber die Auffassung, der gesetzliche Kündigungstermin sei zwingend.

§ 1 Von der Kündigung und ihren Wirkungen

- in der Probezeit[51]: sieben Tage;
- im ersten Dienstjahr: ein Monat;
- vom zweiten bis zum neunten Dienstjahr: zwei Monate;
- ab dem zehnten Dienstjahr: drei Monate.

Zudem ist zu beachten, dass nach Ablauf der Probezeit als *Kündigungstermin* jeweils nur das Ende eines Monats zulässig ist (Art. 335c Abs. 1 OR)[52].

cc) Verlängerung der Kündigungsfrist infolge Kündigungsschutzes

Art. 336c und 336d OR sehen bestimmte Kündigungssperrzeiten vor[53]. So darf der Arbeitgeber das Arbeitsverhältnis beispielsweise nicht während eines obligatorischen Militärdienstes oder während einer krankheits- oder unfallbedingten Arbeitsunfähigkeit des Arbeitnehmers auflösen (Art. 336c Abs. 1 lit. a und b OR); ausgeschlossen ist weiter die Kündigung gegenüber einer Arbeitnehmerin während einer Schwangerschaft und in den 16 Wochen nach der Niederkunft (Art. 336c Abs. 1 lit. c OR). Kündigungen, die in einer solchen Sperrfrist ausgesprochen werden, sind nichtig[54]. Tritt hingegen der Tatbestand, der die *Sperrfrist* auslöst, erst ein, *wenn das Arbeitsverhältnis bereits gekündigt ist*, bleibt die Kündigung zwar gültig, doch verlängert sich die Kündigungsfrist. Nach Art. 336c Abs. 2 Satz 2 OR ruht der Lauf der Kündigungsfrist während der Dauer der Sperrfrist. Die Kündigungsfrist läuft erst weiter, wenn die Sperrfrist beendet ist, und das Arbeitsverhältnis endet erst auf den Kündigungstermin[55], der auf das Ende der verlängerten Kündigungsfrist folgt (Art. 336c Abs. 3 OR)[56].

1.28

b) Nebenfolgen der Vertragsbeendigung

Mit dem Ende des Arbeitsverhältnisses enden die Hauptpflichten der Vertragsparteien, d.h. die Pflicht des Arbeitnehmers zur Arbeitsleistung und die Pflicht des Arbeitgebers zur Lohnzahlung (vgl. Art. 319 Abs. 1 OR). Im weiteren zeitigt die Vertragsbeendigung eine Reihe von Nebenfolgen:

1.29

- Sie bewirkt die Fälligkeit von bis dahin noch nicht fälligen Forderungen aus dem Arbeitsverhältnis (Rz. 1.30 ff.);

---

51 Die Probezeit dauert nach der dispositiven Regel von Art. 335b Abs. 1 Satz 2 OR einen Monat; durch schriftliche Vereinbarung kann sie auf höchstens drei Monate verlängert werden (Art. 335b Abs. 2 Satz 2 OR).
52 Vgl. auch oben, Rz. 1.26.
53 Zeitlicher Kündigungsschutz; siehe dazu näher unten, Rz. 2.40 ff.
54 Vgl. auch oben, Rz. 1.22, und unten, Rz. 2.49.
55 Zum Kündigungstermin oben, Rz. 1.26 f.
56 Zur Berechnung der verlängerten Kündigungsfrist unten, Rz. 2.51 f.

- sie aktualisiert die gegenseitige Herausgabepflicht der Vertragsparteien (Rz. 1.33 f.);
- sie ist Ausgangspunkt für Fortwirkungen der Treuepflicht des Arbeitnehmers (Rz. 1.35 f.).

aa) Fälligkeit der Forderungen aus dem Arbeitsverhältnis

1.30 Art. 339 Abs. 1 OR hält als *Grundsatz* fest, dass alle Forderungen aus dem Arbeitsverhältnis mit dessen Beendigung fällig werden. Die Bestimmung soll eine rasche und vollständige Vertragsabwicklung ermöglichen, was im Interesse beider Parteien liegt[57]. Das Gesetz reiht sie deshalb unter die absolut zwingenden Normen ein (Art. 361 OR).

1.31 *Ausnahmevorschriften* gelten für zwei Kategorien von Forderungen:

- Durch schriftliche Abrede hinausgeschoben werden kann die Fälligkeit von *Provisionsforderungen* auf Geschäften, die ganz oder teilweise nach der Beendigung des Arbeitsverhältnisses erfüllt werden (Art. 339 Abs. 2 OR).

   Entsprechende Vereinbarungen dürfen allerdings die Fälligkeit nicht beliebig hinausschieben. Das Gesetz legt die folgenden *Limiten* fest:

   – in der Regel nicht mehr als 6 Monate;
   – bei Geschäften mit gestaffelter Erfüllung nicht mehr als ein Jahr;
   – bei Geschäften, deren Durchführung mehr als ein halbes Jahr erfordert, nicht mehr als zwei Jahre;
   – bei Versicherungsverträgen ebenfalls nicht mehr als zwei Jahre.

- Keinen Einfluss hat die Vertragsbeendigung auf die Fälligkeit von Forderungen auf einen *Anteil am Geschäftsergebnis* (Art. 339 Abs. 3 OR); solche Forderungen sind nach Art. 323 Abs. 3 OR fällig, sobald das Geschäftsergebnis feststeht, spätestens jedoch sechs Monate nach Ablauf des Geschäftsjahres.

1.32 Mit der Fälligkeit beginnen die *Verjährungsfristen* zu laufen (Art. 130 Abs. 1 OR)[58]. Wenn das Arbeitsverhältnis durch Kündigung aufgelöst wurde, tritt zudem mit seiner Beendigung zusammen mit der Fälligkeit der gegenseitigen Forderungen zugleich auch der *Verzug* ein, ohne dass eine Mahnung erforderlich wäre (Art. 102 Abs. 2 OR)[59].

bb) Herausgabe- und Rückerstattungspflichten

1.33 Auf den Zeitpunkt der Vertragsbeendigung hat jede Partei herauszugeben, was sie für die Vertragsdauer von der andern Partei erhalten[60] und was sie von Dritten für

---

57 STREIFF/VON KAENEL, N 2 zu Art. 339 OR; BRUNNER/BÜHLER/WAEBER, N 1 zu Art. 339 OR.
58 Siehe zur Verjährung im einzelnen unten, Rz. 1.111 ff.
59 REHBINDER, N 24 zu Art. 323 OR und N 1 zu Art. 339 OR; JAR 1981, 220.

Rechnung der andern Partei in Empfang genommen hat (Art. 339a Abs. 1 OR). Lohn- und Auslagenvorschüsse muss der Arbeitnehmer zurückerstatten, soweit sie seine Forderungen gegenüber dem Arbeitgeber übersteigen (Art. 339a Abs. 2 OR).

Hat der Arbeitgeber dem Arbeitnehmer für die Dauer des Arbeitsverhältnisses ein *Mietwohnung*[61] zur Verfügung gestellt, erhebt sich die Frage, ob der Arbeitnehmer die Wohnung nach Art. 339a Abs. 1 OR mit dem Ende des Arbeitsverhältnisses zurückzugeben hat oder ob die längeren mietrechtlichen Kündigungsfristen und der mietrechtliche Kündigungsschutz mit seinen Erstreckungsmöglichkeiten anwendbar sind. Gemäss der Rechtsprechung ist eine Erstreckung nach Mietrecht ausgeschlossen, wenn die Rechtsbeziehungen der Parteien schwergewichtig durch die arbeitsvertraglichen Elemente ihrer Vereinbarungen geprägt sind und die Überlassung des Mietobjekts bloss als untergeordnete Nebenabrede erscheint[62]. Dies dürfte in aller Regel der Fall sein, wenn einem Vollzeitangestellten eine Dienstwohnung überlassen worden ist[63].

Das Gesetz stellt die Rückgabepflicht unter den ausdrücklichen Vorbehalt allfälliger Retentionsrechte nach Art. 895 ff. ZGB (Art. 339a Abs. 3 OR). Zurückbehalten werden können jedoch nur Gegenstände, die gesondert verwertbar sind (Art. 896 Abs. 1 ZGB), was für AHV-Ausweise, Zeugnisse, Schlüssel und ähnliches nicht zutrifft. 1.34

cc) Fortwirkungen der Treuepflicht

Die Treuepflicht des Arbeitnehmers ist nicht Selbstzweck. Sie umfasst eine Reihe vertraglicher Nebenpflichten des Arbeitnehmers, die dessen auf Arbeitsleistung gerichtete Hauptpflicht ergänzen und letztlich der Sicherstellung des Arbeitserfolges dienen. Art. 321a Abs. 1 OR umschreibt die Treuepflicht allgemein dahin, dass der Arbeitnehmer «die berechtigten Interessen des Arbeitnehmers in guten Treuen zu wahren» hat. 1.35

Die wichtigsten konkreten Auswirkungen dieses allgemeinen Grundsatzes finden sich im Gesetz näher geregelt. So ist der Arbeitnehmer aufgrund seiner Treuepflicht insbesondere gehalten,

– Maschinen, Arbeitsgeräte, Anlagen usw. fachgerecht zu bedienen und sie und anderes Material sorgfältig zu behandeln (Art. 321a Abs. 2 OR);
– keine konkurrenzierende Tätigkeit auszuüben (vgl. Art. 321a Abs. 3 OR);
– Geheimnisse des Arbeitgebers, insbesondere Fabrikations- und Geschäftsgeheimnisse, zu wahren (Art. 321a Abs. 4 OR);

---

60 Das Gesetz nennt als Beispiele Fahrzeuge und Fahrausweise (vgl. dazu JAR 1989, 239), wobei mit den Fahrausweisen insbesondere Eisenbahnabonnemente gemeint sind (REHBINDER, N 1 zu Art. 339a OR). Zu denken ist weiter an Originalurkunden des Arbeitnehmers wie Arbeitszeugnisse oder AHV-Ausweise (vgl. JAR 1985, 173). Im Falle eines Arbeitnehmers, der auf Kosten des Arbeitnehmers eine Weiterbildung besucht hatte, wurde die Rückgabepflicht für die Kursunterlagen verneint (JAR 1985, 269 = ZR 1985 Nr. 112).
61 Oder einen Geschäftsraum, den der Arbeitnehmer auch für seine private Nebenerwerbstätigkeit nutzen kann (vgl. BGE 115 II 452 ff.).
62 BGE 115 II 454.
63 AppGer GE in JAR 1991, 383; ausführlich zum Ganzen REHBINDER, N 2 zu Art. 339a OR.

- dem Arbeitgeber Rechenschaft abzulegen über alles, was er bei seiner vertraglichen Tätigkeit für diesen von Dritten erhält, und ihm alles sofort herauszugeben (Art. 321b Abs. 1 OR);
- dem Arbeitgeber herauszugeben, was er in Ausübung seiner vertraglichen Tätigkeit hervorbringt (Art. 321b Abs. 2 sowie Art. 332 f. OR);
- Überstundenarbeit[64] zu leisten, wenn dies notwendig sowie für ihn möglich und nach Treu und Glauben zumutbar ist (Art. 321c Abs. 1 OR).

1.36 Da die Treuepflicht die Arbeitsleistungspflicht des Arbeitnehmers ergänzt, dauert sie grundsätzlich nur so lange, wie diese besteht. Mit der Beendigung des Arbeitsverhältnisses endet grundsätzlich auch die Treuepflicht. Das gilt namentlich für aus der Treuepflicht fliessende Handlungspflichten des Arbeitnehmers.

Ausnahmen fallen einzig für Unterlassungspflichten in Betracht. Nach *Art. 321a Abs. 4 OR* wirkt insbesondere die Pflicht des Arbeitnehmers zur Wahrung von Geheimnissen des Arbeitgebers – wenn auch in abgeschwächter Form – über das Ende des Arbeitsverhältnisses hinaus fort: Der Arbeitnehmer «bleibt zur *Verschwiegenheit* verpflichtet, soweit es zur Wahrung der berechtigten Interessen des Arbeitgebers erforderlich ist».

Im weiteren können sich Nachwirkungen der Treuepflicht aus *vertraglichen Vereinbarungen* ergeben. Die Parteien können namentlich – in den vom Gesetz gezogenen Schranken (Art. 340 ff. OR) – Konkurrenzverbote vereinbaren[65] oder Umfang und Tragweite der nachvertraglichen Verschwiegenheitspflicht näher regeln.

2. Rechtslage in der Zeit zwischen Kündigung und Ablauf der Kündigungsfrist

1.37 Nach einer ordentlichen Kündigung besteht das Arbeitsverhältnis grundsätzlich mit allen Rechten und Pflichten, die sich aus ihm für die Parteien ergeben, bis zum Ablauf der Kündigungsfrist fort. Das bedeutet insbesondere, dass der Arbeitnehmer zur Arbeitsleistung und der Arbeitgeber zur Lohnzahlung verpflichtet bleiben. Dennoch weist das gekündigte gegenüber dem ungekündigten Arbeitsverhältnis einige Besonderheiten auf.

a) Freizeit für die Stellensuche

1.38 Nach Art. 329 Abs. 3 OR ist dem Arbeitnehmer nach erfolgter Kündigung die erforderliche Zeit für das Aufsuchen einer neuen Arbeitsstelle zu gewähren. Dieser Freizeitanspruch besteht grundsätzlich unbesehen darum, ob der Arbeitgeber oder der Arbeitnehmer gekündigt hat[66]. Ging die Kündigung vom Arbeitnehmer selbst

---

64 Zur Vergütung, die dem Arbeitnehmer für Überstunden zusteht, unten, Rz. 1.56 ff.
65 Dazu unten, § 5.
66 REHBINDER, N 18 zu Art. 329 OR; STAEHELIN, N 18 zu Art. 329 OR.

aus, wird allerdings die Stellensuche in der Regel bereits weitgehend abgeschlossen sein, so dass sich der Bedarf an Freizeit entsprechend reduziert.

Das *Ausmass* der zu gewährenden Freizeit hängt von den konkreten Umständen ab, insbesondere von der Dauer der Kündigungsfrist und von der Situation auf dem Arbeitsmarkt. Als üblich wird für Durchschnittsfälle im allgemeinen ein halber Tag pro Woche bezeichnet, wobei diese Zeit allenfalls in zweimal zwei Stunden aufgeteilt oder für zwei Wochen zu einem ganzen Tag zusammengefasst werden kann[67]. 1.39

Der Arbeitnehmer hat beim Freizeitbezug auf die betrieblichen Interessen des Arbeitgebers Rücksicht zu nehmen. Er darf die Freizeit nicht eigenmächtig beziehen, sondern hat sich vorgängig mit dem Arbeitgeber über den Zeitpunkt der Absenz zu verständigen. Bleibt der Arbeitnehmer trotz begründeter Weigerung des Arbeitgebers der Arbeit fern, kann dies einen Grund zur fristlosen Entlassung darstellen[68]. 1.40

Der Arbeitnehmer ist nicht verpflichtet, dem Arbeitgeber anzugeben, bei welcher Firma er sich vorstellen möchte, gehört dies doch zu seiner Geheimsphäre. Der Arbeitgeber darf deshalb seine Zustimmung zum Freizeitbezug grundsätzlich nicht von einer derartigen Angabe abhängig machen[69]. Eine solche Bedingung rechtfertigt sich höchstens dann, wenn konkrete Anzeichen dafür bestehen, dass der Arbeitnehmer die Freizeit zweckwidrig, d.h. gar nicht für die Stellensuche, sondern für anderes einzusetzen beabsichtigt.

b) Ferienbezug während der Kündigungsfrist

Um dem Arbeitnehmer die Erholung zu sichern, der die Ferien dienen sollen, verbietet Art. 329d Abs. 2 OR grundsätzlich die Abgeltung des Ferienanspruchs durch Geldleistungen oder andere Vergünstigungen. Nach einer Kündigung wird jedoch der Erholungszweck von Ferien oft dadurch in Frage gestellt, dass der Arbeitnehmer sich der Suche einer neuen Stelle widmen muss. Die Lösung der Interessengegensätze, die sich daraus ergeben, bietet häufig erhebliche Schwierigkeiten. Zu unterscheiden sind zwei Fragen: Einerseits fragt sich, wieweit der Arbeitnehmer *verpflichtet* werden kann, während der Kündigungsfrist Ferien zu beziehen (Rz. 1.42); andererseits stellt sich die Frage, wieweit der Arbeitnehmer während der Kündigungsfrist zum Bezug von Ferien gegen den Willen des Arbeitgebers *berechtigt* ist (Rz. 1.43). 1.41

Die Ausrichtung einer Geldentschädigung bedeutet für den Arbeitgeber eine zusätzliche finanzielle Belastung[70]. Der Arbeitgeber ist daher häufig daran interes- 1.42

---

67 STAEHELIN, N 19 zu Art. 329 OR; BRÜHWILER, N 4a zu Art. 329 OR; REHBINDER, N 18 zu Art. 329 OR; STREIFF/VON KAENEL, N 10 zu Art. 329 OR; BRUNNER/BÜHLER/WAEBER, N 2 zu Art. 329 OR; VISCHER, 85.
68 STAEHELIN, N 18 zu Art. 329 OR; BRÜHWILER, N 4a zu Art. 329 OR.
69 STREIFF/VON KAENEL, N 10 zu Art. 329 OR; REHBINDER, N 18 zu Art. 329 OR.
70 Zur Bemessung der Geldentschädigung unten, Rz. 1.71.

siert, dass der Arbeitnehmer seine Ferien in natura erhält. Er kann den effektiven Bezug der Ferien aber nur insoweit verlangen, als der Arbeitnehmer überhaupt die Möglichkeit hat, sich zu erholen. Das ist ausgeschlossen, soweit der Arbeitnehmer durch die Stellensuche mit Beschlag belegt ist. Wieweit eine Verwirklichung des Erholungszwecks von Ferien trotz der Notwendigkeit der Stellensuche möglich bleibt, ist im Einzelfall aufgrund der gesamten Umstände zu prüfen. Von Bedeutung sind namentlich die Länge der Kündigungsfrist und die Lage des Arbeitsmarktes[71]. In der Gerichtspraxis zeigt sich die Tendenz, der Unvereinbarkeit von Stellensuche und Erholung stärkeres Gewicht beizumessen. Während die ältere Rechtsprechung den Grundsatz betonte, dass die Ferien wenn immer möglich in natura zu beziehen sind[72], sehen die Gerichte in neuerer Zeit den Erholungszweck der Ferien durch die Notwendigkeit der Stellensuche rascher vereitelt[73].

Im Hinblick auf das Erholungsziel verlangt die Gerichtspraxis zudem, dass der Arbeitnehmer über genügend Zeit verfügen muss, um die Ferien angemessen zu planen und zu organisieren[74]. Der Arbeitgeber, der den Arbeitnehmer zum Bezug von Ferien während der Kündigungsfrist verpflichten möchte, hat dies daher rechtzeitig[75] anzukündigen.

1.43 Die Streitlage kann auch umgekehrt sein: Will der Arbeitgeber – etwa im Hinblick auf die fristgemässe Abwicklung eines Auftrages – den Arbeitnehmer während der ganzen Kündigungsfrist noch in seinem Betrieb einsetzen, so fragt sich, ob der Arbeitnehmer darauf bestehen kann, dass ihm die Ferien in natura gewährt werden. Die Antwort hängt davon ab, welche Partei gekündigt hat:

– Wenn die Kündigung vom Arbeitnehmer ausgegangen ist, steht dem Arbeitgeber aufgrund seiner Ferienfestsetzungsbefugnis grundsätzlich das Recht zu, die

---

71 BGer in JAR 1994, 167 f.; KassGer NE in JAR 1994, 168 ff.; AUBERT, Vacances, 130; VISCHER, 90; STREIFF/VON KAENEL, N 11 zu Art. 329c OR.
72 BGE 106 II 152 ff.; 101 II 283 ff.
73 KGer JU in JAR 1996, 147 ff.; KassGer NE in JAR 1994, 168 ff.; ArbGer ZH in JAR 1994, 163 f.; vgl. auch BGE 123 II 85 E. a; 117 II 270 ff.; OGer ZH in JAR 1995, 98 f.
74 OGer ZH in JAR 1995, 98 ff., insbesondere 100 E. 4; AUBERT, Vacances, 130, mit weiteren Rechtsprechungshinweisen; VISCHER, 90, insbesondere Fn. 115, mit zutreffender Kritik an BGE 106 II 152 ff.
75 Für das ungekündigte Arbeitsverhältnis hat sich heute die Auffassung durchgesetzt, dass die Ferien in der Regel mindestens drei Monate im voraus anzukündigen sind (STAEHELIN, N 13 zu Art. 329c OR; REHBINDER, N 11 zu Art. 329c OR; STREIFF/VON KAENEL, N 7 zu Art. 329c OR; BRÜHWILER, N 3 zu Art. 329c OR). Wieweit der Arbeitnehmer, wenn er in gekündigter Stellung ist, eine Verkürzung dieser Ankündigungsfrist in Kauf nehmen muss, ist umstritten. Nach BRÜHWILER (N 5 zu Art. 329c OR) genügt es im gekündigten Arbeitsverhältnis, wenn der Arbeitgeber die Ferien einige Tage im voraus ankündigt. Andere Autoren betonen demgegenüber, dass auch dem gekündigten Arbeitnehmer eine sinnvolle Ferienplanung noch möglich sein muss, sollen die Ferien ihren Erholungszweck erreichen können (VISCHER, 90; STREIFF/VON KAENEL, N 11 zu Art. 329c OR; AUBERT, Vacances, 130).

Gewährung von Ferien während der Zeit, die der Kündigungsfrist entspricht, zu verweigern. Kann er für seine Weigerung stichhaltige betriebliche Gründe anführen, so hat sich der Arbeitnehmer mit einer Geldentschädigung zu begnügen[76].
– Anders verhält es sich, wenn der Arbeitgeber gekündigt hat. Hier geht die Vorschrift von Art. 329d Abs. 2 OR, wonach die geldmässige Abgeltung des Ferienanspruchs grundsätzlich unzulässig ist, der Ferienfestsetzungsbefugnis des Arbeitgebers vor, muss dieser sich doch entgegenhalten lassen, dass es ihm freigestanden hätte, die Kündigung erst zu einem späteren Zeitpunkt auszusprechen, wenn er sich die Verfügbarkeit des Arbeitnehmers für den Zeitraum, auf den sich nunmehr dessen Ferienanspruch konzentriert, noch hätte sichern wollen[77].

c) Freistellung

Vor allem bei höheren Angestellten und bei Aussendienst-Mitarbeitern kommt es häufig vor, dass der Arbeitgeber, wenn er dem Arbeitnehmer kündigt, gleichzeitig auf dessen weitere Arbeitsleistung verzichtet, d.h. den Arbeitnehmer für die Zeit bis zum Ablauf der Kündigungsfrist von der Arbeit freistellt. Hinter einem derartigen Vorgehen können verschiedene *Beweggründe* stehen: Denkbar ist zunächst, dass der Arbeitgeber den Arbeitnehmer eigentlich fristlos entlassen möchte, sich aber nicht genügend sicher ist, ob ein wichtiger Grund vorliegt. Oft greift der Arbeitgeber jedoch auch lediglich aus der Befürchtung heraus, dass der Arbeitnehmer sich nach der ordentlichen Kündigung nicht mehr loyal verhalten könnte, zur Freistellung. Schliesslich kommt es vor, dass der Arbeitnehmer seinen Arbeitsplatz räumen muss, weil der Arbeitgeber den Nachfolger bereits eingestellt hat und ihn ab sofort beschäftigen möchte[78].

1.44

Die Freistellung beendet zwar die Arbeitspflicht des Arbeitnehmers, nicht aber die Lohnzahlungspflicht des Arbeitgebers. Der freigestellte Arbeitnehmer behält grundsätzlich den gesamten *Lohnanspruch* für die Zeit bis zum Ablauf der Kündigungsfrist, ohne dass er seine Arbeitsleistung weiterhin anzubieten hätte. Ein solches Angebot erübrigt sich regelmässig, da der Arbeitgeber ja auf die Arbeitsleistung verzichtet hat. Der Arbeitgeber kann diesen Verzicht auch nicht mehr rückgängig machen. Der freigestellte Arbeitnehmer ist daher nicht verpflichtet, einer Aufforderung des Arbeitgebers, doch wieder zur Arbeit zu erscheinen, Folge zu leisten[79].

1.45

---

76 STREIFF/VON KAENEL, N 11 letzter Absatz zu Art. 329c OR; a.M. AUBERT, Vacances, 132. – Zur Höhe der Geldentschädigung unten, Rz. 1.71.
77 In diesem Sinne auch AUBERT, Vacances, 129.
78 KURT MEIER, 32.
79 Aus diesem Grund hat das Bundesgericht eine fristlose Entlassung als ungerechtfertigt erachtet, die

1.46 Umstritten ist, ob sich der Arbeitnehmer einen *Verdienst aus einer anderweitigen Tätigkeit*, die er während der Kündigungsfrist ausübt, auf seinen Lohnanspruch anrechnen lassen muss. Lehre und kantonale Rechtsprechung haben diese Frage lange Zeit mehrheitlich verneint[80]. In BGE 118 II 139 ff. hat das Bundesgericht nun jedoch anders entschieden: Es ist davon ausgegangen, dass sich der freigestellte Arbeitnehmer in einer ähnlichen Situation befinde wie der fristlos entlassene, und ist gestützt darauf zum Schluss gelangt, dass er sich in Analogie zu Art. 337c Abs. 2 OR anderweitigen Verdienst auf seinen Lohn anrechnen zu lassen habe.

Dieser Auffassung hat sich die Lehre inzwischen weitgehend angeschlossen[81], wenn auch zum Teil mit etwas anderer Begründung[82]. Scharf kritisiert wird der Bundesgerichtsentscheid jedoch von KURT MEIER. Dessen Einwände haben – jedenfalls auf den ersten Blick – einiges für sich. Wird Art. 337c Abs. 2 OR analog herangezogen, so ist in der Tat nicht einzusehen, weshalb nicht auch Abs. 3 derselben Vorschrift, der eine Rechtsverletzungsbusse von bis zu sechs Monatslöhnen vorsieht, Platz greifen soll[83]. KURT MEIER geht jedoch noch einen Schritt weiter: Er hält die analoge Anwendung von Art. 337c OR überhaupt für verfehlt, weil entgegen der Meinung des Bundesgerichts gar keine Gesetzeslücke vorliege, und schlägt vor, statt dessen die Regelung anzuwenden, die das Gesetz über bezahlte Nebenbeschäftigungen enthalte (Art. 321a Abs. 3 OR); aus dieser Regelung ergebe sich, dass der Arbeitnehmer während der Freistellung eine andere Arbeit, sofern es sich nicht um eine konkurrenzierende Tätigkeit handle, unbedenklich annehmen könne, ohne seine Dienstpflicht, von der ihn der Arbeitgeber ja befreit habe, zu verletzen und ohne sich den entsprechenden Verdienst an seinen Lohnanspruch anrechnen lassen zu müssen[84].

Bei seiner Argumentation geht KURT MEIER allerdings – insoweit in Übereinstimmung mit dem Bundesgericht[85] – stets davon aus, dass in der Freistellung kein Annahmeverzug des Arbeitgebers im Sinne von Art. 324 OR liegt. Ob diese Prämisse richtig ist, erscheint indessen als zweifelhaft. Kann es wirklich einen Unterschied machen, ob der Arbeitgeber die Annahme der Arbeitsleistung erst auf deren Angebot durch den Arbeitnehmer hin verweigert, oder ob er sie von sich aus schon zum vornherein verweigert, indem er den Arbeitnehmer freistellt, so dass dieser gar keinen Anlass mehr hat, seine Arbeitsleistung anzubieten? Wesentliches und beiden Fällen gemeinsames Tatbestandselement ist doch die Weigerung des Arbeitgebers, die Arbeitsleistung des Arbeitnehmers anzunehmen. Es leuchtet deshalb nicht ein, nur den ersten Fall und nicht auch den zweiten als Annahmeverzug zu qualifizieren. Richtigerweise muss vielmehr auch auf die Freistellung Art. 324 OR angewendet werden[86]. Nach Abs. 2 dieser Vorschrift muss sich aber der Arbeitnehmer auf den Lohn anrechnen lassen, was er wegen der Verhinderung an der Arbeitsleistung erspart oder durch anderweitige Arbeit erworben oder zu erwerben absichtlich unterlassen hat.

---

gegenüber einer Arbeitnehmerin ausgesprochen wurde, weil sie sich weigerte, die Arbeit wieder aufzunehmen, nachdem die Arbeitgeberin ihr unter Freistellung gekündigt hatte (unveröffentlichtes Urteil vom 11.10.1994, Nr. 4C.246/1994).

80 Siehe die Hinweise bei KURT MEIER, 33 Fn. 3, und bei STREIFF/VON KAENEL, N 13 letzter Absatz zu Art. 324 OR; vgl. ferner auch FLACH, 210.
81 Siehe etwa FLACH, passim; VISCHER, 166; REHBINDER, N 12 zu Art. 335 OR; URS LEU, in: recht 1993, 67 ff.
82 BRÜHWILER, N 10 zu Art. 324 OR; STAEHELIN, N 29 zu Art. 335 OR.
83 KURT MEIER, 35.
84 A.a.O., 36.
85 BGE 118 II 140 E. 1a.
86 So auch BRÜHWILER, N 10 zu Art. 324 OR und STAEHELIN, N 29 zu Art. 335 OR.

Der bundesgerichtlichen Rechtsprechung ist demnach zwar nicht in der Begründung, wohl aber im Ergebnis grundsätzlich zuzustimmen. Zu präzisieren bleibt allerdings, dass Art. 324 OR den Tatbestand der Freistellung nur unvollständig erfasst. Denn in der Freistellung liegt nicht nur ein Annahmeverzug; dieser ist vielmehr zusätzlich mit einer Kündigung verknüpft, womit die Freistellung zu einem eigentlichen «Rauswurf» wird und in die Nähe einer fristlosen Entlassung gerät. Eine Kündigung unter Freistellung kann den Arbeitnehmer in seinem wirtschaftlichen Fortkommen erheblich behindern. Die Freistellung bringt dem Arbeitnehmer somit nicht nur den Vorteil frei verfügbarer, anderweitig einsetzbarer Arbeitszeit, sondern vor allem auch Nachteile, die im Einzelfall unter Umständen erheblich stärker ins Gewicht fallen können als jener Vorteil. Dem gilt es bei der Anwendung von Art. 324 Abs. 2 OR Rechnung zu tragen. Der Grundgedanke dieser Vorschrift liegt darin, dass sich der Arbeitnehmer infolge der ersparten Erfüllung seiner Arbeitspflicht nicht bereichern können soll[87]. Soweit aber dem Arbeitnehmer durch die Freistellung geldwerte Nachteile entstehen, die einen allfälligen während der Freistellung erworbenen Zusatzverdienst auf- oder überwiegen, kann keine Rede davon sein, dass er infolge des Entfallens seiner Arbeitspflicht bereichert wäre. Eine Gesetzesauslegung und -anwendung, die dem Grundgedanken von Art. 324 Abs. 2 OG gerecht werden soll, setzt deshalb voraus, dass bei der Frage, ob und wieweit sich der freigestellte Arbeitnehmer anderweitigen Verdienst auf seinen Lohn anrechnen zu lassen hat, in die Beurteilung nicht nur die Vorteile, sondern auch die Nachteile einbezogen werden, die für ihn mit der Freistellung verbunden sind. Soweit sich diese Nachteile ziffernmässig nicht nachweisen lassen, was häufig der Fall sein wird, sind sie vom Gericht in analoger Anwendung von Art. 42 Abs. 2 OR zu schätzen.

3. Finanzielle Folgen der Kündigung

Das Ende des Arbeitsverhältnisses bildet regelmässig Anlass für die Geltendmachung einer Reihe verschiedenartiger Geldforderungen. Da das Recht des Arbeitsvertrages eine Vielzahl von Rechtstiteln kennt, aus denen sich Geldansprüche der Vertragsparteien ergeben können, kommt es im Einzelfall häufig zu komplizierten Abrechnungsverhältnissen.

1.47

Um aufwendigen Abrechnungsstreiten aus dem Weg zu gehen, unterzeichnen die Parteien zuweilen *Saldoklauseln*[88]. In diesem Zusammenhang gilt es zu beachten, dass der Arbeitnehmer nach Art. 341 Abs. 1 OR während der Dauer des Arbeitsverhältnisses sowie während eines Monats nach dessen

---

87 Vgl. STAEHELIN, N 32 zu Art. 324 OR.
88 Dazu näher REHBINDER, N 6 ff. zu Art. 341 OR; ausführlich HOFSTETTER, 87 ff. sowie RENZ, Die Saldoquittung und das Verzichtsverbot im schweizerischen Arbeitsrecht, Diss. Zürich 1979; vgl. ferner auch MÜLLER, Diss., 124 ff.

Beendigung nicht wirksam auf Forderungen verzichten kann, die sich aus zwingenden Gesetzesvorschriften oder aus unabdingbaren Bestimmungen eines Gesamtarbeitsvertrages ergeben[89].

a) Restlohnforderungen

1.48 Unter den Geldansprüchen des Arbeitnehmers fällt in aller Regel derjenige auf Lohn betragsmässig am stärksten ins Gewicht. Lohnforderungen spielen daher in rechtlichen Auseinandersetzungen, die sich an die Beendigung von Arbeitsverhältnissen anschliessen, häufig eine wichtige Rolle. Anlass zu Streit kann einerseits die Frage nach dem zeitlichen Umfang der Lohnberechtigung (Rz. 1.49 ff.), anderseits diejenige nach dem massgebenden Ausgangsbetrag (Rz. 1.52 ff.) bieten.

aa) Zeitlicher Umfang des Lohnanspruchs

1.49 Der Lohn ist grundsätzlich für die ganze Zeit bis zum Ablauf der Kündigungsfrist geschuldet. Der Lohnanspruch setzt dabei allerdings voraus, dass der Arbeitnehmer seine Arbeitsleistung weiterhin erbringt oder zumindest anbietet[90]. Da der Arbeitsvertrag ein Austauschvertrag ist, gilt der Grundsatz: *ohne Arbeit kein Lohn.*

1.50 *Ausnahmen* bestehen, wenn der Arbeitgeber sich im Annahmeverzug befindet oder wenn er den Arbeitnehmer freigestellt hat[91]. Diesfalls erübrigt es sich für den Arbeitnehmer, die Arbeitsleistung anzubieten. Er behält seinen Lohnanspruch, obschon er die Arbeit nicht erbringt und nicht erbringen kann. Bei Annahmeverzug des Arbeitgebers hat er sich jedoch auf den Lohn anrechnen zu lassen, was er wegen der Verhinderung an der Arbeitsleistung erspart oder durch anderweitige Tätigkeit erworben oder zu erwerben absichtlich unterlassen hat (Art. 324 Abs. 2 OR). Entsprechendes gilt mit gewissen Einschränkungen auch im Falle der Freistellung[92].

1.51 Lohnansprüche trotz fehlender Arbeitsleistung ergeben sich auch, wenn der Arbeitnehmer oder die Arbeitnehmerin unverschuldet wegen *Krankheit oder Unfall* arbeitsunfähig oder wegen *Schwangerschaft oder Niederkunft* an der Arbeit verhindert ist. Die Lohnfortzahlungspflicht des Arbeitgebers ist hier jedoch zeitlich begrenzt. Ihre Dauer hängt namentlich von der Dauer des Arbeitsverhältnisses ab. Die gesetzliche Regelung lässt dabei dem Ermessen der Gerichte weiten Raum. Nach Art. 324a Abs. 1 OR setzt die Lohnfortzahlungspflicht voraus, dass das Arbeitsverhältnis mehr als drei Monate gedauert hat oder für mehr als drei Monate eingegangen worden ist. Absatz 2 der gleichen Bestimmung sieht vor, dass der

---

89 Vgl. dazu auch unten, Rz. 1.110.
90 Zur Form des Arbeitsangebots STAEHELIN, N 4 ff. zu Art. 324 OR.
91 Vgl. oben, Rz. 1.44 ff.
92 Vgl. oben, Rz. 1.46.

§ 1 Von der Kündigung und ihren Wirkungen

Arbeitgeber den Lohn im ersten Dienstjahr während dreier Wochen und nachher während einer «angemessenen längeren Zeit» weiter zu entrichten hat, «je nach der Dauer des Arbeitsverhältnisses und den besonderen Umständen»[93].

bb) Lohnhöhe

Die Lohnhöhe richtet sich in erster Linie nach dem *Vertrag* der Parteien. Lohnabreden lassen sich unterschiedlich gestalten. Meistens wird *Zeitlohn* vereinbart, der durch die Festlegung einer Zeiteinheit (Stunde, Tag, Woche, Monat) und eines darauf bezogenen Lohnansatzes bestimmt wird. Der Zeitlohn ist unabhängig vom Arbeitsresultat geschuldet. Ungenügende Arbeitsleistung des Arbeitnehmers berechtigt den Arbeitgeber nicht zu Lohnkürzungen. Hingegen kann der Zeitlohn bei Fehlstunden gekürzt werden[94].   1.52

Anders verhält es sich, wenn *Akkordlohn* vereinbart ist. Hier bemisst sich die Entlöhnung nach dem Arbeitsergebnis. Arbeitet der Arbeitnehmer ausschliesslich im Akkordlohn und dies ausschliesslich für einen Arbeitgeber, so hat er Anspruch darauf, dass ihm genügend Arbeit[95] zugewiesen wird (Art. 326 Abs. 1 OR)[96]. «Genügend» bedeutet dabei soviel, als der Arbeitnehmer während der vertraglichen Arbeitszeit bewältigen kann[97]. Lässt es der Arbeitgeber an genügender Arbeitszuweisung fehlen, gerät er in Annahmeverzug (vgl. Art. 324 OR) mit der Folge, dass er trotz fehlender Gegenleistung zur Lohnzahlung verpflichtet bleibt[98].

Der vertraglich vereinbarte Lohn umfasst neben dem Grundlohn häufig weitere Lohnbestandteile, an die bei der Geltendmachung von Lohnansprüchen jeweils ebenfalls zu denken ist. In Betracht fallen insbesondere   1.53

– ein dreizehnter Monatslohn,
– Zulagen verschiedener Art (Schicht-, Gefahren-, Familien-, Teuerungszulagen usw.),
– Spesenvergütungen,
– Gewinn- oder Umsatzbeteiligungen (Art. 322a OR)[99],
– Provisionen (Art. 322b f. OR)[100],
– Leistungsprämien.

Vom Lohn zu unterscheiden sind dagegen Gratifikationen[101].

---

93 Dazu näher unten, Rz. 2.53 ff.
94 STAEHELIN, N 5 zu Art. 322 OR.
95 Möglich ist dabei auch die ersatzweise Zuweisung von Zeitlohnarbeit (siehe Art. 326 Abs. 2 und 3 OR).
96 Bei den in der Praxis häufigen Mischsystemen zwischen Akkord- und Zeitlohn greift die Vorschrift nicht (STAEHELIN, N 5 zu Art. 326 OR).
97 STAEHELIN, N 8 zu Art. 326 OR.
98 Siehe im einzelnen STAEHELIN, N 9 f. zu Art. 326 OR.
99 Vgl. dazu auch oben, Rz. 1.31.
100 Vgl. dazu auch oben, Rz. 1.31.
101 Zur Abgrenzung unten, Rz. 1.65.

1.54 Fehlt es an einer einzelvertraglichen Vereinbarung, so bestimmt sich der Lohn nach dem Gesamt- oder Normalarbeitsvertrag oder, wenn kein solcher anwendbar ist, nach der *Übung* (Art. 322 Abs. 1 OR). Massgebend ist primär die Betriebsübung; subsidiär ist auf die Branchen- oder Ortsübung abzustellen[102]. Der übliche Lohn umfasst nicht nur den Grundlohn, sondern auch die üblichen Zulagen. Bei der Lohnbemessung sind die beruflichen Voraussetzungen des Arbeitnehmers mitzuberücksichtigen[103]. Im einzelnen bleibt weiter Raum für richterliches Ermessen[104].

1.55 Einen gegenüber der einzelvertraglichen Vereinbarung höheren Lohn kann der Arbeitnehmer oder die Arbeitnehmerin beanspruchen, wenn der vereinbarte Lohn

– einen gesamtarbeitsvertraglichen Mindestlohn[105] unterschreitet oder
– dem Gebot der Lohngleichheit zwischen Frau und Mann[106] widerspricht (Art. 4 Abs. 2 Satz 3 BV).

b) Überstundenvergütungen

1.56 Für geleistete und nicht durch Freizeit ausgeglichene Überstunden steht dem Arbeitnehmer – vorbehältlich anderer schriftlicher Vereinbarung – eine spezielle Vergütung zu (Art. 321c Abs. 3 OR). Aus unterschiedlichen Gründen werden Überstundenvergütungen häufig erst aus Anlass der Vertragskündigung geltend gemacht. Der Arbeitgeber, der sich plötzlich mit den – oft beträchtlichen – Forderungen aus über längere Zeit hinweg aufgelaufenen Überstunden konfrontiert sieht, leistet in der Regel entsprechend starken Widerstand. An Fragen, die zum Gegenstand rechtlicher Auseinandersetzungen werden können, mangelt es nicht. Der Arbeitnehmer vermag Ansprüche aus Überstunden nur durchzusetzen,

– wenn und soweit eine besondere Überstundenvergütung nicht vertraglich begrenzt oder wegbedungen ist (Rz. 1.57);
– wenn er beweisen kann, dass und in welchem Umfang er Überstunden geleistet hat (Rz. 1.58 und 1.59);

---

[102] REHBINDER, N 12 zu Art. 322 OR; STREIFF/VON KAENEL, N 7 zu Art. 322 OR.
[103] STREIFF/VON KAENEL, N 7 zu Art. 322 OR.
[104] Übersicht über die Gerichtspraxis bei STREIFF/VON KAENEL, N 10 zu Art. 322 OR.
[105] Vgl. dazu FRANK VISCHER, Zürcher Kommentar (1983), N 74 ff. zu Art. 356 OR. – Der im GAV festgelegte Mindestlohn gehört zu den unabdingbaren Vorschriften im Sinne von Art. 341 Abs. 1 OR (a.a.O., N 11 zu Art. 357 OR). – Allgemeinverbindlich erklärte GAV-Bestimmungen über die Lohnhöhe haben die Wirkung von staatlichen Mindestlohnvorschriften (a.a.O., N 95 zu Art. 356b OR). Im übrigen kennt das schweizerische Recht keine vom Staat gesetzlich vorgeschriebenen Mindestlöhne (STAEHELIN, N 19 zu Art. 322 OR; REHBINDER, N 6 zu Art. 322 OR; VISCHER, 99 ff.).
[106] Vgl. dazu STAEHELIN, N 20 ff. zu Art. 322 OR; REHBINDER, N 7 zu Art. 322 OR; VISCHER, 101 ff.; BRÜHWILER, N 11 f. zu Art. 322 OR; GEORG MÜLLER, in: Kommentar zur Bundesverfassung der Schweizerischen Eidgenossenschaft, Basel 1995, N 141 ff. zu Art. 4; Übersicht über die Gerichtspraxis bei STREIFF/VON KAENEL, N 21 zu Art. 322 OR.

– wenn die Überstunden vom Arbeitgeber im voraus angeordnet oder nachträglich genehmigt worden sind oder in dessen Interesse objektiv notwendig waren (Rz. 1.60);
– wenn die Überstunden nicht durch Freizeit ausgeglichen worden sind (Rz. 1.61);
– wenn die Geltendmachung der Überstundenvergütung nicht als rechtsmissbräuchlich erscheint (Rz. 1.62).

Ausserdem kann streitig sein, ausgehend von welchem Grundbetrag und zu welchem Ansatz die Überstundenvergütung zu berechnen ist (Rz. 1.63).

Die Vergütung, die der Arbeitnehmer für Überstunden beanspruchen kann, besteht nach Art. 321c Abs. 3 OR aus dem Normallohn und einem Zuschlag von 25%. Die Parteien können jedoch *abweichende vertragliche Regelungen* treffen, sei es durch einzelvertragliche Abrede, sei es auf kollektiver Ebene in einem Normal- oder Gesamtarbeitsvertrag. Das Gesetz schreibt für solche Vereinbarungen lediglich die Schriftform zwingend vor. Inhaltlich sind der Vertragsfreiheit grundsätzlich[107] keine Grenzen gesetzt[108]. Es ist möglich, den Betrag der Überstundenvergütung anders festzusetzen, ihre Geltendmachung an Verwirkungsfristen zu knüpfen oder den Anspruch auf eine besondere Entschädigung überhaupt auszuschliessen. Vereinbarungen, wonach die Vergütung für Überstundenarbeit im Monatslohn bereits inbegriffen ist, können vor allem dort sinnvoll sein, wo es periodisch zu – nach Zeitpunkt und Umfang voraussehbaren – Überstunden kommt[109]. 1.57

Überstunden entstehen, wenn der Arbeitnehmer über die gewöhnliche Arbeitszeit hinaus Arbeit leistet[110]. Entscheidendes Begriffsmerkmal der Überstundenarbeit ist die *Überschreitung der gewöhnlichen Arbeitszeit*[111]. Was als gewöhnliche Arbeitszeit zu gelten hat, lässt sich indessen nicht immer leicht bestimmen. Massgebend ist zunächst, was die Parteien ausdrücklich oder stillschweigend vereinbart haben. Die Arbeitszeit kann aber auch im Normal- oder im Gesamtarbeitsvertrag festgelegt sein. Fehlt es an einer vertraglichen Vereinbarung, ist auf die Übung abzustellen, 1.58

---

107 Vorbehalten bleiben einzig die allgemeinen Schranken (Art. 20 OR).
108 Das wird zum Teil als unbefriedigend empfunden. Siehe etwa STREIFF/VON KAENEL, N 7 zu Art. 321c OR.
109 REHBINDER, N 11 zu Art. 321c OR; BRÜHWILER, N 11 zu Art. 321c OR.
110 Ist die Leistung von Überstunden notwendig, so ist der Arbeitnehmer dazu verpflichtet, soweit er sie zu leisten vermag und sie ihm nach Treu und Glauben zugemutet werden kann (Art. 321c Abs. 1 OR). Zu Voraussetzungen und Umfang dieser Pflicht näher: STAEHELIN, N 6 ff. zu Art. 321c OR; REHBINDER, N 2 ff. zu Art. 321c OR; STREIFF/VON KAENEL, N 2 zu Art. 321c OR; BRÜHWILER, N 4 ff. zu Art. 321c OR.
111 Zu unterscheiden ist die Überstundenarbeit von der *Überzeitarbeit*, bei der nicht bloss die gewöhnliche Arbeitszeit, sondern die wöchentliche Höchstarbeitszeit, wie sie das zwingende öffentliche Recht (Arbeitsgesetz und zugehörige Verordnungen) festlegt, überschritten wird.

und zwar in erster Linie auf die Betriebs-, in zweiter Linie auf die Orts- und Branchenübung[112].

1.59 Der *Beweis* für die Erbringung von Überstunden obliegt dem Arbeitnehmer, der daraus einen Anspruch auf Vergütung ableitet (Art. 8 ZGB). Wenn feststeht, dass der Arbeitnehmer regelmässig weit über die gewöhnliche Arbeitszeit hinaus gearbeitet hat, braucht er allerdings nicht jede einzelne Überstunde gesondert nachzuweisen. Vielmehr kann – in analoger Anwendung von Art. 42 Abs. 2 OR – eine richterliche Schätzung von ziffernmässig nicht genau nachweisbaren Überstunden Platz greifen[113]. Dies setzt allerdings voraus, dass der Arbeitnehmer seinen Beweisnotstand nicht eigener Nachlässigkeit zuzuschreiben hat. Hätte er die Beweise mit Stempelkarten oder mit laufenden Aufzeichnungen und Meldungen an den Arbeitgeber rechtzeitig sichern können, besteht kein Grund, ihm mit einer Beweiserleichterung im Sinne von Art. 42 Abs. 2 OR entgegenzukommen[114]. Die Gerichte stellen im allgemeinen eher hohe Anforderungen an den Nachweis der Überstunden. Als hinreichende Belege wurden immerhin regelmässig abgegebene Arbeitsrapporte anerkannt, obschon sie vom Arbeitgeber nicht gegengezeichnet worden waren[115].

1.60 Ein Anspruch auf Vergütung besteht grundsätzlich nur für Überstunden, die der Arbeitnehmer auf *Anordnung* oder zumindest mit *Genehmigung* des Arbeitgebers geleistet hat. Genehmigung ist anzunehmen, wenn der Arbeitgeber um die Leistung der Überstunden wusste, ohne dagegen einzuschreiten[116]. Für gegen den Willen des Arbeitgebers geleistete Überstunden kann der Arbeitnehmer grundsätzlich keine Vergütung beanspruchen[117]. War allerdings der Arbeitgeber oder sein Stellvertreter nicht erreichbar und musste der Arbeitnehmer aufgrund der Umstände nach Treu und Glauben davon ausgehen, dass die Überstunden betrieblich notwendig waren, so ist er für sie auch dann zu entschädigen, wenn der Arbeitgeber ihre Notwendigkeit in der Folge bestreitet.

1.61 Ein *Ausgleich von Überstunden durch Freizeit* ist nur im gegenseitigen Einvernehmen von Arbeitgeber und Arbeitnehmer möglich (Art. 321c Abs. 2 OR). Der Arbeitnehmer kann sich weigern, sich mit Freizeit abfinden zu lassen[118]; er kann auf einer Geldvergütung beharren.

---

112 STAEHELIN, N 2 zu Art. 321c OR.
113 ZR 1981 Nr. 74.
114 KGer SG in JAR 1992, 116 f.; ZR 1987 Nr. 46.
115 ArbGer ZH, Urteil vom 15.3.1989, zitiert bei KUHN/KOLLER, 6.4.4 (Aktualisierung Dez. 1992), Seite 7; vgl. auch STREIFF/VON KAENEL, N 10 zu Art. 321c OR.
116 STREIFF/VON KAENEL, N 10 zu Art. 321c OR, mit Hinweisen auf die Rechtsprechung (JAR 1988, 229; JAR 1985, 120; JAR 1987, 152 und 156; JAR 1989, 121; abweichend JAR 1989, 117).
117 AUBERT, Arrêts, Nr. 66.
118 Versucht der Arbeitgeber, gegen den Willen des Arbeitnehmers einen Freizeitausgleich durchzusetzen, gerät er in Annahmeverzug im Sinne von Art. 324 OR (REHBINDER, N 8 zu Art. 321c OR).

Das gilt grundsätzlich auch bei einer Freistellung. Der im Zusammenhang mit einer Kündigung freigestellte Arbeitnehmer ist nicht verpflichtet, im Hinblick auf die arbeitsfreie Zeit, die ihm die Freistellung verschafft, auf die Vergütung für früher geleistete Überstunden zu verzichten. Die Weigerung, auf einen Freizeitausgleich einzutreten, kann allerdings rechtsmissbräuchlich sein, wenn der Arbeitnehmer für eine sehr lange Frist freigestellt ist[119].

Auf der anderen Seite darf der Arbeitnehmer Überstunden aber auch nicht eigenmächtig «einziehen»[120]. Er hat keinen Anspruch auf Freizeitausgleich.

Die Regelung von Art. 321c Abs. 2 OR hat allerdings dispositiven Charakter. Die Parteien können davon durch – formfrei gültige – Vereinbarung beliebig abweichen[121].

Wird eine Überstundenvergütung erst nachträglich, etwa – wie so oft – erst anlässlich der Beendigung des Arbeitsverhältnisses, verlangt, wehrt sich der Arbeitgeber häufig mit dem Argument, ihre Geltendmachung sei *rechtsmissbräuchlich*. Nach herrschender Auffassung vermag indessen blosser Zeitablauf für sich allein die Annahme von Rechtsmissbrauch nicht zu rechtfertigen[122]. Nach Art. 128 Ziff. 3 OR verjähren Forderungen aus dem Arbeitsverhältnis innert fünf Jahren. Diese Regelung darf nicht auf dem Umweg über Art. 2 Abs. 2 ZGB ausser Kraft gesetzt werden, indem Forderungen aus Überstunden, die nicht sogleich geltend gemacht worden sind, ohne weiteres als rechtsmissbräuchlich taxiert werden. Rechtsmissbrauch darf vielmehr erst angenommen werden, wenn weitere Umstände hinzutreten, aufgrund derer die späte Geltendmachung als gegen Treu und Glauben verstossend erscheint[123]. 1.62

Für die *Berechnung der Überstundenvergütung* zieht die Praxis, wenn keine abweichende Parteivereinbarung besteht, die Grundsätze analog heran, die Art. 35 der Verordnung I zum Arbeitsgesetz[124] für die Entschädigung von Arbeit aufstellt, welche über die im öffentlichen Recht festgelegte wöchentliche Höchstarbeitszeit hinausgeht (Überzeitarbeit). Danach ist bei Zeitlohn vom auf die Stunde berechneten Lohn ohne Orts-, Haushaltungs- und Kinderzulagen auszugehen. Mitzuberücksichtigen ist ein allfälliger 13. Monatslohn. Ausser Betracht bleiben dagegen Gratifikationen. Der Monatslohn (inkl. Anteil 13. Monatslohn) ist sodann auf den Stundenlohn umzurechnen. Diese Umrechnung geschieht wie folgt: Die Anzahl Arbeitsstunden pro Tag wird mit der durchschnittlichen Anzahl Arbeitstage pro Monat – dies sind bei der 5-Tage-Woche 21,75 Tage pro Monat – multipliziert, was 1.63

---

119 BGE 123 III 84 ff.; STREIFF/VON KAENEL, N 11 zu Art. 321c OR.
120 Ansonsten verletzt er seine Arbeitspflicht (REHBINDER, N 8 zu Art. 321c OR).
121 BRÜHWILER, N 7 zu Art. 321c OR; REHBINDER, N 10 zu Art. 321c OR.
122 STREIFF/VON KAENEL, N 10 zu Art. 321c OR; AUBERT, in: SemJud 1986, 293; ArbGer Olten-Gösgen in JAR 1988, 148 ff., E. 4c; SJZ 1984, 11; abweichend wohl BRÜHWILER, N 12d zu Art. 321c OR.
123 Vgl. BGE 116 II 431 Nr. 79 E. 2; 94 II 41 f. E. b.
124 SR 822.111.

die durchschnittliche Anzahl Arbeitsstunden pro Monat ergibt; der Monatslohn wird durch die errechnete Stundenzahl dividiert[125]. Zum auf diese Weise ermittelten Stundenlohn ist schliesslich der Zuschlag von 25% hinzuzurechnen.

c) Gratifikationen

1.64 Mit der Ausrichtung von Gratifikationen verfolgt der Arbeitgeber im allgemeinen den doppelten *Zweck*, seine Mitarbeiter für erbrachte Leistungen zu *belohnen* und sie zu weiteren Leistungen *anzuspornen*. Typischerweise besteht zudem eine gewisse Beziehung zwischen der Höhe der Gratifikation und dem Geschäftserfolg. Von ihrer wirtschaftlichen Funktion her ist die Gratifikation somit gewissermassen eine Mischung von Belohnung und Motivationsspritze, wobei häufig auch der Gedanke einer Erfolgsbeteiligung der Mitarbeiter mitschwingt. Die rechtliche Erfassung dieser vom Wirtschaftsleben hervorgebrachten Erscheinung bietet in verschiedener Hinsicht erhebliche Schwierigkeiten. Besonders heikle Rechtsfragen sind in der Praxis im Zusammenhang mit Gratifikationsforderungen von austretenden Arbeitnehmern anzutreffen.

1.65 Mit Unsicherheiten behaftet ist bereits die *begriffliche Abgrenzung*. Das Gesetz bezeichnet die Gratifikation als Sondervergütung, die der Arbeitnehmer neben dem Lohn bei bestimmten Anlässen, wie Weihnachten oder Abschluss des Geschäftsjahres, ausrichtet (Art. 322d Abs. 1 OR). Daraus ergeben sich zwei Begriffsmerkmale: der Charakter als zum Lohn hinzutretende Sonderleistung des Arbeitgebers und die Ausrichtung bei bestimmten Anlässen. Im übrigen bleibt der Begriff jedoch schillernd. Die Gratifikation ist weder Lohn noch Geschenk, sondern liegt irgendwo zwischen beiden, wobei sie sich je nach konkreter Ausgestaltung mehr dem einen oder mehr dem andern annähert. Wie schon ihr Name verrät, hatte die Gratifikation ursprünglich Schenkungscharakter[126], und sie kann auch heute noch eine rein freiwillige Leistung des Arbeitgebers sein[127]. Die Aussicht des Arbeitnehmers auf eine Gratifikation kann sich jedoch – aufgrund einer ausdrücklichen oder stillschweigenden Vereinbarung – auch zu einem klagbaren Anspruch verdichten[128], der von einem bloss dem Grundsatz nach feststehenden, im übrigen aber vom Ermessen des Arbeitgebers oder von bestimmten Bedingungen abhängigen Anspruch bis zu einem unbedingten Anspruch auf eine Leistung von bestimmter Höhe gehen kann[129]. Kurz: Die Gratifikation ist verschiedenen Stufen der «rechtlichen Verdichtung» zugänglich.

---

125 STREIFF/VON KAENEL, N 12 zu Art. 321c OR.
126 Vgl. VISCHER, 113; STAEHELIN, N 2 zu Art. 322d OR.
127 Auch diesfalls stellt sie jedoch nach heutiger Auffassung keine Schenkung dar, weshalb eine Rückforderung nach Art. 249 OR nicht in Betracht kommt (STAEHELIN, N 2 zu Art. 322d OR).
128 Vgl. unten, Rz. 1.66.
129 Vgl. unten, Rz. 1.67.

§ 1 Von der Kündigung und ihren Wirkungen

Im Hinblick auf die praktischen Konsequenzen äusserst wichtig ist die *Abgrenzung zwischen Gratifikation und Lohn*. Davon, ob eine Leistung als Gratifikation oder als Lohn zu qualifizieren ist, kann insbesondere abhängen, ob sie dem Arbeitnehmer anteilsmässig zusteht, wenn das Arbeitsverhältnis vor dem Anlass endet[130], und ob der Arbeitgeber sie kürzen kann, wenn das Ende des Arbeitsverhältnisses im Zeitpunkt des Anlasses bevorsteht[131]. Da die Gratifikation keine Schenkung an den Arbeitnehmer, sondern eine besondere Form von Entgelt für dessen Arbeitsleistung ist, wird sie im Sozialversicherungsrecht und im Steuerrecht wie Lohn behandelt[132]. Auf privatrechtlicher Ebene ist sie dagegen scharf vom Lohn zu trennen. Über das massgebliche Abgrenzungskriterium besteht allerdings keine Einigkeit. Ob und in welcher Höhe Gratifikationen ausgerichtet werden, hängt häufig vom Eintritt bestimmter Bedingungen, insbesondere von einem guten Geschäftsergebnis ab. Daraus will ein Teil der Lehre ableiten, dass Lohn und keine Gratifikation vorliegt, sobald die Leistung unbedingt geschuldet ist und der Höhe nach zum vornherein feststeht[133]. Andere Autoren gehen demgegenüber davon aus, dass auch Gratifikationsansprüche, deren Höhe durch Parteivereinbarung festgelegt ist, denkbar sind[134]. Diese Auffassung verdient grundsätzlich den Vorzug. Für die Gratifikation ist begriffswesentlich, dass sie nach dem Willen der Parteien als Sondervergütung neben den Lohn treten soll. Dass sie zudem entweder der Höhe nach variabel oder zumindest nur unter bestimmten Bedingungen geschuldet sein müsste, lässt sich der gesetzlichen Definition in Art. 322d Abs. 1 OR nicht entnehmen. Ist die Leistung sowohl dem Grundsatz als auch der Höhe nach fest vereinbart, so ist dies allerdings ein Indiz dafür, dass die Parteien Lohn gewollt haben, auch wenn sie diesen Willen vielleicht unklar zum Ausdruck gebracht haben[135]. Wenn der Arbeitgeber, was meistens der Fall ist, die fragliche Vertragsbestimmung formuliert hat, ist sie so auszulegen, wie sie der Arbeitnehmer in guten Treuen verstehen durfte und musste; bleibt die Auslegung mit Zweifeln behaftet, so ist nach der Unklarheitenregel die für den Arbeitnehmer günstigere Annahme zu treffen, es sei Lohn und nicht eine Gratifikation vereinbart[136].

---

130 Vgl. unten, Rz. 1.68.
131 Vgl. unten, Rz. 1.66.
132 VISCHER, 113, mit Hinweisen; vgl. auch unten, Rz. 12.24.
133 STREIFF/VON KAENEL, N 9 zu Art. 322d OR; – In dieser Richtung auch BGE 109 II 447 f.
134 STAEHELIN, N 6 zu Art. 322d OR; BRÜHWILER, N 7 zu Art. 322d OR; vgl. auch GOTTLIEB G. DELBRÜCK, Die Gratifikation im schweizerischen Einzelarbeitsvertrag, Basler Dissertation, Zürich 1981, 7 Rz. 4.
135 Vgl. etwa den in BGE 109 II 447 f. beurteilten Fall.
136 STREIFF/VON KAENEL, N 10 zu Art. 322d OR, mit zahlreichen Hinweisen auf die kantonale Gerichtspraxis; siehe ferner auch STAEHELIN, N 6 zu Art. 322d OR; BRÜHWILER, N 7 in fine zu Art. 322d OR.

1.66 Ob und wieweit ein *Rechtsanspruch des Arbeitnehmers* darauf besteht, dass ihm der Arbeitgeber bei bestimmtem Anlass eine bestimmte Gratifikation ausrichtet, ist eine Frage der Auslegung des Erklärungsverhaltens der Parteien. Denn einen solchen Anspruch hat der Arbeitnehmer nach Art. 322d Abs. 1 OR nur, «wenn es verabredet ist». Der Kreis der Erklärungen und Handlungen, die in diesem Sinne als rechtsgeschäftliches Erklärungsverhalten relevant werden können, wird in Lehre und Rechtsprechung allerdings ausserordentlich weit gezogen. Ein Gratifikationsanspruch kann sich nicht etwa nur aus einer ausdrücklichen Vereinbarung im Einzel-, Normal- oder Gesamtarbeitsvertrag ergeben. Als Anspruchsgrundlagen fallen vielmehr auch entsprechende Zusicherungen in Stelleninseraten oder in sonstigen Erklärungen des Arbeitgebers in Betracht[137]. Besondere Bedeutung kommt in der Praxis sodann dem konkludenten Handeln zu: Richtet der Arbeitgeber jahrelang, regelmässig und vorbehaltlos Gratifikationen aus, so sehen Lehre und Rechtsprechung darin eine vom Arbeitnehmer stillschweigend akzeptierte Zusicherung künftiger Gratifikationen; nach herrschender Auffassung genügt dazu bereits eine regelmässige Ausrichtung von Gratifikationen während dreier Jahre[138]. Im weiteren wird angenommen, dass der Arbeitnehmer, wenn im Betrieb in bezug auf Gratifikationen eine bestimmte Übung besteht, bei Fehlen einer abweichenden individuellen Vereinbarung nach Treu und Glauben davon ausgehen darf, die Übung gelte auch für ihn. Auf diese Weise wird aus dem «Erklärungsverhalten» der Parteien eine Pflicht des Arbeitnehmers abgeleitet, die Arbeitnehmer hinsichtlich Gratifikationen grundsätzlich gleich zu behandeln[139].

1.67 In bezug auf den *Umfang des Gratifikationsanspruchs* ist ebenfalls zunächst davon auszugehen, was die Parteien ausdrücklich oder stillschweigend vereinbart haben[140]. Die Höhe der Gratifikation kann vertraglich festgelegt sein. Typischerweise ist sie jedoch – in engerem oder in weiterem Umfang – in das Ermessen des Arbeitgebers gestellt. Ein solches Ermessen ist namentlich auch dann anzunehmen, wenn ausdrückliche Parteivereinbarungen fehlen und sich der Gratifikationsanspruch lediglich aus konkludentem Verhalten ergibt. Das ihm zustehende Ermessen berechtigt den Arbeitgeber aber nicht zu Willkür[141]. Leitlinien für die Ermessensausübung bilden Betriebs- und Branchenübungen, soweit sie geeignet sind, eine Grundlage für berechtigtes Vertrauen der Arbeitnehmer zu schaffen. Von solchen

---

[137] STAEHELIN, N 8 zu Art. 322d OR.
[138] STREIFF/VON KAENEL, N 6 zu Art. 322d OR; STAEHELIN, N 9 zu Art. 322d OR; REHBINDER, N 7 zu Art. 322d OR. – Eingehend DELBRÜCK, 57 ff.
[139] STAEHELIN, N 13 zu Art. 322d OR; VISCHER, 115; vgl. auch STREIFF/VON KAENEL, N 5 zu Art. 322d OR; REHBINDER, N 9 zu Art. 322d OR.
[140] STAEHELIN, N 14 zu Art. 322d OR; STREIFF/VON KAENEL, N 7 zu Art. 322d OR.
[141] BRÜHWILER, N 6 zu Art. 322d OR; STAEHELIN, N 15 zu Art. 322d OR; STREIFF/VON KAENEL, N 7 zu Art. 322d OR.

§ 1 Von der Kündigung und ihren Wirkungen

Übungen darf der Arbeitgeber nicht ohne hinreichend stichhaltige Gründe abweichen[142]. Im übrigen darf er auch allgemein keine unsachlichen Kriterien anwenden. Das gilt insbesondere, wenn er Abstufungen in der Gratifikationsberechtigung verschiedener Arbeitnehmer oder Arbeitnehmergruppen vornimmt. Das Gleichbehandlungsgebot will also auch hinsichtlich der Gratifikationshöhe beachtet sein[143].

Eine *Kürzung der Gratifikation* kann aus verschiedenen Gründen in Betracht kommen[144]. Sie ist nach herrschender Auffassung insbesondere zulässig, wenn der Arbeitnehmer im Zeitpunkt des Gratifikationsanlasses in gekündigter Stellung ist. Diesfalls kann die Gratifikation um denjenigen Teil gekürzt werden, der als Ansporn für weitere Leistungen gedacht ist. In der Praxis scheint sich als Faustregel herauszukristallisieren, dass sich im Hinblick auf den bevorstehenden Austritt des Arbeitnehmers ein Abzug von einem Drittel rechtfertigt[145].

Als weitere Umstände, die Anlass zu einer Kürzung der Gratifikation bieten können, sind zu nennen:
- schlechter Geschäftsgang[146],
- grobe Treue- und Sorgfaltspflichtverletzungen[147] sowie
- ungenügende Arbeitsleistungen[148].

Wenn das Arbeitsverhältnis vor dem Eintritt des Gratifikationsanlasses endet, kann der Arbeitnehmer grundsätzlich keine Gratifikation beanspruchen. Ein *Pro-rata-Anspruch* besteht nach Art. 322d Abs. 2 OR nur, wenn er verabredet ist. Allerdings genügt auch hier eine stillschweigende Vereinbarung, wie sie sich insbesondere aus einer entsprechenden ständigen Übung im Betrieb ergeben kann[149]. 1.68

Spricht der Arbeitgeber ohne hinreichend vernünftige Gründe eine Kündigung aus, die das Arbeitsverhältnis kurz vor dem Ende der Gratifikationsperiode enden lässt, so setzt er sich dem Vorwurf aus, den Eintritt der Bedingung für die Gratifikationsberechtigung treuwidrig zu verhindern (Art. 156 OR). Die Kündigung vermag daher den Gratifikationsanspruch des Arbeitnehmers nicht untergehen zu lassen. Im übrigen liegt auch ein Kündigungsmissbrauch im Sinne von Art. 336 Abs. 1 lit. c OR vor[150].

---

142 Vgl. VISCHER, 114; STAEHELIN, N 14 zu Art. 322d OR; DELBRÜCK, 55 f.
143 STAEHELIN, N 15 zu Art. 322d OR; VISCHER, 115; einschränkend BRÜHWILER, N 6 zu Art. 322d OR.
144 Siehe STREIFF/VON KAENEL, N 6, 7, 12 und 15 zu Art. 322d OR; BRÜHWILER, N 6 zu Art. 322d OR; STAEHELIN, N 17 ff. zu Art. 322d OR.
145 Vgl. die Nachweise bei STREIFF/VON KAENEL, N 6 zu Art. 322d OR; STAEHELIN, N 19 zu Art. 322d OR; BRÜHWILER, N 6 zu Art. 322d OR.
146 STREIFF/VON KAENEL, N 7 zu Art. 322d OR; BRÜHWILER, N 6 zu Art. 322d OR; einschränkend STAEHELIN, N 20 f. zu Art. 322d OR; REHBINDER, N 15 zu Art. 322d OR. – Beispiele: JAR 1981, 135; JAR 1980, 130 ff.
147 STAEHELIN, N 23 f. zu Art. 322d OR; REHBINDER, N 16 zu Art. 322d OR; BRÜHWILER, N 6 zu Art. 322d OR; a.M. STREIFF/VON KAENEL, N 7 in fine zu Art. 322d OR. – Beispiel: KGer NE in JAR 1982, 170.
148 BRÜHWILER, N 6 zu Art. 322d OR; VISCHER, 114. – Beispiel: JAR 1980, 193 f.
149 VISCHER, 114 f.; STAEHELIN, N 29 zu Art. 322d OR; ausführliche Übersichten über die Gerichtspraxis bei BRÜHWILER, N 9 zu Art. 322d OR und bei STREIFF/VON KAENEL, N 8 zu Art. 322d OR.
150 Dazu unten, Rz. 2.22.

1.69 Umstritten ist, ob es zulässig ist, dem Arbeitnehmer bei der Ausrichtung der Gratifikation eine *Rückzahlungspflicht* aufzuerlegen für den Fall, dass er das Arbeitsverhältnis vor Ablauf einer bestimmten Zeit kündigen sollte. Ein Teil der Lehre und der Rechtsprechung sieht darin einen Verstoss gegen das Verbot ungleicher Kündigungsfristen für Arbeitgeber und Arbeitnehmer (Art. 335a Abs. 1 OR)[151]. Eine andere Ansicht geht demgegenüber dahin, dass zumindest ein zeitlich mässiger Rückzahlungsvorbehalt anzuerkennen ist, falls er klar verabredet ist[152].

d) Ferienabgeltung und -rückerstattung

1.70 Für Ferien, die der Arbeitnehmer vor dem Ende des Arbeitsverhältnisses nicht mehr bezogen hat[153], kann er eine Geldentschädigung beanspruchen[154]. Den Anspruch auf geldmässige Abgeltung eines verbleibenden Ferienanspruchs behält der Arbeitnehmer auch dann, wenn er fristlos entlassen worden ist[155]. Keine separate Entschädigung steht dem Arbeitnehmer allerdings zu, wenn der Ferienlohn im Stundenlohn inbegriffen ist; eine entsprechende Vereinbarung ist jedoch nur bei Teilzeitarbeit mit sehr unregelmässiger Beschäftigung zulässig und zudem nur gültig, wenn der Ferienlohn sowohl im Vertrag als auch in jeder Lohnabrechnung separat ausgewiesen wird[156].

1.71 Die *Höhe* der Geldentschädigung bemisst sich nach dem Ferienlohn, den der Arbeitnehmer erhalten hätte, wenn er die Ferien in natura bezogen hätte[157]. Nach Art. 329d Abs. 1 OR steht dem Arbeitnehmer für die Ferienzeit der gesamte darauf entfallende Lohn zu. Der Arbeitnehmer soll während der Ferien weder schlechter noch besser gestellt sein, als wenn er arbeitet. Zum Gesamtlohn gehören neben dem Grundlohn auch die regelmässigen Zulagen[158]. Bei Akkordarbeit ist auf Durchschnittswerte abzustellen[159]. Naturallohn und Trinkgelder, die infolge der Ferien

---

[151] STREIFF/VON KAENEL, N 16 zu Art. 322d OR; REHBINDER, N 18 zu Art. 322d OR; SemJud 1989, 668; JAR 1981, 253.

[152] DELBRÜCK, 93; STAEHELIN, N 25 zu Art. 322d OR; BRÜHWILER, N 5 zu Art. 322d OR; einschränkend VISCHER, 115.

[153] Dass und in welchem Umfang Ferien gewährt worden sind, hat der Arbeitgeber zu beweisen (SAE 1995, 28). – Zu den Fragen, wieweit der Arbeitnehmer *verpflichtet* werden kann und wieweit er *berechtigt* ist, Ferien noch während der Kündigungsfrist zu beziehen: oben, Rz. 1.41 ff.

[154] Ein Verzicht auf den Ferienlohn ist im laufenden Arbeitsverhältnis und innert eines Monats nach dessen Beendigung grundsätzlich nicht möglich (Art. 341 Abs. 1 OR); vgl. dazu SAE 1992, 23 ff.

[155] AUBERT, Vacances, 130 ff.; STREIFF/VON KAENEL, N 11 zu Art. 329c OR und N 15 zu Art. 329d OR; STAEHELIN, N 16 zu Art. 329d OR.

[156] STREIFF/VON KAENEL, N 9 zu Art. 329d OR; STAEHELIN, N 15 zu Art. 329d OR; vgl. auch BGE 107 II 433 f. E. 3a.

[157] STAEHELIN, N 16 zu Art. 329d OR.

[158] STAEHELIN, N 1 zu Art. 329d OR; zum Einfluss von Lohnerhöhungen auf den Ferienlohn N 2 in fine und N 4 zu Art. 329d OR.

[159] STAEHELIN, N 2 zu Art. 329d OR.

§ 1 Von der Kündigung und ihren Wirkungen

ausfallen, sind bei der Berechnung des Ferienlohnes angemessen zu berücksichtigen[160]. Spesenentschädigungen kann der Arbeitnehmer hingegen nur beanspruchen, wenn die Auslagen, die sie abdecken, während der Ferien weiterlaufen oder wenn es sich um versteckten Lohn handelt[161]. Überstundenentschädigungen fallen nur in Betracht, wenn der Arbeitnehmer regelmässig Überstundenarbeit geleistet hat[162].

Hat der Arbeitnehmer bis zum Zeitpunkt, in dem das Arbeitsverhältnis endet, mehr Ferien bezogen, als ihm zugestanden hätten, so fragt sich, ob er zur *Rückerstattung* des darauf entfallenden Ferienlohnes verpflichtet ist. Die Frage lässt sich nicht generell bejahen oder verneinen, sondern verlangt nach einer differenzierten Antwort: 1.72

– Sind die Ferien auf Wunsch des Arbeitgebers bezogen worden, bevor sie verdient waren, so besteht grundsätzlich keine Pflicht, den Ferienlohn zurückzuerstatten[163]. Eine Rückerstattung kommt nur in Betracht, wenn die Parteien sie vereinbart haben, was der Arbeitgeber zu beweisen hat, da ein dahingehender Vertragswille des Arbeitnehmers nicht zu vermuten ist, wenn keine konkreten Anhaltspunkte dafür vorliegen[164].

– Ging die Initative zum vorzeitigen Ferienbezug dagegen vom Arbeitnehmer aus, so darf der Arbeitgeber im allgemeinen nach Treu und Glauben annehmen, dass der Arbeitnehmer bereit ist, die «Ferienschuld» in der Zeit nach den Ferien abzutragen. Umgekehrt darf der Arbeitnehmer die Zustimmung des Arbeitgebers zum vorzeitigen Ferienbezug dahin verstehen, dass er bis zur Tilgung der «Ferienschuld» weiterbeschäftigt werde. Mangels anderer Anhaltspunkte ist somit von einem gegenseitigen Versprechen der Parteien auszugehen, das Vertragsverhältnis nicht zu kündigen, bevor die «Ferienschuld» getilgt ist. Bricht der Arbeitgeber dieses Versprechen mit einer Kündigung zu einem früheren Zeitpunkt, hat er sich den Verlust des Ferienlohnes selbst zuzuschreiben, kann er mithin keine Rückerstattung verlangen. Kündigt dagegen der Arbeitnehmer verfrüht, trifft ihn der Vorwurf, sein Versprechen gebrochen zu haben; diesfalls kann daher der Arbeitgeber – als Schadenersatz im Sinne von Art. 97 Abs. 1 OR – den Lohn für die zuviel bezogenen Ferien zurückfordern[165]. Vorbehalten bleibt jedoch wiederum eine anderslautende besondere Parteivereinbarung[166].

---

160 Art. 329d Abs. 1 OR; STAEHELIN, N 6 f. zu Art. 329d OR.
161 STAEHELIN, N 8 zu Art. 329d OR.
162 STAEHELIN, N 9 zu Art. 329d OR.
163 AUBERT, Vacances, 134, unter Hinweis auf Art. 324 OR.
164 VISCHER, 87.
165 Vgl. AUBERT, Vacances, 134 f.; STREIFF/VON KAENEL, N 9 zu Art. 329a OR; VISCHER, 87.
166 Eine solche Vereinbarung ist von derjenigen Partei zu beweisen, die sich darauf beruft (Art. 8 ZGB).

e) Abgangsentschädigungen

1.73 Langjährigen älteren Angestellten verleiht das Gesetz einen Anspruch auf eine Abgangsentschädigung (Art. 339b ff. OR). Auf diese Entschädigung kann der Arbeitgeber jedoch Leistungen einer Personalvorsorgeeinrichtung, die er direkt oder indirekt finanziert hat, oder auch verbindlich zugesicherte eigene Vorsorgeleistungen anrechnen (Art. 339d OR). Da solche anrechenbare Leistungen die Abgangsentschädigung betragsmässig in der Regel übersteigen, ist deren praktische Bedeutung gering, seitdem die obligatorische berufliche Vorsorge und die volle Freizügigkeit eingeführt sind. Die Abgangsentschädigung kommt heute im wesentlichen bloss noch bei Arbeitnehmern zum Tragen, die aufgrund ihres geringen Einkommens dem BVG-Obligatorium nicht unterstehen, wie dies etwa bei Teilzeitangestellten vorkommt.

1.74 Der Anspruch auf eine Abgangsentschädigung setzt voraus, dass der Arbeitnehmer mindestens 50 Jahre alt ist und dass das Arbeitsverhältnis nach mindestens 20 Jahren endet (Art. 339b Abs. 1 OR). In der Praxis hat sich verschiedentlich die Frage gestellt, wie zu entscheiden ist, wenn der Arbeitnehmer zwar insgesamt 20 Jahre im gleichen Betrieb gearbeitet hat, sich diese Zeit jedoch auf mehrere Teilperioden verteilt, zwischen denen womöglich mehrjährige Unterbrüche liegen. Die Antwort hängt stark von der konkreten Fallkonstellation ab. Ausschlaggebend ist nach der Rechtsprechung des Bundesgerichts, ob davon auszugehen ist, dass die Parteien das ursprüngliche Arbeitsverhältnis fortsetzen wollten, oder ob angenommen werden muss, dass sie ein neues Arbeitsverhältnis eingehen wollten[167].

1.75 In bezug auf die Höhe der Abgangsentschädigung sieht das Gesetz ein Minimum von zwei Monatslöhnen vor. Im übrigen setzt es der parteiautonomen Regelung in einer schriftlichen Vereinbarung oder im Gesamt- oder Normalarbeitsvertrag keine Schranken (Art. 339c Abs. 1 OR). In der Vertragspraxis scheinen sich Skalen zu bewähren, die den Umfang des Anspruchs je nach Alter und Anzahl Dienstjahren abstufen[168]. Fehlt eine vertragliche Regelung, hat das Gericht die Höhe der Abgangsentschädigung in einer Bandbreite von zwei bis acht Monatslöhnen ermessensweise festzusetzen (Art. 339c Abs. 2 OR).

f) Ansprüche aus Kündigungsschutz

1.76 Nach schweizerischem Recht sind missbräuchliche Kündigungen (Art. 336 ff. OR), ungerechtfertigte fristlose Kündigungen (Art. 337 ff. OR) und diskriminierende Entlassungen (Art. 3 GlG) zwar rechtswidrig, aber dennoch gültig und wirksam.

---

167 BGE 112 II 53 ff. E. 3a; siehe auch OGer BL, JAR 1990, 318; AppGer BS, JAR 1993, 233; zum Ganzen ferner BRÜHWILER, N 2 zu Art. 339b OR.
168 Dazu BRÜHWILER, N 2 zu Art. 339c OR, mit Beispielen.

Die Sanktionen, die das Kündigungsschutzrecht vorsieht, sind indirekter Natur. In Betracht fallen insbesondere

- *Rechtsverletzungsbussen* (Art. 336a und Art. 337c Abs. 3 OR)[169],
- *Schadenersatz* (Art. 97 ff., Art. 336a Abs. 2 Satz 2, Art. 337c Abs. 1 und 2 und Art. 337d Abs. 1 Satz 2 OR)[170] sowie
- in besonderen Fällen eine *Genugtuung* (Art. 49 OR)[171].

g) Schadenersatzansprüche des Arbeitgebers

Oft stellt der Arbeitgeber den Forderungen, die der Arbeitnehmer im Zusammenhang mit der Vertragsbeendigung geltend macht, eigene Schadenersatzansprüche gegenüber. Solche Ansprüche können sich namentlich aus Verletzungen der Sorgfalts- und Treuepflicht des Arbeitnehmers ergeben (Art. 321a und 321e OR)[172]. Der Arbeitgeber kann seine Schadenersatzansprüche grundsätzlich mit den Forderungen des Arbeitnehmers verrechnen (Art. 120 ff. OR). Mit dem Lohn darf er allerdings nur soweit verrechnen, als dieser pfändbar ist (Art. 125 Ziff. 2 und Art. 323b Abs. 2 OR; Art. 93 SchKG). Für Ersatzforderungen aus absichtlicher Schädigung ist die Verrechnung jedoch unbeschränkt zulässig (Art. 323b Abs. 2 OR).

1.77

4. Anspruch auf schriftliche Begründung der Kündigung

Nach Art. 335 Abs. 2 OR kann die Partei, der gekündigt worden ist, vom Kündigenden verlangen, dass er die Kündigung schriftlich begründet. Diese Bestimmung ist anlässlich der Kündigungsschutznovelle von 1988 ins Gesetz gelangt. Sie steht im Zusammenhang mit der Einführung des Schutzes gegen missbräuchliche Kündigungen[173]. Der Sinn der schriftlichen Kündigungsbegründung liegt vor allem darin, die gekündigte Partei in die Lage zu versetzen, einen sinnvollen Gebrauch von den Möglichkeiten des Kündigungsschutzes zu machen[174]. Ob ein Vorgehen wegen Missbräuchlichkeit oder – bei fristloser Kündigung – wegen Ungerecht-

1.78

---

169 Unten, Rz. 2.32 f. und 2.68 f.
170 Unten, Rz. 2.34 und 2.66.
171 Unten, Rz. 2.35.
172 Hinsichtlich der Tragweite der Sorgfalts- und Treuepflicht und hinsichtlich der Voraussetzungen von Schadenersatzforderungen aus ihrer Verletzung sei auf die Kommentare zu Art. 321a und zu Art. 321e OR verwiesen. – Zu Verjährung und Verwirkung von Schadenersatzansprüchen des Arbeitgebers unten, Rz. 1.112.
173 Vgl. Botschaft BBl 1984 II 595 f.
174 Weiter wurden bei der Gesetzesberatung ins Feld geführt: der Persönlichkeitsschutz des Gekündigten, die Prävention (Abhaltung von leichtfertigen Kündigungen, die sich nicht überzeugend begründen lassen) und die Abstimmung mit Art. 96 AVIG, wonach die Arbeitslosenkasse vom Arbeitgeber Auskunft über die Motive einer Kündigung verlangen kann (StenBull NR 1985, 1113 ff.; StenBull SR 1987, 336 ff.).

fertigtheit angezeigt ist, lässt sich sinnvollerweise nur beurteilen, wenn die Gründe bekannt sind, die den Kündigenden zur Kündigung veranlasst haben.

1.79 Die schriftliche Begründung muss nicht schon im Kündigungsschreiben enthalten sein. Der Kündigende ist dazu erst verpflichtet, wenn der Gekündigte es im Anschluss an die Kündigung verlangt. Wer mit der schriftlichen Begründung einstweilen zuwartet, gewinnt Zeit zu deren sorgfältigen Vorbereitung und schützt sich vor vorschnellen Formulierungen, die sich später möglicherweise als unglücklich erweisen[175]. Aus einer gewissen zeitlichen Distanz heraus fällt es in der Regel leichter, die ausschlaggebenden Kündigungsgründe in sachliche Worte zu fassen.

1.80 Weigert sich der Kündigende, die Kündigung schriftlich zu begründen, oder gibt er die Kündigungsgründe unrichtig oder unvollständig an, so verletzt er zwar eine Vertragspflicht[176]. Die *Sanktionen* bleiben jedoch begrenzt:

- Die Verletzung der Begründungspflicht hat *keinen Einfluss auf die Gültigkeit der Kündigung*[177].
- Der Anspruch auf schriftliche Kündigungsbegründung ist zwar theoretisch der *klageweisen Durchsetzung* zugänglich[178]. Die Klagemöglichkeit ist jedoch kaum von praktischem Wert, kann doch die Angabe der Kündigungsgründe ohnehin nur indirekt mittels Strafdrohung nach Art. 292 StGB erzwungen werden[179].
- Theoretisch kann die Nicht- oder Schlechterfüllung der Begründungspflicht als Vertragsverletzung auch *Haftungsfolgen* auslösen (Art. 97 Abs. 1 OR). Der Nachweis eines Schadens, der auf das Ausbleiben, die Unrichtigkeit oder die Unvollständigkeit der schriftlichen Kündigungsbegründung zurückzuführen ist, wird dem Gekündigten aber selten gelingen[180].
- Von praktischer Bedeutung ist hingegen, dass sich das Zurückhalten der wahren Kündigungsgründe für den Kündigenden nachteilig auswirken kann, wenn es zu einem *Kündigungsprozess* kommt. Das Gericht wird das Verhalten des Kündigenden im Rahmen der *Beweiswürdigung* berücksichtigen. Denn wer mit den Gründen für die Kündigung nicht oder erst im Prozess herausrückt, wirkt kaum glaubwürdig und erweckt den Eindruck, dass er ein missbräuchliches Kündigungsmotiv zu verbergen hat[181].

---

175 Siehe dazu auch BRÜHWILER, N 8 zu Art. 335 OR.
176 KOLLER, 1253; BRÜHWILER, N 9 zu Art. 335 OR.
177 Siehe dazu auch oben, Rz. 1.18.
178 BRÜHWILER, N 9 zu Art. 335 OR; STREIFF/VON KAENEL, N 14 zu Art. 335 OR; REHBINDER, N 9 zu Art. 335 OR; STAEHELIN, N 35 zu Art. 335 OR; KOLLER, 1253; abweichend BRUNNER/BÜHLER/WAEBER, N 18 zu Art. 335 OR.
179 KOLLER, 1253.
180 BRÜHWILER, N 9 zu Art. 335 OR.
181 KOLLER, 1253; BRÜHWILER, N 9 zu Art. 335 OR; BRUNNER/BÜHLER/WAEBER, N 18 zu Art. 335 OR.

§ 1 Von der Kündigung und ihren Wirkungen

– Erfährt die gekündigte Partei die wahren Gründe für die Kündigung erst im Kündigungsprozess, so kann dies auch dazu führen, dass der Kündigende, selbst wenn er obsiegt, die *Prozesskosten* – oder einen Teil davon – zu übernehmen hat, weil sich die gekündigte Partei aufgrund ihres Kenntnisstandes in guten Treuen zur Prozessführung veranlasst sehen konnte[182].
– Weitere Sanktionen – wie eine Rechtsverletzungsbusse (vgl. Art. 336a und Art. 337c Abs. 3 OR) – kennt das schweizerische Recht im Gegensatz zu ausländischen Rechtsordnungen nicht[183].

5. Exkurs: Anspruch auf Ausstellung eines Arbeitszeugnisses

Arbeitszeugnisse beeinflussen die Erfolgsaussichten von Stellenbewerbungen entscheidend. Von entsprechend grosser Bedeutung sind sie für das wirtschaftliche Fortkommen des Arbeitnehmers. Dieser hat alles Interesse, sich spätestens, wenn das Ende des Arbeitsverhältnisses absehbar wird, um ein Zeugnis zu bemühen, in dem seine Fähigkeiten und seine Leistungen zur Geltung gelangen. 1.81

a) Tragweite des Zeugnisanspruchs

Nach Art. 330a Abs. 1 OR schuldet der Arbeitgeber dem Arbeitnehmer grundsätzlich ein *Vollzeugnis* oder «qualifiziertes Arbeitszeugnis», das sich nicht nur über die Art und Dauer des Arbeitsverhältnisses, sondern auch über die Leistungen und das Verhalten des Arbeitnehmers ausspricht. Die Zeugnispflicht ist Ausfluss der Fürsorgepflicht des Arbeitgebers. Mit dem Zeugnis soll der Arbeitgeber das wirtschaftliche Fortkommen des Arbeitnehmers fördern oder jedenfalls nicht unnötig erschweren. Der Arbeitnehmer hat daher Anspruch darauf, dass das Zeugnis wohlwollend formuliert ist[184] und insbesondere keine zweideutigen Formulierungen enthält, die als euphemistische Umschreibungen für unzutreffende Negativaussagen aufgefasst werden können[185]. Die Leistungs- und Verhaltensbeurteilung hat aber nicht nur wohlwollend, sondern vor allem wahrheitsgemäss und vollständig zu sein[186]. Art. 330a Abs. 1 OR verleiht somit dem Arbeitnehmer nicht etwa in jedem Fall einen Anspruch auf ein gutes Zeugnis; der Arbeitnehmer kann vielmehr 1.82

---

182 Beispiel: JAR 1993, 202; vgl. aber auch die Relativierungen bei BRÜHWILER, N 9 zu Art. 335 OR.
183 Das wird zum Teil bedauert: REHBINDER, N 10 zu Art. 335 OR; KOLLER, 1253.
184 REHBINDER, N 14 zu Art. 330a OR; JANSSEN, 74 ff.
185 «Weder die Wortwahl noch die Satzstellung oder Auslassungen dürfen dazu führen, dass der Wahrheit widersprechende Vorstellungen entstehen» (JANSSEN, 81); vgl. auch unten, Rz. 1.89. – Ist ein Zeugnis unrichtig oder unklar, steht dem Arbeitnehmer ein Berichtigungsanspruch zu; dazu unten, Rz. 1.94 f.
186 «Der Grundsatz der Wahrheit geht dem Grundsatz des Wohlwollens vor» (JANSSEN, 74). – Zu den Haftungsfolgen, die sich für den Arbeitgeber aus wahrheitswidrigen oder unvollständigen Zeugnissen ergeben können, unten, Rz. 1.96 f.

stets nur ein Zeugnis beanspruchen, das seine tatsächlichen Leistungen und sein tatsächliches Verhalten mit einem gewissen Wohlwollen umschreibt.

1.83 Auf besonderes Verlangen des Arbeitnehmers hat der Arbeitgeber eine blosse *Arbeitsbestätigung* – auch «einfaches Arbeitszeugnis» genannt – auszustellen, worin er lediglich die Art und die Dauer des Arbeitsverhältnisses festhält und keine Angaben zu den Leistungen und zum Verhalten des Arbeitnehmers macht (Art. 330a Abs. 2 OR). Solche Arbeitsbestätigungen werden in der Arbeitswelt im allgemeinen dahin verstanden, dass der Arbeitgeber mit dem Arbeitnehmer unzufrieden war[187]. Sie schaden bei der Stellensuche eher. Der Arbeitnehmer tut in aller Regel gut daran, ein Vollzeugnis zu erwirken.

1.84 Ob er ein einfaches oder ein qualifiziertes Zeugnis verlangen will, steht in der Wahl des Arbeitnehmers. Indem er die eine Zeugnisart wählt, verwirkt er aber nicht das Recht, später auf seine Wahl zurückzukommen und ein Zeugnis der anderen Art zu verlangen[188].

1.85 Aus der relativ zwingenden Natur von Art. 330a OR (vgl. Art. 362 OR) ergibt sich die *Unabdingbarkeit des Zeugnisanspruchs*. Der Anspruch kann vertraglich weder ausgeschlossen noch eingeschränkt werden. Unwirksam sind daher beispielsweise Vereinbarungen, wonach dem Arbeitnehmer lediglich eine Arbeitsbestätigung zustehen soll oder der Anspruch auf ein Zeugnis von der Erfüllung bestimmter Bedingungen – etwa von guten Leistungen – abhängen soll[189]. Aus der Unabdingbarkeit des Zeugnisanspruchs folgt im weiteren auch seine *Unverzichtbarkeit* im Sinne von Art. 341 Abs. 1 OR: Der Arbeitnehmer kann während des Arbeitsverhältnisses und während eines Monats nach dessen Beendigung nicht gültig auf den Anspruch verzichten.

1.86 Ein Arbeitszeugnis kann nach Art. 330a OR «jederzeit», mithin nicht erst am Ende des Arbeitsverhältnisses, sondern auch schon während dessen Dauer verlangt werden[190]. Die Bitte um ein Zwischenzeugnis drängt sich namentlich auf, wenn der Arbeitnehmer innerhalb des Betriebs versetzt wird oder wenn sein unmittelbarer Vorgesetzter wechselt; diesfalls sichert er sich mit dem Zwischenzeugnis einen Beleg für die bisherige Beurteilung seiner Leistungen und seines Verhaltens für den Fall, dass er mit der neuen Aufgabe oder mit dem neuen Vorgesetzten in Schwierigkeiten gerät[191].

b) Ausstellen von Arbeitszeugnissen

1.87 Der Arbeitgeber gestaltet den Text des Zeugnisses. Dieses hat klar, verständlich und wohlwollend formuliert zu sein. Im übrigen steht der Wortlaut jedoch im Ermessen des Arbeitgebers[192]. Der Arbeitnehmer hat grundsätzlich keinen Anspruch darauf,

---

[187] REHBINDER, N 3 zu Art. 330a OR; CLASS/BISCHOFBERGER, 17. – JANSSEN, 19, gibt allerdings zu bedenken, dass eine solche Interpretation nicht in jedem Fall gerechtfertigt sein muss.
[188] STAEHELIN, N 17 zu Art. 330a OR. – Nach JANSSEN, 24 f., kann diesfalls der Arbeitgeber jedoch verlangen, dass ihm der Arbeitnehmer das früher ausgestellte Zeugnis zurückgibt.
[189] JANSSEN, 10.
[190] Um Missbräuchen vorzubeugen, ist der Ausdruck «jederzeit» allerdings dahin zu relativieren, dass der Arbeitnehmer sich auf ein berechtigtes Interesse an der Ausstellung eines Zwischenzeugnisses berufen können muss (REHBINDER, N 11 zu Art. 330a OR; JANSSEN, 32 f.).
[191] JANSSEN, 20.
[192] REHBINDER, N 13 zu Art. 330a OR.

§ 1 Von der Kündigung und ihren Wirkungen

dass der Arbeitgeber bestimmte Formulierungen wählt. Dennoch kann es sich empfehlen, den Entwurf mit dem Arbeitnehmer zu besprechen und auf berechtigte Anliegen an Form und Inhalt einzugehen, bevor das Zeugnis definitiv ausgestellt wird. Auf diese Weise lässt sich vermeiden, dass es unnötigerweise zu Berichtigungsstreitigkeiten kommt[193].

Hinsichtlich der *äusseren Gestaltung* hat das Zeugnis den folgenden – von Lehre und Gerichtspraxis entwickelten[194] – Anforderungen zu genügen: 1.88

- Es muss schriftlich (vgl. Art. 13 f. OR), und zwar in aller Regel in Maschinenschrift abgefasst sein.
- Es muss vom Arbeitgeber rechtsgültig unterschrieben sein.
- Es hat auf farblich neutralem Papier von üblichem Format und von guter Qualität zu stehen.
- Es darf keine Grammatik- und Rechtschreibefehler enthalten.
- Es darf keine Streichungen, Radierungen oder Einfügungen aufweisen.

In bezug auf den *Inhalt des Zeugnisses* ist vor allem auf dreierlei zu achten: auf die Wahrheit, auf die Klarheit und auf die Vollständigkeit. Diese Grunderfordernisse gelten namentlich für das Kernstück jedes Vollzeugnisses, die Beurteilung von Leistungen und Verhalten. Im Hinblick auf die Förderung des wirtschaftlichen Fortkommens des Arbeitnehmers ist es zwar durchaus richtig, in erster Linie dessen Stärken herauszustreichen; ein systematisches und schonungsloses Aufdecken von Schwächen ist fehl am Platz. Auf der anderen Seite dürfen aber wesentliche Negativpunkte auch nicht einfach übergangen werden; andernfalls entsteht ein unvollständiges und damit unwahres Bild. Tunlichst zu vermeiden sind Zweideutigkeiten; das bedingt, dass bei der Formulierung eine gewisse Sorgfalt aufgewendet wird und die Besonderheiten der Zeugnissprache[195] im Auge behalten werden[196]. Unwahre, unklare oder unvollständige Zeugnisse können zu Berichtigungsprozessen[197] führen oder Schadenersatzpflichten auslösen[198]. 1.89

Ein *Vollzeugnis* muss zwingend die folgenden *Bestandteile* enthalten: 1.90

- Überschrift «Arbeitszeugnis» oder «Zeugnis»;
- Bezeichnung des Arbeitgebers;
- Bezeichnung des Arbeitnehmers;

---

193 JANSSEN, 67 f.
194 Vgl. die Nachweise bei REHBINDER, N 12 zu Art. 330a OR und bei JANSSEN, 62 ff.
195 Unten, Rz. 1.93.
196 Der Text des Zeugnisses sollte stets mit einem Seitenblick auf die Grundsätze der Zeugnisbeurteilung (unten, Rz. 1.92 f.) gestaltet werden. Formulierungsvorschläge finden sich bei CLASS/BISCHOFBERGER, 47 ff.
197 Unten, Rz. 1.94 f.
198 Unten, Rz. 1.96 f.

- Ausstellungsort und Ausstellungsdatum;
- Art des Arbeitsverhältnisses;
- Dauer des Arbeitsverhältnisses;
- Beurteilung der Leistung;
- Beurteilung des Verhaltens;
- Grund der Beendigung des Arbeitsverhältnisses (sofern es der Arbeitnehmer verlangt);
- Unterschrift des Arbeitgebers oder seines Vertreters.

Beim einfachen Zeugnis entfallen die Beurteilung der Leistungen, jene des Verhaltens und die Angabe des Beendigungsgrundes.

1.91 Für den *Aufbau des Zeugnisses* bietet sich – nach dem von CLASS/BISCHOFBERGER[199] vorgeschlagenen «Bausteinprinzip» – das folgende Grundmuster an:

- *Baustein I:* Bezeichnung des Arbeitnehmers (Vor- und Familienname, Titel, Geburtsdatum, Bürgerort[200], Wohnort); Anstellungsdauer; Arbeitsort; zuletzt bekleidete Funktion.
- *Baustein II:* Betriebsinterne Laufbahn; Tätigkeitsgebiete bzw. Pflichtenheft.
- *Baustein III:* Mitgebrachtes und während der Anstellung zusätzlich erworbenes Fachwissen.
- *Baustein IV:* Leistungen (Kernstück des Zeugnisses).
- *Baustein V:* Verhalten gegenüber Vorgesetzten, Untergebenen, Mitarbeitern, Kunden, Lieferanten; charakterliche Eigenschaften.
- *Baustein VI:* Austrittsgrund.
- *Baustein VII:* Schlusssatz (Dank, Wünsche usw.).

c) Beurteilen von Arbeitszeugnissen

1.92 Im Hinblick auf den Entscheid über Stellenbewerbungen analysieren Personalverantwortliche Arbeitszeugnisse nach einer Reihe bestimmter Kriterien. Wesentliches Gewicht kommt zunächst dem *Gesamteindruck* zu, den das Zeugnis bei der ersten Durchsicht hinterlässt. Dafür ist vor allem der Ton, der allgemeine Tenor des Zeugnistextes entscheidend. Aus Zeugnissen, die namentlich in bezug auf die Leistungs- und Verhaltensbeurteilung knapp und kühl gehalten sind, spricht eine eher geringe Begeisterung des Zeugnisausstellers über den beurteilten Arbeitnehmer. Von Bedeutung ist im weiteren auch die formelle Korrektheit. Wirkt ein Zeugnis von seiner äusseren Aufmachung her ungepflegt, so sagt dies zwar zunächst weniger über den beurteilten Arbeitnehmer als über den Arbeitgeber aus, von dem das Zeugnis stammt; das Bild, das von seinem früheren Arbeitgeber entsteht, färbt jedoch auf den Arbeitnehmer ab.

1.93 Für die *Interpretation der einzelnen Aussagen*, die das Zeugnis enthält, spielen die Besonderheiten der Zeugnissprache eine wesentliche Rolle. Wegen der Pflicht, Zeugnisse wohlwollend zu formulieren[201], werden negative Urteile über Leistungen und Verhalten des Arbeitnehmers im allgemeinen in euphemistische Wendungen

---

199 47 ff.
200 Bei Ausländern Nationalität und Geburtsort.
201 Vgl. oben, Rz. 1.82.

§ 1 Von der Kündigung und ihren Wirkungen

gekleidet und auf diese Weise in mehr oder weniger verklausulierter Form zum Ausdruck gebracht. Ein beliebtes Mittel, Negatives auszudrücken oder anzudeuten, ohne es beim Namen nennen zu müssen, sind vor allem auch die Auslassungen. Die Methode besteht darin, das Zeugnis zu Fragen, die sich aus dem Zusammenhang heraus aufdrängen, bedeutungsvoll schweigen zu lassen. Da der Kniff in der Arbeitswelt bekannt ist, richtet sich das Augenmerk bei der Lektüre von Zeugnissen jeweils nicht nur auf das, was darin gesagt wird, sondern vor allem auch auf das, was nicht zur Sprache kommt.

Zur Illustration mögen einige Beispiele typischer Zeugnisformulierungen dienen:

Zeugnistext:	Klartext:
In seinem Verhalten war er stets ein Vorbild (ohne Ausführungen über die Leistungen).	Sein Verhalten war in Ordnung, aber leistungsmässig konnte er nicht genügen.
Er ist ein gewissenhafter Mitarbeiter.	Er arbeitete gewissenhaft, aber die Leistungen überzeugten nicht.
Er bemühte sich, seine Aufgaben so gut wie möglich zu erfüllen.	Seine Leistungen befriedigten nicht, obwohl er sich Mühe gab.
Er hat all seine Fähigkeiten eingesetzt.	Die Leistungen waren schwach.
Er hat alle Aufgaben ordnungsgemäss erledigt.	Er entwickelte keine eigene Initiative, sondern erledigte nur, was man ihm auftrug (Minimalist).
Er zeigte für seine Arbeit Verständnis.	Er war nicht einsatzbereit, sondern bequem.
Wir schätzten seinen Eifer.	Er war ein Streber, ohne allerdings den Anforderungen zu genügen.
Er hat sich stets um gute Vorschläge bemüht.	Er wusste immer alles besser, ohne dass das Geschäft davon profitieren konnte.
Er hat die ihm übertragenen Arbeiten stets zu unserer vollsten Zufriedenheit ausgeführt.	Er war ein sehr guter Mitarbeiter, der überwiegend sehr gute Leistungen erbracht hat.
Er hat die ihm übertragenen Arbeiten stets zu unserer vollen Zufriedenheit ausgeführt.	Er war ein guter Mitarbeiter, der leistungsmässig regelmässig gut gearbeitet hat.
Er hat die ihm übertragenen Arbeiten stets zu unserer Zufriedenheit ausgeführt.	Er war zuverlässig, seine Leistungen waren aber nicht mehr als genügend.
Er hat die ihm übertragenen Arbeiten zu unserer Zufriedenheit ausgeführt.	Er hat knapp genügende Leistungen erbracht.
Im Umgang mit Vorgesetzten und Mitarbeitern war er stets zuvorkommend, freundlich und korrekt.	Er war menschlich sehr wertvoll für das Team.

Im Umgang mit Vorgesetzten und Mitarbeitern war er stets freundlich und korrekt.	Er verhielt sich stets korrekt und war beliebt.
Im Umgang mit Vorgesetzten und Mitarbeitern war er korrekt.	Er verhielt sich korrekt, ohne jedoch beliebt zu sein.
Er verlässt uns auf eigenen Wunsch, was wir ausserordentlich bedauern.	Er war ein äusserst tüchtiger Mitarbeiter, der eine empfindliche Lücke hinterlässt.
Er verlässt uns auf eigenen Wunsch, was wir sehr bedauern.	Er hat gekündigt, obwohl wir ihn aufgrund seiner Tüchtigkeit gerne behalten hätten.
Er verlässt uns auf eigenen Wunsch.	Er hat gekündigt, hinterlässt aber keine grosse Lücke.
Er verlässt uns im gegenseitigen Einvernehmen.	Wir haben ihm gekündigt. - Oder zumindest: Wir sind froh, dass er gegangen ist.

Eine Orientierungshilfe bei der Einstufung von Zeugnisaussagen mag auch die folgende, am Schulnoten-System ausgerichtete Zusammenstellung von Formulierungen bieten, die im Zusammenhang mit der Leistungsbewertung gebräuchlich sind:

Note 3
    Im grossen und ganzen hat er zu unserer Zufriedenheit gearbeitet.
    Er genügte knapp.
    Er hat so gut wie möglich gearbeitet.
    Er bemühte sich stets.
    Er zeigte grossen Eifer.
    Er zeigte grosses Verständnis.
    Er war stets bemüht...

Note 4
    Er arbeitete zu unserer Zufriedenheit.
    Er zeigte genügende Leistungen.
    Wir waren mit ihm zufrieden.

Note 5
    Er arbeitete zu unserer vollen Zufriedenheit.
    Er zeigte gute Leistungen.
    Er zeigte überdurchschnittliche Leistungen.
    Er war ein guter Mitarbeiter.

Note 6
    Er arbeitete zu unserer vollsten Zufriedenheit.
    Er zeigte hervorragende Leistungen.

d) Berichtigungsanspruch

1.94   Ist ein Zeugnis unwahr, unklar oder unvollständig oder enthält es negative Aussagen, die zwar zutreffen, aber unnötig sind, kann der Arbeitnehmer verlangen, dass es berichtigt wird[202]. Diesen Berichtigungsanspruch kann er nötigenfalls auf dem Klageweg durchsetzen. Die Klage geht auf Änderung oder Ergänzung des Zeugnis-

---

202 Liegt in den Aussagen des Zeugnisses zugleich eine Persönlichkeitsverletzung, kann der Arbeitnehmer neben Art. 330a OR auch die Art. 28 ff. ZGB anrufen.

ses. Sie zielt in der Praxis meistens auf eine Korrektur der Leistungs- und Verhaltensbeurteilung, kann jedoch auch erhoben werden, um andere Mängel zu beseitigen, beispielsweise das Fehlen einer rechtsgültigen Unterschrift oder anderer vom Gesetz zwingend vorgeschriebener Zeugnisbestandteile[203] oder auch ein ungenügendes äusseres Erscheinungsbild des Zeugnisses[204].

Da dem Arbeitgeber bei der Gestaltung des Zeugnistextes ein gewisses Ermessen zuzubilligen ist, darf die Berichtigungsklage nicht dazu dienen, kleinliche Korrekturwünsche an einem an sich richtigen Arbeitszeugnis zu erfüllen[205]. Hingegen kann der Arbeitnehmer die Streichung unwahrer Angaben und auch diejenige zwar wahrer, aber unwesentlicher, sein wirtschaftliches Fortkommen unnötigerweise behindernder Angaben verlangen. Ebenso hat er Anrecht darauf, dass zweideutige Formulierungen durch eindeutige ersetzt werden. Bleiben im Zeugnis wesentliche positive Aspekte unerwähnt oder gelangen sie darin ungenügend zum Ausdruck, kann der Arbeitnehmer nach neuerer, heute wohl herrschender Auffassung auch die Aufnahme bestimmter positiver Werturteile in das Zeugnis erzwingen[206]. In der Formulierung üben die Gerichte allerdings Zurückhaltung mit subjektiv gefärbten Ausdrücken (wie etwa «zu unserer vollsten Zufriedenheit») und geben in der Regel objektivierten Aussagen den Vorzug (Beispiel: «Seine Leistungen waren gut.»)[207]. 1.95

e) Haftungsfolgen

Gegenüber dem Arbeitnehmer haftet der Arbeitgeber bei verspäteter Ausstellung des Zeugnisses aufgrund von Art. 103 OR, bei Nicht- oder Schlechterfüllung seiner Zeugnispflicht aufgrund von Art. 97 ff. OR. Den Schadenersatzansprüchen des Arbeitnehmers stehen jedoch regelmässig kaum überwindbare Beweisschwierigkeiten entgegen. Dem Arbeitnehmer wird es kaum je gelingen zu beweisen, dass er einen neuen Arbeitsvertrag wegen der Verletzung der Zeugnispflicht durch den früheren Arbeitgeber nicht oder nur zu schlechteren Bedingungen abschliessen konnte und aus diesem Grund einen Schaden erlitt. Schadenersatzklagen des Arbeitnehmers wegen verspäteter, ausbleibender oder mangelhafter Ausstellung eines Arbeitszeugnisses sind daher in aller Regel wenig aussichtsreich und kommen selten vor[208]. 1.96

---

203 JANSSEN, 159. – Vgl. auch oben, Rz. 1.90.
204 REHBINDER, N 12 zu Art. 330a OR. – Vgl. auch oben, Rz. 1.88.
205 STREIFF/VON KAENEL, N 5 zu Art. 330a OR; JANSSEN, 159.
206 Nach STREIFF/VON KAENEL (N 5 zu Art. 330a OR) kann sich der Arbeitgeber «nicht hinter der Ansicht verschanzen, man könne ihm kein positives Werturteil gegen seine Überzeugung aufzwingen». – Gleicher Meinung REHBINDER, N 7 und 21 zu Art. 330a OR; BRÜHWILER, N 4 zu Art. 330a OR; JANSSEN, 160. – Anders dagegen noch STAEHELIN, N 21 zu Art. 330a OR; BERNOLD, 81 f.
207 STREIFF/VON KAENEL, N 5 zu Art. 330a OR. – Vgl. aus der Praxis etwa JAR 1993, 201 f.; 1992, 191 f.; 1990, 215 f.; 1985, 177 f.

1.97 Von grösserer praktischer Bedeutung ist die Haftung nach Art. 41 ff. OR, die den Arbeitgeber aus einem unwahren oder unvollständigen Zeugnis gegenüber Dritten, insbesondere gegenüber späteren Arbeitgebern des beurteilten Arbeitnehmers treffen kann. Gefährlich ist es in diesem Zusammenhang namentlich, Straftaten des Arbeitnehmers, die sich auf das Arbeitsverhältnis wesentlich ausgewirkt haben, im Zeugnis unerwähnt zu lassen, so dass ein unvollständiges und damit unwahres Bild vom Arbeitnehmer entsteht. Als Warnung diene der in BGE 101 II 69 ff. entschiedene Fall: Eine Firma stellte einem Arbeitnehmer ein hervorragendes Zeugnis aus, obwohl er in ihrem Betrieb eine – den Strafverfolgungsbehörden allerdings nicht angezeigte – Unterschlagung begangen hatte. Am neuen Arbeitsort unterschlug der Arbeitnehmer erneut und noch in grösserem Stil als zuvor. Für den dadurch entstandenen Schaden hatte die frühere Arbeitgeberin mit der Ausstellung des unrichtigen Zeugnisses eine adäquat kausale Mitursache gesetzt. Gestützt darauf wurde sie zu Schadenersatz im Betrag von Fr. 150 000.– verurteilt.

IV. Alternativen zur Kündigung

1. Kündigungsdrohung

1.98 Eine Entlassung beeinträchtigt den Ruf des Arbeitnehmers. Sie ist zwar längst nicht in jedem Fall auf mangelnde Tüchtigkeit zurückzuführen. Oft liegt der Grund der Entlassung in einem wirtschaftlich bedingten Personalabbau oder auch in rein persönlichen Unverträglichkeiten. Dennoch weckt die Tatsache, dass ein Arbeitnehmer entlassen worden ist, in der Arbeitswelt im allgemeinen den Verdacht, er sei den Anforderungen nicht gewachsen gewesen oder habe sich zumindest nicht durch besondere Leistungen hervorgetan. Gegen dieses «Odium» anzukämpfen, ist meistens schwierig. Der Arbeitnehmer kann deshalb ein Interesse daran haben, dass nicht der Arbeitgeber, sondern er selbst kündigt. Mit Rücksicht darauf sprechen Firmen, die sich von einem Mitarbeiter trennen möchten, häufig zunächst keine Kündigung, sondern erst eine Kündigungsdrohung aus, um dem Betroffenen Gelegenheit zu geben, das Arbeitsverhältnis durch eigene Kündigung aufzulösen.

1.99 Der Arbeitnehmer wird dieses Vorgehen in der Regel einer einfachen Entlassung vorziehen und auf die Drohung hin selbst kündigen. Dabei hat er allerdings zu bedenken, dass er, wenn er die Kündigung selbst ausspricht, auf die Vorteile des Kündigungsschutzes verzichtet, insbesondere auch auf eine Verlängerung des Arbeitsverhältnisses bei einer allfälligen krankheits- oder unfallbedingten Arbeits-

---

208 REHBINDER, N 25 zu Art. 330a OR; vgl. ferner auch STAEHELIN, N 24 zu Art. 330a OR; eingehend JANSSEN, 172 ff.

unfähigkeit. Im Arbeitslosenversicherungsrecht wird hingegen die Kündigung eines Arbeitnehmers, mit der dieser der unausweichlichen Entlassung durch den Arbeitgeber zuvorkommt, einer Arbeitgeberkündigung gleichgestellt, so dass keine Einstelltage zu gewärtigen sind[209].

Mit Blick auf den Kündigungsschutz unterliegt die Kündigungsdrohung im allgemeinen keinen Bedenken. Unzulässig ist sie jedoch dann, wenn die angedrohte Kündigung, sollte sie ausgesprochen werden, als missbräuchlich im Sinne von Art. 336 OR[210] oder von Art. 10 GlG[211] oder als diskriminierend im Sinne von Art. 3 GlG[212] zu qualifizieren wäre. Mit einer derartigen Kündigungsdrohung macht sich der Arbeitgeber wegen Nötigung strafbar (Art. 181 StGB). Die durch die unzulässige Drohung ausgelöste Kündigung ist in Analogie zu Art. 29 OR als unverbindlich zu betrachten. 1.100

2. Aufhebungsvertrag oder «einvernehmliche Auflösung»

Aufgrund der Vertragsfreiheit sind die Parteien frei, das Arbeitsverhältnis durch vertragliche Einigung zu beenden. In der Praxis kommt es vor allem dann zu einvernehmlichen Beendigungen, wenn die Parteien den Ablauf der Kündigungsfrist nicht abwarten möchten. Zugleich lässt sich der gesetzliche Kündigungsschutz ausschalten. Im weiteren können Aufhebungsverträge auch der vergleichsweisen Erledigung von Kündigungsstreitigkeiten dienen[213]. Grosse praktische Bedeutung besitzt der Aufhebungsvertrag schliesslich auch im Zusammenhang mit vorzeitigen Pensionierungen. 1.101

a) Grenzen der Zulässigkeit

Mit der einvernehmlichen Auflösung des Arbeitsverhältnisses kann rechtsgültig auf die Einhaltung von Kündigungs- und Sperrfristen sowie auf den Lohn bis zum Ablauf der Kündigungsfrist verzichtet werden. Das Verzichtsverbot von Art. 341 Abs. 1 OR kommt nicht zur Anwendung, weil es nur vor dem Verzicht auf bestehende Forderungen schützt, der Aufhebungsvertrag aber gerade dazu führt, dass zufolge der Beendigung des Arbeitsverhältnisses keine Forderungen mehr zur Entstehung gelangen[214]. 1.102

---

209 Dazu unten, Rz. 11.54, mit Hinweis auf ARV 1980, 13; 1977, 149.
210 Unten, Rz. 2.13 ff.
211 Unten, Rz. 8.2 ff.
212 Unten, Rz. 7.4 ff.
213 Vgl. dazu auch unten, Rz. 1.110.
214 MÜLLER, ArbR 1994, 79; VISCHER, 202 f.; STAEHELIN, N 9 zu Art. 341 OR; im Ergebnis gleich: BGE 118 II 60 ff.; 115 V 443 E. b; 110 II 170 E. 3a.

Peter Münch

1.103 Ein unzulässiges Umgehungsgeschäft liegt jedoch vor, wenn der Aufhebungsvertrag einzig dazu dient, den Arbeitnehmer seiner zwingenden Ansprüche aus Art. 324a OR (Lohnfortzahlung bei Krankheit, Unfall, Schwangerschaft oder Niederkunft) oder aus Art. 337c OR (Lohnersatz und Rechtsverletzungsbusse bei ungerechtfertigter fristloser Entlassung) zu berauben[215]. Der klassische Fall einer Umgehung von Art. 324a OR ist gegeben, wenn im Gefolge einer Erkrankung oder eines Unfalls des Arbeitnehmers oder wegen einer Schwangerschaft der Arbeitnehmerin ein Aufhebungsvertrag geschlossen wird, obwohl bereits bei der «Vertragsauflösung» feststeht, dass das Arbeitsverhältnis weitergeführt werden soll, sobald die Verhinderung an der Arbeitsleistung weggefallen ist[216]. Art. 337c OR wird umgangen, wenn der Arbeitgeber den Arbeitnehmer vor die Wahl zwischen einvernehmlicher Auflösung und fristloser Entlassung stellt, obschon er sich nicht auf wichtige Gründe stützen kann, die eine sofortige Vertragsauflösung zu rechtfertigen vermöchten[217]. Erscheint allerdings der im Aufhebungsvertrag enthaltene Verzicht des Arbeitnehmers durch die vertragliche Gegenleistung des Arbeitgebers als «reichlich kompensiert», ist er in Analogie zu den Grundsätzen, die Rechtsprechung und Lehre zu Art. 341 Abs. 1 OR entwickelt haben, wiederum als zulässig zu betrachten[218].

b) Zustandekommen

1.104 Der Aufhebungsvertrag bedarf keiner besonderen Form (Art. 115 OR). Er kann durch ausdrückliche Erklärungen, unter Umständen aber auch durch konkludentes Verhalten geschlossen werden. Die Frage, ob bestimmte Erklärungen oder Verhaltensweisen den Schluss auf das Zustandekommen eines Aufhebungsvertrages zulassen, wird in der Praxis häufig aufgeworfen[219]. Die Gerichte neigen zuweilen dazu, vorschnell vom Zustandekommen eines Aufhebungsvertrags auszugehen. Doch setzt sich – zu Recht – mehr und mehr die Auffassung durch, dass bei der Annahme stillschweigend geschlossener Aufhebungsverträge Zurückhaltung am Platz ist[220]. Ein Aufhebungsvertrag hat für den Arbeitnehmer einschneidende Folgen. Insbesondere lässt er den Kündigungsschutz entfallen und verkürzt den Anspruch auf Arbeitslosengeld. Dass der Arbeitnehmer in der Tat zu einer einvernehmlichen Auflösung des Arbeitsverhältnisses Hand bieten wollte, darf daher

---

215 VISCHER, 203; vgl. auch BGE 110 II 170 E. 3a.
216 So geschehen im Sachverhalt, der in BGE 102 Ia 417 zur Beurteilung stand.
217 Vgl. AppHof BE in JAR 1996, 174 f.; AppHof BE in JAR 1994, 181 ff.; GSG BS in JAR 1992, 199 ff. – Siehe zu dieser Fallkonstellation auch unten, Rz. 1.106.
218 MÜLLER, ArbR 1994, 80; die Rechtsprechung stellt jedoch recht hohe Anforderungen an den Vergleichscharakter der Verzichtsvereinbarung; siehe dazu unten, Rz. 1.110.
219 Eingehend zu dieser Frage MÜLLER, Diss., 49 ff.
220 Gleicher Meinung REHBINDER, N 2 zu Art. 335 OR; MÜLLER, ArbR 1994, 85; *derselbe*, Diss., 65; vgl. auch BRUNNER/BÜHLER/WAEBER, N 14 zu Art. 335 OR.

nicht leichthin angenommen werden. Vielmehr darf der Schluss auf einen derartigen Vertragswillen nur gezogen werden, wenn er sich aus dem Verhalten des Arbeitnehmers unmissverständlich und zweifelsfrei ergibt[221].

Im Hinblick auf die Beweissicherung ist zu empfehlen, Aufhebungsverträge schriftlich abzufassen. Im Vertrag ist insbesondere festzuhalten, auf welchen Zeitpunkt das Arbeitsverhältnis beendet wird und welche Geldansprüche dem Arbeitnehmer per saldo zustehen[222]. 1.105

c) Willensmängel

Aufhebungsverträge werden häufig auf Druck des Arbeitgebers hin abgeschlossen. Stellt der Arbeitgeber dem Arbeitnehmer eine fristlose Entlassung in Aussicht, für die keine hinreichenden Gründe bestehen (vgl. Art. 337 OR), liegt eine widerrechtliche *Drohung* vor, die einen daraufhin abgeschlossenen Aufhebungsvertrag einseitig unverbindlich werden lässt (Art. 29 Abs. 1 OR) und dem Arbeitnehmer dessen Anfechtung erlaubt (Art. 31 OR). Wäre dagegen nach den Umständen eine fristlose Entlassung gerechtfertigt gewesen, fehlt es an der Rechtswidrigkeit der Drohung, so dass der Aufhebungsvertrag gültig ist[223]. 1.106

Wegen *Täuschung* anfechtbar ist der Aufhebungsvertrag insbesondere, wenn der Arbeitgeber dem Arbeitnehmer[224] falsche Rechtsfolgen vorspiegelt[225]. Doch ist auch denkbar, dass der Arbeitgeber den Arbeitnehmer nicht durch aktives Verhalten, sondern dadurch täuscht, dass er gegenüber erkannten oder deutlich erkennbaren Fehlvorstellungen des Arbeitnehmers schweigt. In diesem Zusammenhang stellt sich die heikle Frage, ob und wieweit der Arbeitgeber verpflichtet ist, den Arbeitnehmer über nachteilige Folgen eines Aufhebungsvertrages aufzuklären. Eine solche Aufklärungspflicht wird von den Gerichten zuweilen angenommen[226]. MÜLLER mahnt hier jedoch mit Recht zu Zurückhaltung[227]. 1.107

Irrt sich der Arbeitnehmer oder die Arbeitnehmerin – ohne Zutun des Arbeitgebers – über die Rechte, die ihm oder ihr ohne den Aufhebungsvertrag aus dem Arbeitsverhältnis zugeflossen wären, stellt sich die Frage, ob ein *Grundlagenirrtum* im Sinne von Art. 24 Abs. 1 Ziff. 3 OR vorliegt. In BGE 118 II 62 f. E. 3 hat dies das Bundesgericht für eine Arbeitnehmerin verneint, der das Recht auf bezahlten Mutterschaftsurlaub nicht bekannt war, als sie mit dem Arbeitgeber vereinbarte, das 1.108

---

221 Ähnlich BRÜHWILER, N 7 zu Art. 335 OR; MÜLLER, ArbR 1994, 85.
222 Vgl. zum möglichen Inhalt von Aufhebungsverträgen auch MÜLLER, Diss., 95 ff.
223 MÜLLER, ArbR 1994, 93 f.
224 Oder auch der Arbeitnehmer dem Arbeitgeber.
225 MÜLLER, ArbR 1994, 93.
226 Vgl. etwa BJM 1985, 296 f., und BJM 1981, 303 f.
227 ArbR 1994, 83 f.

Arbeitsverhältnis auf einen eineinhalb Monate vor dem voraussichtlichen Geburtsdatum liegenden Zeitpunkt zu beenden[228].

V. Prozessuales Vorgehen

1.109 Für Streitigkeiten aus dem Arbeitsverhältnis enthält das OR verschiedene Verfahrensvorschriften, die in die Prozesshoheit der Kantone eingreifen. Die kantonalen Prozessrechte gestalten die bundesrechtlichen Verfahrensgrundsätze auf unterschiedliche Weise näher aus. Insgesamt ergibt sich für arbeitsrechtliche Zivilprozesse eine Reihe von verfahrensrechtlichen Besonderheiten.

1. Streitbeilegung durch Vergleich

1.110 Nach Art. 341 Abs. 1 OR kann der Arbeitnehmer während der Dauer des Arbeitsverhältnisses und eines Monats nach dessen Beendigung nicht gültig auf Forderungen verzichten, die sich aus unabdingbaren Bestimmungen des Gesetzes oder eines Gesamtarbeitsvertrags ergeben[229]. Das Verzichtsverbot beruht auf dem Gedanken, dass sich der Arbeitnehmer während der Vertragsdauer angesichts seiner wirtschaftlichen Abhängigkeit gezwungen sehen kann, in einen Verzicht einzuwilligen, um seine Stelle nicht zu gefährden. Zusätzlich will das Gesetz den Arbeitnehmer auch vor Kurzschlusshandlungen im Zusammenhang mit der Vertragsauflösung schützen[230]. Nach Lehre[231] und Rechtsprechung[232] steht Art. 341 Abs. 1 OR jedoch dem Abschluss eines Vergleichs nicht entgegen, sofern darin eine unsichere oder jedenfalls streitige Rechtslage bereinigt wird und eindeutig beide Parteien Konzessionen machen. An den Vergleichscharakter von derartigen gegenseitigen Verzichtserklärungen werden allerdings mit Recht hohe Anforderungen gestellt: Verlangt wird im allgemeinen eine «reichliche Kompensation» des Verzichts des Arbeitnehmers durch zusätzliche Leistungen des Arbeitgebers[233]. Damit fällt den Gerichten im Ergebnis die Aufgabe zu, den von den Parteien geschlossenen Vergleich auf seine

---

228 Zu bejahren soll ein Grundlagenirrtum nach MÜLLER (ArbR 1994, 91 f.) dagegen in der Regel sein, wenn eine Arbeitnehmerin beim Abschluss eines Aufhebungsvertrags irrtümlicherweise davon ausgeht, gar nicht schwanger zu sein.
229 Zur Abgrenzung zwischen unabdingbaren und abdingbaren Ansprüchen: STREIFF/VON KAENEL, N 5 und 6 zu Art. 341 OR.
230 Deshalb die Ausdehnung der Geltungsdauer des Verzichtsverbots um einen Monat über das Ende des Arbeitsverhältnisses hinaus (STREIFF/VON KAENEL, N 3 zu Art. 341 OR).
231 Statt vieler: REHBINDER, N 18 zu Art. 341 OR; STAEHELIN, N 13 zu Art. 341 OR; HOFMANN, 154 ff.; VISCHER, 202.
232 Grundlegend: BGE 106 II 222 f.; bestätigt in BGE 110 II 171; 118 II 61.
233 BGE 110 II 171.

§ 1 Von der Kündigung und ihren Wirkungen

objektive Angemessenheit hin zu überprüfen[234]. Sobald aber seit dem Ende des Arbeitsverhältnisses mehr als ein Monat verflossen ist, kommt eine solche richterliche Nachkontrolle nicht mehr in Betracht und begrenzt Art. 341 Abs. 1 OR die Freiheit der Parteien, ihre Streitigkeit durch Vergleich zu regeln, nicht mehr.

2. Fristen für die Klageeinleitung

a) Forderungsklagen

Gemäss Art. 128 Ziff. 3 OR verjähren *Forderungen des Arbeitnehmers aus dem Arbeitsverhältnis* – abweichend von der allgemeinen zehnjährigen Verjährungsfrist – innert 5 Jahren. Der Gesetzeswortlaut ist allerdings zu weit geraten. Nach herrschender, heute kaum mehr bestrittener Auffassung gilt die fünfjährige Verjährungsfrist nur für Forderungen, die – im weitesten Sinne – Entgelt für die Arbeitsleistung sind[235]; darunter fallen zunächst der Lohn und all seine Bestandteile wie Provisionen, Gewinnanteile, Zulagen, sodann aber auch Gratifikationen, Überstundenentschädigungen, Erfinderentschädigungen, Karenzentschädigungen[236]. Andere Forderungen des Arbeitnehmers, insbesondere Schadenersatzansprüche aus Vertragsverletzung, verjähren innert 10 Jahren (Art. 127 OR)[237]. 1.111

Der zehnjährigen Verjährungsfrist von Art. 127 OR unterstehen generell auch die *Forderungen des Arbeitgebers.* Das gilt an sich auch für vertragliche Schadenersatzforderungen, wie sie insbesondere entstehen können, wenn der Arbeitnehmer seine Sorgfalts- und Treuepflicht verletzt (Art. 321a und 321e OR). Solche Forderungen können jedoch verwirken, wenn sie der Arbeitgeber trotz Kenntnis der anspruchsbegründenden Tatsachen nicht sogleich geltend macht, sondern stattdessen den Lohn vorbehaltlos und vollumfänglich weiterbezahlt, da diesfalls stillschweigender Verzicht angenommen wird[238]. 1.112

Die Verjährung beginnt mit der Fälligkeit zu laufen (Art. 130 OR). Eine Ausnahme besteht allerdings für Forderungen von Arbeitnehmern, die mit dem Arbeitgeber in Hausgemeinschaft leben: Hier setzt erst das Ende des Arbeitsverhältnisses die Verjährung in Gang (Art. 134 Abs. 1 Ziff. 4 und Abs. 2 OR). 1.113

---

234 Vgl. dazu etwa BGer in SAE 1995, 110 f. E. 5; BezGer La Neuveville in SAE 1995, 113; KGer VD in JAR 1995, 157 f.
235 Statt vieler: REHBINDER, N 30 zu Art. 341 OR; STAEHELIN, N 19 zu Art. 341 OR; VISCHER, 204; BRÜHWILER, N 10 zu Art. 341 OR.
236 STAEHELIN, N 19 zu Art. 341 OR.
237 Eine Verwirkung von Forderungen des Arbeitnehmers kommt selten in Betracht; vgl. dazu BGer in JAR 1996, 173, sowie VISCHER, 204, und REHBINDER, N 25 zu Art. 341 OR.
238 VISCHER, 96; STAEHELIN, N 34 zu Art. 321e OR; relativierend BRÜHWILER, N 3 zu Art. 321e OR. – Vgl. ferner BGE 110 II 344 ff. sowie REHBINDER, N 31 zu Art. 341 OR.

b) Zeugnisklagen

1.114 Der Zeugnisanspruch verjährt nach herrschender Auffassung grundsätzlich gemäss Art. 127 OR innert 10 Jahren seit dem Ende des Arbeitsverhältnisses[239]. Dem Anspruch auf ein qualifiziertes Zeugnis setzt jedoch auch das Erinnerungsvermögen des Arbeitgebers gewisse zeitliche Schranken: Er ist als erloschen anzusehen, wenn der Austritt des Arbeitnehmers zu weit zurückliegt, als dass sich der Arbeitgeber oder seine Mitarbeiter noch hinreichend präzis an den Arbeitnehmer und an dessen Leistungen erinnern könnten[240].

3. Zuständiges Gericht

a) Örtliche Zuständigkeit

1.115 Art. 343 Abs. 1 OR sieht einen *Wahlgerichtsstand* vor: Klagen aus dem Arbeitsverhältnis können nach Wahl des Klägers entweder am Wohnort des Beklagten oder am Betriebsort anhängig gemacht werden. Die Vorschrift ist absolut zwingend (Art. 361 OR). Abweichende Gerichtsstandsvereinbarungen sind nichtig[241].

Ein *Betriebsort* ist dort gegeben, wo feste, auf Dauer mit einem Ort verbundene Einrichtungen des Arbeitgebers bestehen[242]. Da Art. 343 Abs. 1 OR der Klagpartei die Durchsetzung ihrer Ansprüche erleichtern will, werden in der Gerichtspraxis keine hohen Anforderungen an die geschäftliche und wirtschaftliche Selbständigkeit des Betriebes gestellt[243]. So liess die Rechtsprechung bereits eine Servicestelle mit Telefonanschluss[244] oder das Büro eines Agenten genügen, der für den Arbeitgeber die Arbeitseinsätze organisierte und überwachte[245]. Ebenso wurde als Betriebsort das Büro anerkannt, von dem aus ein einzelzeichnungsberechtigter Verwaltungsrat das Unternehmen leitete[246]. Ein Gerichtsstand ist ferner auch am Ort gegeben, von dem aus der Briefverkehr des Arbeitgebers ausgeht und der auf dessen Briefkopf und im Telefonbuch als Adresse angegeben ist[247]. Das Vorliegen eines Betriebsortes wurde hingegen verneint für das private Büro eines Vertreters, der von dort aus im Dienst des Arbeitgebers Kunden für ein Branchentelefonbuch akquirierte[248], sowie für die Privatwohnung eines

---

239 STAEHELIN, N 5 zu Art. 330a OR; REHBINDER, N 16 zu Art. 330a OR; STREIFF/VON KAENEL, N 2 zu Art. 330a OR; BRÜHWILER, N 1 zu Art. 330a OR; abweichend OGer ZH in JAR 1981, 274, wonach die Verjährungsfrist 5 Jahre betragen soll.
240 STAEHELIN, a.a.O.; REHBINDER, a.a.O.
241 Es darf weder ein anderer Gerichtsstand vorgesehen, noch die Wahlmöglichkeit des Klägers beschränkt werden (VISCHER, 291; STREIFF/VON KAENEL, N 2g zu Art. 343 OR; BRÜHWILER, N 2d zu Art. 343 OR; ebenso zur Veröffentlichung bestimmter BGE vom 6.5.1997, E. 5a).
242 Der Begriff des Betriebsorts ist damit weiter als jener der Zweigniederlassung im Sinne von Art. 935 OR (BRÜHWILER, N 2c zu Art. 343 OR; VISCHER, 291 Fn. 8).
243 Vgl. die Rechtsprechungsübersichten bei STAEHELIN, N 18 zu Art. 343 OR, bei BRÜHWILER, N 2c zu Art. 343 OR, bei REHBINDER, N 6 zu Art. 343 OR und bei STREIFF/VON KAENEL, N 2c zu Art. 343 OR.
244 BJM 1976, 321 f.
245 ZR 1988, 170; ZR 1985, 282 f.; JAR 1982, 295.
246 JAR 1980, 183.
247 BJM 1987, 232; JdT 1982 III 101.
248 JAR 1981, 299.

§ 1 Von der Kündigung und ihren Wirkungen

Handelsreisenden, in der dieser auf eigene Kosten einen Telefonbeantworter installiert hatte und von der aus er der Firma seine Tagesrapporte sandte, ohne sich mit dem Rechnungswesen zu befassen[249].

b) Sachliche Zuständigkeit

Welches Gericht *sachlich zuständig* ist, bestimmt das kantonale Prozessrecht. Verschiedene Kantone kennen spezielle Arbeitsgerichte; andere überlassen die Entscheidung von Arbeitsstreitigkeiten den ordentlichen Zivilgerichten[250].   1.116

c) Frage der Zulässigkeit von Schiedsvereinbarungen

Ob und wieweit es mit Art. 343 OR vereinbar ist, wenn die Beurteilung arbeitsrechtlicher Streitigkeiten einem Schiedsgericht übertragen wird, war lange Zeit heftig umstritten. In der neueren Lehre geht jedoch die ganz überwiegende Meinung dahin, dass Art. 343 OR kein grundsätzliches Verbot von Schiedsvereinbarungen enthält, sondern dass sich die Zulässigkeit der schiedsgerichtlichen Streiterledigung einzig nach dem kantonalen Prozessrecht richtet[251]. Diese Auffassung verdient Zustimmung. In Art. 343 Abs. 1 OR geht es einzig um die örtliche Zuständigkeit; die Frage, ob Schiedsabreden zulässig sind, beschlägt dagegen die sachliche Zuständigkeit[252]. Die Vorschriften von Art. 343 Abs. 2–4 OR beziehen sich auf die Ausgestaltung des Verfahrens[253]; die dort zwingend statuierten bundesrechtlichen Minimalanforderungen lassen sich jedoch durchaus auch im Rahmen eines Schiedsverfahrens einhalten[254].   1.117

Auf kantonaler Ebene können allerdings zwingende Vorschriften über die sachliche Zuständigkeit staatlicher Gerichtsinstanzen der Zulässigkeit von Schiedsabreden entgegenstehen. So sieht beispielsweise das baselstädtische Recht für Streitigkeiten   1.118

---

249 BGE 114 II 353 ff.
250 Übersicht bei STAEHELIN, N 1 zu Art. 343 OR, sowie (ausführlicher) in JAR 1992, 87 ff.
251 REHBINDER, N 10 zu Art. 343 OR; STREIFF/VON KAENEL, N 8 zu Art. 343 OR; BRÜHWILER N 5 zu Art. 343 OR; SUTTER, 129; LALIVE/POUDRET/REYMOND, Le droit de l'arbitrage interne et international en Suisse, Lausanne 1989, N 4 zu Art. 5 des Konkordats über die Schiedsgerichtsbarkeit; JOLIDON, PIERRE, Commentaire du concordat suisse sur l'arbitrage, Bern 1984, 165. – Abweichend (soweit ersichtlich) einzig STAEHELIN/SUTTER, Zivilprozessrecht, Zürich 1992, 320, und STAEHELIN, N 4 zu Art. 343 OR.
252 Die Gerichtsstandsvorschrift von Art. 343 Abs. 1 OR ist jedoch zufolge ihres zwingenden Charakters (Art. 361 OR) auch auf Schiedsgerichte anwendbar (STREIFF/VON KAENEL, N 8 zu Art. 343 OR; a.M. OGer. ZH in JAR 1990, 401 f.). Der Sitz des Schiedsgerichts befindet sich daher nach der Wahl des Klägers entweder am Wohnort des Beklagten oder am Betriebsort. Schiedsklauseln, die den Sitz des Schiedsgerichts anders festlegen oder den Kläger seiner Wahlmöglichkeit berauben, sind als teilnichtig im Sinne von Art. 20 Abs. 2 OR anzusehen.
253 Siehe dazu sogleich, Rz. 1.120 ff.
254 Angesichts des absolut zwingenden Charakters von Art. 343 OR (siehe Art. 361 OR) sind m.E. abweichende Verfahrensvereinbarungen für Arbeitsstreitigkeiten mit einem Streitwert bis zu Fr. 20 000.– nichtig.

aus dem Arbeitsverhältnis, deren Streitbetrag Fr. 8 000.– nicht übersteigt, die ausschliessliche Zuständigkeit der sog. «Gewerblichen Schiedsgerichte» vor (bei welchen es sich entgegen der irreführenden Bezeichnung nicht um ein Schiedsgericht, sondern um ein staatliches Spezialgericht handelt)[255].

4. Prozessvertretung

1.119   Ob sich die Parteien im Prozess durch Anwälte vertreten lassen können, entscheidet grundsätzlich das kantonale Verfahrensrecht. Die meisten Kantone schränken die berufsmässige Prozessvertretung für Arbeitsstreitigkeiten ein oder schliessen sie gar ganz aus. Derartige generelle Anwaltsverbote können indessen mit dem verfassungsmässigen Gehörsanspruch und mit dem Prinzip der Waffengleichheit in Konflikt geraten[256].

5. Verfahrensmässige Besonderheiten von arbeitsrechtlichen Zivilprozessen mit Streitwerten bis zu Fr. 20 000.–

1.120   Für *arbeitsrechtliche Zivilprozesse mit Streitwerten bis zu Fr. 20 000.–* gelten nach Art. 343 OR in dreifacher Hinsicht *bundesrechtliche Minimalanforderungen an die Ausgestaltung des Gerichtsverfahrens:* Dieses hat

– «einfach und rasch» (Art. 343 Abs. 2 OR; Rz. 1.127) sowie
– grundsätzlich *kostenlos* (Art. 343 Abs. 3 OR; Rz. 1.122 ff.) zu sein, und
– das Gericht hat den *Sachverhalt von Amtes wegen* und unter freier Würdigung der Beweise *festzustellen* (Art. 343 Abs. 4 OR; Rz. 1.124 ff.).

1.121   Ob die *Streitwertgrenze von Fr. 20 000.–* eingehalten oder überschritten ist, beurteilt sich einzig nach dem Wert des Klagebegehrens; allfällige Widerklagebegehren bleiben grundsätzlich ausser Betracht (Art. 343 Abs. 2 OR)[257]. Die Bemessung des Streitwerts hat, soweit die Anwendung der Verfahrensvorschriften von Art. 343 Abs. 2–4 OR in Frage steht, ausschliesslich (ungeschriebenen) bundesrechtlichen Grundsätzen zu folgen, da der Begriff des Streitwerts insoweit ein Begriff des

---

255 § 32 des Gerichtsorganisationsgesetzes. Siehe auch STAEHELIN/SUTTER, Zivilprozessrecht, Zürich 1992, 320.
256 Zum Stand der Diskussion in Lehre und Rechtsprechung: BRÜHWILER, N 4 zu Art. 343 OR; STREIFF/VON KAENEL, N 13 zu Art. 343 OR; AUBERT, Protection des droits, 432 ff.
257 Damit soll verhindert werden, dass der Beklagte den Kläger mit einer – möglicherweise haltlosen – Widerklage um die Vorteile, die sich aus den Verfahrensvorschriften von Art. 343 Abs. 2–4 OR ergeben, und insbesondere um die Kostenlosigkeit des Verfahrens bringen kann. Ob Widerklagen, deren Streitwert Fr. 20 000.– übersteigt, dennoch zusammen mit der Klage oder aber getrennt im ordentlichen Verfahren zu beurteilen sind, entscheidet das kantonale Prozessrecht (BGE 115 II 370).

§ 1 Von der Kündigung und ihren Wirkungen

Bundesrechts ist[258]. Kantonale Bemessungsvorschriften dürfen daher nicht herangezogen werden, was in der Lehre und in der kantonalen Rechtsprechung verschiedentlich übersehen wird[259].

Im einzelnen gilt folgendes: Bei Lohnforderungen ist auf den Bruttobetrag abzustellen; die Arbeitnehmerbeiträge an die Sozialversicherungen und an die Pensionskasse werden demnach für die Streitwertberechnung nicht abgezogen[260]. Bei nicht auf Geldzahlung gerichteten vermögensrechtlichen Klagen, wie etwa der Klage auf Verbot konkurrenzierender Tätigkeit oder jener auf Ausstellung eines Arbeitszeugnisses[261], hat das Gericht den Streitwert nach pflichtgemässem Ermessen zu schätzen[262]. Da das Bundesgericht noch kaum Gelegenheit hatte, sich zu den dafür massgebenden Gesichtspunkten zu äussern[263], bestehen in diesem Bereich zur Zeit allerdings erhebliche Unsicherheiten. Die Praxis der kantonalen Gerichte ist sehr unterschiedlich, insbesondere was die Bestimmung des Geldwerts von Zeugnisansprüchen angeht[264].

a) Kostenlosigkeit

Der Hauptvorteil der Streitigkeiten, deren Streitwert Fr. 20 000.– nicht überschreitet, liegt darin, dass das Verfahren kostenlos ist. Den Parteien dürfen nach Art. 343 Abs. 3 OR weder Gebühren noch Auslagen auferlegt werden. Es dürfen folglich auch keine Kostenvorschüsse einverlangt werden[265]. Kostenlos sind sowohl erstinstanzliche Verfahren wie Rechtsmittelverfahren, einschliesslich bundesgerichtliche Berufungs- und Beschwerdeverfahren[266].

1.122

---

258 STAEHELIN, N 22 zu Art. 343 OR.
259 Siehe etwa BRÜHWILER, N 6a zu Art. 343 OR; REHBINDER, N 13 zu Art. 343 OR; JANSSEN, 163; OGer ZH in plädoyer 1989, 67. – Wie hier jedoch STAEHELIN, N 22 zu Art. 343 OR und SUTTER, 133; vgl. ferner auch STREIFF/VON KAENEL, N 6 zu Art. 343 OR.
260 JAR 1984, 300.
261 Vgl. oben, Rz. 1.81 ff.
262 STAEHELIN, N 22 zu Art. 343 OR; SUTTER, 133.
263 In BGE 116 II 380 E. 2b hält das Bundesgericht immerhin fest, dass in erster Linie auf die übereinstimmenden Angaben der Parteien abzustellen sei.
264 In Zürich wird in Zeugnisprozessen als Streitwert in der Regel ein Monatslohn angenommen, die Berner Praxis geht einheitlich von einem Streitwert von Fr. 50.– aus, in Basel wird Auseinandersetzungen über Arbeitszeugnisse offenbar überhaupt kein Streitwert zuerkannt (KUHN/KOLLER, 4/3.12.1, 3; CLASS/BISCHOFBERGER, 42). Diese äusserst niedrigen Bewertungen unterschätzen die Bedeutung, die das Arbeitszeugnis für den Arbeitnehmer haben kann; ein gutes oder schlechtes Zeugnis kann darüber entscheiden, ob und zu welchem Anfangslohn der Arbeitnehmer eine neue Stelle findet (gl. M. BRÜHWILER, N 4 zu Art. 330a OR). Das Gericht hat in jedem Einzelfall aufgrund der gesamten Umstände zu prüfen, welches geldwerte Interesse der Arbeitnehmer an der Durchsetzung des eingeklagten Zeugnisanspruchs hat (JANSSEN, 164; KUHN/KOLLER, 4/3.12.1 [Aktualisierung August 1983], 5 ff.).
265 SUTTER, 138; BRÜHWILER, N 7 zu Art. 343 OR. – Möglich bleibt es dagegen, nach Massgabe des kantonalen Rechts Kautionen zur Sicherstellung der Parteikosten aufzuerlegen (vgl. SUTTER, 138 f.).
266 BGE 115 II 40 E. 5a; 113 Ia 118 E. 5, mit Hinweisen. – Die Kostenlosigkeit gilt zudem auch für Streitigkeiten über prozessuale Nebenpunkte: BGE 104 II 222 ff.

1.123 Die Kostenlosigkeit erleichtert den Zugang zu den Gerichten erheblich. Sie lässt eine Hemmschwelle entfallen, die manchen Rechtsuchenden von der Einleitung eines Prozesses abhalten könnte. Zu beachten ist jedoch, dass Art. 343 Abs. 3 OR nicht jedes Kostenrisiko ausschliesst. Ein verlorener Prozess kann vielmehr – trotz des Grundsatzes der Kostenlosigkeit – in zweierlei Hinsicht mit unter Umständen beträchtlichen Kostenfolgen verbunden sein:

– Da sich Art. 343 Abs. 3 OR nur auf die Gerichtskosten bezieht, verbietet das Bundesrecht nicht, die unterlegene Partei zu verpflichten, der Gegenpartei eine *Parteientschädigung* zu bezahlen. Es bleibt dem kantonalen Recht überlassen, ob und wieweit in arbeitsrechtlichen Streitsachen die obsiegende Partei Anspruch auf Ersatz ihrer Parteikosten hat[267].

Die kantonalen Gerichte sprechen zum Teil in Arbeitsstreiten Parteientschädigungen wie in anderen Prozessen zu[268], zum Teil machen sie die Zusprechung von Parteientschädigungen in Arbeitsstreiten von einschränkenden Voraussetzungen abhängig: So trägt in Basel und in Genf die unterliegende Partei die Prozesskosten der Gegenpartei nur, wenn ihr mutwillige Prozessführung vorzuwerfen ist[269]. Schaffhausen lässt neben Mutwilligkeit der unterliegenden Partei auch den Umstand, dass schwierige Rechtsfragen zu beurteilen waren, als Grund für einen Entschädigungsanspruch der obsiegenden Partei gelten[270]. Im Aargau werden bis zu einem Streitwert von Fr. 8 000.– generell keine Parteikosten ersetzt[271]. Das Bundesgericht handhabt die Entschädigung der obsiegenden Partei in arbeitsrechtlichen Verfahren nach den gleichen Grundsätzen wie in anderen Streitsachen.

– Die Kostenlosigkeit gilt nicht bei *mutwilliger Prozessführung* (Art. 343 Abs. 3 Satz 2 OR). Auf Mutwille ist aber nicht etwa schon dann zu schliessen, wenn der Prozess, objektiv betrachtet, aussichtslos war; zusätzlich ist vielmehr vorauszusetzen, dass die unterlegene Partei wider besseres Wissen oder zumindest wider die von ihr nach der Lage der Dinge zu erwartende Einsicht prozessierte[272]. Das ist nicht leichthin anzunehmen[273]. Mutwillig ist es jedoch, eine unsinnige oder völlig überrissene Forderung einzuklagen oder sonstwie einen Rechtsstandpunkt

---

267 STAEHELIN, N 29 zu Art. 343 OR; REHBINDER, N 19 zu Art. 343 OR; STREIFF/VON KAENEL, N 12 zu Art. 343 OR; BRÜHWILER, N 9 zu Art. 343 OR.

268 Davon ist überall dort auszugehen, wo keine Sondervorschriften über die Tragung der Parteikosten in Arbeitsstreiten bestehen (vgl. STREIFF/VON KAENEL, N 12 zu Art. 343 OR). – Beispiele: OGer ZH in ZR 1972 Nr. 75; KGer NE in JAR 1981, 205.

269 Für Basel: BJM 1983, 164; JAR 1980, 173; BJM 1978, 283 f.; ferner SUTTER, 141. – Für Genf: AUBERT, Arrêts, Nr. 417, 418 und 446. – In Beschwerdeverfahren spricht das Basler Appellationsgericht Parteientschädigungen nur bei besonderen Umständen und bei Bedürftigkeit der Partei zu (JAR 1993, 231).

270 JAR 1983, 289.

271 § 369 Abs. 1 ZPO/AG.

272 Die Mutwilligkeit hat somit neben der objektiven auch eine subjektive Komponente; gl.M. SUTTER, 139; REHBINDER, N 20 zu Art. 343 OR; BRÜHWILER, N 8 zu Art. 343 OR. – Aus der Rechtsprechung: OGer LU in JAR 1994, 213; AppGer BS in BJM 1981, 219 f.; ZR 1972, Nr. 75.

273 Vgl. STREIFF/VON KAENEL, N 11 zu Art. 343 OR.

§ 1 Von der Kündigung und ihren Wirkungen

einzunehmen, dessen gänzliche Haltlosigkeit für die betreffende Partei ohne weiteres erkennbar sein musste[274].

Den Vorwurf mutwilliger Prozessführung muss sich ferner gefallen lassen, wer eine Klage anhebt, dann aber unentschuldigt der Verhandlung fernbleibt[275], wer nach einem Kontumazurteil um Wiedereinsetzung ersucht, zur neu anberaumten Verhandlung aber wiederum nicht erscheint[276], wer durch seine Beweisanträge eine zweite Verhandlung veranlasst, dann aber die angebotenen Beweismittel ohne stichhaltige Gründe gar nicht beibringt[277], oder wer entscheidende Beweise erst im Beschwerdeverfahren vorlegt[278].

b) Untersuchungsgrundsatz

Der Zivilprozess ist bekanntlich im allgemeinen von der Verhandlungsmaxime beherrscht, wonach es Sache der Parteien ist, die Tatsachen, die ihren Prozessstandpunkt stützen, zu behaupten und unter Beweis zu stellen[279]. Demgegenüber schreibt das Bundesrecht für Streitigkeiten aus dem Arbeitsverhältnis mit Streitwerten bis zu Fr. 20 000.– die *Untersuchungsmaxime* vor, indem es den Richter anweist, den Sachverhalt von Amtes wegen festzustellen (Art. 343 Abs. 4 OR)[280]. Dieser Grundsatz wird in der Rechtsprechung jedoch stark relativiert. Im einzelnen gilt es folgendes zu beachten: 1.124

– Das Gericht darf seine Kognition nicht auf ausdrücklich vorgebrachte Tatsachen beschränken, sondern muss auch Tatsachen und Beweise, auf die es anderweitig stösst, berücksichtigen[281].
– Die Parteien dürfen sich dadurch jedoch nicht dazu verleiten lassen, die Hände in den Schoss zu legen. Denn die Untersuchungsmaxime entbindet sie nicht davon, an der Sammlung des Prozessstoffes und an der Beschaffung der Beweise mitzuwirken[282].

---

274 BRÜHWILER, N 8 zu Art. 343 OR. – Beispiele: BGE 106 II 47 Nr. 10 E. 4; OGer ZH in JAR 1988, 483; AppGer BS in BJM 1981, 291; fraglich hingegen BGE 106 II 152 ff. (siehe zu diesem Entscheid die Kritik bei VISCHER, 90 Fn. 115, was das Materielle angeht, und bei STREIFF/VON KAENEL, N 11 zu Art. 343 OR, in bezug auf die Kostenfrage).
275 BJM 1983, 162; BJM 1983, 292; JAR 1980, 327; BJM 1979, 284; BJM 1975, 226.
276 BJM 1974, 244 Ziff. 2.
277 BJM 1974, 244 Ziff. 3.
278 JAR 1986, 248 = BJM 1985, 283.
279 Es handelt sich dabei um einen Grundsatz, der dem kantonalen Prozessrecht angehört und deshalb in seinen einzelnen Auswirkungen von diesem – je nach Kanton unterschiedlich – näher umschrieben wird (vgl. BGE 106 II 207 E. b).
280 Die Vorschrift ist sozialpolitisch motiviert: Sie soll namentlich dem Arbeitnehmer die Durchsetzung (und Abwehr) von Ansprüchen aus dem Arbeitsverhältnis erleichtern; man spricht deshalb auch von «sozialer Untersuchungsmaxime». Das bedeutet aber nicht, dass Art. 343 Abs. 4 OR nur dem Arbeitnehmer zugute käme; auch der Arbeitgeber kann sich darauf berufen.
281 BGE 107 II 236 E. b.
282 BGE 107 II 236 E. c.

- In diesem Zusammenhang ist darauf hinzuweisen, dass Art. 343 Abs. 4 OR keinen Einfluss auf die Verteilung der Beweislast hat. Wenn eine behauptete Tatsache unbewiesen bleibt, wird auch im Anwendungsbereich der Untersuchungsmaxime gegen die beweisbelastete Partei entschieden[283]. Die Parteien haben deshalb alles Interesse daran, der ihnen obliegenden Mitwirkung bei der Sachverhaltsermittlung nachzukommen.
- Das Gericht hat den Parteien allerdings, soweit nötig, helfend zur Seite zu stehen. Es hat sich zu vergewissern, dass die Parteivorbringen vollständig sind, wenn Anlass besteht, daran zu zweifeln[284]. Diesfalls trifft das Gericht insbesondere die Pflicht, die Parteien über unklar gebliebene Punkte zu befragen[285].
- Parteibehauptungen, die nicht ausdrücklich bestritten worden sind, darf das Gericht nicht ohne weiteres als zugestanden ansehen. Es hat vielmehr die Gegenpartei durch entsprechende Befragung zu einer klaren Stellungnahme zu veranlassen[286].

1.125 Der bundesrechtlichen Untersuchungsmaxime ist Genüge getan, wenn sie vor *einer* kantonalen Instanz zur Anwendung gelangt ist. Art. 343 Abs. 4 OR verleiht den Parteien keinen Anspruch darauf, dass der erstinstanzliche Entscheid von einer kantonalen Rechtsmittelinstanz mit voller Kognition überprüft wird. Ebensowenig steht die Vorschrift einem kantonalrechtlichen Novenverbot im Rechtsmittelverfahren entgegen[287]. Wenn und soweit jedoch das kantonale Recht im zweitinstanzlichen Verfahren Noven zulässt, hat sich auch die Rechtsmittelinstanz an die Untersuchungsmaxime zu halten[288].

1.126 Neben der Untersuchungsmaxime sieht Art. 343 Abs. 4 OR für Streitigkeiten aus dem Arbeitsverhältnis mit Streitwerten bis zu Fr. 20 000.– auch den *Grundsatz der freien Beweiswürdigung* vor. Damit werden abweichende Beweisvorschriften des kantonalen Rechts[289] ausgeschaltet[290]. Da solche jedoch selten sind, ist die praktische Bedeutung der bundesrechtlich vorgeschriebenen freien Beweiswürdigung gering.

---

283 BRÜHWILER, N 10 zu Art. 343 OR; STAEHELIN, N 35 zu Art. 343 OR.
284 Zu derartigen Zweifeln sehen sich die Gerichte jedoch im allgemeinen nicht sehr bereitwillig veranlasst, weil nähere Abklärungen der speditiven Prozesserledigung abträglich sind.
285 BGE 107 II 236 E. c.
286 STAEHELIN, N 31 zu Art. 343 OR, in fine; JdT 1985 III, 126.
287 BGE 107 II 237 E. 3.
288 STAEHELIN, N 35 zu Art. 343 OR.
289 Zu denken ist etwa an Regeln über den Beweiswert bestimmter Beweismittel oder an Bestimmungen, die bestimmte Beweismittel, z.B. Sachverständigengutachten, ausschliessen.
290 REHBINDER, N 26 zu Art. 343 OR; BRÜHWILER, N 11 zu Art. 343 OR; STAEHELIN, N 36 zu Art. 343 OR.

c) «Einfaches und rasches Verfahren»

Art. 343 Abs. 2 OR verpflichtet die Kantone, für Streitigkeiten aus dem Arbeitsverhältnis mit Streitwerten bis zu Fr. 20 000.– ein «einfaches und rasches Verfahren» vorzusehen. Sowohl «einfach» als auch «rasch» sind allerdings dehnbare Begriffe, deren konkreter Gehalt im einzelnen weitgehend unklar bleibt. In der Praxis dient die bundesrechtlich geforderte Einfachheit und Raschheit des Verfahrens insbesondere auch dazu, Relativierungen des Untersuchungsgrundsatzes gemäss Art. 343 Abs. 4 OR zu rechtfertigen[291]. 1.127

VI. Checklisten

1. Liegt eine gültige Kündigung vor?

– War der Vertrag im Zeitpunkt, in dem die Kündigung erfolgte, *kündbar?* – Die Kündbarkeit kann
  – durch eine vereinbarte feste oder minimale Vertragsdauer ausgeschlossen oder[292]
  – durch eine gesetzliche Sperrfrist (Art. 336c und 336d OR) suspendiert sein[293]. Einer fristlosen Kündigung stehen aber weder vertragliche noch gesetzliche Beschränkungen der Kündbarkeit entgegen[294].

– Ist die Kündigung *gültig erklärt* worden? – Die *Kündigungserklärung* muss
  – allfälligen *vertraglichen*[295] *Formvorschriften* entsprechen[296];
  – den – grundsätzlich unbedingten – *Kündigungswillen* hinreichend klar zum Ausdruck bringen[297];
  – dem Adressaten *zugegangen* sein, was im Streitfall vom Kündigenden zu beweisen ist[298].

– Scheitert die Kündigung an einem *Verstoss gegen Schutzvorschriften mit Nichtigkeits- oder Anfechtbarkeitsfolge?* – Solche Schutzvorschriften sind im schweizerischen Recht selten[299]: Art. 336c und 336d OR, Art. 10 GlG.

---

291 Dazu oben, Rz. 1.24, und die dort zitierte Rechtsprechung.
292 Rz. 1.6 ff.
293 Rz. 1.10 ff.
294 Rz. 1.13.
295 Das Gesetz schreibt für die Kündigung keine besondere Form vor (Rz. 1.14).
296 Rz. 1.15.
297 Rz. 1.16 f. – Nicht erforderlich ist, dass die Kündigung begründet worden ist (Rz. 1.18).
298 Rz. 1.19 f.
299 Rz. 1.21 f.

2. Was bedeutet die Kündigung konkret?

- Auf welchen Zeitpunkt hin endet das Arbeitsverhältnis? (Art. 335a – 335c OR)[300].
- Was bringt die Vertragsbeendigung mit sich?
  - Fälligkeit der Forderungen aus dem Arbeitsverhältnis (Art. 339 Abs. 1 OR; Ausnahmen: Abs. 2)[301];
  - Herausgabe- und Rückerstattungspflichten (Art. 339a OR)[302];
  - Bindung des Arbeitnehmers an die nachvertragliche Verschwiegenheitspflicht (Art. 321a Abs. 4 OR) und an ein allfälliges vereinbartes Konkurrenzverbot[303].

3. Welche Besonderheiten gelten für die Zeit, in der der Arbeitnehmer in gekündigter Stellung ist?

- Anspruch auf *Freizeit für die Stellensuche* (Art. 329 Abs. 3 OR)[304].
- Wieweit können bzw. müssen *Ferien* noch während der Kündigungsfrist bezogen werden?[305]
- Welches sind die Rechtsfolgen einer *Freistellung* des Arbeitnehmers?[306]

4. Die Geltendmachung welcher Ansprüche ist zu prüfen?

- Arbeit*nehmer*seits:
  - Finanzielle Ansprüche:
    - *Restlohn*forderungen (Art. 322 ff. OR)[307];
    - *Überstunden*entschädigungen (Art. 321c Abs. 3 OR)[308];
    - *Gratifikationen* (Art. 322d OR)[309];
    - Geldmässige Abgeltung nicht bezogener *Ferien*[310];
    - *Abgangsentschädigung* (Art. 339 ff. OR)[311];
    - Ansprüche aus *Kündigungsschutz* (Art. 336 ff. OR)[312].

---

300 Rz. 1.24 f.
301 Rz. 1.30. – Ausnahmen: Rz. 1.31. – Mit der Fälligkeit beginnen die Verjährungsfristen zu laufen (Art. 130 Abs. 1 OR).
302 Rz. 1.33 f.
303 Rz. 1.35 f.
304 Rz. 1.38 ff.
305 Rz. 1.41 ff.
306 Rz. 1.44 ff.
307 Rz. 1.48 ff.
308 Rz. 1.56 ff.
309 Rz. 1.64 ff.
310 Rz. 1.70 f.
311 Rz. 1.73 ff.
312 Rz. 1.76.

- Weitere Ansprüche:
  - Anspruch auf *schriftliche Kündigungsbegründung* (Art. 335 Abs. 2 OR)[313];
  - Anspruch auf Ausstellung eines *Arbeitszeugnisses* (Art. 330a OR)[314].
- Arbeit*geber*seits:
  - *Rückerstattung* zuviel bezogener Ferien[315];
  - *Schadenersatz* aus Verletzungen der Sorgfalts- und Treuepflicht (Art. 321a und 321e OR)[316].

---

313 Rz. 1.78 ff.
314 Rz. 1.81 ff.
315 Rz. 1.72.
316 Rz. 1.77.

§ 2 Kündigungsschutz

ANDREA TARNUTZER-MÜNCH

Literaturauswahl: BRAND et al., Der Einzelarbeitsvertrag im Obligationenrecht, Kommentar zu den Art. 319–346a, 361/361 OR, Muri-Bern 1991; BRÜHWILER JÜRG, Kommentar zum Einzelarbeitsvertrag, 2. Aufl., Bern 1996; BRUNNER/BÜHLER/WAEBER, Kommentar zum Arbeitsvertrag, 2. Aufl., Basel/Frankfurt a.M. 1997; DECURTINS C., Die fristlose Entlassung, Sachverhalte und Urteile, 100 Gerichtsentscheide aller Instanzen, Muri 1981; GEISER THOMAS, Der neue Kündigungsschutz im Arbeitsrecht, BJM 1994, 169 ff. (*zitiert:* GEISER, Kündigungsschutz); *ders.*, Kündigungsschutz bei Krankheit, AJP 5/1996, 550 ff. (*zitiert:* GEISER, Kündigungsschutz bei Krankheit); GLOOR WERNER, Mutterschaft, Kündigungsschutz, Lohnfortzahlung, ArbR 1992, 55 ff.; HUMBERT DENIS, Der neue Kündigungsschutz im Arbeitsrecht, Diss. Zürich 1991; KOLLER THOMAS, Ordentliche, fristlose und missbräuchliche Kündigung des Arbeitsvertrages, AJP 1995, 1251 ff.; MÜNCH PETER, Arbeitsrechtlicher Kündigungsschutz, AJP 1996, 1094 ff.; NEF URS CH., Aktuelle Probleme im arbeitsrechtlichen Kündigungsschutz, SJZ 88 (1992), 97 ff.; PEDERGNANA RONALD, Überblick über die neuen Kündigungsbestimmungen im Arbeitsvertragsrecht, recht 1989, 33 ff.; REHBINDER MANFRED, Berner Kommentar zu Art. 319–355, Bern 1985/1992; RIEMER-KAFKA GABRIELA, Der neurechtliche Kündigungsschutz bei Schwangerschaft und Niederkunft, SJZ 85 (1989), 57 ff.; STAEHELIN ADRIAN, Zürcher Kommentar zu Art. 319–350, Zürich 1984/1996; STREIFF ULLIN/VON KAENEL ADRIAN, Leitfaden zum Arbeitsvertragsrecht, 5. Aufl., Zürich 1992; TROXLER DIETER M., Der sachliche Kündigungsschutz nach Schweizer Arbeitsvertragsrecht, Diss. Zürich 1993; *ders.*, Sachlicher Kündigungsschutz bei Kündigungen während der Probezeit, ArbR 1992, 47 ff.; TSCHUDI HANS PETER, Der Schutz der Mütter durch das Arbeits- und das Sozialversicherungsrecht, ArbR 1995, 9 ff.; VISCHER FRANK, Der Arbeitsvertrag, in: Schweizerisches Privatrecht, Bd. VII/1/3, 2. Aufl., Basel 1994; WEBER DENIS, La protection des travailleurs contre les licenciements en temps inopportun, Diss. Lausanne 1992.

I. Problemübersicht

Der Kündigungsschutz ist einer der Brennpunkte des Sozialschutzes im Arbeitsvertragsrecht. Er war jahrzehntelang ein politischer Zankapfel. Die gesetzliche Regelung ist aus einem zähen Ringen der politischen Gegenspieler hervorgegangen. Das schweizerische Arbeitsvertragsrecht hält seit jeher die Kündigungsfreiheit hoch. Der Gedanke eines Kündigungsschutzes, ein altes Anliegen der Arbeitnehmerschaft, vermochte sich nur zögernd Eingang in das Gesetz zu verschaffen[1]. Die geltenden Bestimmungen gehen auf die Revision von 1988 zurück. Sie stehen seit dem 1. Januar 1989 in Kraft. Das revidierte Recht hat die Schutzvorschriften – und damit die Einschränkungen der Kündigungsfreiheit – zwar in verschiedener Hinsicht vermehrt und verschärft. Im Vergleich zu anderen europäischen Ländern bleibt der Kündigungsschutz in der Schweiz allerdings immer noch recht bescheiden.

2.1

---

1 Zur geschichtlichen Entwicklung im einzelnen GEISER, Kündigungsschutz, 169 ff.

2.2 Das geltende Recht gewährt einen Kündigungsschutz in dreierlei Hinsicht: Es schützt vor missbräuchlicher Kündigung (sachlicher Kündigungsschutz; Rz. 2.12 ff.), vor Kündigung zur Unzeit (zeitlicher Kündigungsschutz; Rz. 2.40 ff.) und vor ungerechtfertigter fristloser Kündigung (Rz. 2.58 ff.). In allen drei Bereichen begegnet man in der Praxis rechtlichen Unsicherheiten und heiklen Abgrenzungsproblemen. Die gesetzliche Regelung hat auf weite Strecken Kompromisscharakter und ist nicht frei von inneren Widersprüchen; sie trägt die Zeichen ihrer bewegten Entstehungsgeschichte.

2.3 Heikle Fragen wirft in der Praxis nicht selten auch der Anwendungsbereich der Kündigungsschutzvorschriften auf. Auf dessen Abgrenzung ist im folgenden vorweg einzugehen (Rz. 2.4 ff.).

II. Anwendungsbereich des Kündigungsschutzes

2.4 Die Anwendbarkeit der Kündigungsschutzbestimmungen setzt voraus, dass ein gültiger Arbeitsvertrag (Rz. 2.5) durch Kündigung – und nicht etwa durch einvernehmliche Auflösung – beendet wird (Rz. 2.6). Das Arbeitsverhältnis muss grundsätzlich unbefristet sein (Rz. 2.7). Der Kündigungsschutz kann jedoch auch greifen, wenn mehrere befristete Arbeitsverhältnisse sich im Sinne von «Kettenverträgen» einander folgen (Rz. 2.8). Auf Probearbeitsverhältnisse ist der Kündigungsschutz nur beschränkt anwendbar (Rz. 2.10 f.).

1. Bestehen eines gültigen Arbeitsvertrages

2.5 Das Gesetz geht davon aus, dass ein Arbeitsverhältnis auch dann besteht, wenn es an einem gültigen Arbeitsvertrag fehlt[2], der Arbeitnehmer aber in gutem Glauben Arbeit im Dienste des Arbeitgebers leistet. Ist der Arbeitsvertrag wegen Widerrechtlichkeit, wegen Missachtung einer vertraglichen[3] Formvorschrift (Art. 16 Abs. 1 OR) oder wegen fehlender Handlungsfähigkeit (Art. 17 ff. ZGB) einer Partei nichtig, oder ist er wegen Übervorteilung (Art. 21 OR) oder Willensmängeln (Art. 23 ff. OR) einseitig unverbindlich, so besteht das Arbeitsverhältnis indessen nur, bis sich eine der Parteien auf die Ungültigkeit des Vertrages beruft (Art. 320 Abs. 3 OR). Einer derartigen Anfechtung des Arbeitsverhältnisses wegen Rechtsmangels steht

---

2 Dabei ist zu beachten, dass ein Arbeitsvertrag aufgrund der in Art. 320 Abs. 2 OR vorgesehenen gesetzlichen Fiktion auch bei Dissens über wesentliche Vertragsbedingungen als zustandegekommen gilt, sofern der Arbeitgeber Arbeit in seinem Dienst auf Zeit entgegennimmt, deren Leistung nach den Umständen nur gegen Lohn zu erwarten ist.

3 Das Gesetz knüpft das Zustandekommen eines Arbeitsvertrags ausdrücklich an keine besondere Form (Art. 320 Abs. 1 OR).

der Kündigungsschutz nicht entgegen. Die Anfechtung hebt das Arbeitsverhältnis zwar nicht rückwirkend, wohl aber mit sofortiger Wirkung für die Zukunft auf.

2. Beendigung des Arbeitsverhältnisses durch Kündigung

Da der Kündigungsschutz – wie der Name sagt – Schutz gegen Kündigungen bieten soll, spielt er nicht, wenn das Arbeitsverhältnis aus anderen Gründen endet. Ausser Betracht fällt eine Anwendung der Kündigungsschutzvorschriften insbesondere, wenn es zu einer einvernehmlichen Auflösung durch einen Aufhebungsvertrag gekommen ist, dessen Abschluss die eine Partei nachträglich bereut. Hier bleibt einzig die Möglichkeit, die Gültigkeit des Aufhebungsvertrags – etwa wegen Willensmängeln – in Frage zu stellen.

2.6

3. Unbefristetes Arbeitsverhältnis

Mangels Kündigung keine Anwendung findet der Kündigungsschutz auch, wenn ein befristetes Arbeitsverhältnis infolge Ablauf der vereinbarten Vertragsdauer endet. Ob eine Befristung vorliegt, ist durch Vertragsauslegung zu entscheiden. Die Befristung kann im Vertrag ausdrücklich vorgesehen sein; sie kann sich aber auch sinngemäss daraus ergeben. Ist bloss eine Maximaldauer vereinbart und wird das Arbeitsverhältnis vorher gekündigt, bleibt der Kündigungsschutz grundsätzlich anwendbar, doch können sich im Hinblick auf die beschränkte restliche Vertragsdauer unter Umständen Besonderheiten in bezug auf seine Wirkungen ergeben. Die Vereinbarung einer Minimaldauer berührt die Anwendbarkeit des Kündigungsschutzes nicht. Denn der Ablauf der vereinbarten minimalen Vertragsdauer lässt den Vertrag nicht automatisch enden, sondern bedeutet lediglich, dass er kündbar wird. Wird die Kündigung in der Folge ausgesprochen, sind die Kündigungsschutzvorschriften in vollem Umfang zu beachten.

2.7

4. «Kettenarbeitsverträge»

Zuweilen wird versucht, die Anwendbarkeit des Kündigungsschutzes – sowie weiterer dem Schutz des Arbeitnehmers dienender Vorschriften – zu vermeiden, indem nacheinander immer wieder neue befristete Arbeitsverträge geschlossen werden. Solche zu Umgehungszwecken dienende «Kettenarbeitsverträge» werden von den Gerichten regelmässig in Arbeitsverträge mit unbestimmter Dauer umgedeutet[4]. Das Arbeitsverhältnis endet folglich nicht mit Ablauf der vereinbarten

2.8

---

4 BGE 101 Ia 465; JAR 1989, 98.

Vertragsdauer; es bedarf vielmehr der Kündigung[5]. Damit ist auch der Kündigungsschutz anwendbar.

2.9 Ausnahmsweise bleiben die Befristungen jedoch dann beachtlich, wenn besondere wirtschaftliche oder soziale Umstände eine innere Rechtfertigung für den wiederholten Neuabschluss von Einzelarbeitsverträgen bieten. Davon ist dort auszugehen, wo auch der Arbeitnehmer zum vornherein nur eine kurzfristige Bindung anstrebt und für die Zukunft seine volle Freiheit wahren will. Als Beispiele können insbesondere kurzfristige Anstellungsverträge mit Künstlern, Gelegenheitsarbeitern oder Studenten angeführt werden. In derartigen Fällen bleiben die Befristungen einzelner, sich aufeinander folgender Einzelverträge beachtlich, weshalb der Ablauf der vereinbarten Vertragsdauer das Arbeitsverhältnis automatisch enden lässt und eine Anwendung des Kündigungsschutzes deshalb ausser Betracht fällt.

5. Probearbeitsverhältnisse

2.10 Der zeitliche Kündigungsschutz beginnt nach Art. 336c und Art. 336d OR erst nach Ablauf der Probezeit. Schutz gegen missbräuchliche Kündigung (sachlicher Kündigungsschutz) besteht dagegen nach herrschender Auffassung schon während der Probezeit[6]. Keine missbräuchliche Kündigung liegt vor, wenn während der Probezeit wegen ungenügender Arbeitsleistungen gekündigt wird, und zwar selbst dann nicht, wenn der Arbeitgeber den Gekündigten ungenügend in die Tätigkeit eingeführt hat[7].

2.11 Ein Teil der Lehre vertritt die Ansicht, dass auch der sachliche Kündigungsschutz erst nach Ablauf der Probezeit gilt, dies aus der Überlegung heraus, dass die Probezeit der Beobachtung dient und deshalb einen grundsätzlichen Vorbehalt gegenüber einer Bindung darstellt, die über die siebentägige Kündigungsfrist gemäss Art. 335b Abs. 1 OR hinausgeht[8]. Für diese Ansicht spricht, dass sie der erst probeweisen vertraglichen Bindung der Parteien Rechnung trägt. Allerdings fragt sich, ob ein gänzlicher Ausschluss des sachlichen Kündigungsschutzes während der Probezeit nicht über das Ziel hinausschiesst. Die Probezeit dient zwar dem gegenseitig «Sich-Kennen-Lernen» und das Arbeitsverhältnis muss deshalb bis zu ihrem Ablauf unter erleichterten Bedingungen wieder gelöst werden können. Doch bedeutet dies, dass jeder Kündigungsmissbrauch zulässig sein soll? Wäre es während der Probezeit

---

5 Nach dem mutmasslichen Parteiwillen ist dabei davon auszugehen, dass jeweils erst auf das Ende der einzelnen «Befristungen» hin gekündigt werden kann; die «Befristung» ist mithin im Sinne der Vereinbarung einer Minimaldauer zu verstehen (STAEHELIN, N 5 zu Art. 334 OR).
6 STAEHELIN, N 8 zu Art. 335b OR; REHBINDER, N 7 zu Art. 335b OR; STREIFF/VON KAENEL, N 13 zu Art. 335 OR und N 19 zu Art. 336 OR; VISCHER, N 165; PEDERGNANA, 36; mit eingehender Begründung HUMBERT, 63 ff.
7 So das ArGer ZH in JAR 1991, 253 ff.
8 So mit ausführlicher Begründung TROXLER, Sachlicher Kündigungsschutz bei Kündigungen während der Probezeit, ArbR 1992, 47 ff.; siehe ferner auch BRAND et al., N 1 f. zu Art. 335b OR sowie BRUNNER/BÜHLER/WAEBER, N 3 zu Art. 336 OR, wonach die Parteien das Arbeitsverhältnis während der Probezeit aus Gründen auflösen können, die ganz im Belieben des Kündigenden stehen.

beispielsweise ohne weiteres möglich, einen Arbeitnehmer wegen seiner Hautfarbe zu entlassen? – Sachgerecht dürfte eine mittlere Lösung sein: Der Schutz gegen missbräuchliche Kündigung hat zwar grundsätzlich auch während der Probezeit zu gelten, doch ist im Hinblick auf deren Zweck und angesichts der noch loseren Bindung ein Kündigungsmissbrauch im konkreten Fall nicht leichthin anzunehmen. Im weiteren ist der Umstand, dass das Arbeitsverhältnis erst probeweise bestand, auch bei der Bemessung einer allfälligen Rechtsverletzungsbusse gemäss Art. 336a OR zu berücksichtigen.

III. Sachlicher Kündigungsschutz

Der sachliche Kündigungschutz setzt beim *Kündigungsmotiv* an[9]. Wer kündigen will, braucht dafür zwar – in der Regel[10] – keine besonders schützenswerten Gründe zu besitzen. Es gibt aber Gründe, derentwegen eine Kündigung *nicht* ausgesprochen werden darf. Verpönt sind Kündigungen, die auf verwerflichen Motiven beruhen und die deshalb als missbräuchlich erscheinen (Rz. 2.13 ff.). Der Schutz gegen missbräuchliche Kündigungen bleibt allerdings begrenzt. Denn die Missbräuchlichkeit berührt die Gültigkeit und Wirksamkeit der Kündigung nicht; es bestehen nur indirekte Sanktionen (Rz. 2.31 ff.). Im Hinblick auf die gerichtliche Durchsetzung dieser Sanktionen gilt es, die Einsprache- und Klagefristen nicht zu verpassen (Rz. 2.36 ff.).

2.12

1. Missbrauchstatbestände

Art. 336 OR zählt eine Reihe von Tatbeständen auf, in denen die Kündigung missbräuchlich ist. Der Schutz ist teils paritätisch ausgestaltet (Art. 336 Abs. 1 OR); teils besteht er nur zugunsten des Arbeitnehmers (Art. 336 Abs. 2 OR). Rechtsprechung[11] und herrschende Lehre[12] sind sich einig, dass die gesetzliche Aufzählung nicht abschliessend ist und einen Rückgriff auf das allgemeine Rechtsmissbrauchsverbot von Art. 2 ZGB nicht ausschliesst. Nach Auffassung des Bundesgerichts bleibt allerdings für weitere Missbrauchsfälle nur noch wenig Raum[13].

2.13

Die Missbräuchlichkeit kann sich ausnahmsweise auch aus dem Vorgehen bei der Kündigung ergeben. So verstösst es beispielsweise gegen Treu und Glauben, wenn dem Vertragspartner der Wille zur Weiterführung des Arbeitsverhältnisses vorgetäuscht wird, obschon bereits Vertragsverhandlungen mit einem Dritten im Gange sind. Ferner kann die Art und Weise, wie das Kündigungsrecht ausgeübt wird, das aus Art. 2 ZGB fliessende Gebot der schonenden Rechtsausübung verletzen[14].

2.14

---

9   Vgl. aber auch unten, Rz. 2.14.
10 Eine Ausnahme besteht nur für den Sonderfall von Art. 336 Abs. 2 lit. b OR; dazu unten, Rz. 2.27 f.
11 BGE 121 III 61 f.
12 REHBINDER, N 10 zu Art. 336 OR; STAEHELIN, N 17 zu Art. 336 OR; BRÜHWILER, N II zu Art. 336 OR; BRUNNER/BÜHLER/WAEBER, N 3 zu Art. 336 OR; STREIFF/VON KAENEL, N 3 zu Art. 336 OR; VISCHER, 167; GEISER, Kündigungsschutz, 174; abweichend HUMBERT, 63.
13 BGE 121 III 63 f. – Einschränkend auch BRÜHWILER, N II zu Art. 336 OR.
14 Vgl. BGE 118 II 166 f. E. cc.

2.15 Im folgenden ist die praktische Tragweite der einzelnen gesetzlichen Missbrauchstatbestände näher auszuleuchten (Rz. 2.16 ff.). Weiter ist auf den – in der Praxis häufig anzutreffenden – Fall einzugehen, dass eine Kündigung aus mehreren Gründen ausgesprochen wird, die nur zum Teil missbräuchlich sind (Rz. 2.29). Schliesslich sind die Beweisfragen, die sich typischerweise stellen, zu betrachten (Rz. 2.30).

a) Kündigung wegen einer persönlichen Eigenschaft

2.16 Nach Art. 336 Abs. 1 lit. a OR ist eine Kündigung missbräuchlich, wenn sie wegen einer Eigenschaft ausgesprochen wird, die der gekündigten Partei kraft ihrer Persönlichkeit zusteht. Ausdrücklich ausgenommen wird dabei allerdings im Gesetz der Fall, dass die persönliche Eigenschaft, die Anlass zur Kündigung gegeben hat, in einem Zusammenhang mit dem Arbeitsverhältnis steht oder die Zusammenarbeit im Betrieb wesentlich beeinträchtigt[15]. Diese Einschränkungen begrenzen die praktische Tragweite des Missbrauchstatbestandes.

2.17 Das Feld der persönlichen Eigenschaften, für die grundsätzlich niemand mit einer Kündigung «bestraft» werden können soll, ist weit. Es fallen darunter namentlich die Herkunft, die Nationalität, die Rasse, die Religion, der Familienstand, die Homosexualität, das Alter[16], Vorstrafen, Krankheiten, eine HIV-Infektion. Die Kündigung aufgrund des Geschlechts wird seit dem 1. Juli 1996 vom Bundesgesetz über die Gleichstellung von Frau und Mann erfasst[17], dessen Regelung als «lex specialis» der allgemeinen Vorschrift von Art. 336 Abs. 1 lit. a OR vorgeht.

2.18 Das Bundesgericht erachtete die Kündigung einer Arbeitnehmerin als zulässig, die Sekretärin eines für die Anlagen von Kundengeldern verantwortlichen Bankdirektors war und entlassen wurde, weil sie verhaftet und in ein Strafverfahren wegen Vermögensdelikten verwickelt worden war. Die Kündigung beruht zwar auf einer persönlichen Eigenschaft, die jedoch *in einem Zusammenhang mit dem Arbeitsverhältnis* steht[18]. Der erforderliche Zusammenhang mit dem Arbeitsverhältnis fehlt jedoch, wenn wegen latenten Krankheiten wie z.B. AIDS ohne Beeinträchtigung der Arbeitsfähigkeit gekündigt wird. Es müsste Ansteckungsgefahr gegeben sein, um eine Kündigung zu rechtfertigen[19].

2.19 Unter Berufung auf eine *wesentliche Beeinträchtigung der Zusammenarbeit im Betrieb* darf der Arbeitgeber einem Arbeitnehmer aus mit dessen persönlichen Eigenschaften zusammenhängenden Gründen erst kündigen, wenn ihm die Fortsetzung des Arbeitsverhältnisses nicht mehr zugemutet werden kann. Das setzt voraus, dass er den Betriebsfrieden zunächst mit weniger einschneidenden Massnahmen – wie Aussprachen mit den Beteiligten oder Versetzung – wiederherzustellen versucht hat[20].

---

15 Die zweite Ausnahme hat erst das Parlament eingefügt.
16 Nicht missbräuchlich ist jedoch eine Kündigung wegen Erreichens der AHV-Altersgrenze (JAR 1991, 238).
17 Dazu unten, Rz. 7.1 ff.
18 Sem Jud 1993, 357 = JAR 1995, 151 f.
19 Dazu eingehend REHBINDER, N 3 zu Art. 336 OR.
20 BRÜHWILER, N 2 zu Art. 336 OR; STAEHELIN, N 16 f. zu Art. 336 OR; VISCHER, 168.

§ 2 Kündigungsschutz

b) Kündigung wegen der Ausübung von verfassungsmässigen Rechten

Nach Art. 336 Abs. 1 lit. b OR setzt sich dem Vorwurf des Missbrauchs aus, wer eine Kündigung ausspricht, weil die andere Partei verfassungsmässige Rechte ausübt. Auch dieser Missbrauchstatbestand unterliegt jedoch einer doppelten Einschränkung: Die Missbräuchlichkeit entfällt, wenn die Rechtsausübung eine arbeitsvertragliche Pflicht verletzt oder die Zusammenarbeit im Betrieb wesentlich beeinträchtigt. Zu den politischen Rechten, deren Ausübung die Vorschrift schützen will, zählen einerseits die politischen Rechte, anderseits die Freiheitsrechte. Wenn eine Vertragspartei Volksinitiativen oder Referenden unterstützt oder einer bestimmten politischen Partei beitritt, so darf dies deshalb ebensowenig zum Anlass einer Kündigung genommen werden wie der Umstand, dass sie von ihrer Meinungsäusserungsfreiheit, ihrer Koalitionsfreiheit[21] oder ihrer Vereinsfreiheit Gebrauch macht oder durch Befolgung von Glaubensvorschriften ihre Religionsfreiheit ausübt[22].

2.20

Nicht missbräuchlich ist eine Kündigung des Arbeitgebers namentlich, wenn der Arbeitnehmer mit der Ausübung eines verfassungsmässigen Rechts seine arbeitsvertragliche *Treuepflicht* (Art. 321a OR)[23] verletzt hat. Das kann vor allem bei Tendenzbetrieben vorkommen, die primär nichtwirtschaftliche Ziele politischer, konfessioneller oder gewerkschaftlicher Natur verfolgen, trifft doch in solchen Betrieben den Arbeitnehmer eine gesteigerte Treuepflicht[24]. Eine Beeinträchtigung des *Betriebsklimas* vermag eine Kündigung nur zu rechtfertigen, wenn sie wesentlich ist, d.h. eine Fortsetzung des Arbeitsverhältnisses für den Arbeitgeber unzumutbar macht, was insbesondere voraussetzt, dass zuvor anderweitige Vorkehren zur Wiederherstellung des Betriebsfriedens getroffen worden sind[25].

2.21

c) Kündigung zur Vereitelung von Ansprüchen aus dem Arbeitsverhältnis

Art. 336 Abs. 1 lit. c OR bezeichnet Kündigungen als missbräuchlich, die eine Partei «ausschliesslich» deshalb ausspricht, «um die Entstehung von Ansprüchen der anderen Partei aus dem Arbeitsverhältnis zu vereiteln». Die Bestimmung nimmt insbesondere die Vereitelung kurz bevorstehender Sondervergütungen wie Gratifikationen, Dienstaltersgeschenken oder Abgangsentschädigungen ins Visier. Unklar und in der Lehre umstritten ist die Tragweite der vom Gesetz vorausgesetzten «Ausschliesslichkeit» des verpönten Kündigungsgrundes[26].

2.22

---

21 Vgl. aber AppGer TI in JAR 1993, 196 ff.
22 Als missbräuchlich wurde deshalb eine Kündigung beurteilt, die gegenüber einer moslemischen Arbeitnehmerin ausgesprochen wurde, weil sie ein Kopftuch trug (JAR 1991, 254 ff. = SJZ 1991, 196 ff.).
23 Vgl. dazu auch oben, Rz. 1.35 f.
24 STAEHELIN, N 20 zu Art. 336 OR; BRÜHWILER, N 3 zu Art. 336 OR; REHBINDER, N 3 zu Art. 336 OR.
25 STAEHELIN, N 21 zu Art. 336 OR; BRÜHWILER, N 3 zu Art. 336 OR. – Vgl. auch oben, Rz. 2.19.
26 Vgl. dazu REHBINDER, N 5 zu Art. 336 OR; BRÜHWILER, N 4 zu Art. 336 OR; PEDERGNANA, 39.

d) Rachekündigung

2.23 Die Kündigung ist nach Art. 336 Abs. 1 lit. d OR missbräuchlich, wenn sie aus Rache ausgesprochen wird, weil die andere Partei nach Treu und Glauben Ansprüche aus dem Arbeitsverhältnis geltend macht. Ob die Geltendmachung klageweise, aussergerichtlich bei Arbeitsschutzbehörden oder Kontrollinstanzen der GAV-Partner oder aber direkt beim Arbeitgeber erfolgt, ist unerheblich. Es ist erforderlich, genügt aber auch, dass der Arbeitnehmer in guten Treuen davon ausgehen darf, der Anspruch aus dem Arbeitsverhältnis, den er geltend macht, bestehe[27]. Erhebt der Gekündigte seine Ansprüche ohne vernünftige Gründe, leichtfertig oder gar wider besseres Wissen, ist eine als Reaktion darauf ausgesprochene Kündigung nicht missbräuchlich[28].

2.24 Missbräuchlichkeit wurde vom Bundesgericht im Falle eines Bankangestellten bejaht, der entlassen wurde, weil er sich um eine in früheren Jahren ohne weiteres gewährte Gehaltserhöhung bemüht hatte[29]. Bei einer Telefonistin, der gekündigt worden war, weil sie einen Anspruch auf vier Monate Schwangerschaftsurlaub zu haben glaubte, wurde die Entlassung ebenfalls als missbräuchlich erachtet. Die Annahme der Arbeitnehmerin war zwar falsch, aber aufgrund der konkreten Umstände immerhin verständlich[30].

e) Kündigung wegen Militärdienstes oder einer anderen nicht freiwillig übernommenen gesetzlichen Pflicht

2.25 Kündigungsmissbrauch liegt gemäss Art. 336 Abs. 1 lit.e OR auch vor, wenn das Kündigungsmotiv darin besteht, dass die gekündigte Partei eine nicht freiwillig übernommene gesetzliche Pflicht erfüllt. Dazu gehören schweizerische obligatorische Militärdienste, militärische Frauen- oder Rotkreuzdienste, Zivilschutzdienste, Dienste im Katastrophenhilfskorps, in gewissen Gemeinden und Kantonen Ämter in der Schulpflege oder im Gemeinderat. Als nicht freiwillig übernommene gesetzliche Pflichten gelten auch die Teilnahme an Feuerwehrübungen, das Stimmenzählen, die Tätigkeiten des Geschworenen oder des Zeugen vor Gericht sowie diejenige des Amtsvormundes bei Amtszwang. In der Lehre wird die Eingrenzung des Kündigungsschutzes auf nicht freiwillig übernommene Pflichttätigkeiten zum Teil als nicht logisch und unbillig bezeichnet[31].

---

27 Das stellt das Bundesgericht in zwei unveröffentlichten Urteilen ausdrücklich klar: BGE vom 13. Oktober 1993 (4C.171/1993) und vom 6. April 1994 (4C.274/1993).
28 BRUNNER/BÜHLER/WAEBER, N 7 zu Art. 336 OR.
29 BGE vom 13. 10. 1993 (4C. 171/1993).
30 BGE vom 4.4.1994 (4C. 274/1993).
31 Vgl. REHBINDER, N 7 Art. 336 OR; STAEHELIN, N 28 zu Art. 336 OR mit weiteren Verweisen; immerhin ist darauf hinzuweisen, dass freiwillig übernommene Tätigkeiten unter Umständen durch Art. 336 Abs. 1 lit. b OR geschützt werden.

f) Kündigung wegen Gewerkschaftszugehörigkeit

Die Entlassung eines Arbeitnehmers wegen Zugehörigkeit oder wegen Nichtzugehörigkeit zu einem Arbeitnehmerverband oder wegen rechtmässiger Ausübung einer gewerkschaftlichen Tätigkeit, wird in Art. 336 Abs. 2 lit. a OR als missbräuchlich erklärt[32]. Die Voraussetzung der Rechtmässigkeit, an die der Kündigungsschutz für gewerkschaftliche Tätigkeit geknüpft ist, verweist insbesondere auf die kollektivrechtlichen Spielregeln für die Ausübung des Streikrechts[33]. Wer sich an einem wilden Streik oder an Streikaktionen beteiligt, welche die gesamtarbeitsvertragliche Friedenspflicht verletzen, kann sich nicht auf den Schutz von Art. 336 Abs. 2 lit. a OR berufen, wenn ihm deswegen gekündigt wird[34].

2.26

g) Kündigung wegen der Amtsführung als gewählter Arbeitnehmervertreter

Ein Sonderfall der missbräuchlichen Kündigung ist in Art. 336 Abs. 2 lit. b OR geregelt: Nach dieser Vorschrift ist es missbräuchlich zu kündigen, während der Arbeitnehmer gewählter Arbeitnehmervertreter in einer betrieblichen oder in einer dem Unternehmen angeschlossenen Einrichtung[35] ist, und der Arbeitgeber nicht beweisen kann, dass er einen begründeten Anlass zur Kündigung hatte. Dieser Missbrauchstatbestand kennzeichnet sich durch die Umkehr der Beweislast, die das Gesetz hier vorsieht. Das missbräuchliche Kündigungsmotiv ist hier nicht vom Arbeitnehmer zu beweisen, sondern wird vom Gesetz als gegeben vorausgesetzt. Solange der Arbeitnehmer gewählter Arbeitnehmervertreter ist, gilt die ihm gegenüber ausgesprochene Kündigung als missbräuchlich, sofern nicht der Arbeitgeber beweist, dass er einen begründeten Anlass hatte zu kündigen.

2.27

Entscheidend ist demnach, ob es dem Arbeitgeber gelingt, einen begründeten Anlass nachzuweisen. Als begründeter Anlass gilt jeder Grund, der bei vernünftiger Betrachtungsweise eine Kündigung rechtfertigt[36]. Es ist weder ein wichtiger Grund im Sinne von Art. 337 OR erforderlich, noch muss der Anlass zur Kündigung vom Arbeitnehmer gesetzt worden sein. Vielmehr reichen auch objektive Gründe aus wie insbesondere ein konjunkturbedingter allgemeiner Stellenabbau[37].

2.28

---

32 Die hier angesprochene positive und negative Koalitionsfreiheit wird zusätzlich auch durch Art. 336 Abs. 1 lit. b OR geschützt. Gegenüber Ausübung anderer verfassungsmässiger Rechte sind gewerkschaftliche Aktivitäten aber insofern privilegiert, als die Kündigung auch dann missbräuchlich ist, wenn die Zusammenarbeit im Betrieb gestört wurde (VISCHER, 170).
33 Dazu unten, Rz. 4.38 ff.
34 STREIFF/VON KAENEL, N 11 zu Art. 336 OR; BRÜHWILER, N 7 zu Art. 336 OR.
35 Betriebskommission, Personalkommission, Stifungsrat einer Personalvorsorgeeinrichtung oder ähnliches.
36 BRÜHWILER, N 8 zu Art. 336 OR; VISCHER, 170.
37 BGer in JAR 1995, 154 ff. – Vgl. zu diesem Entscheid auch MÜNCH, 1095.

h) Kündigung aus zwei oder mehreren Gründen, von denen nur einer missbräuchlich ist

2.29 Kündigungen beruhen häufig nicht bloss auf einem, sondern auf mehreren Gründen. Meistens kommt verschiedenes zusammen, bis sich jemand zur Kündigung entschliesst. In der Praxis kann sich daher die Situation ergeben, dass aus zwei oder mehreren Gründen gekündigt worden ist, von denen nur einer den Tatbestand des Kündigungsmissbrauchs im Sinne von Art. 336 OR erfüllt. In solchen Fällen ist die Kündigung nur dann als missbräuchlich zu erachten, wenn das missbräuchliche Kündigungsmotiv den Entscheid des Kündigenden entscheidend bzw. überwiegend beeinflusst hat[38]. Keine Missbräuchlichkeit ist demgegenüber gegeben, wenn ohnehin auch aus anderen Gründen gekündigt worden wäre[39].

j) Beweisfragen

2.30 Die Beweislast dafür, dass die Kündigung durch ein verwerfliches Motiv ausgelöst worden ist, trägt grundsätzlich der Gekündigte. Dieser hat sowohl den Bestand des behaupteten Motivs als auch dessen Kausalität für die Kündigung zu beweisen. Die Beweisführung darüber, was den Kündigenden zur Kündigung veranlasst hat, ist jedoch häufig schwierig. Der Gekündigte sieht in die Denkvorgänge des Kündigenden höchstens insoweit hinein, als sie sich in Äusserungen oder Handlungen niedergeschlagen haben. Er befindet sich daher typischerweise in einem Beweisnotstand. Im Hinblick darauf lässt die Gerichtspraxis für den Nachweis einer missbräuchlichen Kündigung Indizien ausreichen, welche die Missbräuchlichkeit der Kündigungsmotive als in hohem Grade wahrscheinlich erscheinen lassen[40]. Zum Teil wird aus Indizien auch eine tatsächliche Vermutung für die Missbräuchlichkeit der Kündigung abgeleitet. Dadurch wird der Kündigende gezwungen, am Beweisverfahren mitzuwirken und seinerseits Beweise für die von ihm behaupteten – nicht missbräuchlichen – Kündigungsmotive beizubringen, um die Vermutung der Missbräuchlichkeit umzustossen[41].

2. Rechtsfolgen missbräuchlicher Kündigung

2.31 Eine missbräuchliche Kündigung bleibt trotz ihrer Missbräuchlichkeit gültig und wirksam. Sie beendet das Arbeitsverhältnis. Selbst schwerste Verstösse gegen die Rechtsethik belassen der Kündigung diese Wirkung[42]. Das Gesetz sieht nur – aber

---

38 Unveröffentlichter BGE vom 8. Februar 1994 (4C.295/1993).
39 Unveröffentlichter BGE vom 11. November 1993 (4C.87/1993).
40 So ausdrücklich das OGer AG in JAR 1991, 231.
41 Vgl. dazu den in Sem Jud 1993, 360 f., veröffentlichten BGE vom 30.6.1992, sowie MÜNCH, 1098.
42 REHBINDER, N 1 zu Art. 336a OR.

immerhin – indirekte Sanktionen vor. Es sanktioniert die Missbräuchlichkeit namentlich mit einer Rechtsverletzungsbusse (Rz. 2.32). Im weiteren behält es Schadenersatzansprüche aus anderen Rechtstiteln vor (Rz. 2.34).

a) Rechtsverletzungsbusse

Bei der «Entschädigung», die nach Art. 336a OR die missbräuchlich kündigende Partei der andern Partei auszurichten hat, handelt es sich nicht etwa um Schadenersatz, sondern um eine Art Privatbusse. Der Nachweis eines Schadens ist deshalb nicht erforderlich. Die «Entschädigung» hat vor allem Strafcharakter. Daneben erfüllt sie auch Genugtuungsfunktion[43], obschon sie nicht mit einer Genugtuung gleichgesetzt werden darf[44]. 2.32

Betragsmässig wird die Rechtsverletzungsbusse nach richterlichem Ermessen festgesetzt. Das Gesetz bindet die Gerichte jedoch an einen Höchstbetrag von sechs Monatslöhnen (Art. 336a Abs. 2 OR). An diese Obergrenze gehen die Gerichte selten. Häufig bewegen sich die zugesprochenen Rechtsverletzungsbussen in der Grössenordnung von zwei Monatslöhnen. Eine Regel, wonach im Normalfall die maximale Rechtsverletzungsbusse zuzusprechen sei, hat das Bundesgericht ausdrücklich abgelehnt[45].

Die Strafgelder aus Art. 336a OR und diejenigen aus Art. 337c OR dürfen nicht kumuliert werden. Bei der fristlosen Kündigung nach Art. 337 ff. OR ist die Verwirkungsfrist von Art. 336b OR nicht anwendbar.[46] 2.33

b) Schadenersatz und Genugtuung

Art. 336a Abs. 2 Satz 2 OR behält «Schadenersatzansprüche aus einem anderen Rechtstitel» vor. Aus dem Zusatz «aus einem anderen Rechtstitel» geht hervor, dass nur Ersatz für Schaden geschuldet ist, der nicht einzig infolge der missbräuchlichen Kündigung selbst, sondern aus einer gleichzeitigen Verletzung anderer Rechte des Gekündigten entstanden ist. In Betracht fallen Ansprüche aus Art. 28 ff. ZGB, wenn aufgrund der Umstände des konkreten Falles in der missbräuchlichen Kündigung zugleich eine Persönlichkeitsverletzung zu sehen ist[47]. Die Missbräuchlichkeit der Kündigung gibt dem Gekündigten keinen Anspruch auf Ersatz des Erfüllungsinter- 2.34

---

43 BRÜHWILER, N 1 zu Art. 336a OR; ablehnend gegenüber der Genugtuungsfunktion REHBINDER, N 1 zu Art. 336a OR.
44 VISCHER, 172. – Der Anspruch auf die Rechtsverletzungsbusse hängt daher nicht etwa davon ab, dass die Vorausetzungen gegeben sind, die Art. 49 OR für die Zusprechung einer Genugtuung aufstellt. Dagegen kann eine Genugtuung aufgrund von Art. 49 OR allenfalls zusätzlich zur Rechtsverletzungsbusse verlangt werden (dazu sogleich, Rz. 2.31).
45 BGE 119 II 157.
46 So REHBINDER, N 4 zu Art. 336b OR; a.M. STREIFF/VON KAENEL, N 5 zu Art. 336b OR.
47 BRÜHWILER, N 3 zu Art. 336a OR; VISCHER, 172.

esses. Der Arbeitgeber hat dem gekündigten Arbeitnehmer daher nicht etwa den entgangenen Lohn zu ersetzen, wenn dieser nach der Beendigung des Arbeitsverhältnisses keine neue Stelle mehr findet[48]. Eine Ausnahme ist allerdings für den Missbrauchstatbestand von Art. 336 Abs. 1 lit. c OR zu machen, d.h. für den Fall, dass mit der Kündigung die Entstehung von Ansprüchen – wie Gratifikationen, Dienstaltersgeschenken, Abgangsentschädigungen, usw. – vereitelt worden ist. Soll der Kündigende sein missbräuchliches Ziel nicht erreichen können, ist dem Gekündigten das Recht zuzugestehen, die vereitelte Leistung als Schadenersatz zu fordern[49].

2.35 Wird die Kündigung in ehrverletzender Art und Weise ausgesprochen, so ist grundsätzlich denkbar, dass der Gekündigte neben der Rechtsverletzungsbusse gestützt auf Art. 49 OR Anspruch auf eine zusätzliche Genugtuung erheben kann. Ein solcher Genugtuungsanspruch besteht jedoch nur, soweit der Gekündigte nicht bereits durch die Rechtsverletzungsbusse eine hinreichende Genugtuung erhält[50].

3. Prozessuales Vorgehen

2.36 Die gerichtliche Durchsetzung einer Rechtsverletzungsbusse im Sinne von Art. 336a OR macht ein Vorgehen in zwei Schritten erforderlich: zunächst ist vor dem Ende der Kündigungsfrist beim Kündigenden schriftlich Einsprache zu erheben (Rz. 2.37); anschliessend ist innerhalb 180 Tagen nach Beendigung des Arbeitsverhältnisses Klage einzureichen (Rz. 2.38).

a) Einsprache

2.37 Das Gesetz knüpft den Anspruch auf eine Rechtsverletzungsbusse an die Voraussetzung einer schriftlichen Einsprache gegen die Kündigung vor Ablauf der Kündigungsfrist (Art. 336b Abs. 1 OR). Wer diese Einsprachefrist verpasst, verwirkt den Anspruch. Massgebend für die Wahrung der Frist ist nach herrschender Auf-

---

48 BRÜHWILER, N 3 zu Art. 336a OR; missverständlich BGE 119 II 160 f., wo im Zusammenhang mit der Bemessung der Rechtsverletzungsbusse ausgeführt wird: «Weil der Arbeitnehmer neben der Entschädigung Ersatz für Schaden verlangen kann, der ihm als Folge der missbräuchlichen und damit widerrechtlichen Kündigung entstanden ist, darf sich die Entschädigung nicht an den finanziellen Einbussen des betroffenen Arbeitnehmers orientieren. Durch Schadenersatz abzugelten und nicht bei der Entschädigung zu berücksichtigen sind daher die wirtschaftlichen Folgen der missbräuchlichen Kündigung, die sich aus der Dauer des Arbeitsverhältnisses, aus dem Alter und der Stellung des entlassenen Arbeitnehmers, dessen sozialer Lage und den Verhältnissen auf dem Arbeitsmarkt ergeben».
49 BRÜHWILER, N 3 zu Art. 336a OR; STREIFF/VON KAENEL, N 8 zu Art. 336a OR.
50 VISCHER, 172; STREIFF/VON KAENEL, N 8 zu Art. 336a OR; BRÜHWILER, N 3 zu Art. 336a OR; ebenso auch REHBINDER, N 6 zu Art. 336a OR, obschon er der Rechtsverletzungsbusse in N 1 die Genugtuungsfunktion abspricht.

fassung der Zugang beim Kündigenden[51]. Die inhaltlichen Anforderungen an die Einsprache sind nicht hoch: Es genügt eine an den Kündigenden gerichtete schriftliche Erklärung, aus der hervorgeht, dass sich der Gekündigte der Kündigung widersetzt[52].

b) Klage

Im Anschluss an die Einsprache ist – sofern es zu keiner Einigung kommt – fristgerecht Klage zu erheben. Das Gesetz sieht eine Klagefrist von 180 Tagen seit der Beendigung des Arbeitsverhältnisses vor (Art. 336b Abs. 2 OR). Hier genügt für die Fristwahrung die Postaufgabe am letzten Tag der Klagefrist.   2.38

Der *Klageantrag* muss auf Leistung einer Entschädigung gehen. Die Gerichte bestehen regelmässig auf Einreichung eines betragsmässig fixierten Klageantrages[53]. Lehrmeinungen vertreten dagegen die Ansicht, dass immer dann, wenn ein Bundesgesetz die Bezifferung einer Forderung in das richterliche Ermessen stellt, ein bundesrechtlicher Anspruch auf Stellung eines unbezifferten Klageantrags besteht[54]. Zur Frage, ob und wieweit ein *Nachschieben von Kündigungsgründen* im Prozess zulässig ist, unten, Rz. 2.72.   2.39

IV. Zeitlicher Kündigungsschutz

Der zeitliche Kündigungsschutz knüpft an Tatbestände an, die eine Vertragsbeendigung als unzeitig erscheinen lassen. Massgebend ist allein das zeitliche Element; das Kündigungsmotiv bleibt ausser Betracht. Im folgenden geht es zunächst um die verschiedenen, im Gesetz vorgesehenen Sperrfristen (Rz. 2.41 ff.), sodann um deren Wirkungen (Rz. 2.49 ff.) und schliesslich um das prozessuale Vorgehen (Rz. 2.56 f.).   2.40

1. Sperrfristen

Das Gesetz enthält sowohl Sperrfristen, die einer Vertragsbeendigung durch den Arbeit*geber* entgegenstehen (Art. 336c OR), als auch solche, die die Kündigungsmöglichkeiten des Arbeit*nehmers* begrenzen (Art. 336d OR). Das «Paritätsprinzip» ist im Bereich des zeitlichen Kündigungsschutzes allerdings nur sehr unvollkom-   2.41

---

51 REHBINDER, N 2 zu Art. 336b OR; STREIFF/VON KAENEL, N 3 zu Art. 336b OR; BRÜHWILER, N 1 zu Art. 336b OR; nach BRUNNER/BÜHLER/WAEBER, N 2 zu Art. 336b OR, genügt dagegen die Postaufgabe am letzten Tag der Frist.
52 Ein blosses Gesuch um Begründung der Kündigung (vgl. Art. 335 Abs. 2 OR) genügt dagegen nicht als Einsprache im Sinne von Art. 336b Abs. 1 OR (BRÜHWILER, N 1 zu Art. 336b OR; a.M. REHBINDER, N 2 zu Art. 336b OR).
53 OberGer Zürich in JAR 1991, 397.
54 So STAEHELIN, N 9 zu Art. 336b OR.

men verwirklicht: Die Kündigungsfreiheit des Arbeitgebers wird erheblich stärker eingeschränkt als jene des Arbeitnehmers.

a) Schweizerischer obligatorischer Militärdienst, Zivilschutzdienst, Militärischer Frauendienst oder Rotkreuzdienst

2.42 Voraussetzung für den Kündigungsschutz ist eine obligatorische[55], schweizerische[56] Dienstleistung von mehr als 12 Tagen Dauer. Ist der Arbeitnehmer zu einer solchen Dienstleistung aufgeboten, nimmt die Kündigungs-Sperrfrist bereits vier Wochen vor deren Beginn ihren Anfang, und sie endet erst vier Wochen nach Abschluss der Dienstleistung (Art. 336c Abs. 1 lit. a OR).

b) Krankheits- oder unfallbedingte Arbeitsunfähigkeit

2.43 Einen in der Praxis ausserordentlich wichtigen Sperrtatbestand sieht Art. 336c Abs. 1 lit. b OR vor: Danach darf dem Arbeitnehmer während einer beschränkten – vom Dienstalter abhängigen – Zeit nicht gekündigt werden, wenn er ohne eigenes Verschulden durch Krankheit oder Unfall an der Arbeitsleistung verhindert ist. Die Sperrfrist beträgt im ersten Dienstjahr 30 Tage, vom zweiten bis zum fünften Dienstjahr 90 Tage und ab dem sechsten Dienstjahr 180 Tage.

2.44 Die Unverschuldetheit bestimmt sich nach den gleichen Grundsätzen wie bei der Lohnfortzahlungspflicht nach Art. 324a OR. Nur grobes Verschulden schliesst die Anwendung von Art. 336c Abs. 1 lit. b OR aus[57].

2.45 In BGE 120 II 124 stellte sich die Frage, ob die Höchstdauer der Sperrfrist bei mehreren Krankheits- und Unfällen als «Gesamtkredit» für das ganze Dienstjahr oder als «Einzelkredit» für jede einzelne Krankheit und jeden einzelnen Unfall zu verstehen sei. Das Bundesgericht entschied sich für den «Einzelkredit»[58].

c) Schwangerschaft und Niederkunft

2.46 Einer schwangeren Arbeitnehmerin darf nach Art. 336c Abs. 1 lit. c OR während der Schwangerschaft und 16 Wochen nach der Niederkunft nicht gekündigt werden. Nur die Lebendgeburt fällt unter den Begriff der Niederkunft im Sinne dieser

---

55 Freiwillige Sommer- oder Wintergebirgskurse lösen daher keinen Kündigungsschutz aus (SIEGRIST, Die ordentliche Beendigung des Arbeitsverhältnisses unter besonderer Berücksichtigung des Kündigungsschutzes, Diss. Basel 1982, 80), wohl aber verschobene obligatorische Dienstleistungen, da nur der Zeitpunkt, nicht aber der Dienst als solcher auf der Wahl des Dienstpflichtigen beruht.

56 Dass nur schweizerische Dienstpflichten den Kündigungsschutz begründen, wird von REHBINDER, N 2 zu Art. 336c OR, als gegen den Grundsatz der Gleichbehandlung verstossend und «nicht europafähig» kritisiert.

57 JAR 1988, 272 f.

58 MÜNCH, 1096, mit Verweisen auf die Lehrmeinungen.

Bestimmung[59]. Keine Rolle spielt, ob die Arbeitnehmerin zur Arbeit erscheint oder nicht. Die Sperrfrist beginnt mit der Befruchtung der Eizelle. Der zeitliche Kündigungsschutz erfasst auch aussereheliche Schwangerschaften. Unerheblich ist weiter, ob die Arbeitnehmerin von ihrer Schwangerschaft weiss oder nicht[60]. Die Schwangere trifft deshalb beim Abschluss des Arbeitsvertrages auch keine Mitteilungspflicht, ausser wenn ihre Arbeitsleistung für sie erkennbar unmöglich ist[61]. Diese Sperrfristregelung gilt auch bei Adoption von Kleinkindern[62].

d) Dienstleistung für eine Hilfsaktion im Ausland

Unzulässig ist eine Kündigung nach Art. 336c Abs. 1 OR auch während der Zeitspanne, in der der Arbeitnehmer mit Zustimmung des Arbeitgebers an einer von der zuständigen Bundesbehörde angeordneten Dienstleistung für eine Hilfsaktion im Ausland teilnimmt.   2.47

e) Vertretung des Vorgesetzten oder des Arbeitgebers während Militärdienst oder ähnlichen Dienstleistungen

Eine Kündigung ist für den Arbeitnehmer unter den gleichen Voraussetzungen und während der gleichen Sperrfrist unzulässig, wenn er den Vorgesetzten oder Arbeitgeber während dessen Militärdienst- oder ähnlichen Dienstleistungen vertritt (Art. 336d OR).   2.48

2. Wirkungen der Sperrfristen

a) Ungültigkeit der während einer Sperrfrist ausgesprochenen Kündigung

Eine Kündigung, die während einer Sperrfrist ausgesprochen wird, erklärt das Gesetz als nichtig (Art. 336c Abs. 2 Satz 1 OR). Insofern wird im Rahmen des zeitlichen Kündigungsschutzes – im Gegensatz zum sachlichen Kündigungsschutz – der Bestand des Arbeitsverhältnisses geschützt. Die nichtige Kündigung wird nicht etwa in eine Kündigung auf den nächstmöglichen Kündigungstermin nach Wegfall des Sperrtatbestandes umgedeutet. Sie ist vielmehr als nicht erfolgt zu betrachten. Wenn der Sperrtatbestand weggefallen ist, muss daher die Kündigung wiederholt werden.   2.49

---

59 So RIEMER-KAFKA, 57 f.
60 JAR 1993, 209.
61 JAR 1984, 95 f. und JAR 1987, 112, bei Berufen wie Mannequin, Sportlehrerin, Tänzerin und dergleichen.
62 Gemäss STREIFF/VON KAENEL, N 9 zu Art. 336c OR, wurde die Sperrfrist aufgrund des Gleichbehandlungsprinzips sogar einem Vater gewährt.

b) Verlängerung der Kündigungsfrist bei Eintritt eines Sperrtatbestandes nach bereits erfolgter Kündigung

2.50 Ein Sperrtatbestand, der erst eintritt, nachdem das Arbeitsverhältnis bereits gekündigt worden ist, berührt die Gültigkeit der Kündigung nicht. Er führt jedoch zu einer Verlängerung der Kündigungsfrist: Deren Ablauf wird unterbrochen und erst nach Beendigung der Sperrfrist fortgesetzt (Art. 336c Abs. 2 Satz 2 OR).

aa) Berechnung der verlängerten Kündigungsfrist

2.51 Die Frage, um wieviel sich die Kündigungsfrist verlängert, ist zuweilen nicht ganz einfach zu beantworten. Auszugehen ist stets vom «ursprünglichen» Endtermin, d.h. vom Zeitpunkt, auf den das Arbeitsverhältnis geendet hätte, wenn kein Sperrtatbestand eingetreten wäre. Von diesem Zeitpunkt aus ist durch «*Zurückrechnen*» zu ermitteln, wieviel Tage der Kündigungsfrist beim Eintritt des Sperrtatbestandes noch nicht abgelaufen waren[63]. Diese Anzahl Tage entspricht dem Teil der Kündigungsfrist, der nach dem Wegfall des Sperrtatbestandes weiterzulaufen hat. Fällt das Ende dieser restlichen Frist nicht exakt auf den letzten Tag eines Monats, verschiebt sich der Endtermin zudem auf das folgende Monatsende, da das Arbeitsverhältnis regelmässig nur auf das Ende eines Monats gekündigt werden kann (Art. 335c Abs. 1 OR)[64].

2.52 *Beispiel:* Nach der vertraglichen Kündigungsregelung kann das Arbeitsverhältnis unter Beobachtung einer zweimonatigen Kündigungsfrist auf das Ende eines Monats gekündigt werden. Mit Schreiben vom 20. Juli spricht der Arbeitgeber die Kündigung aus, wobei er als Kündigungstermin den 30. September angibt. Am 13. September verunfallt der Arbeitnehmer. Er ist bis zum 15. Oktober arbeitsunfähig. Beim Eintritt des Sperrtatbestandes am 15. September blieben noch 19 Tage bis zum Ende der «ursprünglichen» Kündigungsfrist. Diese restliche Frist läuft vom 16. Oktober an weiter. Sie erstreckt sich somit bis zum 3. November. Da nur auf Ende eines Monats gekündigt werden kann, endet das Arbeitsverhältnis am 30. November[65].

bb) Voraussetzungen und zeitlicher Rahmen der Fortdauer des Lohnanspruchs während der verlängerten Kündigungsfrist

2.53 Der Kündigungsschutz durch Sperrfristen kann das Bestehen eines Arbeitsverhältnisses ganz erheblich verlängern. Eine andere Frage ist jedoch, wie lange der

---

63 BGE 115 V 440 ff. – Dem Arbeitgeber nützt es daher grundsätzlich nichts, wenn er die Kündigung bereits vor Beginn der Kündigungsfrist zugestellt hat. Die in die Sperrzeit fallenden Tage können nur nachgeholt werden; eine «Vorholung» kommt grundsätzlich nicht in Betracht. GEISER (Kündigungsschutz bei Krankheit, 552) vertritt allerdings die Ansicht, dass eine Ausnahme zu machen sei, wenn die Kündigung ganze Monate vor Beginn der eigentlichen Kündigungsfrist ergangen sei.
64 Vgl. auch oben, Rz. 1.26. – Zum Ganzen ferner BGE 121 III 107 ff. sowie GEISER, Kündigungsschutz bei Krankheit, 552.
65 Siehe auch die Beispiele bei GEISER, Kündigungsschutz bei Krankheit, 552.

Arbeitgeber noch zur Zahlung des Lohnes verpflichtet ist. Der Kündigungsschutz kann noch andauern, während die Lohnfortzahlungspflicht schon längst erloschen ist. Die Lohnfortzahlungspflicht ist in Art. 324a OR geregelt. Das Gesetz verlangt, dass der Arbeitnehmer aus Gründen, die nicht in seiner Person liegen, wie Krankheit, Unfall, Erfüllung gesetzlicher Pflichten oder Ausübung eines öffentlichen Amtes, ohne sein Verschulden[66] an der Arbeitsleistung verhindert ist. Weiter setzt es voraus, dass das Arbeitsverhältnis mehr als drei Monate gedauert hat oder für mehr als drei Monate eingegangen worden ist (Art. 324a Abs. 1 OR). Den zeitlichen Umfang der Lohnfortzahlungspflicht umschreibt das Gesetz dahin, dass der Arbeitgeber dem Arbeitnehmer im ersten Dienstjahr den Lohn für drei Wochen und nachher «für eine angemessene längere Zeit» zu entrichten hat, «je nach der Dauer des Arbeitsverhältnisses und den besonderen Umständen» (Art. 324a Abs. 2 OR)[67].

Vom zweiten Dienstjahr an besteht die Lohnfortzahlungspflicht für eine angemessene längere Zeit. Vor Gericht gelangen dabei die folgenden vom «Kantönligeist» beflügelten recht unterschiedlichen Skalen der Berner, Zürcher oder Basler zur Anwendung[68]. Die Skalen sind Ausdruck dauernder Gerichtspraxis und insofern präjudiziell. Der Richter kann unter besonderen Umständen davon abweichen[69]. Der Arbeitnehmer kann für jedes einzelne Dienstjahr die entsprechende Lohnfortzahlung beanspruchen. Es sind deshalb zur Bestimmung, ob eine Lohnfortzahlungspflicht insbesondere während der Kündigungsfrist besteht, sämtliche bisher bezahlten Verhinderungstage des betreffenden Dienstjahres zusammenzurechnen. 2.54

Dienstjahr: **Lohnfortzahlungspflicht:**

Berner Skala

Dienstjahr	Lohnfortzahlungspflicht
1. Dienstjahr (über 3 Wochen)	3 Wochen
2. Dienstjahr	1 Monat
3. und 4. Dienstjahr	2 Monate
4. bis 9. Dienstjahr	3 Monate
10. bis 14. Dienstjahr	4 Monate
15. bis 19. Dienstjahr	5 Monate
20. bis 24. Dienstjahr	6 Monate
25. bis 29. Dienstjahr	7 Monate
30. bis 34. Dienstjahr	8 Monate
35. bis 39. Dienstjahr	9 Monate

---

66 Die Unverschuldetheit der Verhinderung an der Arbeitsleistung beurteilt sich nach den gleichen Grundsätzen wie im Rahmen von Art. 336c Abs. 1 lit. b OR. Vgl. dazu oben, Rz. 2.43.
67 Nach Art. 324a Abs. 4 OR kann durch schriftliche Abrede, Normalarbeitsvertrag oder Gesamtarbeitsvertrag eine abweichende Regelung getroffen werden, sofern sie für den Arbeitnehmer mindestens gleichwertig ist. In der Praxis finden sich namentlich Versicherungslösungen. Solche Regelungen müssen im Ergebnis dem Arbeitnehmer mindestens den gleichen Schutz vor den wirtschaftlichen Folgen eines Lohnausfalles wegen unverschuldeter Verhinderung an seiner Arbeitsleistung wie die gesetzliche Regelung bieten. Kasuistik bei STAEHELIN, N 66 zu Art. 324a OR.
68 Dazu BJM 1973, 280, JAR 1981, 264 und JAR 1981, 265.
69 Eine Aufzählung von Umständen, die zu einer Erhöhung oder Herabsetzung der skalenmässig festgelegten Absätze führen können, findet sich bei STAEHELIN, N 45 und 48 zu Art. 324a OR.

Zürcher Skala[70]

1. Dienstjahr (über 3 Wochen)	3 Wochen
2. Dienstjahr	8 Wochen
3. Dienstjahr	9 Wochen
4. Dienstjahr	10 Wochen
5. Dienstjahr	11 Wochen
6. Dienstjahr	12 Wochen
7. Dienstjahr	13 Wochen
8. Dienstjahr	14 Wochen
9. Dienstjahr	15 Wochen
10. Dienstjahr	16 Wochen

Mit jedem zusätzlichen Dienstjahr erhöht sich die Dauer der Lohnfortzahlungspflicht um eine Woche.

Basler Skala

1. Dienstjahr (über 3 Wochen)	3 Wochen
2. und 3. Dienstjahr	2 Monate
4. bis 10. Dienstjahr	3 Monate
11. bis 15. Dienstjahr	4 Monate
16. bis 20 Dienstjahr	5 Monate
Ab dem 21. Dienstjahr	6 Monate

2.55 Der Arbeitgeber hat dem Arbeitnehmer nach Art. 324a Abs. 1 OR für die so bestimmte Zeitspanne den darauf entfallenden Lohn samt einer angemessenen Vergütung für ausfallenden Naturallohn wie Kost und Logis, Trinkgelder und dergleichen zu entrichten. Der Arbeitnehmer hat also Anspruch auf dieselbe Vergütung samt allen Zulagen dauernden Charakters wie Teuerungs- und Sozialzulagen, wie wenn er gearbeitet hätte.

3. Prozessuales Vorgehen

2.56 Der zeitliche Kündigungsschutz hindert die Beendigung des Arbeitsverhältnisses oder schiebt sie zumindest hinaus. Das bedeutet insbesondere, dass der Arbeitgeber im Rahmen von Art. 324a OR zur Zahlung des Lohnes verpflichtet bleibt. In Streitigkeiten, in denen der zeitliche Kündigungsschutz zum Tragen kommt, stehen daher meistens Lohnforderungen im Vordergrund. Im Hinblick auf die Wahrung seiner Lohnansprüche ist wichtig, dass der Arbeitnehmer dem Arbeitgeber seine Arbeitsleistung anbietet, sobald er nicht mehr daran verhindert ist, sie zu erbringen.

2.57 Für die Lohnklage besteht keine besondere Klagefrist. Zu beachten ist jedoch die fünfjährige Verjährungsfrist gemäss Art. 128 Ziff. 3 OR.

---

70 Seit Oktober 1992 gültige *neue* Zürcher Skala (siehe den in JAR 1995, 117 f., abgedruckten Beschluss des Arbeitsgerichts Zürich).

V. Schutz gegen ungerechtfertigte fristlose Entlassung

Wie andere Dauerschuldverhältnisse kann der Arbeitsvertrag aus wichtigen Gründen jederzeit fristlos aufgelöst werden. Dieses Recht zu ausserordentlicher Kündigung steht sowohl dem Arbeitgeber wie dem Arbeitnehmer zu. In der Praxis führen vor allem fristlose Kündigungen durch den Arbeitgeber häufig zu rechtlichen Auseinandersetzungen. Eine fristlose Entlassung trifft den Arbeitnehmer besonders hart. Es kann daher nicht verwundern, dass sie regelmässig zu Streit führt. Im Streitfall ist entscheidend, ob der Kündigende sich in der Tat auf wichtige Gründe, die ihn zur fristlosen Vertragsauflösung berechtigten, berufen kann (Rz. 2.59). Kann er dies nicht, behält die Kündigung allerdings dennoch ihre Gültigkeit: sie beendet das Arbeitsverhältnis mit sofortiger Wirkung. Der Kündigende hat aber Schadenersatz- und Bussverpflichtungen zu gewärtigen (Rz. 2.70).

2.58

1. «Wichtige Gründe»

Die Frage, was als «wichtiger Grund» zu gelten hat, bildet in Fällen von fristlosen Entlassungen regelmässig ein, wenn nicht *das* zentrale Prozessthema. Die Gerichtspraxis ist entsprechend reichhaltig. Sie hat den Begriff des wichtigen Grundes näher umschrieben (Rz. 2.60), Fallgruppen herausgebildet (Rz. 2.62) und die Beachtlichkeit eines Vorfalls als wichtigen Grund an die Voraussetzung geknüpft, dass er unverzüglich geltend gemacht wird (Rz. 2.64).

2.59

a) Begriff

Nach der gesetzlichen Umschreibung in Art. 337 Abs. 2 OR gilt als wichtiger Grund «jeder Umstand, bei dessen Vorhandensein dem Kündigenden nach Treu und Glauben die Fortsetzung des Arbeitsverhältnisses nicht mehr zugemutet werden kann». Gemäss ständiger bundesgerichtlicher Rechtsprechung ist eine fristlose Entlassung nur gerechtfertigt, wenn sich der Arbeitnehmer «besonders schwere» Verfehlungen hat zuschulden kommen lassen oder wenn weniger schwere Verfehlungen trotz Verwarnung wiederholt vorgekommen sind. Das Fehlverhalten muss dabei einerseits objektiv geeignet sein, die für das Arbeitsverhältnis wesentliche Vertrauensgrundlage zu zerstören oder zumindest so tiefgreifend zu erschüttern, dass es dem Arbeitgeber nicht mehr zumutbar ist, den Vertrag weiterzuführen. Anderseits muss das Fehlverhalten auch tatsächlich zu einer derartigen Zerstörung oder Erschütterung des gegenseitigen Vertrauens geführt haben[71].

2.60

---

71 BGE 116 II 150 E. a, mit Hinweisen.

b) Beispiele aus der Gerichtspraxis

2.61 Die gesetzliche Umschreibung des «wichtigen Grundes» zeigt, dass es sich um einen ausgesprochenen Ermessensbegriff handelt (vgl. Art. 4 ZGB). Für die konkrete Handhabung des Begriffs kommt daher der Gerichtspraxis grosse Bedeutung zu. Es besteht eine überaus reiche Kasuistik. Die Gerichte legen im allgemeinen einen strengen Massstab an die Wichtigkeit des Kündigungsgrundes an[72].

2.62 Als Anhaltspunkte für die Beurteilung konkreter Fälle sei hier beispielhaft eine Reihe von Präjudizien angeführt:

2.63 In BGE 116 II 149 ff. E. 6 wurde bei unrichtiger Spesenabrechnung das Vorliegen wichtiger Gründe aufgrund konkreter Umstände verneint. Ebenso in BGE 117 II 72, wo ein Arbeitnehmer eine Einzelfirma gründete in der Absicht, sich einige Monate später selbständig zu machen. Verneint wurden die wichtigen Gründe in BGE 117 II 560, wo Küchenchef und Hotel-Geschäftsführerin, die kurz nach Beginn eines fest auf zwei Jahre abgeschlossenen Arbeitsvertrages per Zeitungsinserat eine neue Stelle suchten. Bejaht wurde das Vorliegen wichtiger Gründe in BGE vom 23. Januar 1992 (4C.433/1991) als eine Arbeitnehmerin, die andere Angestellte ihrer Arbeitgeberin abwarb und zum Übertritt in ein neu gegründetes Konkurrenzunternehmen bewegte. Nach BGE vom 15. Mai 1992 (4C. 90/1992) setzt der Arbeitnehmer, der ohne Verschulden an der Arbeitsleistung verhindert ist, keinen wichtigen Grund, weil der Arbeitnehmer zudem mit der Aufnahme einer Entziehungskur gezeigt hat, dass er sich von seiner Abhängigkeit befreien wollte. Ebenso verneint wurde nach BGE vom 7. Oktober 1992 (4C. 212/1992) das Vorliegen wichtiger Gründe bei einem Kranführer, dem wegen einem Krach mit dem Baustellenvorgesetzten zunächst ordentlich und später auch noch fristlos gekündigt wurde, weil er sich weigerte, bis zum Ablauf der Kündigungsfrist noch als Hilfsangestellter im Lager weiterzuarbeiten. Bejaht wurde das Vorliegen wichtiger Gründe jedoch nach BGE vom 22. Februar 1992 (4C.89/1995) bei einem Lehrer, der im Unterricht an einer höheren Fachschule ein angeblich selbst verfasstes Manuskript verwendete, das in Wahrheit die praktisch lückenlose Abschrift des Buches eines Dritten war.

c) Obliegenheit unverzüglicher Geltendmachung

2.64 Häufig anzutreffen ist in der Praxis die Frage, wie lange nach dem entscheidenden Ereignis zugewartet werden darf, bis die fristlose Entlassung erklärt wird. Das Bundesgericht verlangt «unverzügliches» Aussprechen der fristlosen Entlassung[73]. Was noch als «unverzügliche» Kündigungserklärung gelten kann, hängt von den Umständen des Einzelfalles ab. Natürlichen Personen gesteht das Bundesgericht im allgemeinen nur eine kurze Überlegungsfrist von zwei bis drei Arbeitstagen zu. Bei einer juristischen Person hat es im Hinblick auf die umständlichere Entscheidungsfindung eine fristlose Entlassung, die nach sechs Tagen ausgesprochen worden ist, noch als rechtzeitig angesehen[74]. Wer unhaltbare Zustände während längerer Zeit

---

72 MÜNCH, 1099.
73 BGE 112 II 51 E. 3b; 97 II 146 E. 2a; 93 II 18; 69 II 311 f. – Diese Rechtsprechung führt das Bundesgericht auch unter der Herrschaft des neuen Rechts weiter (unveröffentlichte Urteile vom 14. Dezember 1993, 4C.400/1993, und vom 21. Juni 1995, 4C.282/1994).
74 Unveröffentlichtes Urteil vom 21. Juni 1995 (4C.282/1994), E. 3.

duldet, verspielt die Möglichkeit, sie zur Begründung einer fristlosen Entlassung zu verwenden[75].

2. Rechtsfolgen ungerechtfertigter fristloser Kündigung

Eine fristlose Kündigung beendet das Arbeitsverhältis (fast) in jedem Fall mit sofortiger Wirkung. Das Fehlen wichtiger Gründe steht ihrer Gültigkeit nicht entgegen. Eine ungerechtfertigte fristlose Kündigung zieht jedoch Schadenersatzfolgen nach sich. Das gilt insbesondere, wenn ein Arbeitnehmer ohne wichtigen Grund fristlos entlassen wird (Rz. 2.66, 2.67). Zusätzlich kann der Kündigende zur Bezahlung einer Rechtsverletzungsbusse verpflichtet werden (Rz. 2.68). 2.65

a) Lohnersatz

Der ungerechtfertigt fristlos Entlassene hat nach Art. 337c Abs. 1 OR Anspruch auf Ersatz dessen, was er verdient hätte, wenn das Arbeitsverhältnis ordnungsgemäss, d.h. unter Einhaltung der Kündigungsfrist[76], beendigt worden wäre. Dieser Schadenersatz umfasst somit regelmässig den Lohn für die Zeit bis zum nächsten Termin, auf den hin eine ordentliche Kündigung zulässig gewesen wäre. Der Ersatzanspruch erstreckt sich auf den Lohn mit allen seinen Bestandteilen, also auch etwa auf den 13. Monatslohn (pro rata temporis), sämtliche Zulagen, vereinbarte Provisionsansprüche[77]. Heikel ist die Behandlung aufgelaufener Ferienguthaben[78]. 2.66

Den Entlassenen trifft eine Schadenminderungspflicht. Er hat sich aktiv um eine neue Arbeitsstelle zu bemühen. Nach Art. 337c Abs. 2 OR hat er sich an den Lohnersatzanspruch aus ungerechtfertigter fristloser Entlassung anrechnen zu lassen, was er infolge der Beendigung des Arbeitsverhältnisses durch anderweitige Arbeit verdient oder zu verdienen absichtlich unterlassen hat. Im weiteren sieht das Gesetz auch eine «Vorteilsanrechnung» vor: Der Entlassene hat sich anrechnen zu lassen, was er infolge der Beendigung des Arbeitsverhältnisses erspart hat. 2.67

b) Rechtsverletzungsbusse

Zusätzlich zum Lohnersatz kann der ungerechtfertigt fristlos Entlassene nach Art. 337c Abs. 3 OR eine «Entschädigung» von maximal sechs Monatslöhnen fordern. Deren Bemessung steht – im Rahmen der Obergrenze von sechs Monatslöhnen – im richterlichen Ermessen, das die Gerichte unter Würdigung aller 2.68

---

75 DECURTINS, 26.
76 Bzw. bei befristeten Arbeitsverhältnissen durch Ablauf der vereinbarten Vertragszeit.
77 Vgl. auch oben, Rz. 1.48 ff.
78 Vgl. dazu BGE 117 II 270 (=Pra 81 Nr. 83) und STREIFF/VON KAENEL, N 18 zu Art. 337c OR.

Umstände auszuüben haben[79]. Diese «Entschädigung» stellt weder Lohn noch Schadenersatz noch Genugtuung dar, sondern sie hat – analog derjenigen, die Art. 336a OR vorsieht[80] – den Charakter einer Privatbusse. Entgegen des auf eine blosse «Kann-Vorschrift» hindeutenden Wortlautes hat die Zusprechung einer derartigen Rechtsverletzungsbusse gemäss der Praxis des Bundesgerichts als Regel zu erfolgen, von der nur in aussergewöhnlich gelagerten Fällen ausnahmsweise abgewichen werden darf[81].

2.69 Eine solche Ausnahmesituation hat das Bundesgericht für eine Verkäuferin bejaht, die die fristlose Entlassung durch ihr Verhalten provoziert hatte (Mitverschulden); ihr wurde keine Rechtsverletzungsbusse zugesprochen[82]. Eine «Entschädigung» von anderthalb Monatslöhnen erhielt hingegen ein Chefchirurg, der seine fristlose Entlassung mitverschuldet hatte, indem er mit seiner überheblichen Haltung und Führungsfehlern ein schlechtes Klima in seiner Abteilung geschaffen hatte[83]. Einem Hotelangestellten, der nur zwei Monate nach Beginn des Arbeitsverhältnisses fristlos entlassen worden war, wurde bei nicht nachgewiesenem Mitverschulden aufgrund der verletzenden Art und Weise der Entlassung sowie seines fortgeschrittenen Alters und seiner angeschlagenen Gesundheit eine Rechtsverletzungsbusse von drei Monatslöhnen zugesprochen[84].

c) Folgen des ungerechtfertigten fristlosen Verlassens der Arbeitsstelle

2.70 Ein Arbeitnehmer, der seine Stelle ohne wichtigen Grund fristlos verlässt, riskiert eine Rechtsverletzungsbusse von der Höhe des Viertels eines Monatslohnes; ausserdem hat er allfälligen weiteren Schaden des Arbeitgebers zu ersetzen (Art. 337d Abs. 1 OR; vgl. aber auch Abs. 2 dieser Bestimmung). Der Arbeitgeber wird die entsprechenden Ansprüche in der Regel mit dem Lohn verrechnen. Falls er nicht verrechnen kann (vgl. Art. 323b Abs. 2 OR), hat er die Ansprüche bei Verwirkungsfolge innerhalb 30 Tagen, seit der Arbeitehmer die Stelle verlassen hat, durch Klage oder Betreibung geltend zu machen (Art. 337c Abs. 3 OR).

3. Prozessuales Vorgehen

2.71 Die Klage auf Zahlung von Lohnersatz und Rechtsverletzungsbusse ist sinnvollerweise erst nach Ablauf der Kündigungsfrist anzuheben, weil vorher noch nicht feststeht, wieweit sich der entlassene Arbeitnehmer anderweitigen Verdienst anrechnen zu lassen hat. Beide Ansprüche verjähren m.E. innerhalb 10 Jahren, da die fünfjährige Verjährungsfrist von Art. 128 Ziff. 3 OR nach herrschender Auffassung auf Ansprüche beschränkt ist, die Entgelt für erbrachte Arbeit darstellen[85].

---

79 Zu den Bemessungskriterien BRÜHWILER, N 11 zu Art. 337c OR.
80 Dazu oben, Rz. 2.32.
81 BGE 116 II 300.
82 BGE vom 1. Februar 1991 (4C.326/1990), veröffentlicht in SAE 1994, 51 f.
83 BGE vom 29. September 1993 (4C.40/1993), unveröffentlicht.
84 BGE vom 22. Februar 1994 (4C.68/1993), unveröffentlicht.

Umstritten ist in der Lehre, ob der Kündigende die ursprünglich bekannt gegebenen Kündigungsgründe im Prozess auswechseln oder ergänzen kann[86]. Das Bundesgericht erachtet in seiner neuesten Rechtsprechung ein *Nachschieben von Kündigungsgründen* im Prozess grundsätzlich als zulässig[87]. Voraussetzung ist allerdings, dass es sich bei den im Prozess neu vorgebrachten Kündigungsgründen um Umstände handelt, die im Zeitpunkt des Zugangs – und damit des Wirksamwerdens – der Kündigungserklärung bereits vorlagen; erst später Vorgefallenes hat ausser Betracht zu bleiben, weil eine Kündigung nicht mit Gründen gerechtfertigt werden kann, die erst nachträglich entstanden sind[88]. Wer die wesentlichen Kündigungsgründe erst im Prozess vorbringt, hat zudem mit prozessualen Nachteilen zu rechnen[89].

2.72

VI. Checklisten

1. Schutz gegen missbräuchliche Kündigung

– Ist ein Missbrauchstatbestand gegeben (Art. 336 OR)[90]?
– Falls Anzeichen dafür bestehen: schriftliche Einsprache beim Kündigenden (Protest gegen die Kündigung) vor Ablauf der Kündigungsfrist (Art. 336b Abs. 1 OR)[91].
– Falls keine Einigung zustande kommt: Klage auf Ausrichtung einer «Entschädigung» (Art. 336a OR)[92] innert 180 Tagen seit dem Ende des Arbeitsverhältnisses (Art. 336b Abs. 2 OR)[93].
– Prüfen, ob zusätzlich auch Schadenersatzansprüche «aus einem anderen Rechtstitel» (insbesondere aus Persönlichkeitsschutz, Art. 28 ff. ZGB) und/oder eine

---

85 VISCHER, 204; REHBINDER, N 30 zu Art. 341 OR; STAEHELIN, N 19 zu Art. 341 OR; BRÜHWILER, N 10 zu Art. 341 OR; abweichend STREIFF/VON KAENEL, N 17 zu Art. 337c OR.
86 Siehe zum Stand der Diskussion ALEXANDER GUTMANS, Das Nachschieben von Kündigungsgründen im Arbeitsrecht, ArbR 1997, 47 ff.
87 BGE 121 III 467 ff.
88 GUTMANS, a.a.O., 52 ff. – Treten nach einer ungerechtfertigten fristlosen Kündigung Umstände ein, die einen wichtigen Grund im Sinne von Art. 337 OR darstellen, kann dies jedoch den Umfang der Ansprüche beeinflussen, die dem Gekündigten aus der ungerechtfertigten fristlosen Kündigung erwachsen, weil der Kündigende einwenden kann, dass er gestützt auf die neu eingetretenen Umstände ohnehin befugt gewesen wäre, das Arbeitsverhältnis mit sofortiger Wirkung zu beenden (GUTMANS, a.a.O., 56 f.).
89 Vgl. dazu oben, Rz. 1.80.
90 Rz. 2.13.
91 Rz. 2.37.
92 Rz. 2.39.
93 Rz. 2.38.

Genugtuungsforderung nach Art. 49 OR geltend zu machen sind (Art. 336a Abs. 2 Satz 2 OR)[94].

2. Schutz gegen unzeitige Kündigungen

– Liegt ein Sperrtatbestand vor (Art. 336c OR)[95]?
– Ist der Sperrtatbestand vor oder nach der Kündigung eingetreten[96]?
– Falls der Sperrtatbestand *vor* der Kündigung eingetreten ist: Kündigung ungültig. – In welchem Umfang bestehen Lohnansprüche[97]?
– Falls der Sperrtatbestand *nach* der Kündigung eingetreten ist: Wie lange verlängert sich die Kündigungsfrist[98]?

3. Schutz gegen ungerechtfertigte fristlose Kündigungen

– Liegen wichtige Gründe vor[99]?
– Wurde die Kündigung unverzüglich erklärt[100]?
– Welche Ansprüche hat die fristlos entlassene Person[101]?
– Sind die prozessualen Vorgaben eingehalten[102]?

---

94 Rz. 2.35.
95 Rz. 2.41.
96 Rz. 2.49.
97 Rz. 2.49.
98 Rz. 2.50.
99 Rz. 2.59.
100 Rz. 2.64.
101 Rz. 2.65.
102 Rz. 2.71.

§ 3 Massenentlassung

THOMAS GEISER

Literaturauswahl: AUBERT GABRIEL, Le droit suisse du travail face à l'intégration européenne, ZSR 1993 II, 157 ff. (*zitiert:* AUBERT, ZSR 1993 II); *ders.*, Die neue Regelung über Massenentlassungen und den Übergang von Betrieben, AJP 1994, 699 ff. (*zitiert:* AUBERT, AJP 1994); BRÜHWILER JÜRG, Kommentar zum Einzelarbeitsvertrag, Bern 1996; BRUNNER CHRISTIANE/BÜHLER JEAN–MICHEL/WAEBER JEAN-BERNARD, Commentaire du contrat de travail, Lausanne 1996, Kommentar zum Arbeitsvertragsrecht, 2. nachgeführte Aufl., Basel/Frankfurt a.M. 1997; FRITZ MAX, Das Mitwirkungsgesetz, Zürich 1994; GEISER THOMAS, Massenentlassung, Anwendungsbereich, Voraussetzungen und Verfahren, AJP 1995, 1411 ff. (*zitiert:* GEISER, AJP 1995); *ders.*, Betriebsübernahmen und Massenentlassungen im Zusammenhang mit Zwangsvollstreckungsverfahren, in: Hasenböhler/Schnyder, Zivilprozessrecht, Arbeitsrecht, FS Staehelin, Zürich 1990, 101 ff. (*zitiert:* GEISER, FS Staehelin); HUMBERT DENIS, Der neue Kündigungsschutz im Arbeitsrecht, Diss. Zürich, Winterthur 1991; MÜLLER ROLAND A., Die einvernehmliche Beendigung des Arbeitsverhältnisses, Diss. Zürich, Bern 1991 (*zitiert:* MÜLLER, Diss.); *ders.*, Die neuen Bestimmungen über Massenentlassungen (OR 335d ff.), ArbR 1995, 105 ff. (*zitiert:* MÜLLER, ArbR 1995); STÖCKLI JEAN-FRITZ, Schweizerisches Arbeitsrecht und europäische Integration, ZSR 1993 II, 1 ff.; STREIFF ULLIN/VON KAENEL ADRIAN, Arbeitsvertrag, Zürich 1992; REHBINDER MANFRED, Berner Kommentar, Art. 331–355 OR, Bern 1992 (*zitiert:* REHBINDER, Berner Kommentar); *ders.*, Schweizerisches Arbeitsrecht, 13. Aufl., Bern 1997 (*zitiert:* REHBINDER, Arbeitsrecht); STAEHELIN ADRIAN, Zürcher Kommentar, Art. 331–355 OR, Zürich 1996; VISCHER FRANK, Der Arbeitsvertrag, SPR Bd. VII/1/3, Basel 1994 (*zitiert:* VISCHER, Arbeitsvertrag); *ders.*, Zürcher Kommentar, Art. 356–360 OR, Zürich 1983 (*zitiert:* VISCHER, Komm.); *ders.*, Fragen aus dem Kollektivarbeitsrecht, AJP 1995, 547 ff. (*zitiert:* VISCHER, AJP 1995).

I. Problemübersicht

Wird ein Betrieb ganz oder teilweise geschlossen oder werden Teile der Belegschaft wegen einer Umstrukturierung entlassen, trifft das die betroffenen Personen oft besonders hart. Es handelt sich häufig um langjährige Arbeitnehmer oder Arbeitnehmerinnen, die sich mit dem Betrieb identifiziert und ihr Bestes geleistet haben. Sie stehen nun auf der Strasse. Die Entlassung trifft sie möglicherweise in einem besonders ungünstigen Zeitpunkt, weil sie bereits in fortgeschrittenem Alter sind und die Konjunkturlage ungünstig ist. Zudem ist häufig auch die Wirtschaft einer ganzen Region von der Rezession betroffen. Damit sich die Betroffenen auf die neue Situation einstellen können, müssen diese und die staatlichen Behörden möglichst früh von bevorstehenden Kündigungen Kenntnis erhalten. Dies gebietet auch der Respekt gegenüber der Persönlichkeit eines langjährigen Angestellten. Die Art. 335d ff. OR wollen solchen Anliegen Rechnung tragen.

3.1

3.2 Die Frage der *betrieblichen Mitwirkung* hat in der Schweiz eine lange Geschichte[1]. 1976 wurden in einer Volksabstimmung sowohl eine Initiative von Gewerkschaftsseite wie auch der Gegenvorschlag des Parlamentes für die Verankerung der Mitwirkung in der Verfassung abgelehnt. Nachgehende Versuche, eine Mitwirkung oder eine Mitbestimmung[2] auf gesetzlicher Ebene zu verwirklichen, waren schon im Parlament nicht mehrheitsfähig.

3.3 Nach dem Nein von Volk und Ständen zum EWR-Beitritt vom 6. Dezember 1992 machte der Bundesrat einen Handlungsbedarf zur Revitalisierung der schweizerischen Wirtschaft aus. Die vorgeschlagenen Massnahmen zielten auf eine marktwirtschaftliche Erneuerung[3]. Der Bundesrat ging davon aus, dass diese Massnahmen Anpassungsprozesse auslösen, welche bei den Betroffenen zu Widerständen und Abwehrreflexen führen. Ein sorgfältiges Abwägen der Wirkungen dieser Liberalisierung und flankierende Massnahmen waren deshalb angezeigt[4]. Zudem legt die EG traditionell ein grosses Gewicht auf die betriebliche Mitwirkung im Sinne von umfassenden Informationsrechten. Für die Schweiz bestand somit das Bedürfnis, die *Richtlinien der Europäischen Union* in diesem Bereich umzusetzen[5]. Entsprechend schlug der Bundesrat bereits in der ersten Botschaft über das Folgeprogramm nach der Ablehnung des EWR-Abkommens ein Mitwirkungsgesetz und in diesem Zusammenhang eine Änderung des Obligationenrechts vor. Mit dieser Revision sollte eine Mitwirkung in zwei Fällen eingeführt werden, nämlich bei *Betriebsübernahmen* und bei *Massenentlassungen*.

3.4 Die Vorlage, mit der die Bestimmungen über die Massenentlassungen in das Gesetz aufgenommen wurden, hatte das Parlament in Rekordzeit beraten und ohne grosse Veränderungen angenommen. Die Änderung ist am *1. Mai 1994 in Kraft* getreten.

3.5 Die neuen Bestimmungen tasten den *Grundsatz der freien Kündbarkeit* des Arbeitsvertrages nicht an[6]. Sie führen nicht etwa materielle Voraussetzungen für die Zulässigkeit von Massenentlassungen ein. Das Gesetz schreibt nur ein bestimmtes Verfahren vor, welches bei Massenentlassungen einzuhalten ist. Dieses dient der rechtzeitigen und umfassenden Information der Arbeitnehmer, ihrer Vertreter und der Behörden.

3.6 Unterlässt der Arbeitgeber die Konsultation der Arbeitnehmer bzw. ihrer Vertreter, so sind die Kündigungen zwar *gültig, aber missbräuchlich*. Den Betroffenen sind Entschädigungen nach Art. 336a OR auszurichten[7]. Wird demgegenüber die Massenentlassung dem Arbeitsamt nicht mitgeteilt, so kann die *Kündigungsfrist nicht*

---

1 Siehe zur Vorgeschichte AUBERT, ZSR 1993 II, 183 ff.
2 Für die betriebliche Ebene wird der Ausdruck «Mitwirkung» verwendet. Für die unternehmerische Ebene wird der Ausdruck «Mitbestimmung» verwendet. In einem weiteren Sinne erfasst «Mitbestimmung» auch beide Ebenen.
3 BBl 1993 I 822 ff.
4 BBl 1993 I 824, Ziff. 131.1.
5 Richtlinie Nr. 75/129 vom 17.2.1975 zur Angleichung der Rechtsvorschriften der Mitgliedstaaten über Massenentlassungen; Abl. Nr. L 48 v. 22. 2. 1975, 29.
6 VISCHER, Arbeitsvertrag, 66. Von diesem Grundsatz ist erst im Gleichstellungsgesetz abgewichen worden, indem dort als Rechtsfolge für eine Rachekündigung die Nichtigkeit und ein Anspruch auf Wiedereinstellung vorgesehen ist (Art. 10 Abs. 3 GlG). Siehe dazu: VISCHER, Arbeitsvertrag, 172, Fn. 71.
7 Unten, Rz. 3.66.

ablaufen. Die Massenentlassungen können die betroffenen Arbeitsverhältnisse nämlich frühestens 30 Tage nach der Mitteilung an das Arbeitsamt beenden (Art. 335g Abs. 4 OR)[8].

Für das Vorliegen einer *Massen*entlassung setzt das Gesetz – wie noch zu zeigen sein wird[9] – eine *bestimmte Anzahl Kündigungen* voraus. Es ist zu beachten, dass dabei auch Arbeitsverhältnisse mitzuberücksichtigen sind, die selber nicht durch die Massenentlassung enden. Der Umstand, dass eine bestimmte Kündigung bei Art. 335d OR mitzurechnen ist, bedeutet somit keineswegs, dass der entsprechende Arbeitnehmer oder die entsprechende Arbeitnehmerin auch Ansprüche aus Art. 335d ff. OR ableiten kann[10].   3.7

Die Art. 335d ff. OR sind nicht unter den *zwingenden Bestimmungen* in Art. 361 f. OR aufgeführt. Vom Schutzzweck und der kollektivrechtlichen Grundlage her steht aber ausser Zweifel, dass es sich um einseitig zwingende Normen handelt[11]. Es ist zulässig, in Gesamtarbeitsverträgen einen weitergehenden Schutz vorzusehen[12] wie beispielsweise ein Mitspracherecht der Gewerkschaften oder die Verpflichtung zur Ausarbeitung eines Sozialplanes. Dies war auch bereits unter dem früheren Recht möglich[13].   3.8

II. Allgemeiner Anwendungsbereich

1. Räumlicher Geltungsbereich

Das schweizerische IPR regelt nur die Frage ausdrücklich, welches *Einzelarbeitsvertragsrecht* örtlich anwendbar ist. Massgebend ist nach Art. 121 IPRG in erster Linie, wo der Arbeitnehmer gewöhnlich seine Arbeit verrichtet. Entscheidend kann aber auch der Sitz des Arbeitgebers bzw. der entsprechenden Niederlassung sein, und schliesslich ist in beschränktem Umfang auch eine Rechtswahl möglich[14]. Demgegenüber enthält das IPRG keine Norm über die Anwendbarkeit des *kollektiven Arbeitsrechts*. Ein Teil der Lehre geht davon aus, dass jedenfalls die norma-   3.9

---

8 Unten, Rz. 3.74 ff.
9 Unten, Rz. 3.39 f.
10 Unten, Rz. 3.46.
11 STAEHELIN, N 6 zu Art. 335 f. und N 5 zu Art. 335g OR; MÜLLER, ArbR 1995, 108.
12 STAEHELIN, N 6 zu Art. 335 f. OR.
13 Vgl. BGE 107 Ia 152 ff. (Firestone).
14 Im einzelnen vgl.: MAX KELLER/JOLANTA KREN KOSTKIEWICZ, in: Heini/Keller/Siehr/Vischer/Volken, IPRG Kommentar, Zürich 1993, N 8 ff. zu Art. 121 IPRG; ALEXANDER BRUNNER, in: Honsell/Vogt/Schnyder, Kommentar zum Schweizerischen Privatrecht, Internationales Privatrecht, Basel 1996, N 17 ff. zu Art. 121 IPRG; BERNARD DUTOIT, Droit international privé suisse, Basel 1996, N 1 ff. zu Art. 121 IPRG.

Thomas Geiser

tiven Bestimmungen eines Gesamtarbeitsvertrages ausschliesslich streng territoriale Geltung haben[15]. In neuerer Zeit mehren sich aber die Stimmen, welche schweizerische Gesamtarbeitsverträge auch auf im Ausland tätige Arbeitnehmer anwenden wollen, wenn das Arbeitsverhältnis schweizerischem Recht untersteht[16]. Andererseits gelten diese Normen aber auch als loi d'application immédiate (Art. 18 IPRG), welche auf Arbeitsverhältnisse in der Schweiz anwendbar sind, die nicht dem schweizerischen Einzelarbeitsvertragsrecht unterstehen[17].

3.10 Die Bestimmungen über die Massenentlassungen stellen einen *Zwitter zwischen kollektivem und individuellem Arbeitsrecht* dar. Sie schützen einerseits den einzelnen Arbeitnehmer und wollen andererseits eine behördliche Mitwirkung sicherstellen. Kollisionsrechtlich ist zwischen diesen beiden Aspekten zu unterscheiden:

- Befindet sich der *Arbeitsort in der Schweiz* und ist *schweizerisches Arbeitsvertragsrecht anwendbar*, gilt sowohl die Konsultationspflicht der Arbeitnehmenden durch die Arbeitgebenden wie auch die Mitteilungspflicht an das Arbeitsamt.
- Befindet sich der *Arbeitsort in der Schweiz*, ist aber *ausländisches Arbeitsvertragsrecht anwendbar*, besteht keine Konsultationspflicht[18], sondern nur die Mitteilungspflicht an das Arbeitsamt. Art. 335g OR ist insofern eine loi d'application immédiate (Art. 18 IPRG). Für die Frage, ob überhaupt eine Massenentlassung vorliegt, ist das entsprechende Arbeitsverhältnis mitzurechnen. Diesbezüglich kommt es nicht auf das anwendbare Recht an.
- Befindet sich der *Arbeitsort im Ausland*, ist aber *schweizerisches Arbeitsvertragsrecht anwendbar*, gilt die Konsultationspflicht der Arbeitnehmer uneingeschränkt. Bezüglich der Mitteilungspflicht an das Arbeitsamt ist aber m.E. danach zu differenzieren, wo der Arbeitnehmer seinen Wohnsitz (bzw. gewöhnlichen Aufenthalt) hat. Befindet sich der Wohnort in der Schweiz, ist Art. 335g OR anwendbar. Befinden sich hingegen sowohl der Arbeitsort wie auch der Wohnort im Ausland, ist die Information des Arbeitsamtes zwecklos. Art. 335g OR ist nicht anwendbar. Auch diesfalls ist aber das Arbeitsverhältnis für die Bestimmung, ob bezüglich der Kündigung anderer Arbeitsverhältnisse eine Massenentlassung vorliegt, mitzuzählen[19].
- Befindet sich schliesslich der *Arbeitsort im Ausland* und ist *ausländisches Arbeitsvertragsrecht anwendbar*, gilt weder die Konsultationspflicht der Arbeit-

---

15 REHBINDER, Arbeitsrecht, Bern 1997, 244; DUTOIT, a.a.O., N 7 zu Art. 121 IPRG.
16 VISCHER, Komm., N 130 der Vorbem. zu Art. 356 ff. OR; KELLER/KREN KOSTKIEWICZ, a.a.O., N 52 f. zu Art. 121 IPRG.
17 BRUNNER, a.a.O., N 31 und N 34 ff. zu Art. 121 IPRG.
18 Vgl. zum Kündigungsschutz überhaupt: HUMBERT, Der neue Kündigungsschutz im Arbeitsrecht, Diss. Zürich, Winterthur 1991, 51.
19 Vgl. unten, Rz. 3.40.

§ 3 Massenentlassung

nehmer, noch besteht eine Mitteilungspflicht an das Arbeitsamt. Trotzdem kann das Arbeitsverhältnis bei Art. 335d OR mitzuzählen sein.

2. Zeitlicher Geltungsbereich

In *zeitlicher Hinsicht* sind die Bestimmungen über die Massenentlassung anwendbar, wenn die Kündigungen nach dem 30. April 1994 ausgesprochen worden sind. Massgebend ist dabei das Abschicken der Erklärung, nicht der Zugang der Kündigung[20]. 3.11

Das in Art. 1 SchlT ZGB vorgesehene Rückwirkungsverbot gilt sowohl für die materiellen wie auch für die formellen Gültigkeitsvoraussetzungen eines Rechtsgeschäfts[21]. Dies hält Art. 50 SchlT ZGB ausdrücklich fest. Ob die Vorschriften über die Massenentlassungen als materielle oder formelle Voraussetzungen angesehen werden, ist somit ohne Bedeutung. Auch wenn die Bestimmungen hauptsächlich das Verhalten vor dem Aussprechen der Kündigung regeln, kann es übergangsrechtlich nur darauf ankommen, wann die Kündigung ausgesprochen wird. Die Rechtmässigkeit einer Handlung ist nach dem Zeitpunkt ihrer Vornahme zu beurteilen. Wurden die Kündigungen unter dem neuen Recht ausgesprochen, sind sie ohne Einhalten des entsprechenden Verfahrens unzulässig, auch wenn das Verfahren vor dem Inkrafttreten des neuen Rechts hätte durchgeführt werden müssen.

3. Sachliche Geltung

a) Privatrechtliche Anstellungen

Weil die Bestimmungen über die Massenentlassungen in das Obligationenrecht eingefügt worden sind, ist ihr Anwendungsbereich auf privatrechtliche Anstellungen beschränkt. Öffentlich-rechtlich angestellte Personen geniessen durch das *Beamtenrecht* (im weiteren Sinne) einen genügenden Schutz[22]. 3.12

Stellt allerdings die *öffentliche Hand Personen privatrechtlich* an, gelten die Art. 335d ff. OR uneingeschränkt[23]. In diesen Fällen sind m.E. sowohl für die Anzahl Entlassungen als auch für die Frage, wie viele Personen in der Regel beschäftigt werden (Art. 335d OR), nicht nur die privatrechtlich Angestellten, sondern alle Beschäftigten zu zählen. 3.13

b) Keine behördliche Anordnung

Gemäss Art. 335e Abs. 2 OR gelten die Bestimmungen über die Massenentlassung nicht für Betriebsschliessungen infolge gerichtlicher Entscheidungen. Diese Ein- 3.14

---

20 Vgl. unten, Rz. 3.44.
21 GERARDO BROGGINI, Intertemporales Privatrecht, SPR Bd. I, Basel 1969, 462 f.
22 Vgl. unten, Rz. 6.15 ff., 6.22, 6.25.
23 STÖCKLI, 86.

schränkung des Anwendungsbereichs stammt wörtlich aus den Richtlinien der Europäischen Union[24].

3.15 Die Formulierung dürfte zu eng sein[25]. Die Bestimmung will Kündigungen vom Anwendungsbereich ausnehmen, die nicht auf den freien Willen des Arbeitgebers zurückzuführen, sondern die Folge einer *behördlich* angeordneten Betriebsschliessung sind. In der Schweiz erfolgen diese Anordnungen aber in der Regel nicht durch ein Gericht, sondern durch eine Verwaltungsbehörde. So sind es Verwaltungsbehörden, welche über die Einhaltung des Gesundheitsschutzes und des Umweltschutzes wachen müssen und in diesem Zusammenhang die Benutzung von Räumen, Maschinen sowie die Ausübung bestimmter Tätigkeiten verbieten können[26]. Für die Anwendung von Art. 335e Abs. 2 OR genügt von daher, dass eine *gerichtliche Überprüfung* dieser Verfügungen möglich ist, was schon die EMRK zwingend vorschreibt.

3.16 Nach dem Wortlaut des Gesetzes muss die behördliche Verfügung selber nicht die Betriebseinstellung anordnen. Diese muss nur «infolge» der Verfügung eingetreten sein. Es ist allerdings diesbezüglich ein *direkter Kausalzusammenhang* zu fordern. Die Verfügung muss selber und unmittelbar dazu führen, dass der Betrieb nicht aufrechterhalten werden kann. Bewirkt die Verfügung nur, dass der Betrieb unwirtschaftlich wird, sind die Voraussetzungen von Art. 335e Abs. 2 OR nicht erfüllt.

Es fragt sich allerdings, wie direkt dieser Kausalzusammenhang sein muss, damit die entsprechenden Bestimmungen nicht anwendbar sind. Die behördliche Verfügung selber wird regelmässig das Arbeitsverhältnis nicht beenden. Macht sie das ausnahmsweise doch, liegt schon gar keine Kündigung des Arbeitgebers vor. Es ist aber auch nicht nötig, dass der Entscheid den Arbeitgeber zur (ordentlichen oder ausserordentlichen) Entlassung verpflichtet, was beispielsweise zutrifft, wenn eine Arbeitsbewilligung verweigert wird[27]. Es muss genügen, dass es sich bei der Kündigung um die *unausweichliche Folge* der behördlichen Verfügung handelt. Die Abgrenzung zu den Fällen, in denen die Massenentlassung nur eine mögliche Reaktion des Arbeitgebers auf die behördliche Anordnung darstellt, wird nicht immer einfach sein. Wird beispielsweise aus gesundheitlichen oder Umweltschutzgründen eine bestimmte Produktion behördlich verboten, sind die Kündigungen eine unmittelbare Folge dieser Anordnung, wenn es sich dabei praktisch um den einzigen Fabrikationszweig des entsprechenden Unternehmens handelt. Produziert es demgegenüber auch noch anderes oder lässt sich die Produktion leicht umstellen, wären die Kündigungen nur eine mögliche Reaktion und damit nicht die unmittelbare Folge der behördlichen Anordnung. Die Bestimmungen über die Massenentlassungen sind dann anwendbar.

3.17 Auch bei einem *Konkurs* liegt nur in diesem weiteren Sinn eine gerichtliche Entscheidung vor. Wohl erfolgt die Konkurseröffnung durch das Gericht (Art. 166 ff. SchKG). Damit ist aber der Betrieb noch nicht beendet. Es kann sogar der Gemeinschuldner ermächtigt werden, sein Gewerbe weiter zu betreiben

---

24 BBl 1992 V 408 f.
25 Sie müsste lauten: «Sie gelten nicht für Betriebseinstellungen infolge behördlicher Verfügung.»
26 Vgl. z.B. Art. 50 ff. ArG; STAEHELIN, N 3 zu Art. 335e OR.
27 Vgl. BGE 114 II 279 ff.

(Art. 237 Abs. 2 Ziff. 2 SchKG). Es ist Aufgabe der Konkursverwaltung, gegebenenfalls mit Genehmigung der Gläubigerversammlung, darüber zu befinden, ob ein zur Konkursmasse gehörender Betrieb geschlossen werden soll, oder ob er weitergeführt werden kann. Die Bestimmungen über die Massenentlassungen kommen vom Normzweck her wohl bei einem Konkurs dennoch nicht zur Anwendung[28]. Das Konkursverfahren selber bietet den nötigen Schutz.

Es fragt sich, wie es sich mit Entlassungen verhält, die im Zusammenhang mit einem *gerichtlichen Nachlassverfahren* stehen. Höchstrichterliche Entscheidungen gibt es dazu bis anhin nicht. In BGE 123 III 178 f. hat das Bundesgericht die Frage offengelassen. Die Lehre nimmt nur vereinzelt dazu Stellung. AUBERT und MÜLLER und ihnen folgend nun auch STAEHELIN gehen von der Anwendbarkeit der Bestimmungen über die Massenentlassung auch im Nachlassverfahren aus[29]. Zur Begründung verweisen sie darauf, der Betrieb arbeite im Falle der Nachlassstundung bis zur Bestätigung oder Verweigerung des Nachlassvertrages weiter. Es wäre daher denkbar, dass die Arbeitnehmervertretung und die zuständige Behörde dazu beitragen könnten, Lösungen zu finden, welche die Massenentlassungen vermeiden oder wenigstens deren Folgen mildern können. Zudem habe der bisherige Arbeitgeber als Schuldner dem Nachlassvertrag zuzustimmen, so dass die (teilweise) Betriebsschliessung *aufgrund seines freien Willens* geschehe[30]. Es ist allerdings zu beachten, dass die Arbeitnehmer im Nachlassverfahren Mitwirkungsmöglichkeiten haben, die über jene nach Art. 335 f. und 335g OR weit hinausgehen. Von daher scheint es entgegen der zitierten Lehrmeinungen angebracht, auch Entlassungen im Nachlassverfahren vom Anwendungsbereich auszunehmen[31]. Voraussetzung ist allerdings, dass die Entlassungen erst erfolgen, nachdem die Nachlassstundung gewährt worden ist[32]. Erst von diesem Zeitpunkt an werden durch die Bestellung eines Sachwalters die Möglichkeiten des Arbeitgebers eingeschränkt, frei zu verfügen.

III. Voraussetzungen

Damit die Art. 335d ff. OR zur Anwendung gelangen, muss eine bestimmte Anzahl von Kündigungen vorliegen. Es ist deshalb zu prüfen, welche Kündigungen zu berücksichtigen sind, und wie die Anzahl berechnet werden muss.

3.18

1. Zu berücksichtigende Kündigungen

a) Kündigung des Arbeitgebers

Die Bestimmungen über die Massenentlassungen gelangen grundsätzlich nur zur Anwendung, wenn die Arbeitsverhältnisse vom *Arbeitgeber gekündigt* werden. Alle anderen Gründe für die Beendigung eines Arbeitsverhältnisses fallen insoweit

3.19

---

28 GEISER, AJP 1995, 1416, Rz. 2.17.
29 AUBERT, AJP 1994, 702; MÜLLER, ArbR 1995, 111; STAEHELIN, N 3 zu 335e OR.
30 STAEHELIN, N 3 zu Art. 335e OR.
31 GEISER, FS Staehelin, 114 ff.
32 Falls ausnahmsweise gar nicht erst um eine Nachlassstundung ersucht wird, ist der Abschluss des Nachlassvertrages und dessen Einreichung beim Gericht als Zeitpunkt massgebend.

ausser Betracht. Das ergibt sich schon aus dem Begriff der «Entlassung». Eine Kündigung ist die einseitige Ausübung eines Gestaltungsrechts, mit dem ein Vertrag aufgehoben wird[33].

3.20 Entsprechend sind bei den Massenentlassungen jene Beendigungen nicht mitzuzählen (Art. 335d OR), die auf den Ablauf der Frist bei einem *befristeten Arbeitsverhältnis* zurückzuführen sind[34] oder sich aus dem *Tod des Arbeitnehmers* ergeben. Bei einem befristeten Arbeitsverhältnis endet dieses mit dem Fristablauf ohne weiteres. Immer wenn eine Erklärung zur Beendigung nötig ist[35], handelt es sich nicht um ein befristetes Arbeitsverhältnis. Wenn diese Erklärung vom Arbeitgeber ausgeht, liegt eine Kündigung im Sinne der Bestimmungen über die Massenentlassungen vor.

Mit der Revision der Bestimmungen über den Kündigungsschutz wurde die Umschreibung des befristeten Arbeitsverhältnisses geändert[36]. Das alte Recht regelte in aArt. 335 OR nicht nur die *echten*, sondern auch die *unechten* befristeten Arbeitsverträge. Es unterschied nicht wie das neue Recht zwischen befristeten[37] und unbefristeten[38] Arbeitsverhältnissen, sondern zwischen Arbeitsverhältnissen mit bestimmter Vertragszeit[39] und solchen mit unbestimmter Vertragszeit[40].[41] Der Kündigungsschutz fand nur bei letzteren Anwendung[42]. Demgegenüber regelt – wie der Bundesrat in der Botschaft ausdrücklich festgehalten hat – Art. 334 OR nur noch die *echten befristeten Arbeitsverhältnisse*, d.h. jene «die von selbst, also ohne Kündigung, enden»[43]. Bedarf es zur Beendigung einer Erklärung, liegt ein unbefristetes Arbeitsverhältnis vor, und der Kündigungsschutz ist anwendbar.

3.21 Das Gesetz hält indessen ausdrücklich fest, dass auch *befristete Arbeitsverhältnisse* mitgezählt werden, wenn diese *vor Ablauf der vereinbarten Dauer enden* (Art. 335e Abs. 1 OR). Die Formulierung ist zu weit. Auch in diesen Fällen muss eine Kündigung vorliegen. Ein befristetes Arbeitsverhältnis kann – vom Tod des Arbeitnehmers abgesehen – vorzeitig durch eine fristlose Kündigung oder durch gegenseitige Übereinkunft enden. Vorliegend ist es bei der Anzahl Kündigungen nur mitzuzählen, wenn eine fristlose Entlassung vom Arbeitgeber ausgesprochen worden ist. Die einverständliche Auflösung kann auch dann nicht berücksichtigt

---

33 Vgl. VISCHER, Arbeitsvertrag, 162.
34 Zur vorzeitigen Beendigung eines befristeten Arbeitsverhältnisses vgl. unten, Rz. 3.21.
35 STAEHELIN, N 3 zu Art. 334 OR; BRÜHWILER, N 4 zu Art. 334 OR.
36 Bundesgesetz vom 18.3.1988 über die Änderung des Obligationenrechts (Kündigungsschutz im Arbeitsvertragsrecht, AS 1988, 1472).
37 Randtitel von Art. 334 OR.
38 Randtitel von Art. 335 OR.
39 Randtitel von aArt. 335 OR.
40 Randtitel von aArt. 336 OR.
41 Im französischen und im italienischen Gesetzestext ist der Randtitel allerdings nur unbedeutend geändert worden, nämlich von «durée déterminée» bzw. «durata determinata» in «contrat de durée déterminée» bzw. «rapporto di lavoro di durata determinata».
42 BRÜHWILER, Handkommentar zum Einzelarbeitsvertrag, Zürich 1978, N 6 zu Art. 335 OR; zum neuen Recht nun aber: BRÜHWILER, N 4 zu Art. 334 OR.
43 BBl 1984 II 591.

werden, wenn sie dem Arbeitnehmer vom Arbeitgeber nahegelegt worden ist. Wegen der festen Dauer hat der Arbeitgeber kein Druckmittel, um sein Anliegen durchzusetzen.

Die fristlose Entlassung ist aber nur zu berücksichtigen, wenn sie keinen Zusammenhang mit der Person des Arbeitnehmers hat (Art. 335d OR)[44]. Von daher wird es sich regelmässig um eine *ungerechtfertigte fristlose Entlassung* handeln. Der Arbeitnehmer hat dann Ansprüche aus Art. 337c OR[45]. Die Entschädigung kann sechs (nicht nur zwei) Monatslöhne umfassen.

Pensionierungen fallen nicht in Betracht, soweit das entsprechende Arbeitsverhältnis mit Erreichen des Pensionierungsalters ohne weiteres endet. Insoweit handelt es sich um ein befristetes Arbeitsverhältnis[46]. Bei vorzeitigen Pensionierungen ist danach zu unterscheiden, ob es sich um einen Aufhebungsvertrag handelt[47] oder die Pensionierung vom Arbeitgeber einseitig angeordnet worden ist. Letzterenfalls handelt es sich um eine Kündigung im Sinne von Art. 335d OR. Dabei kann es nicht darauf ankommen, ob der Arbeitnehmer nach der Pensionierung weiterhin auf dem Arbeitsmarkt auftritt oder nicht[48]. 3.22

Keine Kündigung liegt vor, wenn die Parteien in einem *Aufhebungsvertrag* die Beendigung des Arbeitsverhältnisses beschliessen. Entsprechend kommt diesfalls grundsätzlich der Kündigungsschutz auch nicht zur Anwendung[49]. Für die Anwendbarkeit der Bestimmungen über die Massenentlassungen kommt es – wie noch zu zeigen sein wird[50] – nur auf die Anzahl ausgesprochener Kündigungen an, nicht auch darauf, ob diese das Arbeitsverhältnis tatsächlich beenden. Schliessen die Parteien einen Aufhebungsvertrag ab, nachdem der Arbeitgeber eine Kündigung ausgesprochen hat, so beeinflusst das die Anwendbarkeit der Bestimmungen über die Massenentlassung nicht, jedoch die Rechtsfolgen, wenn das gesetzliche Verfahren nicht eingehalten worden ist[51]. 3.23

Von einer Entlassung im Sinne des Gesetzes kann grundsätzlich auch nicht gesprochen werden, wenn der *Arbeitnehmer gekündigt* hat.

Ausnahmen sind allerdings am Platz, wenn die Kündigung des Arbeitnehmers entweder gerechtfertigt fristlos erfolgt ist (Art. 337 und 337a OR) oder dieser den Übergang des Arbeitsverhältnisses auf den Übernehmer eines Betriebes abgelehnt hat (Art. 333 Abs. 1 und 2 OR). Namentlich wenn die fristlose Vertragsauflösung wegen Lohngefährdung erfolgt, wäre es nicht einsichtig, die vom Arbeitgeber ausgesprochenen Kündigungen mangels genügender Zahl nicht als Massenentlassungen anzusehen,

---

44 VISCHER, Arbeitsvertrag, 65.
45 BBl 1992 V 409.
46 BGE 114 II 350 f.
47 Vgl. dazu: MÜLLER, Diss., 174.
48 Anderer Meinung MÜLLER, ArbR 1995, 116
49 BGE 118 II 60 ff., abweichend: BGE 121 III 107 ff.
50 Unten, Rz. 3.45 f.
51 Vgl. unten, Rz. 3.67. Wird nach der Kündigung ein Aufhebungsvertrag geschlossen, fehlt es an der Bereitschaft des Arbeitnehmers, das Arbeitsverhältnis weiterzuführen.

bloss weil ein Teil der betroffenen Personen es vorgezogen hat, selber aus der wirtschaftlichen Lage des Arbeitgebers Konsequenzen zu ziehen. Bei Betriebsübernahmen erfolgt die Ablehnung des Übergangs durch den Arbeitnehmer unmittelbar wegen der Umstrukturierung, die der Arbeitgeber vornimmt. Auch hier rechtfertigt es sich, diese Arbeitsverhältnisse mitzurechnen.

In der Lehre wird die Meinung vertreten, es brauche aber auch über diese Fälle hinaus nicht immer eine Kündigung des Arbeitgebers vorzuliegen. Vielmehr sei jede *Vertragsauflösung* mitzurechnen, die *vom Arbeitgeber provoziert* worden sei[52]. Mit Blick auf die Rechtssicherheit kann allerdings von einer vom Arbeitgeber provozierten Kündigung in diesem Zusammenhang nur gesprochen werden, wenn der Arbeitgeber dem Arbeitnehmer die Entlassung für den Fall angedroht hat, dass er nicht selber kündige[53]. Die Kündigung des Arbeitnehmers muss insofern allein vom Arbeitgeber veranlasst worden sein und zudem zum gleichen Zeitpunkt erfolgen, wie sie vom Arbeitgeber erfolgt wäre, wenn der Arbeitnehmer nicht auf die Drohung reagiert hätte[54].

b) Kündigungsgrund

3.24   Nach Art. 335d OR sind nur Kündigungen durch den Arbeitgeber zu berücksichtigen, die in keinem Zusammenhang mit der Person, dem Verhalten des Arbeitnehmers oder der Qualität von dessen Leistungen stehen[55]. Insofern müssen die Kündigungen aus *wirtschaftlichen Gründen* erfolgen, auch wenn das Gesetz diese nicht ausdrücklich nennt. Es wird sich regelmässig um ganze oder teilweise Betriebsschliessungen mangels Rentabilität oder um Umstrukturierungen handeln. Zu Recht hat aber der Gesetzgeber die Gründe nicht positiv umschrieben, sondern nur ausgeführt, dass diese nicht in der Person des Arbeitnehmers begründet sein dürfen. Unter Art. 335d OR fallen auch Kündigungen, die ausgesprochen werden, wenn ein Arbeitgeber seinen Betrieb altershalber aufgibt, obgleich dazu kein wirtschaftlicher Anlass bestand.

3.25   Ein Arbeitnehmer kann entlassen werden, weil er den Anforderungen an den entsprechenden Arbeitsplatz nicht genügt. Der Kündigungsgrund ist ökonomischer Natur, hängt aber mit der Person des Arbeitnehmers zusammen. Vom Zweck der Art. 335d ff. OR her sind diese trotz des zu engen Wortlautes hier anwendbar, sofern das Ungenügen auf *Veränderungen des Arbeitsplatzes* zurückzuführen ist[56]. Der Arbeitnehmer wurde für eine Stelle angestellt, der er zu genügen vermag. Ändern die Anforderungen, so hat nicht er dies zu verantworten.

3.26   Als Folge eines *Streikes* kann es vorkommen, dass der Arbeitgeber Entlassungen ausspricht. Häufig handelt es sich um fristlose Kündigungen. Nach Rechtsprechung[57] und Lehre[58] sind diese nicht

---

52   AUBERT, AJP 1994, 700. Diese Auffassung kann sich auf die Ergänzung der Europäischen Richtlinie 75/129/EWG vom 24.6.1992 (92/56/EWG) stützen.
53   Vgl. oben, Rz. 1.98 ff.
54   MÜLLER, ArbR 1995, 115.
55   BBl 1992 V 407; MÜLLER, ArbR 1995, 113.
56   AUBERT, AJP 1994, 701; MÜLLER, ArbR 1995, 114.
57   BGE 111 II 245 ff.
58   VISCHER, Arbeitsvertrag, 180; REHBINDER, Berner Kommentar, N 14 zu Art. 337 OR.

§ 3 Massenentlassung

gerechtfertigt, wenn es sich um einen rechtmässigen Streik gehandelt hat. Bei einem rechtswidrigen Streik ist zu prüfen, ob die Teilnahme eine so schwerwiegende Verletzung arbeitsvertraglicher Pflichten darstellt, dass die Fortsetzung des Arbeitsverhältnisses tatsächlich nicht mehr als zumutbar angesehen werden kann[59]. Soweit kein wichtiger Grund für eine fristlose Entlassung vorgelegen hat, ist es im Zusammenhang mit der Frage, ob die Bestimmungen über die Massenentlassungen anwendbar sind, ohne Bedeutung, ob eine ordentliche oder eine fristlose Kündigung ausgesprochen worden ist[60].

Ein Teil der Lehre erachtet diese Entlassungen als im Zusammenhang mit der Person des Arbeitnehmers stehend, so dass sie gemäss Art. 335d OR nicht unter die Bestimmungen über die Massenentlassungen fallen[61]. Eine rein dogmatische Betrachtungsweise ist allerdings hier nicht gerechtfertigt. Auch wirtschaftliche Gründe können mit der Person zusammenhängen[62]. Es ist deshalb danach zu fragen, ob bei Entlassungen wegen der Beteiligung an einem Streik der mit den Konsultationen und Anzeigen verfolgte Zweck auf andere Weise sichergestellt wird oder nicht[63]. Die Beantwortung hängt wesentlich vom Ausgangspunkt des Streiks sowie von dessen Art und Verlauf ab.

War Ausgangspunkt des Streikes die *Absicht des Arbeitgebers, die Arbeitsbedingungen zu verschlechtern*, so liegt regelmässig eine Änderungskündigung vor, welche in den Anwendungsbereich der Bestimmungen über die Massenentlassung fällt[64]. Der nachfolgende Streik kann daran nichts ändern.

– Nehmen die Streikenden die Offerte zur Weiterführung des Arbeitsverhältnisses zu veränderten Bedingungen nicht an, endet das Arbeitsverhältnis wegen der Änderungskündigung. Eine zusätzliche Kündigung von Seiten des Arbeitgebers ist gar nicht möglich. Er kann höchstens seine Offerte zum Abschluss eines Arbeitsvertrages mit veränderten Vertragsbedingungen zurückziehen.

– Der Arbeitgeber kann sich aber infolge des Streiks für veränderte Umstrukturierungsmassnahmen entscheiden, die Änderungskündigungen zurücknehmen und nur jene Arbeitnehmer entlassen, die am Streik teilgenommen haben. Dies ändert an der Anwendbarkeit der Bestimmungen über die Massenentlassungen nichts. Dogmatisch können Kündigungen als Gestaltungsrechte nicht einseitig zurückgenommen werden. Es kann nur eine Offerte zur Rücknahme bzw. zum Abschluss eines neuen Vertrages unterbreitet werden, welcher die Wirkungen der Kündigung aufhebt. Der Umstand, dass diese Offerten nur einem Teil der Arbeitnehmer unterbreitet werden, ändert nichts daran, dass die anderen Arbeitsverhältnisse wegen der Änderungskündigung endigen und unter die Bestimmungen über die Massenentlassung fallen. Inhaltlich rechtfertigt sich die Anwendung, weil es sich eindeutig um eine *wirtschaftliche Umstrukturierungsmassnahme* handelt.

– Vom Normzweck her müssen die Art. 335d ff. OR auch anwendbar sein, wenn der Streik wegen *geplanten Änderungskündigungen* ausgebrochen und den Streikenden anschliessend gekündigt worden ist, ohne ihnen eine Offerte für eine Weiterbeschäftigung zu veränderten Bedingungen zu unterbreiten.

War Ausgangspunkt des Streikes eine *Forderung der Arbeitnehmer nach verbesserten Arbeitsbedingungen*, so werden die Arbeitsverhältnisse durch den Streik nur suspendiert[65], nicht aber aufgelöst. Die anschliessende Entlassung der am Streik Teilnehmenden richtet sich ausschliesslich gegen diese, begründet durch ihr konkretes Verhalten, sofern die entsprechenden Stellen wieder besetzt werden[66]. Die Bestimmungen über die Massenentlassung sind insoweit nicht anwendbar[67]. Die Kündigung dürfte

---

59 VISCHER, Arbeitsvertrag, 180.
60 Vgl. unten, Rz. 3.34 ff.
61 AUBERT, AJP 1994, 700 f.; MÜLLER, ArbR 1995, 113.
62 Oben, Rz. 3.25.
63 GEISER, AJP 1995, 1416, Rz. 2.12.
64 Vgl. unten, Rz. 3.28 ff.
65 BGE 111 II 245 ff., insbesondere 256 f.
66 Zur Frage der Begründung einer Kündigung vgl. unten, Rz. 3.27 und 3.84.
67 So wohl auch AUBERT, AJP 1994, 701; MÜLLER, ArbR 1995, 114.

aber nach Art. 336 Abs. 1 Bst. b OR missbräuchlich sein. Es ist eine Entschädigung von maximal sechs Monatslöhnen geschuldet (Art. 336a Abs. 2 OR). Der Arbeitsvertrag endet mit Ablauf der Kündigungsfrist, selbst wenn die Entlassungen dem Arbeitsamt nicht angezeigt worden sind.

Die *Teilnahme an einem rechtswidrigen Streik* ist nicht in jedem Fall ein Grund für eine fristlose Entlassung[68]. Selbst wenn darin die Ausübung eines verfassungsmässigen Rechts erblickt wird, stellt die Teilnahme an einem rechtswidrigen Streik aber eine Vertragsverletzung dar und kann damit ein Grund für eine nicht missbräuchliche, ordentliche Kündigung sein. Der Zusammenhang mit der Person überwiegt den wirtschaftlichen Ausgangspunkt, so dass die Bestimmungen über die Massenentlassungen nicht anwendbar sind.

3.27 Eine Kündigung ist auch gültig, wenn sie nicht begründet worden ist.[69] Es ist somit durchaus möglich, dass sich *erst im nachhinein* herausstellt, ob eine Kündigung wegen der Person des Arbeitnehmers ausgesprochen worden ist oder aus wirtschaftlichen Gründen. Die Frage kann aber für die Anwendbarkeit der Bestimmungen über die Massenentlassung ausschlaggebend sein.

Will ein Arbeitnehmer aus den Art. 335d ff. OR Rechte ableiten, hat er deren Anwendungsvoraussetzungen nachzuweisen. Es ist somit an den Arbeitnehmern zu beweisen, dass die Kündigungen im dargelegten Sinn wirtschaftlicher Natur sind. Von daher genügt es nicht, wenn bewiesen wird, der vom Arbeitgeber vorgebrachte, mit der Person des Arbeitnehmers zusammenhängende Grund liege nicht vor[70].

Gibt der Arbeitgeber für die Kündigung einen Grund an, der mit der Person des Arbeitnehmers zusammenhängt und macht dieser die Missbräuchlichkeit dieser Kündigung geltend, so kann sich im arbeitsgerichtlichen Verfahren herausstellen, dass die Entlassung in Wirklichkeit aus wirtschaftlichen Gründen erfolgt ist. Ist einer grösseren Anzahl von Arbeitnehmern gekündigt worden, ist es möglich, dass sich die Anwendbarkeit der Bestimmungen über die Massenentlassungen erst im arbeitsgerichtlichen Prozess erweist. Das für diese Kündigungen einzuhaltende Verfahren ist vom Arbeitgeber aber nicht eingehalten worden. Die Kündigung erweist sich somit *aus diesem Grund* als rechtsmissbräuchlich. Gemäss Art. 336a Abs. 3 OR kann nur noch eine Entschädigung von maximal zwei – nicht von sechs – Monatslöhnen geltend gemacht werden. Dafür verschiebt sich der Zeitpunkt, auf den die Kündigung das Arbeitsverhältnis beendet. Weil die nach Art. 335g OR vorgeschriebene Anzeige an das Arbeitsamt noch nicht erfolgt ist, dauert die Kündigungsfrist an. Sofern der Arbeitnehmer nicht in die Beendigung des Arbeitsverhältnis eingewilligt hat, besteht sein Anspruch auf Lohn weiter.

c) Änderungskündigungen

3.28 In wirtschaftlich schwierigen Zeiten kann das Bedürfnis bestehen, zwar die Arbeitsplätze zu erhalten, jedoch die Arbeitsbedingungen zu verändern. Es ist beispiels-

---

68 VISCHER, Arbeitsvertrag, 180; insoweit wohl ungenau: BGE 111 II 245 ff.
69 BGE 121 III 61 ff.; vgl. auch oben, Rz. 1.18.
70 BGE 121 III 63; GEISER, Entwicklungen im Arbeitsrecht, SJZ 1995, 276.

weise ein Gesamtarbeitsvertrag von Arbeitgeberseite gekündigt worden oder seine Gültigkeitsdauer abgelaufen, und die günstigeren, gesamtarbeitsvertraglichen Bedingungen gelten nun als vertragliche Vereinbarung weiter[71]. Die Änderung der Arbeitsbedingungen setzt eine Änderung des Vertragsinhalts voraus. Der Inhalt eines Vertrages kann aber grundsätzlich nicht einseitig verändert werden. Es sind zwei Vorgehensweisen möglich:

– Es wird der Gegenpartei eine *einverständliche Abänderung der Vertragsbedingungen* vorgeschlagen. Diesfalls steht es im Belieben des Arbeitnehmers, ob er die Offerte annehmen will. Nimmt er sie nicht an, gilt der Arbeitsvertrag zu den bisherigen Bedingungen weiter.
– Der Arbeitgeber kann aber auch eine Kündigung aussprechen und diese mit der Offerte eines neuen Vertragsabschlusses zu anderen Bedingungen verbinden. Nimmt der Arbeitnehmer die Offerte nicht an, wird das Arbeitsverhältnis beendet. Nimmt er sie an, gelten die Regeln des neuen Arbeitsvertrages. Allerdings wird diesfalls nicht ein neues Arbeitsverhältnis begründet, sondern das alte wird auf neuer vertraglicher Grundlage weitergeführt[72]. Dieses Vorgehen wird als Änderungskündigung bezeichnet.

Es fragt sich, ob die Art. 335d ff. OR auch auf Änderungskündigungen Anwendung finden, sofern diese eine Mehrheit von Personen betreffen. 3.29

Ist *mit der Offerte* zu neuen Arbeitsbedingungen *keine Kündigung verbunden*, fehlt es an einer für die Anwendung von Art. 335d ff. OR notwendigen Voraussetzung. Im Unterschied zum Recht der Europäischen Gemeinschaft erfasst das schweizerische nicht alle Beendigungen eines Arbeitsverhältnisses, die vom Arbeitgeber ausgegangen sind[73]. Selbst wenn der Begriff der Kündigung hier weiter zu fassen ist als beim Individualkündigungsrecht[74], fehlt es am spezifischen Element der Zwangslage. Dem Arbeitnehmer erwächst keinerlei Nachteil, wenn er sich auf die Änderung nicht einlässt. Es ist allerdings zuzugeben, dass die Freiwilligkeit immer relativ ist. Der Arbeitnehmer kann befürchten, bei späteren Umstrukturierungen des Betriebes in erster Linie von einer Entlassung betroffen zu sein, wenn er die Vertragsänderung nicht annimmt. Wollte man dies hier beachten, läge nie Freiwilligkeit vor. Das Gesetz geht auch im Arbeitsvertragsrecht von der grundsätzlich freien Willensbildung aus und sieht Einschränkungen mit zwingenden Vorschriften oder Verzichtsverboten nur vor, wo ausnahmsweise die Gefahr eines einseitigen 3.30

---

[71] VISCHER, Arbeitsvertrag, 283; *ders.*, Zürcher Kommentar, N 40 ff. zu Art. 356c OR; STREIFF/VON KAENEL, N 5 zu Art. 356c OR. – Siehe auch unten, Rz. 4.25.
[72] Das ergibt sich aus dem Verbot der Kettenverträge (dazu auch oben, Rz. 2.8 f.). VISCHER, Arbeitsvertrag, 163; STREIFF/VON KAENEL, N 3 zu Art. 335 OR.
[73] AUBERT, ZSR 1993 II, 190; präzisierend in AJP 1994, 700.
[74] Vgl. oben, Rz. 3.23.

Druckes besonders gross ist. Es ist deshalb davon auszugehen, dass bei der geschilderten Vorgehensweise eines Arbeitgebers die Bestimmungen über die Massenentlassungen nicht zur Anwendung gelangen.

3.31 Wird demgegenüber *mit der Offerte* zu neuen Arbeitsbedingungen *eine (bedingte) Kündigung* ausgesprochen, liegen die Voraussetzungen für die Anwendung von Art. 335d ff. OR vor[75]. Wohl bezweckt der Arbeitgeber nicht die Beendigung des Arbeitsverhältnisses. Er nimmt aber die Beendigung bewusst für den Fall in Kauf, dass die Arbeitnehmer die neuen Vertragsbestimmungen nicht annehmen. Die Anwendung der Bestimmungen über die Massenentlassung ist auch inhaltlich sinnvoll, weil es sich regelmässig um einen – möglicherweise notwendigen – Sozialabbau handelt, der Auswirkungen auf den Arbeitsmarkt hat, und somit auch ein Handeln der Behörden gefordert sein kann. Zudem rechtfertigt es sich hier ebenso wie bei einer Entlassung, dass die Arbeitnehmer und Arbeitnehmerinnen rechtzeitig und umfassend über die geplanten Massnahmen orientiert werden. Nur dadurch können sie auch ihre Interessen bei der Aushandlung der Arbeitsbedingungen wahrnehmen. Schliesslich ist nicht ausgeschlossen, dass die Arbeitnehmervertretung zur Vermeidung der Änderungskündigungen beitragen kann.

3.32 Mit Blick auf die Sanktionen ist allerdings zu berücksichtigen, dass das Arbeitsverhältnis weiter besteht. Das Bundesgericht hat entschieden, dass die Entschädigung nach Art. 336a OR nicht geschuldet ist, wenn das Arbeitsverhältnis aus einem anderen Grund endet als der missbräuchlichen Kündigung[76]. Daraus muss wohl geschlossen werden, dass keine Entschädigung verlangt werden kann, wenn das Arbeitsverhältnis gar nicht wegen der missbräuchlichen Kündigung endet. Bewirkt die Massenänderungskündigung, dass die Arbeitnehmer die neuen Bedingungen annehmen, kann die Sanktion für das Nichteinhalten des Verfahrens also nicht in der Entschädigungspflicht nach Art. 336a OR liegen. Demgegenüber steht der Anwendung von Art. 335g Abs. 4 OR nichts entgegen. Die Kündigung des alten Vertrages entfaltet frühestens 30 Tage nach der Mitteilung an das Arbeitsamt ihre Wirkung. Bis zu diesem Zeitpunkt gilt der alte Vertrag mit den besseren Bedingungen weiter. Es kann nicht angenommen werden, der Arbeitnehmer habe stillschweigend auf die besseren Leistungen des Arbeitgebers verzichtet.

d) Kündigungen im Probeverhältnis

3.33 Nach der hier vertretenen Meinung sind auch Arbeitsverhältnisse zu berücksichtigen, bei denen die Probezeit noch läuft. Daraus darf allerdings m.E. nicht geschlos-

---

75 VISCHER, AJP 1995, 554 f.; teilweise a.M. MÜLLER, ArbR 1995, 114, der die Anwendbarkeit davon abhängig machen will, wieviele Arbeitsverhältnisse tatsächlich beendet werden.
76 BGE 121 III 65 f.; vgl. nun aber den Entscheid vom 14.1.1997 in Sachen K. c. L.-AG und A. c. L.-AG.

sen werden, dass sich die Kündigungsfrist bei diesen Anstellungen um die in Art. 335g Abs. 4 OR vorgesehene Frist verlängert. Der Charakter des Probeverhältnisses überwiegt die Bedeutung der Massenentlassung. Die Nichteinhaltung des für die Massenentlassung vorgesehenen Verfahrens kann aber auch die Kündigung im Probeverhältnis als missbräuchlich erscheinen lassen, so dass eine Entschädigung nach Art. 336a Abs. 3 OR geschuldet ist. Die Kündigung kann sogar als ganz besonders missbräuchlich erscheinen, wenn der Arbeitgeber bei der Anstellung mit den kurz danach folgenden Massenentlassungen bereits rechnen musste.

e) Fristlose Kündigung

Das Gesetz umschreibt nicht, ob es sich um ordentliche Kündigungen handeln muss, oder ob auch fristlose Entlassungen im Sinne von Art. 337 ff. OR unter die Massenentlassungen fallen können. Vom Zweck der Bestimmungen her kann es keinen Unterschied machen, ob die Kündigungen mit oder ohne Kündigungsfrist ausgesprochen worden sind. Entsprechend sieht Art. 335e Abs. 1 OR ausdrücklich vor, dass die Bestimmungen über die Massenentlassungen anwendbar sind, wenn befristete Arbeitsverhältnisse vor Ablauf der vereinbarten Frist enden. Soll dies nicht einverständlich, sondern durch eine Kündigung geschehen, so kann es sich nur um eine fristlose Kündigung handeln. Erfolgt die Beendigung einverständlich, handelt es sich nicht um eine Entlassung[77]. 3.34

Die fristlose Kündigung beendet das Arbeitsverhältnis in tatsächlicher und rechtlicher Hinsicht unabhängig davon, ob ein wichtiger Grund vorliegt oder nicht[78]. Der Arbeitgeber kann die Bestimmungen über die Massenentlassungen nicht dadurch umgehen, dass er statt ordentliche, (ungerechtfertigte) fristlose Kündigungen ausspricht. Liegt kein wichtiger Grund vor, ist somit ohne jeden Zweifel das Verfahren nach den Art. 335d ff. OR einzuhalten. 3.35

Wird die Arbeitnehmervertretung (bzw. die Arbeitnehmer) nicht konsultiert (Art. 335 f. OR), und liegt *kein wichtiger Grund* für die Entlassung vor, so sind die Voraussetzungen für die Sanktionen sowohl nach Art. 336a OR als auch nach Art. 337c Abs. 3 OR erfüllt. Die Entschädigungen können aber nicht kumuliert werden[79]. Jene nach Art. 337c Abs. 3 OR geht vor, weil das Arbeitsverhältnis wegen der fristlosen Kündigung aufgelöst worden ist. Die in Art. 336a Abs. 3 OR enthaltene Beschränkung gelangt nicht zur Anwendung. 3.36

Erfolgt die (ungerechtfertigte) fristlose Kündigung vor oder innert weniger als 30 Tagen nach der Mitteilung an das Arbeitsamt, so ist sie dennoch sofort wirksam.

---

77 Oben, Rz. 3.23.
78 STREIFF/VON KAENEL, N 3 zu Art. 337c OR.
79 BGE 121 III 65; VISCHER, Arbeitsvertrag, 184; a.M. BRUNNER/ BÜHLER/WAEBER, N 10 zu Art. 337c OR.

Art. 335g Abs. 4 OR kann nur indirekte Auswirkungen haben. Eine direkte Anwendung hätte bloss zur Folge, dass das Arbeitsverhältnis nicht wirksam beendet werden kann. Es könnten sich aus einer direkten Anwendung demgegenüber keine weitergehenden Entschädigungsansprüche ergeben, da der Arbeitnehmer ohnehin nach Art. 337c Abs. 1 OR Anspruch auf Ersatz dessen hat, was er bis zum ordentlichen Kündigungstermin verdient hätte. Art. 335g Abs. 4 OR kann aber indirekt dazu führen, dass sich der Zeitpunkt, auf den das Arbeitsverhältnis ordentlicherweise hätte gekündigt werden können, verlängert und sich dadurch die Schadenersatzpflicht des Arbeitgebers erhöht.

Beispiel:

Wird im Rahmen einer Massenentlassung eine Arbeitnehmerin, welche im ersten Dienstjahr steht, am 31. Mai 1995 ohne Grund fristlos entlassen und zeigt die Arbeitgeberin die Massenentlassung erst am 20. Juni dem Arbeitsamt an, so endet das Arbeitsverhältnis zwar schon am 31. Mai, die Arbeitgeberin hat der Arbeitnehmerin aber noch zwei Monatslöhne zu bezahlen.

3.37 *Liegt ein wichtiger Grund* vor, so wird es sich in der Regel um eine Kündigung handeln, die im Zusammenhang mit der Person des Arbeitnehmers steht, so dass die Bestimmungen über die Massenentlassung auf sie nicht anwendbar sind (Art. 335d OR). Ausnahmsweise können aber auch objektive Gründe vorliegen[80]. Es ist beispielsweise an höhere Gewalt oder kriegerische Ereignisse zu denken, welche jede Weiterführung des Betriebes unmöglich machen und damit die Weiterführung der Arbeitsverhältnisse als unzumutbar erscheinen lassen. Nimmt man diesfalls einen wichtigen Grund für eine fristlose Entlassung an, so muss bei der Regelung der wirtschaftlichen Folgen dem Betriebsrisiko Rechnung getragen werden. Den Arbeitgeber trifft damit praktisch die gleiche Entschädigungspflicht wie bei einer ungerechtfertigten fristlosen Entlassung, und es kann auf das dazu Ausgeführte verwiesen werden. Er hat aber keine Entschädigung nach Art. 337c Abs. 3 OR zu bezahlen. Wenn das Verfahren über die Massenentlassung nicht eingehalten worden ist, wird allerdings eine Entschädigung nach Art. 336a Abs. 3 OR geschuldet sein.

2. Mindestanzahl der Kündigungen

3.38 Die Bestimmungen über die Massenentlassungen sind nur anwendbar, wenn eine *bestimmte Anzahl* Kündigungen *innert einer bestimmten Frist*, nämlich innert 30 Tagen, *in einem Betrieb* ausgesprochen wird. Die Anzahl ist je nach der Grösse des Betriebes abgestuft. Die Richtlinie der Europäischen Union hätte auch eine absolute Betrachtungsweise zugelassen[81]. Die vom schweizerischen Gesetzgeber gewählte,

---

80 Ob solche eine fristlose Kündigung rechtfertigen können, ist in der Lehre allerdings umstritten. Vgl. STREIFF/VON KAENEL, N 6 zu Art. 337 OR mit weiteren Hinweisen.

relative Methode ist für die grossen Unternehmungen günstiger, indem sie mehr Entlassungen vornehmen können, ohne unter die Bestimmungen über die Massenentlassungen zu fallen[82].

a) Anzahl der Kündigungen

Die Anzahl der massgebenden Kündigungen hängt davon ab, wie viele Personen «*in der Regel*» («habituellement»; «abitualmente») im Betrieb beschäftigt werden. Damit soll vermieden werden, dass der Anwendungsbereich von kurzfristigen Schwankungen abhängt. Um diesen Zweck zu erreichen, ist von einem objektiven Kriterium auszugehen, und es kann nicht darauf abgestellt werden, wieviele Arbeitnehmer der Arbeitgeber beabsichtigt, regelmässig zu beschäftigen[83]. 3.39

Es fragt sich insbesondere, wie Aushilfskräfte, befristete Arbeitsverhältnisse und Teilzeitbeschäftigte zu berücksichtigen sind. AUBERT schlägt vor, nur Anstellungen von mehr als sechs Monaten Dauer zu berücksichtigen[84]. Meines Erachtens kann allerdings die Dauer des einzelnen Arbeitsverhältnisses nicht massgebend sein. Das hätte nämlich zur Folge, dass bei einem Betrieb mit grosser Personalfluktuation die Bestimmungen über die Massenentlassungen schneller anwendbar wären als in einem Betrieb mit stabilen Personalverhältnissen. Von daher scheint es angemessen, auf die *durchschnittliche Anzahl Beschäftigter* während eines Jahres vor den Kündigungen abzustellen. Bei Saisonbetrieben ist die massgebende Zeitspanne auf die Dauer der Saison zu verkürzen[85]. Aushilfskräfte und befristete Arbeitsverhältnisse sind dabei unabhängig von ihrer Dauer mitzuberücksichtigen. Teilzeitangestellte sind, ohne auf ihren Beschäftigungsgrad Rücksicht zu nehmen, nach Köpfen zu zählen[86].
Mitzuzählen sind auch Arbeitsverhältnisse, die nicht dem schweizerischen Recht unterstehen[87]. 3.40

Damit eine Massenentlassung im Sinne des Gesetzes vorliegt, muss in jedem Fall *mindestens 10 Personen* gekündigt worden sein (Art. 335d Ziff. 1 OR). Werden im Betrieb regelmässig mehr als 100 Personen beschäftigt, erhöht sich die notwendige Mindestzahl, indem die Entlassungen 10% der Belegschaft betreffen müssen (Art. 335d Ziff. 2 OR). Unabhängig von der Grösse des Betriebes liegt eine Mas- 3.41

---

81 Art. 1 Richtlinie Nr. 75/129 vom 17.2.1975 zur Angleichung der Rechtsvorschriften der Mitgliedstaaten über Massenentlassungen; Abl.Nr. L 48 v. 22.2.1975, 29.
82 AUBERT, ZSR 1993 II, 188 f.
83 AUBERT, AJP 1994, 701.
84 AUBERT, AJP 1994, 701; eine Dauer von bloss drei Monaten wäre der arbeitsvertraglichen Regelung angemessener. Diese Frist ist im Gesetz sowohl bei der Probezeit (Art. 335b Abs. 2 OR) wie auch bei den Regeln über die Lohnfortzahlungspflicht bei Arbeitsverhinderung (Art. 324a Abs. 1 OR) vorgesehen.
85 Saisonbetriebe sind vom Anwendungsbereich nicht grundsätzlich ausgenommen. Sollen die Arbeitsverhältnisse mit der Saison enden, werden sie befristet abgeschlossen. Die Auflösung durch Fristablauf stellt keine Kündigung dar, so dass in diesen Fällen die Bestimmungen über die Massenentlassungen auf die ordentliche Beendigung der Arbeitsverhältnisse am Saisonende nicht anwendbar sind.
86 AUBERT, ZSR 1993 II, 189.
87 Oben, Rz. 3.9.

senentlassung aber vor, wenn mindestens 30 Personen eine Kündigung erhalten haben (Art. 335d Ziff. 3 OR).

b) Betrieb

3.42 Das Obligationenrecht umschreibt nicht, was unter einem Betrieb zu verstehen ist. Der Begriff ist aus dem Arbeitsvermittlungsgesetz bekannt (Art. 29 AVG)[88]. Als Betrieb ist jede Arbeitsstätte zu verstehen, die eine *örtliche*[89] und *organisatorische Einheit* bildet.

3.43 Die Kündigungen müssen den *gleichen Betrieb* betreffen. Betreibt der Arbeitgeber mehrere Betriebe, sind die in verschiedenen Betrieben ausgesprochenen Kündigungen grundsätzlich ebenso wenig zusammenzurechnen[90] wie die Anzahl der Beschäftigten für die Grösse des Betriebes. Mit Blick auf den Normzweck, nämlich den gesellschaftlichen und sozialen Auswirkungen einer Massenentlassung entgegenzuwirken, erscheint es gerechtfertigt, mehrere Betriebe des gleichen Arbeitgebers als Einheit zu betrachten, wenn sie geographisch nahe beieinander liegen und von ihrer Art her sich entsprechen[91]. Die geographische Nähe ist gegeben, wenn sie in die Zuständigkeit des gleichen Arbeitsamtes fallen.

c) Zeitraum von 30 Tagen

3.44 Eine Massenentlassung liegt nur vor, wenn die genannte Anzahl Kündigungen[92] innert einer bestimmten Frist, nämlich innert 30 Tagen, erfolgt. Dabei ist es ohne Bedeutung, auf welchen Zeitpunkt die Kündigungen ausgesprochen werden[93]. Nach dem Wortlaut gelten als Massenentlassungen Kündigungen, die der Arbeitgeber «innert 30 Tagen (...) ausspricht» (Art. 335d OR). Meines Erachtens kommt es dabei auf den *Zeitpunkt des Absendens* der Kündigungen an. Eine Kündigung ist zwar eine empfangsbedürftige Willenserklärung. Sie ist erst wirksam, wenn sie in den Machtbereich des Adressaten gelangt ist. Der Arbeitgeber muss aber im voraus abschätzen können, ob die Bestimmungen über die Massenentlassungen anwendbar sind oder nicht. Er kann nur den Zeitpunkt des Versendens, nicht auch den Zeitpunkt

---

[88] Der zur Umschreibung des Anwendungsbereichs im Arbeitsgesetz verwendete Begriff des Betriebes (Art. 1 Arbeitsgesetz) ist für die Umschreibung der Massenentlassung ungeeignet. Nach Arbeitsgesetz setzt der Begriff nur die Beschäftigung eines oder mehrerer Arbeitnehmer voraus (REHBINDER, Arbeitsrecht, 165).
[89] ANDREAS RITTER, Das revidierte Arbeitsvermittlungsgesetz, Bern 1994, 187 mit Verweis auf die Richtlinien des BIGA.
[90] VISCHER, Arbeitsvertrag, 65, Fn. 13.
[91] AUBERT, AJP 1994, 701.
[92] Vgl. oben, Rz. 3.39 f.
[93] AUBERT, ZSR 1993 II, 188.

des Empfangs bestimmen. Für diese Auslegung spricht auch der Gesetzestext, indem er von «aussprechen» handelt, nicht von «kündigen».

Die Befristung auf einen Zeitraum von 30 Tagen ermöglicht es, die Bestimmungen über die Massenentlassungen durch eine *Staffelung der Kündigungen* zu umgehen[94]. Das muss mit Blick auf die vom Gesetzgeber bewusst gewählte Umschreibung des Anwendungsbereichs in Kauf genommen werden. Als unzulässige Umgehung wird allerdings anzusehen sein, wenn der Entscheid des Arbeitgebers von Anfang an feststeht, eine bestimmte Anzahl Arbeitnehmer zu entlassen, die Kündigungen aber ohne jeden sachlichen Grund aufgeschoben werden, bloss um die Anwendung der genannten Bestimmungen zu umgehen. Das wird allerdings nur in seltenen Ausnahmefällen bewiesen werden können.

3. Beendigung des Arbeitsverhältnisses wegen der Massenentlassung?

Das Gesetz setzt nur die Kündigungen voraus. Es kommt nicht darauf an, ob das Arbeitsverhältnis *tatsächlich wegen dieser Kündigung beendet* wird. Insofern ändert sich an der Anwendbarkeit der Bestimmungen nichts, wenn während der Kündigungsfrist eine fristlose Kündigung ausgesprochen wird und diese mit der Person des Arbeitnehmers in Zusammenhang steht oder das Arbeitsverhältnis vorzeitig endigt, weil der Arbeitnehmer stirbt oder sich die Parteien nachträglich auf eine vorzeitige, einverständliche Auflösung einigen. Eine Kündigung kann bei Art. 335d OR mitzählen, aber keinen Anspruch auf eine Entschädigung nach Art. 336a OR geben, weil das Arbeitsverhältnis aus einem anderen Grund endigt[95]. 3.45

Demgegenüber ist es nicht möglich, dass ein Arbeitsverhältnis für die Betriebsgrösse mitgezählt werden muss, dessen Kündigung für die notwendige Anzahl Entlassungen nicht zu berücksichtigen wäre. Mitzuzählen sind unter Umständen auch Arbeitsverhältnisse, welche ausländischem Recht unterstehen[96]. 3.46

IV. Vom Arbeitgeber einzuhaltendes Entlassungsverfahren

Das Gesetz auferlegt dem Arbeitgeber zwei Verpflichtungen: Zum einen muss er die *Arbeitnehmer* bzw. deren Vertretung *konsultieren*[97]. Zum andern hat er die Massenentlassungen dem *Arbeitsamt mitzuteilen*[98]. Die Einhaltung dieser beiden Verpflichtungen werden durch unterschiedliche Sanktionen sichergestellt. Wird die Konsultation unterlassen, ist die Kündigung missbräuchlich. Wird die Mitteilung unterlassen, kann die Kündigung das Arbeitsverhältnis nicht beenden. 3.47

---

94 MÜLLER, 117.
95 BGE 121 III 65 f.; AJP 1995, 941 f.
96 Vgl. oben, Rz. 3.9.
97 Unten, Rz. 3.48 ff.
98 Unten, Rz. 3.56 ff.

1. Konsultationen der Arbeitnehmerschaft

3.48 Das Gesetz verlangt vom Arbeitgeber, die Arbeitnehmer bzw. ihre Vertretung vor den Kündigungen zu konsultieren (Art. 335 f. Abs. 1 OR). Die Arbeitnehmer erhalten damit die Möglichkeit, Vorschläge zu unterbreiten, wie die Kündigungen vermieden oder deren Zahl beschränkt sowie deren Folgen gemindert werden könnten (Art. 335 f. Abs. 2 OR). Insoweit ist das schweizerische Gesetz weniger weitgehend als die EG-Richtlinie, welche als Zweck der Konsultationen das Erreichen einer Einigung bezeichnet[99].

Die Konsultationen haben einen kollektivrechtlichen Zweck[100]. Sie dienen nicht der Fortführung des einzelnen Arbeitsverhältnisses. Sie ersetzen die in Art. 336b Abs. 2 OR vorgesehenen Einigungsverhandlungen nicht[101].

3.49 Das Mitwirkungsrecht steht grundsätzlich allen Arbeitnehmerinnen und Arbeitnehmern zu, nicht nur den von den Kündigungen unmittelbar betroffenen. Zu berücksichtigen sind alle Arbeitnehmer, deren Arbeitsverhältnis für die Grösse des Betriebes mitgerechnet wird[102], sofern ihr Arbeitsverhältnis noch nicht beendet ist. Gerade die nicht gekündigten Arbeitnehmer können unter Umständen durch ihre Bereitschaft, anderen Arbeitszeitmodellen zuzustimmen, die Kündigungen ganz oder teilweise vermeiden helfen.

Die Konsultation kann in einer Betriebsversammlung erfolgen. Vom kollektivrechtlichen Zweck der Norm her genügen individuelle Informationen nur, wenn den Arbeitnehmern die Möglichkeit gegeben wird, sich über die Vorschläge abzusprechen. Besteht eine Arbeitnehmervertretung, kann sich die Konsultation auf diese beschränken. Eine solche kann auch im Moment selber zum Zweck der Konsultationen gebildet werden[103]. Sie bedarf aber einer demokratischen Mandatierung. Die Delegation kann nicht durch den Arbeitgeber bestimmt werden.

Der Anspruch auf Konsultationen steht den Betriebsangehörigen zu. Aussenstehende Gewerkschaften haben – selbst wenn der Organisationsgrad im Betrieb hoch ist – keinen Anspruch auf Mitwirkung.

3.50 Was der Arbeitgeber den Arbeitnehmern mitteilen muss, bemisst sich nach dem Zweck der Konsultationen. Das Gesetz umschreibt die zu machenden Informationen mit einer nicht abschliessenden Aufzählung und der Zweckdienlichkeit (Art. 335 f. Abs. 3 OR).

Zum einen hat eine *umfassende Information* über alles zu erfolgen, was den Anwendungsbereich der Bestimmung betrifft (Art. 335 f. Abs. 3 Bst. b bis d OR). Dazu gehört die Zahl der Arbeitnehmer, denen zu kündigen beabsichtigt ist, in welcher Zeit die Kündigungen erfolgen sollen und die Anzahl der in der Regel im Betrieb Beschäftigten. Mit der Information über den Zeitrahmen, in dem die

---

99 Vgl. AUBERT, AJP 1994, 702.
100 BRÜHWILER, N 1 zu Art. 335 f. OR.
101 Vgl. unten, Rz. 3.84.
102 Oben, Rz. 3.39 f.
103 MÜLLER, ArbR 1995, 121.

Kündigungen ausgesprochen werden sollen, wird gleichzeitig abgegrenzt, welche Kündigungen die Konsultationen miterfassen[104]. Zum andern bedürfen die Arbeitnehmer unternehmerischer Informationen, um überhaupt Vorschläge unterbreiten zu können. Das Gesetz nennt diesbezüglich die Gründe für die Massenentlassungen (Art. 335 f. Abs. 3 Bst. a OR). Darüber hinaus müssen aber auch Auskünfte über Reorganisationsmöglichkeiten und Möglichkeiten unternehmerischer Umdispositionen gegeben werden. Das macht Zahlen über die wirtschaftliche Lage des Unternehmens unvermeidlich. Zudem sind wohl Angaben über die für einen Sozialplan vorhandenen Mittel notwendig[105]. Wieweit diese Informationspflicht im einzelnen geht, ist bis anhin weder von der Praxis noch von der Lehre ausgeleuchtet worden.

Die Information hat grundsätzlich *schriftlich zu erfolgen*. Was darunter zu verstehen ist, richtet sich nach Art. 13 OR. Der entsprechende Text muss von einer zeichnungsberechtigten Person unterschrieben sein. Das Schrifterfordernis wird für die im Gesetz einzeln aufgezählten Informationen ausdrücklich festgehalten (Art. 335 f. Abs. 3 OR), gilt aber auch für alle weiteren, zweckdienlichen Auskünfte. Es ist allerdings ohne weiteres möglich, dass zusätzliche Informationen mündlich erteilt werden. Ein *vollständiger* Verzicht auf Schriftlichkeit ist demgegenüber nicht wirksam[106]. 3.51

Die schriftliche Information ist dem Arbeitsamt zuzustellen (Art. 335 f. Abs. 4 OR)[107]. Diese Mitteilung ist nicht mit jener nach Art. 335g OR zu verwechseln[108]. Insbesondere löst die Mitteilung nach Art. 335 f. Abs. 4 OR nicht die Frist nach Art. 335g Abs. 4 OR aus[109]. Das Gesetz bestimmt auch nicht, wann diese Mitteilung an das Arbeitsamt zu erfolgen hat. Sie kann von daher gleichzeitig mit der Information der Belegschaft erfolgen oder erst anschliessend, zusammen mit der Mitteilung nach Art. 335g OR[110].

Das Gesetz verpflichtet den Arbeitgeber, die Arbeitnehmer zu informieren und sie anzuhören[111]. Den Arbeitnehmern steht aber kein Mitbestimmungsrecht zu[112]. Die Anhörung hat allerdings nach Treu und Glauben zu erfolgen[113]. Der Arbeitnehmer hat die Vorschläge *zur Kenntnis zu nehmen und ernsthaft zu prüfen*. Er muss sie von daher in seinen Entscheidungsprozess einbeziehen und hat sie in diesem Sinne 3.52

---

104 Vgl. unten, Rz. 3.62.
105 AUBERT, AJP 1994, 702.
106 Anderer Meinung MÜLLER, ArbR 1995, 123, mit Hinweis auf deutsche Rechtsprechung.
107 BRÜHWILER, N 3 zu Art. 335 f. OR.
108 Vgl. unten, Rz. 3.56 ff.
109 MÜLLER, ArbR 1995, 124; STAEHELIN, N 4 zu Art. 335g OR.
110 BRUNNER/BÜHLER/WAEBER, N 1 zu Art. 335g OR.
111 BBl 1992 V 410.
112 FRITZ, 38; STAEHELIN, N 3 zu Art. 335 f. OR; MÜLLER, ArbR 1995, 121; BRÜHWILER, N 2 zu Art. 335 f. OR.
113 VISCHER, Arbeitsvertrag, 66.

zu berücksichtigen[114]. Insoweit besteht ein Anspruch der Arbeitnehmenden auf Mitsprache[115]. Allerdings sieht das Gesetz keine Verpflichtung vor, eine Ablehnung der Vorschläge zu begründen; eine Begründungspflicht lässt sich auch nicht aus der Prüfungspflicht ableiten[116]. Der Nachweis, dass der Arbeitgeber – bzw. die entscheidenden Organe der Gesellschaft – die Vorschläge gar nicht ernsthaft geprüft hat, wird deshalb regelmässig schwierig zu erbringen sein. Der Arbeitgeber ist auch in keiner Weise verpflichtet, die Vorschläge zu befolgen, selbst wenn sie leicht realisierbar wären und erfolgversprechend sind.

3.53 Gemäss Art. 335 f. Abs. 1 OR hat der Arbeitgeber die Belegschaft zu benachrichtigen, sobald er Massenentlassungen beabsichtigt. Der *Zeitpunkt* ist damit allerdings nur sehr ungenau umschrieben. Solange die Massenentlassung vom Arbeitgeber bloss als eine von mehreren Entscheidungsmöglichkeiten in Betracht gezogen wird, besteht noch keine Informationspflicht. Diese entsteht erst, wenn Massenentlassungen konkret *beabsichtigt* sind[117]. Damit wird allerdings der Zweck der Konsultationen abgeschwächt. Ein seriöses Unternehmen sollte Entlassungen erst beabsichtigen, wenn sich andere Möglichkeiten für eine Strukturanpassung als nicht gangbar erwiesen haben. Sollen Vorschläge zur Vermeidung der Entlassungen überhaupt noch möglich sein und vom Arbeitgeber ernstlich geprüft werden, darf dieser noch keinen endgültigen Entschluss über die Massenentlassungen gefasst haben.

3.54 Das Gesetz bestimmt nicht, *wie viel Zeit* den Arbeitnehmern für die Konsultationen zur Verfügung stehen muss. Der Arbeitgeber kann eine Frist setzen, in der die Vorschläge einzutreffen haben, damit sie berücksichtigt werden. Diese muss so bemessen werden, dass die Arbeitnehmer nach den Umständen auch tatsächlich Vorschläge erarbeiten können[118]. Die minimal zulässige Dauer hängt von den Umständen ab[119]. Sind die Arbeitnehmer bereits über die wirtschaftliche Lage des Unternehmens informiert und waren die Kündigungen vorauszusehen, so kann die gegebene Information schneller verarbeitet werden, und es können in kurzer Frist Vorschläge unterbreitet werden. Die Frist kann zweifellos auch kürzer sein, wenn eine gut funktionierende Arbeitnehmervertretung besteht. Was als angemessene Frist zu betrachten ist, hängt auch davon ab, ob der Arbeitgeber der Belegschaft Arbeitszeit einräumt, um Vorschläge auszuarbeiten oder nicht. In der Regel dürften drei bis fünf Arbeitstage als Frist angemessen erscheinen[120].

---

114 Insofern ungenau: MÜLLER, ArbR 1995, 126.
115 Vgl. BRUNNER/BÜHLER/WAEBER, N 1 zu Art. 335 f. OR; a.M. BRÜHWILER, N 2 zu Art. 335 f. OR.
116 Anderer Meinung REHBINDER, Arbeitsrecht, 134.
117 MÜLLER, ArbR 1995, 126; die Konsultationen müssen erfolgen, bevor der Arbeitgeber den definitiven Entschluss zur Massenentlassung gefasst hat (BGE 123 III 180).
118 AUBERT, AJP 1994, 702; BRÜHWILER, N 2 zu Art. 335 f. OR; STAEHELIN, N 3 zu Art. 335 f. OR.
119 BGE 123 III 181.
120 MÜLLER, ArbR 1995, 128.

Die Vorschläge sind an den Arbeitgeber zu richten. Eine öffentliche Bekanntgabe entbindet den Arbeitgeber nicht davon, die zusätzlich an ihn adressierten Vorschläge zu prüfen.   3.55

Die Arbeitnehmer sind nur *berechtigt*, Vorschläge zu unterbreiten. Eine Mitwirkungspflicht besteht nicht[121]. Hält die Belegschaft eine vom Arbeitgeber gesetzte, angemessene Frist nicht ein, kann der Arbeitgeber ohne weiteres die Massenentlassungen aussprechen. Die fehlende Mitwirkung entbindet ihn allerdings nicht von der Pflicht, dem Arbeitsamt die Massenentlassungen anzuzeigen.

2. Mitteilung an das Arbeitsamt

Der Arbeitgeber hat gemäss Art. 335g OR dem Arbeitsamt Massenentlassungen anzuzeigen. Die Anzeige hat schriftlich[122] zu erfolgen und sowohl die Angaben zu enthalten, welche bereits den Arbeitnehmern gemacht worden sind[123], wie auch über das Ergebnis der Konsultationen Aufschluss zu geben (Art. 335g Abs. 2 OR).   3.56

Das Gesetz umschreibt auch hier den *Zeitpunkt*, zu dem die Mitteilung zu erfolgen hat, nicht genau. Aus dem Umstand, dass die «beabsichtigte Massenentlassung» (Art. 335g Abs. 1 und 2 OR) anzuzeigen ist, hat ein Teil der Lehre geschlossen, dass die Mitteilung verspätet ist, wenn die Kündigungen bereits ausgesprochen worden sind[124]. Ein anderer Teil der Lehre lässt die Kündigungen auch bereits vor der Mitteilung an das Arbeitsamt (aber nach Abschluss der Arbeitnehmerkonsultationen) zu[125]. Die Frage ist von geringer praktischer Bedeutung, da die Verspätung der Anzeige ohne Folge bleibt. Die Kündigung ist nicht missbräuchlich, bloss weil sie vor der Anzeige an das Arbeitsamt ausgesprochen worden ist[126]. Sinnvollerweise wird der Arbeitgeber das Arbeitsamt sofort nach Abschluss der Konsultationen benachrichtigen.   3.57

Art. 335g OR sieht eine öffentlichrechtliche Pflicht vor. Ihre Verletzung kann verwaltungsstrafrechtliche Folgen haben[127]. Mit Blick auf Art. 342 Abs. 2 OR ist es fraglich, ob es sich privatrechtlich nur um eine Obliegenheit handelt[128]. Eine Unterlassung der Mitteilung hat wohl in erster Linie nur die Folge, dass die Kündigung das Arbeitsverhältnis nicht beenden kann (Art. 335g Abs. 4 OR)[129].   3.58

---

121 BRÜHWILER, N 2 zu Art. 335 f. OR.
122 Vgl. dazu oben, Rz. 3.51.
123 Vgl. oben, Rz. 3.51.
124 AUBERT, AJP 1994, 702 f.; MÜLLER, ArbR 1995, 131.
125 BRÜHWILER, N 3 zu Art. 335g OR.
126 MÜLLER, ArbR 1995, 131 f.
127 Vgl. unten, Rz. 3.80.
128 So BRÜHWILER, N 1 zu Art. 335g OR; MÜLLER, ArbR 1995, 130.
129 Unten, Rz. 3.74.

Zudem kann die Mitteilung zweifellos nicht von den Arbeitnehmern zwangsweise durchgesetzt werden. Es ist aber nicht auszuschliessen, dass in Ausnahmefällen einem Arbeitnehmer aus der verspäteten Mitteilung an das Arbeitsamt ein Schaden entsteht, für welchen er aufgrund der Vertragsverletzung vom Arbeitgeber Ersatz fordern kann. In der Regel wird allerdings weder der Schaden noch der Kausalzusammenhang zwischen dem Schaden und der unterlassenen Mitteilung an das Arbeitsamt nachgewiesen werden können.

3.59 Eine Kopie der Mitteilung an das Arbeitsamt ist der Arbeitnehmervertretung bzw. der Belegschaft zuzustellen (Art. 335g Abs. 1 OR). Die Adressaten der Mitteilung sind im Gesetz ungenau umschrieben. Mit Blick auf die mit der Mitteilung an das Arbeitsamt ausgelöste Frist (Art. 335g Abs. 4 OR) müssen über den Wortlaut hinaus *alle gekündigten* Arbeitnehmer eine Kopie erhalten. Anderseits ist nicht ersichtlich, warum auch die von der Kündigung nicht betroffenen Teile der Belegschaft eine Kopie erhalten sollen, selbst wenn sie in die Konsultationen einzubeziehen sind. Die Mitteilung an die Arbeitnehmervertretung kann nur zu – wohl wenig effizienten – Kontrollzwecken erfolgen. Das Unterlassen der Mitteilung an die nicht gekündigten Arbeitnehmer bleibt sanktionslos. Demgegenüber kann sich das Fehlen der Mitteilung an die Gekündigten ausnahmsweise auf die Kündigungsfrist auswirken[130].

3.60 Das Arbeitsamt hat in erster Linie Massnahmen zu ergreifen, um die Folgen der Kündigungen für die betroffenen Personen zu mildern, namentlich frühzeitig Stellen zu vermitteln usw. Daneben kommt ihm auch die Aufgabe zu, zwischen den Parteien soweit möglich zu vermitteln. In diesem Rahmen kann es auch nach Lösungen suchen, um die Kündigungen zu vermeiden oder ihre Zahl zu vermindern[131]. Allerdings ist kaum anzunehmen, dass in diesem Zeitpunkt neue Aspekte auftauchen werden, welche die Entlassungen vermeiden können.

3. Zeitpunkt der Kündigungen

3.61 Die Kündigungen sind erst nach der Konsultation der Arbeitnehmer und Arbeitnehmerinnen zulässig[132]. Werden sie vorher ausgesprochen, sind sie missbräuchlich[133]. Das ergibt sich einerseits aus dem Wortlaut von Art. 335 f. Abs. 1 OR[134] und

---

130 Unten, Rz. 3.76.
131 AUBERT, AJP 1994, 703; a.M. STÖCKLI, 87; MÜLLER, ArbR 1995, 132 f.
132 STAEHELIN, N 1 zu Art. 335 f. OR; BRUNNER/BÜHLER/WAEBER, N 3 zu Art. 335 f. OR; BRÜHWILER, N 1 zu Art. 335 f. OR; BGE 123 III 180.
133 Unten, Rz. 3.65 ff.
134 «*Beabsichtigt* der Arbeitgeber...»; «L'employer qui *envisage*...»; «Il datore di lavoro che *prevede*...»

andererseits aus dem Zweck der Konsultationen. Mit ihnen sollten Massenentlassungen vermieden werden. Vom Wortlaut von Art. 335g Abs. 1 OR her dürften die Kündigungen auch erst nach der Mitteilung an das Arbeitsamt ausgesprochen werden[135]. Ob dies allerdings mit dem Normzweck vereinbar ist, erscheint fraglich. Das Arbeitsamt hat sich in erster Linie um die Folgen der Entlassungen für die tatsächlich Betroffenen zu kümmern. Dafür muss es aber nicht nur wissen, dass Massenentlassungen bevorstehen, sondern welche Personen davon betroffen sind. Zudem sieht das Gesetz insofern keinerlei Sanktion vor. Art. 336g Abs. 4 OR betrifft nur das Ende, nicht auch den Anfang der Kündigungsfrist. Daraus wird von der herrschenden Lehre geschlossen, dass die Kündigungen nach den Konsultationen sofort, d.h. auch vor der Mitteilung an das Arbeitsamt ausgesprochen werden können[136]. Zu beachten ist allerdings, dass nach Art. 29 AVG Entlassungen in grösserer Zahl und Betriebsschliessungen spätestens im Zeitpunkt, in dem die Kündigungen ausgesprochen werden, dem Arbeitsamt mitzuteilen sind[137].

Bis wann müssen spätestens die Kündigungen erfolgen, damit sie noch von den vorausgegangenen Konsultationen und Mitteilungen gedeckt sind? Dabei kann nicht einfach auf die in Art. 335d OR für den Anwendungsbereich vorgesehenen 30 Tage abgestellt werden. Ein Arbeitgeber, der über längere Zeit eine grosse Anzahl Kündigungen beabsichtigt, muss nicht jedes Mal aufs neue das Verfahren durchlaufen. Es ist andererseits aber auch nicht zulässig, auf Vorrat die Konsultationen und die Mitteilungen vorzunehmen. Von daher ist auf den Inhalt der Mitteilung nach Art. 335 f. Abs. 3 und Art. 335g Abs. 2 OR an die Arbeitnehmer und das Arbeitsamt abzustellen. Nur die *in den Konsultationen genannten Kündigungen* sind vom Verfahren gedeckt. Übersteigt die Anzahl der nach den Konsultationen ausgesprochenen Kündigungen die den Arbeitnehmern nach Art. 335 f. Abs. 3 OR mitgeteilte Zahl, ist für die zusätzlichen Kündigungen das Verfahren nicht mehr eingehalten. Handelt es sich um mehr als die in Art. 335d aufgeführte Zahl, sind neue Konsultationen vorzunehmen, und es hat wiederum eine Anzeige an das Arbeitsamt zu erfolgen. Entsprechend ist auch vorzugehen, wenn die Kündigungen später als in der Mitteilung angezeigt ausgesprochen werden.

3.62

Der Arbeitgeber kann aber die Bestimmungen über die Massenentlassungen nicht für die Zukunft ausschalten, indem er eine möglichst grosse Zahl und einen möglichst langen Zeitraum angibt. Die Kündigungen sind vom Verfahren nur gedeckt, wenn sie untereinander in einem *unmittelbaren wirtschaftlichen Zusammenhang* stehen.

---

135 So AUBERT, AJP 1994, 703.
136 STÖCKLI, 87; BRÜHWILER, N 3 zu Art. 335g OR.
137 Vgl. unten, Rz. 3.80.

V. Rechtsfolgen bei Verletzung von Verfahrensvorschriften

3.63 Die Richtlinie der Europäischen Union überlässt die Frage der Rechtsfolgen bei Nichteinhaltung des vorgeschriebenen Verfahrens dem nationalen Recht[138]. Wird das Verfahren nicht eingehalten, so sind die Kündigungen nach schweizerischem Recht dennoch gültig. Das Gesetz sieht hauptsächlich zwei voneinander unabhängige Sanktionen vor, die überdies für unterschiedliche Gesetzesverstösse gelten: von der Einhaltung des Verfahrens gegenüber dem *Arbeitsamt* hängt der *Zeitpunkt* ab, auf den die Kündigung das Arbeitsverhältnis beenden kann[139]. Zudem ist eine Massenentlassung, bei der das Verfahren *gegenüber den Arbeitnehmern bzw. ihrer Vertretung* nicht eingehalten worden ist, im Sinne von Art. 336 OR *missbräuchlich*[140].

Beide Sanktionen hängen allerdings von der weiteren Voraussetzung ab, dass das *Arbeitsverhältnis nicht aus einem anderen Grund* geendet hat[141].

3.64 Neben diese beiden Sanktionen können in seltenen Fällen weitere *vertragliche Wirkungen* treten[142]. Zudem kann die Unterlassung der Anzeige an das Arbeitsamt *verwaltungsstrafrechtliche Folgen* haben[143].

1. Unterlassen der Konsultationen

a) Rechtsverletzungsbusse

3.65 Die Missbräuchlichkeit besteht ausschliesslich, wenn die Konsultation der Arbeitnehmer (bzw. ihrer Vertretung) nach Art. 335 f. OR nicht (bzw. verspätet) erfolgt ist. Das Unterbleiben der Mitteilung an das Arbeitsamt hat nicht diese Rechtsfolge. Aufgrund des Klammerverweises ist davon auszugehen, dass es auch nicht darauf ankommen kann, ob der Arbeitgeber nach Art. 335g OR den Arbeitnehmern bzw. deren Vertretung eine Kopie der Anzeige an das Arbeitsamt zugestellt hat. In diesem Unterlassen den Grund für eine Missbräuchlichkeit zu sehen, wäre wohl unverhältnismässig[144].

---

138 BBl 1992 V 406 und 412 f.
139 AUBERT, AJP 1994, 703, will darin offenbar keine Sanktion sehen.
140 Der Bundesrat führte in der EWR-Botschaft in den allgemeinen Erläuterungen der Vorlage nur die Missbräuchlichkeit der Kündigung als Sanktion auf (BBl 1992 V 406).
141 Bezüglich Entschädigung wegen missbräuchlicher Kündigung: BGE 121 III 65 f.; vgl. nun aber auch den Entscheid vom 14.1.1997 in Sachen K. c. L.-AG und A. c. L.-AG.
142 Unten, Rz. 3.68 f.
143 Unten, Rz. 3.80.
144 Vgl. unten, Rz. 3.76.

Gemäss den allgemeinen Grundsätzen führt die Missbräuchlichkeit nicht zur Nichtigkeit der Kündigung, sondern nur zu einer besonderen Entschädigungspflicht. Das Gesetz sieht eine Art Privatbusse vor, die geschuldet ist, auch wenn gar kein Schaden im Rechtssinn eingetreten ist. In Abweichung zu den allgemeinen Regeln beim Kündigungsschutz sieht das Gesetz aber bei den Massenentlassungen nicht eine Entschädigung von maximal sechs, sondern nur von *maximal zwei Monatslöhnen* vor. 3.66

Diese Besonderheit ist erst im Parlament aufgenommen worden. Dadurch soll dem Umstand Rechnung getragen werden, dass die Missbräuchlichkeit hier in einem blossen Verfahrensfehler liegt und regelmässig eine Mehrzahl von Kündigungen betroffen sind, so dass sich die Beträge für den Arbeitgeber kumulieren. Die Regelung ist zudem vom Ergebnis her mit ausländischen Lösungen vergleichbar[145]. Mit der Begrenzung auf zwei Monatslöhne trat der Ständerat einem Beschluss des Nationalrates entgegen, der die Missbräuchlichkeit nur annehmen wollte, wenn die Vorschriften über die Konsultation der Arbeitnehmer «ohne wichtige Gründe» verletzt worden sind[146].

Ist eine Kündigung auch aus einem anderen Grund missbräuchlich, so können die Ersatzansprüche nach Art. 336a OR *nicht kumuliert* werden. Das hat das Bundesgericht schon beim Zusammentreffen einer missbräuchlichen mit einer fristlosen Entlassung festgestellt[147]. Allerdings kann das Zusammentreffen mehrerer Gründe innerhalb des vom Gesetz vorgesehenen Rahmens berücksichtigt werden. Liegt ein weiterer Grund für die Missbräuchlichkeit vor, gilt die niedrigere Beschränkung nach Art. 336a Abs. 3 OR nicht. Die Entschädigung richtet sich nach Absatz 2 des gleichen Artikels.

Mit Blick auf die Verhandlungen nach Art. 336b Abs. 1 OR besteht ein Anspruch auf Entschädigung wegen missbräuchlicher Kündigungen immer nur, wenn der Arbeitgeber eine *Weiterführung* des Arbeitsverhältnisses trotz entsprechender Bereitschaft des Arbeitnehmers *abgelehnt* hat. Diese Bereitschaft wird regelmässig nur bestehen, wenn die von der Kündigung betroffene Person nicht rasch einen neuen Arbeitsplatz findet. Damit wird aber die Entschädigung auch regelmässig nur den Arbeitnehmern und Arbeitnehmerinnen auszurichten sein, welche wegen der Massenentlassung von Arbeitslosigkeit betroffen sind. 3.67

b) Schadenersatz

Art. 336a Abs. 2 OR behält «Schadenersatzansprüche aus einem anderen Rechtstitel» vor. Die Rechtsprechung hat bis heute noch nicht geklärt, was darunter zu verstehen ist[148]. Wird das in Art. 335 f. OR vorgeschriebene Verfahren nicht 3.68

---

145 Amtl.Bull. StR 1993, 875.
146 Amtl.Bull. NR 1993, 1721 ff.
147 BGE 121 III 65 f.
148 Vgl. BGE 119 II 160; THOMAS GEISER, Der neue Kündigungsschutz im Arbeitsrecht, BJM 1994, 193 ff.

eingehalten, kann dem einzelnen betroffenen Arbeitnehmer ein Schaden aus zwei Gründen entstehen: Die Arbeitnehmervertretung kann keine Vorschläge machen, um die Kündigungen zu vermeiden, und der betroffene Arbeitnehmer erfährt möglicherweise erst später von der geplanten Kündigung. Während es im einen Fall um die Vermeidung der Kündigung überhaupt geht, betrifft der zweite nur den Zeitpunkt, in dem die Betroffenen von der drohenden Entlassung erfahren.

3.69 Bestünde im ersten Fall ein Schadenersatzanspruch, so wäre grundsätzlich das positive Vertragsinteresse, d.h. die Vorteile aus dem Arbeitsverhältnis wohl bis zur Pensionierung zu entschädigen. Der Gesetzgeber hat bis anhin aber einen Bestandesschutz bei Missbräuchlichkeit einer Kündigung konsequent abgelehnt[149]. Dieser kann nicht über den Schadenersatzanspruch eingeführt werden. Eine entsprechende Entschädigungsfolge ist deshalb abzulehnen. Die Frage dürfte allerdings nicht von grosser praktischer Bedeutung sein, da es den Arbeitnehmern kaum je gelingen wird, nachzuweisen, dass die Entlassungen hätten vermieden werden können, wenn die Arbeitnehmer rechtzeitig angehört worden wären. Der Arbeitgeber muss die Vorschläge der Arbeitnehmervertretung nicht befolgen[150]. Beweisthema wäre somit nicht, ob die Massenentlassungen nach den Vorschlägen der Arbeitnehmer hätten vermieden werden können, sondern ob sie tatsächlich vermieden worden wären, wenn die Konsultation erfolgt wäre.

3.70 Anders verhält es sich mit den zeitlichen Folgen der fehlenden Konsultation. Ein Arbeitnehmer vermag unter Umständen nachzuweisen, dass er auf das Ende des Arbeitsverhältnisses eine neue Stelle gefunden hätte, wenn er von der beabsichtigten Entlassung früher erfahren hätte. Es ist auch möglich, dass er bestimmte Ausgaben mit Blick auf den Fortbestand des Arbeitsverhältnisses getätigt hat[151], welche unterblieben wären, wenn er von den bevorstehenden Entlassungen gewusst hätte. Der Kausalzusammenhang zwischen dem Schaden und dem gesetzeswidrigen Verhalten lässt sich nachweisen. Vom Zweck der Bestimmungen über die Massenentlassungen her sollte dieser Schaden zu ersetzen sein. Der Arbeitgeber hält zwar die arbeitsvertragliche Kündigungsfrist ein, sein Vorgehen ist dennoch rechtswidrig. Allerdings ist der Grund für die Rechtswidrigkeit der gleiche wie für die Missbräuchlichkeit. Art. 336a Abs. 2 OR behält aber nur Ansprüche aus einem «anderen Rechtstitel» vor. Mit Blick auf die Vertragsverletzung rechtfertigt sich ein Ersatzanspruch dennoch[152].

---

[149] Eine Ausnahme sieht nun allerdings das Gleichstellungsgesetz vor (Art. 10 GlG; dazu unten, Rz. 8.13 ff.).
[150] Vgl. oben, Rz. 3.52.
[151] Beispielsweise Kauf einer Wohnung am Arbeitsort.
[152] BRÜHWILER, N 4 zu Art. 335f OR.

c) Realerfüllung

Weil der Anspruch auf Konsultationen einen vertraglichen Anspruch darstellt, kann grundsätzlich auch Realerfüllung verlangt werden. Der Arbeitgeber kann sich dieser Verpflichtung nicht durch Zahlung der Entschädigung nach Art. 336a OR entschlagen. Auf dem gerichtlichen Weg ist gegebenenfalls dem Arbeitgeber bzw. dessen Organen Ungehorsamsstrafe anzudrohen (Art. 292 StGB), falls eine Weigerung besteht, Konsultationen durchzuführen[153]. 3.71

Das Unterlassen der Konsultationen hindert die Mitteilung an das Arbeitsamt nicht und macht diese mit Blick auf die unterschiedlichen Sanktionen auch nicht überflüssig. Wohl sind dem Arbeitsamt die Ergebnisse der Konsultationen mitzuteilen (Art. 335g Abs. 2 OR). Die Mitteilung kann aber auch die Aussage enthalten, dass die Konsultationen unterblieben sind. Insofern ist dann Art. 335g Abs. 2 OR nur beschränkt anwendbar[154]. 3.72

2. Unterlassen der Mitteilung an das Arbeitsamt

Die Pflicht, das Arbeitsamt zu benachrichtigen, ist in erster Linie eine öffentlich-rechtliche. Sie hat aber *direkte Auswirkungen auf das Arbeitsverhältnis*, d.h. sie hat privatrechtliche Wirkungen (Art. 342 Abs. 2 OR). Entsprechend ist auch zwischen den öffentlich-rechtlichen und den privatrechtlichen Sanktionen einer Pflichtverletzung zu unterscheiden. 3.73

a) Verlängerung der Kündigungsfrist

Die wichtigste privatrechtliche Sanktion besteht darin, dass das Arbeitsverhältnis, welches im Rahmen einer Massenentlassung gekündigt worden ist, frühestens 30 Tage, nachdem der Arbeitgeber dem Arbeitsamt die beabsichtigte Massenentlassung angezeigt hat, endigt (Art. 335g Abs. 4 OR). Die Anzeige hat unter anderem die Ergebnisse der Konsultation der Arbeitnehmer zu enthalten (Art. 335g Abs. 2 OR). Diese Regelung wirft mehrere Fragen auf, die – mangels einschlägiger Rechtsprechung – vorerst als wenig geklärt angesehen werden müssen. 3.74

Für die *Berechnung der Frist* von 30 Tagen gelten die allgemeinen Grundsätze über den Fristenlauf im Obligationenrecht. Es sind die Tage zu zählen; der erste Tag zählt nicht mit (Art. 77 Abs. 1 Ziff. 1 OR). Art. 78 OR hat keinen Einfluss auf den Fristenlauf, obgleich er grundsätzlich auch auf die Abgabe von Willenserklärungen Anwendung findet[155]. Hier geht es aber nicht darum, dass eine Willenserklärung innert einer bestimmten Frist abgegeben werden muss, sondern, dass mit ihrer 3.75

---

[153] STAEHELIN, N 5 zu Art. 335f OR; BRÜHWILER, N 4 zu Art. 335f OR.
[154] GEISER, AJP 1995, 1419 Rz. 4.6.
[155] URS LEU, in: Honsell/Vogt/Wiegand, Kommentar zum Schweizerischen Privatrecht, Obligationenrecht I, Basel 1996, N 1 zu Art. 78 OR.

Abgabe eine Frist zu laufen beginnt. Da die Beendigung des Arbeitsverhältnisses keine Handlung erfordert, regelt Art. 78 OR auch nicht das Ende der Frist. Er kann nur auf die aus der Beendigung des Arbeitsverhältnisses folgenden Rückgabepflichten Anwendung finden.

3.76 Es fragt sich, ob die Frist auch hier, wie bei den Kündigungsfristen, erst mit Empfang zu laufen beginnt[156] oder bereits *mit dem Absenden*, wie dies bei Fristen gegenüber einer Behörde üblich ist[157]. Letzteres dient insofern der Rechtssicherheit, als es nur so den Parteien, nämlich dem Arbeitgeber und dem von der Kündigung betroffenen Arbeitnehmer, möglich ist, den Zeitpunkt zu kennen, auf den frühestens die Entlassungen wirken können. Das Gesetz verpflichtet den Arbeitgeber, den Arbeitnehmern bzw. der Arbeitnehmervertretung eine Kopie der Anzeige zuzustellen (Art. 335g Abs. 1 OR). Das Arbeitsamt ist nicht verpflichtet, den Arbeitnehmern den Zeitpunkt anzuzeigen, zu dem die Anzeige bei ihm eingegangen ist.

Stellt der Arbeitgeber den Arbeitnehmern entgegen Art. 335g Abs. 1 OR keine Kopie der Anzeige an das Arbeitsamt zu, so verlängert sich dadurch die Kündigungsfrist grundsätzlich nicht. Soweit allerdings der Arbeitnehmer keine Möglichkeit hat, sich darüber Gewissheit zu verschaffen, dass die Mitteilung an das Arbeitsamt erfolgt ist, könnte ausnahmsweise ein Beharren des Arbeitgebers auf dem ursprünglichen Kündigungstermin als missbräuchlich angesehen werden.

3.77 Die sich aus Art. 335g Abs. 4 OR ergebende Verlängerung der Kündigungsfrist hat – entgegen den Ausführungen des Bundesrates in der Botschaft[158] – *keinen Einfluss auf die Kündigungstermine*. Das Arbeitsverhältnis wird auch diesfalls – soweit nichts anderes vereinbart oder vom Gesetz vorgesehen ist – nur auf Ende eines Monats aufgelöst (Art. 335c Abs. 1 OR). Erfolgt die Mitteilung an das Arbeitsamt verspätet, kann sich somit eine Verlängerung der Kündigungsfrist um mehr als 30 Tage ergeben.

3.78 Die in Art. 335g Abs. 4 OR enthaltene Frist gilt grundsätzlich *unabhängig von der Dauer der vertraglichen Kündigungsfrist*. Sie gelangt jedoch nicht zur Anwendung, wenn die Probezeit noch nicht abgelaufen ist. Der Charakter des Probeverhältnisses überwiegt (Art. 335b Abs. 1 OR)[159]. Entlassungen während der Probezeit werden allerdings in der Regel ohnehin im Zusammenhang mit der Person des Arbeitnehmers stehen und deshalb nicht unter die Bestimmungen über die Massenentlassung fallen (Art. 335d OR).

3.79 Art. 335g Abs. 4 OR dient dem Schutz der Arbeitnehmer und Arbeitnehmerinnen. Die Frist soll es ihnen in Zusammenarbeit mit dem Arbeitsamt ermöglichen, eine neue Stelle zu finden bzw. die sich aus der Massenentlassung ergebenden wirt-

---

156 So REHBINDER, Arbeitsrecht, 135.
157 Vgl. Art. 32 Abs. 3 OG; Art. 12 IPRG.
158 BBl 1992 V 412.
159 Oben, Rz. 3.33.

schaftlichen Probleme zu lösen. Haben sie aber bereits eine neue Stelle gefunden oder sich anders auf die Veränderung eingestellt, so ist der Zweck erreicht. Der *Arbeitnehmer kann* deshalb auf die sich aus Art. 335g Abs. 4 OR ergebende Frist *verzichten.*

Zudem ist auch eine *einverständliche Auflösung* auf einen früheren Zeitpunkt möglich[160]. Obgleich die neuen Bestimmungen über die Massenentlassungen nicht in Art. 361 f. OR als zwingend aufgeführt sind, ist dennoch davon auszugehen, dass sie in einem Arbeitsvertrag nicht wegbedungen werden können. Auf den entsprechenden Schutz kann erst verzichtet werden, *nachdem die Kündigung ausgesprochen* worden ist.

b) Verwaltungsrechtliche Folgen

Mit Bezug auf die öffentlich-rechtliche Grundlage der Mitteilungspflicht kann ihre Unterlassung *verwaltungsstrafrechtliche Folgen* haben[161]. Das Arbeitsvermittlungsgesetz[162] schreibt nämlich vor, dass «Entlassungen einer grösseren Anzahl von Arbeitnehmern sowie Betriebsschliessungen (...) der Arbeitgeber dem zuständigen Arbeitsamt möglichst frühzeitig melden» muss, «spätestens aber zum Zeitpunkt, in dem er die Kündigungen ausspricht» (Art. 29 Abs. 1 AVG). Die Verletzung dieser Meldepflicht kann mit einer Busse von bis zu Fr. 40 000.– bestraft werden (Art. 39 Abs. 2 Bst. b AVG).

3.80

VI. Geltendmachung der Ansprüche

1. Klage auf Lohnzahlung

Wird die *Mitteilung an das Arbeitsamt* unterlassen, hat dies zur Folge, dass sich der Zeitpunkt verschieben kann, auf den die Kündigung wirksam wird[163]. Damit bleibt für die entsprechende Zeit der Lohnanspruch erhalten. Die betroffenen Arbeitnehmer haben die Möglichkeit, diesen Lohn wie jeden anderen klageweise geltend zu machen. Insofern ergeben sich aus den Bestimmungen über die Massenentlassungen keine Besonderheiten.

3.81

---

160 Die Frage, ob der Kündigungsschutz auf einverständliche Auflösungen anwendbar ist, wird von der Rechtsprechung nicht einheitlich beantwortet. Vgl. BGE 118 II 60 einerseits und BGE 121 III 107 andererseits. Es wäre wohl eine differenzierende Betrachtungsweise angebracht.
161 MÜLLER, ArbR 1995, 135.
162 Bundesgesetz über die Arbeitsvermittlung und den Personalverleih (AVG) vom 6.10.1989 (SR 823.11).
163 Vgl. oben, Rz. 3.74 ff.

3.82 Vor Ablauf der Kündigungsfrist können beide Parteien ein Interesse an einer *Feststellung* des entsprechenden Zeitpunktes haben. Da die durch das Unterlassen der Anzeige an das Arbeitsamt bedingte Verzögerung in der Regel aber nur einen oder zwei Monate beträgt, wird regelmässig nicht innert nützlicher Frist ein rechtskräftiges Feststellungsurteil erstritten werden können. Insofern fehlt es für einen solchen Prozess an einem praktischen Interesse des einzelnen Arbeitnehmers. Anders kann es für die Gewerkschaften aussehen[164].

2. Geltendmachung der Entschädigung

3.83 Wenn die Konsultationen der Arbeitnehmerschaft nicht stattgefunden haben, entstehen nach Beendigung des Arbeitsverhältnisses durch eine Massenentlassung *Ersatzansprüche*[165]. Das dürfte die im Zusammenhang mit Massenentlassungen für den einzelnen Arbeitnehmer relevante Frage sein.

3.84 Um diese Ansprüche geltend zu machen, hat der Arbeitnehmer ein bestimmtes *vorprozessuales Verfahren* einzuhalten.

– Mit Blick darauf, dass die Kündigung nicht mit seiner Person im Zusammenhang stehen darf, verlangt er sinnvollerweise zuerst eine *schriftliche Begründung* für die Kündigung (Art. 335 Abs. 2 OR)[166].
– Sodann muss er bis zum Ablauf der Kündigungsfrist beim Arbeitgeber *schriftlich Einsprache* erheben (Art. 336b Abs. 1 OR). Die Einsprache ist rechtzeitig, wenn sie *vor der Auflösung des Arbeitsverhältnisses* dem Arbeitgeber zugegangen ist[167]. Eine verspätete Anzeige an das Arbeitsamt verlängert somit auch die Einsprachefrist.
– Anschliessend sind *Gespräche über die Weiterbeschäftigung* zu führen.

3.85 Ist dieses vorprozessuale Verfahren durchgeführt worden, ohne dass eine Einigung erzielt werden konnte, so ist *innert 180 Tagen* nach der Beendigung des Arbeitsverhältnisses der entsprechende *Anspruch einzuklagen* (Art. 336b Abs. 2 OR).

Das vorprozessuale Verfahren ist auch bei missbräuchlichen Massenentlassungen einzuhalten. Verspätete oder unvollständige Konsultationen nach Art. 335f OR ersetzen diese Verhandlungen nicht. Letztere haben im Gegensatz zu den Konsultationen eine individuelle und nicht eine kollektive Ausrichtung. Es ist allerdings ohne weiteres möglich, dass die Parteien schon während der Konsultationen nach Art. 335f OR individuelle Gespräche führen. Diese können die Verhandlungen nach Art. 336b Abs. 2 OR ersetzen. Ist nämlich vor der Kündigung keine Einigung zustande gekommen, werden Verhandlungen nach der Kündigung regelmässig aussichtslos und deshalb überflüssig sein. Eine Einigung über die einverständliche Beendigung des Arbeitsverhältnisses statt einer Kündigung wird mit Blick auf die Anwendbarkeit

---

164 Vgl. unten, Rz. 3.89.
165 Vgl. oben, Rz. 3.68 ff.
166 Vgl. oben, Rz. 1.78 ff.
167 STAEHELIN, N 3 zu Art. 336b; oben, Rz. 2.37.

der Art. 335d ff. OR nichts ändern[168]. Unter den Vertragsparteien bedeutet dies aber einen Verzicht auf die Anwendung von Art. 335g Abs. 4 und 336 Abs. 2 Bst. c OR. Das Arbeitsverhältnis endigt unabhängig von der Anzeige an das Arbeitsamt auf den von den Parteien vereinbarten Termin. Eine Entschädigung wegen missbräuchlicher Kündigung ist nicht möglich, selbst wenn das Verfahren für die Massenentlassungen im einzelnen nicht eingehalten worden ist[169].

3. Zuständigkeit

Die *örtliche Zuständigkeit* richtet sich nach Art. 343 Abs. 1 OR[170]. Das gilt auch für die Klage von Verbänden[171]. Art. 343 OR ist auf kollektivrechtliche Streitigkeiten anwendbar, solange es sich um einen Rechtsstreit und nicht um einen Regelungsstreit handelt[172]. Überdies verweist Art. 15 Mitwirkungsgesetz[173] ausdrücklich auf die Zuständigkeitsregel im Einzelarbeitsvertragsrecht.   3.86

Die *sachliche Zuständigkeit* richtet sich nach dem kantonalen Recht. Sie ist regelmässig vom Streitwert abhängig.   3.87

Auch Feststellungsklagen haben einen *Streitwert*. Das ist insbesondere für die Klagen der Verbände wegen Verletzung der Mitwirkungsrechte bei Massenentlassungen von Bedeutung[174]. Ihr Streitwert bemisst sich grundsätzlich nach dem Umfang der Entschädigungen, die den Gekündigten geschuldet sind, wenn sich die Kündigungen wegen Verfahrensfehlern als missbräuchlich erweisen sollten. Die Schwierigkeit liegt allerdings darin, dass dem Gericht bezüglich der Höhe der Entschädigung ein erhebliches Ermessen zusteht[175] und überdies nicht jeder Gekündigte die Entschädigung wird fordern können, weil dieser Anspruch zusätzlich die Beendigung des Arbeitsverhältnisses *wegen* dieser Kündigung voraussetzt[176]. Die Schätzung kann somit nicht einfach so erfolgen, dass die Anzahl ausgesprochener Kündigungen mit dem Betrag von zwei durchschnittlichen Monatslöhnen multipliziert wird. Von diesem Betrag ist vielmehr ein nach den Umständen zu schätzender Abzug vorzunehmen. Der Betrag wird allerdings regelmässig über Fr. 20 000.– liegen. Bei der Klage eines einzelnen Arbeitnehmers oder einer einzelnen Arbeitnehmerin richtet sich der Streitwert und damit auch die Zuständigkeit nach dem eingeklagten Anspruch.

---

168 Oben, Rz. 3.45.
169 GEISER, AJP 1995, 1419, Rz. 4.4; vgl. nun aber den Entscheid des Bundesgerichts vom 14.1.1997 in Sachen K. c. L.-AG und A. c. L.-AG.
170 Dazu oben, Rz. 1.115.
171 Vgl. unten, Rz. 3.88 ff.
172 VISCHER, Arbeitsvertrag, 296 f.; BRÜHWILER, N 1 zu Art. 343 OR; a.M. wohl STREIFF/VON KAENEL, N 4 zu Art. 343 OR.
173 Bundesgesetz über die Information und Mitsprache der Arbeitnehmerinnen und Arbeitnehmer in den Betrieben (Mitwirkungsgesetz) vom 17.12.1993 (SR 822.14).
174 Art. 15 Abs. 1 Mitwirkungsgesetz erklärt ausdrücklich die Gerichte für zuständig, die auch sonst über Streitigkeiten aus dem Arbeitsverhältnis entscheiden.
175 Jeder Entlassene hat Anspruch auf maximal zwei Monatslöhne (Art. 336a Abs. 3 OR).
176 Vgl. oben, Rz. 3.63.

Thomas Geiser

4. Klagelegitimation (insbesondere der Verbände)

3.88 Zur Klage ist in erster Linie der *einzelne entlassene Arbeitnehmer* legitimiert. Damit er einen Anspruch nach Art. 336a Abs. 3 OR geltend machen kann, muss das Arbeitsverhältnis *wegen* der ohne Konsultationen erfolgten *Massenentlassung beendet* worden sein[177]. Kam es (nach der Kündigung) zu einer einverständlichen Beendigung des Arbeitsverhältnisses, kann dieser Arbeitnehmer aus den Bestimmungen über die Massenentlassung grundsätzlich[178] keine Ansprüche mehr geltend machen. Mangels eines rechtlichen Interesses steht ihm auch kein Anspruch auf Feststellung zu, dass die Bestimmungen über die Massenentlassungen verletzt worden sind.

3.89 Aus Art. 15 Mitwirkungsgesetz ergibt sich sodann, dass die *Verbände* ebenfalls zur Klage legitimiert sind. Ihr Anspruch geht allerdings ausschliesslich auf Feststellung. Klagen können nicht nur Gewerkschaften, sondern auch Arbeitgeberverbände. Auch sie können ein Interesse daran haben, dass die Bestimmungen über die Massenentlassungen eingehalten werden. Die Klagelegitimation setzt für den Verband voraus, dass einzelne seiner *Mitglieder* direkt betroffen sind[179].

Ein *Arbeitgeberverband* kann somit klagen, wenn ein Mitglied sich nicht an die Bestimmungen über die Massenentlassungen gehalten hat. Gegen den Aussenseiter ist demgegenüber keine Klage gegeben.
Eine *Gewerkschaft* ist zur Klage legitimiert, wenn gegenüber ihren Mitgliedern die Mitwirkungsansprüche nach Art. 335d ff. OR nicht eingehalten worden sind. Da zur Mitwirkung nicht nur die Gekündigten, sondern die ganze Belegschaft berechtigt ist[180], brauchen sich unter den Gekündigten keine Gewerkschaftsmitglieder zu befinden.

3.90 Aus dem in Art. 10 Bst. c Mitwirkungsgesetz enthaltenen Verweis ergibt sich, dass die Verbände einen Feststellungsanspruch nicht nur haben, wenn die Konsultationen unterblieben sind, sondern auch *feststellen lassen* können, dass *das Arbeitsamt nicht (rechtzeitig) informiert worden* ist.

5. Beweislast

3.91 Macht ein *Verband* geltend, die Bestimmungen über die Massenentlassungen seien verletzt, so hat er zu beweisen, dass

– eine Massenentlassung vorliegt,

---

177 Vgl. oben, Rz. 3.63; BGE 121 III 65 f.; vgl. nun aber den Entscheid des Bundesgerichts vom 14. Januar 1997 in Sachen K. c. L.-AG und A. c. L.-AG.
178 Im Aufhebungsvertrag können die Parteien allerdings etwas anderes vereinbaren. Eine solche Vereinbarung ist indessen nicht zu vermuten.
179 Art. 15 Abs. 2 Mitwirkungsgesetz: «Klagelegitimiert sind die *beteiligten* Arbeitgeberinnen (...) sowie deren Verbände.»
180 Oben, Rz. 3.49.

– die Konsultationen nicht oder nicht rechtzeitig erfolgt sind[181] oder
– die Mitteilung an das Arbeitsamt unterblieben ist.

Klagt ein *Arbeitnehmer* auf *Entschädigung* wegen Missbräuchlichkeit der Kündigung, so hat er nachzuweisen, dass 3.92

– eine Massenentlassung vorliegt,
– die Konsultationen nicht erfolgt sind,
– ihm aus einem Grund gekündigt worden ist, der nicht mit seiner Person im Zusammenhang steht,
– er innert Frist gegen die Kündigung Einsprache erhoben hat und
– das Arbeitsverhältnis wegen dieser Kündigung geendet hat.

Klagt ein *Arbeitnehmer auf Lohn*, weil das Arbeitsverhältnis mangels Anzeige an das Arbeitsamt noch nicht beendet ist, so hat er nachzuweisen, dass 3.93

– eine Massenentlassung vorliegt,
– ihm aus einem Grund gekündigt worden ist, der nicht mit seiner Person im Zusammenhang steht,
– die Mitteilung an das Arbeitsamt nicht oder nicht rechtzeitig erfolgt ist, und
– dass er seine Arbeit weiterhin angeboten hat.

Der Beweis, dass eine Massenentlassung vorliegt, kann heikel sein, weil die Arbeitnehmer nicht immer wissen können, wievielen Mitarbeitern innert welcher Frist aus Gründen gekündigt worden ist, die nicht mit ihrer Person in Zusammenhang stehen. Da es sich dabei um Vorgänge handelt, die sich ausschliesslich im Herrschaftsbereich des Arbeitgebers abspielen, trifft ihn hier eine Mitwirkungspflicht bei der Beweiserhebung. Diese ist von grosser Bedeutung, weil häufig die Ansprüche den in Art. 343 OR vorgesehenen Streitwert übersteigen werden, so dass die Untersuchungsmaxime nicht zur Anwendung gelangt. Weigert der Arbeitgeber sich, die nötigen Auskünfte zu erteilen, können diese einerseits mit Verwaltungszwang erhoben werden. Nützt auch dies nichts, tritt zwar keine Umkehr der Beweislast ein, das Gericht kann aber das prozessuale Verhalten bei der Beweiswürdigung berücksichtigen. 3.94

---

181 Wohl handelt es sich hier um einen vertraglichen Anspruch, und der Schuldner, der die Einwendung der Erfüllung erhebt, hätte diese zu beweisen. Die Forderung der Arbeitnehmer bzw. der Verbände geht aber nicht auf Erfüllung, sondern auf Ersatz wegen Nicht- bzw. Schlechterfüllung. Vgl. MAX KUMMER, Berner Kommentar, 1966, N 281 zu Art. 8 ZGB.

VII. Checklisten

1. Vor dem Aussprechen von Entlassungen

3.95 Bevor ein Arbeitgeber oder eine Arbeitgeberin eine grössere Anzahl Kündigungen ausspricht, sind folgende Punkte zu prüfen:

- Wie viele Arbeitnehmerinnen und Arbeitnehmer werden in der Regel im Betrieb beschäftigt (Art. 335d OR)[182]?
- Wie viele Kündigungen sind in welcher Frist geplant (Art. 335d OR)[183]?
- Stehen die Kündigungen weder im Zusammenhang mit einer behördlichen Anordnung[184] noch mit der Person des Gekündigten (Art. 335d OR)[185]?
- Sind die Arbeitnehmer oder deren Vertretung schriftlich informiert worden (Art. 335 f. Abs. 3 OR)[186]?
- Ist eine Kopie dieser Information dem Arbeitsamt zugestellt worden (Art. 335 f. Abs. 4 OR)[187]?
- Hatten die Arbeitnehmer oder ihre Vertretung genügend Zeit, um Vorschläge zu unterbreiten (Art. 335 f. Abs. 2 OR)[188]?
- Sind die eingegangenen Vorschläge ernsthaft geprüft worden (Art. 335 f. Abs. 1 OR)[189]?
- Sind die Massenentlassungen dem Arbeitsamt zusammen mit dem Ergebnis der Konsultationen angezeigt worden (Art. 335g OR)[190]?
- Ist eine Kopie dieser Anzeige den Arbeitnehmern bzw. deren Vertretung zugestellt worden (Art. 335g Abs. 1 OR)[191]?

3.96 Es ist immer daran zu denken, dass das Einhalten des vorgeschriebenen Verfahrens meist ohne jede Schwierigkeit möglich ist und bei einer rechtzeitigen Planung zu keinerlei Verzögerung führt, während ein Unterlassen des entsprechenden Verfahrens für den Arbeitgeber erhebliche Kostenfolgen hat. Im Zweifel wird es besser sein, die Bestimmungen über die Massenentlassung einzuhalten.

---

182 Rz. 3.39 f.
183 Rz. 3.19 ff.; Rz. 3.44.
184 Rz. 3.14 ff.
185 Rz. 3.24 ff.
186 Rz. 3.50 f.
187 Rz. 3.51.
188 Rz. 3.54.
189 Rz. 3.52.
190 Rz. 3.56 ff.
191 Rz. 3.59; 3.76.

2. Vor dem Geltendmachen von Forderungen auf Grund von Massenentlassungen

Will ein *Verband* gerichtlich *feststellen lassen*, dass die Bestimmungen über die Massenentlassungen verletzt worden sind, so hat er folgende Punkte zu prüfen: 3.97

- Sind Mitglieder des Verbandes von den Massenentlassungen betroffen bzw. hatten sie einen Anspruch auf Mitwirkung bei den Konsultationen (Art. 15 Mitwirkungsgesetz[192]?
- Für die Bestimmung des Anwendungsbereichs über die Massenentlassungen sind die ersten drei in Rz. 3.95 aufgeführten Punkte zu prüfen.
- Sind die Arbeitnehmer oder ihrer Vertretung schriftlich informiert worden (Art. 335 f. Abs. 3 OR)[193]?
- Hatten die Arbeitnehmer oder ihre Vertretung genügend Zeit, um Vorschläge zu unterbreiten (Art. 335 f. Abs. 2 OR)[194]?
- Sind eingegangenen Vorschläge ernsthaft geprüft worden (Art. 335 f. Abs. 1 OR)[195]?
- Sind die Massenentlassungen dem Arbeitsamt zusammen mit dem Ergebnis der Konsultationen angezeigt worden (Art. 335g OR)[196]?
- Ist eine Kopie dieser Anzeige den Arbeitnehmern bzw. deren Vertretung zugestellt worden (Art. 335g Abs. 1 OR)[197]?

Will ein Arbeitnehmer oder eine Arbeitnehmerin *eine Entschädigung wegen* einer nicht korrekt durchgeführten Massenentlassung geltend machen *(missbräuchliche Kündigung)*, so sind folgende Punkte zu prüfen: 3.98

- Für die Bestimmung des Anwendungsbereichs über die Massenentlassungen sind die ersten drei in Rz. 3.95 aufgeführten Punkte zu prüfen.
- Sind die Arbeitnehmer oder deren Vertretung schriftlich informiert worden (Art. 335 f. Abs. 3 OR)[198]?
- Hatten die Arbeitnehmer oder ihre Vertretung genügend Zeit, um Vorschläge zu unterbreiten (Art. 335 f. Abs. 2 OR)[199]?
- Sind die eingegangenen Vorschläge ernsthaft geprüft worden (Art. 335 f. Abs. 1 OR)[200]?

---

192 Rz. 3.89.
193 Rz. 3.50 f.
194 Rz. 3.54.
195 Rz. 3.52.
196 Rz. 3.56 ff.
197 Rz. 3.51; 3.76.
198 Rz. 3.50 f.
199 Rz. 3.54.
200 Rz. 3.52.

Thomas Geiser

- Sind die Massenentlassungen dem Arbeitsamt zusammen mit dem Ergebnis der Konsultationen angezeigt worden (Art. 335g OR)[201]?
- Hat der Arbeitnehmer oder die Arbeitnehmerin noch während der Dauer des Arbeitsverhältnisses Einsprache gegen die Kündigung erhoben (Art. 336b Abs. 1 OR)[202]?
- Ist das Arbeitsverhältnis wegen der Massenentlassung oder aus einem anderen Grund beendet worden[203]?
- Ist die Klage rechtzeitig nach Beendigung des Arbeitsverhältnisses erhoben worden (Art. 336b Abs. 2 OR)[204]?

3.99 Will ein Arbeitnehmer oder eine Arbeitnehmerin geltend machen, das *Arbeitsverhältnis sei noch nicht aufgelöst*, weil die Anzeige an das Arbeitsamt unterblieben oder zu spät erfolgt sei, und es bestehe somit noch ein Lohnanspruch, so sind folgende Punkte zu prüfen:
- Für die Bestimmung des Anwendungsbereichs über die Massenentlassungen sind die ersten drei in Rz. 3.95 aufgeführten Punkte zu prüfen.
- Sind die Massenentlassungen dem Arbeitsamt zusammen mit dem Ergebnis der Konsultationen angezeigt worden (Art. 335g OR)[205]?
- Ist eine Kopie dieser Anzeige den Arbeitnehmern bzw. deren Vertretung zugestellt worden (Art. 335g Abs. 1 OR)[206]?
- Hat der Arbeitnehmer oder die Arbeitnehmerin ihre Arbeitskraft dem Arbeitgeber weiter angeboten?

---

201 Rz. 3.56 ff.
202 Rz. 3.84.
203 Rz. 3.19; 3.45.
204 Rz. 3.85.
205 Rz. 3.56 ff.
206 Rz. 3.59; 3.76.

§ 4 Kündigung und kollektives Arbeitsrecht

FRANK VISCHER

I. Problemübersicht

Kündigungsvorschriften finden sich oft in Gesamtarbeitsverträgen (GAV). Sie gehören in aller Regel zum normativen Teil und haben demgemäss die Wirkung von relativ zwingenden Normen. 4.1

Im folgenden werden nach einer kurzen Darlegung der Bedeutung des GAV für den Einzelarbeitsvertrag (Rz. 4.6 ff.) Zulässigkeit und Grenzen der GAV-Kündigungsvorschriften im einzelnen untersucht. Insbesondere muss die Frage beantwortet werden, ob und in welchem Ausmass das Prinzip der Kündigungsfreiheit gesamtarbeitsvertraglich beschränkt werden darf (Rz. 4.12 ff.). 4.2

Von besonderer Problematik ist die Rechtslage nach Beendigung eines GAV. Die noch heute in Doktrin und Praxis nicht völlig geklärte Nachwirkung des GAV und deren Beendigung stehen dabei im Vordergrund (Rz. 4.22 ff.). 4.3

Bei Massenentlassung stellt sich die Frage, ob von Seiten der betroffenen Belegschaft ein Anspruch auf einen Sozialplan besteht. Die Schweiz kennt keine rechtliche Regelung über den Ausgleich sozialer Folgen von Massenentlassungen. Ein Recht auf einen Sozialplan wird, wenn auch relativ selten, in einem GAV vorgesehen.In der Regel werden allerdings im GAV nur das Prinzip, nicht aber der Inhalt festgelegt. Zu entscheiden ist deshalb, wie in diesem Fall rechtlich vorzugehen ist. Zu prüfen ist auch die Rechtslage bei Fehlen von GAV-Bestimmungen und vor allem die Mitwirkungsrechte der Gewerkschaften bei der Anhörung gemäss Art. 335 f Abs. 2 OR (Rz. 4.29 ff.). 4.4

Besondere Probleme wirft die Teilnahme an einem Arbeitskampf auf. Im Vordergrund steht heute die «Suspensionstheorie», welche nur ein Ruhen der arbeitsrechtlichen Rechte und Pflichten, nicht aber eine Auflösung des Arbeitsvertrages beinhaltet. Dennoch stellt sich die Frage, ob unter bestimmten Voraussetzungen der Arbeitgeber eine fristlose Entlassung der Arbeitnehmer wegen Teilnahme an einem Arbeitskampf vornehmen darf. Dies hängt vornehmlich davon ab, ob der Arbeitskampf rechtmässig ist (Rz. 4.36 ff.). 4.5

Frank Vischer

II. Gesamtarbeitsvertrag (GAV): Inhalt und Bedeutung für den Einzelarbeitsvertrag

4.6 Zum Verständnis der nachfolgenden Ausführungen über Kündigungsregeln im GAV sind kurz die wesentlichen Elemente des Kollektivvertrages in Erinnerung zu rufen:

1. Inhalt des Gesamtarbeitsvertrages

4.7 Der Gesamtarbeitsvertrag ist gemäss der gesetzlichen Definition in Art. 356 OR ein zwischen Arbeitgebern oder deren Verbände und Arbeitnehmerverbände geschlossener Vertrag. Dieser regelt im sog. schuldrechtlichen Teil die Beziehungen zwischen den Vertragsparteien, wozu insbesondere auch die Friedenspflicht zählt (Art. 357a OR). Der sog. indirekt schuldrechtliche Teil enthält Bestimmungen, welche zwar die einzelnen Arbeitsverhältnisse betreffen, aber nicht normativer Natur sind. Darunter fallen etwa Mitbestimmungsregelungen, Vorschriften über die Ordnung im Betrieb, Einrichtung von Kassen oder Vorschriften über die Ausübung von Kontrollen. Im normativen Teil sind die Bestimmungen über den Abschluss, den Inhalt und die Beendigung der einzelnen Arbeitsverhältnisse enthalten (Art. 357 OR). Es sind insbesondere Normen über Mindestlohn, Zulagen, Absenzregelung, Arbeitszeit und Überstunden, Ferien- und arbeitsfreie Tage und Bestimmungen über die Kündigung. Die normativen Bestimmungen haben die Wirkung von relativ zwingenden Gesetzesnormen: Sie gelten während der Dauer des GAV «unmittelbar» für die beteiligten Arbeitgeber und Arbeitnehmer und können nicht wegbedungen werden. Abweichende Bestimmungen im Einzelarbeitsvertrag sind nur zu Gunsten des Arbeitnehmers zulässig (sog. Günstigkeitsprinzip, Art. 357 Abs. 2 OR). Im übrigen sind Abreden, die gegen unabdingbare Bestimmungen verstossen, nichtig und werden durch die Bestimmungen des GAV ersetzt.

4.8 Der normative Teil des GAV betrifft unmittelbar das einzelne Arbeitsverhältnis. Infolge der vom Gesetzgeber angeordneten normativen, d.h. gesetzesähnlichen Wirkung kann sich der einzelne Arbeitnehmer auf diese Bestimmungen berufen und sie gerichtlich durchsetzen. Der GAV ersetzt allerdings nicht den Abschluss eines Einzelarbeitsvertrages; im Gegenteil, er setzt den Abschluss eines solchen voraus. Doch sind die an den GAV gebundenen Parteien des Einzelarbeitsvertrages in der Freiheit der inhaltlichen Ausgestaltung durch die relativ zwingenden Normen des GAV beschränkt.

2. Bindung an den GAV

Dem GAV unterstehen unmittelbar die Mitglieder der vertragsschliessenden Verbände sowie Arbeitgeber und Arbeitnehmer, die sich dem GAV angeschlossen haben (Art. 356b OR). Der Anschluss ist gesetzlich als Vertrag zwischen dem «Aussenseiter» und den GAV-Parteien konzipiert. Häufig finden sich im GAV sog. Ausdehnungsklauseln. Verbunden mit einer Zustimmungserklärung durch den einzelnen Arbeitgeber oder Arbeitnehmer bewirken sie den Anschluss[1]. Durch behördliche Anordnung kann der Geltungsbereich eines GAV auf alle Angehörigen eines Berufes oder Wirtschaftszweiges ausgedehnt werden (Bundesgesetz über die Allgemeinverbindlicherklärung von Gesamtarbeitsverträgen vom 28. September 1956)[2].

4.9

3. Beendigung des GAV

Die normative Wirkung des GAV endet mit der Beendigung des GAV. Dieser endet durch Zeitablauf oder Kündigung durch eine GAV-Vertragspartei. Entgegen der zur Zeit herrschenden Meinung bin ich der Ansicht, dass der einzelne Arbeitgeber oder Arbeitnehmer nicht durch Austritt aus dem vertragsschliessenden Verband mit Wirkung für sich und seine Angestellten die normative Wirkung beenden kann[3].

4.10

Mit der Beendigung des GAV stellt sich die Frage der Nachwirkung, auf die sub. III eingegangen wird.

4.11

III. Einzelarbeitsvertragliche Kündigungsschutzbestimmungen im GAV

1. Gesetzlicher Rahmen

Zu den normativen Bestimmungen zählen gemäss Gesetz auch Bestimmungen über die Beendigung des einzelnen Arbeitsverhältnisses (Art. 357 Abs. 1 OR). Gemeint sind vor allem Kündigungsschutzbestimmungen zu Gunsten des Arbeitnehmers.

4.12

Bestimmte Kündigungsschutzbestimmungen des Gesetzes sind gemäss Art. 361 OR absolut zwingend und können weder zu Ungunsten des Arbeitgebers noch des Arbeitnehmers abgeändert werden. Hiezu zählen Art. 334 Abs. 2 (Kündigung beim

4.13

---

1 VISCHER, Zürcher Kommentar, Art. 356b N 16.
2 «AVEG» SR 221, 215, 311.
3 VISCHER, Die Wirkung des Verbandsaustritts für die Geltung des GAV in: FS für ADRIAN STAEHELIN, Basel, 1996, 8 ff.

langjährigen Arbeitsverhältnis), Art. 335 (Kündigung im allgemeinen), Art. 336 Abs. 1 (missbräuchliche Kündigung), Art. 336a und 336b (Entschädigung bei missbräuchlicher Kündigung), Art. 336d (Kündigung zur Unzeit durch den Arbeitnehmer), Art. 337 (Fristlose Kündigung), Art. 337b Abs. 1 (Folgen bei gerechtfertigter Auflösung aus wichtigem Grund), Art. 337d (Folgen bei ungerechtfertigtem Nichtantritt der Stelle). Nur relativ zwingend, d.h. nur abänderlich zu Gunsten des Arbeitnehmers sind gemäss Art. 362 OR die Art. 336 Abs. 2 (missbräuchliche Kündigung durch den Arbeitgeber wegen Mitgliedschaft oder Nichtmitgliedschaft in einem Arbeitnehmerverband oder während der Ausübung eines Amtes als Arbeitnehmervertreter), Art. 336c (Kündigung zur Unzeit durch den Arbeitgeber), Art. 337a (fristlose Auflösung wegen Lohngefährdung), Art. 337c Abs. 1 (Folgen bei ungerechtfertigter Auflösung) und Art. 338 und 338a (Auflösung im Fall des Todes des Arbeitnehmers und Folgen bei Tod des Arbeitgebers).

4.14 Die normativen Bestimmungen des GAV können nur Fragen betreffen, die im Obligationenrecht nicht, nur dispositiv oder nur relativ zwingend geregelt sind. Bei den relativ zwingenden Normen können im GAV nur im Vergleich zum Gesetz für die Arbeitnehmer günstigere Regelungen vorgesehen werden. Die absolut zwingenden Normen des Gesetzes sind dagegen der ändernden Regelung im GAV entzogen. Bei den genannten absolut zwingenden Kündigungsbestimmungen wurde im Gesetz kein Vorbehalt zu Gunsten einer gesamtarbeitsvertraglichen Regelung angebracht.

2. Prinzip der Kündigungsfreiheit

4.15 Das Arbeitsvertragsrecht der Schweiz geht von der grundsätzlichen Kündigungsfreiheit beider Arbeitsvertragsparteien aus. Diese Freiheit kann auch durch gesamtarbeitsvertragliche Regelungen zu Gunsten des Arbeitnehmers nicht aufgehoben oder übermässig beschränkt werden. Der Grundsatz der Freiheit der Kündigung ergibt sich schon aus Art. 335 Abs. 1 OR: «Ein unbefristetes Arbeitsverhältnis kann von jeder Vertragspartei gekündigt werden». Durch die gesetzliche Qualifikation dieser Bestimmung als absolut zwingende Norm kommt zum Ausdruck, dass die GAV-Parteien die Kündigungsfreiheit beschränken können, dass aber die Beschränkung nicht so übermässig sein darf, dass die Freiheit in ihrem Kernbereich in Frage gestellt wird. Die Kündigungsfreiheit ist ein Grundsatzentscheid des Gesetzgebers. Eine übermässige Beschränkung würde Art. 27 ZGB verletzen. Bestimmungen eines GAV, die den Grundsatz verletzen, sind ungültig[4].

---

4 Vgl. STAEHELIN, Zürcher Kommentar, Art. 335 N 38; kritisch, REHBINDER, Berner Kommentar, Art. 335 N 15.

§ 4 Kündigung und kollektives Arbeitsrecht

Die Grenze zwischen zulässiger und übermässiger und somit unzulässiger Beschränkung der Kündigungsfreiheit ist allerdings schwierig festzulegen. So stellt sich etwa die Frage, ob im GAV der Arbeitgeber auf die Kündigung wegen wirtschaftlicher Notwendigkeit gültig verzichten kann. Eine solche Bestimmung wäre sowohl schuldrechtlicher wie normativer Natur und würde daher neben der Ungültigkeit einer trotz des Kündigungsverbots ausgesprochenen Kündigung Schadenersatzansprüche gegenüber den andern GAV-Parteien auslösen. Zulässig ist sicher zur Feststellung der wirtschaftlichen Notwendigkeit eine mitspracherechtliche Prozedur vorzusehen. Dagegen wäre der gänzliche Verzicht auf wirtschaftlich notwendige Kündigungen bei einem mehrjährigen GAV (im Unterschied zu einem GAV mit einjähriger Dauer) wohl eine übermässige Beschränkung der Freiheit des Arbeitgebers.

4.16

3. Vorbehalt der fristlosen Auflösung gemäss Art. 337 OR

Hervorzuheben ist, dass die fristlose Auflösung aus wichtigem Grund (Art. 337 OR) absolut zwingend vorbehalten ist. Zulässig ist jedoch, den wichtigen Grund im GAV näher zu umschreiben und etwa vorzusehen, dass bei leichterer Verletzung arbeitsvertraglicher Pflichten eine Auflösung erst nach Wiederholung und nach vorheriger Verwarnung des Arbeitnehmers zulässig sei.

4.17

4. Zulässige Kündigungsbeschränkungen

Zulässig ist, im normativen Teil des GAV die Kündigungsfristen und -termine festzulegen. Art. 335a und 335b sind im Katalog der absolut oder relativ zwingenden Normen (Art. 361 und 362) nicht aufgeführt. Dabei ist das in Art. 335 Abs. 1 statuierte Verbot ungleicher Kündigungsfristen für Arbeitgeber und Arbeitnehmer (unter Vorbehalt des Falles der Kündigung aus wirtschaftlichem Grund, Art. 335a Abs. 2) zu beachten. Ebenso können die sachlichen und zeitlichen Kündigungsbeschränkungen im Rahmen der dispositiven und relativ zwingenden Bestimmungen des Gesetzes geregelt werden[5]. Häufig wird in Gesamtarbeitsverträgen im Fall der Kündigung ein Anhörungsrecht des Betroffenen durch die Betriebskommission oder die paritätische Kommission vorgesehen. Das Anhörungsrecht ist im Zweifelsfall Gültigkeitsvoraussetzung; eine Kündigung bei grundloser Verweigerung des Rechts ist daher unwirksam. Ebenso kann für die Kündigung die Schriftform als Gültigkeitsvoraussetzung festgelegt werden.

4.18

---

5   STAEHELIN, Zürcher Kommentar, Art. 335 N 37.

4.19 Auch die finanziellen Folgen einer Kündigung können Gegenstand einer Regelung im GAV sein. So können über das Gesetz (Art. 339b–339d) hinausgehende Abgangsentschädigungen vorgesehen werden. In aller Regel wird der Anspruch an die Voraussetzung geknüpft, dass die Kündigung ohne kausales Verschulden des Arbeitnehmers erfolgte.

4.20 Fraglich ist, inwieweit bei Kündigungen aus wirtschaftlichem Grund Sozial- und Härteklauseln zulässig sind. So wird etwa im GAV vorgesehen, dass im Fall einer Massenkündigung Personen mit Familienpflichten nach Möglichkeit vom von der Kündigung erfassten Personenkreis auszunehmen seien. Die Grenze der Zulässigkeit liegt im Gleichbehandlungsprinzip. Grundsätzlich ist die Familienpflicht ein Umstand, der die relative Ungleichheitsbehandlung rechtfertigt. Voraussetzung ist, dass eine dahingehende Bestimmung geschlechtsneutral formuliert und ausgeübt wird.

4.21 Häufig finden sich Regelungen über einen vorzeitigen Übertritt in den Ruhestand mit Regelungen des Pensionsanspruchs. Zu beachten ist allerdings, dass die GAV-Parteien nicht zu Lasten der rechtlich selbständigen Personalfürsorgeeinrichtungen bestimmen können. Diese dürfen Pensionsansprüche nur gemäss ihren Statuten und Reglementen ausrichten. Zusagen von Leistungen bei vorzeitiger Pensionierung, die in den Statuten und Reglementen der Vorsorgeeinrichtungen nicht vorgesehen sind, verpflichten daher die beteiligten Arbeitgeber persönlich.

IV. Rechtslage nach Beendigung des GAV

1. Beendigung des GAV

4.22 Der GAV endet durch Zeitablauf. Ist der GAV nicht auf bestimmte Zeit abgeschlossen und sieht er nichts anderes vor, so kann er von jeder Vertragspartei nach Ablauf eines Jahres jederzeit auf sechs Monate gekündigt werden (Art. 356c Abs. 2 OR). Die Möglichkeit einer vorzeitigen Beendigung des GAV aus wichtigem Grund ist nur mit grosser Zurückhaltung zu bejahen. Es müssen ausserordentliche Umstände vorliegen, die einer GAV-Partei die Einhaltung des Gesamtarbeitsvertrages unzumutbar machen. Dabei sind an die Unzumutbarkeit hohe Anforderungen zu stellen. Eine blosse Erschwerung der wirtschaftlichen Situation genügt nicht; es müssen vielmehr Umstände vorliegen, die einer «grundstürzenden Veränderung der wirtschaftlichen Verhältnisse»[6] gleichkommen mit der Folge, dass die Einhaltung des GAV für den Arbeitgeber ruinös wäre; es kann nicht der Sinn eines GAV sein, den

---

6 SCHÖNENBERGER, Zürcher Kommentar (1936), Art. 322 N 70.

§ 4 Kündigung und kollektives Arbeitsrecht

Untergang des Unternehmens und damit den Untergang des Arbeitsplatzes zu bewirken[7].

2. Auflösung des GAV aus wichtigem Grund und Neuverhandlungen im Krisenfall

Einer Auflösung des GAV ist eine Anpassung des GAV an die veränderten Umstände vorzuziehen. In den GAV finden sich in neuerer Zeit Klauseln, die im Krisenfall die Wiederaufnahme neuer Verhandlungen über bestimmte Punkte, so namentlich über den Teuerungsausgleich, den Mindestlohn und die Arbeitszeit vorsehen, ausnahmsweise sogar die Ermächtigung zu einer von der Arbeitgeberseite einseitig anzuordnenden vorübergehenden Abweichung von gesamtarbeitsvertraglichen Bestimmungen beinhalten. Der «Krisenartikel» der Vereinbarung in der Maschinenindustrie (sog. Friedensabkommen) vom 1. Juli 1993 enthält z.B. folgende Bestimmung: «Zur Überwindung wirtschaftlicher Schwierigkeit und zur Verbesserung der Chancen, Arbeitsplätze zu erhalten, kann in den Firmen gesamthaft oder in Teilbereichen ausnahmsweise und befristet von arbeitsvertraglichen Bestimmungen (betr. Normalarbeitszeit, spezielle Arbeitssysteme, Überstunden, 13. Monatslohn) abgewichen werden.» Geschäftsleitung und Arbeitnehmervertretung legen Dauer, Ausmass und Modalitäten der Abweichung gemeinsam fest... «Die Arbeitnehmervertretung kann – unter Ausschluss der Schiedsgerichtsbarkeit – sofort den Beizug der beidseitigen Vertragsparteien ... verlangen ... Kommt keine Einigung zustande, so gilt die Vereinbarung...» (Art. 83). Für gewisse Fragen wie insbesondere Lohnerhöhungen und Teuerungszulagen werden im GAV mit mehrjähriger Dauer oft jährliche Tarifrunden vorgesehen. Es handelt sich dann um einen neuen, im Rahmen des GAV einzuordnenden Teilgesamtarbeitsvertrag.

4.23

Auch ohne ausdrückliche Regelung im GAV wird man bei schwerwiegenden Änderungen in den Grundlagen eine Verhandlungspflicht über eine mögliche Anpassung des GAV annehmen müssen. Bei Nichteinigung einer Partei kann das vertragliche Schiedsgericht nicht einseitig zur Entscheidung über eine Vertragsänderung angerufen werden, weil die Eigenart des GAV als Normsetzungsinstrument einen solchen Eingriff, der eine hoheitliche Lohnfestsetzung auf einseitiges Begehren bedeuten würde, letztlich ausschliesst. Zulässig ist jedoch, dass das vertragliche Schiedsgericht auf Begehren beider Parteien zur Anpassung ermächtigt wird[8].

4.24

---

7 VISCHER, Zürcher Kommentar, Art. 356c N 35 und 36.
8 VISCHER, Zürcher Kommentar, Art. 356c N 36.

Frank Vischer

3. Prinzip der Nachwirkung des GAV

4.25 Endet der GAV, so entfällt die normative Wirkung; jedoch verlieren die normativen Bestimmungen im vertragslosen Zustand ihre Bedeutung für das Einzelarbeitsvertragsverhältnis nicht. Es ist heute in der schweizerischen Literatur grundsätzlich anerkannt, dass die normativen Bestimmungen nach Beendigung des GAV für das einzelne Arbeitsverhältnis «nachwirken». Jedoch beruht ihre Geltung nunmehr nur auf einzelarbeitsvertraglicher Grundlage. Die Nachwirkung kann deshalb jederzeit durch eine neue Vereinbarung zwischen den Parteien des Einzelarbeitsvertrages oder durch eine Änderungskündigung beendet werden. Auch wenn über das Prinzip der Nachwirkung in der neueren Lehre weitgehende Einigkeit besteht, gehen die Meinungen über die Begründung auseinander. Zum Teil wird die Fortgeltung der Bestimmungen des GAV über die einzelnen Vertragsverhältnisse mit dem mutmasslichen oder hypothetischen Parteiwillen der Einzelarbeitsvertragsparteien begründet[9]. Das Bundesgericht hat in seinem einzigen Entscheid, der sich mit der Nachwirkung befasst (BGE 98 I a 561 ff.), diese Begründung unter dem Gesichtspunkt von Art. 4 BV jedenfalls als nicht willkürlich bezeichnet. Der Verfasser dieses Beitrages hat im Zürcher-Kommentar[10] die Ansicht vertreten, dass die Weitergeltung der normativen Bestimmungen dem effektiven und nicht bloss dem präsumtiven Parteiwille entspreche, deshalb auch nicht durch einseitige Erklärung jeder Partei jederzeit beendet werden könne. EUGEN X. HAENER[11] kommt nach eingehender Analyse der Rechtslage zum Schluss, dass die gesetzliche Regelung des GAV eine echte Lücke enthalte, die im Wege der richterlichen Lückenfüllung mit einer Norm geschlossen werden müsse, die folgenden Inhalte haben könnte: «Wird der GAV ersatzlos beendet, dann gelten dessen Inhaltsnormen im Sinne einer Übergangsregelung dispositiv weiter, bis sie durch eine neue Vereinbarung ersetzt werden» (S. 171). JÜRG BRÜHWILER[12] lehnt eine Lücke ab und stimmt im Grundsatz, wenn auch mit Einschränkungen, meiner These zu. Aus den in der Doktrin geäusserten Ansichten geht jedenfalls hervor, dass eine Abstützung der Einzelarbeitsverträge allein auf das Obligationenrecht, wie es in der älteren Literatur vorgeschlagen wurde[13], nicht praktikabel ist. Der Ersatz des GAV-Lohnes durch den «üblichen Lohn» (Art. 322 Abs. 1 OR) entspricht sicherlich nicht dem Willen der Vertragsparteien. Vielmehr ist eine Nachwirkung zu bejahen, bis eine neue einzelarbeitsvertragliche Vereinbarung getroffen würde. Die Weitergeltung kann

---

9 So etwa REHBINDER, Arbeitsrecht, 12. Aufl., Bern 1995, 202.
10 Art. 356c N 44 und 45.
11 Das Arbeitsverhältnis nach ersatzloser Beendigung des Gesamtarbeitsvertrages, Basler Studien zur Rechtswissenschaft, Bd. 12, Basel/Frankfurt a.M. 1984.
12 Gedanken zu einigen Rechtsproblemen des vertragslosen Zustandes, in: Festgabe für ALFRED RÖTHELI (Solothurn 1990, 593 ff.).
13 Vgl. z.B. SCHÖNENBERGER, Zürcher Kommentar (1936), Art. 323 N 12.

allerdings nicht durch einseitige Erklärung, sondern nur durch Aufhebungsvertrag oder Änderungskündigung bewirkt werden.

4. Nachwirkung auch der Kündigungsbeschränkungen?

Eine Nachwirkung der GAV-Bestimmungen, welche die Kündigung des Einzelarbeitsverhältnisses beschränken, ist allerdings nicht vorbehaltslos anzunehmen. Die Nachwirkung ist ihrer Natur nach auf die Übergangszeit bis zum Abschluss eines neuen GAV oder eines neuen Einzelarbeitsvertrages beschränkt. Es ist unter allen Theorien davon auszugehen, dass die Übergangsperiode so kurz wie möglich zu halten ist. Zu beachten ist auch, dass der Wille der kündigenden GAV-Partei in aller Regel darauf gerichtet ist, nicht nur das Verhältnis zur anderen GAV-Partei, sondern auch das Einzelarbeitsverhältnis auf eine neue Grundlage zu stellen. Die Neuregelung sollte nicht durch die Weitergeltung von Regelungen, die eine Kündigungsbeschränkung enthalten, übermässig erschwert werden. Ich habe im Zürcher Kommentar[14] die Meinung vertreten: «Kündigungsschutzbestimmungen des normativen Teils gelten dann nicht, wenn sie die Änderung des Einzelarbeitsvertrages durch eine individuelle oder kollektive Änderungskündigung seitens der Vertragsparteien verhindern. Einer Weitergeltung der Kündigungsbeschränkungen für Einzelkündigungen steht dagegen nichts entgegen, soweit sie insbesondere den Fall der disziplinarischen Entlassung (allerdings ohne wichtigen Grund) zum Inhalt haben.» Eine gewisse Stütze findet diese Meinung in Art. 333 Abs. 2 OR, der den Übergang des Arbeitsverhältnisses bei Betriebsübertragung regelt. Bei Ablehnung des Übergangs wird das Arbeitsverhältnis «auf den Ablauf der gesetzlichen (– und somit nicht der vertraglichen! –) Kündigungsfrist aufgelöst». Eine ähnliche Lösung findet sich im Mietvertrag bei Wechsel des Eigentümers der Mietsache (Art. 261 Abs. 2 lit. a OR). Die Bestimmungen zeigen, dass dem Gesetzgeber die Nichtgeltung vertraglicher Kündigungsfristen bei besonderen Situationen nicht fremd ist. Im Unterschied zur Änderungskündigung gelten bei der Entlassung, auch wenn sie die Form einer Massenentlassung annimmt, die Kündigungsvorschriften des GAV. 4.26

Fraglich ist, ob bei einer Änderungskündigung die im GAV für den Fall der Kündigung vorgesehenen besonderen Abgangsentschädigungen gelten. Soweit sie die Ausübung des Kündigungsrechtes nicht übermässig erschweren, würde ich die Frage bejahen. Keine Geltung haben dagegen Bestimmungen wie etwa, dass das Arbeitsverhältnis «nur unter Angabe stichhaltiger Gründe» gekündigt werden kann. 4.27

---

14   Art. 356c N 46.

5. Besonderheiten bei Massenänderungskündigungen

4.28 Die Änderungskündigung ist in ihrer Rechtsnatur eine Kündigung verbunden mit einer Offerte zum Abschluss eines neuen Arbeitsvertrags. Wird die Kündigung gegenüber einem Kollektiv von Arbeitnehmern ausgesprochen, was die Regel ist, kommen die Bestimmungen von Art. 335 f. über die Massenentlassungen zur Anwendung. Es wird auf die Ausführungen von THOMAS GEISER (oben, Rz. 3.28 ff.) verwiesen.

V. Sozialplan

1. Anspruch auf einen Sozialplan

4.29 Das schweizerische Recht kennt keinen gesetzlichen Anspruch auf einen die Kündigungsfolgen mildernden Sozialplan im Fall von Massenentlassungen. Dadurch unterscheidet sich das schweizerische Recht etwa von den Rechten Deutschlands und Frankreichs. Eine Motion RENSCHLER vom 15. März 1979 über die Erweiterung der Regelung der Abgangsentschädigung im Fall der Betriebsschliessung, Betriebszusammenlegung oder betrieblicher Strukturveränderung sowie Einführung neuer Techniken wurde vom Nationalrat abgelehnt[15].

4.30 In Gesamtarbeitsverträgen wird vereinzelt vorgesehen, dass bei Betriebsschliessungen und Massenentlassungen eine Vereinbarung über einen Sozialplan zu treffen sei. Diesfalls besteht im Prinzip ein Anspruch auf einen Sozialplan. Die Schwierigkeit liegt in der Durchsetzung, wenn der GAV selbst, was die Regel ist, den Inhalt nicht vorschreibt und die GAV-Parteien sich über diesen nicht einigen können. Die GAV-Parteien sind jedenfalls zu bona fide geführten Verhandlungen rechtlich verpflichtet. Die Unterlassung dieser Pflicht bedeutet eine Verletzung des GAV und kann zur Ausfällung der im GAV vorgesehenen Sanktionen gegenüber der säumigen GAV-Partei führen. Da es sich um einen Rechtsanspruch handelt, wäre auch die Erlangung einer gerichtlichen oder schiedsgerichtlichen Verfügung zur Verpflichtung zu Verhandlungen möglich. Die Androhung von Strafen wegen Ungehorsams gegen die amtliche Verfügung gemäss Art. 292 StGB ist allerdings nur einem staatlichen Gericht möglich[16]. Das Schiedsgericht hätte diesfalls um die Mitwirkung des staatlichen Gerichtes zu ersuchen.

---

15 Sten. Bull. NR 1979, 953 ff.
16 So jedenfalls gemäss dem Konkordat über die Schiedsgerichtsbarkeit vom 27. März 1969; für das IPRG im gleichen Sinn, VISCHER, in Kommentar zum IPRG, Zürich 1993, Art. 183 N 7; a.M. WALTER/BÖSCH/BRÖNNIMANN, Internationale Schiedsgerichtsbarkeit der Schweiz, Bern 1992, 137/8.

§ 4 Kündigung und kollektives Arbeitsrecht

Kommt es trotz bona fide geführten Verhandlungen zu keiner Einigung über den 4.31
Inhalt des Sozialplanes, so muss versucht werden, in dem in Art. 335 und 335g OR
vorgesehenen Verfahren zu einer Lösung zu gelangen. Grundsätzlich handelt es
sich um eine kollektive Regelungsstreitigkeit. Eine Festlegung des Inhaltes des
Sozialplanes durch das GAV-Schiedsgericht ist nur mit Zustimmung beider Parteien möglich, sofern der GAV selbst nichts anderes vorsieht. Bei bloss relativer
Friedenspflicht wäre ein Arbeitskampf zur Erreichung eines Sozialplanes nach dem
Scheitern aller Verhandlungsmöglichkeiten als ultima-ratio-Mittel vorbehältlich
der GAV-Friedenspflicht nicht rechtswidrig.

2. Sozialplan und Anhörungsrechte

Die neuen Regeln des OR über die Massenentlassung sehen vor, dass die Arbeit- 4.32
nehmer resp. ihre Vertretung vor der Kündigung zu konsultieren sind und diese
mindestens die Möglichkeit haben müssen, «Vorschläge zu unterbreiten, wie die
Kündigungen vermieden oder deren Zahl beschränkt sowie ihre Folgen gemildert
werden können» (Art. 335f Abs. 2). Der Anspruch auf Konsultation steht nach dem
Gesetzeswortlaut nur den Betriebsangehörigen resp. deren Vertretung zu. Aussenstehende Gewerkschaften haben keinen Anspruch auf Mitwirkung[17]. Mitwirkungsrechte der Gewerkschaften können allerdings in einem für den Betrieb geltenden
GAV vorgesehen sein und sind dann zu beachten. Da Massenentlassungen immer
die Grundlagen eines bestehenden Gesamtarbeitsvertrages betreffen, müsste sich
ein Mitwirkungsanspruch der vertragsschliessenden Gewerkschaften auch ohne
ausdrückliche Anordnung im GAV aus dem Gebot der bona fide-Einhaltung des
Gesamtarbeitsvertrags ergeben (Art. 357a OR)[18]. Zumindest ist der Anspruch der
Gewerkschaft auf Beratung der betrieblichen Arbeitnehmervertretung zu bejahen.
Gerade zur Durchsetzung eines Sozialplanes bedarf es oft der Mitwirkung und des
Druckes seitens der Gewerkschaften, die eine im Vergleich zu den betrieblichen
Organisationen stärkere Unabhängigkeit gegenüber dem Arbeitgeber aufweisen.

Das Mitwirkungsrecht der GAV-Parteien ist immer gegeben, wenn der GAV den 4.33
Abschluss eines Sozialplanes vorsieht. Diesfalls steht der primäre Verhandlungsanspruch diesen Parteien zu. Die gesetzlichen Mitwirkungsrechte der Arbeitnehmervertretung resp. der Arbeitnehmer gemäss Art. 335 f. OR sind allerdings ebenfalls zu wahren, wobei erwartet werden darf, dass die Mitwirkungsträger ihre
Forderungen koordinieren.

---

17 Oben, Rz. 3.49.
18 Vgl. VISCHER, Zürcher Kommentar, Art. 357a N 13 ff.

3. Abschluss und Inhalt eines Sozialplanes bei Fehlen eines gesamtarbeitsvertraglichen Anspruchs

4.34 Der Abschluss einer Vereinbarung über einen Sozialplan, sofern der GAV keine Regelung vorsieht, ist oft nur unter Mitwirkung des kantonalen Arbeitsamtes möglich. Dieses ist nach Art. 335g Abs. 3 OR verpflichtet, nach «Lösungen für die Probleme, welche die beabsichtigte Massenentlassung aufwirft», zu suchen. Dabei können die Arbeitnehmervertretung und, sofern es keine solche gibt, die Arbeitnehmer ihre Bemerkungen einreichen[19].

4.35 Ein Sozialplan bezieht sich insbesondere auf folgende Gegenstände: Bezeichnung der Anlaufstelle, Weiterbeschäftigungsmöglichkeiten, vorzeitige Pensionierung, Abgangsentschädigung, spezielle Kündigungsfristen, Massnahmen zur Unterstützung der Stellensuche (wie Kursprogramme, Weiterbildung, betriebliche und überbetriebliche Stellenvermittlung, Errichtung einer Transfer-Organisation).

VI. Kündigung wegen Teilnahme am Arbeitskampf

1. Arbeitskampffreiheit

4.36 Das Arbeitskampfrecht der Schweiz ist gesetzlich nicht geregelt. In der Verfassung findet sich keine ausdrückliche Garantie des Streiks und der Aussperrung. Das Bundesgericht hat im Entscheid 111 II 245 («Urania-Entscheid») die Frage, ob der Streik als Mittel zur Erreichung eines Kollektivvertrages als Ausfluss der verfassungsrechtlich garantierten Arbeitsmarktfreiheiten (neben der Koalitionsfreiheit und der Tarifautonomie) als ungeschriebenes Verfassungsrecht anzuerkennen sei[20], offengelassen, betrachtet aber die Auffassung, dass das Streikrecht keinen Eingang im schweizerischen Arbeitsrecht gefunden habe als «offensichtlich zu absolut und zu summarisch». Doch ist davon auszugehen, dass in einem Wirtschaftssystem, das dem Staat den direkten Eingriff in die Festsetzung des Lohnes und der andern Arbeitsbedingungen verwehrt, die staatliche Duldung des Streikes als ultima-ratio-Mittel zur Erreichung einer adäquaten kollektiven Regelung verfassungsmässig anzuerkennen ist[21].

---

19 Vgl. hierzu z.B. die Broschüren «Massenentlassung und Betriebsschliessungen», hrsg. vom Amt für Wirtschaft und Arbeit (AWA) des Kantons Solothurn, 1996, sowie «Personalabbaumassnahmen», hrsg. vom Zentralverband schweiz. Arbeitgeberorganisationen, Zürich 1992.
20 So GIGY, Wirtschaftsverfassungsrecht, Bern 1981, 179 f., 183; TSCHUDI, Die Sozialverfassung der Schweiz, Bern 1986, 43; VISCHER, Zürcher Kommentar, Art. 357a N 25.
21 Vgl. VISCHER, Der Arbeitsvertrag, 2. Aufl., Basel/Frankfurt a.M. 1994, 263; Zürcher Kommentar, Art. 357a N 25 (mit weiteren Literaturhinweisen).

2. Teilnahme am Arbeitskampf und der Arbeitsvertrag

Die Teilnahme an einem Streik, somit an einer kollektiven Verweigerung der 4.37
Arbeitsleistung, steht im Widerspruch zur arbeitsvertraglichen Leistungspflicht.
Daraus folgerte die ältere Lehre, dass strikt zwischen Arbeitskampf und Arbeitsvertrag zu trennen sei und erachtete deshalb die Teilnahme auch an einem rechtmässigen Streik immer als Bruch des Arbeitsvertrages, die den Arbeitgeber zur fristlosen Entlassung berechtigt[22]. Die neuere, herrschende Lehre unterstreicht dagegen die Einheit vom legitimen Arbeitskampf und Verweigerung der Arbeitspflicht und nimmt an, dass im Falle der Teilnahme an einem rechtmässigen Streik das Arbeitsverhältnis nicht aufgelöst, sondern nur in seinen Hauptpflichten bis zur Beendigung des Arbeitskampfes suspendiert werde[23]. Nur die Teilnahme an einem illegalen Streik kann deshalb (aber muss nicht automatisch) als ein wichtiger Grund zur sofortigen Auflösung des Arbeitsverhältnisses anerkannt werden[24]. Es ist in jedem Fall der Teilnahme an einem illegalen Streik zu prüfen, ob dadurch die Fortsetzung des Arbeitsverhältnisses unzumutbar geworden ist. Wie das Bundesgericht betont[25], muss sich ein verfassungsmässiges Recht auf Teilnahme an einem Streik bei der Auslegung des Begriffs des «wichtigen Grundes» in Art. 337 OR auswirken.

3. Rechtsmässigkeit des Arbeitskampfes

Die Wirkung der Teilnahme an einem Streik auf das Arbeitsverhältnis hängt somit 4.38
von der Rechtmässigkeit des Arbeitskampfes ab. Nach der Lehre und nach Bundesgericht sind folgende Elemente entscheidend[26]:

– Es muss sich um eine sog. Regelungsstreitigkeit und nicht um einen Rechtsstreit 4.39
handeln. Regelungsstreitigkeiten sind Differenzen über die Auslegung bestehender Normen. Für diese besteht die alleinige Zuständigkeit der Gerichte oder der

---

22 So nach BGE 44 II 555, 557.
23 Vgl. eingehend, VISCHER, Streik und Aussperrung in der Schweiz, in: Wirtschaft und Recht, Zürich, 33 (1981), Heft 2, 16 ff. Die gleiche Lösung gilt auch im Fall der Aussperrung, der Verweigerung des Arbeitsangebots, dem Kampfmittel des Arbeitgebers.
24 VISCHER, Der Arbeitsvertrag, op. cit. 136; BGE 111 II 245, 250 ff.
25 BGE 111 II 245, 250 ff.
26 Vgl. zur Begrenzung des Arbeitskampfes insbesondere BGE 111 II 245; AUBERT, L'obligation du paix de travail, Genève 1981; EDWIN SCHWEINGRUBER, Friedenspflicht und Konfliktserledigung auf Grund der Gesamtarbeitsverträge in der Schweiz, Zürich 1979; SCHLUEP, Überbordungsgefahren von Arbeitskonflikten, Bern 1973; VISCHER, Streik und Aussperrung in der Schweiz, op. cit.; ders., Zürcher Kommentar, Art. 357a, N 22 ff. und die dortigen Nachweise; ders., Der politische Streik in: Festgabe der Basler Juristischen Fakultät zum schweiz. Juristentag 1985, Basel 1985, 449 ff. – Zum Streikrecht auf Verfassungsebene: Entwurf zu einer neuen Bundesverfassung, Art. 24 («Koalitionsfreiheit»), dazu Botschaft vom 20. November 1996, BBl 1997 I 177 ff.

vertraglich vereinbarten Schiedsgerichte. Der Adressat des Streikes muss das Kampfziel im Wege einer kollektiven Regelung, allenfalls durch betriebliche Änderungen, verwirklichen können. Der politische Streik mit dem Gesetzgeber als Adressaten ist deshalb kein legitimer Streik.

4.40 – Der Arbeitskampf darf nicht im Widerspruch zu gesamtarbeitsvertraglich vereinbarten Friedenspflichten stehen. Mit dem Abschluss des GAV besteht die Friedenspflicht mit Bezug auf alle im GAV geregelten Fragen (sog. relative Friedenspflicht). Die GAV-Parteien können verbindlich für alle Beteiligten die absolute Friedenspflicht vereinbaren; diesfalls darf während der Dauer des GAV unbeachtet des Streitgegenstandes nicht gestreikt werden (Art. 357a Abs. 2 OR).

4.41 – Der Arbeitskampf darf nicht im Widerspruch zu einem gesetzlich verordneten Arbeitskampfverbot stehen. Eine gesetzliche Friedenspflicht gilt gemäss Art. 23 über das Dienstverhältnis der Bundesbeamten[27] für alle diesem Gesetz unterstehenden Bediensteten des Bundes. Auch die meisten kantonalen Rechte (mit Ausnahme des Kantons Jura)[28] kennen ein Streikverbot für die öffentlich-rechtlich Bediensteten. Eine gesetzliche Friedenspflicht gilt in der Regel während eines Schlichtungsverfahrens[29].

4.42 – Der Arbeitskampf muss von den Arbeitgeber- resp. Arbeitnehmerverbänden getragen sein. Der nicht verbandsmässig organisierte Streik, der sog. wilde Streik, ist nicht rechtsmässig.

4.43 – Der Arbeitskampf muss das letzte Mittel zur Überwindung einer Pattsituation in den Beziehungen zwischen den Trägern des Kollektivarbeitsrechtes sein. Alle Verhandlungs- und Schlichtungsmöglichkeiten müssen versagt haben. Überdies muss der schwerwiegende Beschluss zum Arbeitskampf verhältnismässig zum Kampfziel sein.

4.44 – Vom Arbeitskampf zu unterscheiden ist das Leistungsverweigerungsrecht des Arbeitnehmers, wenn der Arbeitgeber die ihm obliegenden Pflichten nicht erfüllt (Art. 82 OR). Zu denken ist etwa an den Fall, dass der Arbeitgeber die nötigen Sicherungsmassnahmen im Betrieb unterlässt. Das vertragliche Retentionsrecht kann auch kollektiv ausgeübt werden. Doch ist das Leistungsverweigerungsrecht immer nur als ultima-ratio-Mittel zulässig, wenn die Arbeit aus Gründen, die der Arbeitgeber zu vertreten hat, unzumutbar wird, und jede Anrufung des Richters zu spät käme. Die Verweigerung der Leistung ist diesfalls keine Verletzung der Arbeitspflicht und deshalb auch kein Grund zur fristlosen Auflösung des Arbeits-

---

27 SR 172.221.104.
28 Art. 20 lit. G der Kantonsverfassung
29 Art. 6 Bundesgesetz über die eidgenössische Einigungsstelle zur Beilegung von Kollektivstreitigkeiten vom 12.2.1949.

§ 4 Kündigung und kollektives Arbeitsrecht

verhältnisses [30]. Eine ordentliche Kündigung wegen der Ausübung dieses Rechts kann gemäss Art. 336 Abs. 1 lit. d missbräuchlich sein.

– Umstritten ist, ob das vertragliche Retentionsrecht auch auf der Ebene der Gesamtarbeitsvertragsparteien zulässig ist, wenn sich die Gegenseite nicht an den Vertrag hält. Mit GABRIEL AUBERT[31] ist dies im Blick auf die Tatsache, dass der GAV nicht im eigentlichen Sinn ein Zug um Zug zu erfüllender Austauschvertrag ist, sondern gesellschaftsrechtliche Elemente enthält, zu verneinen. Ein Quasi-Streikrecht über das Retentionsrecht zur Durchsetzung von Rechtsansprüchen ist nicht anzuerkennen[32].

4.45

---

30 VISCHER, Zürcher Kommentar, Art. 357a, N 49 ff.; EDWIN SCHWEINGRUBER, Friedenspflicht und Konfliktsregelung auf Grund des GAV in der Schweiz, Zürich 1979, 108 ff.
31 L'obligation du paix de travail, op. cit. 219 ff.
32 VISCHER, Zürcher Kommentar, Art. 357a N 50.

§ 5 Konkurrenzverbot

PETER BOHNY

Literaturauswahl: BOHNY PETER, Das arbeitsvertragliche Konkurrenzverbot, Zürich 1989; BRAND DANIEL/DUERR LUCIUS/GUTKNECHT BRUNO et al., Der Einzelarbeitsvertrag im Obligationenrecht, Hrsg. Gewerbeverband, Bern 1991; BRÜHWILER JÜRG, Kommentar zum Einzelarbeitsvertrag, 2. überarb. Auflage, Hrsg. Arbeitgeber-Organisationen, Bern 1996; BRUNNER CHRISTIANE/BÜHLER JEAN-MICHEL/WAEBER JEAN-BERNARD, Kommentar zum Arbeitsvertrag, 2. Aufl., Basel 1997; BUSSE THOMAS, Wirksamkeitsvoraussetzungen der Konkurrenzklausel – ein Rechtsvergleich aus schweizerischer und deutscher Sicht, Diss. Basel 1990; REHBINDER MANFRED, Berner Kommentar, 2. Abt., 2. Teilbd., 2. Absch., Art. 331–355, Bern 1992; STAEHELIN ADRIAN, Zürcher Kommentar, Teilband V 2c, Art. 331–355, Zürich 1996; STREIFF ULLIN/VON KAENEL ADRIAN, Leitfaden zum Arbeitsvertragsrecht, 5. Aufl., Zürich 1993; VISCHER FRANK, Der Arbeitsvertrag, 2. überarb. Aufl., Basel und Frankfurt 1994.

I. Problemübersicht

Das Besondere am Konkurrenzverbot liegt in der Nachwirkung des Arbeitsverhältnisses. Es beschränkt die beruflichen Entfaltungsmöglichkeiten der oder des austretenden Angestellten einschneidend: Eine konkurrierende Tätigkeit nach dem Betriebsaustritt ist untersagt. 5.1

Das Konkurrenzverbot will die schmarotzerische Nutzung von spezifischen, wettbewerbsrelevanten Kenntnissen verhindern, die aufgrund des Arbeitsverhältnisses erworben wurden. Es steht daher im Spannungsfeld dreier Interessensbereiche: der geschäftlichen Geheimhaltungssphäre, der persönlichen Entfaltungsfreiheit der Angestellten und des gesellschaftlichen Wettbewerbsinteresses.

Der Gesetzgeber hat dem Schutz der Verwertung der persönlichen Fähigkeiten und Erfahrungen der Arbeitnehmer prioritäres Gewicht gegeben und daher auch alle Bestimmungen zu deren Schutz einseitig zwingend erklärt. 5.2

Die Einschränkung der beruflichen Entfaltungsmöglichkeiten ist dort evident, wo Geschäfts- oder Fabrikationsgeheimnisse geschützt werden sollen. Der Gesetzgeber hat diesen in Art. 340 Abs. 2 OR aber den Kundenkreis gleichgesetzt, der als solcher kein geschütztes Rechtsgut ist. Im Gegenteil: Die Marktwirtschaft gründet auf Wettbewerb, dem Kampf um Kunden und Profit. In der Praxis führt diese Ausweitung auf den Kundenkreis zu viel Verwirrung. 5.3

Konkret ergeben sich Abgrenzungsfragen auf zwei Ebenen. Die persönlichen Qualifikationen der verpflichteten Person einerseits und das Branchenübliche andererseits sind auszuscheiden, um die betrieblichen Besonderheiten und somit den geschützten Geheimbereich zu eruieren, in den der oder die ausgetretene Angestell- 5.4

te Einblick gewonnen hat. Nur dessen wettbewerbsrelevante Verwertung kann untersagt sein.

5.5 Weil das Konkurrenzverbot dem berechtigten Arbeitgeber nur nützt, wenn eine vermutete Verletzung sofort unterbunden werden kann, stellen sich die vielfältigen Abgrenzungsfragen oft in Verfahren um vorsorgliche oder provisorische Massnahmen. Die dogmatische Abstützung darf nicht der Raschheit des Verfahrens zum Opfer fallen. Weil die Sachverhaltsvoraussetzungen nur glaubhaft gemacht werden müssen, sind an die Rechtsanwendung höhere Anforderungen zu stellen, zumal auf beiden Seiten erhebliche Interessen auf dem Spiele stehen.

II. Geltungsvoraussetzungen

5.6 Das Konkurrenzverbot entfaltet seine Wirkungen erst nach der Beendigung des Arbeitsverhältnisses, aus dem es sich ableitet. Es kann daher während dessen ganzen Dauer[1], also bis zum Zeitpunkt der Aufhebung des Arbeitsverhältnisses vereinbart werden[2].

5.7 Da erst beim Firmenaustritt endgültig beurteilt werden kann, ob und welche schützenswerten wettbewerbsrelevanten Einblicke der oder die austretende Angestellte hatte, ist der Abschluss bzw. die Präzisierung einer Konkurrenzverbotsabrede in diesem Zeitpunkt sinnvoll. Der Arbeitgeber darf aber die Erfüllung der Pflichten aus dem auslaufenden Verhältnis nicht von deren Unterzeichnung abhängig machen. Ebensowenig kann durch den Abschluss eines neuen, der durch die Kündigungsumstände bewirkte Hinfall eines Konkurrenzverbotes[3] geheilt werden[4].

5.8 Die Geltungsvoraussetzungen, die im Zeitpunkt der Vereinbarung[5] einzuhalten sind, sind zu trennen von denjenigen, welche im Zeitpunkt des Betriebsaustrittes und auch bei einer allfälligen Durchsetzung erfüllt sein müssen[6].

---

1 Entsprechend kann auch ein während der *Probezeit* aufgelöstes Arbeitsverhältnis ein Konkurrenzverbot auslösen. Aufgrund der in der Regel aber nur begrenzt erfüllten Wirkungsvoraussetzungen (vgl. Rz. 5.14 ff.) wird es nur mit starken Beschränkungen (vgl. Rz. 5.44 ff.) durchsetzbar sein. BRAND/DUERR, N 17 zu Art. 340 OR; REHBINDER, N 14 zu Art. 340 OR; VISCHER, Arbeitsvertrag, 192 Fn. 13.

2 Auch ein bei Beendigung oder unmittelbar danach (OR 341) abgeschlossenes Konkurrenzverbot untersteht den arbeitsvertraglichen Sonderregeln. REHBINDER, N 5 zu Art. 340 OR; STAEHELIN, N 6 zu Art. 340 OR. Kritisch STREIFF/VON KAENEL, N 9 zu Art. 340 OR.

3 Unten, Rz. 5.29.

4 BRÜHWILER, N 7 zu Art. 340a OR.

5 Da ein Konkurrenzverbot in der Regel beim Abschluss des Arbeitsvertrages eingegangen wird, und der Einblick in schützenswerte Daten in diesem Zeitpunkt für den/die Stellenbewerber/-in nicht abschätzbar ist, muss der vorgesehene Arbeitsplatz die Wirkungsvoraussetzungen zumindest *virtuell* erfüllen.

§ 5 Konkurrenzverbot

1. Abschlussvoraussetzungen

a) Handlungsfähigkeit der verpflichteten Person

Das Eingehen eines Konkurrenzverbotes schränkt die wirtschaftliche Entfaltungsfreiheit und damit die Persönlichkeitssphäre drastisch ein. Dies gilt unabhängig davon, ob eine Gegenleistung in Form einer Karenzentschädigung[7] vereinbart ist[8]. 5.9

Gemäss Art. 340 Abs. 1 OR kann daher nur eine handlungsfähige Person[9] sich einem Konkurrenzverbot unterwerfen. Die dadurch geforderte *Urteilsfähigkeit* muss im Abschlusszeitpunkt gegeben sein und bezieht sich auf die konkreten Umstände. Die Tragweite der Selbstbeschränkung muss für die verpflichtete Person verstandesmässig abschätzbar sein. 5.10

Seit der Vorverlegung des *Mündigkeits*alters auf 18 Jahre[10] erhält dieses Gültigkeitserfordernis neue Bedeutung. Die berufliche Weiterbildung und Entwicklung Jugendlicher sollte auch im öffentlichen bildungspolitischen Interesse nicht gefesselt werden[11]. Diese Zielsetzung, die sich in der im Lehrvertrag positivierten Nichtigkeit weiterbildungsbeschränkender Abreden spiegelt (Art. 344a Abs. 4 OR)[12], ruft nach einer restriktiven Interpretation. Die Einwilligung des gesetzlichen Vertreters bzw. die nachträgliche Volljährigkeit kann den Mangel nicht heilen[13]. 5.11

b) Schriftform

Der Arbeitsvertrag kommt formlos zustande (Art. 320 Abs. 1 OR), ein Konkurrenzverbot muss schriftlich vereinbart sein. Das setzt voraus, dass alle wesentlichen Elemente der Verpflichtung festgehalten sind[14]. 5.12

Trifft dies nicht zu bzw. wurde die Konkurrenzverbotsklausel als «*Fessel*» konzipiert, indem beispielsweise auch eine absolut unverhältnismässige Konventionalstrafe oder ein eigentliches Berufsverbot vereinbart ist, so ist sie *nichtig* (Art. 20 OR).
BOHNY, 84 f. und 117; REHBINDER, N 6/340a; STAEHELIN, N 10 zu Art. 340a OR; a.M. BUSSE, 114 ff. Vgl. demgegenüber die Reduktion gültiger, aber übermässiger Konkurrenzverbote unten, Rz. 5.61 ff.

6 BGE 91 II 372/379 E. 5. BRAND/DUERR, N 11 zu Art. 340 OR; VISCHER, Arbeitsvertrag, 193 bei Fn. 25.
7 Als Entgelt für die Konkurrenzenthaltung bzw. für die damit verbundene Karrierengefährdung. Vgl. unten, Rz 5.49 ff.
8 Kritisch dazu REHBINDER, N 13 zu Art. 340 OR.
9 Handlungsfähig ist, wer mündig und urteilsfähig ist (Art. 13 ZGB).
10 Art. 14 ZGB, vgl. BBl 1993 I 1169.
11 Vgl. BRAND/DUERR, N 4 zu Art. 340 OR; VISCHER, Arbeitsvertrag, 191 bei Fn. 11.
12 Vgl. BOHNY, 86 f. Die Regelung gilt auch für mündige Lehrlinge und Lehrtöchter.
13 BRAND/DUERR, N 4 zu Art. 340 OR; BRÜHWILER, N 1 zu Art. 340 OR.
14 BGE 92 II 22/24. JAEGGI, N 28 zu Art. 11 OR; BRAND/DUERR, N 6 zu Art. 340 OR; REHBINDER, N 7 zu Art. 340 OR; a.M. STAEHELIN, N 8 zu Art. 340 OR und BGE 96 II 139/142 (vgl. hiezu BOHNY, 88 und BUSSE, 94 Fn. 1).

Somit muss ausdrücklich vereinbart sein, auf welche Dauer, für welches geographische Gebiet und welche konkurrenzierenden Tätigkeiten die Abstandserklärung gilt sowie welche Sanktionen eine allfällige Übertretung des Konkurrenzverbotes nach sich ziehen kann[15]. Da ein Konkurrenzverbot auch ohne Karenzentschädigung zulässig ist, kann diese auch später – und theoretisch formlos – zugesichert werden.

5.13 Aufgrund des krassen Eingriffs in die persönliche Entfaltungsfreiheit, ist eine konkrete Klausel erforderlich und reicht ein Verweis auf ein betriebliches Reglement nicht[16].

2. Wirkungsvoraussetzungen

5.14 Ziel des Konkurrenzverbotes ist es zu verhindern, dass austretende Angestellte *Spezialkenntnisse*, die sie im Betrieb erlangt haben[17], in einer Art verwenden, die den Arbeitgeber schädigt. Dies beinhaltet, dass nur dort Raum für ein Konkurrenzverbot ist, wo spezifische, nicht branchenübliche Verhältnisse vorliegen.

Nicht gebunden werden dürfen die persönlichen Eigenschaften und Fähigkeiten der Angestellten mit Einschluss der beruflichen Erfahrung[18].

5.15 Die Praxis bekundet mit dieser Abgrenzung grosse Mühe, die sich in widersprüchlichen Urteilen spiegelt[19]. Konkret stellt sich die Frage meist unter dem Gesichtspunkt, ob die Kundenbeziehung primär auf den Betrieb oder die Fachkraft ausgerichtet ist.

Letzteres trifft erfahrungsgemäss zu bei freien Berufen[20], aber auch bei Coiffeusen oder Kosmetikerinnen[21]. Heikler ist die Zuordnung der Kundenbindung bei Hilfskräften im Dienstleistungsbereich, der vertrauliche Daten bearbeitet wie Treuhand- und Steuerbüros, Revisoren etc. Die Vermutung schützt eher den Arbeitgeber[22].

---

15 STAEHELIN, N 10 zu Art. 340a OR; STREIFF/VON KAENEL, N 7 zu Art. 340a OR; a.M. BRÜHWILER, N 5 zu Art. 340a OR.
16 BRAND/DUERR, N 5 zu Art. 340 OR; REHBINDER, N 7 zu Art. 340 OR; STREIFF/VON KAENEL, N 5 zu Art. 340 OR; a.M. BRUEWILER, N 2 zu Art. 340 OR; STAEHELIN, N 8 zu Art. 340 OR.
17 Auch selbst geschaffene Geheimnisse bzw. von der verpflichteten Person gewonnene Kunden gehören zum erlangten Einblick: REHBINDER, N 10 zu Art. 340 OR.
18 BGE vom 31.3.1987 (JAR 1988/345, 348); 92 II 22/26; BRÜHWILER, N 12 zu Art. 340 OR; REHBINDER, N 12 zu Art. 340 OR; STAEHELIN, N 16 zu Art. 340 OR. Vgl. unten, Rz. 5.24/Fn. 58. Unzutreffend daher BRAND/DUERR, N 1 zu Art. 340 OR, die beispielsweise den guten Ruf in der Branche als Rechtfertigungsgrund für ein Konkurrenzverbot anerkennen.
19 Übersichten bei STAEHELIN N 11, 12 und 17 zu Art. 340 OR; STREIFF/VON KAENEL, N 9 zu Art. 340 OR.
20 BUSSE, 174 ff.
21 ZR 93 (1994) 173 f.
22 BOHNY, 100 f.; BRAND/DUERR, N 13 zu Art. 340 OR.

§ 5 Konkurrenzverbot

a) Einblick in den Kundenkreis

Jede geschäftliche Tätigkeit setzt Kunden voraus. Sie zu gewinnen, ist Ziel des wirtschaftlichen Wettbewerbes. Es gibt keinen Anspruch auf unbestrittenes Wirtschaften. Trotzdem hat der Gesetzgeber in Art. 340 Abs. 2 OR den Kundenkreis als solchen zum geschützten *Rechtsgut* erhoben[23]. Er setzt ihn den Fabrikations- und Geschäftsgeheimnissen gleich[24]. Dies führt in der Praxis zu schwierigen Abgrenzungsproblemen, da die überwiegende Zahl der Angestellten Einblick in den Kundenkreis hat.

5.16

Nach der Umschreibung des Bundesgerichtes reicht der Einblick in eine *Kundenliste* nicht zur Rechtfertigung des Konkurrenzverbots[25]. Vielmehr muss der oder die Angestellte die persönlichen Eigenheiten, Wünsche und Bedürfnisse der Kunden kennengelernt haben[26]. Das trifft beispielsweise nicht zu bei einem Servicemonteur oder Werkstattchef[27].

Geschützt ist nur der *Kundenstamm*, nicht auch der potentielle Kunde[28]. Das setzt den Nachweis wiederholter Vertragsabschlüsse voraus[29]. Beim Kundenkreis, den der verpflichtete Angestellte selbst aufgebaut hat[30], ist abzuklären, ob die Kundenbindung durch seine persönlichen Eigenschaften oder das Angebot der Firma geprägt ist[31]. Nur im letzteren Fall ist ein Konkurrenzverbot gerechtfertigt.

5.17

Die Praxis anerkennt beispielsweise bei Personalverleihfirmen[32] die Nachfrager, d.h. potentielle Kunden (Leihfirmen und Temporärangestellte) zum geschützten Kundenkreis[33], obwohl diese sich erfahrungsgemäss bei mehreren Anbietern registrieren lassen[34]. Die mit dem Konkurrenzverbot belegte Person muss aber Kenntnisse über regelmässige Kunden mit spezifischen Anforderungen bzw. Qualifikationen erlangt haben[35].

5.18

---

23 Zur Kritik vgl. BOHNY, 73 bzw. 91 f.
24 Richtigerweise müsste es – wie im französischen Text – «oder» heissen, vgl. REHBINDER, N 9 zu Art. 340 OR.
25 BGE vom 31.3.1987 (JAR 1988/347 o.).
26 BGE 101 Ia 450 (E. 4); 81 II 154; BOHNY, 96; BRAND/DUERR, N 12 zu Art. 340 OR.
27 BGE vom 31.3.1987 (JAR 1988/345).
28 BGE 91 II 372/378; REHBINDER, N 8 zu Art. 340 OR; VISCHER, Arbeitsvertrag, 192.
29 KGer ZG 26.9.1989 = JAR 1992, 290 f.
30 BGE 91 II 372/379.
31 BGE 78 II 39/41 bzw. 91 II 372/378 f. und die Kritik bei BOHNY, 100 f. (Fn. 138); BRAND/DUERR, N 13 zu Art. 340 OR; BRÜHWILER, N 13 zu Art. 340 OR; STAEHELIN, N 16 zu Art. 349 OR; oben, Rz. 5.15.
32 Zur Unzulässigkeit eines Konkurrenzverbots, das den Temporär-Arbeitenden den Übertritt in die Leihfirma untersagt, vgl. Art. 22 Abs. 2 AVG (SR 823.11).
33 Differenzard AppGer BS 21.3.1988 = JAR 1991/301.
34 AppGer BS 2.9.1993 = BJM 1996/18; REHBINDER, N 15 zu Art. 340 OR; BRAND/DUERR, N 12 zu Art. 340 OR.
35 BGE vom 1.12.1987 = JAR 1990/331 f.

Personen, welche regelmässig Kundschaft vermitteln, wie beispielsweise Architekten, bezieht die Praxis auch in den Kreis des Schutzgutes[36].

b) Einblick in Fabrikations- oder Geschäftsgeheimnisse

5.19 Der Arbeitgeber ist nicht frei in der Definition des Geheimbereiches. Geschützt ist in diesem Zusammenhang nur die *wettbewerbsrelevante Geheimsphäre*[37]. Der in verschiedenen Gesetzen auftauchende Doppelbegriff der Fabrikations- und Geschäftsgeheimnisse[38] ist aber unscharf und deshalb im Einzelfall orientiert am Schutzzweck zu definieren[39].

5.20 Vorausgesetzt ist ein objektives Geheimnis, dessen *Geheimnisherr* der Arbeitgeber ist[40]. Dies können eigene besondere, d.h. nicht branchenübliche Massnahmen, Leistungen oder Techniken[41] oder vom Arbeitgeber gehütete Geheimnisse von Kunden[42] sein.

Der *Geheimhaltungswille* des Arbeitgebers muss erkennbar[43], das objektive *Geheimhaltungsinteresse*[44] belegbar sein. Dieses nimmt mit der Zeit zwangsläufig ab[45]. Der Arbeitgeber hat diese Beweise für ein objektives Geheimnis zu leisten[46].

Die Praxis erachtet als Geschäfts- oder Fabrikationsgeheimnis beispielsweise: Kalkulationsgrundlagen[47], Pläne, Werbestrategien etc.[48]

---

36 BGE 81 II 154; REHBINDER, N 8 zu Art. 340 OR; STAEHELIN, N 11 zu Art. 340 OR. Doch bestimmen in diesen Fällen ja die Bedürfnisse der Auftraggeber das Angebot.
37 BGE 92 II 22/24.
38 Vgl. auch Art. 321a Abs. 4 OR, Art. 6 UWG, Art. 12 Abs. 1 KG, Art. 162 StGB; BOHNY, 44 ff.
39 Für Kriterien vgl. BOHNY, 107 f.
40 BOHNY, 46 f.; BRAND/DUERR, N 15 zu Art. 340 OR.
41 BGE vom 31.3.1987 (JAR 1988/347), E. 1b bzw. vom 1.12.1987 (JAR 1990/331); BRÜHWILER, N 11 zu Art. 340 OR.
42 Vgl. BOHNY, 101 bei Fn. 146.
43 BGE vom 31.3.1987 (JAR 1988/347). Es müssen weitere Schutzmassnahmen bzw. ein Abwehrdispositiv im Betrieb bestehen. BOHNY, 107 (Ziff.5).
44 Vgl. BOHNY, 104.
45 Vgl. BOHNY, 48 f.
46 BGE vom 1.12.1987 = JAR 1990/331; BUSSE, 149 ff.; REHBINDER, N 9 zu Art. 340 OR; STREIFF/VON KAENEL, N 12 zu Art. 340 OR.
47 AppGer BS 2.9.1993 = BJM 1996/18 für Personalverleihbranche. In starkem Wettbewerb ausgesetzten Verkaufsbereichen wie dem der elektronischen Datenverarbeitung sind die Grundlagen von gestern heute wertlos, weshalb sie kein Konkurrenzverbot zu rechtfertigen vermögen.
48 STREIFF/VON KAENEL, N 12 zu Art. 340 OR. Allgemeinere Kriterien bei BOHNY, 107 f.; STAEHELIN, N 14 und N 15 zu Art. 340 OR.

c) Schädigungsmöglichkeit

Die überwiegende Mehrheit der Angestellten hat Einblick in den Kundenkreis bzw. Fabrikations- oder Geschäftsgeheimnisse. Anders ist der Einsatz von Hilfspersonen zur Realisierung des Geschäftszweckes kaum dankbar[49]. 5.21

Nach dem klaren Willen des Gesetzgebers kann dieser Einblick nur dort ein Konkurrenzverbot rechtfertigen, wo derart *wettbewerbsrelevante Daten* eingesehen wurden, dass deren Verwertung den Arbeitgeber erheblich schädigen könnte (Art. 340 Abs. 2 OR a.E.)[50]. Für die Gültigkeit des Konkurrenzverbotes muss dessen Verletzung aber keinen effektiven Schaden bewirken[51].

Zu prüfen sind vielmehr zwei Aspekte auf den Zeitpunkt der Beendigung des Arbeitsverhältnisses[52]. Erstens, ob ein bedeutender, nicht leicht gutzumachender Schaden daraus hätte entstehen können, dass – zweitens – das geheime Wissen in einer Weise verwendet worden wäre, welche die Wettbewerbsposition des Arbeitgebers beeinträchtigt hätte[53]. 5.22

Die *Erheblichkeit*[54] des (drohenden) Schadens kann nicht auf die Wirtschaftskraft des berechtigten Arbeitgebers, sondern nur auf den Betriebsteil bezogen werden, der den betroffenen Markt beliefert[55]. 5.23

Als erheblich erachtete das Bundesgericht unlängst den möglichen Verlust eines einzigen, aber wichtigen Kunden[56]. Umgekehrt schloss das Bezirksgericht St. Gallen ein grosses Schädigungspotential dort aus, wo ein lebendiger Markt besteht, der zu raschen Anpassungen des Angebots zwingt[57].

Wo Schaden zur Debatte steht, ist auch die Adäquanz der Verursachung abzuklären. Der Nachteil, der sich aus dem Verlust der persönlichen Eigenschaften und Fähigkeiten der ausgetretenen, mit dem Konkurrenzverbot belegten Person herleitet, ist hier so unbeachtlich wie andere den Umsatz beeinträchtigende Faktoren[58]. 5.24

---

49 Daher auch die Geheimhaltungspflicht nach Art. 321 a Abs. 4 OR, die nach Beendigung des Arbeitsverhältnisses weiterdauert und beispielsweise auch persönliche Daten umfasst. Vgl. BOHNY, 57 f.
50 Komplementär ist der Wegfall des Konkurrenzverbots nach Art. 340c Abs. 1 OR, vgl. unten, Rz. 5.26. Die Erheblichkeit der Schädigungsgefahr nimmt je nach den Erkenntnissen, welche das Konkurrenzverbot rechtfertigen, unterschiedlich rasch ab. Zudem besteht eine Schadenminderungspflicht.
51 BRÜHWILER, N 13 zu Art. 340 OR.
52 STAEHELIN, N 18 zu Art. 340 OR. Unzutreffend BGE 101 Ia 450/454 (bestätigt in BGE vom 31.3.1987, JAR 1988/348), der auf das andauernde Arbeitsverhältnis Bezug nimmt.
53 REHBINDER, N 11 zu Art. 340 OR.
54 Zur relevanten Bedeutung dieser Qualifizierung vgl. BUSSE, 162 ff.
55 BOHNY, 110; BRAND/DUERR, N 19 zu Art. 340 OR; STAEHELIN, N 18 zu Art. 340 OR.
56 BGE vom 9.12.1993 = JAR 1994/228 (Büromöbelbranche).
57 Urteil vom 8.9.1993 = JAR 1994/245. Vgl. oben, Rz. 5.20 bei Fn. 47.
58 BRÜHWILER, N 12 zu Art. 340 OR; BUSSE, 165; REHBINDER, N 12 zu Art. 340 OR; BGE vom

5.25 Konkret hat der Arbeitgeber plausibel zu machen[59], dass eine Verwertung des geheimen Wissens in erheblicher Weise seine Wettbewerbsposition schmälern würde. Umgekehrt liegt es an der verpflichteten Person darzulegen, dass der glaubhaft gemachte Schaden auch ohne ihren Austritt eingetreten wäre bzw. Folge des Wegfalls ihrer eigenen Berufserfahrung oder Tüchtigkeit ist[60].

3. Dahinfallen des Konkurrenzverbotes

a) Wegfall mangels Interesses des Berechtigten

5.26 Von Gesetzes wegen fällt das Konkurrenzverbot dahin, wenn der Arbeitgeber nachweisbar *kein erhebliches Interesse* mehr hat, es aufrechtzuerhalten (Art. 340c Abs. 1 OR). Dies ist das Gegenstück der Geltungsvoraussetzung der erheblichen Schädigungsmöglichkeit[61].

Dieser Fall tritt insbesondere ein, wenn die Geheimnisqualität der zu schützenden Information dahingefallen ist bzw. wenn der Arbeitgeber seine Produktion verlagert oder den Sitz verlegt[62].

5.27 Wurde das *Geschäft* vom berechtigten Arbeitgeber *veräussert*[63], ging der Konkurrenzenthaltungsanspruch vermutungsweise auf den Erwerber über[64].

5.28 Beim *entgeltlichen Konkurrenzverbot* stellt sich beim Hinfall der Enthaltungspflicht die Frage nach dem Schicksal der periodisch geschuldeten Karenzentschädigung. Nach herrschender Lehre kann der Arbeitgeber sich mit einer angemessenen Kündigungsfrist aus der Verpflichtung befreien[65], da der Rechtsgrund der Karrierengefährdung weggefallen ist.

b) Wegfall infolge der Kündigungsumstände

5.29 Das gültig vereinbarte Konkurrenzverbot wird nicht wirksam, wenn die Umstände, die zur Kündigung des Arbeitsverhältnisses führten, die nachvertragliche *Bindung*

31.3.1987 (Fn. 18): Wo die Beeinträchtigung vor allem mit der Berufserfahrung und persönlichen Tüchtigkeit des/der austretenden Angestellten zusammenhängt, kann nicht von einer Schädigungsmöglichkeit im Sinne von Art. 340 Abs.2 a.E. die Rede sein.

59 Da es um die *Möglichkeit* eines Schadenseintrittes geht, kann kein strikter Beweis gefordert sein. Vgl. auch unten, Rz. 5.83.
60 BGE vom 31.3.87 (JAR 1988/345) E. 1c, 92 II 22/26; BRAND/DUERR, N 19 zu Art. 340 OR.
61 Oben, Rz. 5.21 ff.; BOHNY, 137; VISCHER, Arbeitsvertrag, 196.
62 STAEHELIN, N 2 zu Art. 340c OR.
63 Zum Betriebsübergang vor Inkrafttreten der Konkurrenzverbotsabrede vgl. unten, Rz. 5.32.
64 REHBINDER, N 2 zu Art. 340c OR; STAEHELIN, N 18 zu Art. 340c OR.
65 BUSSE, 217; REHBINDER, N 5 zu Art. 340c OR; STAEHELIN, N 3 zu Art. 340c OR; VISCHER, Arbeitsvertrag, 197 f.; a.M. BOHNY, 138.

unbilly erscheinen liesse. Das wirtschaftliche Fortkommen austretender Angestellter soll nicht erschwert werden, wenn das Arbeitsverhältnis aus einem vom Arbeitgeber zu vertretenden Grunde von einer Partei einseitig aufgelöst wird[66].

Aus diesem Grunde ist der Kündigung das Nicht-Erneuern eines *befristeten Arbeitsverhältnisses* wohl dann gleichzusetzen, wenn es sich nicht aus der Natur des Einsatzes ableitet und den bisherigen betrieblichen Gepflogenheiten widerspricht[67].

Nach dem Gesetzestext fällt das Konkurrenzverbot dahin, «wenn der Arbeitgeber das Arbeitsverhältnis kündigt, ohne dass ihm der Arbeitnehmer dazu begründeten Anlass gegeben hat, oder wenn es dieser aus einem begründeten, vom Arbeitgeber zu verantwortenden Anlass auflöst» (Art. 340c Abs. 2 OR).

Bei einvernehmlicher Vertragsauflösung findet diese Bestimmung daher vermutungsweise keine Anwendung[68]. Umgekehrt lässt eine fehlende Begründung der Kündigung durch den Arbeitgeber auf einen Verzicht auf das Konkurrenzverbot schliessen[69]. Das gleiche gilt für die Zeugnisformel, wonach der oder die Angestellte die Firma «frei von jeglicher Verpflichtung» verlassen habe[70].   5.30

Als *begründeter Anlass zur Kündigung*[71] gilt ein objektiver Grund, der nach vernünftigen kaufmännischen Erwägungen ein erheblicher Anlass zur Vertragsauflösung ist[72]. Dabei sind zwangsläufig die gesamten Umstände, insbesondere die Dauer des Arbeitsverhältnisses sowie Stellung und Charakter der verpflichteten Person zu berücksichtigen[73].   5.31

Löst eine Angestellte das Arbeitsverhältnis aufgrund der Betriebsübernahme gemäss Art. 333 Abs. 2 OR auf, fällt das Konkurrenzverbot dahin[74]. Umgekehrt stellt eine erhebliche Verletzung der vertraglichen Pflichten, insbesondere der Treuepflicht einen begründeten Kündigungsanlass dar für den Arbeitgeber[75].   5.32

---

66 STAEHELIN, N 4 zu Art. 340c OR; VISCHER, Arbeitsvertrag, 196 f.
Eine Abrede, wonach das Konkurrenzverbot unabhängig von den Kündigungsumständen gültig bliebe, ist ungültig (Art. 362 OR); STAEHELIN, N 22 zu Art. 340c OR.
67 BOHNY, 143.
68 BOHNY, 143 f.; STAEHELIN, N 4 zu Art. 340c OR.
69 BRAND/DUERR, N 3 zu Art. 340c OR; REHBINDER, N 3 zu Art. 340c OR; STAEHELIN, N 10 zu Art. 340c OR; VISCHER, Arbeitsvertrag, 197.
70 TPH GE 6.5.1993 (JAR 1994/249 ff.); STAEHELIN, N 5 zu Art. 340c OR.
71 Zu unterscheiden vom viel strengeren «wichtigen Grund» nach Art. 337 Abs. 2 OR für die fristlose Entlassung. Vgl. oben, Rz.2.60 ff. Demgegenüber ähnlich Art. 339c Abs. 3 OR.
72 BOHNY, 142 f.; REHBINDER, N 3 zu Art. 340c OR. Nach Auffassung des Bundesgerichtes können auch nachgeschobene Gründe berücksichtigt werden: BGE 105 II 202. Anders noch 76 II 228. Im gleichen Sinne aber bei der fristlosen Entlassung BGE 121 III 467.
73 BUSSE, 206; STAEHELIN, N 7 zu Art. 340c OR.
74 BOHNY, 147; STAEHELIN, N 18 zu Art. 340c OR; VISCHER, Arbeitsvertrag, 196 Fn. 45.
75 BGE vom 7.4.1989 (JAR 1991/116) das Konkurrenzverbot fällt beispielsweise dahin nach einer

5.33 Trotz *eigener Kündigung* kann sich die verpflichtete Person von der Konkurrenzenthaltung durch den Nachweis befreien, dass das Arbeitsverhältnis aufgrund von Entscheiden des Arbeitgebers nicht weiter zumutbar war[76].

Dies ist beispielsweise bei schikanösen oder gesundheitsgefährdenden Dispositionen der Fall[77], nicht aber bei erhöhtem Stress, der ausschliesslich auf die verschärfte Wirtschaftslage zurückzuführen ist[78]. Weiter anerkannte die Praxis Diskriminierungen bei Lohnanpassungen[79] oder das Nichteinhalten wichtiger Zusicherungen[80]. Die Praxis wird im Einzelfall entscheiden müssen, ob auch Befürchtungen um Berufsperspektiven zu berücksichtigen sind, die aus unternehmerischen Entscheiden oder absehbaren Umstrukturierungen abgeleitet werden.

5.34 Ein *objektiver Grund* zur Vertragsauflösung geht, unabhängig davon, wer die Kündigung aussprach, zu Lasten der Partei, in deren Risikobereich er eintrat. So steht z.B. der Rückgang der Nachfrage der Wirksamkeit des Konkurrenzverbotes entgegen, weil nicht der oder die Angestellte Anlass zur Kündigung gab[81]. In der Lehre ist umstritten, ob das Gleiche auch für den *Zufall* gilt[82]. Bei beidseitigem Verschulden an der Auflösung des Arbeitsvertrages entscheidet das überwiegende über den Fortbestand des Konkurrenzverbotes[83].

5.35 Beim *entgeltlichen Konkurrenzverbot* entfällt aufgrund der Unwirksamkeit des Verbotes an sich der Grund der Karenzentschädigung. Soweit sich die verpflichtete Person aber daran hielt und der Wegfall nicht festgestellt ist, bleibt die Vergütung des Arbeitgebers geschuldet[84].

---

nicht gerechtfertigten fristlosen Entlassung, die ausgesprochen wurde nach der Weigerung, künftig in Biel statt Lausanne zu arbeiten. Weitere Beispiele der Praxis bei BOHNY, 145 bzw. STAEHELIN, N 12 und N 13 zu Art. 340c OR.

76 Beispiele bei BOHNY, 148; BRÜHWILER, N 3 zu Art. 340c bzw. BRAND/DUERR, insbesondere N 6 zu Art. 340c OR.
77 ArbGer ZH 13.7.1994 (JB 93/94/57 f); AGE TI 25.101990 (JAR 1991/305); OG ZH 17.5.1989 (JAR 1990/336).
78 AppGer BS 2.9.1993 (BJM 1996/20).
79 BGE 110 II 172 (Die in diesem Entscheid vertretene Relativierung der Fürsorgepflicht nach Art. 328 Abs. 1 OR erscheint aber problematisch.).
80 Hinweise auf die Praxis STREIFF/VON KAENEL, N 6 zu Art. 340c OR.
81 BGE 92 II 31/36 f.; BRAND/DUERR, N3 zu Art. 340c OR; BRÜHWILER, N 2 zu Art. 340c OR; STAEHELIN, N 11 zu Art. 340c OR.
82 STAEHELIN, N 8 zu Art. 340c OR; STREIFF/VON KAENEL, N 7 zu Art. 340c OR; a.M. BOHNY, 141 f., 145; VISCHER, Arbeitsvertrag, 197, wonach die vertraglichen Risikosphären (z.B. Art. 324a OR) zu berücksichtigen seien.
83 BGE 105 II 200/202; REHBINDER, N 4 zu Art. 340c OR; STAEHELIN, N 16 zu Art. 340c OR.
84 BOHNY, 146, BUSSE, 206. Für Kündigungsfrist: REHBINDER, N 5 zu Art. 340c OR. Vgl. unten, Rz. 5.37, bei Fn. 87.

Verfahrensrechtlich wird die vom Konkurrenzverbot belastete Person die Ungültigkeit feststellen lassen bzw. als Beklagte einwenden. Aber die Partei, welche die Kündigung ausgesprochen hat, muss den begründeten Anlass dafür nachweisen[85].

5.36

c) Verzicht und Aufhebungsvertrag

Der berechtigte Arbeitgeber kann während der Geltungsdauer des Konkurrenzverbotes den oder die ehemalige Angestellte stillschweigend oder bewusst von der Konkurrenzenthaltungspflicht entbinden. Letzteres wird er vor allem dann machen, wenn er sich zu einer Karenzvergütung verpflichtet hatte. Andernfalls verzichtet er auf Durchsetzungsmassnahmen.

5.37

Lässt sich der frühere Arbeitgeber auf die gemeinsame Ausführung eines Auftrages mit der verpflichteten Person ein, ist auch auf einen Verzicht auf das Konkurrenzverbot zu schliessen[86].

Wurde eine *Karenzentschädigung* vereinbart, kann sich der Arbeitgeber nur durch einen Aufhebungsvertrag entlasten (Art. 115 OR), welcher der verpflichteten Person eine angemessene Anpassungsfrist zur allfälligen erwerblichen Neuorientierung einräumt[87]. Eine unbillige Erschwerung des Fortkommens bleibt zu vermeiden.

III. Inhalt und Umfang des Konkurrenzverbotes

1. Verbotene Tätigkeit

Die freie Marktwirtschaft basiert auf Wettbewerb, dem Kampf um Kunden und Profit, der Schädigung des Konkurrenten. Das Konkurrenzverbot aber soll die *Wettbewerbsposition* des Arbeitgebers schützen. Es untersagt dem/der verpflichteten Angestellten die Konkurrenzierung des berechtigten Arbeitgebers.

5.38

Konkurrenz setzt einen gemeinsamen *Markt*, das Befriedigen gleicher Bedürfnisse voraus[88]. Das beinhaltet das Anbieten eines gleichartigen Produktes bzw. einer gleichgerichteten Leistung[89] zu vergleichbaren Bedingungen[90] an einen einheitlichen Abnehmerkreis[91].

---

85 BOHNY, 144; STAEHELIN, N 21 zu Art. 340c OR.
86 BezGer SG 8.9.1993 (JAR 1994/246).
87 BUSSE, 217; vgl. oben, Rz. 5.28 und Rz. 5.35 bzw. unten, Rz. 5.50.
88 Vgl. BOHNY, 74 ff.; BUSSE, 58 ff.; STAEHELIN, N 20 zu Art. 340 OR; BGE 92 II 22/26.
89 Das schliesst Substitutionsgüter ein: Margarine statt Butter, Brandy statt Cognac, Papiertüte statt Plastiksack; BOHNY, 75.
90 Nach Kosten und Qualität: ein Rolls Royce ist keine Alternative zum Kleinwagen, ein Personal Computer nicht zum Grossrechner.
91 Das setzt auch voraus, dass beide Anbieter auf der gleichen Wirtschaftsstufe auftreten; BGE

5.39 Verboten ist ohne einschränkende Abrede sowohl die eigenständige als auch die indirekte Konkurrenzierung[92]. Vorausgesetzt wird aber, dass sie sich auf die erworbenen Spezialkenntnisse, nicht die persönlichen Qualitäten der ausgetretenen Person stützt[93]. Zudem muss durch den *Wissenstransfer* eine erhebliche Gefährdung der Wettbewerbsposition drohen[94].

Nach herrschendem Verständnis wird bei *Konzernen* im Sinne eines Durchgriffes auch die Konkurrenzierung der verbundenen Gesellschaft untersagt, in deren Kundenkreis die verpflichtete Person Einblick gewonnen hatte[95].

a) Betreiben eines Konkurrenzunternehmens

5.40 Am augenfälligsten wird die Konkurrenzierung, wenn der oder die ausgetretene Angestellte einen Betrieb auf eigenen Namen und/oder eigene Rechnung führt. Erfasst wird auch das durch einen «Strohmann» betriebene Unternehmen oder die Einmann-Aktiengesellschaft[96].

Dieser Betrieb muss sich unter anderen auch an die bisher betreuten[97] Kunden richten, damit ein Konkurrenzverhältnis, eine Schädigungsmöglichkeit[98] gegeben ist. Ausserhalb des Wirkungsbereiches des beim berechtigten Arbeitgeber gewonnenen Einblickes ist die verpflichtete Person in der Erwerbstätigkeit frei.

b) Teilnahme an einem Konkurrenzunternehmen

5.41 Die Beteiligung ist sowohl durch Arbeit als auch durch Kapital möglich. Untersagt werden kann sie nur, wenn dabei auch das beim früheren Arbeitgeber erworbene Spezialwissen wettbewerbsrelevant umgesetzt wird[99].

---

92 II 22/24; REHBINDER, N 2 zu Art. 340 OR; STREIFF/VON KAENEL, N 13 zu Art. 340 OR; a.M. BRÜHWILER, N 3 zu Art. 340 OR; widersprüchlich BRAND/DUERR, N 7 und N 18 zu Art. 340 OR.
92 STAEHELIN, N 4 zu Art. 340a OR; STREIFF/VON KAENEL, N 7 zu Art. 340 OR.
93 Oben, Rz. 5.14; BRAND/DUERR, N 7 zu Art. 340 OR; STREIFF/VON KAENEL, N 7 zu Art. 340 OR.
94 Die erhebliche Schädigungsmöglichkeit gemäss Art. 340 Abs. 2 a.E. OR, vgl. oben, Rz. 5.21 ff.
95 BOHNY, 130; STAEHELIN, N 19 zu Art. 340 OR; oben, Rz. 5.15 bei Fn. 22. Das KGer NE verweigerte aber vorsorgliche Masnnahmen wegen des drastischen Eingriffes zu Recht, solange nicht konkretere Beweise für eine Tätigkeit bei einer den früheren Arbeitgeber konkurrenzierenden Holding-Schwester erbracht würden (Urteil vom 26.1.1990 = JAR 1992/294 f.).
96 BOHNY, 78; BRAND/DUERR, N 8 zu Art. 340 OR. Die Beweispflicht für die Umgehung trifft den aus dem Konkurrenzverbot Berechtigten (Art. 8 ZGB). Für die Durchsetzung vgl. unten, Rz. 5.74 bei Fn. 189.
97 Es reicht nicht, dass der berechtigte Arbeitgeber im neuen Wirkungskreis des/der früheren Angestellten auch Kunden hat, die aber durch andere Mitarbeiter oder eine Filiale betreut wurden: BGE 1.12.1987 (JAR 1990 330).
98 Oben, Rz 5.21 f.
99 BRÜHWILER, N 6 zu Art. 340 OR; REHBINDER, N 3 zu Art. 340 OR; STAEHELIN, N 23 zu Art. 340 OR; OGer LU 20.3.1995 in JAR 1996 287 ff.

Bei der *Beteiligung durch Kapital* muss aber ein Einfluss auf die Geschäftstätigkeit 5.42
des mit dem früheren Arbeitgeber in Konkurrenz stehenden Unternehmens möglich
sein[100]. Je nach persönlicher Bindung bzw. der Rechtsform des Unternehmens
ergeben sich beweisrechtlich relevante Vermutungen[101]. Familiäre Bande oder die
Stellung als unbeschränkt haftendes Mitglied einer Kommanditgesellschaft lassen
mehr Einfluss glaubhaft erscheinen als beim Kommanditär (Art. 600 OR) oder
Aktionär einer grösseren Publikumsgesellschaft.

Die *Tätigkeit* in einem Konkurrenzunternehmen setzt kein Arbeitsverhältnis voraus. 5.43
Untersagt ist jedes Handeln, das die Wettbewerbsposition des konkurrierenden
Dritten stärkt, ihm einen wirtschaftlich relevanten Nutzen bringt. Das setzt eine auf
«einer Beziehung von einer gewissen Dauer vermittelte Förderung oder Unterstützung» voraus[102]. Zusätzlich muss dadurch dem früheren Arbeitgeber eine erhebliche Schädigung drohen (Art. 340 Abs. 2 a.E. OR)[103].

2. Interessenabwägung

Ein Konkurrenzverbot kann nur sofern und soweit auferlegt werden, als es durch 5.44
schützenswerte Geheimhaltungsinteressen des Arbeitgebers gedeckt ist[104]. Nach
dem Willen des Gesetzgebers muss umgekehrt «eine unbillige Erschwerung des
wirtschaftlichen Fortkommens des Arbeitnehmers ausgeschlossen» werden
(Art. 340a Abs. 1. OR)[105]. Das ist die absolute Limite.

Postuliert ist damit ein *Verhältnismässigkeitsgebot*, welches im Einzelfall eine
Güterabwägung fordert[106]. Die Einschränkung der beruflichen Entfaltungsfreiheit
des/der Angestellten ist nur im Ausmass der geringsten zum Schutze der gerechtfertigten Interessen des Arbeitgebers notwendigen erfolgversprechenden Massnahme zulässig[107]. Diese Massnahme ist von Gesetzes wegen örtlich, zeitlich und
inhaltlich zu definieren[108].

---

100 STAEHELIN, N 23 zu Art. 340 OR; OGer LU 20.3.1995 in JAR 1996 287 ff.
101 BOHNY, 80; STAEHELIN, N 23 zu Art. 340 OR; unten, Rz. 5.87.
102 BGE 89 II 126/131.
103 Oben, Rz. 5.21 ff.
104 BGE 91 II 372/381. Diese Interessen müssen insofern gewichtig sein, als deren Verletzung
  erhebliche Schadensfolgen haben kann. Vgl. Art. 340c Abs. 1 OR und oben, Rz. 5.21 ff.
105 Während Art. 27 Abs. 2 ZGB erst die Aufhebung der wirtschaftlichen Entscheidungsfreiheit
  verhindert (Art. 20 Abs. 1 OR), geht es hier darum, bereits eine unbillige Erschwerung abzuwenden.
  Vgl. BOHNY, 38 f., 117 ff.
106 Zum gesellschaftlichen Aspekt vgl. BOHNY, 115.
107 BGE vom 1.12.1987 (JAR 1990/332) E. 2b; BOHNY, 113. Das schliesst die Abklärung ein, ob andere
  mögliche Schutzmassnahmen getroffen wurden (Sicherheitsdispositiv, Patentierung etc.). Für das
  Übermass besteht Teilnichtigkeit; STAEHELIN, N 12 zu Art. 340a OR.
108 Art. 340a Abs. 1 a.A. OR; oben, Rz. 5.12 f.

5.45 Im Streitfall hat das Gericht eine Bewertung des *Gesamtpaketes* von Leistung und Gegenleistung vorzunehmen[109]. Als Gegenleistung des Arbeitgebers fällt namentlich die *Karenzentschädigung*[110] ins Gewicht. Das Gericht kann ein übermässiges Konkurrenzverbot einschränken (Art. 340a Abs. 2 OR)[111]. Vorausgesetzt ist dabei, dass es gültig vereinbart, nicht als «Fessel» konzipiert war[112].

a) Erschwerung des wirtschaftlichen Fortkommens

5.46 Der mit einem Konkurrenzverbot belegten Person sollte grundsätzlich die weitere Ausübung des erlernten und gewohnten *Berufes*, in welchem sie spezielle Fähigkeiten erworben hat, nicht verwehrt werden[113].

Beim hohen Spezialisierungsgrad der heutigen Wissenschaft und Technologie bleibt dies vielfach ein Postulat, dem nur dadurch Rechnung getragen werden kann, dass eine derartige Einschränkung von vornherein nicht entschädigungslos vereinbart werden darf[114].

5.47 Generell ist zu prüfen, wie sich die vertragliche Verpflichtung in der vereinbarten Form auf die beruflichen *Entfaltungsmöglichkeiten* der verpflichteten Person auswirkt. Dabei sind deren persönliche Verhältnisse – wie eingebrachte Fachkompetenz, Dauer des Arbeitsverhältnisses, familiäre Situation[115], Alter etc. – konkret zu berücksichtigen[116].

5.48 Ein Kriterium der Interessenabwägung sind auch allfällige *Gegenleistungen* des Arbeitgebers, wie die Übernahme von Umzugskosten oder die Gewährung einer einmaligen Abfindung[117]. Es gilt das Prinzip: Je gravierender die Einschränkung,

---

[109] BGE vom 1.12.1987 (JAR 1990/332) E. 2a; REHBINDER, N 5 zu Art. 340a OR; STAEHELIN, N 1 zu Art. 340a OR; VISCHER, Arbeitsvertrag, 194.
[110] Das Entgelt für die Konkurrenzenthaltung; unten, Rz. 5.49 ff.
[111] Der Richter *muss* es, wenn er angerufen ist, vgl. BGE 1.12.1987 (JAR 1990/332) E. 2a.
[112] BOHNY, 117; oben, Fn. 5 bzw. unten, Rz. 5.61.
[113] BGE 101 II 277/281. So das Bundesgericht schon unter dem alten Obligationenrecht, vgl. JT 1908, 165; BOHNY, 118.
[114] Vgl. nachfolgend Fn. 115; BRAND/DUERR, N 6 zu Art. 340a OR; grundsätzlicher: REHBINDER, N 13 zu Art. 340 OR.
[115] Bringt der Stellenwechsel notwendigerweise einen Wohnortwechsel mit sich, der wiederum Kinder zu einem Schulwechsel bzw. den/die Lebenspartner/in auch zu einem Stellenwechsel zwingt? Die Praxis gewichtet diese Auswirkungen als an sich sachfremd. Vgl. BGE 96 II 139/144 und hiezu BOHNY, 119; VISCHER (Arbeitsvertrag, 191 bei Fn. 10) postuliert zu Recht, dass trotz begründeter Umschreibung eine Entschädigung vorauszusetzen ist.
[116] BOHNY, 118 ff.; BRÜHWILER, N 4a zu Art. 340a OR; STAEHELIN, N 3 zu Art. 340a OR.
[117] Mittelbar kann auch eine Sonderleistung der Personalvorsorgeeinrichtung berücksichtigt werden, wobei abzuklären ist, ob der behauptete Zweck statutarisch gedeckt wäre. Zur Karenzentschädigung vgl. nachfolgend, Rz. 5.49 ff.

desto eher muss der Arbeitgeber zum Schutz seiner Interessen eine Gegenleistung erbringen.

Umstritten ist, ob auch ein angeblich wegen der nachvertraglichen Einschränkung *erhöhter Lohn* als Karenzvergütung gelten kann[118]. Dieser ist grundsätzlich Äquivalent der erbrachten Arbeitsleistung und wird i.d.R. für den laufenden Bedarf verbraucht[119]. Dem Arbeitgeber steht der Beweis für das gegenteilige Verständnis, konkret ein aussergewöhnlich hohes Gehalt, offen[120].

b) Karenzentschädigung

Grundsätzlich ist das Konkurrenzverbot eine einseitige Verpflichtung. Es beschränkt den austretenden Angestellten in der Weiterverfolgung seiner beruflichen Möglichkeiten. Diese Unbill kann dadurch gemildert werden, dass der Arbeitgeber ein Entgelt für die Konkurrenzenthaltung verspricht. Dadurch wird das Konkurrenzverbot zu einem zweiseitigen Vertrag[121,122]. 5.49

Die Karenzvergütung kann eine Einmal-Zahlung als *Abfindung* oder Starthilfe sein oder in Form ratenweiser Zahlung vereinbart werden. Sie kann bedingungslos oder mit Auflagen verbunden versprochen sein[123]. Im ersten Fall ist sie ausschliesslich Entgelt der Karrierengefährdung[124] und auch geschuldet, wenn die verpflichtete Person beispielsweise die Branche wechselt[125]. 5.50

Wird die Vergütung hingegen als eigentliche *Entschädigung* konzipiert, indem ein (teilweiser) Ausgleich der Lohneinbusse zugesichert wird, ist der oder die Angestellte im Rahmen der Schadenminderungspflicht gehalten, die Arbeitskraft optimal zu verwerten[126].

---

118 Dagegen BOHNY, 120; REHBINDER, N 5 zu Art. 340a OR. Befürwortend: BRÜHWILER, N 7 zu Art. 340 OR; STAEHELIN, N 6 zu Art. 340a OR.
119 Aus dieser Überlegung ist auch der im Stundenlohn integrierte Ferienanteil unzulässig, vgl. BGE 107 II 430.
120 STREIFF/VON KAENEL, N 6 zu Art. 340a OR (441).
121 Entsprechend setzt die Gültigkeit der Vereinbarung auch voraus, dass die Gegenleistung definiert ist. Vgl. oben, Rz. 5.12.
122 Mit den entsprechenden Verzugsfolgen, vgl. STAEHELIN, N 25 zu Art. 340 OR.
123 BGE 101 II 277; STAEHELIN, N 27 zu Art. 340 OR.
124 BOHNY, 122; BRÜHWILER, N 7b zu Art. 340 OR; STAEHELIN, N 25 zu Art. 340 OR.
125 In der Regel beträgt sie für spezialisierte Fachkräfte ein Jahresgehalt. REHBINDER, N 5 zu Art. 340c OR. Berechtigt ist der Hinweis von STREIFF/VON KAENEL (N 6 zu Art. 340a OR, 442), dass selten Karenzentschädigungen vereinbart werden. Er geht aber insofern fehl, als der Grossteil der Konkurrenzverbots-Abreden erfahrungsgemäss ohnehin nicht durch betriebliche Besonderheiten gedeckt und daher von vornherein materiell unzulässig ist.
126 BOHNY, 123; BRÜHWILER, N 7c zu Art. 340 OR. Ein Spezialist, dessen Möglichkeiten durch das Konkurrenzverbot stark eingeschränkt sind, kann sich aber umschulen: BGE 101 II 277 ff.

5.51 Ist der Text der Abrede unklar, spricht die Vermutung gegen eine Anrechnung, da der *Nachteil auf dem Arbeitsmarkt* Grund der Leistung ist[127].

Eine Karenzvergütung soll die Erschwerung im wirtschaftlichen Fortkommen mildern, sie kann aber nicht eine Ausweitung des Geltungsbereiches des Konkurrenzverbotes über die objektiven Grenzen hinaus rechtfertigen[128].

3. Objektive Grenzen

5.52 Das Konkurrenzverbot dient dem Schutz wettbewerbsrelevanter Daten. Deshalb kann es nicht weiter reichen als der effektive *Geschäftsradius* des Arbeitgebers in dem Bereich, in welchen Einblick gewonnen wurde. In zeitlicher Hinsicht kann ein Konkurrenzverbot nur in besonderen Fällen drei Jahre überschreiten (Art. 340a Abs. 1 a.E. OR).

Die Umschreibung dieser Grenzen ist an sich erst im Zeitpunkt der Beendigung des Arbeitsverhältnisses möglich[129]. Die drei Kriterien dürfen in ihrem *Zusammenwirken* nicht zu einer unbilligen Erschwerung des wirtschaftlichen Fortkommens der verpflichteten Person führen. So kann eine sehr enge inhaltliche Umschreibung u.U. einen weiten räumlichen Geltungsbereich rechtfertigen[130].

a) Räumliche Begrenzung

5.53 Das Konkurrenzverbot muss umschreiben, in welchem geographischen Raum es Geltung beansprucht. Dieses Gebiet kann keinesfalls weiter sein, als die Geschäftsbeziehungen des Arbeitgebers reichen[131]. Jenseits dieser Grenzen kann er keine berechtigten Interessen geltend machen.

Genauer wird die örtliche Begrenzung definiert durch den Wirkungsbereich der dem/der Angestellten bekannten geschützten Daten. Dieses Gebiet kann weiter sein als das von der verpflichteten Person persönlich bearbeitete. Welcher Kreis verbindlich ist, hängt vom geschützten Gut ab. Bei der Kundschaft entscheidet die engere Beziehung[132]. Untersagt ist zwangsläufig auch eine Bearbeitung des Gebietes von ausserhalb[133].

---

127 BRÜHWILER, N 7b zu Art. 340 OR; STAEHELIN, N 27 zu Art. 340 OR.
128 BGE vom 1.12.1987 (JAR 1990/334) E. 3d. Unzutreffend daher BRÜHWILER, der Konkurrenzverbote dann als in umfassender Weise zulässig erachtet, wenn sie mit einer Karenzentschädigung verbunden sind, weil damit die Erschwerung des Fortkommens behoben sei (N 6 zu Art. 340a OR). Ebenso BUSSE, 131 bei Fn. 2.
129 REHBINDER, N 1 zu Art. 340a OR; STREIFF/VON KAENEL, N 16 zu Art. 340 OR.
130 BOHNY, 125; VISCHER, Arbeitsvertrag, 194.
131 BOHNY, 125; BRÜHWILER, N 1 zu Art. 340a OR.
132 BGE vom 1.12.1987 (JAR 1990 333 f) E.3; BUSSE, 132; oben, Rz. 5.16 ff.
133 REHBINDER, N 2 zu Art. 340a OR; STREIFF/VON KAENEL, N 2 zu Art. 340a OR.

Je spezialisierter das Sonderwissen, desto grösser ist in der Regel der Radius der 5.54
Geheimsphäre. Bei einem Konkurrenzverbot mit *internationalem Geltungsbereich*
können sich Durchsetzungsprobleme ergeben.

Ausgehend davon, dass ein internationaler Sachverhalt vorliegt[134], stellt sich die
Frage nach der Anwendbarkeit des «Lugano-Übereinkommens»[135] bzw. des IPRG
(SR 291).

Das LugÜ setzt voraus, dass die verpflichtete Person in einem Vertragsstaat
Wohnsitz genommen hat[136]. Eine allfällige Gerichtsstandsvereinbarung auf die
Schweiz wäre ungültig, da gemäss Art. 17 Abs.5 LugÜ nur *nach* Entstehung des
arbeitsvertraglichen Streits eingegangene gelten. Grundsätzlich ist dann neben dem
allgemeinen Wohnsitzgerichtsstand nach Art. 5 Ziff. 1 LugÜ auch der nach
Art. 343 Abs. 1 OR zwingende Gerichtsstand des früheren Betriebsortes begründbar.

Unter der Annahme, dass so doch ein schweizerischer Gerichtsstand begründet
wird, ist das anwendbare Recht nach IPRG zu bestimmen. Andernfalls wäre das
Konkurrenzverbot und seine Verletzung nach dem am ausländischen Gerichtsstand
geltenden Kollisionsrecht zu beurteilen.

Findet das IPRG aufgrund der dargelegten Überlegungen, bzw. weil die im
Ausland aktive verpflichtete Person immer noch in der Schweiz Wohnsitz hat,
Anwendung, bleibt das OR aufgrund der Art. 115 ff. IPRG Massstab.

b) Zeitliche Begrenzung

Das berechtigte *Geheimhaltungsinteresse* setzt die zeitliche Grenze der Pflicht zur 5.55
Konkurrenzenthaltung. Der Gesetzgeber erachtete drei Jahre als Obergrenze, sofern
nicht besondere Umstände vorlägen (Art. 340a Abs. 1, 2. Halbsatz OR).

Mit der Beschleunigung der technologischen Entwicklung bzw. der Umlaufzeit
von Gütern reduziert sich auch die «Halbwertzeit» des Geheimnischarakters. Drei
Jahre ist längst die Ausnahme für Schöpfungen, die nicht den Schutz des Immaterialgüterrechts und des Leistungsschutzes von Art. 5 UWG beanspruchen können[137].

Die Dauer des Schutzanspruches bzw. der *Geheimnisqualität* ist daher für alle das 5.56
Konkurrenzverbot rechtfertigenden Daten *einzeln* und konkret abzuklären. Kundendaten verlieren bei häufigem Kontakt den Geheimniswert rasch[138]. Umgekehrt

---

134 SCHNYDER A., Das neue IPRG, Zürich 1990, 106.
135 Lugano–Übereinkommen über die gerichtliche Zuständigkeit und Vollstreckung in Zivil- und Handelsrecht vom 16.9.1988 (SR 0.275.11).
136 Oder dort wegen der wirtschaftlichen Aktivität belangt wird. Vgl. Art. 2 Abs. 1 bzw. Art. 4 Abs. 1 LugÜ.
137 BOHNY, 49. Durch die Unterstellung unter die erwähnten Gesetze tauschen die Schöpfungen den Geheimniswert gegen das exlusive Nutzungsrecht.
138 Zu beachten sind auch die vom berechtigten Arbeitgeber vorzukehrenden Schutzmassnahmen wie

kann ein Fabrikationsgeheimnis bzw. ein Forschungsprojekt u.U. die Maximaldauer rechtfertigen[139].

5.57 Die Dauer des Geheimnisanspruches ist in Bezug zu setzen zum Beginn der Wirksamkeit des Konkurrenzverbotes, die mit der Beendigung des Arbeitsverhältnisses zusammenfällt[140]. Daraus ergibt sich die maximale Geltungsdauer.

Wurde beispielsweise eine neue Angestellte während der Kündigungsfrist der mit einem Konkurrenzverbot belegten Person bei der Kundschaft eingeführt[141], reduziert dies dessen Dauer. Die gleiche Wirkung hat der zwischen Einblick und möglicher Ausnutzung verstrichene Zeitraum bzw. ein Funktionswechsel der verpflichteten Person zwischen Einblick und Firmenaustritt[142].

c) Inhaltliche Begrenzung

5.58 Das Konkurrenzverbot muss umschreiben, auf welche *schützenswerten Daten* es sich stützt und welche konkurrierenden Verwertungsformen der verpflichteten Person untersagt sind. Es muss sich demgemäss aus dem bisherigen Aufgabenbereich und dem dort gewonnenen Einblick ableiten lassen[143].

Da die Konkurrenzverbotsklauseln zumeist bereits beim Abschluss des zugrundeliegenden Arbeitsvertrages eingegangen werden, sind sie in der Regel zu weit gefasst. Die Praxis lässt sie, gestützt auf das Reduktionsgebot des Richters[144], trotzdem gelten.

Die äusserste inhaltliche Grenze ergibt sich einerseits durch den Geschäftsbereich des Arbeitgebers. In diesem Rahmen wird die Verpflichtung eingegrenzt durch den Wirkungskreis der Daten, von welchen der oder die *Angestellte Kenntnis* erhielt[145]. Soweit diese bei Beendigung des Arbeitsverhältnisses aus wettbewerblicher Sicht noch schützenswert sind, können sie ein Konkurrenzverbot rechtfertigen[146].

5.59 Auf der andern Seite liegt die absolute Grenze bei der unbilligen Erschwerung des wirtschaftlichen Fortkommens der verpflichteten Person, d.h. bei einem Berufsver-

---

die Einführung der Nachfolge der verpflichteten Person. Ein halbes Jahr dürfte die Obergrenze bilden. BRAND/DUERR, N 4 zu Art. 340a OR; STREIFF/VON KAENEL, N 3 zu Art. 340a OR; VISCHER, Arbeitsvertrag, 194.

139 BOHNY, 128; REHBINDER, N 3 zu Art. 340a OR; STAEHELIN, N 3 zu Art. 340a OR.
140 BRAND/DUERR, N 3 zu Art. 340a OR; BUSSE, 134; STREIFF/VON KAENEL, N 10 zu Art. 340a OR.
141 Wurde diese Schadenminderungsmassnahme böswillig unterlassen, steht dies einer Verlängerung entgegen. Zur Problematik des Einblickes in den Kundenkreis als Rechtfertigung eines Konkurrenzverbotes vgl. BOHNY, 97 ff.
142 BOHNY, 128 f.; BUSSE, 134.
143 BRAND/DUERR, N 5 zu Art. 340a OR.
144 Art. 340a Abs. 2 OR; vgl. unten, Rz. 5.62 ff.
145 REHBINDER, N 4 zu Art. 340a OR; STAEHELIN, N 4 zu Art. 340a OR.
146 Das schliesst Konzern- und Holdinggesellschaften ein. REHBINDER, N 4 zu Art. 340a OR; STAEHELIN, N 4 zu Art. 340a OR; Kritisch, BOHNY, 130 f.

bot[147]. Die zunehmende Spezialisierung in gewissen Berufssparten erfordert eine immer engere Umschreibung der zu meidenden Tätigkeit[148].

4. Reduktion übermässiger Verbote

Der Gesetzgeber erwartet vom Konkurrenzverbot eine Billigkeit in dem Sinne, dass nur eine dem Geheimhaltungsinteresse angemessene Verpflichtung zur Konkurrenzenthaltung auferlegt werden darf. Dieses *Verhältnismässigkeitsgebot* setzt eine Abwägung der räumlich, zeitlich und inhaltlich umschriebenen Verpflichtung gegen die Beeinträchtigung der beruflichen Entscheidungs- und Entfaltungsfreiheit der/des Angestellten voraus.   5.60

Wurde die Konkurrenzverbotsklausel aufgrund der betrieblichen Funktion und der persönlichen Konstellation primär als «*Fessel*» auferlegt, ist sie *nichtig*[149]. Dies ist insbesondere dann der Fall, wenn der Arbeitgeber kein erhebliches Schutzinteresse[150] bzw. die verpflichtete Person mangels Einblick in schützenswerte Daten beim Austritt kein Schädigungspotential hat[151].   5.61

Als *Dauerschuldverhältnis* verändert sich der Arbeitsvertrag. Die Aufgaben des/der Angestellten wandeln sich, der Geheimniswert von Daten, Leistungen oder der Kundenbeziehungen vermindert sich oder wächst. Entsprechend kann ein gültig vereinbartes Konkurrenzverbot unangemessen werden. Das ist vor allem bei Veränderungen nach dem Firmenaustritt, d.h. während der Wirksamkeit des Konkurrenzverbotes konfliktträchtig.   5.62

Im Rahmen einer gerichtlichen Auseinandersetzung um Bestand oder Durchsetzung eines Konkurrenzverbotes ist die Angemessenheit der Verpflichtung zur Konkurrenzenthaltung zwangsläufig Prozessthema[152]. Insofern wird die gesetzliche Ermächtigung zur *Herabsetzung* (Art. 340a Abs. 1 a.A. OR) dem Gericht zur Pflicht[153].   5.63

Das Gericht muss eine im Verhältnis zum wettbewerbsrechtlich relevanten Geheimhaltungsinteresse übermässige Beschränkung der beruflichen Entfaltungsfreiheit der verpflichteten Person reduzieren. Er hat dies «unter Würdigung aller

---

147 BUSSE, 134 f.; REHBINDER, N 4 zu Art. 340 OR; STAEHELIN, N 4 zu Art. 340a OR; oben, Rz. 5.46.
148 BRAND/DUERR, N 5 zu Art. 340a OR.
149 BOHNY, 135 bei Fn. 31; vgl. oben, Rz. 5.8, Fn. 5.
150 Art. 340c Abs. 1 a.A. OR; oben, Rz. 5.14 ff.
151 Art. 340 Abs. 2 a.E. OR; oben, Rz. 5.21 ff.
152 Übersicht über die (zeitbedingt zu verstehende und teilweise fragwürdige) Judikatur bei STAEHELIN, N 7 und N 8 zu Art. 340a OR.
153 BGE vom 1.12.1987 (JAR 1990/332), E. 2a; REHBINDER, N 6 zu Art. 340a OR.

Umstände»[154] zu tun und kann dabei eine allfällige Gegenleistung des Arbeitgebers berücksichtigen (Art. 340a Abs. 2 OR).

5.64 Die Billigkeit kann aber nicht durch Anordnen oder Erhöhen einer Karenzentschädigung herbeigeführt werden[155]. Vielmehr hat das Gericht nach einer Interessenabwägung eine *engere Umschreibung* der Konkurrenzenthaltungspflicht in örtlicher, zeitlicher oder inhaltlicher Hinsicht vorzunehmen. Dies führt aber nicht auch zur Reduktion einer allfälligen Gegenleistung[156].

IV. Verletzung des Konkurrenzverbotes

1. Schadenersatz als Grundregel

5.65 Wer die Pflicht zur Konkurrenzenthaltung missachtet, ist vertragsbrüchig und schuldet Schadenersatz (Art. 97 ff. bzw. Art. 340b Abs. 1 OR)[157]. Nach allgemeinen Grundsätzen trifft den berechtigten *Arbeitgeber* die *Beweispflicht* für das konkurrierende Verhalten, den Schaden und dessen Höhe[158]. Überdies muss er den adäquaten Kausalzusammenhang zwischen dem Verhalten der verpflichteten Person und dem behaupteten Schaden belegen[159].

5.66 Erfasst wird das *Erfüllungsinteresse*, also sowohl der tatsächlich eingetretene Verlust als auch der entgangene Gewinn[160]. Das schliesst immateriellen Schaden ein, bloss möglichen aber aus[161]. Ebenso ist der Schaden nicht auszugleichen, der auf die persönlichen Fähigkeiten der verpflichteten Person zurückzuführen ist[162].

---

154 Dazu gehören auch die übrigen Massnahmen zur Sicherung des Geheimhaltungsinteresses. BOHNY, 113 bei Fn. 8; REHBINDER, N 5 zu Art. 340a OR; vgl. oben, Rz. 56.
155 STAEHELIN, N 10 zu Art. 340a OR.
156 BOHNY, 136; STAEHELIN, N 10 zu Art. 340a OR.
157 Die Spezialbestimmung von Art. 340b ist irritierenderweise absolut zwingend (Art. 361 Abs. 1 OR). Vgl. BOHNY, 150; REHBINDER N 1 zu Art. 340b OR.
158 BRAND/DUERR, N 3 zu Art. 340b OR; STAEHELIN, N 5 zu Art. 340b OR; STREIFF/VON KAENEL, N 3 zu Art. 340b OR.
159 BOHNY, 150 f. STAEHELIN will an diesen Nachweis geringe Anforderungen stellen (N 6 zu Art. 340b). Das ist nur zulässig, wenn zuvor die Voraussetzung der «erheblichen Schädigungsmöglichkeit» nach Art. 340 Abs.2 a.E. OR seriös geprüft wurde. Im Streitfall fallen diese Beweise aber zusammen.
160 BRAND/DUERR, N 4 zu Art. 340b OR; REHBINDER, N 3 zu Art. 340b OR; STAEHELIN, N 4 zu Art. 340b OR.
161 BOHNY, 151; REHBINDER, N 3 zu Art. 340b OR.
162 BGE vom 31.3.1987 (vgl. oben, Rz. 5.24, Fn. 58); BOHNY, 152 f.; REHBINDER, N 3 zu Art. 340b OR; VISCHER, Arbeitsvertrag, 194 f. (im Gegensatz zur 1. Aufl.); a.M. STAEHELIN, N 4 zu Art. 340b OR; vgl. oben, Rz. 5.14.

§ 5 Konkurrenzverbot

Ist der Schaden noch nicht abschätzbar, steht dem Arbeitgeber neben der Teilklage auch eine *Feststellungsklage* offen, um zumindest die weiteren Sanktionen einzuleiten[163]. 5.67

Beim *entgeltlichen Konkurrenzverbot* hat der Arbeitgeber überdies einen Rückforderungsanspruch für die Zeit der Karenzverletzung[164]. 5.68

2. Konventionalstrafe als Normalfall

Wegen der Beweisschwierigkeiten und zur Abschreckung wird das Konkurrenzverbot in der Regel durch eine Konventionalstrafe gesichert. Ohne – in der Regel übliche – gegenteilige Abrede, befreit die Zahlung der Strafsumme von der Enthaltungspflicht (Art. 340b Abs. 2 OR)[165]. Die Konventionalsumme ist vermutungsweise auch nur einmal geschuldet[166]. 5.69

Die vom Arbeitgeber zu beweisende Verletzung des Konkurrenzverbotes führt unabhängig vom Schadenseintritt (Art. 161 Abs. 1 OR)[167] zu einer *Strafzahlung*[168]. Für den diesen Betrag übersteigenden, vom Arbeitgeber zu beweisenden Schaden bleibt die Ersatzpflicht bestehen (Art. 340b Abs. 2 a.E. OR)[169].

Es gelten die allgemeinen Regeln für Konventionalstrafen (Art. 160 ff. OR). Nach diesen hat ein Gericht eine übermässige nach seinem Ermessen *herabzusetzen* (Art. 163 Abs. 3 OR)[170]. Es braucht hiezu keinen formellen Antrag der pflichtigen Person[171], die aber die Beweispflicht trifft für die Herabsetzungsgründe[172]. 5.70

Das Gericht hat eine *Güterabwägung* vorzunehmen, die vom Geheimhaltungsinteresse des Arbeitgebers ausgeht. Dem berechtigten Geheimhaltungsanspruch sind u.a. die wirtschaftlichen Verhältnisse der verpflichteten Person, die Umstände der Vertragsverletzung bzw. die Höhe des früheren Gehaltes gegenüberzustellen[173].

---

163 BGE 99 II 174; BRAND/DUERR, N 3 zu Art. 340b OR; REHBINDER, N 3 zu Art. 340b OR; STAEHELIN, N 5 zu Art. 340b OR.
164 BOHNY, 153; REHBINDER, N 6 zu Art. 340b OR.
165 Sogenannte Wandelpön. STAEHELIN, N 8 zu Art. 340b OR.
166 REHBINDER, N 9 zu Art. 340b OR; STAEHELIN, N 8 zu Art. 340b OR.
167 BRAND/DUERR, N 5 zu Art. 340b OR.
168 BRAND/DUERR, N 1 zu Art. 340b OR; STAEHELIN, N 7 zu Art. 340b OR.
169 BRÜHWILER, N 2b zu Art. 340b OR; REHBINDER, N 7 zu Art. 340b OR; STAEHELIN, N 9 zu Art. 340b OR; KGer VS 17.2.1995 in JAR 1996 286 f.
170 Die Höhe der Konventionalstrafe ist daher auch meist umstritten.
171 BGE 109 II 121 f.; REHBINDER, N 8 zu Art. 340b OR; STAEHELIN, N 10 zu Art. 340b OR.
172 BGE 114 II 264/265; BRAND/DUERR, N 11 zu Art. 340a OR; STREIFF/VON KAENEL, N 4 zu Art. 340b OR.
173 BGE 114 II 264; 109 II 120/122; STAEHELIN, N 10 zu Art. 340b OR; STREIFF/VON KAENEL, N 5 zu Art. 340b OR.

Die Gerichtspraxis bewegt sich in der Regel zwischen zwei bis vier Monatsgehältern[174] und sieht die Obergrenze der Privatstrafe selbst in krassen Fällen bei einem Jahresgehalt[175].

3. Erfüllungsanspruch (Realexekution) als Ausnahme

5.71 Wegen der Bedrohung der Wettbewerbsposition steht im konkreten Streitfall die *rasche Durchsetzung* des Konkurrenzverbotes im Zentrum. Bei vermuteter Verletzung schützt nur sie die Interessen des berechtigten Arbeitgebers, angesichts der üblichen Dauer ordentlicher Prozesse.

Da umgekehrt eine nicht gerechtfertigte Intervention der verpflichteten Person die Erwerbsgrundlage entzieht, hat der Gesetzgeber die allgemeinen Regeln von Art. 98 Abs. 3 OR durch eine Spezialbestimmung eingeschränkt (Art. 340b Abs. 3 OR)[176].

5.72 Dieser gemäss kann die Beseitigung des vertragswidrigen Zustandes nur gefordert werden, sofern dies *unmissverständlich schriftlich vorbehalten* wurde[177]. Weiter muss eine qualifizierte Vertragsverletzung in dem Sinne vorliegen, dass allein der Schadenersatzanspruch als Abwehrmassnahme unbehelflich erscheint[178]. Umstritten ist, ob die Realexekution voraussetzt, dass auch eine Konventionalstrafe vereinbart wurde[179].

Realerfüllung kann somit nur gesucht werden, wo einerseits erhebliche wirtschaftliche Interessen des Arbeitgebers gefährdet sind und anderseits ein besonders treuwidriges Verhalten des/der ausgetretenen Angestellten vorliegt (Art. 340b Abs. 3, a.E. OR)[180]. Beide Voraussetzungen sind vom Arbeitgeber zu beweisen[181].

5.73 Dem berechtigten Arbeitgeber muss demgemäss ein *bedeutender, nicht leicht gutzumachender Schaden*[182] drohen, der unverhältnismässig grösser ist als die Konventionalstrafe oder die Leistungskraft der verpflichteten Person[183]. Dabei ist

---

174 BRÜHWILER, N 3 zu Art. 340b OR, 432.
175 Übersicht bei STAEHELIN, N 11 und N 12 zu Art. 340b OR bzw. bei STREIFF/VON KAENEL, N 5 und N 6 zu Art. 340b OR.
176 BOHNY, 159 f.
177 Art. 340b Abs. 3 a.A. OR. Die Klausel, die Bezahlung der Konventionalstrafe entbinde nicht von der weiteren Einhaltung des Konkurrenzverbots, reicht nicht; BRÜHWILER, N 4a zu Art. 340b OR; REHBINDER, N 11 zu Art. 340b OR; STAEHELIN, N 15 zu Art. 340b OR; oben, Rz. 5.12.
178 BGE 103 II 126; STAEHELIN, N 13 zu Art. 340b OR; VISCHER, 195 f.
179 In diesem Sinne REHBINDER, N 11 zu Art. 340b OR und BOHNY, 159 f. unter Berufung auf SCHIESSER, WuR 1979, 254 ff. Skeptisch VISCHER, Arbeitsvertrag, 195. Dagegen STAEHELIN, N 14 zu Art. 340b OR.
180 BOHNY, 160 f.; STAEHELIN, N 16 zu Art. 340b OR.
181 BRAND/DUERR, N 10 zu Art. 340b OR.
182 Zu denken ist auch an immateriellen Schaden.

§ 5 Konkurrenzverbot

nur auf den das Konkurrenzverbot beschlagenden Geschäftsbereich Bezug zu nehmen[184]. Dieser muss im Gedeihen oder der Existenz gefährdet sein[185].

Kumulativ muss die verpflichtete Person eine *Treuwidrigkeit* zu verantworten haben, welche den Vertragsbruch der Verletzung des Konkurrenzverbotes gravierender erscheinen lässt[186]. Das wird beispielsweise aus der Weiterverwendung von Mitteln[187] bzw. dem offensiven Abwerben von Kunden des berechtigten Arbeitgebers abgeleitet[188].

Der Anspruch auf Realerfüllung, d.h. auf das Unterlassen konkurrenzierender Aktivitäten richtet sich *ausschliesslich gegen die verpflichtete Person*. Deshalb können beispielsweise keine Massnahmen gegen den neuen Arbeitgeber erzwungen werden[189]. Der Antrag muss vielmehr darauf zielen, den/die Angestellte zur Aufgabe der verpflichtungswidrigen Stelle zu zwingen, und wird mit der Strafandrohung gemäss Art. 292 StGB verbunden[190]. 5.74

Da die Realerfüllung rasch wirksam werden muss, wenn die gefährdeten Interessen des Arbeitgebers erfolgsträchtig geschützt werden sollen, stellen sich die materiellrechtlichen Fragen des Erfüllungsanspruches in der Regel im Verfahren um den Erlass *vorsorglicher Massnahmen*. 5.75

Die dafür nach kantonalem Prozessrecht[191] geforderten Voraussetzungen decken sich nur teilweise mit den arbeitsvertraglichen[192]. Da das Prozessrecht grundsätzlich der Verwirklichung des materiellen Rechtes zu dienen hat[193], haben aber die arbeitsvertraglichen Anforderungen Priorität. Das muss dazu führen, dass die *Beweisanforderungen* an das «Glaubhaftmachen»[194] der Geltungsvoraussetzungen hoch gesetzt werden[195], da die Realerfüllung erheblich in die persönlichen Verhältnisse der Verpflichteten eingreift.

---

183 STAEHELIN, N 17 zu Art. 340b OR; STREIFF/VON KAENEL, N 8 zu Art. 340b OR.
184 BOHNY, 161 bei Fn. 125; BRAND/DUERR, N 10 zu Art. 340b OR.
185 OGer OW 6.12.1990 = JAR 1993/237; STREIFF/VON KAENEL, N 8 zu Art. 340b OR. Im Rahmen der Vorprüfung einer provisorischen Massnahme (unten, Rz 5.84) kann aber keine Schädigung verlangt werden. Vgl. BGE 103 II 120/126.
186 STAEHELIN, N 18 zu Art. 340b OR.
187 AppGer BS 21.3.1988 = JAR 1991/301.
188 BRÜHWILER, N 4c zu Art. 340b OR; REHBINDER, N 11 zu Art. 340b OR; STAEHELIN, N 18 zu Art. 340b OR.
189 STAEHELIN, N 14 zu Art. 340b OR; STREIFF/VON KAENEL, N 9 zu Art. 340b OR.
190 Gemäss Art. 292 StGB (SR 311) wird mit Haft oder Busse bis Fr. 40 000.– u.a. bestraft, wer einer richterlichen, mit dieser Androhung verbundenen Anordnung nicht Folge leistet.
191 BGE 103 II 120/123. Vgl. hiezu STREIFF/VON KAENEL, N 9 zu Art. 340b OR.
192 Zu denken ist insbesondere an den unmittelbar drohenden, nicht anders abwendbaren Schaden.
193 BOHNY, 165; WALTER in BJM 1995, 281 unter Berufung auf BGE 116 II 215/218.
194 Unten, Rz. 5.84 Fn. 223.
195 BRÜHWILER, N 5 zu Art. 340b OR; REHBINDER, N 12 zu Art. 340b OR; STAEHELIN, N 19 zu Art. 340b OR.

4. Exkurs: Parallele Ansprüche aus UWG

5.76 Die schmarotzerische Verwendung der beim früheren Arbeitgeber erlangten wettbewerbsrelevanten Daten zu seiner Konkurrenzierung[196] erfüllt den Tatbestand des unlauteren Wettbewerbes[197]. Das entsprechende Schutzgesetz bietet Abwehrmassnahmen zivil- und strafrechtlicher Natur an (Art. 9 bzw. 23 UWG).

Da die Bestimmungen über das Konkurrenzverbot zu Gunsten der Verpflichteten einseitig zwingend sind (Art. 361 und 362 OR), verbieten sich weitergehende Sanktionen gegen Übertreter aufgrund des Wettbewerbsrechts.

Anders liegt die Situation bei der indirekten Konkurrenzierung hinsichtlich des die verpflichtete Person einsetzenden Konkurrenten. Ihm gegenüber können, gestützt insbesondere auf Art. 5 lit. c UWG[198], die zivil- und strafrechtlichen Sanktionen angestrebt werden[199].

V. Prozessuales Vorgehen

1. Beweisrechtliches

5.77 Aus den allgemeinen Beweisregeln von Art. 8 ZGB, wonach derjenige die Tatsachen zu belegen habe, aus denen er Rechte ableitet, ergibt sich zwanglos, dass dem Arbeitgeber der Nachweis der Geltungsvoraussetzungen und des Umfanges des Konkurrenzverbotes, der verpflichteten Person derjenige der befreienden Tatsachen obliegt.

5.78 Demzufolge hat der *Arbeitgeber* folgende Punkte zu beweisen:
- eine gültige Abrede[200],
- den Einblick in schützenswerte betriebliche Besonderheiten[201] bzw. in einen definierten Kundenkreis[202] und
- eine daraus fliessende erhebliche Schädigungsmöglichkeit[203]
- aufgrund einer konkurrenzierenden Tätigkeit der verpflichteten Person sowie

---

196 Oben, Rz. 5.14.
197 «Unlauter und widerrechtlich ist jedes täuschende oder in anderer Weise gegen den Grundsatz von Treu und Glauben verstossende Verhalten oder Geschäftsgebaren, welches das Verhältnis zwischen Mitbewerbern oder zwischen Anbietern und Abnehmern beeinflusst.» Art. 2 UWG (SR 241).
198 «Unlauter handelt insbesondere, wer ein Arbeitsergebnis eines Dritten (...) verwertet, obwohl er wissen muss, dass es ihm unbefugterweise überlassen oder zugänglich gemacht worden ist.»
199 Dazu sei auf die Spezialliteratur verwiesen.
200 Oben, Rz. 5.9 ff. bzw. 5.12 f.
201 Oben, Rz. 5.14 f.
202 Oben, Rz. 5.16 ff.
203 Oben, Rz. 5.21 ff.; REHBINDER, N 97 zu Art. 340 OR; STREIFF/VON KAENEL, N 14 zu Art. 340 OR.

§ 5 Konkurrenzverbot

— die grundsätzliche Berechtigung des beanspruchten Geltungsbereiches im umschriebenen Umfange[204].

Der Arbeitgeber muss demgemäss zumindest plausibel machen[205], dass eine erhebliche Beeinträchtigung seiner Wettbewerbsposition durch die Umsetzung der von der verpflichteten Person bei ihm erlangten Daten naheliegt. Dies setzt den Nachweis des gemeinsamen Marktes, der Konkurrenzsituation sowie der Möglichkeit voraus, dass durch die neue Tätigkeit der verpflichteten Person wettbewerbsrelevante Besonderheiten umgesetzt werden können.

Der oder die ausgetretene *Angestellte* umgekehrt hat entweder   5.79

— das Fehlen schützenswerter Interessen des Arbeitgebers[206] oder
— den Hinfall der Verpflichtung in Zusammenhang mit der Auflösung des Arbeitsvertrages zu beweisen[207]. Die Beweislast für die Kündigungsgründe trägt aber die Partei, welche die Kündigung aussprach[208].

Die belastete Person kann weiter dartun, dass

— das Konkurrenzverbot ihr wirtschaftliches Fortkommen übermässig beschränkt[209], bzw.
— einen übermässigen Geltungsbereich beansprucht[210], sich beispielsweise die angesprochenen Kundenkreise nicht überschneiden,
— der glaubhaft gemachte Schaden auch ohne ihren Austritt eingetreten wäre bzw. Folge des Wegfalls ihrer eigenen Berufserfahrung oder Tüchtigkeit ist[211].

2. Feststellungsklage der verpflichteten Person

Fehlen die Geltungsvoraussetzungen des Konkurrenzverbotes nach Auffassung des   5.80
oder der ausgetretenen Angestellten ganz oder teilweise, kann er bzw. sie dies vom

---

204 Oben, Rz. 5.52; STAEHELIN, N 11 zu Art. 340a OR.
205 Da es um die *Möglichkeit* eines Schadenseintrittes geht, kann kein strikter Beweis gefordert sein. Vgl. auch unten, Rz. 5.84.
206 Sei es, dass keine betrieblichen Besonderheiten bestehen (oben, Rz. 5.14 ff.), sei es, dass sich das Aktivitätsfeld des Arbeitgebers verlagert hat (oben, Rz. 5.26 f.); REHBINDER, N 1 zu Art. 340c OR; STAEHELIN, N 21 zu Art. 340c OR.
207 Oben, Rz. 5.29 ff.
208 BOHNY, 144; STAEHELIN, N 21 zu Art. 340c OR.
209 STAEHELIN, N 11 zu Art. 340a OR.
210 REHBINDER, N 1 zu Art. 340c OR; STAEHELIN, N 11 zu Art. 340a OR; STREIFF/VON KAENEL, N 2 zu Art. 340c OR.
211 BGE vom 31.3.87 (JAR 1988/345) E. 1c, BGE 92 II 22/26; BRAND/DUERR, N 19 zu Art. 340 OR.

Gericht feststellen lassen, wenn der berechtigte Arbeitgeber nicht Hand bietet zu Aufhebung der Verpflichtung zur Konkurrenzenthaltung[212].

Dies ist insbesondere der Fall, wenn die Umstände, welche zur Auflösung des Arbeitsverhältnisses führten, die andauernde Belastung des oder der ausgetretenen Angestellten unbillig erscheinen lässt[213] bzw. wenn Dispositionen des Berechtigten am Fortdauern des rechtfertigenden Interesses zweifeln lassen[214].

In all diesen Konstellationen steht der durch ein Konkurrenzverbot belasteten Person das Recht auf eine *Feststellungsklage* zu, da sie ein berechtigtes Interesse daran hat abzuklären, ob und gegebenenfalls in welchem Ausmass die Verpflichtung Bestand hat[215]. Diese ist beim Gericht am Wohnort des Beklagten oder am Ort des Betriebs einzureichen, in welchem der oder die ausgetretene Angestellte gearbeitet hat (Art. 343 Abs. 1 OR)[216].

3. Verletzungsklage des berechtigten Arbeitgebers

5.81 Das Konkurrenzverbot wird nach dem Betriebsaustritt wirksam. Sein Umfang ist erst dann abschätzbar. Der berechtigte Wirkungsbereich ist aber nur durch ein Gerichtsverfahren zu klären. Das dauert in der Regel länger als die Geltungsdauer des Konkurrenzverbotes selbst[217]. Der Unterlassungsanspruch des Arbeitgebers würde daher illusorisch, wenn mit der Durchsetzung bis zum Abschluss eines ordentlichen Verfahrens gewartet werden müsste.

Daher liegt – abgesehen von der Präventivwirkung während der Dauer des Arbeitsverhältnisses – die Bedeutung einer Konkurrenzverbotsklausel in der Stichhaltigkeit der Umschreibung im Rahmen eines Verfahrens um den Erlass einer vorsorglichen Verfügung auf Untersagung einer als konkurrierend erachteten Tätigkeit.

5.82 Dieses vom kantonalen Prozessrecht bestimmte Verfahren[218] setzt höchste Ansprüche an ein Gericht und die Parteivertreter. Es ist bestimmt durch ein enges Zusammenwirken von materiell- und verfahrensrechtlichen Fragestellungen. In diesem Zeitpunkt entscheidet sich letztlich, wessen wirtschaftliche Interessen den Vorrang haben[219].

---

212 Oben, Rz. 5.37.
213 Oben, Rz. 5.29 ff.
214 Oben, Rz. 5.26 ff.
215 BGE 99 II 172/4.
216 Oben, Rz. 1.115; BOHNY, 67 f.
217 Vgl. oben, Rz. 5.55.
218 Je nach Prozessordnung heissen sie «einstweilige» (BE), «provisorische» (BL) oder «vorsorgliche» (BS) Verfügung bzw. «vorsorgliche Massnahme» (ZH), auf Französisch: «mesures provisoires» oder – «provisionelles».
219 Welche der behaupteten Verhältnisse als rechtskonform präsumiert werden; BOHNY, 165 Fn. 160.

§ 5 Konkurrenzverbot

Aufgrund des gesetzgeberischen Entscheides, dass eine unbillige Erschwerung der beruflichen Entfaltung des/der mit einem Konkurrenzverbot belegten Angestellten abzuwenden ist[220], leitet sich die prozessuale Forderung ab, dass an die *Glaubhaftmachung* der Voraussetzungen vorsorglicher Massnahmen hohe Anforderungen zu stellen sind[221].

4. Provisorischer Rechtsschutz[222]

Voraussetzung für den Erlass einer vorsorglichen Verfügung ist – neben einem entsprechenden Antrag – die *Dringlichkeit* einer Massnahme. Das setzt einerseits ein aktuelles vertragswidriges Verhalten und andererseits einen drohenden, erheblichen, nicht leicht zu ersetzenden Nachteil voraus[223]. 5.83

Da diese Erfordernisse nur glaubhaft[224] zu machen sind, der vom Konkurrenzverbot belasteten Person aber ein gravierender Schaden entsteht[225], wenn sich der Entscheid als materiell unbegründet erweist, sollte – nach den Möglichkeiten des Prozessrechts[226] – dem Arbeitgeber eine *Sicherheitsleistung* auferlegt werden[227]. Dies gilt verstärkt dort, wo das kantonale Prozessrecht gar den Erlass einer Verfügung vor Anhörung der Gegenpartei zulässt[228]. 5.84

Inhaltlich kann die provisorische Verfügung nicht weiter reichen, als was beantragt wird und im ordentlichen Prozess zugesprochen werden könnte. Es ist aber die geringste zur Rechtsverwirklichung nötige Massnahme[229] anzuordnen[230]. 5.85

---

220 Art. 340a Abs. 1 OR, oben, Rz. 5.46 ff. Die Realerfüllung ist als Sanktion in Sonderfällen konzipiert; vgl. oben, Rz. 5.73; BOHNY, 161.
221 OGer LU 8.6.1990 (JAR 1992/289); BOHNY, 167; REHBINDER, N 12 zu Art. 340b OR; STAEHELIN, N 19 zu Art. 340b OR; STREIFF/VON KAENEL, N 9 zu Art. 340b OR.
222 Es muss auf die Kommentare zu den kantonalen Prozessordnungen verwiesen werden. Hier werden nur die allgemeinen und aus dem Bundesrecht abzuleitenden Prinzipien dargestellt; vgl. BOHNY, 164 f.
223 Vgl. z.B. ZPO AG § 302, BL § 240, BS § 259, BE § 326, ZH § 222.
224 Der Richter muss aufgrund objektiver Tatsachen und Anhaltspunkte mit erhöhter Wahrscheinlichkeit auf das Vorliegen der rechtsbegründenden Tatsachen schliessen können. BOHNY, 167 bei Fn. 184 (mit Verweisen).
225 Aufgabe der neuen Erwerbstätigkeit, d.h. Entzug der wirtschaftlichen Existenzgrundlage.
226 Je nachdem ist sie obligatorisch, fakultativ oder von einem Antrag abhängig.
227 Das Ausmass sollte dem mutmasslichen Schaden entsprechen. Es darf das Gehalt der früheren Kündigungsfrist nicht unterschreiten und wird maximal ein Jahresgehalt erreichen; vgl. BOHNY, 166; REHBINDER, N 12 zu Art. 340b OR.
228 Sogenannt «Superprovisorische» Erlasse, vgl. z.B. § 241 ZPO BL, § 260 Abs. 2 ZPO BS, § 308a ZPO BE.
229 Unter Berücksichtigung der eigenen Abwehrmassnahmen des berechtigten Unternehmens. Vgl. oben, Rz. 5.20 bzw. Rz. 5.56 bei Fn. 138.
230 BOHNY, 167 f.; STAEHELIN A./SUTTER T., Zivilprozessrecht, Zürich 1992, § 23 Rz. 13.

5.86 Da der Entscheid über den Erlass einer vorsorglichen Massnahme bei einem Konkurrenzverbot immer schwerwiegende und nicht wiedergutzumachende Nachteile mit sich bringen kann (Art. 87 OG)[231], ist er mittels *staatsrechtlicher Beschwerde* beim Bundesgericht anfechtbar[232].

5.87 Das Gericht hat vor Erlass einer Verfügung alle *Geltungsvoraussetzungen* des Konkurrenzverbotes zu prüfen[233].

Konkret hat der berechtigte *Arbeitgeber* somit, wie dargelegt[234],

– die gültige Konkurrenzverbotsabrede,
– die schützenswerten betrieblichen Besonderheiten[235] bzw. das Vorliegen eines Kundenstammes[236],
– die konkurrenzierende Tätigkeit der verpflichteten Person[237] sowie
– die daraus fliessende erhebliche Schädigungsgefahr

zu belegen.

5.88 Der unmittelbar drohende Schaden und die Vertragsverletzung wiederum sind gleichzeitig prozessrechtliche Voraussetzungen für vorsorgliche Massnahmen. Unter diesem Gesichtswinkel fokussiert sich die Prüfung darauf, ob ein gravierender *wettbewerbsrechtlicher Nachteil* droht, der zurückzuführen ist auf einen *Wissenstransfer* durch die verpflichtete Person.

5.89 Der oder die vom Konkurrenzverbot belastete ehemalige *Angestellte* kann einredeweise

– den Wirkungskreis des Konkurrenzverbotes, insbesondere die Geheimnisqualität der Daten bzw. das Übermass in zeitlicher oder räumlicher Hinsicht sowie
– die Konkurrenzsituation bzw. die Schädigungsmöglichkeit

unglaubwürdig erscheinen lassen[238] oder den *Wegfall* als Folge der Kündigungsumstände[239] glaubhaft machen.

---

[231] BGE 118 II 369/371.
[232] BGE 103 II 120/122.
[233] Die Prüfung ist in dem Sinne summarisch, als kein Beweisverfahren stattfindet, sondern nur eine (sehr wohl fundierte) Hinterfragung der behaupteten Tatsachen auf ihre Glaubwürdigkeit vorgenommen wird. Vgl. Fn. 229.
[234] Oben, Rz. 5.78.
[235] In Abgrenzung von den persönlichen Fähigkeiten der verpflichteten Person; oben, Rz. 5.14 ff.
[236] Dieser ist zu belegen – das Geltendmachen einer glaubwürdigen Behauptung reicht nicht. KGer ZG 26.8.1989 (JAR 1992/292).
[237] Oben, Rz. 5.38 ff.
[238] Auch hier gilt das Beweiserfordernis des Glaubhaftmachens; vgl. BOHNY, 167 bei Fn. 187.
[239] Oben, Rz. 5.29 ff.

Zweiter Bereich der Auseinandersetzung bildet die Umschreibung der vorsorgli- 5.90
chen Massnahme bzw. die Bezifferung der angemessenen Sicherheitsleistung.

Das Gericht darf beispielsweise nicht die Auflösung des Arbeitsverhältnisses mit dem Konkurrenten verfügen, wo eine Beschäftigung ohne Interessenkollision möglich wäre[240].

In der Regel wird die Massnahme mit der *Androhung strafrechtlicher Sanktionen* nach Art. 292 StGB verbunden für den Fall der Missachtung. Die zu unterlassende Tätigkeit ist genau zu umschreiben.

Die provisorische Massnahme gilt, solange die Voraussetzungen dafür erfüllt 5.91
sind[241], längstens aber bis zum rechtskräftigen materiellen Urteil.

VI. Checkliste

- Liegt eine gültige Konkurrenzverbots-Abrede vor?
  - Wurde sie mit mündiger Person schriftlich eingegangen (Art. 340 Abs. 1 OR)[242]?
  - für eine Stelle mit Einsicht in wettbewerbsrelevante Informationen (Art. 340 Abs. 2 OR)[243]?
- Welches sind die schützenswerten, wettbewerbsrelevanten Besonderheiten (Art. 340 Abs. 2 OR)[244]?
  - Welches sind die begleitenden Schutzvorkehren[245]?
  - Wurde der Geheimhaltungswille dokumentiert?
  - Wie weit reichte der Einblick?
  - Welches ist der Anteil der persönlichen Eigenschaften und der beruflichen Erfahrung der verpflichteten Person[246]?
  - Liegt ein eigentlicher Stamm von Kunden vor mit einer Bindung an den Betrieb[247]?
- Wie weit reicht der aktuelle legitime Wirkungskreis der Besonderheiten in räumlicher und zeitlicher Hinsicht (Art. 340 a Abs. 1 OR)[248]?

---

240 BOHNY, 167; REHBINDER, N 12 zu Art. 340b OR.
241 Bis zum Wegfall des erheblichen (Geheimhaltungs-) Interesses; vgl. oben, Rz. 5.55 ff. (Art. 340c Abs. 1 OR).
242 Rz. 5.10 f. und 5.12 f.
243 Rz. 5.14 ff.
244 Rz. 5.14 ff.
245 Rz. 5.20 bzw. 5.56.
246 Rz. 5.14.
247 Rz. 5.16 f.
248 Rz. 5.52 ff.

– Gefährdet dieser Wirkungskreis die berufliche Zukunft, das wirtschaftliche Fortkommen der/des Verpflichteten (Art. 340 a Abs. 1 OR)[249]?
  – Besteht eine Gegenleistung? (Art. 340 a Abs. 2 OR)[250]?
– Gibt es besondere Umstände bei der Auflösung des Anstellungsverhältnisses, welche das Konkurrenzverbot gefährden? (Art. 340 c Abs. 2 OR)[251]?
– Kann die aktuelle Tätigkeit der/des Verpflichteten die Wettbewerbsposition des berechtigten Unternehmens gefährden (Art. 340 Abs. 2 OR)[252]?
  – Ist das nachweisbar auf den Wissenstransfer zurückzuführen?
  – Ist der Schaden für den betroffenen Marktbereich von erheblichem Gewicht?
  – Kann er gegebenenfalls durch andere Massnahmen begrenzt oder abgewendet werden als über die Durchsetzung des Konkurrenzverbotes?

---

249 Rz. 5.46 ff.
250 Rz. 5.49 ff.
251 Rz. 5.29 ff.
252 Rz. 5.21 ff.

§ 6 Beendigung öffentlicher Dienstverhältnisse[1]

PETER HÄNNI

Literaturauswahl: BELLWALD PETER, Die disziplinarische Verantwortlichkeit der Beamten, Diss. Bern 1985; BOIS PHILIPP, La cessation des rapports de service à l'initiative de l'employeur dans la fonction publique, in: RJN 1983, 9 ff.; BRÜHWILER JÜRG, Beurteilung des Verhältnisses des privaten Arbeitsvertrags zum öffentlichrechtlichen Dienstverhältnis unter dem Aspekt von Art. 342 Abs. 1 OR; Stellungnahme aus juristischer Sicht zur Verzichtbarkeit auf den privatrechtlichen Arbeitsvertrag, Bern 1991; DE HALLER JEAN-CLAUDE, Révocation disciplinaire des fonctionnaires ou renvoi pour justes motifs, in: SGVW/SSSA 12/1990, 81 ff.; FLEINER FRITZ/GIACOMETTI ZACCARIA, Schweizerisches Bundesstaatsrecht, Zürich 1949; FLEINER-GERSTER THOMAS, Grundzüge des allgemeinen und schweizerischen Verwaltungsrechts, 2. Aufl., Zürich 1980; GIACOMINI SERGIO, Verwaltungsrechtlicher Vertrag und Verfügung im Subventionsverhältnis «Staat-Privater», Diss. Freiburg 1992; GRISEL ANDRÉ, Traité de droit administratif, 2 Bände, Neuchâtel 1984; HÄFELIN ULRICH/MÜLLER GEORG, Grundriss des Allgemeinen Verwaltungsrechts, 2. Aufl., Zürich 1993; HAFNER FELIX, Öffentlicher Dienst im Wandel, in: ZBl 1992, 481 ff.; HANGARTNER YVO, Das Recht des öffentlichen Dienstes in der Schweiz, in: Zeitschrift für Beamtenrecht, 1979, 285 ff. (zitiert: HANGARTNER, Das Recht des öffentlichen Dienstes); ders., Entwicklungstendenzen im öffentlichen Dienstverhältnis, in: ZSR 1979 I, 389 ff. (zitiert: HANGARTNER, ZSR 1979 I); ders., Treuepflicht und Vertrauenswürdigkeit der Beamten, in: ZBl 1984, 385 ff. (zitiert: HANGARTNER, Treuepflicht); HÄNNI PETER, Die Treuepflicht im öffentlichen Dienstrecht, Diss. Freiburg 1982 (zitiert: HÄNNI, Treuepflicht); ders., La fin des rapports de service en droit public, in: RDAF 1995, 407 ff. (zitiert: HÄNNI, RDAF 1995); ders., Rechte und Pflichten im öffentlichen Dienstrecht. Eine Fallsammlung zur Gerichts- und Verwaltungspraxis in Bund und Kantonen, Freiburg 1993 (zitiert: HÄNNI, Fallsammlung); ders., Personalrecht des Bundes, in: Koller Heinrich/Müller Georg/Rhinow René/Zimmerli Ulrich (Hrsg.), Schweizerisches Bundesverwaltungsrecht (SBVR), Basel und Frankfurt a.M. 1996 (zitiert: HÄNNI, SBVR); HELBLING PETER, Totalrevision des eidgenössischen Beamtengesetzes – eine rechtliche Ausgeordnung, in: AJP 1993, 647 ff. (Beamtengesetz); IM HOF ADOLF, Das öffentliche Dienstverhältnis, in: ZSR 1929, 274a ff.; IMBODEN MAX/RHINOW RENÉ, Schweizerische Verwaltungsrechtsprechung, Band 2, 6. Aufl., Basel und Frankfurt a.M. 1986; JAAG TOBIAS, Das öffentliche Dienstverhältnis im Bund und im Kanton Zürich – ausgewählte Fragen, in: ZBl 1994, 433 ff.; JUD ELMAR MARIO, Besonderheiten öffentlichrechtlicher Dienstverhältnisse nach schweizerischem Recht, insbesondere bei deren Beendigung aus nichtdisziplinarischen Gründen, Diss Freiburg, St. Gallen 1975; VON KÄNEL DANIEL, Die Beendigung des Angestelltenverhältnisses nach bernischem Personalrecht, in: BVR 1996, 193 ff.; KAUFMANN OTTO K., Grundzüge des schweizerischen Beamtenrechts, in: ZBl 1972, 379 ff.; KNAPP BLAISE, Précis de droit administratif, deutschsprachige Ausgabe der 4. vollständig überarbeiteten Aufl., Basel und Frankfurt a.M. 1992/1993 (zitiert: KNAPP, Précis); ders., La violation du devoir de fidélité, cause de cessation de l'emploi des fonctionnaires fédéraux, in: ZSR 1984 I, 489 ff. (zitiert: KNAPP, ZSR 1984 I); KÖLZ ALFRED, Kommentar zum Verwaltungsrechtspflegegesetz des Kantons Zürich, Zürich 1978; MAHON PASCAL, Le statut des fonctionnaires fédéraux entre révision partielle et révision totale, in: Jean-Louis Duc (Hrsg.), Le travail et le droit, enseignements du 3e cycle de droit, Fribourg 1994, 29 ff.; MORARD MARTINE, La garantie d'emploi du fonctionnaire cantonal fribourgeoise en cas de suppression de poste, in: FZR 1994, 125 ff.; PLOTKE HERBERT, Die Wahl, insbesondere die Wiederwahl der Beamten einschliesslich der Lehrer, in: ZBl 1976, 529 ff.; POLEDNA TOMAS, Disziplinarische und administrative Entlassung von Beamten vom Sinn und Unsinn einer

---

[1] Meinem Assistenten, lic. iur. Marco Gamma, danke ich für die tatkräftige Unterstützung bei der Vorbereitung des Manuskriptes.

Unterscheidung, in: ZBl 1995, 49 ff.; RHINOW RENÉ, Privatrechtliche Arbeitsverhältnisse in der öffentlichen Verwaltung, in: FS Frank Vischer, Zürich 1983, 421 ff. (*zitiert:* RHINOW, Arbeitsverhältnisse); RHINOW RENÉ/ KRÄHENMANN BEAT, Schweizerische Verwaltungsrechtsprechung, Ergänzungsband zur 5. (und unveränderten 6.) Aufl. der Schweizerischen Verwaltungsrechtsprechung von IMBODEN MAX und RHINOW RENÉ, Basel und Frankfurt a.M. 1990; SCHROFF HERMAN/GERBER DAVID, Die Beendigung der Dienstverhältnisse in Bund und Kantonen, St.Gallen 1985; SON NGUYEN MINH, Le recours par l'administration au contrat de travail pour engager du personnel, in: Jean-Louis Duc (Hrsg.), Le travail et le droit, enseignements du 3e cycle de droit, Fribourg 1994, 3 ff.

Stand der Rechtsprechung und Lehre: 1. September 1996. Später publizierte Entscheide konnten nur noch vereinzelt berücksichtigt werden.

I. Problemübersicht

6.1 Das Recht des öffentlichen Dienstes und insbesondere das Beamtenrecht galten während langer Zeit als von den Widrigkeiten und Unwägbarkeiten konjunktureller Schwankungen abgeschirmter Bereich des Arbeitsrechts. Im Unterschied zu den privatrechtlichen Arbeitsverhältnissen, wo Aufschwung und Rezession verhältnismässig rasch Auswirkungen auf dem Arbeitsmarkt nach sich zogen, blieb das öffentliche Dienstrecht weitgehend frei von grundsätzlichen Änderungen. Seit sich jedoch die Defizite der öffentlichen Haushalte als nicht nur vorübergehendes Phänomen darstellen, sondern ihre Ursachen als strukturell bedingt erkannt worden sind, gerät auf der Ausgabenseite vermehrt auch der Budgetposten «Löhne und Sozialleistungen» unter Druck. Dieser (Anpassungs-)Druck macht sich auf verschiedenen Ebenen bemerkbar: Zum einen wird der früher als unantastbar geltende automatische Teuerungsausgleich – ebensowenig wie in der Privatwirtschaft – nicht mehr ohne weiteres gewährt. Sodann geht der staatliche Arbeitgeber zusehends dazu über, anstelle des bisherigen Systems der ordentlichen jährlichen Lohnerhöhung ein vermehrt leistungsorientiertes Besoldungssystem einzuführen. Mehr Lohn soll am Ende des Jahres nur erhalten, wer im Verlaufe des Jahres eine entsprechend gesteigerte Leistung erbracht hat. Statt allen einen höheren Lohn auszurichten und ganz wenigen einen aussergewöhnlichen Aufstieg zu ermöglichen, kann niemand mehr automatisch mit einer Lohnerhöhung rechnen, ausser wenn sich dies aufgrund der individuell erbrachten konkreten Arbeitsleistung rechtfertigen lässt. Weiter sollen die Ausgaben der öffentlichen Haushalte verringert werden durch (Teil-)Privatisierungen staatlicher Aufgaben. Ferner sollen Kosten eingespart werden durch einen eigentlichen Stellenabbau, sei es durch die Schaffung besonderer Anreizsysteme im Hinblick auf die vorzeitige Pensionierung von Mitarbeiterinnen und Mitarbeitern, sei es durch die schlichte Aufhebung von Arbeitsplätzen. Schliesslich kommt der Beamtenstatus mit seinem in der Schweiz charakteristischen Merkmal der Wahl auf Amtsdauer unter Druck, indem dieses System abgelöst wird durch eine Regelung, die nur noch ein öffentlichrechtliches Angestelltenverhältnis kennt,

§ 6 Beendigung öffentlicher Dienstverhältnisse

das *grundsätzlich* jederzeit unter Berücksichtigung der dafür vorgesehenen Kündigungsfristen aufgelöst werden kann.

Vor diesem Hintergrund ist im folgenden die Frage der Beendigung öffentlichrechtlicher Dienstverhältnisse darzustellen. Dabei sollen in einem Abschnitt über die Grundlagen (Rz. 6.3 ff.) zunächst die gesetzliche Regelung der Dienstverhältnisse im öffentlichen Recht sowie deren Begründung und Ausgestaltung kurz erläutert werden. Im dritten und vierten Abschnitt (Rz. 6.15 ff. und 6.31 ff.) kommt die Beendigung der verschiedenen öffentlichrechtlichen Dienstverhältnisse zur Sprache, während der fünfte Abschnitt (Rz. 6.47 ff.) summarisch die Beendigung privatrechtlicher Dienstverhältnisse behandelt. Im sechsten Abschnitt ist auf die Folgen der Beendigung einzugehen. Der letzte Abschnitt (Rz. 6.61 ff.) schliesslich behandelt Fragen des Verfahrens und des Rechtsschutzes.

6.2

II. Grundlagen

1. Gesetzliche Regelung der Dienstverhältnisse im öffentlichen Recht

a) Grundsatz

Grundsätzlich unterliegen Arbeitsverhältnisse in der Schweiz der einheitlichen arbeitsvertraglichen Regelung von Art. 319 ff. OR. Das Arbeitsvertragsrecht des Bundes sieht jedoch in Art. 342 lit. a OR vor, dass sowohl der Bund als auch die Kantone und Gemeinden in ihrem Zuständigkeitsbereich je eigene öffentlichrechtliche Vorschriften erlassen können[2]. Dieser (unechte) Vorbehalt zugunsten eines besonderen verwaltungsrechtlichen Dienstrechts wurde denn auch von den einzelnen Gemeinwesen regelmässig durch die Schaffung eigener Regelungen wahrgenommen[3]. Da diese Ordnungen unmittelbar Rechte und Pflichten und somit die Rechtsstellung der Beamten und Angestellten betreffen, bedürfen sie einer rechtlichen Regelung auf Gesetzes- oder Verordnungsstufe und der einzelfallweisen Anwendung durch Verfügungen bzw. verwaltungsrechtliche Verträge[4].

6.3

Auf *Bundesebene* wird das öffentlichrechtliche Dienstverhältnis des Bundespersonals grundlegend im Beamtengesetz (BBtG) sowie in der Angestelltenordnung

6.4

---

2 Die Art. 331a–c OR über die Pflichten der Personalfürsorgeeinrichtungen sind jedoch auch im Rahmen eigener öffentlichrechtlicher Vorschriften einzuhalten (Art. 342 Abs. 1 lit. a OR).
3 HANGARTNER, Entwicklungstendenzen, 390.
4 Organisatorische Fragen sowie Anweisungen über Art und Inhalt der Aufgabenerfüllung können jedoch mit verwaltungsinternen Anordnungen geregelt werden, zum Ganzen vgl. JAAG, 435 mit weiteren Hinweisen.

(AngO) geregelt[5]. Die Kantone und Gemeinden erlassen je ihre eigenen Regelungen, wobei es dem kantonalen Verfassungs- und Gesetzgeber unbenommen bleibt, den Gemeinden Vorschriften über ihre Dienstverhältnisse zu machen[6]. Soweit öffentlichrechtliche Bestimmungen in den genannten Gemeinwesen fehlen, greifen subsidiär die Regelungen des privatrechtlichen Arbeitsvertragsrechts von Art. 319 ff. OR[7].

b) Arten öffentlichrechtlicher Dienstverhältnisse

6.5 Das schweizerische öffentliche Dienstrecht kennt diverse Arten von Dienstnehmern. Für eine Unterscheidung bieten sich verschiedene Kriterien an, so etwa können die Dienstverhältnisse nach der juristischen Person des öffentlichen Rechts, für die Dienst geleistet wird[8] oder nach der jeweils zugeordneten staatlichen Gewalt eingeteilt werden[9].

6.6 Die Dienstrechte beschränken sich überwiegend auf die Unterscheidung nach der Person des Dienstnehmers bzw. der Art des Dienstes[10]. Entsprechend der vom OR vorbehaltenen freien Ausgestaltung finden sich herkömmlicherweise drei Arten von öffentlichen Dienstverhältnissen: das *Beamtenverhältnis*, das *öffentlichrechtliche Angestelltenverhältnis* und das *privatrechtliche Angestelltenverhältnis*[11]. Aufgrund der von den Dienstnehmern im öffentlichen Interesse zu besorgenden öffentlichen Aufgaben ist das Rechtsverhältnis zwischen dem Gemeinwesen und seinen Dienstnehmern grundsätzlich öffentlichrechtlicher Natur. Das Beamtenverhältnis und das öffentlichrechtliche Angestelltenverhältnis bilden daher die beiden wichtigsten Kategorien des öffentlichen Dienstrechts. Demgegenüber spielt der private Arbeitsvertrag eine untergeordnete Rolle, denn seine Stellung ist im Rahmen öffentlicher Dienstverhältnisse nicht unumstritten[12]. Insbesondere ergeben sich hier in der Praxis zuweilen Schwierigkeiten hinsichtlich der verwaltungsrechtlichen Abgrenzung einzelner Vertragsbestandteile[13] oder den verfahrensrechtlichen Zu-

---

5 Vgl. zur Vielzahl der Verordnungen für die verschiedenen Personalkategorien die Übersicht bei JAAG, 435 f. sowie MAHON, 29 f.
6 Im allgemeinen regeln jedoch die Kantone die kommunalen Dienstverhältnisse nur sehr rudimentär, so dass die meisten Gemeinden eigene öffentlichrechtliche Reglemente erlassen haben, vgl. dazu HANGARTNER, Entwicklungstendenzen, 390.
7 HANGARTNER, Entwicklungstendenzen, 390; RHINOW/KRÄHENMANN, 469.
8 Bundesdienstverhältnis, Gemeindedienstverhältnis, Anstaltsdienstverhältnis usw., vgl. JUD, 35.
9 Exekutive, Judikative.
10 Hilfstätigkeiten, übergeordnete Dienste mit Entscheidungsbefugnissen, ständige und nicht ständige Dienstnehmer usw., zum Ganzen vgl. JUD, 36. Vgl. für den Bund Art. 3 AngO, wo beispielsweise zwischen ständigen und nichtständigen Angestellten und Angestellten im Probedienstverhältnis unterschieden wird.
11 HANGARTNER, Entwicklungstendenzen, 390; JAAG, 437 ff.
12 BRÜHWILER, passim; ferner JAAG, 439 f.; MAHON, 40 ff.

§ 6 Beendigung öffentlicher Dienstverhältnisse

ständigkeiten bei der Rechtspflege[14]. Zudem besteht zwischen der Beendigung von privatrechtlichen und öffentlichrechtlichen Dienstverhältnissen eine Diskrepanz hinsichtlich des einzuhaltenden Verfahrens. Der Arbeitgeber verfügt im Rahmen der Beendigung privatrechtlicher Dienstverhältnisse regelmässig über eine grössere Flexibilität[15].

Die Unterscheidung zwischen den beiden Hauptkategorien – Beamtenverhältnis und öffentlichrechtliches Angestelltenverhältnis – ist vor allem mit Blick auf die Rechtsstellung der Dienstnehmer bei der Beendigung der Dienstverhältnisse von einiger Bedeutung. Hingegen unterscheiden sich die beiden Kategorien nur unwesentlich in bezug auf die jeweiligen Rechte bzw. Aufgaben und Pflichten der Dienstnehmer[16].   6.7

Gemeinsam ist beiden Hauptkategorien, dass sie grundsätzlich nicht durch Vertrag, sondern durch zustimmungsbedürftige Verfügung der Wahl- oder Anstellungsbehörde begründet werden[17]. Vor dem Hintergrund der vermehrt geforderten Flexibilisierung finden im Bereich der Angestelltenverhältnisse auch öffentlichrechtliche Verträge eine rechtliche Verankerung in den Dienstordnungen[18]. Wesentlichstes   6.8

---

13 Vgl. zur zuweilen schwierigen Abgrenzung VPB 1980, Nr. 103; Entscheid des Verwaltungsgerichts BE vom 18. Juni 1990, in: BVR 1991, 65; Entscheid des Verwaltungsgerichts SZ vom 25. Nov. 1994, in: EGV SZ 1994, Nr 1.
14 Vgl. Vortrag Finanzdirektion BE 1992, 8. BRÜHWILER kommt darum zum Schluss, dass auf den privatrechtlichen Arbeitsvertrag im öffentlichen Recht weitgehend zugunsten differenzierter Typen öffentlichrechtlicher Arbeitsverhältnisse verzichtet werden soll. Eine inhaltliche Angleichung einzelner Personalkategorien ans private Arbeitsrecht sollte nach ihm grundsätzlich über den öffentlichrechtlichen Arbeitsvertrag zur Anwendung gelangen, vgl. zusammenfassende Darstellung in Vortrag Finanzdirektion BE 1992, 8. Gleicher Meinung RHINOW, Arbeitsverhältnisse, 429 ff.; dazu auch NGUYEN, 3 ff.; MAHON, 49. Vgl. zur Zurückdrängung privatrechtlicher Dienstverträge beim Bund, BELLWALD, 40; NGUYEN, 5. In speziellen Fällen (Jugendliche, Lehrlinge, Aushilfskräfte oder nichtständige Angestellte) sehen vor allem folgende Kantone *obligationenrechtliche* Arbeitsverhältnisse vor: SH (Art. 2 PG SH); GE (Art. 11 BtG GE); BS (Art. 5 BtG VD); JU (Art. 1 BtG JU); FR (Art. 1 des Beschlusses vom 17. Nov. 1981 über das Dienstverhältnis des privatrechtlich angestellten Reinigungspersonals) sowie AR, LU, NE, NW, TG, BE, BS, UR und VS.
15 Vgl. dazu NGUYEN, 3 ff.
16 KAUFMANN, Grundzüge, 380; JAAG, 438; HELBLING, Beamtengesetz, 660; HANGARTNER, Entwicklungstendenzen, 394 ff.; HANGARTNER, Das Recht des öffentlichen Dienstes, 287; vgl. für den Bund BBl 1972 II, 1209 und HÄNNI, SBVR, N 80 ff.
17 Vgl. JUD, 53 ff. «Die Zustimmung erstreckt sich nur auf die Anstellung als solche, nicht aber auf den Inhalt des Dienstverhältnisses. Dieser wird vom Gemeinwesen durch Gesetze und Verordnungen gestaltet und laufend revidiert.» (HANGARTNER, Entwicklungstendenzen, 391).
18 Vgl. dazu auch die noch 1979 von HANGARTNER erfolgte Analyse, wonach «in der Praxis die vertraglichen Elemente paradoxerweise zwar faktisch an Boden gewinnen, rechtlich aber immer mehr zurückgedrängt werden.» (HANGARTNER, Entwicklungstendenzen, 391 ff.). Zu den öffentlichrechtlichen Verträgen in den Kantonen vgl. BE (Art. 10 PG BE, wo für Einzelfälle öffentlichrechtliche Verträge vorgesehen sind); SG (Art. 1 DBO SG, und die entsprechende Interpretation bei JUD,

Unterscheidungsmerkmal der beiden Dienstverhältnisse ist jedoch das mit dem Beamtenstatus verbundene Element der *Amtsdauer*[19]. Im Gegensatz zum öffentlichrechtlichen Angestellten, der in einem mehr oder weniger kurzfristig kündbaren Dienstverhältnis steht[20], wird der Beamte regelmässig auf eine bestimmte Amtsdauer gewählt. Auch hier macht sich jedoch in den Dienstordnungen eine Tendenz bemerkbar, die auf eine Angleichung der Beamten- und Angestelltenverhältnisse zielt[21]. So haben verschiedene Kantone in der letzten Zeit den Beamtenstatus grundsätzlich abgeschafft, während dies auf Bundesebene erst für einzelne Stellen gilt[22].

6.9 Darüber hinaus lässt sich eine fortschreitende Angleichung des öffentlichen Dienstrechts und des privaten Arbeitsrechts feststellen[23]. Dies ist einerseits auf das Verständnis eines einheitlichen Arbeitsrechts zurückzuführen, wie es namentlich durch die Europäische Sozialcharta vermittelt wird[24]. Die Angleichung der privaten

---

69 f. sowie HANGARTNER, Entwicklungstendenzen, 392) ferner AI, BL, GL, SO, BS, FR, UR, VD. Insbesondere sieht das Personalgesetz des Kantons ZG mit wenigen Ausnahmen nur noch Anstellungen mittels öffentlichrechtlichen Verträgen vor. Im Rahmen der Totalrevision des eidgenössischen Beamtengesetzes spricht sich vor allem HELBLING für eine vermehrte rechtliche Verankerung von vertraglichen Begründungen aus, HELBLING, Beamtengesetz, 663 f. Vgl. zum Ganzen auch die Tendenz, wonach die mitwirkungsbedürftige Verfügung als Vertrag charakterisiert wird, JAAG, 442 mit weiteren Hinweisen.

19 HANGARTNER, Das Recht des öffentlichen Dienstes, 287; JUD, 38; JAAG, 438; HELBLING, Beamtengesetz, 660.
20 JAAG, 438.
21 Vgl. HANGARTNER, Entwicklungstendenzen, 394 ff.; HELBLING, Beamtengesetz, 660.
22 Vgl. Verordnung über das Dienstverhältnis der persönlichen Mitarbeiter der Departementsvorsteher vom 25. Feb. 1981 (SR 172.221.104.2) sowie Verordnung über das Dienstverhältnis von Generalsekretären und Informationschefs der Departemente vom 30. Jan. 1991 (SR 172.221.104.1) (Spitzname: «Schleudersitzverordnung»; ordentliche Auflösung des Dienstverhältnisses unter Einhaltung einer Frist von 6 Monaten und einer maximalen Abgangsentschädigung von drei Jahreslöhnen. Eine Ausweitung dieser Regelung auf weitere Beamtenkategorien war beabsichtigt, konnte aber bisher nicht realisiert werden. Eine entsprechende Flexibilisierung für Chefbeamte wurde von der Ständeratskommission wegen des wegfallenden Schutzes vor politischen Pressionen abgelehnt. Der Beamtenstatus soll aber im Bund im Rahmen der kommenden Totalrevision des Beamtengesetzes generell überprüft werden, vgl. dazu MAHON, 61 f.); JAAG, 438; HELBLING, Beamtengesetz, 660. Zur Situation im Bund und in den Kantonen vgl. auch die Übersicht bei HELBLING, Beamtengesetz, 661. Insbesondere haben die Kantone BE, GE, GR, VD, AR die Amtsdauer abgeschafft. Ebenso wurde das Amtsdauerprinzip im neuen Personalgesetz des Kantons ZG grundsätzlich aufgehoben (§ 4 PG ZG). Diese Tendenz tritt an die Stelle früherer Bestrebungen, wonach die öffentlichrechtlichen Dienstverhältnisse bei fester Stelle grundsätzlich als Beamtenverhältnisse auszugestalten sind, vgl. dazu § 7 Abs. 2 BAV ZH; § 16 PG LU und Botschaft LU 1986, 8 f.; Art. 8 i.V.m. Art. 9 VO über die Arbeitsverhältnisse des Personals der Stadt Zürich vom 15. Juli 1993 und Art. 9 i.V.m. Art. 14 PR der Stadt Zürich.
23 Nach HANGARTNER, Entwicklungstendenzen, 404 ff. sollte man (in seiner Terminologie) besser von der Angleichung des privaten Arbeitsrechts an das öffentliche Dienstrecht sprechen. Vgl. zur Angleichung an das privatrechtliche Arbeitsverhältnis auch das Personalgesetz des Kantons ZG. Danach wird das Staatspersonal mit wenigen Ausnahmen durch öffentlichrechtliche Verträge (§ 4 PG ZG) angestellt, welche sich stark am Obligationenrecht orientieren.

§ 6 Beendigung öffentlicher Dienstverhältnisse

und öffentlichen Arbeitsverhältnisse macht sich – neben der Diskussion um die Abschaffung des Beamtenstatus – vor allem durch die zunehmende Integrierung leistungorientierter Anreizsysteme in den einzelnen Dienstordnungen bemerkbar[25]. Daneben rückt aber auch die Aufhebung des Beamtenstreikverbots[26] wieder vermehrt ins Blickfeld, ebenso der schon erwähnte Rückgriff auf privatrechtliche Angestelltenverhältnisse[27].

2. Die Begründung und Ausgestaltung von Dienstverhältnissen im öffentlichen Recht

Bei der Begründung von Dienstverhältnissen sind sowohl *formelle* als auch *materielle* Anforderungen zu beachten. Wie wir bereits gesehen haben, wird ein *öffentlichrechtliches Dienstverhältnis* (Beamten- oder Angestelltenverhältnis) grundsätzlich mittels mitwirkungsbedürftiger Verfügung begündet[28]. Dies unabhängig

6.10

---

24 Zur Europäischen Sozialcharta (ESCh) vgl. Botschaft des Bundesrates, in: BBl 1983 II 1241 ff. sowie HANGARTNER, Entwicklungstendenzen, 404 mit weiteren Hinweisen. Die ESCh wurde von der Schweiz bereits 1976 unterzeichnet; die Ratifikation aber scheiterte bisher, letzmals in der Sitzung des Nationalrates vom 2. Okt. 1996. Einer der Hauptgründe für die Rückweisung an die Kommission war Art. 6 der Charta, der eine Lockerung resp. sogar Aufhebung des Beamtenstreikverbots zur Folge hätte.

25 Vgl. für den Bund Art. 12 BBtG (Beförderung), Art. 41 BBtG (ausserordentliche Besoldungserhöhung), Art. 45 Abs. 2bis BBtG sowie Art. 54e BO 1 (Verweigerung der automatischen Besoldungserhöhung innerhalb der Besoldungsklasse), Art. 44 Abs. 1 f. BBtG (Auszeichnung für ausserordentliche Leistungen). Im Rahmen der in der parlamentarischen Beratung stehenden Teilrevision des Beamtengesetzes sollen nun neben den bereits bestehenden negativen auch positive Leistungskomponenten eingeführt werden (Art. 44 Abs. 1bis und Abs. 3 BBtG), vgl. Botschaft des Bundesrates vom 4. Okt. 1993, in: BBl 1993 IV 512 ff. Vgl. für die Kantone insbesondere BE (Art. 24 PG BE); FR (Art. 16 ff. des Gesetzes über die Besoldung des Staatspersonals, SGF 122.72.13; vgl. auch den Beschluss des Staatsrates vom 22. Dez. 1987 über die Beförderung in die Selektionsklassen auf den 1. Jan. 1988, SGF 122.72.13); VS (Ausführungsreglement des Staatsrates vom 26. Juni 1991 betreffend die Leistungsprämie, GS 129). Daneben kennen auch die Kantone LU, SZ, SO, TI, SG, NW, TG, ZG und ZH ein Leistungslohnsystem, vgl. dazu die Übersicht bei HELBLING, Besoldung, 131 ff.

26 Vgl. für den Kanton BE die Diskussion im Rahmen der Totalrevision des Beamtengesetzes von 1992, Vortrag Finanzdirektion BE 1992, 14. Die neuerliche Behandlung war zwar im Rahmen der Teilrevision 1994 vorgesehen, wurde aber letztendlich wieder fallengelassen, Vortrag Finanzdirektion BE 1994. Im Kanton JU ist das Beamtenstreikrecht in der Staatsverfassung (Art. 20 KV) ausdrücklich gewährleistet. Vgl. auch HELBLING, Beamtengesetz, 663 f.; HANGARTNER, Entwicklungstendenzen, 391 ff.; HAFNER, 495 f.

27 Vgl. Art. 17 Abs. 1 des Bundesgesetzes über die Eidgenössischen Technischen Hochschulen vom 4. Okt. 1991 (AS 1993, 210), welcher auch die privatrechtliche Anstellung für die Lehrkörper vorsieht. Vgl. auch MAHON, 38 f. mit weiteren Beispielen.

28 Vgl. oben Rz. 6.8 sowie RHINOW/KRÄHENMANN, 469; JAAG, 442 mit weiteren Hinweisen. Zur Kontroverse über die Vertragsqualität der mitwirkungsbedürftigen Verfügung vgl. IMBODEN MAX, Der verwaltungsrechtliche Vertrag, in: ZSR 1958, 136a; RHINOW RENE A., Verfügung, Verwal-

davon, ob es sich um eine Wahl, Ernennung oder Berufung handelt. Ausnahmsweise sehen die Gesetze auch die Begründung durch öffentlichrechtliche und privatrechtliche Verträge vor, um in Einzelfällen den besonderen Umständen Rechnung zu tragen[29]. Neben formellen Voraussetzungen, wie beispielsweise die Beachtung von Verfahrensvorschriften (vorgängige Ausschreibung usw.), sind auch fachliche und charakterliche Anforderungen der Bewerber zu berücksichtigen[30]. Der Wahl- oder Anstellungsbehörde kommt bei der Stellenbesetzung ein erheblicher Ermessensspielraum zu, der jedoch in den allgemeinen verfassungsrechtlichen Grundsätzen des Willkürverbots und des Rechtsgleichheitsgebots seine Begrenzung findet[31].

6.11 Inhaltlich wird das Dienstverhältnis auch aus Gründen der Rechtsgleichheit durch Gesetz und Verordnung (generell-abstrakt) festgelegt[32], so dass meist nur wenig Raum für Absprachen im Einzelfall besteht[33]. In seiner Ausgestaltung präsentiert sich das öffentlichrechtliche Dienstverhältnis als klassisches Beispiel eines besonderen Rechtsverhältnisses[34], welches vor allem durch die Treuepflicht seine charakteris-tische Prägung erhält[35]. Zu dieser Haupt- oder Grunddienstpflicht[36] kommt in erster Linie die Aufgabenerfüllungspflicht nach Massgabe des Pflichtenheftes der betreffenden Stelle, die durch allgemeine Weisungen und individuelle Dienstbefehle der vorgesetzten Behörden und Beamten weiter konkretisiert wird (Gehor-

---

tungsvertrag und privatrechtlicher Vertrag, in: Festgabe zum Schweizerischen Juristentag 1985, 308; GIACOMINI, 45; Entscheid des Verwaltungsgerichts ZH vom 6. Okt. 1983, in: ZBl 1984, 63 ff. und 66.

29 Vgl. beispielsweise Art. 10 PG BE, der zur Begründung von Angestelltenverhältnissen auch die Form des öffentlichrechtlichen Vertrages vorsieht. Vgl. dazu auch das neue Personalgesetz des Kantons ZG (§ 4 PG ZG).

30 Fachkenntnisse, berufliche Fertigkeiten, Leumund, Teamfähigkeit usw. Zur Diskussion betreffend den Bemühungen um die Gleichstellung von Frau und Mann bei der Stellenbesetzung (Quotenregelung) sowie die Problematik des Stellenwertes politischer und weltanschaulicher Einstellungen der BewerberInnen vgl. die Ausführungen bei JAAG, 444 ff.

31 JAAG, 443; HÄNNI, Treuepflicht, 42. Vgl. für das weite Ermessen der Wahlbehörde BGE 118 Ib 291 E. 2b.

32 BGE 104 Ia 164. Vgl. zur Gleichbehandlung sowie zur Auskunft des Vorgesetzten hinsichtlich des garantierten Rentenalters (Vertrauensprinzip) und einer nachträglichen Gesetzesänderung, den Entscheid des Verwaltungsgerichts VS vom 3. Juli 1992 (P 352/91), in: RDAF 1995 Nr. 5/6, 468 ff.

33 Vgl. dazu aber die im Kanton BE vorgesehene Lösung von öffentlichrechtlichen Arbeitsverträgen für Ausnahmefälle mit spezifischen Anpassungsbedürfnissen (Art. 10 PG BE).

34 FLEINER-GERSTER, 136; HÄNNI, Treuepflicht, 37 mit weiteren Hinweisen.

35 Vgl. zur Überwindung der traditionellen Lehre vom besonderen Gewaltverhältnis im öffentlichen Dienstrecht und die damit verbundene Einschränkung der verfassungsmässigen Rechte, HANGARTNER, Entwicklungstendenzen, 396 ff. Im Rahmen des besonderen Rechtsverhältnisses unterliegt auch das öffentliche Dienstrecht dem Grundsatz der Gesetzmässigkeit der Verwaltung. Zudem finden die verfassungsmässigen Rechte des Dienstnehmers ihre Anwendung, soweit er darin wie ein Normalbürger geschützt ist, vgl. HÄNNI, Treuepflicht, 100 ff. mit Hinweisen; HELBLING, Beamtengesetz, 653. Zur historischen Entwicklung des Gewaltverhältnisses vgl. BELLWALD, 45 ff.; JUD, 78 ff.

36 Vgl. zur begrifflichen oder terminologischen Abgrenzung die Übersicht bei JAAG, 451, Fn. 129.

§ 6 Beendigung öffentlicher Dienstverhältnisse

sams- und Befolgungspflicht)[37]. Sodann verdienen allgemeine Sorgfaltspflichten[38], Überwachungspflichten im Rahmen von Führungsaufgaben[39], Pflichten im Bereich des korrekten Verhaltens[40] sowie weitere Aufgabenerfüllungspflichten[41] Erwähnung. Von besonderem Interesse ist im vorliegenden Zusammenhang auch die Pflicht des Dienstnehmers, sich für anderweitige Aufgaben zur Verfügung zu halten[42]. Schliesslich sind die Pflichten im Zusammenhang mit Nebenbeschäftigungen sowie die Pflicht zur Wahrung des Amtsgeheimnisses zu erwähnen, während die früher in praktisch allen Dienstordnungen verankerte Wohnsitzpflicht im Zeichen erhöhter Mobilität mehr und mehr an Bedeutung verloren hat[43]. Für die Einhaltung der entsprechenden Pflichten sind Sanktionen administrativer, disziplinarischer, vermögensrechtlicher oder gar strafrechtlicher Natur vorgesehen.[44]

Den Pflichten stehen die *Rechte der Dienstnehmer* gegenüber, von denen der Anspruch auf Besoldung[45] sowie die Ansprüche auf Sozialleistungen (AHV, Unfallversicherung, berufliche Vorsorge usw.) und Ferien im Vordergrund stehen. Im übrigen besteht ein bedingter Anspruch auf Beförderung[46] und Wiederwahl[47].   6.12

3. Übersicht über die Beendigungsgründe

Öffentlichrechtliche Dienstverhältnisse können aus einer Vielzahl von Gründen enden. Zunächst gibt es Beendigungsgründe, die unabhängig vom Willen der am Dienstverhältnis Beteiligten wirksam werden, das Dienstverhältnis endet hier *von*   6.13

---

37 HÄFELIN/MÜLLER, N 1228 ff.; HÄNNI, Fallsammlung, Nr. 6, 9, 11, 13; Art. 25 BBtG. Auch hier weist die neuere Tendenz auf eine Abkehr vom traditionellen Beamtenrecht im Sinne eines hierarchischen Denkens. So hat beispielsweise der Kanton BE im Rahmen der Totalrevision seines Beamtengesetzes mit Blick auf ein neues Verwaltungsführungsmodell auf eine ausdrückliche Gehorsamspflicht zugunsten vermehrter Eigenverantwortung verzichtet (Art. 37 PG BE), vgl. dazu auch Vortrag Finanzdirektion BE 1992, 6.
38 HÄNNI, Fallsammlung, Nr. 127, 129, 143 und 163.
39 HÄNNI, Fallsammlung, Nr. 86, 97 und 176.
40 Art. 24 Abs. 2 BBtG; HÄNNI, Fallsammlung, Nr. 54, 106, 109–114, 117, 119, 122, 125, 126, 128, 143, 145, 146 und 158. Vgl. auch JAAG, 452 mit weiteren Hinweisen.
41 Vgl. dazu die Übersicht bei JAAG, 452 f.
42 Vgl. z.B. Art. 7 PG BE; zur Kontroverse über die Zumutbarkeit vgl. JAAG, 453 mit weiteren Hinweisen.
43 Vgl. zum Ganzen auch JAAG, 450 ff. mit weiteren Beispielen; HÄNNI, Fallsammlung, Nr. 30, 31, 35, 37, 38; BGE 118 Ia 412 ff.
44 HÄFELIN/MÜLLER, Rz. 1255 ff.
45 Vgl. zur Zusammensetzung der Besoldung (Grundbesoldung plus Zulagen) JAAG, 447.
46 Vgl. zur Beförderung in höhere Besoldungsstufen innerhalb der gleichen Lohnklasse gemäss den gesetzlichen Voraussetzungen sowie zur Beförderung in höhere Chargen, JAAG, 447 f. Auch hier zeichnet sich eine Tendenz ab, wonach der Stufenaufstieg von einer Leistungskomponente abhängig gemacht wird. Zu den weiteren Rechten vgl. auch die Übersicht bei JAAG, 447 ff.
47 Zur Wiederwahl vgl. unten, Rz. 6.15.

Gesetzes wegen. Zu nennen wären die ordentliche Pensionierung (Erreichen des Pensionierungsalters), der Fristablauf bei Dienstverhältnissen, die auf eine bestimmte Dauer abgeschlossen wurden, sowie der Tod des Dienstnehmers. Als befristet gilt ein Dienstverhältnis dann, wenn es an einem festgelegten Datum oder zu einem bestimmbaren Zeitpunkt[48] enden soll[49]. In einzelnen Kantonen gilt auch der Eintritt der vollen Invalidität als objektiver Grund, der dementsprechend automatisch zur Beendigung des Dienstverhältnisses führt[50]. Endet ein Dienstverhältnis von Gesetzes wegen, bedeutet dies, dass der Erlass einer nochmaligen Verfügung durch die Behörden nicht notwendig ist[51]. Diese Beendigungsart im Rahmen öffentlichrechtlicher Dienstverhältnisse wirft in der Praxis kaum Probleme auf, weshalb im folgenden nicht mehr näher auf sie einzugehen ist.

6.14 Neben diesen gewissermassen objektiven Beendigungsgründen lässt sich die Beendigung öffentlichrechtlicher Dienstverhältnisse um das Kriterium der Ordentlichkeit bzw. der Ausserordentlichkeit gruppieren, wobei bei der ordentlichen Beendigung die Beamten- und die Angestelltenverhältnisse auseinanderzuhalten sind, weil beim ersteren das Amtsdauerprinzip eine wichtige Rolle spielt.

III. Ordentliche Beendigung öffentlichrechtlicher Dienstverhältnisse

1. Ordentliche Beendigung des Beamtenverhältnisses

a) Nichtwiederwahl

6.15 Ein Charakteristikum des schweizerischen Beamtenrechts ist die Wahl der Beamten auf *Amtsdauer*[52]. Sowohl im Bund als auch in den meisten Kantonen beträgt die Amtsdauer grundsätzlich vier Jahre[53]. Mit dessen Ablauf erlischt das Dienstverhältnis von Gesetzes wegen. Dieser Modus trägt der Sicherheit des Arbeitsplatzes einerseits aber auch der periodischen Überprüfung der Zweckmässigkeit der Stelle und Tauglichkeit des Inhabers anderseits Rechnung[54]. Nach Ablauf der Amtsdauer

---

48 Das Dienstverhältnis kann befristet sein auf den Zeitpunkt bis ein bestimmtes Projekt abgeschlossen ist.
49 Vgl. für den Bund Art. 8 Abs. 1 AngO; HÄNNI, SBVR, Rz. 56.
50 Beispielsweise Art. 53 Abs. 2 StPG FR; Art. 86 BtG VD. Im Bund wie in den meisten Kantonen gilt die dauernde Arbeitsunfähigkeit nicht als objektiver Beendigungsgrund und verlangt dementsprechend einen Auflösungsakt seitens der Behörden; vgl. dazu Entscheid des Verwaltungsgerichts SO vom 19. Sept. 1991, in: SOG 1991, Nr. 42.
51 SCHROFF/GERBER, 66; Entscheid des Verwaltungsgerichts BL vom 26. Okt. 1994 in: BLVGE 1994, 75.
52 IM HOF, 274a ff. Zu den Kantonen, die die Amtsdauer abgeschafft haben, siehe oben, Rz. 6.8.
53 Vgl. Art. 6 BBtG; vgl. z.B. für den Kanton FR Art. 8 Abs. 2 StPG FR.
54 JUD, 39. Vgl. zur Funktion der Wiederwahl auch den Entscheid des Bundesgerichtes vom

§ 6 Beendigung öffentlicher Dienstverhältnisse

ist daher für die Erneuerung des Dienstverhältnisses eine Wiederwahl erforderlich. Dabei ist die Wahlbehörde in ihrer Entscheidung grundsätzlich frei[55]. Die Entscheidungsfreiheit wird jedoch dadurch eingeschränkt, dass eine allfällige Nichtwiederwahl im Rahmen der Prinzipien von Art. 4 BV[56] sachlich zu begründen ist und nach den Umständen nicht willkürlich erfolgen darf[57]. In diesem Zusammenhang spricht man auch vom Erfordernis eines *zureichenden sachlichen Grundes* oder – in Abgrenzung zum «wichtigen Grund» bei der Entlassung während der Amtsdauer – vom Erfordernis *triftiger* Gründe[58], die eine Nichtwiederwahl rechtfertigen müssen[59].

Aufgrund der eingeschränkten Entscheidungsfreiheit im Rahmen des pflichtgemässen Ermessens bildet die Wiederwahl die «absolute Regel»[60], die Nichtwiederwahl die Ausnahme[61]. Das Ermessen der Wahlbehörde[62] geht demnach weniger weit als

6.16

---

11. Juli 1978, in: ZBl 1979, 117 sowie BGE 105 Ia 274, der von Gewährleistung des mittelbaren Einflusses des Volkes auf die Besetzung von Beamtenstellen – im Rahmen der periodischen Wiederwahl der Regierung – spricht.

55 Art. 57 BBtG. Das Erfordernis eines wichtigen oder disziplinarischen Grundes nach Ablauf der zweiten Amtszeit wurde bei der Beratung des Beamtengesetzes von 1926 vom Nationalrat abgelehnt, vgl. StenB NR 1926, 672 ff.; RHINOW/KRÄHENMANN, 481 mit weiteren Hinweisen; Art. 8d i.V.m. Art. 8b Abs. 1 lit. a und b StPG FR verankert einen bedingten Wiederwahlanspruch. Aufgrund der beschränkten Kognition des Bundesgerichts im Rahmen der staatsrechtlichen Beschwerde ist die Entscheidungsfreiheit mit derjenigen des Art. 57 BBtG vergleichbar.

56 ANDRÉ GRISEL, Droit administratif suisse, Neuchâtel 1970, 235; BOIS, 249 f.; vgl. den Entscheid des Verwaltungsgerichts BL vom 26. Okt 1994, in: BLVGE 1994, 72, wonach insbesondere das Rechtsgleichheitsgebot, das Verhältnismässigkeitsprinzip sowie der Grundsatz der Wahrung öffentlicher Interessen zu berücksichtigen sind.

57 BGE 99 Ib 233, 237; Entscheid des Verwaltungsgerichts AG vom 29. Mai 1989, in: AGVE 1989, Nr. 7; RHINOW/KRÄHENMANN, 481 mit weiteren Hinweisen.

58 Zur Abgrenzung: Für das Vorliegen eines «zureichenden sachlichen» (triftigen) Grundes ist das Vorhandensein eines «wichtigen» Grundes nicht erforderlich, RHINOW/KRÄHENMANN, 481. Der «wichtige» Grund ist demnach restiktiver zu verstehen, d.h. er lässt den Wahlbehörden einen geringeren Ermessensspielraum, vgl. auch BELLWALD, 38; BOIS, 20; SCHROFF/GERBER, 99; BGE 103 Ib 321 und Entscheid des Appellationsgerichtes BS vom 25. Juni 1980, in: BJM 1981, 121.

59 Vgl. zum Begriff der triftigen (zureichenden) Gründe IMBODEN/RHINOW, Bd. II Nr. 150 B I a. Vgl. auch die bundesgerichtliche Übersetzung des Wortes «triftig» mit «plausible», «important» oder «soutenable», BGE 99 Ib 129, E. 5; 108 Ib 299, E. 2; Entscheid des Bundesgerichtes vom 3. Okt. 1977, in: VPB/JAAC 1978, Nr. 83; Entscheid des Verwaltungsgerichts SO vom 20. Sept. 1993, in: SOG 1993, Nr. 26.

60 PLOTKE, 529 und 537. BOIS spricht sogar von einer Praesumtion auf Wiederwahl, BOIS, 21 mit weiteren Hinweisen. Vgl. aber für das kantonale Recht die Vermutung der Nichtwiederwahl, BGE 107 Ia 182; BOIS, 22.

61 Da die Wiederwahl die Regel, die Nichtwiederwahl die Ausnahme bildet, erfolgt im Bund die Wiederwahl für alle Beamte, denen nicht bis zu einem bestimmten Stichtag die Nichtwiederwahl eröffnet wird, durch Verordnung (VO über die Wiederwahl der Beamtinnen und Beamten der allgemeinen Bundesverwaltung für die Amtsdauer 1993–1996 [Wahlverordnung] vom 16. März 1992, SR 172.221.121). Vgl. auch BELLWALD, 36 mit weiteren Hinweisen.

62 Das Verwaltungsgericht SO spricht in seinem Entscheid vom 20. Sept. 1993 von einer Abwägung

bei der Neubesetzung einer Stelle[63]. Selbst wenn ein besserer Anwärter zur Verfügung steht, hat der bisherige Stelleninhaber einen bedingten Anspruch auf Wiederwahl, sofern er dem Amt genügt und weiterhin genügen wird[64]. Eine Nichtwiederwahl eines Amtsinhabers setzt aber nicht voraus, dass der Amtsinhaber aus disziplinarischen Gründen entlassen werden könnte. Selbst unverschuldete Beeinträchtigungen der Leistungsfähigkeit rechtfertigen eine Nichtwiederwahl. Ausschlaggebend ist die objektive Unfähigkeit des Beamten, seine Aufgabe ordnungsgemäss zu erfüllen[65]. Die Gründe dieser objektiven Unfähigkeit können im generellen Verhalten des Dienstnehmers oder seiner Arbeitsleistung liegen[66].

6.17 Neben den Gründen für eine Nichtwiederwahl, die in der Person des Stelleninhabers liegen, können aber auch organisatorische Gründe wie Stellenaufhebungen die Beendigung des Dienstverhältnisses rechtfertigen[67].

b) Demission auf den Ablauf der Amtsdauer hin

6.18 Auf Veranlassung des Beamten kann das Arbeitsverhältnis durch Demission beendet werden. Dabei ist zwischen der ordentlichen Demission auf den Ablauf der Amtsdauer hin[68] und derjenigen, welche das Dienstverhältnis während der Amtszeit[69] beendet, zu unterscheiden.

6.19 Aufgrund des Systems der Beendigung des Dienstverhältnisses infolge Ablauf der Amtsdauer hat auch der Beamte die Möglichkeit, auf eine Wiederwahl zu verzichten und dadurch eine ordentliche Beendigung des Arbeitsverhältnisses herbeizuführen. Die Verzichterklärung des Beamten stellt eine einseitige Willenserklärung dar, «die für sich allein konstitutiv wirkt»[70]. Im Gegensatz zum ausserordentlichen Rücktritt

---

des Verwaltungsinteresses «an einer störungsfreien und geordneten Diensterfüllung gegen das Interesse des Beamten an einer Weiterbeschäftigung», in: SOG 1993, 86.

63 JUD, 220 f.; SCHROFF/GERBER, 145; Entscheid des Appellationsgerichts BS vom 14. Mai 1987, in: BJM 1988, 241 ff.; JAAG, 462.
64 JAAG, 462; allerdings haben diverse Kantone den Beamten ein bedingtes Recht auf Wiederwahl abgesprochen: Entscheid des Verwaltungsgerichts ZG vom 13. Dez. 1990, in: GVP ZG 1991/92, 77 ff.; Entscheid des Verwaltungsgericht BE vom 24. Aug. 1992, in: BVR 1993, 158; Entscheid des Verwaltungsgerichts AG vom 29. Mai 1989, in: AGVE, 1989, 117; Entscheid des Verwaltungsgerichts SO vom 11. Nov. 1991, in: SOG 1991, Nr. 43.
65 JAAG, 462; RHINOW/KRÄHENMANN, 481; Entscheid des Verwaltungsgerichts NE vom 26. Juli 1993 (156/93), in: RDAF 1995; Nr. 5/6, 456 ff. Anstelle der Nichtwiederwahl kann auch eine Wiederwahl unter Vorbehalt erfolgen, vgl. etwa BGE 119 Ib 99.
66 Entscheid des Verwaltungsgerichts SO vom 20. Sept. 1993, in: SOG 1993, 85 ff.; Entscheid des Verwaltungsgerichts AG vom 20. Mai 1989, in: AGVE 1989, 115 ff.
67 JAAG, 462; zur Stellenaufhebung vgl. unten, Rz. 6.40 ff.
68 Für den Bund Art. 57 Abs. 3 BBtG; HÄNNI, SBVR, Rz. 55.
69 Für den Bund Art. 53 BBtG; HÄNNI, SBVR, Rz. 56.
70 JUD, 233.

§ 6 Beendigung öffentlicher Dienstverhältnisse

während der Amtsdauer[71], besteht nach Ablauf derselben ein Anspruch auf Beendigung des Dienstverhältnisses[72].

2. Ordentliche Beendigung von Angestelltenverhältnissen

Das Angestelltenverhältnis beruht nicht auf dem Prinzip der Amtsdauer und ist daher grundsätzlich jederzeit kündbar. Bei der Darstellung der ordentlichen Beendigung von öffentlichrechtlichen Angestelltenverhältnissen erscheint es sinnvoll, an die Grundlage des Dienstverhältnisses anzuknüpfen. Regelmässig handelt es sich um mitwirkungsbedürftige Verfügungen, teilweise auch um öffentlichrechtliche Verträge.

6.20

a) Beendigung verfügungsbegründeter Angestelltenverhältnisse

Verfügungsbegründete Angestelltenverhältnisse werden entweder auf *befristete* oder *unbefristete Zeit* abgeschlossen. Die befristeten Arbeitsverhältnisse enden ohne weiteres nach Ablauf der festgesetzten Frist[73]. Demgegenüber müssen auf unbestimmte Zeit eingegangene Arbeitsverhältnisse durch Kündigung aufgelöst werden. Dabei sind unterschiedliche Anforderungen zu beachten, je nachdem, ob die Kündigung durch den Angestellten oder den staatlichen Arbeitgeber erfolgt.

6.21

Die Kündigung *durch den staatlichen Arbeitgeber* stellt eine Verfügung dar, die im Rahmen des freien (aber pflichtgemässen) Ermessens erfolgt, d.h. die Kündigung muss durch triftige oder vergleichbare Gründe gerechtfertigt sein[74]. Dabei spielt es auch hier keine Rolle, ob die Kündigungsgründe beim Amt oder in der Person des Betroffenen liegen[75]. Insofern ist das Verschulden des Angestellten nicht massge-

6.22

---

71 Vgl. unten, Rz. 6.37.
72 JUD, 234 spricht von einem «Anspruch auf Nichtwiederwahl».
73 Vgl. Art. 76 i.V.m. Art. 8 Abs. 1 AngO.
74 Art. 4 BV; BGE 97 I 540; 99 Ia 129; 108 Ib 209; VPB/JAAC 1989, 21; 1992, Nr. 5; BOIS, 248 f. Im Bund spricht man von triftigen Gründen, im kantonalen Recht teilweise von beachtlichen Gründen (§ 60 Abs. 2 BtG BS). Auch dort wo keine vergleichbaren Gründe ausdrücklich genannt werden, gelten dieselben qualifizierten Gründe sinngemäss, vgl. JUD, 168 ff. sowie den Entscheid des Bundesgerichts vom 3. Okt. 1977, in: VPB/JAAC 1978, Nr. 83; JAAG, 463; BOIS, 20. Beispiele für triftige Gründe finden sich u.a. auch bei SCHROFF/GERBER, 99 ff. An die Auflösung eines Probedienstverhältnisses werden entsprechend seiner provisorischen Natur weit geringere Anforderungen gestellt, BGE 120 Ib 134. Nach dem Personalgesetz des Kantons GE fehlt sogar die Möglichkeit einer Verwaltungsgerichtsbeschwerde im Rahmen eines Probedienstverhältnisses, Entscheid des Verwaltungsgerichts GE vom 29. März 1994 (A/687/1993–FIN), in: RDAF 1995, Nr. 5/6, 447 ff.
75 VPB/JAAC 1992, Nr. 5; 1980, Nr. 103.

bend, objektive Gründe wie gesundheitliche Probleme oder fachliche bzw. charakterliche Mängel genügen[76].

6.23 Die Kündigung *seitens des Dienstnehmers* gestaltet sich wesentlich einfacher. Unter Vorbehalt der gesetzlichen Kündigungsfristen und Formvorschriften kann der Dienstnehmer das Arbeitsverhältnis jederzeit auflösen. Im Gegensatz zur Begründung des Angestelltenverhältnisses durch *zustimmungsbedürftige* Verfügung, handelt es sich bei der Kündigung durch den Arbeitnehmer um einen *einseitigen* Erklärungsakt, der für sich allein konstitutiv wirkt[77]. Im Unterschied zu den in Lehre und Rechtsprechung allgemein anerkannten Grundsätzen über die Aufhebung von Verwaltungsakten bedarf es also nicht eines Widerrufs der Verfügung seitens der Verwaltung[78]. Die Kündigung versteht sich somit als einseitige Rücknahme der einmal abgegebenen Zustimmung, deren Wirksamkeit nicht von der Angabe von Gründen abhängig ist[79].

b) Beendigung von öffentlichrechtlichen Dienstverträgen

6.24 Einige Dienstordnungen sehen die Möglichkeit vor, Angestelltenverhältnisse durch öffentlichrechtlichen Vertrag zu begründen[80]. Damit wird unter anderem auch dem im öffentlichen Dienstverhältnis bestehenden Bedürfnis nach Flexibilisierung des Dienstverhältnisses Rechnung getragen, ohne gleichzeitig die Schwierigkeiten eines privatrechtlichen Arbeitsvertrags in Kauf nehmen zu müssen[81].

6.25 Ordentlicherweise enden verwaltungsrechtliche Verträge nach den allgemeinen Grundsätzen des privaten Vertragsrechts[82]. Für den öffentlichrechtlichen Arbeitsvertrag steht somit die Beendigung durch Ablauf einer vereinbarten oder gesetzlich vorgesehenen Dauer (Befristung)[83] sowie die vertraglich vorgesehene Kündigung im Vordergrund. Die staatlicherseits ausgesprochene Kündigung stellt nach Praxis

---

76 VPB/JAAC 1978, Nr. 83; 1987, Nr. 3; 1989, Nr. 21; 1996, Nr. 74; Entscheid des Regierungsrates AG vom 30. März 1989, in: ZBl 1990, 229 ff.; HÄNNI, Fallsammlung, Nr. 72, 73, 118, 141, 171, 173–175, 179 und 185. Anstelle der Auflösung kann im Sinne des Verhältnismässigkeitsprinzips auch eine Versetzung in Betracht fallen. Lässt sich die Situation durch die Versetzung nicht verbessern, kann sich die Auflösung des Dienstverhältnisses aufdrängen, vgl. Entscheid des ETH-Rates vom 30. März 1994, in: ZBl 1994, 474 ff.
77 JUD, 163.
78 JUD, 162.
79 JUD, 163 f. Vgl. Art. 8 Abs. 2 AngO, der die Kündigung unter Angaben von Gründen vorbehält. Der Arbeitgeber hat demnach wohl einen Anspruch auf Begründung der Kündigung, er kann jedoch daraus keine Rechte hinsichtlich der Auflösung ableiten.
80 Vgl. z.B. die Personalgesetze der Kantone BE (Art. 10 PG BE) und ZG (§ 4 PG ZG).
81 Zu den Schwierigkeiten des privatrechtlichen Arbeitsvertrags im öffentlichen Dienstrecht vgl. Rz. 6.6 und 6.47 f. und MAHON, passim.
82 HÄFELIN/MÜLLER, N 911.
83 Vgl. z.B. § 15 PG ZG.

§ 6 Beendigung öffentlicher Dienstverhältnisse

und Lehre eine Verfügung im Sinne des Verwaltungsrechts dar. Insofern hat der Staat als Vertragspartei im Rahmen seines sogenannten «freien Parteiwillens» – neben zwingenden Gesetzesvorschriften öffentlichrechtlicher und allenfalls privatrechtlicher Natur – auch die sich aus der Verfassung ergebenden Schranken staatlichen Handelns zu berücksichtigen (Art. 4 BV, Grundrechtsansprüche).

Grundsätzlich ist festzuhalten, dass der öffentlichrechtliche Vertrag wie jeder Vertrag kooperative, partnerschaftliche Elemente aufweist, was sich in der übereinstimmenden Willenserklärung der gleichberechtigten (Vertrags-)Parteien äussert. Entgegen der eingebürgerten Bezeichnung als subordinationsrechtlicher Vertrag, kommt dem Staat im Rahmen öffentlichrechtlicher Verträge höchstens – aufgrund seiner allgemeinen Funktion als Träger hoheitlicher Gewalt – die Stellung eines primus inter pares zu. Insofern unterscheidet sich der öffentlichrechtliche Vertrag nur unwesentlich vom privatrechtlichen Vertrag. Trennendes Element ist einzig der Zweck bzw. der Gegenstand der zu regelnden Rechtsverhältnisse[84]. Es drängt sich daher die Frage auf, inwiefern die zwingenden Mindestansprüche des obligationenrechtlichen Arbeitsvertrages, insbesondere bei der Beendigung von Dienstverhältnissen, durch den Einsatz öffentlichrechtlicher Arbeitsverträge umgangen werden können. In diesem Zusammenhang entschied das Bundesgericht im Fall Waridel[85], dass die Auflösung eines verwaltungsrechtlichen Arbeitsvertrages keiner Begründung bedürfe[86]. Eine solche Auslegung widerspricht unter Umständen den zwingenden Bestimmungen von Art. 335 Abs. 2 OR. Der Einsatz des verwaltungsrechtlichen Vertrags im öffentlichen Dienstrecht erweckt diesfalls erhebliche Bedenken. 6.26

Vor diesem Hintergrund sind die neuen gesetzlichen Vorschriften in den Kantonen zu verstehen, die öffentlichrechtliche Verträge als Grundlage für öffentlichrechtliche Dienstverhältnisse vorsehen: So hat z.B. das neue Personalgesetz des Kantons Bern für öffentlichrechtliche Arbeitsverträge in Art. 10 PG BE einen ausdrücklichen Vorbehalt zugunsten der zwingenden Mindestansprüche des Obligationenrechts verankert[87]. Der Kanton Zug sieht in seinem Personalgesetz vor, dass das Staatspersonal grundsätzlich mittels öffentlichrechtlichem Vertrag angestellt wird[88]. Entsprechend den obligationenrechtlichen Bestimmungen kann der Arbeits- 6.27

---

84 Vgl. HÄFELIN/MÜLLER, N 848 ff.
85 Unveröffentlichter Entscheid des Bundesgerichts vom 24. Nov. 1976, zitiert bei BOIS, 19.
86 BOIS betrachtet den Auflösungsakt des Gemeinwesens als eine Verfügung, die grundsätzlich als solche einer Begründung bedarf, BOIS, 19.
87 Allgemein zum Verhältnis des privatrechtlichen und öffentlichrechtlichen Arbeitsverhältnisses vgl. MAHON, 50. Zur Beendigung des Angestelltenverhältnisses nach bernischem Recht vgl. VON KÄNEL, in: BVR 1996, 193 ff.
88 § 4 PG ZG.

vertrag durch beide Parteien gekündigt werden, wobei gleich lange Kündigungsfristen vorgesehen sind. Ausserdem ist die Kündigung hinreichend zu begründen[89].

3. Ordentliche Pensionierung

6.28　Einer der ordentlichen Beendigungsformen öffentlichrechtlicher Dienstverhältnisse bildet sodann die Pensionierung. Diese tritt *von Gesetzes wegen* ein, wenn der Dienstnehmer das im Gesetz vorgesehene ordentliche Pensionierungsalter erreicht hat. Diese klassische Form der Pensionierung gibt kaum Anlass zu besonderen Problemen.

6.29　Darüber hinaus sehen die neueren Dienstordnungen aber auch die Möglichkeit vor, dass die Pensionierung nicht auf einen bestimmten Zeitpunkt, z.B. Erreichen des 65. Altersjahres, erfolgt, sondern innerhalb einer vom Gesetz vorgesehenen Zeitspanne vom Dienstnehmer gewählt werden kann. Diese sog. *flexible Pensionierung* unterliegt eigenen Regeln, kann aber doch als ordentliche Beendigung des öffentlichrechtlichen Dienstverhältnisses bezeichnet werden. Von ausserordentlicher Pensionierung[90] ist nur dann die Rede, wenn das Gesetz keinen flexiblen Pensionierungsspielraum offenlässt, der Ruhestand aber dennoch abweichend vom gesetzlich vorgeschriebenen Zeitpunkt erfolgt. Die Wahl des Zeitpunktes der flexiblen (vorzeitigen) Pensionierung wird dem Dienstnehmer in den kantonalen Dienstordnungen regelmässig zur *freien Entscheidung* überlassen[91]. Dementsprechend kann sie von ihm durch eine einseitige Erklärung herbeigeführt werden.

6.30　Einzelne Kantone haben das Rentenalter ihrer männlichen und weiblichen Beschäftigten noch nicht angeglichen[92]. Das *unterschiedliche Pensionierungsalter* verstösst gegen das Diskriminierungsverbot von Art. 4 Abs. 2 BV[93]. Wird die Ungleichbehandlung nicht durch die Möglichkeit der flexiblen Pensionierung beseitigt, stellt sich die Frage, ob der Richter die Verfassungswidrigkeit gestützt auf Art. 4 Abs. 2 BV korrigieren muss. Das Bundesgericht und kantonale Gerichte haben bisher bei der gerichtlichen Durchsetzung des Geschlechtergleichheitsgebots im Rahmen der Pensionierungsfrage Zurückhaltung geübt[94]. Die Rechtsprechung begründet diese Ansicht v.a. damit, dass es nicht Aufgabe der Justiz sein könne, einen Regelungsgegenstand grundlegend zu korrigieren, was bei einer Angleichung

---

89　§ 10 PG ZG.
90　Vgl. dazu unten, Rz. 6.38 f.
91　Art. 58 StPG FR spricht dem Beamten ausdrücklich das Recht zu, am Ende des Monats, in dem er das 60. Altersjahr erreicht, in den Ruhestand zu treten.
92　§ 10 Abs. 1 RRV TG; Art. 104b Abs. 1 BtG NE; § 73 Abs. 1 BtG BL; Art. 7 AR zum BtG VS.
93　BGE 117 V 318 ff. mit weiteren Hinweisen.
94　BGE 117 V 318 ff.; 116 V 198 ff.; 109 Ib 81 ff.; 106 Ib 102 ff.; ZBl 1986, 482 ff.; Entscheid des Verwaltungsgericht BL vom 26. Okt. 1994, in: BLVGE 1994, 68 ff.

des Pensionsalters für Beamte und Beamtinnen aber sowohl leistungsseitig wie finanziell der Fall wäre. Regelmässig wurde daher der Gesetzgeber angewiesen, binnen angemessener Frist die Ungleichbehandlung bei der Pensionierung zu beseitigen. Das Appellationsgericht BS hat in einem unveröffentlichten Entscheid vom 12. November 1993[95] diese Frist nun für abgelaufen erklärt und die Untätigkeit des Gesetzgebers korrigiert. In diesem Sinne ist auch in andern Kantonen davon auszugehen, dass sich das unterschiedliche Pensionierungsalter von öffentlichrechtlich Bediensteten nicht mehr rechtfertigen lässt.

IV. Ausserordentliche Beendigung öffentlichrechtlicher Dienstverhältnisse

Während bei der Darstellung der ordentlichen Beendigung öffentlichrechtlicher Dienstverhältnisse eine unterschiedliche Behandlung der Beamten und Angestellten aus naheliegenden Gründen zweckmässig erscheint, kann auf diese Differenzierung bei der ausserordentlichen Beendigung verzichtet werden. Von zentraler Bedeutung bei der Behandlung der ausserordentlichen Beendigung sind die «wichtigen Gründe», weshalb dieses Beendigungskriterium einleitend zur Sprache kommt. Sodann ist auf die beiden wichtigsten Kategorien der ausserordentlichen Beendigung, nämlich die administrative und die disziplinarische Entlassung, einzugehen. Weitere ausserordentliche Beendigungsformen sind der Rücktritt während der Amtsdauer und die ausserordentliche flexible Pensionierung. Schliesslich ist auch der Sonderfall der Stellenaufhebung zu beleuchten, der angesichts der schon eingeleiteten und noch anstehenden Umwälzungen im öffentlichen Dienstrecht immer bedeutungsvoller wird.

6.31

1. Die «wichtigen Gründe» als übergeordnetes Kriterium

Während den Behörden bei der ordentlichen Beendigung öffentlichrechtlicher und privatrechtlicher Dienstverhältnisse relativ weite Ermessensspielräume zugestanden werden, hängt die Rechtmässigkeit ausserordentlicher Beendigungen entsprechend ihrem Charakter vom Vorliegen qualifizierter Voraussetzungen ab. Sachliche bzw.

6.32

---

95 Speziell am erwähnten Fall ist der Umstand, dass für einmal nicht männliche Bedienstete gestützt auf das Geschlechtergleichheitsgebot eine vorzeitige Pensionierung verlangen, sondern eine Dienstnehmerin ihre Weiterbeschäftigung bis zum Rentenalter ihrer Kollegen fordert. Das Appellationsgericht BS sah sich aufgrund der langen Zeitspanne gesetzgeberischer Untätigkeit zum Eingreifen berufen. Dementsprechend erklärte es die Art. 4 Abs. 2 BV widersprechende Norm des kantonalen Beamtengesetzes für unwirksam und damit die Entlassung der Dienstnehmerin für ungerechtfertigt.

triftige Gründe genügen für die fristlose Auflösung eines öffentlichrechtlichen Dienstverhältnisses nicht mehr[96], vielmehr wird das Vorliegen «wichtiger Gründe» vorausgesetzt, welche als übergeordnetes Kriterium für die Beurteilung der rechtmässigen ausserordentlichen Beendigung erscheinen. Gemäss den gleichlautenden Regelungen in Art. 337 Abs. 2 OR und Art. 55 Abs. 2 BBtG liegt ein wichtiger Grund vor, wenn dem Kündigenden die Fortsetzung des Arbeitsverhältnisses nach Treu und Glauben nicht mehr zugemutet werden darf[97]. In diesem Fall *können* Behörden wie Dienstnehmer das Arbeitsverhältnis *sofort* aufzulösen[98].

6.33 Die «wichtigen Gründe» gelten als übergeordnetes Kriterium sowohl für die administrative als auch für die disziplinarische Beendigung öffentlichrechtlicher Dienstverhältnisse. Beide Entlassungsgründe lassen sich denn auch nicht strikte auseinanderhalten, da weder das Verschulden noch die Frist in dieser Hinsicht geeignete Abgrenzungskriterien darstellen: Das *Verschulden* erweist sich als untaugliches Unterscheidungsmerkmal, weil auch eine schuldhafte Dienstpflichtverletzung eine administrative Entlassung nach sich ziehen kann[99], und die *Frist* dient nicht zur Differenzierung, da administrative wie disziplinarische Entlassung sofort oder auf einen bestimmten Zeitpunkt hin ausgesprochen werden können[100]. Angesichts des fliessenden Übergangs zwischen den beiden Entlassungsarten kommt auch eine Kombination derselben in Frage[101]. Eine verschuldete Dienstpflichtverletzung, die für sich alleine noch keine Entlassung erlauben würde, kann zusammen mit Gründen verbunden werden, die ausserhalb des dem Beamten vorwerfbaren Verhaltens liegen, und deshalb eine Entlassung rechtfertigen[102]. Genauso können mehrere triftige Gründe, die jeder für sich allein nicht für eine ausserordentliche Beendigung des Dienstverhältnisses ausreichen würden, zusammen einen wichtigen Grund bilden, wenn deren Häufung die Voraussetzung der Unzumutbarkeit erfüllt[103]. Allerdings muss in beiden letztgenannten Fällen der Rechtsschutz im Zusammenhang mit einem Disziplinarverfahren beachtet werden[104].

---

96 Entscheid des Verwaltungsgerichts TG vom 12. Mai 1993, in: TVR 1993, 55.
97 Statt vieler kantonaler Erlasse: § 5 Abs. 2 BD AG; Art. 8 PG SG; Art. 10 PV GR; § 4 Abs. 3 BAV ZH.
98 Art. 337 Abs. 1 OR sowie Art. 55 Abs. 1 BBtG.
99 BGE 100 Ib 25; VPB/JAAC 1997, Nr. 28; Entscheid des Verwaltungsgerichts AG vom 18. Nov. 1994, in: AGVE 1994, Nr. 7, insbesondere 208 ff.; JAAG, 464; SCHROFF/GERBER, 49.
100 Art. 55 Abs. 1 BBtG gibt der Behörde wahlweise die Möglichkeit, das Dienstverhältnis sofort oder binnen drei Monaten aufzuheben. Ähnliche Regelungen finden sich in zahlreichen kantonalen Dienstordnungen. Statt vieler: Art. 56 Abs. 3 StPG FR; Art. 22 PG BE. Die Wahlbehörde ist somit innerhalb ihres Ermessens frei in der Bestimmung des Beendigungszeitpunktes.
101 Entscheid des Verwaltungsgerichts AG vom 18. Nov. 1994, in: AGVE 1994, Nr. 7.
102 Entscheid des Verwaltungsgerichts ZH vom 26. Sept. 1994, in: RB ZH 1994, Nr. 28.
103 VPB/JAAC 1996, Nr. 8.
104 Dazu Rz. 6.64 ff.

2. Administrative Entlassung

Beamten- und verfügungsbedingte Angestelltenverhältnisse können durch die Wahlbehörden aus wichtigen Gründen vor Ablauf der Amtsdauer bzw. der vorgesehenen Beendigungsfristen mit sofortiger Wirkung, unter Ansetzung kurzer Fristen oder unter Wahrung gesetzlich festgelegter Kündigungsfristen aufgelöst werden[105]. Gleiche Wirkung entfaltet im Rahmen privatrechtlicher Dienstverhältnisse die fristlose Kündigung im Sinne von Art. 337 OR. Beiden gemeinsam ist der Begriff des «wichtigen Grundes»[106], der die Unzumutbarkeit der Fortsetzung des Arbeitsverhältnisses nach Treu und Glauben impliziert[107]. Der sehr weite Begriff des wichtigen Grundes wird in den Diensterlassen meist exemplifikatorisch (also nicht abschliessend) umschrieben. Ein wichtiger Grund kann vorliegen, wenn der Angestellte ungenügende Leistungen erbringt[108] oder durch sein Verhalten das Arbeitsklima erheblich stört[109]. Die bloss beispielhaften Aufzählungen in kantonalen Personalordnungen hat die Rechtsprechung zu Präzisierungen veranlasst: so genügt bei der Entlassung aus wichtigen Gründen, gleich wie bei der ordentlichen Beendigung des Dienstverhältnisses aus triftigen Gründen, auch ein verschuldensunabhängiges Verhalten des Arbeitnehmers[110], doch ist diesfalls der Ermessensspielraum der Verwaltung wesentlich kleiner. Das hat mitunter zur Folge, dass der Staat bei einer unverschuldeten administrativen Entlassung des Dienstnehmers, diesem nach Möglichkeit und entsprechend seinen Fähigkeiten eine andere Stelle anzubieten hat, wie das Art. 91 BtG VD ausdrücklich vorsieht.

6.34

Der Begriff der *Unzumutbarkeit* der Fortsetzung des Arbeitsverhältnisses wird im öffentlichen Dienstrecht gleich verstanden wie im privaten Arbeitsrecht (siehe oben, Rz. 2.60). Dementsprechend kann bei der Auslegung dieses unbestimmten Rechtsbegriffes auch die Praxis zum privaten Arbeitsvertragsrecht herangezogen

6.35

---

105 Art. 55 BBtG; Art. 77 AngO; Art. 22 PG BE; Art. 56 Abs. 2 BtG VD.
106 Art. 56 StGP FR spricht von «triftigen» Gründen.
107 Art. 36 Abs. 2 BtG VS verweist ausdrücklich auf die Anwendbarkeit der obligationenrechtlichen Bestimmung des Art. 337 OR. Beachte zur Abgrenzung gegenüber der disziplinarischen Entlassung mit entsprechender Rechtsgrundlage im Kanton VS den Entscheid des Verwaltungsgerichts VS vom 26. August 1994 [P 81/94], in: RDAF 1995 5/6, 472 ff. Als Beispiel eines wichtigen Grundes im öffentlichen Dienstrecht BGE 100 Ib 21 ff. Der Kanton VD hat im Zuge der Ersetzung der disziplinarischen Entlassung durch die administrative Entlassung die wichtigen Gründe (Art. 89 f. BtG VD) inhaltlich dem Privatrecht angepasst (Art. 337 OR); vgl. DE HALLER, 85.
108 Art. 20 Abs. 2 PG BE; Entscheid des Verwaltungsgerichts ZH vom 26. Sept. 1994, in: ZBl 1996, 70 ff.; a.M. Verwaltungsgericht TG in Entscheid vom 12. Mai 1993, in: TVR 1993, Nr. 8, 56.
109 Art. 9 lit. d Ziff. 2 PG SH; Art. 22 Abs. 3 PG BE (Die Norm spricht zwar von «triftigen Gründen», was aber inhaltlich mit den «wichtigen Gründen» anderer Erlasse identisch ist).
110 BGE 103 Ib 322; Entscheid des Bundesgerichts vom 9. Dez. 1982, in: ZBl 1984, 407; Entscheid des Verwaltungsgerichts AG vom 19. Sept. 1985, in: AGVE, 149; Entscheid des Verwaltungsgerichts ZH vom 26. Sept. 1994, in: RB ZH 1994, Nr. 28.

werden. Rein finanzielle Gründe genügen jedenfalls nicht für eine *fristlose* administrative Entlassung, in diesem Fall überwiegt das Interesse des Beamten an seiner (vorläufigen) Weiterbeschäftigung[111].

3. Disziplinarische Entlassung

6.36 Die disziplinarische Entlassung erfolgt aus wichtigen Gründen besonderer Natur. Sie ist die Folge einer schwerwiegenden oder fortgesetzten *Dienst-* oder *Amtspflichtverletzung*[112]. Die Entlassung muss grundsätzlich angedroht werden; sie kann aber ohne vorgängige Androhung ausgesprochen werden, wenn das Verhalten des Beamten ihn in seiner Stellung als absolut untragbar erscheinen lässt[113]. Sie ist Bestandteil des Disziplinarrechts und trägt somit keinen rein administrativen, sondern *pönalen* Charakter. Im Unterschied zur administrativen Entlassung setzt sie darum notwendigerweise ein Verschulden voraus[114]. Ein schuldhaftes dizipinarrechtliches Verhalten schliesst aber die administrative Entlassung grundsätzlich nicht aus. Wird durch die disziplinarische Verfehlung gleichzeitig die Grundlage der weiteren Zusammenarbeit in einer Art und Weise in Frage gestellt, die eine Fortsetzung des Dienstverhältnisses als unzumutbar erscheinen lässt, so kann anstelle der disziparischen Entlassung auch die für den Betroffenen in ihrer Konsequenz mildere administrative Entlassung angeordnet werden[115]. Dieses Vorgehen ist jedoch nach der Praxis nur dann zulässig, wenn damit nicht eine Umgehung des Disziplinarverfahrens mit den entsprechenden verfahrensrechtlichen Garantien und Rechtsmitteln beabsichtigt wird[116]. Verzichtet die Behörde hingegen

---

111 Entscheid des Verwaltungsgerichts OW vom 31. Januar 1990 in VVGE OW 1989/90, 77; a.M. des Verwaltungsgerichts AG im Entscheid vom 18. Nov. 1994, in: AGVE 1994, 212.

112 In der Hierarchie bildet sie die schwerste disziplinarische Massnahme, BELLWALD, 157; RHINOW/KRÄHENMANN, 167 ff.; vgl. z.B. für die Fälschung von Arbeitszeiten: HÄNNI, Fallsammlung, Nr. 106; VPB/JAAC 1997, Nr. 27; Entscheid des Verwaltungsgerichts VS vom 26. August 1994 (P 81/94), in: RDAF 1995 Nr. 5/6, 472 ff.; Alkoholmissbrauch: BGE 61 I 402 ff.; 58 I 349 ff.; ausserdienstliches strafbares Verhalten: Entscheid des Verwaltungsgerichts GR vom 1. Juni 1994 in: PVG 1994, Nr. 12; HÄNNI, Fallsammlung, Nr. 131, 132. Weitere Beispiele: HÄNNI, Fallsammlung, Nr. 4–6, 40, 43, 54, 69, 95, 98, 106, 108, 124, 131, 132, 148 und 152. Vgl. auch die Regelungen der Personalgesetze der Kantone BE und VD, die das Disziplinarrecht gänzlich bzw. teilweise abgeschafft haben. Vgl. für den Bund Art. 31 Abs. 1 Ziff. 9 BBtG (Beamte), Art. 32 Abs. 1 AngO (Angestellte) sowie HÄNNI, SBVR, Rz. 186.

113 VPB/JAAC 1997, Nr. 27.

114 Art. 31 Abs. 1 BBtG; Art. 25 Abs. 1 StPG FR; GRISEL, 170; RHINOW/KRÄHENMANN, 483. Zum Verschulden bei Alkoholabhängigkeit (disziplinarische Entlassung wegen Alkoholmissbrauch) vgl. unveröffentlichter Entscheid des Bundesgerichts vom 22. August 1994 (2P.215/1993). Zur Kritik an der Unterscheidung zwischen disziplinarischer und administrativer Entlassung vgl. POLEDNA, 49 ff., insb. 57 ff.

115 Dies wird im Bund so gehandhabt, vgl. JAAG, 464 mit weiteren Hinweisen.

116 Entscheid des Verwaltungsgerichts ZH vom 20. Dez. 1990, in: plädoyer 4/1991, 66; Entscheid des

aufgrund des Opportunitätsprinzips im Einzelfall auf eine disziplinarische Massnahme, so ist ihr auch eine administrative Entlassung aus wichtigen Gründen verwehrt[117]. Als unbefriedigend erscheint im Grenzbereich zwischen administrativer und disziplinarischer Entlassung, d.h. in Fällen, bei denen sowohl das eine wie das andere rechtlich möglich und zulässig ist, die mit den beiden Entlassungsarten verbundenen unterschiedlichen Verfahrensanforderungen[118].

4. Demission während der Amtsdauer

Zu den ausserordentlichen Beendigungsgründen des Dienstverhältnisses gehört auch die Demission, d.h. der Rücktritt des Beamten *während* der Amtsdauer[119]. Bei noch nicht abgelaufener Amtsdauer bedarf es dazu einer gesetzlichen Grundlage[120] und einer daran anknüpfenden konstitutiv wirkenden Entlassungsverfügung seitens des Arbeitgebers, die als formeller Widerruf des das Beamtenverhältnis begründenden Verwaltungsaktes zu betrachten ist[121]. In der Regel wird dem Begehren unter Einhaltung einer angemessenen Frist auch entsprochen[122]. Die meisten Dienstordnungen lassen aber die Möglichkeit offen, bei entgegenstehenden wesentlichen

6.37

Verwaltungsgerichts ZH vom 13. Juni 1975, in: ZBl 1975, 481; Entscheid des Bundesgerichts vom 9. Dez. 1982, in: ZBl 1984, 404 ff.; BGE 100 Ib 21 ff.; 81 I 239 ff.; insb. dürfen keine objektiven Gründe vorgeschoben werden, d.h. die administrative Entlassung muss für sich allein genügen, BGE 104 Ia 165 f.; Entscheid des Bundesgerichts vom 9. Dez. 1982, in: ZBl 1984, 407. Art. 33 Abs. 2 BtG VS verbietet ausdrücklich die ordentliche Kündigung im Falle eines hängigen Disziplinarverfahrens. Das Bundesgericht unterstellt darum administrative Entlassungen, die in Wirklichkeit auf einer schuldhaften Disziplinarverletzung beruhen, ausschliesslich der Disziplinarrechtspflege, BGE 80 I 84 f.; 83 I 295 f.; JUD, 192.
117 JUD, 193. Zur Geltung des Opportunitätsprinzips im Disziplinarrecht vgl. RHINOW/KRÄHENMANN, 167 mit weiteren Hinweisen. GRISEL, Traité, Vol. I, 512; Entscheid des Bundesgerichts vom 9. Dez. 1982, in: VPB/JAAC 1981, Nr. 28.
118 BOIS, 25 ff.; JAAG, 465 mit weiteren Hinweisen; JUD, 192. So unterliegt die disziplinarische Entlassung im Bund regelmässig der Verwaltungsgerichtsbeschwerde nach Art. 104 lit. c Ziff. 2 OG, was im Unterschied zur administrativen Entlassung auch eine *Angemessenheitsprüfung* erlaubt. Mit Blick auf die sich für den Dienstnehmer sowohl aus der administrativen als auch aus der disziplinarischen Entlassung ergebenden gleichen Konsequenzen, nämlich der fristlosen Entlassung, wirkt diese verfahrensrechtliche Ungleichbehandlung stossend, dies umso mehr, als die der Angemessenheitsüberprüfung entzogene administrative Entlassung auch ohne Verschulden seitens des Dienstnehmers ausgesprochen werden kann. In die gleiche Richtung stösst die Kritik der Unterstellung von öffentlichen Dienstverhältnissen unter den privatrechtlichen Arbeitsvertrag. Zum Verfahrensrecht im Bund vgl. auch Art. 32 BBtG.
119 Vgl. beispielsweise Art. 53 BBtG; Art. 54 StPG FR.
120 Eine solche fehlt z.B. in der BAV ZH. Das Verwaltungsgericht ZH hat es im Entscheid vom 20. Aug. 1992 zudem abgelehnt, einen allgemeinen Rechtsgrundsatz für die ausserordentliche Demission von Beamten anzuerkennen, in: RB ZH 1992, Nr. 13.
121 KNAPP, Précis, Nr. 3161 f.; JUD, 181. Vgl. ähnlich für die Angestellten Art. 8 Abs. 3 AngO.
122 Vgl. z.B. Art. 53 Abs. 1 BBtG.

Interessen die beantragte Entlassung zu verweigern oder erst auf einen späteren Zeitpunkt hin zu gewähren[123]. Als wesentliche Interessen gelten etwa die nicht fristgerechte Neubesetzung der Stelle[124] oder andere nachteilige Auswirkungen eines personellen Wechsels. Die Verweigerung hat jedoch immer unter Abwägung der öffentlichen und entsprechenden privaten Interessen zu erfolgen[125]. Eine Ablehnung des Entlassungsgesuchs heisst auch nicht, dass der Beamte eine für ihn unzumutbare Bedienstung beibehalten muss, oft findet sich verwaltungsintern eine geeignete Lösung in Form einer Versetzung.

5. Ausserordentliche flexible Pensionierung

6.38   Im Gegensatz zur ordentlichen (flexiblen) Pensionierung, die von Gesetzes wegen bzw. durch eine einseitige Erklärung des Bediensteten eintritt, verlangt die ausserordentliche Versetzung in den Ruhestand den Erlass einer *Verfügung* durch die Behörden. Diese Form der Pensionierung wird nicht primär durch den Dienstnehmer veranlasst, sie liegt dementsprechend vor allem im Interesse des Staates[126]. Zwei Arten der vorzeitigen Pensionierung kommen dabei zum Zuge: Einerseits wird, um Entlassungen zu vermeiden, die vorzeitige Pensionierung mit Stellenaufhebungen gekoppelt. Eine zweite Art geschieht unabhängig von Stellenaufhebungen und ist für den staatlichen Arbeitgeber auch dann mit einer Kostenersparnis verbunden, wenn die Stelle neu besetzt wird und dem Frühpensionierten eine AHV-Überbrückungsrente ausbezahlt wird. Üblicherweise sehen die Dienstordnungen vor, dass die Dienstnehmer in Abweichung der ordentlichen Pensionierung (beispielsweise bereits im Alter von 60 Jahren) in den Ruhestand versetzt werden können.

6.39   Wünschen Bedienstete über das Pensionsalter hinaus *weiterzuarbeiten*[127], kann dies von der Wahlbehörde bzw. von der vom Gesetz bezeichneten Instanz gestattet werden[128]. Wo das Gesetz die Möglichkeit einer Weiterbeschäftigung über das Rentenalter hinaus vorsieht, wird dies an zusätzliche Anforderungen geknüpft, wie z.B. Rücksicht auf den Arbeitsmarkt[129] oder anderweitige öffentliche Interessen[130].

---

123 Eine Verweigerung ist aufgrund des Instituts der Amtsdauer auch ohne ausdrückliche gesetzliche Grundlage möglich, vgl. Jud, 184.
124 Art. 54 Abs. 3 StPG FR lässt ausdrücklich nur diesen Verweigerungsgrund zu.
125 Jud, 183; vgl. z.B. ausdrücklich Art. 53 Abs. 3 StPG FR.
126 Entscheid des Verwaltungsgerichts BL vom 30. März 1994, in: BLVGE 1994, 59 ff.
127 Z.B. Art. 16 Abs. 1 PG BE; § 57 Abs. 1 BtG BS; Art. 9 Abs. 3 lit. b DBO SG; Art. 9 lit. c PG SH; § 20 Abs. 4 PG ZG; § 22 Abs. 1 StBVB ZH.
128 Vgl. die «Kann»-Formulierungen und das Anknüpfen an besondere Gründe in diversen kantonalen Beamten- und Angestelltenordnungen: Art. 16 Abs. 1 PG BE; § 57 Abs. 3 BtG BS; Art. 9 lit. c PG SH; Art. 64 Abs. 2 PG TI.
129 Art. 9 Abs. 3 DBO SG.

§ 6 Beendigung öffentlicher Dienstverhältnisse

Von daher stellt der Entscheid über eine Weiterbeschäftigung eine *Ermessensfrage* dar,[131] die keine Verpflichtung seitens der Wahlbehörde begründet. Diese ist im Entscheid allerdings nicht frei, sondern hat ihr Ermessen pflichtgemäss auszuüben[132].

6. Stellenaufhebung

Der staatliche Arbeitgeber kann sich veranlasst sehen, einzelne Stellen oder ganze Zweige staatlicher Dienstleistungen aufzuheben. In diesem Zusammenhang stellt sich die Frage, auf welchem Wege derartige Stellenaufhebungen in der Praxis konkret umzusetzen sind. Die Skala der Möglichkeiten reicht dabei von Massnahmen, die für die Betroffenen keine unmittelbare oder kaum spürbare Auswirkungen haben, bis hin zu eigentlichen Entlassungen. Im einzelnen stehen folgende Möglichkeiten im Vordergrund:

6.40

– Nichtersetzen der sog. natürlichen Abgänge (Stellenwechsel, ordentliche Pensionierung, Tod, Invalidität, disziplinarische Entlassung);
– Vorzeitige freiwillige Pensionierung;
– Vorzeitige unfreiwillige Pensionierung;
– Ordentliche Beendigung des Dienstverhältnisses (Ablauf der Amtsdauer, Kündigung);
– Ausserordentliche Beendigung des Dienstverhältnisses (administrative Entlassung).

Die ersten beiden Möglichkeiten werfen keine besonderen Fragen auf. Die dritte Variante ist vor allem bei älteren Arbeitnehmerinnen und Arbeitnehmern zu prüfen, wobei das Ausrichten einer *AHV-Überbrückungsrente* bis zum Entstehen des ordentlichen AHV-Rentenanspruches zweckmässig erscheint. Auch die vierte Möglichkeit ist dienstrechtlich (nicht aber für die Betroffenen) kaum problematisch, weil das Dienstverhältnis ohnehin nach Ablauf der Amtsdauer[133] oder unter Beach-

6.41

---

130 Art. 11 PV GR; § 20 Abs. 4 PG ZG.
131 Entscheid des Verwaltungsgerichts BL vom 26. Okt. 1994 in: BLVGE 1994, 72; Entscheid des Appellationsgerichts BS vom 16. Sept. 1987, in: BJM 1988, 64 ff.
132 Insbesondere das Rechtsgleichheits- und das Verhältnismässigkeitsprinzip sowie der Grundsatz des öffentlichen Interesses sind dabei zu berücksichtigen.
133 Die Stellenaufhebung erfüllt normalerweise ohne weiteres die Voraussetzungen des «triftigen» bzw. «zureichenden sachlichen» Grundes, welcher eine Nichtwiederwahl rechtfertigt, vgl. JAAG, 462, der bereits einen Personalüberschuss als zureichenden Grund einer Nichtwiederwahl anfügt; dazu auch MORARD, 137 sowie unveröffentlichter Entscheid des Bundesgerichts vom 9. April 1992, (2P.223/1991), zitiert bei: MORARD, 137. Die Problematik wonach die Stellenaufhebung dazu «missbraucht» wird, um sich ohne grösseres Aufsehen eines unbeliebten Mitarbeiters zu entledigen, wird hier ausgeklammert, vgl. dazu BOIS, 17; SCHROFF/GERBER, 129 f.; Entscheid des Verwaltungsgerichts GE vom 10 Jan. 1990 (89.COM.489), in: RDAF 1995 Nr. 5/6, 441 ff. Zu den objektiven

tung der normalen Auflösungsfristen[134] beendet werden kann. Die Beendigung ist unter diesen Umständen sachlich begründet und nicht willkürlich. Ein anderer Aspekt ist jedoch in diesen Fällen die im Rahmen des pflichtgemässen Ermessens zu berücksichtigende Verhältnismässigkeit, welche unter Umständen eine «Wiederwahl» in ein anderes Amt oder die Beschäftigung in einer anderen Anstellung fordert[135].

6.42   Hingegen ist die Stellenaufhebung dann komplexer, wenn sie im Rahmen eines Beamtenverhältnisses während der Amtsdauer erfolgt[136]. Grundsätzlich gilt auch hier, dass die Betroffenen keinen Anspruch auf Aufrechterhaltung der Stelle haben[137]. Aufgrund des Legalitätsprinzips – die Verwaltung ist gehalten, die Stelle aufzuheben – ist die Beendigung des Dienstverhältnisses *zwingend*, denn das Amt und damit der Amtsinhaber haben keine Funktion mehr[138]. Insofern erfährt das Amtsdauerprinzip eine Relativierung in dem Sinne, dass das Beamtenverhältnis nur unter Aufrechterhaltung der betreffenden Stelle garantiert ist[139]. Die meisten Dienstordnungen erwähnen die Stellenaufhebung während der Amtszeit ausdrücklich, vor allem im Hinblick auf die Entschädigungsleistungen, die jeweils erbracht werden. Die Stellenaufhebung während der Amtsdauer ist jedoch auch *ohne ausdrückliche gesetzliche Grundlage statthaft*[140], denn sie kann auch im Rahmen einer administrativen Entlassung aus wichtigen Gründen erfolgen[141]. Dies ist immer dann möglich, wenn die wichtigen Gründe neben der exemplifikatorischen Aufzählung (meist personenbezogen) auch in Form einer Generalklausel umschrieben sind. Die Aufhebung des Amtes geht dann für die Verwaltung regelmässig mit der unzumutbaren Fortsetzung des Arbeitsverhältnisses einher[142]. Im Lichte dieser Überlegung wird auch klar, dass eine Entschädigung grundsätzlich nicht geschuldet ist[143].

Gründen die eine Stellenaufhebung rechtfertigen, vgl. Entscheid des Verwaltungsgerichts NE vom 6. Juli 1987, in: RJN 1987, 96; KNAPP, Précis, Nr. 3164; BOIS, 11.: Rückgang der Schülerzahlen, Technische Entwicklung, allg. Rationalisierung usw.

134 So z.B. bei der ordentlichen Auflösung von privatrechtlichen und öffentlichrechtlichen Angestelltenverhältnissen. Die Stellenaufhebung aus objektiven Gründen erfüllt ohne weiteres die Voraussetzungen, die im Rahmen der Begründung an das pflichtgemässe Ermessen gestellt werden.
135 Vgl. Entscheid des Verwaltungsgerichts GE vom 10 Jan. 1990 (89.COM.489), in: RDAF 1995, Nr. 5/6, 441 ff.; BOIS, 16; KNAPP, Précis, Nr. 3166.
136 Vgl. für den Bund Art. 54 BBtG.
137 Vgl. dazu Art. 8b Abs. 1 lit. c und 8b Abs. 2 StPG FR. Letztere Bestimmung sieht bei ungesicherter Arbeitsstelle eine Wahl nur unter Vorbehalt der Abschaffung (Aufrechterhaltung) der Stelle vor.
138 Vgl. auch BOIS, 16; MORARD, 130.
139 MORARD, 130.
140 Vgl. z.B. das Beamtengesetz des Kantons VS, das die Stellenaufhebung nicht ausdrücklich regelt.
141 Entscheid der Personalrekurskommission vom 10. Februar 1995, in: VPB/JAAC 1996, Nr. 7; RHINOW/KRÄHENMANN, 484 mit weiteren Hinweisen.
142 JUD, 205; e contrario bedarf es aber immer dann einer ausdrücklichen Regelung, wenn die wichtigen Gründe abschliessend enummeriert sind und die Stellenaufhebung nicht besonders erwähnt wurde.
143 Vgl. ebenso MORARD, 130. Wird jedoch in den einschlägigen Bestimmungen eine Entschädigung

Darüber hinaus wird der staatliche Arbeitgeber in den meisten einschlägigen 6.43
Dienstordnungen verpflichtet, nach Möglichkeit eine den Fähigkeiten entsprechende Übertragung eines anderen Amtes anstelle der Entlassung vorzusehen. Sofern diese Bestimmungen nicht über das vom Verhältnismässigkeitsprinzip ohnehin geforderte Minimum hinausgehen[144], bedürfen auch sie keiner gesetzlichen Grundlage. Die betroffenen Mitarbeiterinnen und Mitarbeiter haben eine solche Massnahme im Rahmen der Regeln zu akzeptieren, die für die Versetzung gelten[145]. Umstritten ist dabei namentlich die Frage, inwieweit die neue Stelle dem intellektuellen und emotionalen Profil der bisherigen Stelle entsprechen muss. Die meisten Regelungen sprechen in diesem Zusammenhang generalklauselartig von einer «den Fähigkeiten entsprechenden Stelle»[146]. Die Qualität der Versetzung ist dabei nicht unbedeutend, kann sie doch bei einer Ungleichwertigkeit der Stellen leicht als «Stellenaufhebung» qualifiziert werden, was entsprechende gesetzliche Entschädigungsansprüche auszulösen vermag[147].

Der Anspruch auf Entschädigung entfällt, wenn die *Wiederwahl unter Vorbehalt* 6.44
der Stellenaufhebung erfolgte[148]. Ein derartiger Vorbehalt stellt je nach Inhalt und Tragweite eine blosse Mitteilung oder eine Verfügung dar. Im letztgenannten Fall stellt er eine die Rechtsstellung des Bediensteten unmittelbar berührende und damit anfechtbare Endverfügung dar[149]. Der Vorbehalt kann sich nur auf die Wiederwahl beziehen, da der Bedienstete gar nicht zum Beamten gewählt werden kann, falls seine Beschäftigung nicht für die gesamte Amtsperiode feststeht[150]. Der Vorbehalt muss sachlich begründet sein; dies bedeutet, dass die ermittelte voraussichtliche Amtsaufhebung pflichtgemäss zu ermitteln ist, ohne dass diese bei der Wiederwahl

---

festgelegt, so hat der Betroffene einen Anspruch darauf.
144 Vgl. Art. 2 der Verordnung über Personalmassnahmen bei Umstrukturierungen in der allgemeinen Bundesverwaltung vom 18. Oktober 1995 (SR 172.221.104.0); Art. 55 Abs. 1 StPG FR, wo neben der ersatzweisen Zuweisung einer anderen Stelle innerhalb der Verwaltung auch die Unterstützung bei der Suche nach einem anderen Arbeitsplatz zugesichert wird.
145 Art. 9 BBtG; Art. 21 StPG FR.
146 Vgl. z.B. Art. 55 Abs. 1 StGP FR; Art. 54 BBtG, der immerhin präzisierend von einem «Amt» spricht; Art. 91 BtG VD.
147 Entscheid des Verwaltungsgerichts NE vom 3. Juni 1985, in: RJN 1985, 121, wo unter anderem ein gegenüber der alten Stelle verkürzter Ferienanspruch für die Qualifikation als «Stellenaufhebung» ausschlaggebend war. Vgl. zum Ganzen auch MORARD, 131 ff. mit weiteren Beispielen. Die Versetzung als solche löst regelmässig keine Entschädigung aus, vgl. z.B. Art. 9 BBtG; Art. 7 PG BE.
148 Art. 54 BBtG sieht nur dann eine Entschädigung vor, wenn das Amt während der Amtsdauer aufgehoben wird, dem Beamten kein anderes seiner Befähigung oder Tauglichkeit entsprechendes Amt übertragen werden kann und die Aufhebung des Amtes bei der Wahl nicht ausdrücklich vorbehalten worden ist.
149 BGE 119 Ib 101.
150 BGE 118 Ib 293.

definitiv feststeht, ansonsten der Bedienstete nur noch in einem befristeten Dienstverhältnis weiterbeschäftigt werden könnte[151].

6.45 Das *Verhältnismässigkeitsprinzip* ist schliesslich auch bei der Auswahl der zu entlassenden Mitarbeiter zu beachten. Stehen bei einem partiellen Stellenabbau mehrere gleichwertige Mitarbeiter zur Diskussion, so sind im Sinne einer milderen Massnahme diejenigen Mitarbeiter zu entlassen, die nicht im Status eines Beamten stehen. Diese Auswahl begründet sich mit der mit dem Beamtenstatus verbundenen erhöhten Stellensicherheit. Lässt sich die unvermeidliche «Negativauswahl» nicht mit diesem Kriterium allein bewältigen, sind weitere Gesichtspunkte wie Alter, materielle und familiäre Situation oder die Möglichkeit, eine neue Arbeit zu finden, heranzuziehen[152]. Dabei ist stets dem Geschlechterdiskriminierungsverbot von Art. 4 Abs. 2 BV Rechnung zu tragen.

6.46 Im Rahmen der Stellenaufhebung ergeben sich zuweilen heikle Probleme, deren Ursache in der föderalistischen und dezentralisierten Struktur der Gemeinwesen liegt. Als Beispiel sei etwa der Fall erwähnt, in dem ein Kanton über den Subventionsweg die Personalplafonierung eines Gemeindespitals beeinflusst, oder eine Gemeinde eine Schule dem Kanton überträgt, oder auch wenn staatliche Tätigkeiten privatisiert werden. In all diesen Fällen stellen sich Zuständigkeits- und Verantwortlichkeitsfragen hinsichtlich allfälliger Stellenaufhebungen[153].

V. Auflösung privatrechtlicher Dienstverhältnisse

6.47 Privatrechtliche Dienstverhältnisse sind in der herkömmlichen Terminologie durchwegs Angestelltenverhältnisse mit obligationenrechtlichen Vertragsgrundlagen[154]. Daher rechtfertigt sich, trotz der eher untergeordneten Bedeutung, eine von andern Beendigungsarten getrennte Behandlung.

6.48 Der in den Dienstordnungen enthaltene Verweis auf das OR darf nicht missverstanden werden, denn im Anwendungsbereich des öffentlichen Dienstrechts unterliegt der privatrechtliche Arbeitsvertrag auch öffentlichrechtlichen Einflüssen. Insbesondere bleibt der Staat als Arbeitgeber an die verfassungsrechtlichen Pflichten gebun-

---

151 BGE 119 Ib 102.
152 MORARD, 132. So betrachtete es das Bundesgericht als nicht willkürlich, eine im Konkubinat lebende Mitarbeiterin gegenüber einer Mitarbeiterin vorzuziehen, die aufgrund ihrer Heirat in einem materiell gesicherten Status lebt; unveröffentlichter Entscheid des Bundesgerichts vom 3. Juni 1985 (P 1542/84). Entscheid des Regierungsrates des Kantons SO vom 20. März 1979 (RRB), in: ZBl 1979, 478.
153 Vgl. dazu die Ausführungen bei MORARD, 133 f.; BOIS, 17 f.
154 Art. 319 ff. OR.

den. Im Vordergrund steht dabei der Grundsatz der Verhältnismässigkeit, der Gesetzmässigkeit, das Gebot der rechtsgleichen Behandlung sowie das Willkürverbot[155]. Die meisten privatrechtlichen Dienstverhältnisse werden darüber hinaus in Teilgehalten ausdrücklich öffentlichrechtlichen Vorschriften unterstellt, so beispielsweise den öffentlichrechtlichen Besoldungsordnungen oder hinsichtlich der zu erfüllenden Dienstpflichten und Disziplinarvorschriften[156].

1. Ordentliche Auflösung

Entsprechend den Bestimmungen des Obligationenrechts (Art. 334 ff.) endet das privatrechtliche Dienstverhältnis durch *Fristablauf* (Art. 334 OR) oder *ordentliche Kündigung* (Art. 335 ff. OR). Gegenüber der Auflösung öffentlichrechtlicher Dienstverhältnisse lässt die privatrechtliche Kündigung dem staatlichen Arbeitgeber mehr Spielraum und Freiheit[157]. Zwar fordert Art. 335 Abs. 2 OR auf Verlangen auch bei obligationenrechtlicher Kündigung eine Begründung seitens des staatlichen Arbeitgebers, doch ist die Bestimmung kein Wirksamkeitserfordernis, sondern reine Ordnungsvorschrift, die allenfalls bei den Prozesskosten zu berücksichtigen ist[158].

6.49

2. Ausserordentliche Auflösung

Art. 337 OR sieht die fristlose Auflösung des befristeten oder unbefristeten Arbeitsverhältnisses aus «wichtigen Gründen» vor[159]. Für diejenigen privatrechtlichen Dienstverhältnisse, welche darüber hinaus nach den einschlägigen Beamtengesetzen der diziplinarischen Verantwortung unterstellt sind, gelten die Vorschriften über die disziplinarische Entlassung sinngemäss[160].

6.50

---

155 HANGARTNER, Öffentlichrechtliche Bindungen privatrechtlicher Tätigkeit des Gemeinwesens, in: FS Pedrazzini, Bern 1990, 129 ff.; Entscheid des Verwaltungsgerichts OW vom 17. Dez. 1991, in: ZBl 1993, 282 f. Bei der privatrechtlichen Kündigung seitens des Staates liegt keine Verfügung vor (BGE 113 II 259), dennoch gelten die verfassungsmässigen Pflichten für das gesamte Handeln des Staates.
156 Vgl. zur Unterstellung unter das Streikverbot, FLEINER/GIACOMETTI, 59, sowie zur Unterstellung unter die disziplinarische Verantwortlichkeit, KÖLZ, 420. Vgl. z.B. Art. 5 Abs. 5 BtG VD. Zur Kontroverse betreffend der Unterstellung von privatrechtlich beschäftigten Personal unter das Disziplinarrecht vgl. BELLWALD, 40; VISCHER, 45 f. und 72; KNAPP, Grundlagen, 447 f.
157 Die Auflösung des Arbeitsvertrages ist nur durch das Verbot missbräuchlicher Kündigungen und die Kündigung zur Unzeit begrenzt; vgl. zur Gegenüberstellung auch NGUYEN, 11.
158 VON KÄNEL, in: BVR 1996, 200 f.
159 Als wichtigen Grund im Sinne von Art. 337 OR bezeichnet das Bundesgericht die Verletzung einer Arbeits- oder Treuepflicht, BGE 117 II 72.
160 Vgl. z.B. Art. 2 Abs. 2 i.V.m. Art. 9 ff. und 26 Abs. 1 lit. h StPG FR. Der Kanton BE hat in der Revision des Personalgesetzes vom 5. Nov. 1992 das Disziplinarrecht bis auf das verbleibende

3. Unterschiede zum öffentlichrechtlichen Dienstverhältnis

6.51 Die wichtigen Gründe im Sinne von Art. 337 OR entsprechen inhaltlich ohne weiteres denjenigen, die für eine administrative Entlassung im öffentlichen Dienstrecht gefordert sind. Darüber hinaus erfasst Art. 337 OR aber auch diejenigen Gründe, die im öffentlichen Dienstrecht zur disziplinarischen Entlassung[161] führen. Dies führt bei privatrechtlichen Dienstverhältnissen zu verfahrensrechtlichen Ungleichheiten.

6.52 Eine weitere Ungleichheit zwischen der administrativen und der privatrechtlichen Entlassung aus wichtigen Gründen findet sich auch hinsichtlich der Berechtigung zur ausserordentlichen Beendigung eines Dienstverhältnisses. Im Gegensatz zu den öffentlichen Dienstrechten, welche die kurzfristige Auflösung der Arbeitsverhältnisse regelmässig nur den Wahlbehörden zugestehen[162], kann nämlich im Rahmen von Art. 337 OR auch der privatrechtlich angestellte Arbeitnehmer das Dienstverhältnis fristlos auflösen.

VI. Beendigungsfolgen

6.53 Bei der Darstellung der Beendigungsfolgen gilt es vorerst, die Wirksamkeit eines ungerechtfertigten Beendigungsentscheides zu untersuchen. Anschliessend sind die vermögensrechtlichen Folgen rechtswidriger bzw. rechtmässiger Beendigung von Dienstverhältnissen zu beleuchten.

1. Wirksamkeit einer ungerechtfertigten Beendigung

6.54 Wird eine disziplinarische oder administrative Entlassung im Rahmen der ausserordentlichen Beendigung *öffentlichrechtlicher Dienstverhältnisse* angefochten, und erweist sie sich als unbegründet, kann die übergeordnete Verwaltungsbehörde bzw. das Verwaltungsgericht die entsprechende Verfügung aufheben, womit das

---

Minimum eines Verweises (Art. 45 PG BE) gänzlich abgeschafft. Ebenso hat der Kanton VD in der Teilrevision 1988 des Beamtengesetzes vom 9. Juni 1947 das Disziplinarverfahren und mit ihm die disziplinarische Entlassung abgeschafft, BGC 1988, 858 ff.; DE HALLER, 83 ff. Das Disziplinarrecht wurde auch im neuen Personalgesetz des Kantons ZG abgeschafft. In all diesen Gesetzen wurde die disziplinarische Entlassung durch die Entlassung aus wichtigen Gründen aufgefangen.

161 Die wichtigen Gründe der administrativen Entlassung können darum in Abgrenzung zu den wichtigen Gründen der disziplinarischen Entlassung als «wichtige Gründe im engeren Sinne» bezeichnet werden. Zum Ganzen vgl. auch NGUYEN, 14.

162 Vgl. Art. 55 BBtG; Art. 77 AngO; Art. 56 StPG FR; Art. 89 ff. BtG VD; Art. 36 BtG VS; Art. 20 PG BE. Vgl. aber Art. 22 Abs. 3 PG BE, der die fristlose Auflösung eines Angestelltenverhältnisses aus wichtigen Gründen seitens beider Parteien zulässt.

§ 6 Beendigung öffentlicher Dienstverhältnisse

Dienstverhältnis bestehen bleibt[163]. Gleich verhält es sich auf Bundesebene bei der ordentlichen Entlassung eines Angestellten aus triftigen Gründen und der Nichtwiederwahl eines Beamten[164]. Faktisch bringt jedoch eine Reintegration in das Arbeitsverhältnis oft erhebliche Probleme mit sich, weshalb in der Regel eine einvernehmliche Lösung im Rahmen einer anderweitigen Beschäftigung inner- oder ausserhalb der Verwaltung oder in Form einer Entschädigung[165] gesucht wird[166].

Bei der missbräuchlichen Kündigung des *privaten Arbeitsvertrags* oder bei der Auflösung des Arbeitsverhältnisses ohne wichtigen Grund, bleibt die Kündigung trotz der grundsätzlich ungerechtfertigten Beendigung wirksam[167]. Hingegen ist in diesem Fall der gekündigten Partei Schadenersatz zu leisten[168]. 6.55

---

163 Art. 114 Abs. 2 OG; BGE 111 Ib 76; SCHROFF/GERBER, 282 f. Vgl. auch Art. 114 Abs. 3 OG, der bei disziplinarischer Entlassung dem Bundesgericht auch die Möglichkeit offenlässt, dem Beschwerdeführer eine angemessene Entschädigung anstelle der Aufhebung der Verfügung zuzubilligen; dazu MAHON, 59 mit weiteren Hinweisen. Der Kanton ZG sieht eine beidseitige Kündigung vor, welche hinreichend zu begründen ist. Eine unbegründete oder missbräuchliche Kündigungen bleibt aber dennoch wirksam und führt wie im Obligationenrecht nur zu einer Entschädigung (§ 14 und 17 PG). Die Aufhebung der das Arbeitsverhältnis beendigenden Verfügung ist mit wenigen Ausnahmen ausdrücklich ausgeschlossen (§ 70 Abs. 3 PG). Im Kanton GE kann das Verwaltungsgericht die Wiedereinsetzung nur vorschlagen, nicht hingegen anordnen (Art. 30 Abs. 2 LPA). Entsprechend wies das Verwaltungsgericht GE das Begehren um aufschiebende Wirkung (Art. 66 LPA) einer sofortigen administrativen Entlassung (und somit der Wiedereinsetzung) im Rahmen eines Rekurses mit der Begründung ab, dass sich das Gericht nicht auf dem Umweg über die Gewährung des Suspensiveffekts die ihm vom Personalgesetz nicht zukommende Kompetenz der Wiedereinsetzung anmassen kann; Entscheid des Verwaltungsgerichts GE vom 14. Dez. 1993, in: RDAF 1995, Nr. 5/6, 451 ff.

164 Da der Beamte grundsätzlich kein Recht auf Wiederwahl und somit Beschäftigung hat, gehen einige Stimmen davon aus, dass dem Beamten im Fall der ungerechtfertigten Nichtwiederwahl einzig Schadenersatz aufgrund seines Anspruchs auf Entlöhnung zusteht, SCHROFF/GERBER, 282 ff.; vgl. dazu die kritische Meinung von MAHON, 62.

165 Aufgrund fehlender Rechtsgrundlage hat das Verwaltungsgericht ZH die Zusprechung einer Entschädigung wegen missbräuchlicher Kündigung abgelehnt. Entscheide vom 3. April und 16. Sept. 1992, in: RB ZH 1992, Nr. 14.

166 Vgl. KNAPP, ZSR 1984 I, 489 ff. und SCHROFF/GERBER, 282 f.; NGUYEN, 16; Entscheid des Verwaltungsgerichts BE vom 24. August 1992, in: BVR 1993, 158; vgl. auch Art. 59 Abs. 2 des Gesetzes über die Verwaltungsrechtspflege vom 9. Juli 1968 des Kantons AG, welcher keine Aufhebung der Verfügung vorsieht, sondern das weitere Vorgehen den Behörden überlässt. Vgl. auch NGUYEN, 15 f. Zum Vorbehalt einer Entschädigung vgl. auch Art. 55 Abs. 4 BBtG.

167 Der Grund ist darin zu suchen, dass es der kündigenden Partei unter diesen Umständen nicht zugemutet werden kann, das Arbeitsverhältnis fortzusetzen; vgl. Botschaft 1984, 623 f.

168 Art. 337c–337d und 336a OR. Einzig die Kündigung zur Unzeit ist nichtig – das Arbeitsverhältnis bleibt hier bestehen (Art. 336c und 336d OR).

2. Vermögensrechtliche Folgen der Beendigung

6.56 Die rechtmässige Beendigung von Dienstverhältnissen wirft regelmässig Fragen nach den vermögensrechtlichen Folgen auf. Grundsätzlich gilt es, vermögensrechtliche Folgen aus dem *Dienstverhältnis* und aus dem *Kassenverhältnis* (Versicherungsleistungen) zu unterscheiden. Dabei spielt die Verschuldensfrage bei der Beendigung eine zentrale Rolle.

a) Vermögensrechtliche Folgen aus dem Dienstverhältnis

6.57 Aus dem Dienstverhältnis entstehen vor allem *Entschädigungsansprüche* im Sinne eines Schadenersatzanspruchs sowie freiwillige Besoldungsnachgenüsse[169], die neben den Versorgungsleistungen der Kassen gewährt werden[170].

6.58 Erfolgte die Beendigung auf Antrieb des Dienstnehmers (Kündigung, Demission), so entstehen aus dem Dienstverhältnis grundsätzlich keine Vermögensansprüche. Der Betroffene trägt hier das Risiko einer Beendigung in der Regel selber[171]. Bei der ausserordentlichen Beendigung des Dienstverhältnisses durch den Arbeitgeber (Beendigung während der Amtsdauer oder vor Ablauf der ordentlichen Kündigungsfrist, z.B. aus wichtigen Gründen) hat der Betroffene einen Entschädigungsanspruch, wenn sich die Beendigung als ungerechtfertigt erweist, d.h. wenn die einschlägigen Bestimmungen die entsprechenden Beendigungsgründe gar nicht vorsehen. Eine Entschädigung durch den Dienstherrn ist in diesem Zusammenhang unabhängig von einer gesetzlichen Erwähnung im Rahmen der Staatshaftung für rechtswidrig zugefügte Schäden geschuldet[172]. Ist die vorzeitige Beendigung seitens des Staates jedoch gerechtfertigt, besteht grundsätzlich kein Anspruch auf Entschädigung[173]. Einzelne Dienstordnungen sehen jedoch trotz gerechtfertigter vorzeitiger Entlassung eine Entschädigung vor. Beispielsweise gewährt der Bund

---

169 Für den Bund bei Tod und Invalidität, Art. 47 BBtG und 66 AngO. Das Personalgesetz des Kantons ZG sieht anstelle des Besoldungsnachgenusses eine dem Obligationenrecht analoge Abgangsentschädigung und wahlweise bei besonderen Härtefällen eine Entlassungsrente vor. Der Besoldungsnachgenuss hat nach der Meinung des Regierungsrates (siehe Bericht zum Personalgesetz des Regierungsrates vom 1. Feb. 1994, 26) angesichts der heute gut ausgebauten beruflichen Vorsorge seine Berechtigung verloren.
170 JUD, 245.
171 Selbstverständlich verbleiben dem Betroffenen die kassenrechtlichen Ansprüche. Zum Ausnahmefall der Demission auf Einladung der Wahlbehörden, welche der verschuldeten Entlassung gleichgestellt wird, vgl. Art. 56 BBtG. In der Konsequenz anders vgl. auch Art. 91 BtG VD.
172 Die ungerechtfertigte Auflösung des Dienstverhältnisses stellt immer eine rechtswidrige Handlung dar, vgl. JUD, 260.
173 Vgl. BGE 67 I 177 ff.; 70 I 10 ff.; 70 I 144 sowie die Bestätigung in BGE 99 Ia 318 E. 5, wo das Bundesgericht in Änderung seiner bisherigen Praxis Besoldungsansprüche grundsätzlich nicht mehr als wohlerworbene Rechte anerkennt, sofern ein Rechtssatz einen solchen Anspruch nicht ausdrücklich gewährleistet. Vgl. dazu auch JUD, 142. Hingegen bleiben allfällige Leistungen aus dem Kassenverhältnis, z.B. wegen unverschuldeter Entlassung, vorbehalten.

– unabhängig vom Verschulden des Dienstnehmers an der vorzeitigen Entlassung – eine Entschädigung aus dem Dienstverhältnis[174]. Andere Dienstordnungen beschränken die Entschädigung wegen gerechtfertigter vorzeitiger Entlassung auf vom Dienstnehmer unverschuldete Umstände[175].

Keine besondere Erwähnung bedarf die ordentliche Entlassung, die entsprechend ihrem Charakter keine vermögensrechtlichen Ansprüche aus dem Dienstverhältnis nach sich zieht[176]. Die Annahme einer *ungerechtfertigten* ordentlichen Entlassung mit entsprechenden staatshaftungsrechtlichen Folgen dürfte wegen des regelmässig grossen Ermessensspielraums der Behörden praktisch selten sein. Sowohl bei der ordentlichen als auch bei der ausserordentlichen Beendigung gewährt der Bund freiwillige Leistungen an Dienstnehmer, die wegen ihres Verschuldens keine kassenrechtliche Entschädigung erhalten[177].   6.59

b) Vermögensrechtliche Folgen aus dem Kassenverhältnis

Das Kassenverhältnis deckt vermögensrechtliche Versorgungsansprüche für die Risiken Alter, Invalidität und Tod[178], sowie regelmässig diejenigen einer *unverschuldeten* Entlassung oder Nichtwiederwahl[179]. Im letzteren Fall gewährt die Versicherungseinrichtung je nach Alter entweder eine Rente oder bei berechtigten Aussichten auf eine neue Erwerbstätigkeit des Betroffenen eine einmalige Abfindungssumme[180]. Sind die Voraussetzungen einer Leistung der Kasse nicht gegeben,   6.60

---

174 Art. 55 Abs. 5 BBtG sowie Art. 77 Abs. 5 AngO, die jedoch die unverschuldete Invalidität ausdrücklich ausklammern. Vgl. ferner Art. 54 BBtG im Rahmen der Stellenaufhebung.
175 Art. 71 lit. a BtG VD.
176 Vorbehalten bleiben kassenrechtliche Leistungen wegen unverschuldeter Nichtwiederwahl und Entlassung.
177 Art. 56 BBtG.
178 Vgl. für den Bund Art. 23 ff. EVK-Statuten.
179 JUD, 247. Vgl. zur pensionskassenrechtlich unverschuldeten Auflösung eines Dienstverhältnisses BGE 118 V 255 E. 2; 119 V 135 ff. Vgl. zur Unterscheidung zwischen dienstrechtlichem Verschulden (z.B. bei der Entlassung aus disziplinarischen Gründen) und kassenrechtlichem Verschulden, welches regelmässig von einem groben Verschulden abhängig ist, JUD, 252.
180 Vgl. zum Verhältnis zwischen der kassenrechtlichen Rente und Abfindungssumme JUD, 253 ff. Zum Verhältnis zwischen der kassenrechtlichen Rente bzw. Abfindungssumme einerseits und dem Anspruch auf Freizügigkeitsleistungen andererseits BGE 119 V 135 ff: Gemäss Art. 27 Abs. 2 BVG und Art. 331a Abs. 1 und Art. 331b Abs. 1 OR besteht kein Anspruch auf Freizügigkeitsleistungen, soweit bei Auflösung des Dienstverhältnisses Versicherungsleistungen im engeren Sinn beansprucht werden können (Subsidiarität der Freizügigkeitsleistung). Renten und Abfindung wegen unverschuldeter Nichtwiederwahl und Entlassung aus öffentlichrechtlichen Vorsorgeeinrichtungen gelten jedoch nicht als Versicherungsleistungen im engeren Sinne. Die Freizügigkeitsleistung ist in diesem Verhältnis prioritär geschuldet. Eine kantonale Regelung, wonach Freizügigkeitsleistungen nur mitgegeben werden, soweit keine Renten und Abfindungen beansprucht werden können, ist bundesrechtswidrig. Hingegen können ensprechende Renten und Abfindungen gegenüber der prioritären Freizügigkeitsleistung ausgeschlossen werden.

sehen einzelne Dienstrechte bei verschuldeter Entlassung oder Nichtwiederwahl freiwillige Versorgungsleistungen aus dem Dienstverhältnis vor[181].

VII. Verfahren und Rechtsschutz

6.61 Die Verfahrens- und Rechtsschutzregelungen in Bund und Kantonen sind gekennzeichnet von einer beträchtlichen Vielfalt, welche sich im Rahmen eines Handbuches für Praktiker kaum in der gebotenen Kürze darstellen lässt. Es ist aber darauf hinzuweisen, dass die Bedeutung dieser Regelungen im Alltag kaum überschätzt werden kann. Im folgenden gilt es, die Grundzüge des Verfahrens und des Rechtschutzes darzustellen und auf einige Besonderheiten aufmerksam zu machen; im übrigen sei aber auf die einschlägige Spezialliteratur verwiesen[182].

1. Verfahren

6.62 Sowohl bei der ordentlichen als auch der ausserordentlichen Beendigung von Dienstverhältnissen sind regelmässig die einschlägigen verfahrensrechtlichen Vorschriften zu beachten. Dabei darf das Verfahren der administrativen Entlassung mit Blick auf die Verfahrensgarantien gegenüber demjenigen der disziplinarischen Entlassung keine Defizite aufweisen, weil beide Entlassungsarten den Dienstnehmer im Ergebnis gleichermassen treffen[183]. Von praktischer Bedeutung sind u.a. die *Fristbestimmungen*[184]. Wird die Frist beispielsweise bei der Nichtwiederwahl nicht eingehalten, so gilt der Beamte entweder als wiedergewählt[185] oder als weiterbeschäftigt für die Kündigungszeit ab Mitteilung[186]. Darüber hinaus sind dem Betroffenen auch ohne ausdrückliche gesetzliche Regelung die verfahrensrechtlichen Garantien aus Art. 4 BV (rechtliches Gehör[187], Begründung[188]) zu gewäh-

---

181 Vgl. z.B. Art. 56 BBtG und Art. 74 AngO; HÄNNI, SBVR, Rz. 76.
182 Vgl. für den Bund, HÄNNI, SBVR, Rz. 189 ff.
183 Entscheid des Verwaltungsgerichts ZH vom 26. Sept. 1994, in: ZBl 1995, 76.
184 Vgl. für eine unkorrekte verwaltungsrechtliche Fristberechnung den Entscheid des Verwaltungsgerichts NE vom 27. April 1993, in: RDAF 1995, Nr. 5/6, 453 ff.
185 Vgl. z.B. im Bund Art. 57 Abs. 2 BBtG und Art. 1 Abs. 2 der Verordnung vom 16. März 1992 über die Wiederwahl der Beamtinnen und Beamten der allgemeinen Bundesverwaltung für die Amtsdauer 1993–1996 (Wahlverordnung; SR 172.221.121).
186 RHINOW/KRÄHENMANN, 482; JAAG, 466.
187 Entscheid des Verwaltungsgerichts OW vom 16. April 1993, in: VVGE OW 1993/94, Nr. 32; Entscheid des Verwaltungsgerichts BL vom 30. März 1994, in: BLVGE 1994, 59 ff.; Entscheid des Verwaltungsgerichts AG vom 18. Nov. 1994, in: AGVE 1994, Nr. 7.
188 Entscheid des Verwaltungsgerichts BE vom 24. Aug. 1989 in: BVR 1993, 156 ff.

ren[189]. Für die Einhaltung der Verfahrensgarantien spricht auch der Umstand, dass die Betroffenen dadurch nicht nur Kenntnis erhalten von den Gründen, die zur Einleitung des Verfahrens geführt haben – was im Hinblick auf den Rechtsschutz von besonderer Bedeutung ist –, sondern Gelegenheit erhalten, ihr Verhalten allenfalls anzupassen[190].

Liegt ein wichtiger Grund vor, der die sofortige Entlassung nach sich ziehen kann, muss diese Entlassung *sogleich* nach Kenntnisnahme des wichtigen Grundes ausgesprochen werden. Andernfalls scheint die Unzumutbarkeit fragwürdig und die sofortige ausserordentliche Entlassung dementsprechend unverhältnismässig. Verfahrensrechtlich problematisch ist es, wenn die Behörden im Rahmen von Beamten(wieder)wahlen, die durch die Stimmberechtigten erfolgen, aufgrund ihres Vorschlagsrechts Einfluss ausüben auf den Wahlausgang. Die empfehlende Behörde hat sich «darauf zu beschränken, die Stimmbürger in objektiver Weise und in einem sachlichen Ton über die unterbreiteten Wahlvorschläge bzw. die Vorschläge zur Nichtwahl zu informieren»[191]. 6.63

2. Rechtsschutz

a) *Bundesrechtliche Dienstverhältnisse*

Durch die Revison des OG vom 4. Oktober 1991 hat der Rechtsschutz im Rahmen des öffentlichen Dienstrechts des Bundes erhebliche Änderungen erfahren, welche durch die auf den 1. Januar 1994 erfolgte vollständig Inkraftsetzung nunmehr umfassende Geltung beanspruchen[192]. Insbesondere wird nicht mehr unterschieden zwischen vermögensrechtlichen und nichtvermögensrechtlichen Ansprüchen aus dem Dienstverhältnis. Für alle Forderungen aus dem Dienstverhältnis ist heute der Beschwerdeweg einzuschlagen[193]. Die neugeschaffene *Eidg. Personalrekurskommission* ist – soweit es um Streitigkeiten geht, die in ihre Zuständigkeit fallen – seit dem 1. Januar 1994 erste *gerichtliche Beschwerdeinstanz* für die gesamte allgemei- 6.64

---

189 Vgl. für die Nichtwiederwahl BGE 105 Ib 173; Entscheid des Regierungsrates des Kantons AG vom 19. August 1985, in: ZBl 1986, 134. Der Kanton VD kennt im Rahmen der administrativen Entlassung neben der ausdrücklichen Regelung des rechtlichen Gehörs auch die vorgängige schriftlich begründete Ankündigung einer bevorstehenden Entlassung (Art. 90 BtG VD).
190 Entscheid des Verwaltungsgerichts SO vom 20. Sept. 1993, in: SOG 1993, 86 f.
191 Entscheid des Bundesgerichts vom 5. Juli 1995 in: ZBl 1996, 223.
192 Vgl. zu diesen Änderungen die Botschaft des Bundesrates zur Revision des OG BBl 1991 II 541 ff.
193 Vgl. Art. 116 OG. Auf kantonaler Ebene gilt teilweise noch die Regelung, die der alten Regelung auf Bundesebene entspricht, vgl. Art. 50 PG BE i.V.m. Art. 87 ff. VRG BE. Das neue Personalgesetz des Kantons ZG sieht demgegenüber die gleiche Lösung wie das Bundesrecht vor, indem die vermögensrechtlichen und die nicht-vermögensrechtlichen Fragen im gleichen Verfahren entschieden werden (§ 70 PG ZG).

Peter Hänni

ne Bundesverwaltung sowie für die PTT und SBB[194]. Ausgenommen bleiben nur noch Streitigkeiten im Zusammenhang mit Bediensteten des Bundesgerichts, da dieses über eine eigene Personalrekurskommission verfügt[195]. Die Organisation der Personalrekurskommission regelt die Verordnung über Organisation und Verfahren eidg. Rekurs- und Schiedskommissionen vom 3. Februar 1993[196]. Im Verfahren vor der Personalrekurskommission werden keine *Kosten* erhoben, es sei denn, die Beschwerde wurde mutwillig oder leichtfertig erhoben, oder es entstünden aus nämlichen Gründen zusätzliche Verfahrenskosten[197].

aa) Der Rechtsschutz bei Streitigkeiten mit einer Personalvorsorgeeinrichtung

6.65 Der neugefasste Art. 58 BBtG regelt in Abs. 1 zunächst die Frage des Rechtsschutzes für Streitigkeiten mit einer Personalvorsorgeeinrichtung. Gemäss dieser Vorschrift richtet sich der Rechsschutz nach den Vorschriften von Art. 73 BVG. Damit sind die vom kantonalen Recht bezeichneten Instanzen zuständig für die Beurteilung der Streitigkeiten. Deren Entscheide können mittels Verwaltungsgerichtsbeschwerde beim Eidgenössischen Versicherungsgericht angefochten werden[198].

bb) Der Rechtsschutz bei den übrigen Streitigkeiten

6.66 Für die übrigen Streitigkeiten, d.h. für andere vermögensrechtliche Ansprüche aus dem Dienstverhältnis, für nicht vermögensrechtliche Ansprüche sowie für Disziplinarmassnahmen, ist zunächst zu prüfen, ob die in Frage stehenden Massnahmen eine Verfügung im Sinne von Art. 5 VwVG darstellt. Trifft dies zu, unterliegt die Verfügung nach Art. 44 VwVG zunächst im Rahmen der verwaltungsinternen Rechtspflege der Beschwerde. Anschliessend besteht unter gewissen Voraussetzungen die Möglichkeit des Weiterzuges, sei es auf dem verwaltungsgerichtlichen Beschwerdeweg zunächst an die neugeschaffene Personalrekurskommission und anschliessend an das Bundesgericht, sei es an eine nächsthöhere verwaltungsinterne Beschwerdeinstanz.

Die Beschwerdeinstanzen

6.67 Die Zuständigkeiten der Beschwerdeinstanzen für andere als versicherungsrechtliche vermögensrechtliche Ansprüche aus dem Dienstverhältnis, für nicht vermö-

---

194 Art. 58 Abs. 2 lit. b Ziff. 3 BBtG. Die Kompetenz der Personalrekurskommission geht über die in der Norm festgelegte Zuständigkeit hinaus, indem z.B auch Entscheide der Asylrekurskommission direkt bei der Personalrekurskommission anfechtbar sind, vgl. VPB/JAAC 1996, Nr. 74.
195 Vgl. Art. 58 Abs. 2 lit. b Ziff. 2 BtG.
196 SR 173.31.
197 VPB/JAAC 1997, Nr. 26.
198 Art. 73 Abs. 4 BVG; vgl. dazu auch BGE 118 Ib 172.

§ 6 Beendigung öffentlicher Dienstverhältnisse

gensrechtliche Ansprüche sowie für Disziplinarmassnahmen ergeben sich aus Art. 58 Abs. 2 BBtG in seiner neuen Fassung. Danach werden die Zuständigkeiten wie folgt festgelegt:

- die Departemente, die Bundeskanzlei, die Oberzolldirektion und letzte Instanzen autonomer eidgenössischer Anstalten und Betriebe für *erstinstanzliche Verfügungen* nachgeordneter Behörden (lit. a);   6.68

- soweit die *Verwaltungsgerichtsbeschwerde* an das Bundesgericht *zulässig* ist: 6.69
  - das Bundesgericht für erstinstanzliche Verfügungen des Bundesrates und Verfügungen des Eidgenössischen Versicherungsgerichtes in Angelegenheiten des Personals;
  - das Eidgenössische Versicherungsgericht für Verfügungen des Bundesgerichtes und Beschwerdeentscheide seiner Personalrekurskommission in Angelegenheiten des Personals;
  - die Personalrekurskommission für Beschwerdeentscheide und erstinstanzliche Verfügungen der Departemente, der Bundeskanzlei, der Oberzolldirektion und letzter Instanzen autonomer eidgenössischer Anstalten oder Betriebe (lit. b);

- soweit die *Verwaltungsgerichtsbeschwerde* an das Bundesgericht *unzulässig* ist: 6.70
  - das zuständige Departement für Beschwerdeentscheide und erstinstanzliche Verfügungen der Oberzolldirektion und letzter Instanzen autonomer eidgenössischer Anstalten und Betriebe;
  - der Bundesrat für erstinstanzliche Verfügungen der Departemente und der Bundeskanzlei (lit. c);

- das Bundesgericht für Entscheide der Personalrekurskommission (lit.e).   6.71

Die Beschwerdemöglichkeiten

Aus dieser Zuständigkeitsordnung folgt, dass für die Beschwerdemöglichkeiten zunächst massgebend ist, ob ein Entscheid letztinstanzlich der Verwaltungsgerichtsbeschwerde an das Bundesgericht unterliegt. Dies trifft nach den dafür massgebenden Vorschriften von Art. 98 lit. a und e in Verbindung mit Art 58 Abs. 2 BBtG grundsätzlich für alle erstinstanzlichen Verfügungen des Bundesrates und für die Entscheide der neugeschaffenen Personalrekurskommission zu. Ausserdem steht der Weg an das Bundesgericht offen für Entscheide des Eidgenössischen Versicherungsgerichtes in Angelegenheiten des Personals. Das Eidgenössische Versicherungsgericht seinerseits kann angerufen werden gegen Verfügungen des Bundesgerichtes und Beschwerdeentscheide seiner Personalrekurskommission.   6.72

6.73 Die Ausnahmen vom Grundsatz sind in Art. 100 Abs. 1 lit. e OG aufgeführt[199]. Danach ist die Verwaltungsgerichtsbeschwerde auf dem Gebiete des Dienstverhältnisses von Bundespersonal unzulässig gegen:
- Verfügungen über die erstmalige Begründung des Dienstverhältnisses und über die Beförderung;
- dienstliche Anordnungen;
- die nicht strafweise Versetzung im Amte oder die Zuweisung einer anderen Tätigkeit, wenn die Verpflichtung, sich ihr zu unterziehen, zu den Wahlbedingungen gehört;
- die Disziplinarmassnahmen des Verweises der Busse, des Entzuges von Fahrbegünstigungen und der Einstellung im Amte bis zu fünf Tagen.

6.74 Alle übrigen Verfügungen oder Beschwerdeentscheide der genannten Vorinstanzen unterliegen der Verwaltungsgerichtsbeschwerde, was bedeutet, dass die von einer Massnahme betroffenen Bediensteten je nach Vorinstanz über bis zu drei Beschwerdemöglichkeiten verfügen, was die nachstehende Übersicht verdeutlicht:

Verfügende Behörde (erstinstanzliche Verfügung)	1. Beschwerdeinstanz	2. Beschwerdeinstanz	3. Beschwerdeinstanz
Nachgeordnete Behörden der 1. Beschwerdeinstanz	– Departemente – Bundeskanzlei – Oberzolldirektion – Letzte Instanzen autonomer eidgenössischer Anstalten oder Betriebe	Personalrekurskommission	Bundesgericht
Departemente, Bundeskanzlei, Oberzolldirektion, letzte Instanzen autonomer eidg. Anstalten oder Betriebe	Personalrekurskommission	Bundesgericht	–
Bundesrat, Eidg. Versicherungsgericht	Bundesgericht	–	–
Nachgeordnete Behörde des Bundesgerichtes	Personalrekurskommission	Eidgenössisches Versicherungsgericht	–
Bundesgericht	Eidgenössisches Versicherungsgericht	–	–

---

199 Zu den Gegenausnahmen gemäss dem neuen Gleichstellungsgesetz vgl. unten, Rz. 6.78.

§ 6 Beendigung öffentlicher Dienstverhältnisse

Besondere Erwähnung im Rahmen der Verwaltungsgerichtsbeschwerde bei Verfügungen auf dem Gebiete des Dienstverhältnisses des Bundespersonals verdient Art. 104 lit. c Ziff. 2 OG. Während ordentlicherweise bei der Verwaltungsgerichtsbeschwerde nur qualifizierte Ermessensfehler (Ermessensüberschreitung, Ermessensunterschreitung und Ermessensmissbrauch) gerügt werden können, sieht die genannte Vorschrift eine Angemessenheitsprüfung vor für den Fall von Disziplinarmassnahmen, die der Bundesrat als erste Instanz verfügt hat. 6.75

Soweit die Verwaltungsgerichtsbeschwerde an das Bundesgericht unzulässig ist, stehen den Betroffenen folgende Beschwerdemöglichkeiten offen: 6.76

Verfügende Instanz	1. Beschwerdeinstanz	2. Beschwerdeinstanz
Nachgeordnete Behörden der 1. Beschwerdeinstanz	– Departemente – Bundeskanzlei – Oberzolldirektion – letzte Instanzen autonomer eidg. Anstalten oder Betriebe	– – das zuständige Departement das zuständige Departement
Departement	Bundesrat	–
Bundeskanzlei	Bundesrat	–

In Abweichung von dieser grundsätzlichen Regelung der Beschwerdemöglichkeiten beim Ausschluss der Verwaltungsgerichtsbeschwerde an das Bundesgericht kann der Bundesrat in den einschlägigen vier Verordnungen[200] gestützt auf Art. 59 Abs. 2 BBtG auch erstinstanzliche Verfügungen und Beschwerdeentscheide letzter Instanzen autonomer eidgenössischer Anstalten und Betriebe als endgültig bestimmen. Soweit eine solche Bestimmung besteht, kann der Bundesrat ein zweistufiges Beschwerdeverfahren innerhalb der Anstalten oder Betriebe vorsehen. 6.77

cc) Der Rechtsschutz aufgrund des Gleichstellungsgesetzes

Durch das neue Gleichstellungsgesetz ist der Ausschluss der Verwaltungsgerichtsbeschwerde für die oben dargestellten Fälle im Sinne von Art. 100 Abs. 1 lit. e OG für Verfügungen über die Gleichstellung der Geschlechter auf dem Gebiete des Dienstverhältnisses von Bundespersonal durch den neu geschaffenen Abs. 2 lit.b von Art. 100 OG eingeschränkt worden. Damit unterstehen sämtliche Verfügungen, bei denen die Bediensteten eine Verletzung des Diskriminierungsverbotes geltend machen, insbesondere auch solche, bei denen es um die erstmalige Begründung des 6.78

---

200 BO 1, BO 2, BO 3, AngO.

Dienstverhältnisses und um die Beförderung geht, der Verwaltungsgerichtsbeschwerde an das Bundesgericht[201].

b) Kantonale Dienstverhältnisse

aa) Der Rechtsschutz auf kantonaler Ebene

6.79 Auf kantonaler Ebene stehen den Betroffenen bei der Beendigung ihrer Dienstverhältnisse vielfach zwei Rechtsschutzvarianten offen. Einerseits können sie gegen die Beendigung als solche die dafür vorgesehenen Rechtsmittel ergreifen, anderseits steht ihnen der Rechtsschutz gegen die sich aus der Beendigung ergebenden vermögensrechtlichen Folgen zur Verfügung.

6.80 Die Auflösung verfügungsbegründeter Dienstverhältnisse unterliegt grundsätzlich auch in den Kantonen zunächst der verwaltungsinternen Beschwerde und letztinstanzlich der (kantonalen) Verwaltungsgerichtsbeschwerde[202].

6.81 Das kantonale Recht sieht in der überwiegenden Mehrzahl der Fälle für die vermögensrechtlichen Streitigkeiten aus dem Dienstverhältnis ein Verfahren im Rahmen der ursprünglichen Verwaltungsgerichtsbarkeit vor, d.h. Ansprüche sind auf dem Klageweg durchzusetzen. Unter Umständen können kantonale Dienstnehmer vermögensrechtliche Streitigkeiten gemäss Art. 42 OG direkt beim Bundesgericht anhängig machen[203].

bb) Der Rechtsschutz auf Bundesebene

6.82 Letztinstanzliche kantonale Entscheide können nicht mit Verwaltungsgerichtsbeschwerde ans Bundesgericht weitergezogen werden, da sie sich auf kantonales Dienstrecht stützen[204]. Die *staatsrechtliche Beschwerde* wiederum ist nur dort zulässig, wo rechtlich geschützte Ansprüche bestehen[205]. Die wenigsten Dienstrechte enthalten jedoch einen rechtlichen Anspruch auf Wiederwahl[206]. Auch sehen

---

201 Vgl. dazu die Botschaft des Bundesrates zum Gleichstellungsgesetz, BBl 1993 II 1317 f.
202 Vgl. dazu z.B. für den Kanton Bern Art. 60 ff. und Art. 78 lit. b VRG. Art. 65 Abs. 2 lit. e StPG FR schliesst Entscheide über die ordentliche Kündigung von Angestellten von der verwaltungsgerichtlichen Beschwerde aus. Der Kanton VD hat im Rahmen der Revison des Beamtengesetzes mit der Abschaffung der disziplinarischen Entlassung auch die verwaltungsgerichtliche Überprüfung sämtlicher Entlassungen ausgeschlossen (Art. 93 ff. BtG VD). Davon ausgenommen sind pekuniäre Beschwerden (Art. 96 BtG VD); vgl. auch DE HALLER, 85.
203 Vgl. dazu näher JUD, 301 f.
204 Art. 97 OG i.V.m. Art. 5 VwVG.
205 Art. 88 OG.
206 BGE 105 Ia 271; 105 Ib 197, in: JT 1981, 563; RJN 1985, 127; 107 Ia 182; 120 Ia 110 ff. (für den Bund 118 Ib 290 E. 2a); HANGARTNER, Treuepflicht, 402 f.; ein Anspruch besteht nur dort, wo das kantonale Recht an die Nichtwiederwahl oder Kündigung inhaltliche Voraussetzungen knüpft; das Bundesgericht tritt darum in den meisten Fällen nur auf die Beschwerde ein, wenn gleichzeitig eine

§ 6 Beendigung öffentlicher Dienstverhältnisse

sie grundsätzlich keinen Anspruch auf Beschäftigung bzw. Weiterbeschäftigung von öffentlichen Dienstnehmern vor, womit auch die ordentlichen und ausserordentlichen Kündigungsgründe von der staatsrechtlichen Beschwerde ausgeschlossen sind.

Erwähnen die Dienstrechte jedoch die *Versetzung*, beispielsweise im Rahmen der Stellenaufhebung, als mildere Massnahme anstelle der Entlassung, besteht ein bedingter rechtlicher Anspruch auf Weiterbeschäftigung, weshalb die Möglichkeit der staatsrechtlichen Beschwerde offensteht. Hinsichtlich der staatsrechtlichen Beschwerde ist jedoch zu bemerken, dass die Kognition des Bundesgerichts beschränkt ist. Das Bundesgericht überprüft kantonale Entscheide grundsätzlich nur auf Willkür. Angesichts des Ermessens, das der kantonalen Behörde im Rahmen ihrer Entlassungsentscheide regelmässig zukommt, fällt die bundesgerichtliche Überprüfung vergleichsweise bescheiden aus. Immerhin können mit staatsrechtlicher Beschwerde die Ansprüche auf rechtliches Gehör sowie die Begründungspflicht der kantonalen Entscheidung durchgesetzt werden. 6.83

c) Privatrechtliche Dienstverhältnisse

Der Rechtsschutz bei *privatrechtlichen Dienstverhältnissen* bestimmt sich nach den einschlägigen obligationenrechtlichen Bestimmungen, wobei sich hier gelegentlich schwierige Abgrenzungsfragen hinsichtlich der verwaltungsrechtlichen Vertragsbestandteile mit entsprechenden verfahrensrechtlichen Zuständigkeiten stellen[207]. 6.84

Verletzung von Verfahrensrechten geltend gemacht wird, vgl. BGE 120 Ia 110 ff. Vgl. zur Kritik dieser Rechtsprechung BOIS, 250; HAFNER, 500. Das neue Personalgesetz des Kantons ZG sieht neu die Verwaltungsgerichtsbeschwerde auch ausserhalb rein formeller Ansprüche vor. Denn der Adressat einer Kündigungsverfügung (Begründung, Aufhebung oder Änderung von Rechten...) sei begriffsnotwendigerweise immer in seinen rechtlichen Ansprüchen auf eine willkürfreie Verfügung berührt. Ein solcher Anspruch auf willkürfreie Verfügung beinhalte notwendigerweise auch eine materiellrechtliche Rechtskontrolle durch den Richter. Der Kanton ZG gewährt darum – anders als das Bundesgericht – unabhängig der auf rechtlich geschützte Interessen beschränkten Legitimation zur Verwaltungsgerichtsbeschwerde (Art. 41 VRG ZG) einen Anspruch auf richterliche Willkürkontrolle (Bericht des Regierungsrates des Kantons ZG zum Personalgesetz vom 1. Feb. 1994, 28 ff.). Vgl. auch Art. 8d Abs. 2 StPG FR, welcher ein Recht auf Wiederwahl verleiht; unveröffentlichter Entscheid des Bundesgerichts vom 24. Sept. 1985 (P 1161/85), zitiert bei MORARD, 128; HÄNNI, Fallsammlung, Nr. 159.

207 Vgl. oben Rz. 6.5 und Fn. 13 ff.

VIII. Checklisten

1. Welcher Art war das beendigte Dienstverhältnis[208]?

– War der Dienstnehmer mittels *Verfügung* für eine bestimmte Amtsdauer gewählt? – *Beamtenverhältnis* (Art. 1 Abs. 1 BBtG).
– War der Dienstnehmer mittels *Verfügung oder* (seltener) mittels *öffentlichrechtlichen Vertrags* für eine befristete oder unbefristete Zeit ausdrücklich *als Angestellter* eingestellt worden? – *Öffentlichrechtliches Angestelltenverhältnis* (Art. 2 AngO).
– War der Dienstnehmer mittels *privatrechtlichen Vertrags* angestellt worden? – *Privatrechtliches Angestelltenverhältnis* (Art. 319 f. OR).

2. Wie wurde das Dienstverhältnis beendigt?

a) Öffentlichrechtliche Dienstverhältnisse

– *Nichtwiederwahl*[209] eines Beamten (Art. 57 Abs. 1 BBtG): Liegt ein triftiger Grund vor?
– *Demission* eines Beamten:
  – auf den Ablauf der Amtsdauer hin[210];
  – während der Amtsdauer[211].
– *Ablauf der Anstellungsfrist*[212], für die ein Angestellter mittels Verfügung oder mittels Vertrags eingestellt worden ist.
– *Kündigung gegenüber einem Angestellten*[213]: Liegt ein triftiger Grund vor?
– *Kündigung durch den Angestellten*[214].
– *Flexible Pensionierung:*
  – ordentliche[215] (Art. 13 Abs. 1 und Art. 19 ff. EVK-Statuten).
  – ausserordentliche[216].
– *Administrative Entlassung*[217] (Art. 55 BBtG; Art. 77 AngO): Liegt ein wichtiger Grund vor? – Erweist sich die Entlassung als unbegründet, kann die Aufhebung der Entlassungsverfügung verlangt werden[218].

---

208 Rz. 6.5 ff.
209 Rz. 6.15 ff.
210 Rz. 6.18 f.
211 Rz. 6.37.
212 Rz. 6.21 und 6.25 ff.
213 Rz. 6.22 und 6.25 ff.
214 Rz. 6.23 und 6.25 ff.
215 Rz. 6.28 ff.
216 Rz. 6.38 f.
217 Rz. 6.34 f. sowie 6.32 f.

§ 6 Beendigung öffentlicher Dienstverhältnisse

- *Disziplinarische Entlassung*[219] (Art. 31 Abs. 1 Ziff. 9 BBtG): Liegen schwerwiegende und verschuldete Amtspflichtverletzungen vor? – Erweist sich die Entlassung als ungerechtfertigt, kann die Aufhebung der Entlassungsverfügung verlangt werden[220].
- *Stellenaufhebung*[221] (Art. 54 Abs. 1 BBtG).

b) Privatrechtlicher Arbeitsvertrag

- *Fristablauf* oder *ordentliche Kündigung*[222] (Art. 334 ff. OR).
- *Fristlose Kündigung*[223] (Art. 337 ff. OR): Liegt ein wichtiger Grund vor?

3. Die Geltendmachung welcher Ansprüche ist zu prüfen?

- *Entschädigungsansprüche* aus dem Dienstverhältnis[224] (insbesondere bei ungerechtfertigter ausserordentlicher Entlassung).
- *Vorsorgeansprüche* aus dem Kassenverhältnis[225] (insbesondere bei unverschuldeter Entlassung oder Nichtwiederwahl).

---

218 Rz. 6.54.
219 Rz. 6.36 sowie 6.32 f.
220 Rz. 6.54.
221 Rz. 6.40 ff.
222 Rz. 6.49.
223 Rz. 6.50 ff.
224 Rz. 6.57 ff.
225 Rz. 6.60.

Zweiter Teil

GLEICHSTELLUNGSRECHTLICHE ASPEKTE

§ 7 Diskriminierende Entlassung

PHILIPP GREMPER

Literaturauswahl: CLASS EDI/MÖSSINGER RAINER, Die Rechte der Frau im Arbeitsverhältnis, Zürich 1996; FREIVOGEL ELISABETH, Die Verbandsklage und -beschwerde im neuen Gleichstellungsgesetz, in: Schwander Yvo/Schaffhauser René (Hrsg.), Das Bundesgesetz über die Gleichstellung von Frau und Mann, in: Veröffentlichungen des Schweizerischen Instituts für Verwaltungskurse an der Universität St. Gallen, Neue Reihe Bd. 41, St. Gallen 1996; GREMPER PHILIPP, Arbeitsrechtliche Aspekte der Ausübung verfassungsmässiger Rechte, in: Basler Studien zur Rechtswissenschaft, Reihe A: Privatrecht Bd. 29, Basel und Frankfurt am Main 1993; KLETT KATHRIN, Das Gleichstellungsgesetz, in: Schweizerisches Zentralblatt für Staats- und Verwaltungsrecht 2/1997, 49; MADER LUZIUS, Das Gleichstellungsgesetz - Entstehung, Ziele und Instrumente, in: Schwander Yvo/Schaffhauser René (Hrsg.), Das Bundesgesetz über die Gleichstellung von Frau und Mann, in: Veröffentlichungen des Schweizerischen Instituts für Verwaltungskurse an der Universität St. Gallen, Neue Reihe Bd. 41, St. Gallen 1996; REHBINDER MANFRED, Berner Kommentar zu Art. 319–355 OR, Bern 1985/1992; STAEHELIN ADRIAN, Zürcher Kommentar zu Art. 319–355 OR, Zürich 1984/1996; STEIGER-SACKMANN SABINE, Der Beweis in Gleichstellungsprozessen, in: Schwander Yvo/Schaffhauser René (Hrsg.), Das Bundesgesetz über die Gleichstellung von Frau und Mann, in: Veröffentlichungen des Schweizerischen Instituts für Verwaltungskurse an der Universität St. Gallen, Neue Reihe Bd. 41, St. Gallen 1996; STÖCKLI JEAN-FRITZ, Rechtsfragen der Anwendung des Gleichstellungsgesetzes, in: Zivilprozessrecht, Arbeitsrecht, Kolloquium zu Ehren von Prof. ADRIAN STAEHELIN, Zürich 1997, 123 ff.; SUTER URS/RÜEGG PATRICIA, Das Gleichstellungsgesetz und dessen Bedeutung für den Arbeitgeber, Schweizerischer Treuhänder 3/97, 213 ff.; TROXLER DIETER M., Der sachliche Kündigungsschutz nach Schweizer Arbeitsvertragsrecht, Diss. Zürich 1993; VISCHER FRANK, Der Arbeitsvertrag, in: Schweizerisches Privatrecht, Bd. VII/1/3, 2. Aufl., Basel 1994.

I. Problemübersicht

Das am 1. Juli 1996 in Kraft getretene Bundesgesetz über die Gleichstellung von Frau und Mann (Gleichstellungsgesetz, GlG)[1] bezweckt die «Förderung der tatsächlichen Gleichstellung von Frau und Mann» (Art. 1 GlG). Kernstück dieses auf die Gleichstellung im Erwerbsleben ausgerichteten Spezialgesetzes ist das *Diskriminierungsverbot*, wonach «Arbeitnehmerinnnen und Arbeitnehmer (...) aufgrund ihres Geschlechts weder direkt noch indirekt benachteiligt werden» dürfen (Art. 3 Abs. 1 GlG). Das Diskriminierungsverbot gilt insbesondere auch für die *Entlassung* (Art. 3 Abs. 2 GlG). Die Entlassung stellt insofern einen neuralgischen Punkt jeder arbeitsrechtlichen Beziehung dar, als Konflikte im Arbeitsverhältnis häufig zu dessen Auflösung führen.

7.1

---

1   SR 151.

7.2 Der Tatbestand der diskriminierenden Kündigung eines Arbeitsverhältnisses aufgrund des Geschlechts war bereits vor dem am 1. Juli 1996 in Kraft getretenen Gleichstellungsgesetz gesetzlich erfasst: im Falle eines privatrechtlichen Arbeitsverhältnisses erfüllt eine Kündigung wegen des Geschlechts den Tatbestand einer *missbräuchlichen Kündigung wegen einer persönlichen Eigenschaft (Art. 336 Abs. 1 lit.a OR)*; die diskriminierende Auflösung eines öffentlichrechtlichen Arbeitsverhältnisses verletzt den verfassungsrechtlichen Grundsatz der Gleichbehandlung von Mann und Frau (Art. 4 Abs. 2 BV)[2]. Das Gleichstellungsgesetz beinhaltet jedoch im Vergleich zum bisherigen Rechtszustand diverse effektive Neuerungen bzw. Verbesserungen für die Rechtsstellung der von einer *diskriminierenden Kündigung* betroffenen Person. Diese gilt es im folgenden aufzuzeigen[3]. Im Vordergrund stehen dabei die *vom Gleichstellungsgesetz vorgesehenen speziellen verfahrens- und beweisrechtlichen Erleichterungen*[4], denen im Rahmen eines an Praktikerinnen und Praktiker gerichteten Handbuches ein besonderer Stellenwert zukommt. Im übrigen verweist das Gleichstellungsgesetz für das Verfahren ausdrücklich auf die entsprechende *Verfahrensregelung der missbräuchlichen Kündigung (Art. 336b OR)*. Damit kommen u.a. *die strengen, teilweise bereits für die vorprozessuale Phase massgebenden Fristen* die sich in der Praxis als eigentliche Verfahrenshürden erweisen können, auch auf die diskriminierende Kündigung zur Anwendung[5].

7.3 Das Gleichstellungsgesetz gilt gemäss Art. 2 GlG gleichermassen «*für Arbeitsverhältnisse nach Obligationenrecht sowie für alle öffentlichrechtlichen Arbeitsverhältnisse in Bund, Kanton und Gemeinden*». Es ist somit generell auf die Leistung abhängiger Arbeit anwendbar. Dieser umfassende Geltungsbereich entspricht der in Rechtswirklichkeit und Rechtsordnung feststellbaren aktuellen Tendenz der Angleichung privater und öffentlichrechtlicher Arbeitsverhältnisse[6]. Wenn als Folge dieses umfassenden Geltungsbereiches die Arbeitnehmer des öffentlichen und des privaten Sektors auch grundsätzlich den gleichen Schutz vor einer diskriminierenden Entlassung geniessen, so unterscheidet sich ihre Stellung, abgesehen vom je unterschiedlichen Verfahren, vor allem durch einen wesentlichen materiellrechtlichen Aspekt: im öffentlichrechtlichen Arbeitsverhältnis ist je nach Ausgestaltung der entsprechenden gesetzlichen Grundlage ein Bestandesschutz des Arbeitsverhältnisses, d.h. ein Anspruch auf Weiterbeschäftigung, als Sanktion einer diskrimi-

---

2 Art. 4 Abs. 2 BV kommt nur in bezug auf die Lohngleichheit eine sog. direkte Drittwirkung auf privatrechtliche Arbeitsverhältnisse zu.
3 Die Darstellung des Gleichstellungsgesetzes muss vorliegend auf diejenigen Aspekte beschränkt bleiben, die einen direkten Bezug zur Problematik der diskriminierenden Kündigung aufweisen.
4 Vgl. nachstehend, Rz. 7.41 ff.
5 Vgl. nachstehend, Rz. 7.32, 7.49.
6 Vgl. GREMPER, 17 ff. mit weiteren Hinweisen.

nierenden Entlassung möglich[7], im privatrechtlichen Arbeitsverhältnis grundsätzlich nicht. Einen Sonderfall stellt diesbezüglich die Regelung der sog. Rachekündigung (Art. 10 GlG) dar, wonach auch in einem privatrechtlichen Arbeitsverhältnis unter gewissen Voraussetzungen die Wiedereinstellung zumindest für die Dauer des Verfahrens gerichtlich angeordnet werden kann[8].

II. Tatbestände der diskriminierenden Entlassung

1. Direkte und indirekte Diskriminierung

Das Diskriminierungsverbot von Art. 3 GlG umfasst sowohl die direkte als auch die indirekte Benachteiligung aufgrund des Geschlechts. Als Grundlage der Umschreibung der Tatbestände der diskriminierenden Kündigung soll das Diskriminierungsverbot nachstehend in seinem Wortlaut wiedergegeben werden:

7.4

Art. 3 Gleichstellungsgesetz

> «*[1]Arbeitnehmerinnen und Arbeitnehmer dürfen aufgrund ihres Geschlechts weder direkt noch indirekt benachteiligt werden, namentlich nicht unter Berufung auf den Zivilstand, auf die familiäre Situation oder, bei Arbeitnehmerinnen, auf eine Schwangerschaft.*
> *[2]Das Verbot gilt insbesondere für die Anstellung, Aufgabenzuteilung, Gestaltung der Arbeitsbedingungen, Entlöhnung, Aus- und Weiterbildung, Beförderung und Entlassung.*
> *[3]Angemessene Massnahmen zur Verwirklichung der tatsächlichen Gleichstellung stellen keine Diskriminierung dar.*»

Eine direkt diskriminierende Entlassung liegt vor, wenn sich die Kündigung ausdrücklich auf die Zugehörigkeit zu einem bestimmten Geschlecht bezieht, oder aber auf ein Kriterium stützt, das nur von einem der beiden Geschlechter erfüllt werden kann[9], wie z.B. die Schwangerschaft[10].

Bei einer indirekt diskriminierenden Kündigung erfolgt die Kündigung unter Berufung auf ein grundsätzlich geschlechtsneutrales Kriterium, dessen Anwendung sich jedoch *faktisch* vorwiegend auf Angehörige eines bestimmten Geschlechts

7.5

---

7   Vgl. dazu oben, Rz. 6.54.
8   Vgl. dazu unten, Rz. 7.14 sowie ausführlich, Rz. 8.2 ff.
9   BBl 1993 I 1295.
10 Erfolgt die Kündigung während der Schwangerschaft oder in den 16 Wochen nach der Niederkunft einer Arbeitnehmerin, ist nach der Probezeit überdies der Tatbestand einer Kündigung zur Unzeit (Art. 336c Abs. 1 lit. c OR) erfüllt. Vgl. Rz. 7.16.

auswirkt[11]. In einer nicht abschliessenden Aufzählung sind in Art. 3 Abs. 1 GlG die Berufung auf den Zivilstand und die familiäre Situation erwähnt. In den Materialien und in der Literatur werden unter anderem folgende Beispiele indirekt diskriminierender Kündigungen angeführt: Die Entlassung verheirateter Arbeitnehmerinnen mit dem diskriminierenden Argument, dass es sich um sog. Doppelverdienerinnen handelt[12], die prioritäre Entlassung von Teilzeitangestellten, weil es sich dabei statistisch gesehen vorwiegend um Arbeitnehmerinnen handelt[13], oder auch das Kriterium der Zahl der Dienstjahre[14], da Arbeitnehmerinnen des betroffenen Betriebes bedingt durch die Geburt von Kindern statistisch gesehen weniger Dienstjahre vorweisen können als ihre männlichen Kollegen gleichen Alters und mit einer vergleichbaren Ausbildung[15]. Ob die Anwendung der vorstehend erwähnten Kriterien die Qualifizierung einer Kündigung als diskriminierende Entlassung im Sinne des Gleichstellungsgesetzes rechtfertigen, kann nur anhand einer Prüfung des konkreten Einzelfalles abschliessend beantwortet werden.

Ist ein Stellenabbau unumgänglich und geht es um den Entscheid, ob nun ein bestimmter Arbeitnehmer oder eine bestimmte Arbeitnehmerin zu entlassen ist, ist der Rückgriff des kündigenden Arbeitgebers bzw. der kündigenden Arbeitgeberin auf andere Kriterien als das Geschlecht in besonderem Masse darauf hin zu überprüfen, ob letztere nicht *indirekt* diskriminierend sind[16].

---

11 BBl 1993 I 1295.
12 KATHRIN KLETT, Kündigungsschutz bei Diskriminierung (HSG-Seminar vom 16.4.1996 «Das neue Gleichstellungsgesetz»), 8. Entlässt ein Arbeitgeber gleichzeitig verheiratete Arbeitnehmer mit derselben Begründung, können die betreffenden Kündigungen wohl nicht als wegen dem Geschlecht diskriminierend qualifiziert werden, stellen jedoch möglicherweise missbräuchliche Kündigungen wegen einer persönlichen Eigenschaft, d.h. vorliegend wegen des Zivilstandes, dar (vgl. Art. 336 Abs. 1 lit. a OR).
13 BBl 1993 I 1296.
14 KLETT, a.a.O. (Fn. 12), 8.
15 Die Qualifizierung des Dienstalters als indirekt diskriminierendes Kriterium ist allerdings insofern problematisch, als der Gesetzgeber dem Arbeitgeber die privilegierende Berücksichtigung des Dienstalters in anderen Fällen gerade vorschreibt. So z.B. bei der Regelung der Dauer der Lohnfortzahlungspflicht im Falle unverschuldeter Arbeitsverhinderung (Art. 324a Abs. 2 OR) und beim Anspruch auf eine Abgangsentschädigung, der u.a. mindestens 20 Dienstjahre voraussetzt (Art. 339b Abs. 1 OR). Vgl. dazu STÖCKLI, 129 f.
16 Allerdings kann auch das grösste Bemühen um die Anwendung objektiver Kriterien nicht verhindern, dass es bei Entlassungen unter Umständen zu Situationen kommen kann, die eine optimale, gerechte Lösung nicht zulassen und zwangsläufig zu Ungleichbehandlung an sich gleich zu behandelnder Personen führen. Kann der Arbeitgeber bzw. die Arbeitgeberin das Vorliegen einer solchen Situation beweisen, kann weder die Kündigung des Arbeitnehmers noch der Arbeitnehmerin als diskriminierend qualifiziert werden.

2. Vorbehalt der sachlichen Rechtfertigung einer geschlechtsbezogenen Unterscheidung

Nach der Regelung der geschlechtsbezogenen diskriminierenden Kündigung in Art. 336 Abs. 1 lit. a OR, gilt eine Kündigung unter Berufung auf eine persönliche Eigenschaft, und damit auch auf das Geschlecht, dann als gerechtfertigt, wenn ein Zusammenhang mit dem Arbeitsverhältnis gegeben ist, oder eine wesentliche Beeinträchtigung der Zusammenarbeit im Betrieb vorliegt. Im Gegensatz dazu sieht die entsprechende Regelung der diskriminierenden Entlassung im Gleichstellungsgesetz keine solchen expliziten, generellen Rechtfertigungsgründe vor[17]. Vorbehalten bleiben jedoch auch bei der diskriminierenden Entlassung die Fälle einer sachlichen Rechtfertigung einer geschlechtsbezogenen Unterscheidung. So geht aus den Materialien zum Gleichstellungsgesetz hervor, dass die Unterscheidung nach dem Geschlecht dann nicht diskriminierend ist, wenn sie sachlich gerechtfertigt ist[18].

7.6

An die sachliche Rechtfertigung einer geschlechtsbezogenen Unterscheidung *bei der Beendigung* des Arbeitsverhältnisses sind m.E. insofern *höhere Anforderungen* zu stellen im Vergleich zur Phase der Einstellung, als der Arbeitgeber mit dem vorausgegangenen Abschluss eines Arbeitsvertrages mit der nun wegen ihres Geschlechts entlassenen Person deutlich zum Ausdruck gebracht hat, dass ihr Geschlecht für das betreffende Tätigkeitsgebiet keinen Hinderungsgrund darstellt. Die Geltendmachung einer sachlichen Rechtfertigung der Unterscheidung nach dem Geschlecht bei der Kündigung setzt m.E. voraus, dass eine Veränderung der Verhältnisse oder der betrieblichen Bedürfnisse eingetreten ist, die dergestalt sein muss, dass sie eine weitere Beschäftigung von Angehörigen eines bestimmten Geschlechts faktisch verunmöglicht[19]. Bei einer geschlechtsbezogenen Kündigung bei gleichbleibenden Verhältnissen müsste sich der Arbeitgeber widersprüchliches Verhalten vorwerfen lassen, das als solches einen Anwendungsfall einer missbräuchlichen Kündigung darstellen kann[20].

7.7

---

17 Das Gleichstellungsgesetz geht hier im Sinne einer lex specialis dem OR vor.
18 BBl 1993 I 1296.
19 Denkbar wäre etwa die Umwandlung einer bisher den Angehörigen beider Geschlechter offenstehenden Institution in eine Aufnahmestelle für misshandelte Frauen, für die der Arbeitgeber aufgrund der besonderen Umstände nur noch Frauen beschäftigen möchte. Vgl. auch das bei KLETT, Kündigungsschutz, 7, angeführte Beispiel einer Arbeitgeberfirma, die nur noch mit Herrenkleidern handelt und daher ihre Mannequins im Gegensatz zu den Dressmen entlassen möchte.
20 Die Aufzählung der Tatbestände der missbräuchlichen Kündigung in Art. 336 OR ist gemäss h.L. nicht abschliessend (REHBINDER, Komm. Art. 336 OR, N 10; STAEHELIN, Komm. Art. 336 OR, N 7) und lässt durchaus Raum für die Erfassung des hier erwähnten Falles eines widersprüchlichen Verhaltens. Eine entsprechende Kündigung könnte diesfalls selbst bei sich ergebender sachlich gerechtfertigter geschlechtsbezogener Unterscheidung als eine missbräuchliche Kündigung im Sinne von Art. 336 OR qualifiziert werden.

3. Bedeutung des Vorbehalts angemessener Massnahmen zur Verwirklichung der tatsächlichen Gleichstellung für die Entlassung

7.8 Mit dem Vorbehalt angemessener Massnahmen zur Verwirklichung der tatsächlichen Gleichstellung in Art. 3 Abs. 3 GlG wollte der Gesetzgeber verhindern, dass Massnahmen, die ein Arbeitgeber trifft, um den Anteil der Angehörigen des in seinem Unternehmen untervertretenen Geschlechts zu erhöhen und ihre Stellung zu verbessern, als diskriminierend im Sinne von Art. 3 GlG angesehen werden[21]. Durch die explizite Beschränkung des Vorbehalts auf *angemessene* Massnahmen wird verdeutlicht, dass die Massnahmen zweckmässig und verhältnismässig sein müssen.

In der Literatur wird die Meinung vertreten, dass es dem Arbeitgeber unter Berufung auf diesen Vorbehalt möglich ist, bei gleicher Qualifikation und fehlenden sonstigen objektiven Kriterien die Angehörigen desjenigen Geschlechts zuerst zu entlassen, das übervertreten ist[22]. Die Formulierung des in der Botschaft angeführten Beispiels der Massnahmen, «die Frauen in jenen Berufen und an jenen Arbeitsplätzen bevorzugt (zu) berücksichtigen, wo sie noch stark untervertreten sind»[23], visiert m.E. die bevorzugte Berücksichtigung bei der Anstellung und der Beförderung an, und nicht eine Privilegierung bei der Entlassung. In die gleiche Richtung weist der vergleichsweise Beizug der derselben Zielsetzung wie das Gleichstellungsgesetz verpflichteten Weisungen des Bundesrates über die Verbesserung der Vertretung und der beruflichen Stellung des weiblichen Personals in der allgemeinen Bundesverwaltung[24]. Diese Weisungen, die Inhalte des Gleichstellungsgesetzes vor dessen Inkrafttreten für das Bundespersonal gewissermassen vorweggenommen haben, beziehen sich ausdrücklich nur auf die Besetzung von Stellen sowie Beförderungen, nicht jedoch auf das Vorgehen bei Entlassungen. Eine

---

21 Vgl. MADER, 26.
22 KLETT, a.a.O. (Fn. 12), 11.
23 BBl 1993 I 1298. Hinzuweisen ist in diesem Zusammenhang auf den Entscheid des Gerichtshofes der Europäischen Gemeinschaft vom 17. Oktober 1995 i.S. Kalanke (Rechtssache C-450/93, in: EuGRZ 1995, 546 ff.), der eine den vorstehend erwähnten bundesrätlichen Weisungen vergleichbare Regelung der Stadt Bremen, bei der Besetzung einer Stelle bei gleicher Qualifikation systematisch die Angehörigen des untervertretenen Geschlechts zu berücksichtigen, als gegen das Diskriminierungsverbot verstossend und damit als unzulässige Förderungsmassnahme erklärte. Das schweizerische Gleichstellungsgesetz ist eng an die EG-Richtlinie betreffend Gleichstellung von Mann und Frau angelehnt, so dass es sich rechtfertigt, das erwähnte Urteil zur Auslegung des schweizerischen Gleichstellungsgesetzes beizuziehen. Die aus dem Urteil zu ziehenden Konsequenzen sind in der schweizerischen Lehre umstritten (vgl. YVO HANGARTNER, Gleicher Zugang von Männern und Frauen zu öffentlichen Ämtern - Bemerkungen zum Urteil des Gerichtshofs der Europäischen Gemeinschaften im Fall Kalanke, in: AJP 12/95, 1554 ff.; ASTRID EPINEY/NORA REFAEIL, Chancengleichheit: ein teilbarer Begriff? – Zur Zulässigkeit von «Bevorzugungsregeln» im Anschluss an das Urteil des EuGH in Rs. 450/93, in: AJP 2/96, 179 ff.).
24 Weisungen des Bundesrates vom 18. Dezember 1991, in: BBl 1992 II 604 ff.

prioritäre Entlassung von Angehörigen des übervertretenen Geschlechts im Falle wirtschaftlich notwendiger Entlassungen kann m.E. nicht generell mit dem Argument einer angemessenen Förderungsmassnahme zur Verwirklichung der tatsächlichen Gleichstellung sachlich gerechtfertigt werden. Zu beachten ist auch, dass der Arbeitgeber gegenüber seinen Arbeitnehmerinnen und Arbeitnehmern Fürsorgepflichten hat, die er gegenüber Bewerberinnen und Bewerbern gerade nicht hat.

4. Verhältnis zwischen der diskriminierenden Kündigung (Art. 3 GlG) und der missbräuchlichen Kündigung wegen einer persönlichen Eigenschaft (Art. 336 Abs. 1 lit. a OR)

Das Geschlecht gehört zu den Eigenschaften, die der gekündigten Partei kraft ihrer Persönlichkeit zustehen und die, sofern wegen ihnen gekündigt wird, vom Tatbestand der missbräuchlichen Kündigung wegen einer persönlichen Eigenschaft (Art. 336 Abs. 1 lit. a OR) erfasst sind. Die geschlechtsbezogene diskriminierende Kündigung kann damit als eine besondere Art der missbräuchlichen Kündigung bezeichnet werden. Der massgebliche Kündigungstatbestand wird seit dem Inkrafttreten des Gleichstellungsgesetzes allerdings von diesem umschrieben[25]. Art. 3 GlG geht damit Art. 336 Abs. 1 lit.a OR als lex specialis vor und lässt keinen Raum mehr für die Anwendung von Art. 336 Abs. 1 lit. a OR auf die geschlechtsbezogene Kündigung.

7.9

5. Sonderfall der diskriminierenden Kündigung in der Form einer fristlosen Kündigung

a) Wichtiger Grund

Eine direkte oder indirekte Diskriminierung bei der Entlassung aufgrund des Geschlechts kann auch in der Form einer ausserordentlichen, fristlosen Kündigung erfolgen. So könnte etwa im Falle eines auf eine längere Dauer befristeten Arbeitsverhältnisses, das keine ordentliche Kündigung zulässt, auf die ausserordentliche Kündigung auszuweichen versucht werden. Art. 337 Abs. 2 OR definiert den für eine fristlose Auflösung des Arbeitsverhältnisses erforderlichen wichtigen Grund als einen Umstand, «bei dessen Vorhandensein dem Kündigenden nach Treu und Glauben die Fortsetzung des Arbeitsverhältnisses nicht zugemutet werden darf». Das Geschlecht kann grundsätzlich nicht als wichtiger Grund gelten. Selbst in den Ausnahmefällen sich aufgrund nachträglicher Veränderungen ergebender sachlich gerechtfertigter Ungleichbehandlungen[26] kommen für die Auflösung des Arbeits-

7.10

---

25 Vgl. dazu STAEHELIN, Komm. Art. 336 OR, N 9.
26 Vgl. dazu Rz. 7.6 f.

verhältnisses nur die ordentliche Kündigung bzw. der Zeitablauf oder eine vorzeitige einvernehmliche Auflösung des Arbeitsverhältnisses in Frage[27]. Besondere Beachtung bei der Überprüfung des wichtigen Grundes ist der Frage nach dem Vorliegen einer indirekten Diskriminierung zu schenken, da eine direkte Berufung auf das Geschlecht als wichtigen Grund in der Praxis kaum vorkommen dürfte.

b) Anwendung der verfahrensrechtlichen Erleichterungen des Gleichstellungsgesetzes

7.11 Die verfahrensrechtlichen Bestimmungen des Gleichstellungsgesetzes sind grundsätzlich auch auf den Tatbestand der diskriminierenden fristlosen Kündigung anwendbar. Ihre Nichtanwendung würde den fristlos kündigenden Arbeitgeber gegenüber dem ordentlich kündigenden Arbeitgeber z.B. beweisrechtlich privilegieren. Der Verweis von Art. 9 GlG auf Art. 336b OR ist demgegenüber auf den Fall der ordentlichen Kündigung zugeschnitten[28], weshalb er m.E. auf die fristlose Kündigung nicht zur Anwendung kommt.

c) Sanktion gemäss Art. 337c Abs. 3 OR

7.12 Die Sanktion einer diskriminierenden, ungerechtfertigten fristlosen Kündigung bestimmt sich wie bei einer ungerechtfertigten fristlosen Entlassung, die gleichzeitig eine missbräuchliche Kündigung im Sinne von Art. 336 OR[29] beinhaltet, nach Art. 337c OR, der zusätzlich zum Schadenersatz (Abs. 1) eine Entschädigung bis zur Höhe von maximal sechs Monatslöhnen (Abs. 3) vorsieht. Dies bedeutet auch, dass die mit 180 Tagen ab Beendigung des Arbeitsverhältnisses[30] kurz bemessene Verwirkungsfrist für die Einreichung einer Klage hier nicht anwendbar ist, und für die Geltendmachung der Entschädigung gemäss Art. 337c Abs. 3 OR die allgemeine Verjährungsfrist von 10 Jahren gilt[31].

---

27 Dass die Angehörigen eines bestimmten Geschlechts aufgrund vorgenommener Strukturänderungen nicht mehr beschäftigt werden können (z.B. Umwandlung einer allgemeinen Beratungsstelle in eine spezifische Frauenberatungsstelle, die nur noch Frauen beschäftigt), rechtfertigt keine fristlose Kündigung, sondern ist ein Fall des Betriebsrisikos. Das Betriebsrisiko ist vom Arbeitgeber zu tragen und stellt keinen wichtigen Grund im Sinne von Art. 337 Abs. 1 OR dar (vgl. VISCHER, Arbeitsvertrag, 179; STAEHELIN, Komm. Art. 337 OR, N 25).
28 Eine fristlose Kündigung führt unabhängig von ihrer Berechtigung zur sofortigen Auflösung des Arbeitsverhältnisses. Die in Art. 336b OR enthaltene Einsprachefrist bis zum Ablauf der Kündigungsfrist sowie die Möglichkeit der Einigung über eine Fortsetzung des Arbeitsverhältnisses wären daher höchstens analog anwendbar.
29 Vgl. REHBINDER, Komm. Art. 336b OR, N 4; STAEHELIN, Komm. Art. 337c OR, N 20.
30 Die Beendigung des Arbeitsverhältnisses fällt bei der fristlosen Entlassung zwingend mit dem Empfang der Kündigungserklärung zusammen.
31 Vgl. REHBINDER, Komm. Art. 336b OR, N 4 und Art. 337c OR, N 11; STAEHELIN, Komm. Art. 337c OR, N 20.

III. Rechtsfolgen einer diskriminierenden Entlassung

1. Kein Bestandesschutz im privatrechtlichen Arbeitsverhältnis; Grundsatz und Ausnahmen

a) Grundsatz: Kein Bestandesschutz im privatrechtlichen Arbeitsverhältnis

Der privatrechtliche Kündigungsschutz im Schweizerischen Obligationenrecht und die entsprechenden Bestimmungen im Gleichstellungsgesetz betreffend privatrechtliche Arbeitsverhältnisse beruhen auf dem Grundsatz der Kündigungsfreiheit. Das vom Obligationenrecht und vom Gleichstellungsgesetz gleichermassen als missbräuchlich bzw. diskriminierend qualifizierte Motiv der Unterscheidung aufgrund des Geschlechts, stellt die Wirksamkeit der Kündigung grundsätzlich nicht in Frage und gibt der von einer diskriminierenden Kündigung betroffenen Person keinen Anspruch auf Weiterbeschäftigung.

7.13

b) Sonderfall der Rachekündigung im Sinne von Art. 10 GlG

Gemäss Art. 10 GlG ist eine Kündigung des Arbeitsverhältnisses durch die Arbeitgeberin oder den Arbeitgeber dann anfechtbar, «wenn sie ohne begründeten Anlass auf eine innerbetriebliche Beschwerde über eine Diskriminierung oder auf die Anrufung der Schlichtungsstelle oder des Gerichts durch die Arbeitnehmerin oder den Arbeitnehmer folgt». Für die Dauer eines innerbetrieblichen Beschwerdeverfahrens, eines Schlichtungs- oder eines Gerichtsverfahrens sowie sechs Monate darüber hinaus besteht ein besonderer Kündigungsschutz. Um in den Genuss des entsprechenden Kündigungsschutzes zu gelangen, muss die Kündigung noch *vor* Ende der Kündigungsfrist *gerichtlich* angefochten werden. Sofern es wahrscheinlich erscheint, dass die Voraussetzungen für die Aufhebung der Kündigung erfüllt sind, kann das Gericht die provisorische Wiedereinstellung der Arbeitnehmerin oder des Arbeitnehmers für die Dauer des Verfahrens anordnen. Diese Möglichkeit einer, wenn auch befristeten, gerichtlich angeordneten Fortsetzung und damit eines Bestandesschutzes eines privatrechtlichen Arbeitsverhältnisses stellt ein absolutes Novum im Bereich des schweizerischen privatrechtlichen Kündigungsschutzes dar[32].

7.14

Mit Blick auf diese Möglichkeit eines beschränkten Bestandesschutzes ist bei einer diskriminierenden Kündigung zunächst immer abzuklären, ob der diskriminierenden Kündigung nicht eine innerbetriebliche Beschwerde oder eine Anrufung der Schlichtungsstelle oder des Gerichts vorausgegangen ist. Ist dies der Fall, gilt es zu prüfen, ob die diskriminierende Kündigung damit nicht zusätzlich den Tatbestand

7.15

---

32 Vgl. dazu die detaillierten Ausführungen von KLETT zur Rachekündigung in § 8.

einer sogenannten Rachekündigung erfüllt und damit unter den Voraussetzungen von Art. 10 GlG angefochten werden kann. Eine solche parallele Erfüllung beider Tatbestände ist in verschiedenen Fallkonstellationen denkbar. So zum Beispiel wenn ein diskriminierendes Verhalten von Mitarbeitern ausgeht, die betroffene Person sich intern beschwert oder gar ein Verfahren anhängig macht und der Arbeitgeber bzw. die Arbeitgeberin dem innerbetrieblichen Konflikt durch eine Kündigung ein Ende setzen will.

c) Sonderfall der Kündigung, die unter Berufung auf die Schwangerschaft während der entsprechenden Sperrfrist (Art. 336c Abs. 1 lit.c OR) erfolgt

7.16 Die Benachteiligung unter Berufung auf eine Schwangerschaft ist in der in Art. 3 Abs. 1 GlG enthaltenen Definition des Diskriminierungsverbotes explizit aufgeführt. Besteht die Benachteiligung in der Entlassung und wird diese nach der Probezeit und während der Schwangerschaft oder in den sechzehn Wochen nach der Niederkunft ausgesprochen, erfüllt dieser Sachverhalt gleichzeitig den Tatbestand der diskriminierenden Kündigung im Sinne des Gleichstellungsgesetzes und den Tatbestand einer Kündigung im Sinne von Art. 336 c Abs. 1 lit. c OR. Eine während dieser gesetzlichen Sperrfrist ausgesprochene Kündigung ist – vorbehältlich einer gerechtfertigten fristlosen Kündigung – unabhängig von einem diskriminierenden Motiv nichtig. Das Arbeitsverhältnis besteht damit in allen Rechten und Pflichten unverändert fort und die nichtige Kündigung selbst bildet, auch wenn sie unter Berufung auf die Schwangerschaft erfolgte, keine direkte Grundlage für die Geltendmachung der aus einer diskriminierenden Kündigung resultierenden Ansprüche. Allerdings steht es der betroffenen Arbeitnehmerin frei, die diskriminierende Kündigung und die daraus resultierenden Ansprüche anlässlich der nach Ablauf der Sperrfrist erneut ausgesprochenen Kündigung geltend zu machen. Raum für die Anwendung der gesetzlichen Bestimmungen über die diskriminierende Kündigung bleibt in jedem Fall bei einer *ausserhalb* der Sperrfrist ausgesprochenen Kündigung unter Berufung auf eine bestehende oder eine geplante Schwangerschaft.

2. Anspruch auf Entschädigung

7.17 Art. 5 Abs. 2 GlG bestimmt für den Fall der in der Kündigung eines obligationenrechtlichen Arbeitsverhältnisses bestehenden Diskriminierung, dass «die betroffene Person lediglich Anspruch auf eine Entschädigung» hat. Die Entschädigung ist unter Würdigung aller Umstände festzusetzen und wird auf der Grundlage des tatsächlichen Lohnes berechnet, darf jedoch den Betrag nicht übersteigen, der sechs Monatslöhnen entspricht (Art. 5 Abs. 4 GlG). Der Entschädigung kommt in dem Sinne eine Präventivfunktion zu, als die wegen eines diskriminierenden Motivs potentiell kündigungswillige Partei von einer Kündigung abgehalten werden soll. Sie ist in den Voraussetzungen und in der Höhe identisch mit der in Art. 336a OR geregelten Sanktion einer missbräuchlichen Kündigung. Es kann daher auf die entsprechenden Ausführungen zur missbräuchlichen Kündigung in § 2 des vorliegenden Handbuches verwiesen werden[33].

3. Ansprüche auf Schadenersatz und Genugtuung

In Art. 5 Abs. 5 GlG bleiben Ansprüche auf Schadenersatz und Genugtuung ausdrücklich vorbehalten. In der Botschaft zum Gleichstellungsgesetz ist festgehalten, dass Diskriminierungen im Sinne des Gleichstellungsgesetzes «auch Verletzungen des Persönlichkeitsrechts nach den Artikeln 28 ff. des Zivilgesetzbuches und widerrechtliche Handlungen nach den Artikeln 41 ff. des Obligationenrechts» darstellen[34]. Die nachstehenden Überlegungen sollen einen Einblick in diesen heiklen und insbesondere bezüglich der diskriminierenden Kündigung noch wenig geklärten Bereich geben. Welche Bedeutung der Geltendmachung von Schadenersatz und Genugtuung zusätzlich zur Entschädigung als primäre Rechtsfolge zukommt, wird sich in der Praxis noch weisen müssen. 7.18

Im Gegensatz zum älteren Art. 336a Abs. 2 OR in fine, der lediglich Schadenersatzansprüche *aus einem anderen Rechtstitel* vorbehält, enthält der Wortlaut des jüngeren Art. 5 Abs. 5 GlG keine solche Einschränkung. Das mit der Voraussetzung eines «anderen Rechtstitel(s)» begründete Argument, dass der Anspruch nicht auf der Missbräuchlichkeit der Kündigung beruhen darf[35], sondern sich auf andere Umstände stützen muss, würde damit bei den von Art. 5 Abs. 5 GlG vorbehaltenen Ansprüchen grundsätzlich entfallen. Daraus lässt sich der Umkehrschluss ziehen, dass im Falle der diskriminierenden Kündigung die weiteren Ansprüche ihre Grundlage in der diskriminierenden Kündigung selbst haben können[36]. Während 7.19

---

33 Vgl. § 2 Rz. 2.32.
34 BBl 1993 I 1300.
35 Vgl. STAEHELIN, Komm. Art. 336a OR, N 8; THOMAS GEISER, Der neue Kündigungsschutz im Arbeitsrecht, BJM 1994, 194; anders hingegen REHBINDER, Komm. Art. 336a OR, N 6 und BGE 119 II 160, in welchem das Bundesgericht davon ausgeht, dass «der Arbeitnehmer neben der Entschädigung Ersatz für den Schaden verlangen kann, der ihm als Folge der missbräuchlichen und damit widerrechtlichen Kündigung entstanden ist», und dass «die wirtschaftlichen Folgen der missbräuchlichen Kündigung» durch Schadenersatz abzugelten sind.
36 Ob der Gesetzgeber dieser Abweichung in der Formulierung bezüglich des Vorbehalts von Schadenersatzansprüchen einen solchen Unterschied im Gehalt zukommen lassen wollte, scheint mir fraglich. Dafür sprechen würden die relativ kurze Zeitdauer zwischen der entsprechenden Legiferierung der beiden Bestimmungen sowie der Umstand, dass der Gesetzgeber die diskriminierende Kündigung gegenüber den anderen Fällen einer missbräuchlichen Kündigung auch an anderer Stelle deutlich privilegiert.

somit die von Art. 336a Abs. 2 OR vorbehaltenen Schadenersatzansprüche auf einem zur missbräuchlichen Kündigung hinzutretendem Umstand beruhen müssen, kann die diskriminierende Kündigung als solche gleichzeitig Anspruchsgrundlage für eine Entschädigung und für eine Schadenersatzforderung sein. Im Ergebnis bedeutet dies, dass die von einer diskriminierenden Kündigung betroffene Person, auch ohne dass weitere Anspruchgrundlagen hinzukommen, gleichzeitig Ersatz für die mit der Suche einer neuen Stelle oder für den mit einer anschliessenden Stellenlosigkeit verbundenen Schaden verlangen könnte[37]. Diese Auslegung würde insofern nicht in Widerspruch zu der in Art. 5 Abs. 2 GlG explizit getroffenen Beschränkung des Anspruches auf eine Entschädigung stehen, als sich diese Beschränkung auf die besonderen Rechtsansprüche von Art. 5 Abs. 1 GlG bezieht.

Während der Anspruch auf Lohn bis zum Ablauf der Kündigungsfrist seine Grundlage bereits im Arbeitsvertrag hat, stellt sich die grundlegende *Frage, ob* auch darüber hinausgehend *der infolge der diskriminierenden Kündigung des Arbeitsverhältnisses entgangenene Lohn als Schaden geltend gemacht werden kann.* Die Zusprechung von Ersatz des Schadens, insbesondere für eine lange, im Extremfall bis zur Pensionierung andauernde Stellenlosigkeit im Anschluss an eine diskriminierende Kündigung, ist mit Schwierigkeiten bezüglich der Schadensbemessung verbunden. Lösungsansätze sind die Anwendung des allgemeinen schadensrechtlichen Grundsatzes der sozialen Adäquanz und die Berücksichtigung des Umstandes, dass nach der allgemeinen Lebenserfahrung damit gerechnet werden muss, dass das Arbeitsverhältnis von einer Partei gekündigt wird. Diese Kündigungswahrscheinlichkeit ist, jedenfalls für eine vom Arbeitnehmer bzw. von der Arbeitnehmerin ausgehenden Kündigung, bei jüngerem Lebensalter der betroffenen Person stärker zu gewichten, als wenn letztere nur noch wenige Jahre vor der Pensionierung steht. Abzustellen ist auf (allenfalls noch zu ermittelnde) Erfahrungswerte bezüglich der durchschnittlichen Dauer von Arbeitsverhältnissen innerhalb derselben Branche und bei vergleichbarer Funktion. Richtlinie für eine obere zeitliche Grenze dürfte die für die Eingehung fester Arbeitsverträge massgebende Maximaldauer von 10 Jahren (Art. 334 Abs. 3 OR) bilden. Allerdings stellt sich hier die grundsätzliche Frage, ob die Zusprechung von Schadenersatz für entgangenen potentiellen zukünftigen Lohn nicht faktisch zum gleichen Ergebnis führen würde, wie ein – vom Gesetzgeber für privatrechtliche Arbeitsverhältnisse ausdrücklich abgelehnter – Anspruch auf Weiterbeschäftigung[38], und ob damit nicht gewissermassen durch die

---

37 So KLETT, a.a.O. (Fn. 12), 13; MADER, 31.
38 Die Vergleichbarkeit eines Anspruches auf Ersatz potentiellen zukünftigen Lohnes mit einem Anspruch auf Weiterbeschäftigung ist insofern gegeben, als in Deutschland, das einen Bestandesschutz gesetzlich vorsieht, die Weiterbeschäftigung in der Praxis offenbar selten in die Realität umgesetzt wird und stattdessen dem gekündigten Arbeitnehmer bzw. der gekündigten Arbeitnehmerin dazu dient, eine höhere Abfindungssumme zu verlangen. Vgl. GREMPER, 191, mit weiteren Hinweisen.

Hintertür ein Bestandesschutz auch des privatrechtlichen Arbeitsverhältnisses eingeführt würde.

Da bereits die Entschädigung als primäre Rechtsfolge einer Diskriminierung durch die Kündigung einen gewissen Genugtuungscharakter hat, müssen qualifizierte Umstände vorliegen für eine zusätzliche Geltendmachung von Genugtuung. Als Grundlage für Genugtuungsansprüche, die nicht bereits mit der Entschädigung wegen diskriminierender Kündigung als abgegolten gelten können, kommen zusätzliche Persönlichkeitsverletzungen in Frage, wie sie etwa in der Art und Weise der Bekanntgabe der Kündigung liegen können.

7.20

4. Weitergehende einzel- oder gesamtarbeitsvertragliche Ansprüche

Als weitergehende (einzel- oder gesamtarbeits-) vertragliche Ansprüche, die von Art. 5 Abs. 5 GlG vorbehalten bleiben, sind zum Beispiel die Festsetzung einer pauschalierten Entschädigung von sechs oder mehr Monatslöhnen oder die Weiterführung des Arbeitsverhältnisses bei gerichtlicher Feststellung der diskriminierenden Entlassung denkbar[39].

7.21

Der Verweis des Gleichstellungsgesetzes auf die Regelung der missbräuchlichen Kündigung ist beschränkt auf die Verfahrensbestimmung von Art. 336b OR. Der die Entschädigung im Falle einer missbräuchlichen Kündigung regelnde Art. 336a OR, der gemäss Art. 361 Abs. 1 OR zu den absolut zwingenden arbeitsrechtlichen Bestimmungen zählt und vertragliche Abänderungen nur bei deren paritätischen Ausgestaltung für Arbeitnehmer und Arbeitgeber zulässt[40], ist daher nicht anwendbar auf die diskriminierende Kündigung. Das Gleichstellungsgesetz selbst enthält keine Grundlage für eine Begrenzung weitergehender vertraglicher Ansprüche im Falle einer Diskriminierung bei der Entlassung. Bei der Anwendung von Art. 5 Abs. 5 GlG ist daher allein das sogenannte Günstigkeitsprinzip massgebend, wonach bei Abweichungen von Einzelarbeitsvertrag, Gesamtarbeitsvertrag und gesetzlicher Regelung derjenigen Lösung Vorrang zukommt, die sich für den betroffenen Arbeitnehmer bzw. die betroffene Arbeitnehmerin vorteilhafter auswirkt.

5. Anspruch auf Feststellung der diskriminierenden Kündigung

a) Frage eines individuellen Feststellungsanspruches

Gemäss Art. 5 Abs 2 GlG hat die von einer diskriminierenden Kündigung eines obligationenrechtlichen Arbeitsverhältnisses betroffene Person «lediglich An-

7.22

---

39 Vgl. STAEHELIN, Komm. Art. 336a OR, N 9.
40 Vgl. STAEHELIN, Komm. Art. 336a OR, N 9.

spruch auf eine Entschädigung». Die in Art. 5 Abs. 1 GlG aufgeführten Rechtsfolgen und damit auch der Anspruch darauf, «eine Diskriminierung festzustellen, wenn sich diese weiterhin störend auswirkt», sind damit explizit ausgeschlossen.

Ein individueller Anspruch auf Feststellung kann hingegen in einem Gesamtarbeitsvertrag[41] vorgesehen und damit als Anwendungsfall eines weitergehenden vertraglichen Anspruches im Sinne von Art. 5 Abs. 5 GlG ausdrücklich vorbehalten sein[42].

Es ist, abgesehen vom Sonderfall der vorbehaltenen vertraglichen Vereinbarung, fraglich, ob mit der vorstehend erwähnten Formulierung von Art. 5 Abs. 2 GlG der Anspruch auf Feststellung *generell* ausgeschlossen ist. Nach GEISER ist zwischen der besonderen Feststellungsklage des Gleichstellungsgesetzes, wie sie in Art. 5 Abs. 1 lit. c GlG enthalten ist, einerseits und der allgemeinen Feststellungsklage andererseits zu unterscheiden[43]. Er vertritt für die diesbezüglich mit der diskriminierenden Entlassung vergleichbaren diskriminierenden Nichteinstellung die Meinung, dass jedenfalls dann, wenn die Bestimmung über die besondere Feststellungsklage nicht anwendbar ist, auf den allgemeinen Feststellungsklageanspruch zurückgegriffen werden kann.

In jedem Fall gilt es, den *Grundsatz der Subsidiarität einer Feststellungsklage gegenüber der Leistungsklage* zu beachten. Solange eine Leistungsklage möglich ist, fehlt es an dem für die allgemeine bundesrechtliche Feststellungsklage erforderlichen hinreichenden Rechtsschutzinteresse. Der Umstand, dass die von einer diskriminierenden Kündigung betroffene Person die für die Geltendmachung einer Entschädigung relativ kurzen Fristen[44] verpasst hat, wird für sich allein für die Bejahung eines Feststellungsinteresses nicht ausreichen. Zu prüfen wäre ausserdem, ob im konkreten Fall nicht eine Leistungsklage aus einem der von Art. 5 Abs. 5 GlG vorbehaltenen Schadenersatz- oder Genugtuungsanspruch möglich wäre. Denkbar als Anwendungsfall einer allgemeinen Feststellungsklage ist immerhin der wohl seltene Fall, dass zwar eine diskriminierende Kündigung ausgesprochen worden ist, das Arbeitsverhältnis allerdings noch vor Ablauf der Kündigungsfrist durch einen anderen Grund beendet wurde[45].

---

41 Zumindest theoretisch wäre eine entsprechende Klausel auch in einem Einzelarbeitsvertrag denkbar.
42 Vgl. dazu Rz. 7.21.
43 THOMAS GEISER, Anstellungsdiskriminierung/Beförderungsdiskriminierung aus der Sicht des Juristen (HSG-Seminar vom 16.4.1996 «Das neue Gleichstellungsgesetz»), 8.
44 Vgl. dazu, Rz. 7.27 und 7.49 ff.
45 Vgl. BGE 121 III 67.

§ 7 Diskriminierende Entlassung

b) Feststellungsanspruch von Organisationen mittels der Verbandsklage im Sinne von Art. 7 GlG

Im Gegensatz zur Individualklage kann eine Verbandsklage im Sinne von Art. 7 GlG als Rechtsfolge einer diskriminierenden Kündigung ausschliesslich eine Feststellung der diskriminierenden Kündigung auslösen. Die Klage auf Leistung ist hier von Gesetzes wegen ausgeschlossen, sodass sich eine Berufung auf das Subsidiaritätsprinzip erübrigt. Die Zulässigkeit der Verbandsklage bei diskriminierender Kündigung geht aus der Botschaft zum GlG ausdrücklich hervor[46]. Die in Art. 5 Abs. 2 GlG enthaltene grundsätzliche Beschränkung der Rechtsfolgen im Falle einer Kündigung eines obligationenrechtlichen Arbeitsverhältnisses auf den Anspruch auf Entschädigung bezieht sich nur auf die «betroffene Person». Sie spricht nicht gegen die Zulässigkeit einer unabhängig von der Zustimmung der betroffenen Person möglichen Verbandsklage und der Geltendmachung eines Feststellungsanspruches in diesem Bereich[47].

7.23

6. Aufhebung der diskriminierenden Entlassungsverfügung beim öffentlichrechtlichen Arbeitsverhältnis

Erfolgt die diskriminierende Entlassung im Rahmen eines öffentlichrechtlichen Arbeitsverhältnisses, kann die entsprechende Entlassungsverfügung angefochten werden. Eine Aufhebung der Entlassungsverfügung hat gewissermassen als Sanktion die Fortsetzung des Arbeitsverhältnisses zur Folge. Für nähere Einzelheiten wird auf § 6 (Beendigung öffentlicher Dienstverhältnisse) verwiesen[48].

7.24

IV. Prozessuales Vorgehen

1. Verfahrensrechtliche Rechtsgrundlagen

a) Kündigung eines privatrechtlichen Arbeitsverhältnisses

Als Rechtsgrundlagen für das prozessuale Vorgehen bei einer diskriminierenden Kündigung eines privatrechtlichen Arbeitsverhältnisses sind vor allem die verfahrensrechtlichen Grundlagen des Gleichstellungsgesetzes, des im Obligationenrecht

7.25

---

46 BBl 1993 I 1304.
47 Anderer Meinung KLETT, a.a.O. (Fn. 12), 15, die die Zulässigkeit der als blosse Feststellungsklage ausgestalteten Verbandsklage bei diskriminierender Kündigung unter Berufung auf Art. 5 Abs. 2 GlG verneint; für die Zulässigkeit der Verbandsklage bei diskriminierender Kündigung ELISABETH FREIVOGEL, Gleichstellungsklagen heute und morgen (HSG-Seminar vom 16.4.1996 «Das neue Gleichstellungsgesetz»), 9.
48 Rz. 6.54.

geregelten Kündigungsschutzes sowie das kantonale Zivilprozessrecht und die kantonalen Einführungsgesetze zum bundesrechtlichen Gleichstellungsgesetz beizuziehen.

b) Beendigung eines öffentlichrechtlichen Arbeitsverhältnisses

7.26 Für Streitigkeiten über eine diskriminierende Entlassung im Bereich öffentlichrechtlicher Arbeitsverhältnisse sind neben den Verwaltungsverfahrensgesetzen und Beamtengesetzen des Bundes und der Kantone auch die kantonalen Einführungsgesetze zum bundesrechtlichen Gleichstellungsgesetz beizuziehen. In diesem Zusammenhang ist darauf hinzuweisen, dass die Kantone die Möglichkeit haben, die besonderen Bestimmungen des Gleichstellungsgesetzes für Arbeitsverhältnisse nach Obligationenrecht betreffend Verfahren und Kündigungsschutz auch auf ihre öffentlichrechtlichen Arbeitsverhältnisse anzuwenden. So bestimmt §2 Abs. 2 EG GlG des Kantons Basel-Stadt deren sinngemässe Geltung, die allerdings unter dem Vorbehalt des Günstigkeitsprinzips steht: soweit das kantonale Beamtenrecht weitergehende Vorschriften zugunsten der Arbeitnehmerin oder des Arbeitnehmers vorsieht, gehen diese vor.

Für die Darstellung der Verwaltungsverfahren der Kantone und des Bundes mit Bezug auf die Beendigung öffentlichrechtlicher Arbeitsverhältnisse wird auf die detaillierten Ausführungen zur Beendigung öffentlicher Dienstverhältnisse in § 6 verwiesen[49].

2. Vorprozessuale interne Einsprache gegen die diskriminierende Kündigung eines privatrechtlichen Arbeitsverhältnisses

a) Frist

7.27 In Anwendung des – kraft des Verweises von Art. 9 GlG massgebenden – Art. 336b Abs. 1 OR muss die von einer diskriminierenden Kündigung betroffene Person «gegen die Kündigung längstens bis zum Ende der Kündigungsfrist beim Kündigenden schriftlich Einsprache erheben». Bei der Einsprache handelt es sich um eine empfangsbedürftige Erklärung, weshalb sie noch vor dem Ablauf der Kündigungsfrist beim Arbeitgeber eingetroffen sein muss[50].

7.28 Kommt die kündigende Partei ihrer Pflicht, die Kündigung auf Verlangen schriftlich zu begründen (Art. 335 Abs. 2 OR), nicht oder erst nach Ablauf der Kündigungsfrist nach[51], wird die Einsprachefrist dadurch nicht unterbrochen[52].

---

49 Rz 6.61 ff.
50 STAEHELIN, Komm. Art. 336b OR, N 3; a.M. BRUNNER/BÜHLER/WAEBER, Art. 336b OR, N 2.
51 Zur Frage der Durchsetzung des Anspruchs auf schriftliche Begründung oben, Rz. 1.80.
52 REHBINDER, Komm. Art. 336b OR, N 2; STREIFF/VON KAENEL, Komm. Art. 336b OR, N 3.

§ 7 Diskriminierende Entlassung

b) Form

Die Einsprache ist *in schriftlicher Form* zu erheben. Zusätzlich empfiehlt es sich aus Beweisgründen, die schriftliche Erklärung entweder mit Einschreibebrief[53] zuzustellen, oder aber im Falle der persönlichen Übergabe der Erklärung sich deren Erhalt schriftlich bestätigen zu lassen. An die Formulierung der Einsprache sind keine hohen Anforderungen zu stellen[54]; jede Erklärung, aus der hervorgeht, dass die Kündigung nicht akzeptiert wird, und mit der nicht bloss eine Begründung verlangt wird, ist ausreichend[55]. 7.29

c) Einsprecher und Adressat

Die Einsprache ist gemäss Art. 336b Abs. 1 OR durch die gekündigte Person «beim Kündigenden» zu erheben. 7.30

Die Erhebung der Einsprache durch eine andere Person oder durch eine Organisation im Sinne von Art. 7 Abs. 1 GlG ist nicht zulässig. Vorbehalten bleibt selbstverständlich die rechtsgeschäftliche Bevollmächtigung durch die von der diskriminierenden Kündigung betroffene Person.

Adressat der Einsprache ist immer der kündigende Arbeitgeber bzw. die kündigende Arbeitgeberin. Dies gilt auch dann, wenn die diskriminierende Kündigung z.B. in Anwendung diskriminierender Kriterien eines Gesamtarbeitsvertrages erfolgen würde[56]. 7.31

d) Frist- und formgerechte Einsprache als Voraussetzung der Klage auf Entschädigung

Die Unterlassung der frist- und formgerechten internen Einsprache hat zur Folge, dass eine spätere Klage auf Entschädigung ausgeschlossen ist[57]. Bei der Einreichung einer Entschädigungsklage ist daher zusätzlich zur Klagefrist von 180 Tagen ab Beendigung des Arbeitsverhältnisses die mit der Kündigungsfrist identische Frist für eine interne Einsprache zu beachten. Letztere ist in aller Regel relativ kurz, vorbehältlich einer anderslautenden vertraglichen Abrede. Nach Gesetz beträgt sie im ersten Dienstjahr nur gerade einen Monat, im zweiten bis und mit dem neunten 7.32

---

53 Wenn die Einsprache mittels Einschreibebrief allerdings in einem Einzel-, Normal- oder Gesamtarbeitsvertrag vorgesehen ist, was unter der Voraussetzung der paritätischen Ausgestaltung zulässig ist (vgl. STAEHELIN, Komm. Art. 336b OR, N 10), kommt dem Einschreibebrief nicht nur Beweis-, sondern Gültigkeitsfunktion zu.
54 THOMAS GEISER, Der neue Kündigungsschutz im Arbeitsrecht, BJM 1994, 177.
55 STAEHELIN, Komm. Art. 336b OR, N 4.
56 Vgl. dazu unten, Rz. 7.55.
57 Keine entsprechende Rechtsfolge hat eine Unterlassung des ebenfalls in Art. 336b Abs. 2 OR erwähnten Versuches einer internen Einigung.

Dienstjahr zwei Monate[58]. Die in Art. 335c Abs. 2 OR vorbehaltene Möglichkeit einer vertraglichen Verkürzung der gesetzlichen Fristen bedeutet gleichzeitig auch eine Verkürzung der hier interessierenden Einsprachefrist. Zusätzlich zur kurzen Dauer kommt der Umstand, dass die von einer diskriminierenden Kündigung betroffene Person Gefahr läuft, erst nach Ablauf der Kündigungsfrist rechtlichen Rat zu holen und die interne Einsprache aus Unkenntnis der Rechtslage nicht rechtzeitig oder nicht in rechtsgenüglicher Form zu erheben. Aus diesen Gründen kann sich die Frist hier als eine eigentliche Fussangel bei der Geltendmachung einer Entschädigung erweisen.

3. Schlichtungsverfahren

a) Die kantonalen Schlichtungsstellen

7.33 Art. 11 Abs. 1 GlG verpflichtet die Kantone zur Bezeichnung einer *Schlichtungsstelle für privatrechtliche Streitigkeiten* über Diskriminierungen im Erwerbsleben[59]. Es steht den Kantonen frei, auch für die öffentlichrechtlichen Arbeitsverhältnisse des Kantons und der Gemeinden ein Schlichtungsverfahren vorzusehen[60]. Ob sie eigens eine Schlichtungsstelle schaffen wollen, oder aber die Schlichtungsaufgabe einer bestehenden Behörde übertragen, steht den Kantonen frei[61]. Den kantonalen Schlichtungsstellen kommt die Aufgabe zu, die Parteien zu beraten und zu versuchen, eine Einigung herbeizuführen und damit ein Gerichtsverfahren zu vermeiden.

Die örtlich zuständige Schlichtungsstelle bestimmt sich analog der für die örtliche Zuständigkeit bei Streitigkeiten aus einem privatrechtlichen Arbeitsverhältnis

---

58 Vgl. dazu die gesetzliche, nach Anzahl Dienstjahren abgestufte Regelung von Art. 335c Abs. 1 OR.
59 Mit Ausnahme der Kantone Nidwalden, Genf und Waadt sind alle Kantone dieser Verpflichtung nachgekommen. Während Nidwalden diesbezüglich noch gar nicht legiferiert hat, verweisen Genf und Waadt auf bestehende Verfahren, ohne ein besonderes Schlichtungsverfahren für Diskriminierungen im Erwerbsleben eingerichtet zu haben.
60 BBl 1993 I 1311. So ist die kantonale Schlichtungsstelle für Diskriminierungsfragen des Kantons Basel-Stadt gleichermassen für privat- und öffentlichrechtliche Arbeitsverhältnisse (§ 4 EG GlG BS) zuständig. Ebenso Aargau, Appenzell-Innerrhoden, Basel-Landschaft, Bern, Freiburg, Glarus, Jura, Neuenburg, Schwyz und Wallis. Im Kanton Solothurn ist für öffentlichrechtliche Arbeitsverhältnisse eine besondere Vermittlungskommission (§ 6 Verordnung zur Einführung des Gleichstellungsgesetzes) zuständig. Die Schlichtungsstelle im Kanton Zürich ist neben den privatrechtlichen Arbeitsverhältnissen nur für öffentlichrechtliche Arbeitsverhältnisse der «staatlichen Zentral- oder Bezirksverwaltung» zuständig; Obergericht, Verwaltungsgericht, Kantonsgericht und Sozialversicherungsgericht, die kirchliche Zentralverwaltung sowie die Gemeinden können ihrem Personal die Anrufung der Schlichtungsstelle jedoch ebenfalls ermöglichen (§ 1 Einführungsverordnung zum Gleichstellungsgesetz).
61 BBl 1993 I 1310.

§ 7 Diskriminierende Entlassung

massgebenden Bestimmung von Art. 343 Abs. 1 OR (Wohnsitz der beklagten Partei oder Betriebsort).

Das Gleichstellungsgesetz lässt den Kantonen eine grosse Autonomie in der Organisation der Schlichtungsstellen und überlässt ihnen die Regelung der Einzelheiten[62]. Es ist daher schwierig, allgemein gültige Äusserungen über das Schlichtungsverfahren zu machen. Ein *Beizug der gesetzlichen Grundlage der Schlichtungsstelle des zuständigen Kantons ist unerlässlich*. Die folgenden Punkte, die anhand des Beispiels der kantonalen Schlichtungsstelle für Diskriminierungsfragen Basel-Stadt illustriert werden, sollen dabei eine Orientierungshilfe bieten.

b) Obligatorische oder fakultative Anrufung der Schlichtungsstelle

Gemäss Art. 11 Abs. 2 GlG ist das Schlichtungsverfahren für die Parteien freiwillig, wobei die Kantone jedoch vorsehen können, «dass die gerichtliche Klage erst nach der Durchführung des Schlichtungsverfahrens angehoben werden kann». Massgeblich für die Beantwortung der Frage nach der obligatorischen oder fakultativen Anrufung der Schlichtungsstelle sind somit die kantonalen Einführungsgesetze zum bundesrechtlichen Gleichstellungsgesetz.

7.34

In folgenden Kantonen ist das Schlichtungsverfahren obligatorisch: Appenzell-Ausserrhoden, Basel-Stadt[63], Basel-Landschaft (für Arbeitsverhältnisse zum Kanton oder zu Gemeinden), Glarus, Graubünden, Jura, Luzern, Obwalden, Schaffhausen, Schwyz, Thurgau, Tessin und Zug.

Fakultativ ist das Schlichtungsverfahren in den Kantonen: Aargau, Appenzell-Innerrhoden, Basel-Landschaft (für Arbeitsverhältnisse zwischen Privaten), Bern, Freiburg, Neuenburg, St. Gallen, Solothurn, Uri, Wallis und Zürich.

c) Frist für die Anrufung der Schlichtungsstelle

Bezüglich der Frist, innerhalb derer die Schlichtungsstelle angerufen werden kann oder – je nach Kanton – angerufen werden muss, verweist Art. 11 Abs. 3 GlG auf die gesetzlichen Klagefristen[64]. Im Bereich der diskriminierenden Kündigung eines privatrechtlichen Arbeitsverhältnisses kommt einzig die *Klagefrist von 180 Tagen nach Beendigung des Arbeitsverhältnisses (Art. 336b Abs. 2 OR)* in Frage, die kraft Verweisung von Art. 9 GlG auch auf die diskriminierende Kündigung Anwendung findet. Für die Geltendmachung weiterer Ansprüche nennt das Gesetz keine beson-

7.35

---

62 BBl 1993 I 1310.
63 Vorbehalten bleibt einzig der Fall, dass die Diskriminierung nur als Nebenpunkt geltend gemacht wird; die Anrufung der Schlichtungsstelle ist diesfalls fakultativ (§ 4 Abs. 3 EG GlG BS).
64 Art. 11 Abs. 3 GlG: «die Schlichtungsstelle muss innerhalb der Klagefrist angerufen werden, wenn das Gesetz eine solche vorsieht (...)».

deren Fristen, sie findet ihre Grenzen einzig in den Verjährungsfristen beziehungsweise im Vorhandensein eines Feststellungsinteresses.

d) Form des Schlichtungsbegehrens

7.36 Die formellen Anforderungen an die Anrufung der Schlichtungsstelle bestimmt sich nach dem jeweiligen kantonalen Einführungsgesetz zum Gleichstellungsgesetz. Im Kanton Basel-Stadt ist das Schlichtungsverfahren gemäss § 13 EG GlG BS bei der Kanzlei der Schlichtungsstelle unter Angabe des Rechtsbegehrens *schriftlich* zu beantragen.

e) Kostenlosigkeit des Verfahrens

7.37 Art. 11 Abs. 4 GlG bestimmt, dass das Schlichtungsverfahren kostenlos sein muss. Den die Schlichtungsstelle anrufenden Parteien dürfen somit keine Verfahrenskosten auferlegt werden, auch wenn z.B. mit der Erhebung des Sachverhalts Kosten verbunden sind[65]. Der Grundsatz der Kostenlosigkeit des Schlichtungsverfahrens bezieht sich nur auf die eigentlichen Verfahrenskosten. Davon zu unterscheiden sind die ausserordentlichen Kosten, d.h. die Kosten für die Parteivertretung. Der Kanton Basel-Stadt etwa sieht keine Zusprechung von Parteientschädigungen vor, unter Vorbehalt eines anderslautenden Entscheides aus Billigkeitsgründen (§ 17 EG GlG BS).

f) Parteivertretung

7.38 Für das Schlichtungsverfahren enthält das Gleichstellungsgesetz im Gegensatz zum zivilgerichtlichen Verfahren keine Bestimmung über eine obligatorische Zulassung der Prozessvertretung. Damit ist diese Frage der Organisation der Kantone überlassen. Im Kanton Basel-Stadt ist gemäss § 15 EG GlG BS die Parteivertretung zulässig, wobei die Parteien in jedem Fall persönlich zu den Verhandlungen zu erscheinen haben.

g) Wirkungen des Zustandekommens bzw. Nichtzustandekommens eines Vergleichs

7.39 Massgebend ist auch bezüglich der Wirkungen des Zustandekommens bzw. Nichtzustandekommes eines Vergleichs das Einführungsgesetz des örtlich zuständigen Kantons. Im Kanton Basel-Stadt kommt dem vor der Schlichtungsstelle zustandegekommenen Vergleich die Wirkung eines rechtskräftigen Urteils zu (§ 18 Abs. 1 EG GlG BS). Wird der Vergleichsvorschlag abgelehnt, gilt das Schlichtungsverfahren als beendigt (§ 18 Abs. 2 EG GlG BS); gemäss Art. 11 Abs. 3 GlG ist

---

65 BBl 1993 I 1310.

diesfalls eine gerichtliche Klage innerhalb von drei Monaten nach Abschluss des Schlichtungsverfahrens einzureichen[66].

4. Gerichtliches Verfahren

a) Zuständiges Gericht

Für Streitigkeiten im Zusammenhang mit einer diskriminierenden Kündigung gilt wie allgemein für Streitigkeiten aus dem Arbeitsverhältnis wahlweise der Gerichtsstand des Wohnsitzes des Beklagten oder des Betriebsortes (Art. 343 Abs. 1 OR). Ob das ordentliche Zivilgericht unter Beachtung eines speziellen Verfahrens oder ein besonderes Arbeitsgericht zuständig ist, bestimmt sich nach dem jeweiligen kantonalen Zivilprozessrecht.

7.40

b) Einfaches und rasches Verfahren unabhängig vom Streitwert

Gemäss Art. 343 Abs. 2 OR haben die Kantone für Streitigkeiten aus dem Arbeitsverhältnis bis zu einem Streitwert von Fr. 20 000.– ein einfaches und rasches Verfahren vorzusehen. Art. 12 Abs. 2 GlG erweitert diese Verpflichtung der Kantone, indem er *Art. 343 OR bei Streitigkeiten über geschlechtsbezogene Diskriminierungen im Erwerbsleben unabhängig vom Streitwert* für *anwendbar* erklärt[67]. Ob eine Streitigkeit über eine diskriminierende Kündigung mit einem Streitwert über Fr. 20 000.– in die Kompetenz eines speziellen Arbeitsgerichtes oder in diejenige des ordentlichen Zivilgerichts fällt, bestimmt sich nach kantonalem Recht. Wesentlich ist, dass auch im Falle der Zuständigkeit des ordentlichen Zivilgerichts die für Streitigkeiten im Zusammenhang mit geschlechtsbezogenen Diskriminierungen im Erwerbsleben unabhängig vom Streitwert geltenden Verfahrensvorschriften beachtet werden müssen.

7.41

c) Kein Ausschluss des schriftlichen Verfahrens

Den Anforderungen an ein einfaches und rasches Verfahren entspricht das mündliche Verfahren grundsätzlich am besten[68]. Art. 12 Abs.1 GlG bestimmt nun aber, dass die Kantone das schriftliche Verfahren in Streitigkeiten über (geschlechtsbezogene) Diskriminierungen im Erwerbsleben nicht ausschliessen dürfen. Das Verbot des Ausschlusses des schriftlichen Verfahrens wird in der Botschaft zum Gleichstellungsgesetz damit begründet, dass das von den meisten Kantonen für

7.42

---

66 Vgl. dazu unten, Rz. 7.51.
67 Damit erübrigt sich die Einreichung von auf den Betrag von Fr. 20 000.– beschränkten Teilklagen, wie sie in der Praxis hin und wieder vorkommt, um in den Genuss des einfachen und raschen Verfahrens zu kommen.
68 Vgl. STAEHELIN, Komm. Art. 343 OR, N 22.

arbeitsrechtliche Streitigkeiten eingeführte mündliche Verfahren in Streitigkeiten über die Lohngleichheit wegen der Komplexität der Materie gewöhnlich nicht genüge[69]. Eine geschlechtsbezogene diskriminierende Kündigung ist demgegenüber nicht zwingend komplexer als eine aus einem andern Grund ausgesprochene missbräuchliche Kündigung. Da sich Art. 12 Abs. 1 GlG jedoch nicht nur auf Streitigkeiten über Lohngleichheit, sondern ausdrücklich generell auf Streitigkeiten über Diskriminierungen im Erwerbsleben bezieht, wäre eine entsprechende kantonale Beschränkung des schriftlichen Verfahrens auf Lohnprozesse nicht mit dieser Bestimmung zu vereinbaren.

Der im Hinblick auf das Inkrafttreten des Gleichstellungsgesetzes revidierte § 206 ZPO Basel-Stadt sieht vor, dass Verfahren, die dem Eidgenössischen Gleichstellungsgesetz unterstehen, grundsätzlich mündlich sind, und ein Schriftenwechsel vom Gericht angeordnet wird, «wenn sich eine Sache im mündlichen Verfahren voraussichtlich nicht genügend darlegen lässt oder wenn eine Partei dies beantragt». M.E. würde eine Bestimmung, die das schriftliche Verfahren nicht auf blossen Parteiantrag, sondern nur auf Anordnung des Gerichts zulässt, den Anforderungen von Art. 12 Abs. 1 GlG ebenfalls genügen.

d) Recht auf Prozessvertretung

7.43 Art. 343 OR überlässt die Zulassung der berufsmässigen Prozessvertretung dem kantonalen Recht. In denjenigen Kantonen, die ein besonderes Arbeitsgericht eingeführt haben, ist der Beizug von Rechtsvertretern häufig ausgeschlossen oder nur in Ausnahmefällen zugelassen[70]. Für Streitigkeiten über Diskriminierungen im Erwerbsleben schreibt Art. 12 Abs. 1 GlG nun aber ausdrücklich vor, dass die Kantone die Prozessvertretung nicht ausschliessen dürfen. Obwohl aus den Materialien hervorgeht, dass der Gesetzgeber auch beim Verbot des Ausschlusses der Prozessvertretung primär Lohngleichheitsklagen im Auge hatte[71], ergibt sich aus Art. 12 Abs 1 GlG ausdrücklich, dass die Prozessvertretung generell in Streitigkeiten über geschlechtsbezogene Diskriminierungen im Erwerbsleben zulässig sein muss. Dies steht auch im Einklang mit der Erkenntnis, dass der zunehmend kritisierte generelle Ausschluss der berufsmässigen Vertretung bei arbeitsrechtlichen Streitigkeiten in einzelnen Kantonen gegen den verfassungsmässigen Anspruch auf rechtliches Gehör verstösst[72]. Ob das Vertretungsrecht Anwältinnen und Anwälten vorbehalten ist, oder ob auch andere Bevollmächtigte zugelassen sind, bestimmt sich nach dem jeweiligen kantonalen Recht.

---

69 BBl 1993 I 1311.
70 Vgl. STAEHELIN, Komm. Art. 343 OR, N 26.
71 BBl 1993 I 1311.
72 Vgl. STAEHELIN, Komm. Art. 343 OR, N 26, mit weiteren Hinweisen.

§ 7 Diskriminierende Entlassung

e) Untersuchungsmaxime und freie Beweiswürdigung

Art. 343 Abs. 4 OR, der gemäss Art. 12 Abs. 2 GlG in Streitigkeiten über Diskriminierungen im Erwerbsleben generell, d.h. unabhängig vom Streitwert anwendbar ist, schreibt vor, dass das Gericht den Sachverhalt von Amtes wegen feststellt (sog. Untersuchungsmaxime) und die Beweise nach freiem Ermessen würdigt (Grundsatz der freien Beweiswürdigung). Dies bedeutet, dass dem Gericht eine ausgedehnte Frage- und Aufklärungspflicht obliegt, und dass es auch die von den Parteien nicht behaupteten Tatsachen und nicht vorgebrachten Beweise berücksichtigen bzw. abnehmen muss[73]. Dem Umstand, dass an die Handhabung der Untersuchungsmaxime geringere Anforderungen zu stellen sind, wenn die Parteien anwaltlich vertreten sind[74], kommt in Streitigkeiten über Diskriminierungen insofern eine besondere Bedeutung zu, als hier der Ausschluss der Prozessvertretung von Gesetzes wegen verboten ist und damit die Parteien häufig anwaltlich vertreten sein dürften.

7.44

f) Beweiserleichterung: Ausreichen der Glaubhaftmachung der diskriminierenden Kündigung

Die Geltung der Untersuchungsmaxime im Bereiche der arbeitsrechtlichen Streitigkeiten ändert nichts an der Beweislastverteilung gemäss Art. 8 ZGB. Danach hat diejenige Partei das Vorhandensein einer behaupteten Tatsache zu beweisen, die aus ihr Rechte ableitet. Die Anwendung dieses Grundsatzes auf Streitigkeiten wegen einer diskriminierenden Kündigung würde bedeuten, dass das Gericht eine Klage der betroffenen Arbeitnehmerin bzw. des betroffenen Arbeitnehmers abweisen müsste, wenn sich das Vorhandensein der geltend gemachten Diskriminierung nicht beweisen liesse. Werden die zu einer diskriminierenden Kündigung führenden Motive seitens des Arbeitgebers nicht offengelegt, was wohl dem Regelfall entsprechen dürfte, würde es um den Beweis innerer Vorgänge des Arbeitgebers gehen, der naturgemäss besonders schwierig zu erbringen ist. Die in Art. 335 Abs. 2 OR statuierte Pflicht der kündigenden Partei, die Kündigung auf Verlangen der anderen Partei schriftlich zu begründen, vermag an diesen Beweisschwierigkeiten grundsätzlich nichts zu ändern, da ihrer Durchsetzung naturgemäss Grenzen gesetzt sind. Diese Beweisschwierigkeiten bestehen generell bei missbräuchlichen Kündigungen.

7.45

Für den Spezialfall der diskriminierenden Entlassung trug der Gesetzgeber den dargelegten Beweisschwierigkeiten mit einer besonderen Bestimmung über die Beweislasterleichterung im Gleichstellungsgesetz Rechnung. Gemäss Art. 6 GlG wird eine *Diskriminierung* bezüglich der Aufgabenzuteilung, Gestaltung der Ar-

---

73 Vgl. STAEHELIN, Komm. Art. 343 OR, N 31; vgl. auch oben, Rz. 1.124.
74 STAEHELIN, Komm. Art. 343 OR, N 31.

beitsbedingungen, Entlöhnung, Aus- und Weiterbildung, Beförderung und *Entlassung vermutet, «wenn diese von der betroffenen Person glaubhaft gemacht wird»*. Die von einer diskriminierenden Kündigung betroffene Person muss damit die diskriminierende Kündigung einzig *glaubhaft* machen, während es dem Arbeitgeber obliegt zu beweisen, dass sich die Kündigung auf Gründe stützt, die mit dem Geschlecht nichts zu tun haben, oder die ausnahmsweise eine Differenzierung nach dem Geschlecht sachlich zu rechtfertigen vermögen. Kann der Arbeitgeber diesen Nachweis nicht erbringen, trägt er die Folgen der Beweislosigkeit und die diskriminierende Kündigung gilt als erwiesen. Diese Umkehr der Beweislast setzt voraus, dass die betroffene Person die Umstände der geltend gemachten diskriminierenden Kündigung glaubhaft machen und entsprechende Indizien vorlegen kann[75]. Handelt es sich bei der geltend gemachten diskriminierenden Kündigung um den Fall einer indirekten Diskriminierung, muss die betroffene Person beweisen, dass das vom Arbeitgeber bzw. von der Arbeitgeberin gewählte Kriterium für die Kündigung aller Wahrscheinlichkeit nach geeignet ist, einen wesentlich höheren Anteil von Angehörigen eines Geschlechtes zu benachteiligen[76].

g) Kostenrisiko

7.46 Art. 343 Abs. 3 OR, der die Kostenlosigkeit des Verfahrens für Streitigkeiten aus dem Arbeitsverhältnis vorschreibt[77], ist gemäss Art. 12 Abs. 2 GlG unabhängig vom Streitwert für alle Klagen wegen geschlechtsbezogener Diskriminierung anwendbar.

Nicht erfasst von Art. 343 Abs. 3 OR sind die Parteientschädigungen, die vor allem die Kosten der anwaltlichen Prozessvertretung beinhalten[78]. Dies betrifft sowohl die eigenen Parteikosten als auch diejenigen der Gegenpartei. Das Gleichstellungsgesetz schreibt in Art. 12 Abs. 1 GlG zwar vor, dass die Kantone in Streitigkeiten über Diskriminierungen im Erwerbsleben die Prozessvertretung nicht ausschliessen dürfen, enthält jedoch keine besondere Bestimmung über die Kosten der Prozessvertretung. Die Tragung des Kostenrisikos bestimmt sich daher nach dem massgebenden kantonalen Prozessrecht. Bezüglich der eigenen Parteikosten sei an dieser Stelle auf die Möglichkeit der unentgeltlichen Rechtspflege bei Erfüllung der entsprechenden Voraussetzugen verwiesen. Ob die Parteikosten der unterliegenden Partei auferlegt werden können, bestimmt sich ebenfalls nach kantonalem Recht. Im Kanton Basel-Stadt etwa können die Kosten einer Prozessvertretung in arbeitsrechtlichen Verfahren vor dem gewerblichen Schiedsgericht ge-

---

75 BBl 1993 I 1301.
76 BBl 1993 I 1301.
77 Gemäss Art. 343 Abs. 3 OR kann der Richter allerdings bei mutwilliger Prozessführung gegen die fehlbare Partei Bussen aussprechen und ihr Gebühren und Auslagen ganz oder teilweise auferlegen.
78 Vgl. STAEHELIN, Komm. Art. 343 OR, N 29.

mäss § 216 Abs. 3 ZPO der Gegenpartei, vorbehältlich eines anderslautenden Entscheides aus Billigkeitsgründen, nicht überbunden werden. In der Mehrheit der Kantone werden die Parteikosten den Parteien jedoch im Ausmass ihres Unterliegens auferlegt[79]. Gerade in Fällen mit hohem Streitwert können die ausserordentlichen Kosten die von einer diskriminierenden Kündigung betroffenen Person von einer Klage abhalten.

5. Besonderheiten der zivilrechtlichen Klage auf Entschädigung

a) Parteien

Aktivlegitimiert bei der zivilrechtlichen Klage auf Entschädigung sind ausschliesslich die von der diskriminierenden Kündigung betroffenen Personen, nicht hingegen Verbände oder Organisationen, da deren Klageberechtigung nur ein Feststellungsbegehren zum Inhalt haben kann. 7.47

Sind mehrere Arbeitnehmerinnen oder Arbeitnehmer desselben Arbeitgebers gleichzeitig von diskriminierenden Kündigungen betroffen, empfiehlt es sich aus prozessökonomischen Gründen, und unter der Voraussetzung, dass das anwendbare kantonale Prozessrecht dies zulässt, den kündigenden Arbeitgeber gemeinsam ins Recht zu fassen. Ein gemeinsames Vorgehen ist auch dann zu empfehlen, wenn aus prozessrechtlichen Gründen separate Klagen eingereicht werden müssen. Auch in diesem Fall lassen sich gewisse Doppelspurigkeiten vermeiden und kann gemeinsam eine Anwältin bzw. ein Anwalt beauftragt werden.

b) Form- und fristgerechte Einsprache beim Kündigenden als Klagevoraussetzung

An dieser Stelle soll nochmals an die in Art. 336b Abs. 1 OR enthaltene Bestimmung erinnert werden, wonach als Klagevoraussetzung eine schriftliche Einsprache der gekündigten Person gegen die Kündigung «längstens bis zum Ende der Kündigungsfrist» erfolgen muss. Diese Frist kann je nach der Dauer des Arbeitsverhältnisses und der einzelvertraglichen Ausgestaltung sehr kurz sein. 7.48

c) Frist für die Klageeinreichung

aa) Beginn des Fristenlaufs

Der Fristenlauf der 180tägigen Frist gemäss Art. 336b Abs. 2 OR beginnt im Zeitpunkt der Beendigung des Arbeitsverhältnisses. Die Beendigung des Arbeitsverhältnisses fällt im Falle der ordentlichen Kündigung grundsätzlich mit dem Ablauf der Kündigungsfrist zusammen. Tritt jedoch nach Erklärung der Kündigung 7.49

---

79 STAEHELIN, Komm. Art. 343 OR, N 29.

und vor Ablauf der Kündigungsfrist ein Tatbestand von Art. 336c OR (Militärdienst, Krankheit oder Unfall, Schwangerschaft) ein, wird gemäss Art. 336c Abs. 2 OR der Ablauf der Kündigungsfrist unterbrochen und erst nach Beendigung der Sperrfrist fortgesetzt. Im Falle einer fristlosen diskriminierenden Kündigung wird das Arbeitsverhältnis unabhängig davon, ob sie gerechtfertigt oder ungerechtfertigt ist, im Moment der Kündigungserklärung beendet und der Fristenlauf beginnt ebenfalls ab diesem Zeitpunkt[80].

Die Klagefrist ist gewahrt, wenn die Klage bis spätestens am letzten Tage der Frist bei einer schweizerischen Poststelle aufgegeben wird.

bb) Direkte Klage ohne Anrufung der Schlichtungsstelle

7.50 In denjenigen Kantonen, die von der im Gleichstellungsgesetz eingeräumten Möglichkeit der obligatorischen Anrufung der Schlichtungsstelle als Voraussetzung einer gerichtlichen Klage nicht Gebrauch gemacht haben, kann die von einer diskriminierenden Kündigung betroffene Person direkt an das Gericht gelangen. Gemäss Art. 336b Abs. 2 OR muss die Klage diesfalls innert 180 Tagen nach Beendigung des Arbeitsverhältnisses anhängig gemacht werden, andernfalls der Anspruch auf Entschädigung verwirkt ist.

cc) Klage im Nachgang an das Schlichtungsverfahren

7.51 Bei der Frist gemäss Art. 336b Abs. 2 OR handelt es sich um eine Verwirkungfrist[81]. Ihrem Charakter als Verwirkungsfrist entsprechend kann sie nicht unterbrochen werden. Mit der Anrufung der Schlichtungsstelle wird darum nicht die Frist unterbrochen, sondern die Rechtshängigkeit begründet[82]. Dass es sich um keine Unterbrechung im Rechtssinne handelt, zeigt sich auch daran, dass nach Abschluss des (gescheiterten) Schlichtungsverfahrens gemäss Art. 11 Abs. 3 GlG eine *einheitliche neue Klagefrist von drei Monaten* besteht. Diese Regelung kann u.U. dazu führen, dass die Klage früher als 180 Tage nach Beendigung des Arbeitsverhältnisses eingereicht werden muss.

---

80 STREIFF/VON KAENEL, Komm. Art. 336b OR, N 2.
81 VISCHER, Arbeitsvertrag, 172.
82 So ausdrücklich für den Kanton Basel-Stadt § 36 Abs. 4 ZPO BS.

6. Besonderheiten der Klage auf Schadenersatz und Genugtuung sowie weitergehende vertragliche Ansprüche

a) Parteien

Klagen auf Schadenersatz, Genugtuung sowie weitergehende vertragliche Ansprüche können nur die von einer diskriminierenden Kündigung betroffenen Personen selbst einreichen, da die Klagen der Verbände oder Organisationen nur ein Feststellungsbegehren zum Inhalt haben können. 7.52

b) Fristen

Im Gegensatz zur Entschädigungsklage sieht das Gesetz für die weiteren Klagearten keine besonderen Fristen vor. Die Geltendmachung der entsprechenden Ansprüche ist daher innerhalb der Grenzen der Verjährung grundsätzlich jederzeit möglich. Art. 341 Abs. 2 OR verweist für die Verjährung von Forderungen aus dem Arbeitsverhältnis ausdrücklich auf die allgemeinen Verjährungsvorschriften. Anwendbar sind sowohl die fünfjährige Verjährungsfrist gemäss Art. 128 Ziff. 3 OR als auch die zehnjährige Verjährungsfrist gemäss Art. 127 OR, je nachdem, ob es sich um eine Forderung des Arbeitnehmers oder des Arbeitgebers handelt, und um was für eine arbeitnehmerische Forderung es geht[83]. 7.53

7. Besonderheiten der Klagen und Beschwerden von Organisationen (Art. 7 GlG)

a) Parteien

Gemäss Art. 7 Abs. 1 GlG sind «Organisationen, die nach ihren Statuten die Gleichstellung von Frau und Mann fördern oder die Interessen der Arbeitnehmerinnen und Arbeitnehmer wahren und seit mindestens zwei Jahren bestehen», *aktiv legitimiert* für die Einreichung einer Feststellungsklage. 7.54

Passiv legitimiert ist primär der Arbeitgeber bzw. die Arbeitgeberin, der bzw. die eine diskriminierende Kündigung ausgesprochen hat. Beruht die Kündigung auf diskriminierenden Kriterien, die in einem Gesamtarbeitsvertrag enthalten oder in einem von Arbeitgeberseite in Zusammenarbeit mit Arbeitnehmerverbänden ausgearbeiteten Entlassungs- oder Sozialplan aufgeführt sind, kommen auch die entsprechenden Arbeitgeber- und Arbeitnehmerverbände als Passivlegitimierte in Frage. 7.55

---

83 Vgl. dazu ausführlich oben, Rz. 1.111 f.

b) Beschränkung auf Feststellung im eigenen Namen

7.56 Die aktiv legitimierten Organisationen können nur im eigenen Namen und nur auf Feststellung klagen. Eine Leistungsklage, etwa auf Zusprechung einer Entschädigung an eine von einer diskriminierenden Kündigung betroffene Arbeitnehmerin, ist von Gesetzes wegen ausgeschlossen.

c) Klagevoraussetzungen

7.57 Die gleichstellungsrechtliche Verbandsklage ist nur dann möglich, *wenn der Ausgang des Verfahrens sich voraussichtlich auf eine grössere Zahl von Arbeitsverhältnissen auswirken wird* (Art. 7 Abs. 1 GlG). Diese Einschränkung ist rechtlich gesehen eine spezialgesetzliche Konkretisierung des für alle Feststellungsklagen erforderlichen Feststellungsinteresses. Sofern im konkreten Einzelfall eine Grundsatzfrage behandelt wird, deren Klärung aller Voraussicht nach Auswirkungen auf eine Vielzahl von Arbeitsverhältnissen hat, ist die Organisationsklage auch dann möglich, wenn im konkreten Fall nur ein einzelnes Arbeitsverhältnis zur Beurteilung vorliegt[84]

Die *klageberechtigten Organisationen müssen der betroffenen Arbeitgeberin oder dem betroffenen Arbeitgeber Gelegenheit zur Stellungnahme geben,* bevor sie eine Schlichtungsstelle anrufen oder eine Klage einreichen. Mit diesem während der parlamentarischen Beratungen eingefügten Passus soll gewährleistet werden, dass die Einreichung einer Klage gewissermassen als ultima ratio nur dann möglich sein soll, wenn eine einvernehmliche Lösung sich als unmöglich erwiesen hat[85].

d) Geltung der allgemeinen gleichstellungsrechtlichen Verfahrenserleichterungen für die Verbandsklage

7.58 Art. 7 Abs. 2 GlG hält ausdrücklich fest, dass «die Bestimmungen für Klagen und Beschwerden von Einzelpersonen sinngemäss» auch für Klagen und Beschwerden von Organisationen gelten. Dies ist insbesondere von Bedeutung bezüglich der vorstehend (Rz. 7.40 ff.) dargelegten gleichstellungsrechtlichen Verfahrenserleichterungen.

e) Fristen

7.59 In ihrer Erläuterung zum vorstehend erwähnten Art. 7 Abs. 2 GlG (bzw. des gleichlautenden Art. 6 Abs. 2 des bundesrätlichen Entwurfes zum Gleichstellungs-

---

84 MADER, 35; FREIVOGEL, 153.
85 MADER, 37.

§ 7 Diskriminierende Entlassung

gesetzes) sagt die Botschaft, dass bei Feststellungsklagen nach den Artikeln 8 und 9[86] sich auch die Organisationen «an die vorgesehenen Fristen» zu halten haben[87]. Der für das Verfahren bei diskriminierender Kündigung massgebende Art. 9 GlG verweist auf Art. 336b OR, der in seinem Absatz 2 für die Entschädigungsklage eine Verwirkungsfrist von 180 Tagen nach Beendigung des Arbeitsverhältnisses vorsieht.

Das in derselben Bestimmung enthalte Erfordernis der schriftlichen Einsprache beim Kündigenden innerhalb der Kündigungsfrist ist demgegenüber m.E. einer sinngemässen Anwendung auf die Verbandsklage nicht zugänglich. Diese Einsprache kann nur von der betroffenen Person erhoben werden, deren Zustimmung oder anderweitige Mitwirkung bei der Verbandsklage gerade nicht erforderlich ist. Im übrigen ist die Möglichkeit einer vorprozessualen Einigung bereits durch die in Art. 7 Abs. 1 GlG enthaltene Bestimmung gewährleistet, dass die Organisationen «der betroffenen Arbeitgeberin oder dem betroffenen Arbeitgeber Gelegenheit zur Stellungnahme geben (müssen), bevor sie eine Schlichtungsstelle anrufen oder eine Klage einreichen.»

Im Einzelfall kann die analoge Anwendung der auf die Leistungsklage zugeschnittenen Frist insofern unbefriedigend sein, als das Feststellungsinteresse länger dauern kann. Aus den Erläuterungen der Botschaft zur Verbandsklage geht ausdrücklich hervor, dass es der klagenden Organisation offensteht, gerichtlich feststellen zu lassen, dass ein bestimmter Betrieb bei der Entlassung regelmässig das Diskriminierungsverbot missachtet[88]. Durch diesen Einbezug von diskriminierenden Kündigungen, die weiter als 180 Tage nach Ablauf der entsprechenden Arbeitsverhältnisse zurückliegen, in das Feststellungsbegehren einer aktuellen Verbandsklage gegen denselben Arbeitgeber wird die Klagefrist faktisch relativiert. Dies ist nicht zuletzt darum von praktischer Bedeutung, weil die diskriminierende Kündigung sich ausschliesslich an die Arbeitnehmerin oder den Arbeitnehmer richtet und eine klageberechtigte Organisation unter Umständen erst viel später Kenntnis vom diskriminierenden Sachverhalt erlangt.

8. Koordination zwischen klagender Organisation und betroffener Person

Die Ziel- und Zwecksetzung von Individual- und Verbandsklage unterscheiden sich in verschiedenen Punkten. Allerdings besteht insofern eine Wechselwirkung, als das von einer Organisation bewirkte Feststellungsurteil es der von der diskriminierenden Kündigung betroffenen Person ermöglicht, anschliessend mit geringem Aufwand eine darauf gestützte eigene individuelle Leistungsklage einzureichen. Für den Bereich der Geltendmachung einer Entschädigung wegen einer diskrimi- 7.60

---

86 Art. 8 (Verfahren bei diskriminierender Ablehnung der Anstellung), Art. 9 (Verfahren bei diskriminierender Kündigung); die Artikelnumerierung des Entwurfes entspricht hier derjenigen der Gesetz gewordenen Fassung des Gleichstellungsgesetzes.
87 BBl 1993 I 1304.
88 BBl 1993 I 1304.

nierenden Kündigung ist an dieser Stelle an die in Art. 336b OR enthaltene Klagevoraussetzungen zu erinnern: schriftliche Einsprache der betroffenen Person beim Kündigenden innerhalb der Kündigungsfrist, gesetzliche Qualifikation der Klagefrist von 180 Tagen nach Beendigung des Arbeitsverhältnisses als Verwirkungsfrist. Die Unterlassung der frist- und formgerechten Einsprache oder die Unterlassung der fristgerechten Einreichung einer Leistungsklage verunmöglichen einerseits eine auf das durch die Verbandsklage herbeigeführte Feststellungsurteil gestützte individuelle Klage auf Entschädigung. Andererseits wird diesfalls auch der bei Vorliegen eines Feststellungsurteils realistische Fall der freiwilligen Leistung der beklagten Partei insofern kaum zum Tragen kommen, als die klageweise Durchsetzung des entsprechenden Leistungsanspruchs nach Ablauf der (kurzen) Einsprachefrist gerade nicht mehr möglich ist.

Um dieses Ergebnis zu verhindern, ist eine *Koordination zwischen der klagenden Organisation und der von der diskriminierenden Kündigung betroffenen Person bereits in einem frühen Stadium*, d.h. noch vor Ablauf der Kündigungsfrist des in Frage stehenden Arbeitsverhältnisses dringend zu empfehlen. Eine solche Koordination könnte folgendermassen aussehen:

– Die von der diskriminierenden Kündigung betroffene Person erhebt intern frist- und formgerecht Einsprache beim Kündigenden, verzichtet jedoch vorerst auf die Einreichung einer Klage auf Entschädigung.
– Die Organisation klagt auf Feststellung der diskriminierenden Kündigung innert der für die individuelle Leistungsklage massgebenden Frist von 180 Tagen nach Beendigung des in Frage stehenden Arbeitsverhältnisses.
– Zeichnet es sich ab, dass ein Feststellungsurteil erst nach Ablauf der für die Einreichung einer Entschädigungsklage massgebenden Frist von 180 Tagen ergehen wird, reicht die betroffene Person gleichzeitig mit der Einreichung der Feststellungsklage durch die Organisation, in jedem Fall jedoch noch innert der gesetzlichen Frist von 180 Tagen nach Beendigung des Arbeitsverhältnisses, Klage auf Entschädigung ein. Unter Berufung auf den Grundsatz der Prozessökonomie stellt sie gleichzeitig den *Antrag auf Sistierung der Leistungsklage bis zum Abschluss des Feststellungsverfahrens.*
– Bei positivem Ausgang des Feststellungsverfahrens würde die bereits eingereichte Leistungsklage, vorbehältlich einer allfälligen freiwilligen Leistung unter dem Eindruck des Feststellungsurteils, ihren weiteren Lauf nehmen. Bei negativem Ausgang des Feststellungsverfahrens könnte die individuelle Entschädigungsklage zurückgezogen werden.

Der Einbezug der betroffenen Person ist bei einer Verbandsklage wegen einer diskriminierenden Kündigung insofern weit weniger problematisch als etwa bei einer Lohnklage, als das betroffene Arbeitsverhältnis im Falle einer diskriminierenden Kündigung entweder bereits aufgelöst ist oder aber kurz vor der Auflösung steht. Die betroffene Person ist daher potentiellen Repressionen seitens des Arbeitgebers bzw. der Arbeitgeberin nicht mehr unmittelbar ausgesetzt. Ihrer Mitwirkung im Rahmen der vorstehend skizzierten Koordination steht damit grundsätzlich nichts im Wege.

V. Checkliste

(Ohne Anspruch auf Vollständigkeit. Beizug auch der Checklisten zu den § 1, 2 und 8)

– Ist die Kündigung aufgrund der Zugehörigkeit der gekündigten Person zu einem bestimmten Geschlecht erfolgt (direkte Diskriminierung)?[89]

– Ist die Kündigung aufgrund eines grundsätzlich geschlechtsneutralen Kriteriums erfolgt, dessen Anwendung sich jedoch faktisch vorwiegend auf Angehörige eines bestimmten Geschlechts auswirkt (indirekte Diskriminierung)?[90]

– Ist eine geschlechtsbezogene Unterscheidung bei der Kündigung im konkreten Fall ausnahmsweise sachlich gerechtfertigt? Stellt die Geltendmachung der sachlichen Rechtfertigung bei der Kündigung ein widersprüchliches Verhalten dar (missbräuchliche Kündigung im Sinne von Art. 336 OR)?[91]

– Folgt die Kündigung auf eine innerbetriebliche Beschwerde über eine Diskriminierung oder auf eine Anrufung der Schlichtungsstelle oder des Gerichts, und ohne dass ein begründeter Anlass vorliegt (Rachekündigung im Sinne von Art. 10 GlG)?[92]

– Ist die unter Berufung auf eine Schwangerschaft ausgesprochene Kündigung während der Sperrfrist im Sinne von Art. 336c Abs. 1 lit. c OR erfolgt?[93]

– Handelt es sich beim gekündigten Arbeitsverhältnis um ein privatrechtliches oder öffentlichrechtliches Arbeitsverhältnis?[94]

– Ist die für die Geltendmachung einer Entschädigung unabdingbare vorprozessuale interne Einsprache erfolgt? Sind Form (Schriftlichkeit) und Frist (Erklärung muss vor Ablauf der Kündigungsfrist bei der kündigenden Partei eingetroffen sein) eingehalten?[95]

---

89 Rz. 7.4.
90 Rz. 7.5.
91 Rz. 7.6 f.
92 Rz. 7.14, 8.1 ff.
93 Rz. 7.16.
94 Rz. 7.3, 7.25 f.
95 Rz. 7.27 ff.

– Sind die Voraussetzungen für die zusätzliche Geltendmachung von Schadenersatz und/oder Genugtuung gegeben?[96]
– Sehen der Einzelarbeitsvertrag und/oder ein allenfalls anwendbarer Gesamtarbeitsvertrag weitergehende Ansprüche vor?[97]
– Bestimmt die Gesetzgebung des für das Verfahren zuständigen Kantons, dass eine gerichtliche Klage erst nach der Durchführung des Schlichtungsverfahrens angehoben werden kann (obligatorische Anrufung der Schlichtungsstelle)? Ist die Anrufung der zuständigen kantonalen Schlichtungsstelle innerhalb der auch für sie massgebenden gesetzlichen Klagfristen erfolgt?[98]
– Ist die für die gerichtliche Geltendmachung des jeweiligen Anspruches massgebende Klagfrist eingehalten worden? Ist der Klage ein Verfahren vor der kantonalen Schlichtungsstelle vorausgegangen und wird damit die je nach geltendgemachtem Anspruch unterschiedliche ursprüngliche Klagfrist durch die einheitliche Klagfrist von drei Monaten nach Abschluss des Schlichtungsverfahrens (Art. 11 Abs. 3 GlG) ersetzt?[99]
– Gibt es Anhaltspunkte dafür, dass sich der konkrete Fall einer diskriminierenden Kündigung bzw. dessen gerichtliche Entscheidung auf eine grössere Zahl von Arbeitsverhältnissen auswirken könnte? Macht eine Organisation im Sinne von Art. 7 Abs. 1 GlG von der in diesem Fall möglichen Feststellungsklage Gebrauch? Wie kann mit einem koordinierten Vorgehen zwischen der individuellen Leistungsklage und der auf Feststellung gerichteten Verbandsklage erreicht werden, dass sowohl die Einhaltung der für die auf eine Entschädigung gerichtete Leistungsklage massgebenden relativ kurzen Fristen als auch das Abwarten des Entscheides über die Feststellungsklage ermöglicht werden?[100]

---

96 Rz. 7.18 ff.
97 Rz. 7.21.
98 Rz. 7.33 ff.
99 Rz. 7.49 ff.
100 Rz. 7.54 ff., 7.60.

§ 8 Rachekündigung

KATHRIN KLETT

I. Problemübersicht

Die Kündigung im privatrechtlich geregelten Arbeitsverhältnis beendet den Vertrag 8.1
auch dann, wenn sie missbräuchlich erklärt wird[1]. Nur Kündigungen, die während
einer Sperrfrist ausgesprochen werden, bewirken keine Auflösung des Vertrags; sie
sind nichtig[2]. Dieses System sachlicher Kündigungsbeschränkungen einerseits und
zeitlichen Kündigungsschutzes anderseits wird durch das Gleichstellungsgesetz mit
einer weiteren Variante bereichert. Nach Art. 10 GlG bleibt eine missbräuchlich
motivierte Kündigung unter bestimmten zeitlichen und sachlichen Voraussetzungen wirkungslos und lässt das Arbeitsverhältnis weiterbestehen. Die Rechtsfolgen
einer Rachekündigung im Sinne von Art. 10 GlG entsprechen insoweit dem zeitlichen Kündigungsschutz des OR. Allerdings ist die Rachekündigung nicht wie die
Kündigung zur Unzeit nichtig, sondern nur *anfechtbar*; die Arbeitnehmenden[3]
haben namentlich Verfahrensvorschriften zu beachten, um den besonderen Kündigungsschutz beanspruchen zu können. Der Kündigungsschutz nach Art. 10 GlG[4]
gilt ausschliesslich für Rachekündigungen, ist somit beschränkt auf Kündigungen,
die als Reaktion auf eine Beschwerde[5] wegen einer Diskriminierung ausgesprochen
werden. Der Schutz soll nach der gesetzgeberischen Intention die Durchsetzung
geschlechtsbezogener Lohngleichheit und Gleichbehandlung während der Dauer
des Arbeitsverhältnisses erleichtern, nachdem eine Analyse der bisher eingereichten
Lohngleichheitsklagen gezeigt hatte, dass Arbeitnehmerinnen in privatrechtlichen
Arbeitsverhältnissen erst nach der Kündigung geklagt hatten[6]. Die Bestimmung
über den Kündigungsschutz in Art. 10 GlG findet sich im dritten Abschnitt des
Gleichstellungsgesetzes unter den besonderen Bestimmungen für Arbeitsverhält-

---

1 Art. 336, 336a OR, vgl. dazu oben, Rz. 1.21 sowie Rz. 2.12 und 2.31. Die Rechtsfolge der Beendigung des Arbeitsverhältnisses gilt insbesondere auch für den Missbrauchstatbestand der Rachekündigung, vgl. Art. 336 Abs. 1 lit. d OR.
2 Art. 336c OR, dazu oben, Rz. 2.40 ff.
3 Der Kündigungsschutz ist hier im Unterschied zu Art. 336 Abs. 1 OR (dazu oben, Rz. 2.13/2.23) einseitig formuliert.
4 Er ist dem mietrechtlichen Kündigungsschutz des Art. 271a lit. d und e OR nachgebildet, vgl. dazu insbesondere HIGI, Zürcher Kommentar, N 178 ff. und 232 ff. zu Art. 271a OR.
5 Das Gesetz spricht untechnisch von «Beschwerde» für Begehren um Abhilfe gegen eine Diskriminierung.
6 Botschaft des Bundesrates zum Gleichstellungsgesetz vom 27. April 1993, BBl 1993 I 1248 ff., 1307.

nisse nach Obligationenrecht. Damit soll jedoch nach der Absicht der gesetzgebenden Behörden keineswegs eine Einschränkung des Geltungsbereichs des Kündigungsschutzes verbunden sein; den Materialien ist vielmehr zu entnehmen, dass die gesetzgebenden Behörden von der Annahme ausgingen, bei öffentlichrechtlichen Anstellungsverhältnissen könne in jedem Fall die Aufhebung des rechtswidrigen Entscheides über die Nichtwiederwahl bei einer Beamtung oder über die Kündigung bei einer Anstellung verlangt werden[7].

II. Tatbestandselemente

8.2 Für den besonderen Kündigungsschutz nach Art. 10 GlG ist einerseits sachlich erforderlich, dass die betroffene Arbeitnehmerin oder der betroffene Arbeitnehmer eine innerbetriebliche Beschwerde über Diskriminierung eingereicht oder deswegen die Schlichtungsstelle bzw. das Gericht angerufen hat. Gleichgestellt ist die Hängigkeit einer Verbandsklage (Rz. 8.3 ff.). Zeitlich muss die Kündigung nach einer innerbetrieblichen Beschwerde bzw. nach Einleitung eines Verfahrens über eine Diskriminierung und vor Ablauf von sechs Monaten nach Beendigung dieses Verfahrens ausgesprochen sein (Rz. 8.6 ff.). Anderseits ist negativ Voraussetzung, dass kein begründeter Anlass für die Kündigung besteht. Der Kündigungsschutz knüpft damit zunächst objektiv allein an die Hängigkeit bzw. den kürzlichen Abschluss eines Diskriminierungsverfahrens; dieses Verfahren begründet ex lege die Vermutung, die Entlassung sei deswegen – aus Rache – erfolgt. Die Vergeltung als solche bedarf keines Nachweises. Die aufgrund der sachlichen und zeitlichen Voraussetzungen vermutete Rachekündigung kann allein mit dem Nachweis eines begründeten Anlasses für die Kündigung widerlegt werden (Rz. 8.9 ff.).

1. Sachliche Voraussetzung: Diskriminierungs-Verfahren

8.3 Der Kündigungsschutz setzt sachlich voraus, dass ein Verfahren wegen einer geschlechtsbezogenen Diskriminierung im Sinne der Art. 3 oder 4 GlG hängig ist. Diese Bestimmungen verbieten jegliche direkte oder indirekte[8] Benachteiligung aufgrund der Geschlechtszugehörigkeit bei der Anstellung, der Aufgabenzuteilung, Gestaltung der Arbeitsbedingungen, Entlöhnung, Aus- und Weiterbildung, Beförderung und Entlassung (Art. 3 GlG) sowie jegliches belästigende Verhalten sexueller Natur oder eines anderen Verhaltens, das geschlechtsbezogen die Würde von

---

7 Botschaft, a.a.O. (Fn. 6), 1313.
8 Vgl. dazu etwa REFAEIL/SIEGWART, Das Konzept der mittelbaren Diskriminierung im europäischen und schweizerischen Recht, in Die Gleichstellung von Mann und Frau im schweizerischen und europäischen Recht, Bern und Zürich 1997, 5 ff.

Frauen und Männern am Arbeitsplatz beeinträchtigt (Art. 4 GlG). Den von Diskriminierungen im Sinne dieser Bestimmungen betroffenen Arbeitnehmerinnen oder Arbeitnehmern werden in Art. 5 GlG Rechtsansprüche eingeräumt. Sie können grundsätzlich (Art. 5 Abs. 1 GlG) verlangen, dass die Diskriminierung zu verbieten oder zu unterlassen sei (lit. a), dass die Diskriminierung beseitigt werde (lit. b), dass sie festgestellt werde (lit. c) oder dass der nicht-diskrimierende Lohn bezahlt werde (lit. d). Dass die von der Entlassung betroffene Person derartige Ansprüche gestellt hat[9], ist Voraussetzung des Schutzes gegen Rachekündigungen. Das Verfahren, in dem die entlassene Person ihre Ansprüche auf geschlechtsbezogene Gleichstellung im Arbeitsverhältnis durchsetzt, ist jedoch klar zu unterscheiden vom Verfahren, das sie gegen ihre Entlassung einleiten kann. Der besondere Kündigungsschutz während eines Diskriminierungsverfahrens[10] setzt tatbestandsmässig voraus, dass die entlassene Person oder eventuell ein Verband Abhilfe gegen Diskriminierung verlangt hat; insofern besteht eine Abhängigkeit vom Verfahren wegen geschlechtsbezogener Diskriminierung.

Der Kündigungsschutz gilt schon während der Dauer eines innerbetrieblichen Beschwerdeverfahrens. Dies entspricht der Regelung im obligationenrechtlichen Missbrauchstatbestand der Rachekündigung gemäss Art. 336 lit. d OR, wo die direkte Anmeldung der Ansprüche genügt[11], auch wenn der Kündigungsschutz bei innerbetrieblichen Diskriminierungs-Auseinandersetzungen nach der Botschaft von europäischen Vorschriften beeinflusst ist[12]. Wenn die Arbeitgeberfirma eine zuständige Stelle bezeichnet, an welche sich Arbeitnehmerinnen und Arbeitnehmer wegen geschlechtsbezogener Diskriminierung wenden können, so begründet ein Verfahren bei dieser Stelle den Kündigungsschutz. Unter einem innerbetrieblichen Beschwerdeverfahren im Sinne von Art. 10 GlG ist jedoch nicht nur etwa ein reglementarisch vom Arbeitgeber geordnetes, förmliches Verfahren zu verstehen; der besondere Schutz gegen Rachekündigung besteht allgemein während der Behandlung (Abklärung, Stellungnahme etc.) eines hinreichend klaren Begehrens, dass eine bestimmte Diskriminierung zu beseitigen sei. Das Begehren bei einer zuständigen, namentlich bei der vorgesetzten Person, es sei gegen eine Diskriminierung Abhilfe zu schaffen, reicht als innerbetriebliche Beschwerde für die Begründung des Kündigungsschutzes aus. Wird ein Begehren um Abhilfe gegen

8.4

---

9   Zu denken ist etwa an das Begehren einer Arbeitnehmerin, sie wolle einen ausgeschriebenen Weiterbildungskurs trotz ihrer Teilzeitarbeit ebenfalls besuchen können, oder ein Beförderungsbegehren mit der Begründung, die verrichtete Arbeit sei gleichwertig wie diejenige des höher entlöhnten Kollegen oder ein Begehren um Abhilfe gegen das Verhalten eines Arbeitskollegen, das als sexuell belästigend empfunden werde.
10 Bei dikriminierender Entlassung im Sinne von Art. 3 GlG gilt dieser Schutz nicht (Art. 5 Abs. 2 und 9 GlG).
11 Staehelin, N 24 zu Art. 336 OR mit Verweisen.
12 Botschaft, a.a.O. (Fn. 6), 1309.

Kathrin Klett

Diskriminierung hinreichend förmlich bei einer Person oder innerbetrieblichen Stelle angebracht, die zu Unrecht für betrieblich zuständig gehalten wird, ist zu verlangen, dass eine mündlich vorsprechende Arbeitnehmerin an die zuständige Person weiterverwiesen oder eine schriftliche Eingabe an die zuständige Stelle weitergeleitet wird. Immerhin dürfte als «innerbetriebliche Beschwerde über eine Diskriminierung» im Sinne von Art. 10 Abs. 1 GlG nicht genügen, dass im Gespräch mit Arbeitskollegen Missstände kritisiert werden.

8.5 Der besondere Kündigungsschutz nach Art. 10 GlG gilt während eines Schlichtungs- oder Gerichtsverfahrens, das der betroffene Arbeitnehmer oder die betroffene Arbeitnehmerin zur Durchsetzung der Rechtsansprüche gemäss Art. 5 GlG bei der zuständigen Schlichtungsstelle (Art. 11 GlG) oder beim Gericht (Art. 12 GlG) anhängig gemacht hat. Die Klage bei einem unzuständigen Gericht sollte nach Sinn und Zweck der Bestimmung den Schutz gegen Rachekündigung jedenfalls dann begründen, wenn die Klage nach einem entsprechenden Nichteintreten sofort zuständigenorts wieder angebracht wird. Der Schutz gegen Rachekündigungen kann auch beansprucht werden, wenn ein Verband nach Art. 7 GlG gegen die Arbeitgeberin klagt. Auch wenn die Verbandsklage nur für Feststellungen von Diskriminierungen vorgesehen ist und wenigstens in der Regel eine Mehrzahl von Arbeitsverhältnissen zum Gegenstand hat[13], geht es dabei doch um konkrete Arbeitnehmende. Für sie gilt der besondere Kündigungsschutz gegen Vergeltungskündigungen während des Verbandsklage-Verfahrens sinngemäss. In der Botschaft ausdrücklich erwähnt sind überdies die Vertrauensleute des Verbandes, der Klage eingereicht hat. Sachliche Voraussetzung des Kündigungsschutzes ist hier neben der Hängigkeit des Verbandsklage-Verfahrens die Beteiligung des betroffenen Arbeitnehmers am Verfahren in irgendeiner Eigenschaft – z.B. als Zeuge im Prozess, aber auch als Informant des klagenden Verbandes.

2. Zeitliche Voraussetzung

8.6 Der Kündigungsschutz beginnt nach Art. 10 Abs. 2 GlG mit der Einleitung des Verfahrens wegen Diskriminierung, sei es durch eine entsprechende Eingabe beim Gericht oder der Schlichtungsstelle oder mit einem Begehren um Abhilfe gegen eine Diskriminierung bei einer innerbetrieblich zuständigen Person. Sie endet sechs Monate nach Abschluss des Verfahrens. Geht die Kündigung als rechtsgeschäftliche Willenserklärung der entlassenen Person nach Beginn der massgebenden Einleitung des innerbetrieblichen oder gerichtlichen Verfahrens oder weniger als

---

13 FREIVOGEL, Die Verbandsklage und -beschwerde im neuen Gleichstellungsgesetz, in Schwander/Schaffhauser (Hrsg), Das Bundesgesetz über die Gleichstellung von Frau und Mann, Institut für Verwaltungskurse St. Gallen 1996, 153.

§ 8 Rachekündigung

sechs Monate nach Verfahrensabschluss zu, so findet die Kündigungsschutzbestimmung im Sinne von Art. 10 GlG Anwendung.

Für den Beginn des Kündigungsschutzes ist bei einem förmlichen Gerichts- oder Schlichtungsverfahren grundsätzlich objektiv der Zeitpunkt massgebend, der nach dem anwendbaren Verfahrensrecht die Rechtshängigkeit begründet; aus dem Grundgedanken der Bestimmung kann indes abgeleitet werden, dass die Kenntnis des Arbeitgebers über die Verfahrenseinleitung wesentlich ist. Bei nachgewiesener Kenntnis der Anhängigmachung kann sich daher gegenüber dem objektiven Zeitpunkt der Rechtshängigkeit im wohl eher seltenen Fall ein früherer Fristbeginn rechtfertigen, dass die entlassene Person zwar nicht ein eigentliches innerbetriebliches «Beschwerde»-Verfahren nachzuweisen vermag, aber glaubhaft machen kann[14], dass der Arbeitgeber mit der Kündigung dem Diskriminierungsverfahren zuvorkommen wollte. Für innerbetriebliche Beschwerden muss das Ersuchen um einen Besprechungs-Termin bei einer zuständigen Person oder die Vorsprache bei einer unzuständigen Stelle zeitlich jedenfalls dann genügen, wenn der Gegenstand der Besprechung bekannt ist. Im Falle einer Verbandsklage beginnt der Schutz für betroffene oder beteiligte Arbeitnehmende, wenn der Verband die Arbeitgeberin gemäss Art. 7 Abs. 2 GlG zur Stellungnahme einlädt, ist darin doch sinngemäss ein (innerbetriebliches) Begehren um Abhilfe zu sehen.

8.7

Der besondere Kündigungsschutz endet sechs Monate nach Abschluss des Verfahrens, bei einem nicht weitergezogenen innerbetrieblichen Verfahren sechs Monate nach der abschliessenden Stellungnahme des Arbeitgebers[15]. Nach einem allgemeinen Grundsatz der Fristberechnung dürfte die Frist am Tag nach dem förmlichen Abschluss des Verfahrens oder nach dem Zugang der abschliessenden Stellungnahme des Arbeitgebers beginnen und am gleichen Kalendertag sechs Monate später enden. Im Gegensatz zum teilweise vergleichbaren Kündigungsschutz bei Mietstreitigkeiten[16] kommt auf den Ausgang des Diskriminierungsverfahrens nichts an; der Kündigungsschutz besteht auch, wenn die Diskriminierung verneint worden ist.

8.8

3. Kein begründeter Anlass

Der besondere Kündigungsschutz des Art. 10 GlG soll den Missbrauch des Kündigungsrechts als Vergeltung für ein Diskriminierungsverfahren ausschliessen; von Diskriminierung betroffene Arbeitnehmende sollen sich auch im privatrechtlichen Arbeitsverhältnis ohne Befürchtung einer Entlassung wehren können[17]. Miss-

8.9

---

14 Die Beweiserleichterung nach Art. 6 GlG sollte hier wegen der naturgemässen Schwierigkeit, die innere Tatsache der Motivation nachzuweisen, analog gelten.
15 Botschaft, a.a.O. (Fn. 6), 1309.
16 Vgl. Art. 271a lit. e Ziffer 1–4; dazu HIGI, a.a.O. (Fn. 4), N 273 ff. zu Art. 271a OR.
17 Botschaft, a.a.O. (Fn. 6), 1307.

bräuchlich ist die Kündigung nach Sinn und Zweck der Norm nur, wenn das Diskriminierungs-Verfahren die Kündigung motiviert hat, die Kündigung missbräuchlich aus Rache erklärt worden ist. Aus der Hängigkeit oder dem zeitlich kurz zurückliegenden Abschluss einer Diskriminierungs-Streitigkeit wird zwar zunächst von Gesetzes wegen vermutet, die Kündigung sei aus Rache erfolgt; aber das Vergeltungsmotiv kann – insofern indirekt – dadurch widerlegt werden, dass ein begründeter Anlass für die Kündigung nachgewiesen wird.

8.10 Nach der Botschaft sollen zunächst Personen vom Kündigungsschutz ausgeschlossen sein, die – rechtsmissbräuchlich – ein Verfahren wegen Diskriminierung nur in Gang setzen, um ihren aus anderen Gründen bedrohten Arbeitsplatz zu behalten[18]. Der offenbare Rechtsmissbrauch lässt sich in diesem Fall durch den vor Einleitung des Verfahrens gefassten Entschluss des Arbeitgebers beweisen, die Klagpartei aus Gründen zu entlassen, die mit geschlechtsbezogener Diskriminierung nichts zu tun haben, und durch den Beweis, dass die Klagpartei des Diskriminierungsverfahrens diesen Entschluss kannte. Eine sachliche Begründung für die vor Einleitung des Diskriminierungsverfahrens beabsichtigte Entlassung erscheint hier nur für den Nachweis des früher gefassten Entschlusses bedeutsam und muss grundsätzlich nicht das Gewicht erreichen, wie wenn der Entschluss zur Entlassung erst nach Einleitung des Diskriminierungsverfahrens gefasst wird. Der Rechtsmissbrauch der Klagpartei ist aber jedenfalls dann zu verneinen, wenn die Kündigung ihrerseits diskriminierend[19] oder missbräuchlich[20] gewesen wäre.

8.11 Ein begründeter Anlass seitens des Arbeitgebers vermag die Gültigkeit der Kündigung zu begründen, auch wenn der Entschluss erst während des zeitlichen Kündigungsschutzes, namentlich auch während der Hängigkeit eines Verfahrens wegen geschlechtsbezogener Diskriminierung gefasst wird. Damit der Anlass für die Kündigung als begründet anerkannt werden kann, bedarf es eines Grundes, der zwar nicht geradezu eine fristlose Auflösung des Vertrages rechtfertigen würde[21], der aber doch bei vernünftiger Betrachtung die Entlassung als gerechtfertigt erscheinen lässt[22]. Das Gericht wird mit der Beurteilung, ob ein für die Kündigung geltendgemachter Anlass «begründet» sei, weitgehend auf die Würdigung sämtlicher Umstände des Falles verwiesen[23]. Es wird angesichts der gesetzlichen Vermutung einer Vergeltung den begründeten Anlass für eine Kündigung nur anerkennen, wenn es davon überzeugt ist, dass der sachliche Grund für die Entlassung nicht bloss von

---

18 Botschaft, a.a.O. (Fn. 6), 1308.
19 Oben, Rz. 7.1 ff.
20 Oben, Rz. 2.12 ff.
21 Art. 337 OR, dazu oben, Rz. 2.59 ff.
22 Die Botschaft, a.a.O. (Fn. 6), 1308 verweist auf die Praxis zu Art. 340 c OR, vgl. dazu oben, Rz. 5.29 und 5.31 f.
23 Art. 4 ZGB.

untergeordneter Bedeutung und auch nicht nur vorgeschoben ist. In diesem Zusammenhang dürfte auch der mutmassliche Ausgang des Verfahrens wegen der Diskriminierung ein Umstand sein, der Beachtung verdient.

4. Beweislast

Die von der Entlassung betroffene Partei hat die sachliche und zeitliche Voraussetzung des Kündigungsschutzes zu beweisen, also dass die Kündigung nach Einleitung eines Gerichts- oder Schlichtungsbegehrens oder nach dem innerbetrieblichen Begehren um Beseitigung einer Diskriminierung erklärt worden ist, bzw. dass seit dem Abschluss des Verfahrens weniger als sechs Monate vergangen sind. Ist die Einleitung eines innerbetrieblichen Verfahrens bewiesen und streitig, ob es überhaupt abgeschlossen worden ist, liegt die Beweislast für den Abschluss als solchen beim Arbeitgeber. Sind die zeitlichen und sachlichen Voraussetzungen des Kündigungsschutzes im Sinne von Art. 10 GlG bewiesen, kann der Arbeitgeber die Vermutung der Vergeltungskündigung nur mit dem Nachweis eines begründeten Anlasses umstossen. Er kann also beweisen, dass wichtige sachliche Gründe die Kündigung motiviert haben oder dass das Diskriminierungsverfahren von der entlassenen Person missbräuchlich eingeleitet worden ist, um in den Genuss der besonderen Kündigungsschutzbestimmung zu gelangen. Für den begründeten Anlass trägt er die Beweislast[24].

8.12

III. Rechtsfolgen

Die wichtigste Rechtsfolge von Art. 10 GlG bildet die Anfechtbarkeit der Entlassung. Das Gericht kann die Kündigung auf Anfechtung der entlassenen Person als ungültig erklären (Rz. 8.14 ff.). Daneben bleibt auch die Möglichkeit, statt der Ungültigerklärung der Kündigung eine Entschädigung zu verlangen, wie sie sonst bei missbräuchlicher Kündigung (Art. 336 OR) und namentlich auch bei diskriminierender Kündigung (Art. 9 GlG) vorgesehen ist (Rz. 8.17). Verbänden steht gemäss Art. 7 Abs. 1 GlG die Feststellungsklage zur Verfügung; sie kann sich jedoch nur auf Diskriminierungen, nicht darauf beziehen, dass die Kündigung aus Rache im Sinne von Art. 10 GlG erfolgt sei. Eine Verbandsklage kann gemäss Art. 10 Abs. 5 GlG nur – aber immerhin – Anlass geben für den besonderen Kündigungsschutz[25].

8.13

---

24 Botschaft, a.a.O. (Fn. 6), 1308.
25 Vgl. dazu auch oben, Rz. 8.5.

1. Kündigungsschutz

8.14 Die Kündigung ist, auch wenn sie während des zeitlichen Kündigungsschutzes ausgesprochen wird, nicht nichtig. Es bedarf einer Anfechtung[26]. Die entlassene Person muss zur Erreichung des Kündigungsschutzes Klage einreichen, und zwar spätestens bis zum Ablauf der Kündigungsfrist beim zuständigen Gericht oder – wenn die Schlichtungsstelle vom kantonalen Recht obligatorisch erklärt ist – bei der Schlichtungsstelle. Die Klage gegen den Arbeitgeber geht auf Ungültigerklärung der Kündigung. Die form- und fristgerechte Anfechtung der Kündigung hat beim Mietvertrag zur Folge, dass der Vertrag weitergeführt wird bis zum Urteil über die materielle Begründetheit der Kündigung, das heisst für die Dauer des Verfahrens[27]. Das Anfechtungsverfahren gemäss Art. 10 GlG lehnt sich zwar an die Kündigungsanfechtung im Mietvertrag an[28], aber Art. 10 Abs. 3 GlG sieht im Unterschied dazu eine provisorische Wiedereinstellung durch das Gericht vor. Danach kann das Gericht die provisorische Wiedereinstellung der Arbeitnehmerin oder des Arbeitnehmers für die Dauer des Verfahrens anordnen, wenn es wahrscheinlich erscheint, dass die Voraussetzungen für die Aufhebung der Kündigung erfüllt sind. Die form- und fristgerechte Anfechtung allein genügt hier also für die Weitergeltung des Vertrags bis zum Urteil nicht, sondern es bedarf zusätzlich der provisorischen Anordnung des Gerichts, dass die Parteien ihre gegenseitigen arbeitsvertraglichen Verpflichtungen bis zum Urteil weiterhin zu erfüllen haben.

8.15 Der Entscheid über die provisorische Weitergeltung des Arbeitsvertrags wird von einer Prognose über den Verfahrensausgang abhängig gemacht, die notwendigerweise auf der Grundlage der Parteibehauptungen, unter Würdigung allfälliger liquider Beweise, erfolgt. Als wahrscheinlich dürften die Voraussetzungen für die Aufhebung der Kündigung auf dieser beschränkten Grundlage im allgemeinen erscheinen, wenn die zeitlichen und sachlichen Voraussetzungen des Kündigungsschutzes durch die Klagpartei glaubhaft gemacht sind und ein begründeter Anlass für die Kündigung durch die beklagte Partei nicht sofort liquid nachgewiesen wird. Wird die vorsorgliche Wiedereinstellung auf Begehren der entlassenen Person verfügt, so haben die Parteien die Rechte und Pflichten aus dem Arbeitsverhältnis auch während der Dauer des Verfahrens über die Gültigkeit der Kündigung in gleicher Weise wie im ungekündigten Arbeitsverhältnis zu erfüllen. Die Kündigung ist aufgrund der provisorischen Wiedereinstellung in jedem Fall bis zum Urteil

---

26 Vergleichbar dem mietrechtlichen Kündigungsschutz (oben Fn. 4): Botschaft, a.a.O. (Fn. 6), 1308. Die Alternative der Nichtigkeit oder Anfechtbarkeit bildete einen der umstrittenen Punkte in der parlamentarischen Beratung, vgl. Amtl.Bull. NR 1994, 495.
27 Vgl. zur Anfechtbarkeit HIGI, a.a.O. (Fn.4), N 22 ff. zu Art. 271 OR.
28 Botschaft, a.a.O. (Fn. 6), 1308, im bundesrätlichen Entwurf war die Bestimmung über die provisorische Wiedereinstellung folgerichtig nicht vorgesehen, Botschaft, 1327.

aufgehoben; sie entfaltet selbst im Falle der Abweisung der Klage erst im Zeitpunkt des Urteils Wirkung und beendet den Vertrag auf den Zeitpunkt, der im Urteil bestimmt wird. Der bisherige Arbeitsvertrag unter den Parteien besteht während der Dauer des Verfahrens zu denselben Konditionen weiter. Arbeitnehmerin oder Arbeitnehmer haben in gleicher Weise wie im ungekündigten Arbeitsverhältnis Anspruch nicht nur auf Lohn, sondern um ihrer Persönlichkeit willen insbesondere auch auf Zuweisung vertragskonformer Arbeit[29]. Wird dagegen die vorsorgliche Wiedereinstellung verweigert, so muss angenommen werden, dass damit ein Anspruch der entlassenen Person auf tatsächliche Durchsetzung des Anspruchs auf Weiterbeschäftigung für die Dauer des Verfahrens entfällt und der entlassenen Person statt dessen im Falle der Gutheissung Schadenersatz in Höhe des Erfüllungsinteresses zusteht.

Das hängige Diskriminierungsverfahren, um dessen Willen der besondere Kündigungsschutz nach Art. 10 GlG besteht, beeinflusst unter Umständen die Vertragsbedingungen schon während des Anfechtungsverfahrens. Wird nämlich die Klage der entlassenen Person im Diskriminierungsverfahren gutgeheissen, so sind die dort erreichten Änderungen der Vertrags- oder Arbeitsbedingungen vom Arbeitgeber einzuhalten[30]. Die Abweisung der Klage im Diskriminierungsverfahren beeinflusst materiell weder den Vertragsinhalt des Arbeitsvertrags unter den Parteien, noch dürfte dieser Verfahrensausgang Anlass für eine Wiedererwägung der provisorischen Wiedereinstellung geben, hängt doch der Kündigungsschutz nicht von der Begründetheit der behaupteten geschlechtsbezogenen Diskriminierung ab. Wird das Diskriminierungsverfahren während der Hängigkeit des Anfechtungsverfahrens dagegen abgeschlossen, so entfällt der besondere Kündigungsschutz sechs Monate danach. Dauert das Anfechtungsverfahren in diesem Zeitpunkt noch an, kann die Kündigung auch vor Abschluss des Anfechtungsverfahrens neuerdings erklärt werden[31].

8.16

---

29   VISCHER, Der Arbeitsvertrag, Schweizerisches Privatrecht, VII/1, III, 2. Aufl. 1994, 78; REHBINDER, N 11 zu Art. 328 OR.
30   Die Feststellung einer Diskriminierung aufgrund einer Verbandsklage wirkt zwar nicht unmittelbar auf das bestehende Arbeitsverhältnis; die betroffene Person kann jedoch aufgrund der erfolgreichen Verbandsklage ihrerseits auf Beseitigung der Diskriminierung klagen, wenn der Arbeitgeber die Bedingungen nicht freiwillig anpasst – mit der Folge, dass sich die Dauer des Kündigungsschutzes wegen dieses Diskriminierungsverfahrens entsprechend verlängert.
31   In der ständerätlichen Beratung ist denn auch von einer Votantin bemerkt worden, die Schutzdauer sei zu gering, vgl. Amtl.Bull. StR 1994, 829.

2. Entschädigung

8.17 Nach dem Wortlaut von Art. 10 Abs. 4 GlG kann die entlassene Person während des Verfahrens auf die Weiterführung des Arbeitsverhältnisses verzichten und statt dessen eine Entschädigung nach Artikel 336a OR geltend machen. Von diesem Wortlaut erfasst ist der Fall, dass eine Arbeitnehmerin oder ein Arbeitnehmer zunächst die Kündigung anficht und die Weiterführung des Arbeitsverhältnisses begehrt, sich während des Verfahrens aber dazu entschliesst, die Kündigung zu akzeptieren. Für diesen Fall sieht das Gesetz ausdrücklich vor, dass eine Pönalentschädigung bis zu sechs Monatslöhnen verlangt werden kann. Gedacht ist bei dieser Lösung nach der Botschaft nicht nur an den Fall, dass sich die Arbeitsbedingungen so verschlechtern, dass die Beibehaltung der Arbeitsstelle für die entlassene Person unerträglich wird; vielmehr kann die Willensänderung auch von persönlichen oder konjunkturellen Umständen beeinflusst sein[32]. Derartige persönliche oder konjunkturelle Gründe vermögen den Anspruch auf Entschädigung nicht auszuschliessen; der Grund für die Beendigung des Arbeitsverhältnisses durch die entlassene Person dürfte allerdings bei der Bemessung der Entschädigung beachtlich sein.

8.18 Die entlassene Person hat nicht nur während der Dauer des Anfechtungsverfahrens, sondern schon vor der Einreichung der Klage auf Ungültigerklärung der Kündigung die Wahl, statt dessen die Entschädigung nach Art. 336a OR zu verlangen. Sie ist dabei nicht auf den Nachweis der Rachekündigung im Sinne von Art. 336 Abs. 1 lit. d OR verwiesen, sondern kann sich auf die gesetzliche Vermutung der Vergeltung während der Hängigkeit oder unmittelbar im Anschluss an ein Verfahren wegen Diskriminierung berufen[33]. Sie kann somit die Entschädigung von höchstens sechs Monatslöhnen auch unmittelbar im Anschluss an die Kündigung wählen, muss in diesem Falle jedoch zur Wahrung dieses Anspruchs die allgemeinen Verfahrensvorschriften gemäss Art. 336b OR beachten, d.h. insbesondere vor Ablauf der Kündigungsfrist schriftlich Einsprache beim Arbeitgeber erheben.

IV. Verfahren

8.19 Wer die Kündigung anfechten und die Fortführung des Arbeitsverhältnisses erreichen will, muss vor Ablauf der Kündigungsfrist Klage einreichen (Rz. 8.21). Gleichzeitig ist die provisorische Wiedereinstellung zu beantragen (Rz. 8.22). Aber auch wer eine Entschädigung nach Art. 336a OR geltend machen will, muss zur Wahrung des Anspruchs vor Ablauf der Kündigungsfrist schriftlich Einsprache

---

32 Botschaft, a.a.O. (Fn. 6), 1309 f.
33 So auch STAEHELIN/VISCHER (Anm. 11) N 26 zu Art. 336 OR, N 9 zu Art. 336 OR.

beim Arbeitgeber erheben und innert 180 Tagen nach Vertragsende Klage einreichen (Rz. 8.23). Art. 12 GlG sieht besondere bundesrechtliche Verfahrensgrundsätze vor, welche die Durchsetzung der Ansprüche erleichtern sollen (Rz. 8.24). Die Kantone werden ausserdem in Art. 11 GlG verpflichtet, Schlichtungsstellen einzurichten. Die zuständigen Behörden werden vom kantonalen Recht bezeichnet; das kantonale Recht bestimmt auch, ob die Schlichtungsstelle obligatorisch angerufen werden muss (Rz. 8.20).

Zur Anfechtung der Kündigung legitimiert sind Arbeitnehmende, denen gegenüber die Kündigung erklärt worden ist. Die Verbände, die nur auf Feststellung von Diskriminierungen klagen können[34], sind zur Anfechtung einer Rachekündigung nicht aktivlegitimiert. Zu beachten ist jedoch, dass der Kündigungsschutz nicht nur für Arbeitnehmende gilt, die sich selbst über Diskriminierung beschwert oder ein entsprechendes Verfahren eingeleitet haben, sondern dass sich auch Personen darauf berufen können, deren Arbeitsverhältnisse Gegenstand einer Verbandsklage im Sinne von Art. 7 GlG bilden oder die z.B. als Zeugen oder gewerkschaftliche Vertrauensleute am Prozess beteiligt sind[35].

1. Schlichtungsverfahren

Die Kantone werden in Art. 11 GlG verpflichtet, Schlichtungsstellen einzurichten. Von Bundesrechts wegen ist das Schlichtungsverfahren freiwillig, das kantonale Recht kann jedoch bestimmen, dass die gerichtliche Klage erst nach Durchführung des Schlichtungsverfahrens angehoben werden kann, dieses also obligatorisch ist. Das Obligatorium haben einige Kantone eingeführt[36], wobei z.T. gegenwärtig die Einführungsgesetzgebung noch nicht in der definitiven Form erlassen ist. Die Klage auf Ungültigerklärung der Kündigung muss gemäss Art. 10 Abs. 3 «beim Gericht» angefochten werden; ist das Schlichtungsverfahren nach kantonalem Recht obligatorisch, so ist die Klage bei der zuständigen Schlichtungsstelle einzureichen[37]. Die Schlichtungsstellen sind zur Entscheidung nicht kompetent, sondern haben zu versuchen, eine einvernehmliche Lösung herbeizuführen. Eine Einigung hat die Wirkung eines gerichtlichen Vergleichs.

8.20

---

34 Art. 7 GlG.
35 Botschaft, a.a.O. (Fn. 6), 1310. Vgl. auch oben, Rz. 8.5.
36 Das Eidg. Gleichstellungsbüro hat eine Dokumentation über die kantonalen Schlichtungsstellen angelegt. Danach ist das Schlichtungsverfahren in den Kantonen BL, BS, GL, GR, LU, OW, SH, SZ, SG und TI obligatorisch.
37 Botschaft, a.a.O. (Fn. 6), 1309; vgl. allerdings zum Begehren um vorsorgliche Massnahmen unten, Rz. 8.22.

2. Klagefristen

8.21 Wer den Kündigungsschutz beanspruchen will, hat *innert der Kündigungsfrist* beim kantonal zuständigen Gericht oder der obligatorisch erklärten Schlichtungsstelle Klage einzureichen mit dem Begehren, es sei die Kündigung ungültig zu erklären. Ist die Schlichtungsstelle obligatorisch erklärt, so muss mangels Einigung gemäss Art. 11 Abs. 3 GlG *innert drei Monaten* nach Abschluss des Schlichtungsverfahrens Klage beim Gericht eingereicht werden. Angesichts der Bedeutung dieser Klagefrist ist zu verlangen, dass die Schlichtungsstelle – wenn sie aufgrund des Obligatoriums vor der gerichtlichen Klage angerufen wird – den Verfahrensabschluss mit einer förmlichen Verfügung feststellt.

3. Begehren um vorsorgliche Wiedereinstellung

8.22 Zur Anordnung der provisorischen Wiedereinstellung der entlassenen Person für die Dauer des Anfechtungsverfahrens[38] ist gemäss Art. 10 Abs. 3 GlG allein das Gericht zuständig. Da der Schlichtungsstelle, auch wenn sie nach kantonalem Recht obligatorisch angerufen werden muss, keine Entscheidbefugnis zusteht, ist sie zur Anordnung der provisorischen Wiedereinstellung nicht zuständig. Das Begehren um provisorische Wiedereinstellung für die Dauer des Verfahrens ist auch dann beim zuständigen Gericht (noch während der Kündigungsfrist) einzureichen, wenn die Kündigung zufolge des kantonalen Obligatoriums bei der Schlichtungsstelle angefochten werden muss. Wird das Begehren auf provisorische Wiedereinstellung zu Unrecht bei der Schlichtungsstelle eingereicht, dürfte diese immerhin in der Regel, und jedenfalls wenn die entlassene Person nicht rechtskundig vertreten ist, zur Weiterleitung des Gesuchs an das zuständige Gericht verpflichtet sein.

4. Interne Einsprache als Voraussetzung der Entschädigungsklage

8.23 Wer die Entschädigung nach Art. 336a OR geltend machen will, muss bei Verwirkungsfolge zuerst während der Kündigungsfrist eine schriftliche Einsprache beim Arbeitgeber und anschliessend innert 180 Tagen seit Vertragsende Klage beim zuständigen kantonalen Gericht bzw. der obligatorisch erklärten Schlichtungsstelle einreichen. Die Einsprache beim Arbeitgeber entspricht derjenigen, die in Art. 336b OR[39] bei missbräuchlicher Kündigung allgemein vorgesehen ist. Nur wenn die Entschädigung nach gehöriger Einleitung des Verfahrens auf Anfechtung der

---

38 Vgl. dazu auch oben, Rz. 8.14 ff.
39 Dazu oben, Rz. 2.36 ff.

Kündigung verlangt wird, kann sie mit einer Klageänderung geltend gemacht werden, was sich aus Art. 10 Abs. 4 GlG ergibt.

5. Verfahrensgrundsätze

Das Schlichtungsverfahren ist gemäss Art. 11 Abs. 4 GlG kostenlos. Aber auch das Gerichtsverfahren ist kostenlos, findet doch Art. 343 OR[40] gemäss Art. 12 Abs. 3 GlG unabhängig vom Streitwert Anwendung. Mit dem Verweis auf diese Bestimmung werden überdies die Verfahrensgrundsätze der (sozialen) Untersuchungsmaxime anwendbar erklärt. Schliesslich wird vorgeschrieben, dass die Prozessvertretung und das schriftliche Verfahren zulässig sein müssen[41].

8.24

V. Checkliste[42]

1. Liegt ein obligationenrechtliches Arbeitsverhältnis vor? (Art. 8 ff. GlG)[43].

2. Ist Abhilfe gegen eine geschlechtsbezogene Benachteiligung verlangt worden? (Art. 10 Abs. 1 GlG)[44].

a) Entweder durch die entlassene Person

– Hat sich die entlassene Person bei einer innerbetrieblichen Stelle in hinreichend klarer Form beschwert und ist in der Folge weniger als 6 Monate nach der abschliessenden Antwort die Kündigung zugegangen?
– Oder hat sich die entlassene Person beim Gericht oder der Schlichtungsstelle vor Zugang der Kündigung beschwert und ist in der Folge weniger als 6 Monate nach Verfahrensabschluss die Kündigung zugegangen?

b) Oder durch einen Verband

– Ist die entlassene Person vom Verfahren, das der Verband angehoben hat, betroffen als angeblich diskriminierte Arbeitnehmerin oder an diesem Verfahren beteiligt z.B. als Auskunftsperson, Vertrauensperson des Verbandes?
– Und hat der Verband den Arbeitgeber im Sinne von Art. 7 Abs. 1 GlG zur Stellungnahme eingeladen?

---

40 Dazu oben, Rz. 1.120 ff.
41 Vgl. zu Art. 12 Abs. 1 GlG; Botschaft, a.a.O. (Fn. 6), 1311.
42 Die Angaben erheben keinen Anspruch auf Vollständigkeit.
43 Rz. 8.1.
44 Rz. 8.3 ff.

- Und ist das Verbandsklageverfahren noch hängig oder weniger als 6 Monate vor Zugang der Kündigung abgeschlossen worden?

3. Liegt ein begründeter Anlass für die Kündigung vor? (Art. 10 Abs. 1 GlG)[45].

4. Anfechtung der Entlassung:

- Klage beim zuständigen Gericht – falls die Schlichtungsstelle obligatorisch erklärt ist, bei der Schlichtungsstelle;
- vor Ende der Kündigungsfrist[46];
- Begehren um provisorische Wiedereinstellung für die Dauer des Verfahrens vor Ende der Kündigungsfrist beim zuständigen Gericht[47].

5. Entschädigung[48]:

- Einsprache gegen Kündigung vor Ablauf der Kündigungsfrist und Klage innert 180 Tagen nach Beendigung des Arbeitsvertrags (Art. 336b OR);
- Klageänderung während des Anfechtungsverfahrens (Art. 10 Abs. 4 GlG).

---

45 Rz. 8.9 ff.
46 Rz. 8.20 f.
47 Rz. 8.22, 8.15.
48 Rz. 8.17, 8.23.

Dritter Teil

VORSORGERECHTLICHE ASPEKTE

§ 9 System der beruflichen Vorsorge

ARMIN BRAUN/OLIVIER DEPREZ/BRIGITTE TERIM-HÖSLI

Literaturauswahl: BRÜHWILER JÜRG, Die betriebliche Personalvorsorge in der Schweiz, Bern 1989; GERHARDS GERHARD, Grundriss Zweite Säule, Das Recht der beruflichen Vorsorge in der Schweiz, Bern und Stuttgart 1990; HELBLING CARL, Personalvorsorge und BVG, Gesamtdarstellung der rechtlichen, betriebswirtschaftlichen, organisatorischen und technischen Grundlagen der beruflichen Vorsorge in der Schweiz, 6. Aufl., Bern/Stuttgart/Wien 1995; LOCHER THOMAS, Grundriss des Sozialversicherungsrechts, Bern 1994; MAURER ALFRED, Bundessozialversicherungsrecht, 2. Aufl., Basel und Frankfurt am Main 1994; MURER ERWIN/STAUFFER HANS-ULRICH, Rechtsprechung des Bundesgerichts zum Sozialversicherungsrecht, berufliche Vorsorge, Zürich 1996; RIEMER HANS MICHAEL, Das Recht der beruflichen Vorsorge in der Schweiz, Bern 1985; SCHMID HANS (Hrsg.), Berufliche Vorsorge – Freizügigkeit und Wohneigentumsförderung, Bern/Stuttgart/Wien 1995.

I. Problemübersicht

Die berufliche Vorsorge ist in das schweizerische *Drei-Säulen-Konzept* der sozialen Sicherheit eingebunden.   9.1

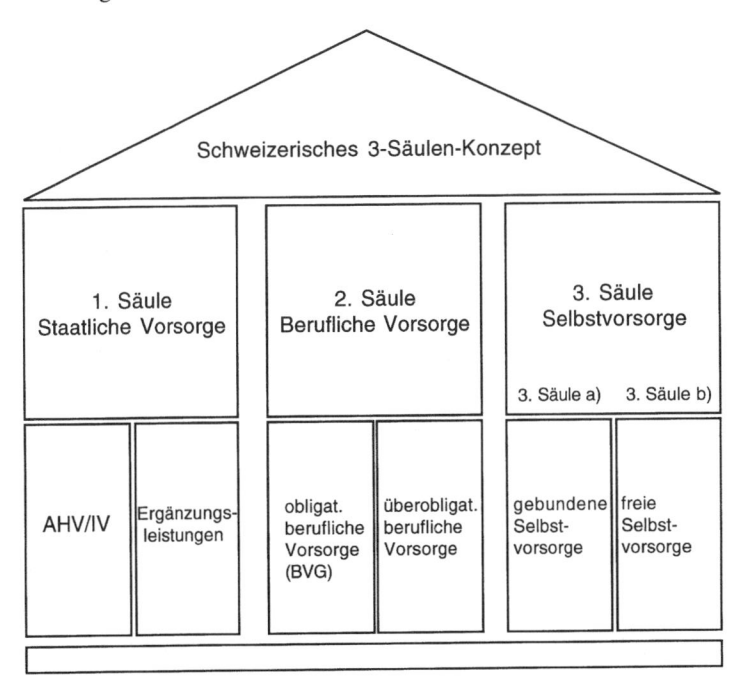

9.2 Im Gegensatz zur ersten Säule ist die berufliche Vorsorge *an eine Erwerbstätigkeit geknüpft*. Falls das Arbeitsverhältnis einer versicherten Person infolge Alterspensionierung, Invalidität oder Tod endet, hat sie bzw. haben ihre Hinterlassenen grundsätzlich Anspruch auf Leistungen von der beruflichen Vorsorge. Falls das Arbeitsverhältnis aus anderen Gründen, insbesondere infolge eines Stellenwechsels oder einer Entlassung, endet, hat die versicherte Person Anspruch auf eine Austrittsleistung (dazu Rz. 10.2 ff.).

9.3 In Abschnitt II wird die berufliche Vorsorge kurz erläutert; dargestellt werden insbesondere die Vorsorgeeinrichtungen, welche die berufliche Vorsorge durchführen, sowie die gesetzlichen Grundlagen, die Leistungen und die Finanzierung der beruflichen Vorsorge (Rz. 9.4 ff.). In Abschnitt III geht es um die Versicherungspflicht und um das Recht zur Versicherung (Rz. 9.26 ff.). Arbeitnehmer, welche das 17. Altersjahr vollendet haben und deren AHV-pflichtiger Jahreslohn über Fr. 23 880.– (Stand 1997) liegt, unterstehen der obligatorischen Versicherung gemäss BVG. Der Arbeitgeber ist verpflichtet, diese Arbeitnehmer bei einer Vorsorgeeinrichtung zu versichern. In Abschnitt IV wird die Rechtspflege gemäss BVG beschrieben (Rz. 9.34 ff.), in Abschnitt V werden einige Aspekte der Wohneigentumsförderung mit Mitteln der beruflichen Vorsorge erläutert (Rz. 9.47 ff.).

II. Grundlagen

1. Verfassungsmässige Verankerung und gesetzliche Regelungen

9.4 Die berufliche Vorsorge ist in der Schweizerischen *Bundesverfassung* verankert, Art. 34^{quater} Abs. 3:

Der Bund trifft im Rahmen der beruflichen Vorsorge auf dem Wege der Gesetzgebung folgende Massnahmen, um den Betagten, Hinterlassenen und Invaliden zusammen mit den Leistungen der eidgenössischen Versicherung die Fortsetzung der gewohnten Lebenshaltung in angemessener Weise zu ermöglichen:

– Er verpflichtet die Arbeitgeber, ihre Arbeitnehmer bei einer Vorsorgeeinrichtung der Betriebe, Verwaltungen und Verbände oder einer ähnlichen Einrichtung zu versichern und mindestens die Hälfte der Beiträge der Arbeitnehmer zu übernehmen[1].
– Er umschreibt die Mindestanforderungen, denen diese Vorsorgeeinrichtungen genügen müssen; für die Lösung besonderer Aufgaben können gesamtschweizerische Massnahmen vorgesehen werden.

---

[1] Entgegen dem Wortlaut bedeutet dies nicht, dass der Arbeitgeber nur mindestens einen Drittel der von ihm und den Arbeitnehmern zusammen zu entrichtenden Beiträge übernehmen muss. Wie aus den amtlichen Erläuterungen hervorgeht, ist der Verfassungstext vielmehr dahingehend zu verstehen, dass der Arbeitgeber von den gesamten notwendigen Vorsorgebeiträgen mindestens die Hälfte und umgekehrt die Arbeitnehmer höchstens die Hälfte zu tragen haben (BRÜHWILER, 165 f.).

– Er sorgt dafür, dass jeder Arbeitgeber die Möglichkeit erhält, seine Arbeitnehmer bei einer Vorsorgeeinrichtung zu versichern; er kann eine eidgenössische Kasse errichten.
– Er sorgt dafür, dass Selbständigerwerbende freiwillig und zu gleichwertigen Bedingungen wie die Arbeitnehmer sich bei einer Vorsorgeeinrichtung versichern können. Die Versicherung kann für bestimmte Gruppen von Selbständigerwerbenden allgemein oder für einzelne Risiken obligatorisch erklärt werden.

Auf diese Verfassungsbestimmung stützt sich das *Bundesgesetz über die berufliche Alters-, Hinterlassenen- und Invalidenvorsorge*[2] *(BVG)*, welches die obligatorische berufliche Vorsorge regelt. Es steht den Vorsorgeeinrichtungen frei, über die im BVG festgehaltenen obligatorischen Leistungen hinaus noch zusätzliche Leistungen zu versichern (im nachfolgenden wird diese zusätzliche Vorsorge als überobligatorische Vorsorge[3] bezeichnet).   9.5

Die Rechtsgrundlagen der beruflichen Vorsorge beschränken sich allerdings nicht auf das BVG. Es gilt vielmehr eine *Vielzahl weiterer Erlasse* zu beachten. Das Auffinden der einschlägigen Regelungen ist für den Praktiker nicht immer einfach. Die nachfolgenden Tabellen sollen die Orientierung erleichtern. Die erste Tabelle (siehe folgende Doppelseite) veranschaulicht die verschiedenen Erlassstufen, die zweite bietet einen Überblick über die wichtigsten Bestimmungen, die auf die verschiedenen Arten von Vorsorgeeinrichtungen anwendbar sind.   9.6

2. Vorsorgeeinrichtungen

a) Die Vorsorgeeinrichtung als Trägerin der beruflichen Vorsorge

Die berufliche Vorsorge wird immer durch eine Vorsorgeeinrichtung durchgeführt[4]. Die Vorsorgeeinrichtung muss die *Rechtsform* einer Stiftung, einer Genossenschaft oder einer Einrichtung des öffentlichen Rechts (Art. 331 Abs. 1 OR, Art. 48 Abs. 1 BVG) haben.   9.7

Der *Arbeitgeber* ist verpflichtet, seine Arbeitnehmer bei einer Vorsorgeeinrichtung zu versichern (Art. 34[quater] Abs. 3 BV, Art. 11 BVG; vgl. auch unten, Rz. 10.19). Er kann seine Arbeitnehmer bei verschiedenen Vorsorgeeinrichtungen versichern, die Zugehörigkeit zu einer bestimmten Vorsorgeeinrichtung muss jedoch planmässig erfolgen. Mögliche Kriterien sind zum Beispiel: Lohnhöhe, Kaderzugehörigkeit, Berufsgruppe.   9.8

---

2 Vom 25. Juni 1982; SR 831.40; in Kraft seit dem 1.1.1985.
3 In der Literatur sind auch die Formulierungen «weitergehende Vorsorge» oder «vorobligatorische Vorsorge» zu finden. All diese Begriffe sind nicht eindeutig definiert und bezeichnen teilweise dieselben, teilweise andere Vorsorgeteile. Hier wird mit dem Begriff «überobligatorische Vorsorge» die gesamte, über das Obligatorium hinausreichende Vorsorge bezeichnet.
4 Die Vorsorgeeinrichtung wird oft auch als Pensionskasse bezeichnet.

Wichtigste Rechtsgrundlagen für die berufliche Vorsorge; Tabelle 1:

		Stufe Bundesverfassung			
		Art. 34^{quater}: Dreisäulenprinzip			
		Stufe Bundesrecht			
BVG & *Verordnungen, insb. BVV2*		OR	FZG & *Freizügigkeitsverordnungen*	ZGB	DBG & *Verordnungen über die Quellensteuer bei der direkten Bundessteuer*
		Art. 331–Art. 331e		Art. 89bis	
Verordnung über Wohneigentumsförderung (WEV)		übriges OR		übriges ZGB	
– obligatorische Minimalleistungen – Grundsätze betr. paritätische Verwaltung, Verantwortlichkeit, Kontrollen, Aufsicht, Finanzierung, Vermögensanlagen und Rechtspflege für gesamten Bereich von registrierten Vorsorgeeinrichtungen – Wohneigentumsförderung mit Mitteln der beruflichen Vorsorge	– einseitig zwingende Spezialbestimmungen für den Bereich der überobligatorischen Vorsorge, insb. – Beitragsparität – Beginn und Ende des Vorsorgeschutzes – Abtretungs- und Verpfändungsverbot bzgl. künftiger Vorsorgeansprüche – Höchstdauer von Gesundheitsvorbehalten beim Eintritt – Wohneigentumsförderung mit Mitteln der beruflichen Vorsorge	– allg. Teil des OR bzgl. Vorsorgevertrag in privatrechtlichen Vorsorgeeinrichtungen – Bestimmungen über die Genossenschaft bzgl. Vorsorgeeinrichtungen in dieser Rechtsform	– Minimale Austrittsleistung – Verwendung der Austrittsleistung – Berechnung des Eintrittsgeldes – Möglichkeit zur Übertragung von Vorsorgekapital an geschiedenen Ehegatten	– Spezialbestimmungen für Vorsorgeeinrichtungen in der Form von Stiftungen, insb. – Auskunftspflicht der Stiftungsorgane – paritätische Mitwirkung – Ausschluss von Anlagen beim Arbeitgeber in der Höhe der Freizügigkeitsansprüche	– Stiftungsrecht für Vorsorgeeinrichtungen in dieser Rechtsform	– Abzugsfähigkeit von Prämien etc. – Steuerbefreiung von Vorsorgeeinrichtungen

§ 9 System der beruflichen Vorsorge

Fortsetzung Tabelle 1:

Stufe kantonales Recht	
Kantonale Bestimmungen zur Rechtspflege (u.a. Bestimmungen des für Vorsorgestreitigkeiten zuständigen kantonalen Gerichts und der kantonalen Aufsicht)	Steuerliche Bestimmungen im Rahmen des Bundesrechts

Stufe Vorsorgeeinrichtung
Gründungsurkunde bzw. für Stiftungen Stiftungsurkunde, Statuten bzw. Reglemente, für Einrichtungen des öffentlichen Rechts auch kantonale oder kommunale Gesetzgebung

Allgemeine Aufsichtsmittel der Aufsichtsbehörden	
Mitteilungen des Bundesamtes für Sozialversicherungen (BSV)	Handbücher der kantonalen Ämter für die berufliche Vorsorge
	Kreisschreiben der eidgenössischen Steuerbehörden (insb. Kreisschreiben Nr. 1 und 1a) und der kantonalen Steuerbehörden

265

Wichtigste gesetzliche Bestimmungen; Tabelle 2:

Für **registrierte** Vorsorgeeinrichtungen sind anwendbar:		Für **nicht registrierte** Vorsorgeeinrichtungen, welche bei Erreichen der Altersgrenze, bei Tod oder bei Invalidität einen Anspruch auf Leistungen gewähren, sind anwendbar:
Auf den **obligatorischen** Teil	Auf den **überobligatorischen** Teil	
BVG: alle Artikel FZG: alle Artikel	BVG: Art. 51–53, 61, 62, 64 Abs. 1, 67, 69, 71, 73, 74, 80–84 FZG: alle Artikel OR: Art. 331a–331e	BVG: Art. 80–84 FZG: alle Artikel OR: Art. 331a–331e

Für Vorsorgeeinrichtungen, welche in der Form einer **Stiftung** errichtet wurden, sind anwendbar:
ZGB: Art. 89bis

Für Vorsorgeeinrichtungen, falls sich die versicherten Arbeitnehmer in einem privatrechtlichen Arbeitsverhältnis befinden, sind anwendbar:
OR: Art. 331

§ 9 System der beruflichen Vorsorge

Arbeitgeber können für ihre Arbeitnehmer eine *eigene Vorsorgeeinrichtung* errichten. Falls der Arbeitgeber keine eigene Vorsorgeeinrichtung errichten will, muss er sich einer *Kollektiveinrichtung* anschliessen. Bei den Kollektiveinrichtungen wird primär zwischen Gemeinschaftsstiftungen und Sammelstiftungen unterschieden. Im Gegensatz zur Gemeinschaftsstiftung besteht in der Sammelstiftung für jeden angeschlossenen Arbeitgeber ein eigenes Reglement, und es wird für jeden angeschlossenen Arbeitgeber eine eigene Rechnung geführt. Der Arbeitgeber kann sich auch der Stiftung Auffangeinrichtung BVG (eine gesamtschweizerische Vorsorgeeinrichtung) anschliessen. Arbeitgeber, die ihrer Pflicht zum Anschluss an eine Vorsorgeeinrichtung nicht nachkommen, werden zwangsweise der Auffangeinrichtung angeschlossen (Art. 60 Abs. 2 lit. a BVG).

Betreffend die Verwaltung der Vorsorgeeinrichtung sei auf Rz. 9.12 verwiesen.

b) Typen von Vorsorgeeinrichtungen

Je nach Verhältnis der Vorsorgeeinrichtung zum BVG werden folgende Typen unterschieden: 9.9

– *Registrierte Vorsorgeeinrichtung:*
Vorsorgeeinrichtungen, welche die obligatorische berufliche Vorsorge durchführen, müssen sich im Register für die berufliche Vorsorge[5] eintragen lassen. Alle registrierten Vorsorgeeinrichtungen unterstehen dem BVG und müssen unter anderem die im BVG vorgeschriebenen Mindestleistungen erbringen. Innerhalb der registrierten Vorsorgeeinrichtungen werden folgende beiden Typen unterschieden:
   – Falls die Vorsorgeeinrichtungen lediglich die Mindestleistungen abdecken, werden sie auch als *BVG-Minimaleinrichtungen* bezeichnet.
   – Falls die Vorsorgeeinrichtungen über die Mindestleistungen hinaus noch weitere Leistungen versichern (überobligatorische Vorsorge), werden sie als *umhüllende Vorsorgeeinrichtungen* bezeichnet.

– *Nicht registrierte Vorsorgeeinrichtung:*
Vorsorgeeinrichtungen, welche nur überobligatorische Leistungen der beruflichen Vorsorge erbringen, sind nicht im Register für die berufliche Vorsorge eingetragen. Die obligatorische Versicherung ihrer Versicherten muss durch eine andere, registrierte Vorsorgeeinrichtung abgedeckt sein.

---

5   Diese Register sind öffentlich. Sie enthalten neben der Bezeichnung und Adresse der Vorsorgeeinrichtung unter anderem auch das Datum der Registrierung und einen Vermerk, ob bei der entsprechenden Vorsorgeeinrichtung ein oder mehrere Arbeitgeber angeschlossen sind.

Graphische Darstellung:

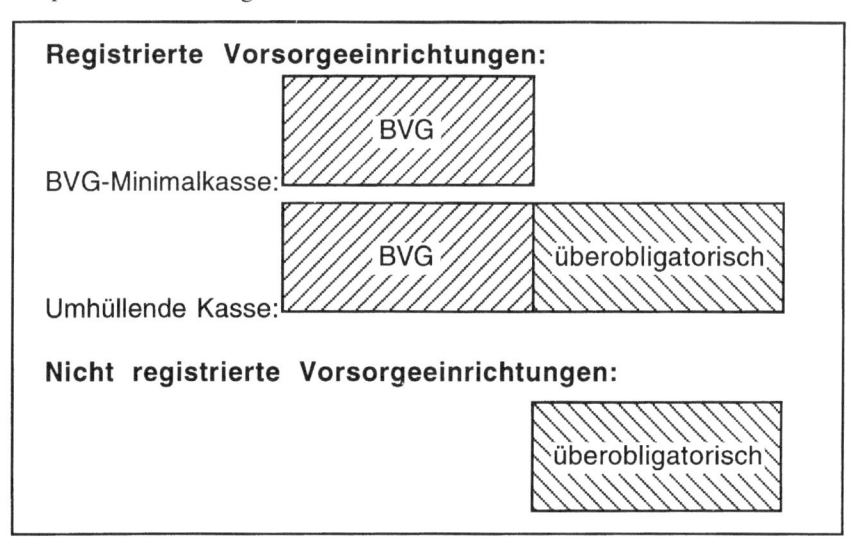

Registrierte Vorsorgeeinrichtungen:

BVG-Minimalkasse: BVG

Umhüllende Kasse: BVG / überobligatorisch

Nicht registrierte Vorsorgeeinrichtungen:

überobligatorisch

c) *Reglementarische Bestimmungen der Vorsorgeeinrichtungen und ihre Auslegung*

9.10   Gemäss Art. 50 BVG sind registrierte Vorsorgeeinrichtungen verpflichtet, *Bestimmungen* über die Leistungen und die Finanzierung zu erlassen. Die Bestimmungen können im Reglement, in den Statuten, in der Gründungsurkunde oder bei Einrichtungen des öffentlichen Rechts in den vom Bund, vom Kanton oder von der Gemeinde erlassenen Vorschriften enthalten sein[6]. Die Vorsorgeeinrichtungen müssen der versicherten Person auf ihre Anfrage hin über diese Bestimmungen *Auskunft* erteilen[7]. Generell muss auch der Arbeitgeber gemäss Art. 331 Abs. 4 OR

---

[6]   Durch den Arbeitsvertrag können grundsätzlich keine verbindlichen Regelungen zu Lasten einer nicht am Vertrag beteiligten Vorsorgeeinrichtung getroffen werden. Gesamtarbeitsverträge können ausnahmsweise vorsorgerechtlich direkt anwendbar sein, wenn sich nach Statuten oder Reglement Rechte und Pflichten von Arbeitgeber und Arbeitnehmer im Vorsorgeverhältnis nach dem jeweiligen Gesamtarbeitsvertrag richten (BGE 120 V 344).

[7]   «Weisungen über die Pflicht der registrierten Vorsorgeeinrichtungen zur Auskunftserteilung an ihre Versicherten» des Bundesrates vom 11. Mai 1988; BBl 1988 II 641; Punkt 214. Das Amt für berufliche Vorsorge des Kantons Zürich zieht die gesetzliche Grundlage dieser Weisungen in Zweifel und kritisiert, dass diese die vorrangige Bedeutung des Rechts der Versicherten auf spontane Information verkennen (vgl. Handbuch des Amtes für berufliche Vorsorge des Kantons Zürich Abschnitt 4.2.1). Die Eidgenössische Rekurskommission für die berufliche Vorsorge spricht demgegenüber den Weisungen den rechtsverbindlichen Charakter eines Gesetzes im materiellen Sinne zu (SZS 5/1991, 261; ebenso BEROS, Die Stellung des Arbeitnehmers im BVG, 96).

§ 9 System der beruflichen Vorsorge

seine Arbeitnehmer über ihre Ansprüche gegenüber der Vorsorgeeinrichtung informieren[8] (vgl. auch § 10 Abschnitt III. «Informationspflichten»).

Reglemente privatrechtlicher Vorsorgeeinrichtungen sind als vorformulierter Inhalt des Vorsorgevertrags[9] *nach dem Vertrauensprinzip* auszulegen, wobei jedoch die den allgemeinen Bedingungen innewohnenden Besonderheiten zu beachten sind, wie insbesondere die sog. Unklarheits- und Ungewöhnlichkeitsregeln[10]. Die Überprüfung einer Rechtsfrage im Lichte der *Statuten einer öffentlichrechtlichen Vorsorgeeinrichtung* hat dagegen nach den gewöhnlichen *Regeln der Gesetzesauslegung* zu geschehen[11].

9.11

d) Verwaltung und Kontrolle der Vorsorgeeinrichtungen

Betreffend die *Verwaltung* von Vorsorgeeinrichtungen gilt, dass

9.12

– registrierte Vorsorgeeinrichtungen *paritätisch* verwaltet werden (Art. 51 BVG)
– in nicht registrierten Vorsorgeeinrichtungen, welche die Rechtsform einer Stiftung haben, die Arbeitnehmer wenigstens *nach Massgabe der von ihnen geleisteten Beiträge* an der Verwaltung zu beteiligen sind (Art. 89bis ZGB).

Die nachfolgende Tabelle enthält die verschiedenen *Kontrollorgane* einer Vorsorgeeinrichtung.

---

8   Für öffentlichrechtliche Dienstverhältnisse gilt Art. 331 OR jedoch nicht.
9   vgl. § 9 Abschnitt III. «Versicherungspflicht»
10 MEYER-BLASER, in: SZS 2/1996, 101 f.; BGE 120 V 452; 122 V 146.
11 MEYER-BLASER, a.a.O., 102; EVG in: SZS 2/1995, 146 und SZS 2/1996, 145

Aufgaben	Unterstellte Vorsorgeeinrichtungen
Kontrollstelle (vgl. Art. 53 Abs. 1 BVG)	
Jährliche Überprüfung der Geschäftsführung, des Rechnungswesens und der Vermögensanlage.	− Registrierte Vorsorgeeinrichtungen − Nicht registrierte Vorsorgeeinrichtungen
Anerkannter Experte für berufliche Vorsorge (vgl. Art. 53 Abs. 2 BVG)	
Periodische Überprüfung, ob die Sicherheit besteht, dass die Vorsorgeeinrichtung ihre Verpflichtungen erfüllen kann, und ob die reglementarischen Bestimmungen über die Leistungen und die Finanzierung den gesetzlichen Vorschriften entsprechen.	− Registrierte Vorsorgeeinrichtungen − Nicht registrierte Vorsorgeeinrichtungen, welche bei Erreichen der Altersgrenze, bei Tod oder Invalidität einen Anspruch auf Leistungen gewähren.
Kantonale Aufsichtsbehörde[1] bzw. Aufsicht des Bundes (vgl. Art. 61 und Art. 62 BVG, BVV1[2]) 1) Adressen, siehe letzte Seite des Telefonbuchs 2) Verordnung über die Beaufsichtigung und die Registrierung der Vorsorgeeinrichtungen vom 29. Juni 1983, SR 831.435.1	
− Berichterstattung verlangen, insb. Geschäftsbericht, Bericht der Kontrollstelle und des Experten − Treffen allfälliger Massnahmen zur Mängelbehebung − Registrierung von Vorsorgeeinrichtungen − Änderungs- und Umwandlungsbehörde (betr. Vorsorgeeinrichtungen in der Rechtsform einer Stiftung) − Anschluss des Arbeitgebers an eine Vorsorgeeinrichtung kontrollieren − Kontrolle von (Teil-)Liquidationen − a.m.	− Registrierte Vorsorgeeinrichtungen − Nicht registrierte Vorsorgeeinrichtungen, welche in der Rechtsform einer Stiftung gegründet wurden.

§ 9 System der beruflichen Vorsorge

3. Leistungen der beruflichen Vorsorge

a) Obligatorische Leistungen

Das BVG regelt in den Art. 13 ff. unter anderem die *Mindestleistungen*, welche eine registrierte Vorsorgeeinrichtung erbringen muss. Dabei werden folgende *Leistungsarten* unterschieden: 9.13

– Altersleistungen (Altersrente und Alterskinderrente),
– Hinterlassenenleistungen (Witwenrente, Waisenrente und Leistungen an die geschiedene Ehefrau),
– Invalidenleistungen (Invalidenrente und Invalidenkinderrente),
– Sondermassnahmen[12] und
– Austrittsleistung.

Die Alters-, Hinterlassenen- und Invalidenleistungen werden in der Regel als Renten ausgerichtet[13], wobei Kinder- und Waisenrenten temporär (bis das Kind das 18. Altersjahr bzw. bei einem in Ausbildung stehenden oder invaliden Kind das 25. Altersjahr vollendet hat) und die übrigen Renten lebenslänglich ausgerichtet werden[14].

Tritt eine versicherte Person aus der Vorsorgeeinrichtung aus, ohne dass ein Anspruch auf Alters-, Hinterlassenen- oder Invalidenleistungen besteht, hat sie Anspruch auf eine Austrittsleistung. Die *Austrittsleistung* soll ihr die Erhaltung des Vorsorgeschutzes ermöglichen. Deshalb bestehen betreffend die Verwendung der Austrittsleistung genaue gesetzliche Bestimmungen. Das BVG verweist dazu in Art. 27 auf das Freizügigkeitsgesetz (dazu Rz. 10.2 ff.). 9.14

Die *Mindesthöhe der Leistungen* ist im BVG klar definiert (ausser bei vorzeitiger oder aufgeschobener Alterspensionierung). Zur Berechnung der Leistungshöhe wird für jede versicherte Person ein Alterskonto geführt (analog zu einem Sparkonto bei einer Bank). Dem Alterskonto wird folgendes gutgeschrieben (Art. 15 BVG): 9.15

---

12 Es müssen Sonderleistungen zugunsten der Eintrittsgeneration entrichtet werden (vgl. Art. 32, 33 und 70 BVG).
13 Gemäss Art. 37 Abs. 2 BVG kann die Vorsorgeeinrichtung anstelle geringfügiger Renten (umschrieben in einem Prozentsatz der einfachen AHV-Altersrente) Kapitalabfindungen ausrichten. Art. 37 Abs. 3 gestattet, dass Versicherten *auf ihre entsprechende Erklärung hin* eine Kapitalabfindung anstelle einer Alters-, Witwen- oder Invalidenrente ausgerichtet wird. Vorausgesetzt ist eine ausdrückliche Bestimmung im Reglement. Für die Altersleistung ist die Erklärung spätestens drei Jahre vor Entstehung des Anspruchs abzugeben. Fehlt eine dieser Voraussetzungen, besteht kein Anspruch auf Kapitalauszahlung (BGE 118 V 103 f., MEYER-BLASER, in SZS 2/1990, 82; VIRET, in SVZ 5/6 1991, 103). Kapitalauszahlungen an Waisen sind nur im Rahmen von Art. 37 Abs. 2, nicht aber von Abs. 3, zulässig (BGE 115 V 102; 117 V 315).
14 Der Anspruch auf Witwenrente endet jedoch bei Wiederverheiratung.

- allfällige eingebrachte Austrittsleistungen (beim Eintritt);
- jährliche Altersgutschriften;
- jährliche Zinsen (der Mindestzinssatz beträgt laut Art. 12 BVV2 4%; Stand 1997).

Das Guthaben auf dem Alterskonto wird als Altersguthaben bezeichnet. Die Höhe der Altersgutschriften ist in Abhängigkeit des Lohnes, des Alters und des Geschlechts der versicherten Person definiert. Betreffend den Lohn wird nur der Lohnteil zwischen Fr. 23 880.– und Fr. 71 640.– (Stand 1997) berücksichtigt[15]. Dieser Lohnteil wird auch als koordinierter Lohn bezeichnet (Art. 8 BVG). Die Altersgutschrift ist sodann in Prozent des koordinierten Lohnes wie folgt definiert (Art. 16 BVG):

Alter[16]		Altersgutschriften in %
Männer	Frauen	des koordinierten Lohnes
18 – 24	18 – 24	0%
25 – 34	25 – 31	7%
35 – 44	32 – 41	10%
45 – 54	42 – 51	15%
55 – 65	52 – 62	18%

Beispiel: Eine weibliche Versicherte habe einen Jahreslohn von Fr. 80 000.–. Ihr koordinierter Lohn beträgt somit Fr. 47 760.– (= Lohnteil zwischen Fr. 23 880.– und Fr. 71 640.–). Ihre Altesgutschrift im Alter 43 beträgt 15% von Fr. 47 760.–, dh. Fr. 7 164.–. Falls das Altersguthaben dieser Frau am Ende des Vorjahres Fr. 100 000.– betrug, beträgt es ein Jahr später Fr. 111 164.– (= Fr. 100 000.– + 4% auf Fr. 100 000.– + Fr. 7 164.–).

9.16 Die Höhe aller Mindestleistungen werden aufgrund des individuell angesparten Altersguthabens definiert. So beträgt die *Altersrente* bei Erreichen des Rentenalters (dh. für Frauen nach Vollendung des 62. Altersjahres und für Männer nach Vollendung des 65. Altersjahres) 7,2% des Altersguthabens.

Beispiel: Für einen Versicherten mit einem Altersguthaben von Fr. 500 000.– beträgt die Altersrente somit Fr. 36 000.– (= 7,2% von Fr. 500 000.–) pro Jahr.

9.17 Zur Bestimmung der Höhe der *Invalidenrente* werden zum angesparten Altersguthaben noch die bis zum Rentenalter fehlenden Altersgutschriften addiert (alles ohne Zins), wobei der koordinierte Lohn als konstant angenommen wird (Art. 24 BVG). Die Invalidenrente beträgt 7,2% des so berechneten Altersguthabens.

---

15 Die einfache maximale AHV-Altersrente beträgt Fr. 23 880.– (Stand 1997). Um eine Koordination zwischen den Leistungen der 1. und 2. Säule zu erreichen, wird deshalb in der 2. Säule der Lohnteil zwischen Fr. 0.– und Fr. 23 880.– nicht versichert. Für Personen, welche gemäss IV zur Hälfte invalid sind, sind die halbierten Beträge massgebend.

16 Alter = Kalenderjahr minus Geburtsjahr.

Beispiel: Eine weibliche, im Dezember des Jahres 1954 geborene Versicherte habe einen koordinierten Lohn von Fr. 47 760.–, ihr Altersguthaben betrage Ende 1997 Fr. 111 164.–. Zur Berechnung der Invalidenrente werden die bis zum Erreichen des Rentenalters fehlenden Altersgutschriften berücksichtigt. Das für die Invalidenrente massgebende Altersguthaben beträgt somit 111 164 + 8 x 15% von 47 760 + 11 x 18% von 47 760 = 263 040.80. Die Invalidenrente beträgt somit Fr. 18 939.– (= 7,2% von Fr. 263 040.80) pro Jahr.

Die Witwenrente beträgt 60% der ausgerichteten Altersrente bzw. der ausgerichteten oder versicherten Invalidenrente (Art. 21 BVG). 9.18

Die Hinterlassenen- und Invalidenrenten werden für Männer bis zum vollendeten 65. und für Frauen bis zum vollendeten 62. Altersjahr nach Anordnung des Bundesrates der Preisentwicklung angepasst[17]. In den übrigen Fällen muss die Vorsorgeeinrichtung im Rahmen ihrer finanziellen Möglichkeiten über die Anpassung der laufenden Renten entscheiden (Art. 36 BVG).

Die Austrittsleistung entspricht dem bis zum Austritt angesparten Altersguthaben (Art. 18 FZG).

b) Überobligatorische Leistungen

Die Vorsorgeeinrichtungen können über die Mindestleistungen gemäss BVG hinaus weitere oder höhere Leistungen erbringen (Selbständigkeitsbereich, vgl. Art. 49 BVG). Im Selbständigkeitsbereich sind die Vorsorgeeinrichtungen bei der Formulierung ihrer reglementarischen Bestimmungen mit den nachfolgenden Vorbehalten grundsätzlich frei. 9.19

Zu beachten sind die *steuerrechtlichen Vorschriften*[18]. Betreffend die *Begünstigten* ergibt sich aus dem Kreisschreiben Nr. 1a der Eidgenössischen Steuerverwaltung vom 20. August 1986, dass die versprochenen Leistungen nur der versicherten Person selber zugute kommen dürfen oder bei ihrem Tod 9.20

– den Kindern,
– dem Ehegatten und dem geschiedenen Ehegatten,
– Personen, die von der versicherten Person erheblich unterstützt worden sind,
– den Eltern,
– den Geschwistern oder
– den Geschwisterkindern.

Fehlen solche Personen, kann ein bestimmtes Kapital an die gesetzlichen Erben unter Ausschluss des Gemeinwesens ausgerichtet werden.[19] – Im konkreten Einzel-

---

17 Dies gilt erst für Renten, deren Laufzeit drei Jahre überschritten haben.
18 Die Bestimmungen betreffend die steuerrechtliche Behandlung der Vorsorge (Art. 80 – 84 BVG) gelten sowohl für registrierte als auch für nicht registrierte Vorsorgeeinrichtungen.
19 Kritisch mit Hinweisen auf weniger einschränkende kantonalrechtliche Steuergesetze MAUTE/STEINER, in: Steuern und Versicherungen, Muri-Bern 1992, 87 f.

fall sind betreffend die Begünstigtenordnung aber in jedem Fall die Bestimmungen der Vorsorgeeinrichtung massgebend.

Aus den zwei einschlägigen Kreisschreiben der Eidgenössischen Steuerverwaltung[20] ergeben sich folgende grundsätzliche *Anforderungen an (steuerbefreite) Vorsorgeeinrichtungen*:

- *Ausschliesslichkeit* (die Mittel müssen dauernd und ausschliesslich dem Vorsorgezweck dienen);
- *Planmässigkeit*;
- *Kollektivität*[21];
- *Angemessenheit* (die Leistungshöhe muss dem Vorsorgezweck angemessen sein[22]) der Vorsorge.

9.21 *Öffentlichrechtliche Vorsorgeeinrichtungen* sind dem aus Art. 4 BV abgeleiteten Mindeststandard von Willkürfreiheit, Wahrung der Rechtsgleichheit und Verhältnismässigkeit verpflichtet[23]. In der Lehre umstritten ist, ob dies auch für *privatrechtliche Vorsorgeeinrichtungen* gilt (Drittwirkung der Verfassungsgrundsätze)[24]. Die neuere Rechtsprechung des EVG (Eidg. Versicherungsgericht) anerkennt lediglich eine indirekte Drittwirkung im Sinne des Gebots grundrechtskonformer *Auslegung* privatrechtlicher Normen[25].

---

20 Kreisschreiben Nr. 1 vom 30. Januar 1986 und Nr. 1a vom 20. August 1986
21 Dieses Kriterium ist insbesondere wichtig zur steuerlichen Unterscheidung der beruflichen Vorsorge (2. Säule) und der gebundenen Selbstvorsorge (Säule 3a).
22 Die Beiträge dürfen nicht so hoch sein, dass sie zu unangemessen hohen Leistungen führen (vgl. unter anderem RAMSEIER in: der Schweizer Treuhänder 5/1991, 229 f., STEINER, in: SPV 2/1994, 66). Als Faustregel gilt, dass die Leistungen nicht höher sein dürfen als der Lohn.
23 In BGE 116 V 198 ff. hat das EVG eine kantonalrechtliche Ordnung, derzufolge Witwerrenten an weitergehende Voraussetzungen geknüpft wurden als Witwenrenten, als gegen Art. 4 Abs. 2 BV verstossend bezeichnet und dem Witwer eine Rente nach den gleichen Bestimmungen, wie sie für Witwen galten, zugesprochen. Auch wenn die Verfassungswidrigkeit einer Ordnung anerkannt ist (z.B. ungleiches Rücktrittsalter für Mann und Frau), können sich jedoch Versicherte hierauf nicht mit Erfolg berufen, wenn die Herstellung der verfassungsmässigen Ordnung aufgrund ihrer Komplexität oder ihrer finanziellen Auswirkungen offensichtlich einen Entscheid der politischen Instanzen erfordert (BGE 117 V 318 ff.; 119 V 282; EVG in SZS 2/1995, 141 ff).
24 Bejahend MEYER-BLASER, in ZSR 1992 II, 345, ebenso noch das EVG unter Hinweis auf die Grundregeln des Sozialversicherungsrechts in einem Entscheid vom 27.12.1988, zitiert von Viret in SVZ 5/6 1991, 103 Fn. 7.
25 In BGE 120 V 312 ff. wurde der Anspruch eines Witwers auf eine Witwerrente gegenüber einer (umhüllenden) Vorsorgestiftung, die nur Witwenrenten kennt, abgewiesen mit der Begründung, es fehle an einer Norm, welche verfassungskonform ausgelegt werden könne; Art 4 Abs. 2 könne im Rahmen der weitergehenden beruflichen Vorsorge privatrechtlicher Versicherungsträger nicht dazu dienen, Leistungsansprüche einzuführen, welche das Reglement nicht vorsieht. Kritisch hiezu MEYER-BLASER, in: SZS 2/1995, 84.

4. Finanzierung der beruflichen Vorsorge und Insolvenzdeckung

Die (Alters-)Leistungen der beruflichen Vorsorge werden grundsätzlich im *Kapitaldeckungsverfahren* finanziert, d.h. die heute versicherten Personen bezahlen die Leistungen, welche sie im Versicherungsfall erhalten werden, zusammen mit dem Arbeitgeber selber[26]. Das Kapitaldeckungsverfahren soll den versicherten Personen die Sicherheit geben, dass auch bei ihrem Altersrücktritt genügend Geld für die versprochenen Leistungen vorhanden ist[27]. 9.22

Dieses Finanzierungsverfahren bedingt, dass die versicherte Person beim Austritt aus der Vorsorgeeinrichtung die für sie angesparten Gelder (Austrittsleistung) erhält, um sie in die neue Vorsorgeeinrichtung einbringen zu können. Zudem müssen sich versicherte Personen, die zum Beispiel erst spät eine Erwerbstätigkeit aufgenommen haben oder ihre Erwerbstätigkeit während einer längeren Zeit unterbrochen haben, im allgemeinen in die Vorsorgeeinrichtung einkaufen, um im Versicherungsfall ungekürzte Leistungen zu erhalten.

Betreffend die Finanzierung der Leistungen gilt für öffentlichrechtliche Anstellungsverhältnisse im Bereich des Obligatoriums und für privatrechtliche Anstellungsverhältnisse im Bereich der gesamten Vorsorge, dass der Beitrag des Arbeitgebers mindestens so hoch sein muss wie die gesamten Beiträge all seiner Arbeitnehmer (Art. 331 Abs. 3 OR[28], Art. 66 Abs. 1 BVG). Es handelt sich also um eine *kollektive Beitragsparität*. Somit ist es beispielsweise erlaubt, die Arbeitgeberbeiträge zu einem grösseren Teil für die älteren Versicherten zu verwenden, wogegen die jungen Versicherten vom Arbeitgeberbeitrag weniger erhalten[29]. Diese Aufteilung der Arbeitgeberbeiträge ist insbesondere im Hinblick auf die Höhe der Austrittsleistung von Bedeutung (vgl. § 10 Abschnitt II. «Freizügigkeit»). Vorsorgeeinrichtungen müssen die Finanzierung so regeln, dass die versicherten Leistungen erbracht werden können. Darüber hinaus sind sie in der Gestaltung der Finanzierung frei (Art. 49 Abs. 1 BVG). 9.23

---

26 Im Gegensatz dazu werden die Leistungen der 1. Säule im Umlageverfahren finanziert, d.h. die heute versicherten Personen bezahlen die Leistungen der heute rentenbeziehenden Personen. Öffentlichrechtliche Vorsorgeeinrichtungen können ihre Leistungen auch ganz oder teilweise im Umlageverfahren finanzieren, da von ihrer Perennität ausgegangen wird.

27 Vgl. die finanzielle Sicherheit betreffenden Art. 65 Abs. 1, 67, 69 und 71 BVG, die gemäss Art. 49 Abs. 2 BVG auch für den überobligatorischen Teil registrierter Vorsorgeeinrichtungen gelten.

28 Art. 331 OR gilt nicht für öffentlichrechtliche Anstellungsverhältnisse. Gemäss Art. 34^{quater} Abs. 3 lit. a BV muss der Arbeitgeber aber in jedem Fall mindestens die Hälfte der von ihm und den Arbeitnehmern zusammen zu entrichtenden Beiträgen übernehmen (vgl. auch oben, Rz. 9.4, Fn. 1).

29 Vgl. dazu BEROS, Die Stellung des Arbeitnehmers im BVG, 89/90 mit Hinweisen.

Beispiel: Nachfolgend zwei mögliche Finanzierungsvorschriften einer BVG-Minimaleinrichtung betreffend die Beiträge ihrer Arbeitnehmer (AN) und des Arbeitgebers (AG):

Alter		Beitrag in % des koordinierten Lohnes			
		1. Variante		2. Variante	
Männer	Frauen	AN	AG	AN	AG
18 – 24	18 – 24	1,0%	1,0%	1,0%	1,0%
25 – 34	25 – 31	5,0%	5,0%	5,5%	4,5%
35 – 44	32 – 41	6,5%	6,5%	6,5%	6,5%
45 – 54	42 – 51	9,0%	9,0%	8,5%	9,5%
55 – 65	52 – 62	10,5%	10,5%	9,5%	11,5%

In der 1. Variante werden die Beiträge individuell paritätisch geleistet, das heisst, der Arbeitgeber bezahlt für jede versicherte Person soviele Beiträge wie die Person selbst. In der 2. Variante nutzt die Vorsorgeeinrichtung die Möglichkeit der kollektiven Parität, indem der Arbeitgeber für jüngere Versicherte weniger Beiträge bezahlt als diese und für ältere Versicherte mehr Beiträge. Es muss dabei gewährleistet sein, dass der Arbeitgeber *insgesamt* mindestens soviele Beiträge entrichtet wie alle versicherten Personen zusammen[30].

Mit diesen Beiträgen werden die versicherten Leistungen finanziert: Zur Finanzierung der Risikoleistungen (die Leistungen, welche bei Invalidität oder Tod vor dem Rentenalter fällig werden) werden 2% aller koordinierten Löhne verwendet, zur Finanzierung der Sondermassnahmen werden 1% der koordinierten Löhne der mindestens 25jährigen versicherten Personen verwendet, die Altersleistungen bzw. die Altersgutschriften gemäss BVG werden durch die restlichen Beiträge finanziert.

Eine weibliche versicherte Person im Alter 43 mit einem koordinierten Lohn von Fr. 46 560.– bezahlt in der 1. Variante insgesamt Beiträge von Fr. 4 190.40 (= 9% von Fr. 46 560.–), der Arbeitgeber bezahlt für sie ebenfalls Beiträge von insgesamt Fr. 4 190.40. Der Beitrag von AN und AG beträgt zusammen Fr. 8 380.80. Davon werden Fr. 931.20 (= 2% von Fr. 46 560.–) zur Finanzierung der Risikoleistungen und Fr. 465.60 (= 1% von Fr. 46 560.–) zur Finanzierung der Sondermassnahmen verwendet, der Rest (Fr. 6 984.– = 15% von Fr. 46 560.–) wird dem Altersguthaben der Frau als Altersgutschrift gutgeschrieben.

9.24 Falls eine Vorsorgeeinrichtung zahlungsunfähig geworden ist[31], übernimmt der *Sicherheitsfonds*[32] die teilweise Sicherstellung der reglementarischen vorgeschriebenen Leistungen[33]. Bis zum 31. Dezember 1996 wurden durch diesen Fonds lediglich die Mindestleistungen gemäss BVG (insbesondere auch die Austrittsleistung gemäss BVG) garantiert. Seit dem 1. Januar 1997 wurde die Insolvenzdeckung durch den Sicherheitsfonds über die BVG-Mindestleistungen hinaus erweitert. Es werden die reglementarischen Leistungen von allen zahlungsunfähig

---

30 Gemäss Art. 331 Abs. 3 OR erbringt der Arbeitgeber seine Beiträge aus eigenen Mitteln oder aus Beitragsreserven der Personalvorsorgeeinrichtung, die von ihm vorgängig hiefür geäufnet worden und gesondert ausgewiesen sind.

31 Eine Vorsorgeeinrichtung ist zahlungsunfähig, wenn sie die gesetzlichen Leistungen nicht erbringen kann und über sie ein Liquidations- oder Konkursverfahren eröffnet worden ist.

32 Der «Sicherheitsfonds BVG» ist eine durch die Schweizerische Eidgenossenschaft errichtete öffentlichrechtliche Stiftung.

33 Art. 56–59 BVG sowie darauf abgestützte Verordnungen und Reglemente (SR 831.1–831.4).

gewordenen Vorsorgeeinrichtungen, die aufgrund ihrer Bestimmungen bei Alter, Tod oder Invalidität Anspruch auf Leistungen gewähren[34], sichergestellt. Die Sicherstellung soll dabei auf Leistungen beschränkt werden, die sich aufgrund eines massgebenden Lohnes nach dem BVG in der anderthalbfachen Höhe des oberen Grenzbetrages ergeben[35].

Wie die Sicherstellung im konkreten Fall aussehen wird, muss die Praxis noch zeigen. Insbesondere bestehen aus unserer Sicht noch Unklarheiten, wie die Insolvenzdeckung im Zusammenhang mit Art. 19 und Art. 23 Abs. 3 FZG definiert wird. In diesen erwähnten Artikeln wird besagt, dass ein technischer Fehlbetrag unter bestimmten Umständen (vgl. auch unten, Rz. 10.16) abgezogen werden darf, falls das BVG-Altersguthaben (= die Austrittsleistung gemäss BVG) dadurch nicht geschmälert wird. Diese Regelung war bis zum 31. Dezember 1996 durchaus verständlich, da bis zu diesem Zeitpunkt der Sicherheitsfonds die Ausrichtung des BVG-Altersguthabens garantierte. Wann und in welchem Umfang heute ein Fehlbetrag noch abgezogen werden darf, erscheint uns unklar.

Bis anhin wurde der Sicherheitsfonds durch die registrierten Vorsorgeeinrichtungen finanziert[36]. Neu soll der Sicherheitsfonds von allen ihm angeschlossenen Vorsorgeeinrichtungen finanziert werden, wobei der Bundesrat die Einzelheiten dazu regelt[37]. 9.25

III. Versicherungspflicht und Recht zur Versicherung

Die berufliche Vorsorge ist grundsätzlich an eine Erwerbstätigkeit im Rahmen eines privatrechtlichen Arbeitsvertrags oder eines öffentlichrechtlichen Arbeitsverhältnisses geknüpft. Wieweit eine Person versichert werden *muss* oder sich versichern lassen *kann*, hängt daher in erster Linie von ihrer Arbeitssituation ab. 9.26

---

34 Das heisst, die dem FZG unterstehen.
35 Der maximal berücksichtigte Lohnteil würde somit Fr. 83 580.– (Lohnteil zwischen Fr. 23 880 und Fr. 107 460 = 1.5 x Fr. 71 640; Stand 1997) entsprechen.
36 Die Vorsorgeeinrichtungen mussten 0,04% der Summe aller koordinierten Löhne an den Sicherheitsfonds bezahlen (Stand 1996).
37 Art. 59 BVG: Die Änderung dieses Artikels trat noch nicht auf den 1.1.1997 in Kraft. Zur Zeit (Stand 1997) enthalten die registrierten Vorsorgeeinrichtungen einen Beitrag von 0,06%.

1. Obligatorische Vorsorge

9.27 Der obligatorischen Versicherung gemäss BVG (Art. 2 BVG) unterstehen:

- *Arbeitnehmer*[38], welche das *17. Altersjahr vollendet* haben[39] und deren *AHV-pflichtiger Jahreslohn über Fr. 23 880.– (Stand 1997) liegt*[40]. Der Arbeitgeber ist verpflichtet, diese Arbeitnehmer bei einer Vorsorgeeinrichtung zu versichern[41]. Arbeitgeber, welche ihrer Pflicht zum Anschluss an eine Vorsorgeeinrichtung nicht nachkommen, werden von Gesetzes wegen der Stiftung Auffangeinrichtung BVG angeschlossen (Art. 60 BVG)[42].
- *Bezüger von Taggeldern der Arbeitslosenversicherung* (seit dem 1. Juli 1997[43]), jedoch nur betreffend die Risikoversicherung, d.h. die obligatorische Versicherung gegen Invalidität und Tod.

9.28 Abweichend von obiger Regel sind der obligatorischen Versicherung Personen *nicht unterstellt,*

a) deren Arbeitgeber gegenüber der AHV nicht beitragspflichtig ist;
b) deren Arbeitsverhältnis auf längstens drei Monate abgeschlossen worden ist[44]; wird die Vertragsdauer später verlängert, so beginnt die Versicherung im Zeitpunkt, an welchem die Verlängerung des Arbeitsverhältnisses vereinbart wurde;
c) die nebenberuflich tätig sind und bereits für eine hauptberufliche Erwerbstätigkeit versichert sind oder im Hauptberuf eine selbständige Erwerbstätigkeit ausüben;
d) die im Sinne der IV zu mindestens zwei Dritteln invalid sind[45];

---

38 Der Arbeitnehmerbegriff ist nach AHV-rechtlichen Kriterien auszulegen (vgl. BGE 115 Ib 37 ff.; BGE 119 V 164; EVG in: SZS 1/1997, 55 f.; Versicherungsgericht ZH, in: SZS 1/1997, 29 ff., CADOSCH in: SZS 3/1990, 123 f.; VIRET, in: SVZ 5/6 1991, 102).
39 Die Versicherungspflicht beginnt am 1. Januar nach Vollendung des 17. Altersjahres.
40 Art. 2 Abs. 1 BVG. Für Personen, welche gemäss IV zur Hälfte invalid sind, muss der AHV-pflichtige Jahreslohn über Fr. 11 940.– (= 0.5 x Fr. 23 880) liegen (Stand 1997).
41 Zu den Rechtsfolgen, wenn einzelne Arbeitnehmer der Vorsorgeeinrichtung nicht gemeldet werden, vgl. unten, Rz. 9.30, Fn. 50.
42 Zu den Rechtsfolgen, wenn sich der Arbeitgeber keiner Vorsorgeeinrichtung anschliesst, vgl. unten, Rz. 9.31, Fn. 52.
43 Arbeitslosenversicherungsgesetz (AVIG), Änderung vom 23. Juni 1995; BBl 1994 I 340. Diese Versicherungspflicht endet spätestens, wenn die Ausrichtung von Taggeldern der Arbeitslosenversicherung eingestellt wird. Die aus diesem Grund aus der obligatorischen Versicherung ausscheidende Person kann die Vorsorge für die Risiken Tod und Invalidität im bisherigen Umfang bei der Auffangeinrichtung weiterführen.
44 Hierunter fallen auch befristete Probeanstellungen, nicht aber unbefristete Arbeitsverhältnisse, die unter Festsetzung einer Probezeit eingegangen werden, auch wenn diese weniger als drei Monate beträgt (Versicherungsgericht ZH, in: SZS 1/1997, 37 ff.).
45 Der verordnungsmässige Ausschluss dieser Personen ist gesetzeskonform. BGE 118 V 164 ff. und 118 V 243.

§ 9 System der beruflichen Vorsorge

e) die in einem landwirtschaftlichen Betrieb mitarbeiten und die
   – Verwandte des Betriebsleiters in auf- und absteigender Linie oder dessen Ehegatte sind;
   – der Schwiegersohn[46] des Betriebsleiters und voraussichtlicher zukünftiger Betriebsleiter sind;
f) die nicht oder voraussichtlich nicht dauernd in der Schweiz tätig sind und im Ausland genügend versichert sind und ein entsprechendes Gesuch an die Vorsorgeeinrichtung stellen.
(Vgl. Art. 1 Abs. 1 und 2 BVV2)

Die obligatorisch versicherten Personen sind im Rahmen der obligatorischen Versicherung ohne weiteres bei der Vorsorgeeinrichtung versichert, der sich ihr Arbeitgeber angeschlossen hat[47]. Sie unterstehen zudem unmittelbar den reglementarischen Bestimmungen der Vorsorgeeinrichtung, ohne dass es dazu ihrer Zustimmung bedarf, und es können diese Bestimmungen von der Vorsorgeeinrichtung einseitig abgeändert werden[48]. 9.29

Vereinbarungen, wonach Arbeitnehmer in gegenseitigem Einverständnis nicht angemeldet werden, sind unbeachtlich[49]. Werden versicherungspflichtige Arbeitnehmer bei der Vorsorgeeinrichtung nicht angemeldet, so führt dies bei nachträglicher Bejahung der Versicherungspflicht dazu, dass nachträglich eine Abrechnung zwischen Arbeitgeber und Vorsorgeeinrichtung durchzuführen ist[50]. 9.30

Hat der Arbeitgeber die Verpflichtung zum Anschluss an eine Vorsorgeeinrichtung missachtet, so sind die obligatorisch versicherten Personen bei der Auffangeinrichtung versichert und haben dieser gegenüber entsprechend Anspruch auf die Mindestleistungen gemäss BVG[51]. Ausscheidende Arbeitnehmer haben in diesem Fall einen Freizügigkeitsanspruch gegen die Auffangeinrichtung[52]. 9.31

---

46 Bei verfassungskonformer Auslegung dieser Bestimmung sind unter den Wortlaut «Schwiegersöhne» auch Schwiegertöchter zu subsumieren.
47 Aus Art. 10 Abs. 1 BVG sowie Art. 6 und 7 BVV2 ergibt sich, dass die Arbeit- bzw. Dienstnehmer mit dem Antritt des Dienstverhältnisses ohne eine Willenserklärung (ja selbst allenfalls gegen ihren Willen) und ohne Verfügung ex lege versichert sind (vgl. u.a. SCHWEIZER in: SZS 6/1989, 284, EVG in SZS 2/90, 95). Zum Beginn des Versicherungsschutzes vgl. BRÜHWILER, Die betriebliche Personalvorsorge in der Schweiz, 472 sowie BGE 118 V 39 und Urteil des Versicherungsgerichts ZH in: SZS 3/1994, 200 f., wo die Praxis zum UVG herangezogen wurde.
48 Vgl. BRÜHWILER a.a.O. (Fn. 47), 440 ff.
49 Versicherungsgericht ZH, in: SZS 2/1994, 136.
50 Versicherungsgericht ZH, in: SZS 1/1997, 36.
51 Vgl. oben, Rz. 9.27, Fn. 42; zur Auffangeinrichtung vgl unten, Rz. 10.36.
52 Die Auffangeinrichtung fordert dann beim Arbeitgeber die ausstehenden Beiträge samt Verzugszins und Schadenersatz ein (EVG in: SPV 11/1989, 385).

9.32 Ein *Recht auf freiwillige Versicherung gemäss BVG* besteht gestützt auf Art. 44, 46, 47 BVG und Art. 1 Abs. 3 und 4 BVV2

- für Selbständigerwerbende. Sie können sich bei der Vorsorgeeinrichtung ihres Berufes oder ihrer Arbeitnehmer versichern lassen
- für Arbeitnehmer gemäss obigen Punkten a und e. Sie können sich bei der Vorsorgeeinrichtung ihres Berufes oder ihrer Arbeitgeber versichern lassen.
- für Arbeitnehmer, die für mehrere Arbeitgeber tätig sind und deren gesamter Jahreslohn über dem BVG-Koordinationsabzug (Fr. 23 880.–; Stand 1997) liegt, und für Arbeitnehmer gemäss obigen Punkten b und c. Sie können sich bei der Vorsorgeeinrichtung, der einer ihrer Arbeitgeber angeschlossen ist, versichern, sofern die Bestimmungen der Vorsorgeeinrichtung dies vorsehen.
- für Arbeitnehmer, die aus der obligatorischen Versicherung ausscheiden. Sie können die Vorsorge oder bloss die Altersvorsorge im bisherigen Umfang bei der früheren Vorsorgeeinrichtung weiterführen, wenn die Bestimmungen der Vorsorgeeinrichtung dies zulassen.[53]

Ist in den angeführten Fällen die freiwillige Versicherung nicht bei einer Vorsorgeeinrichtung möglich, so ist die Versicherung bei der Stiftung Auffangeinrichtung BVG zulässig.

2. Überobligatorische Vorsorge

9.33 Im Rahmen der überobligatorischen Vorsorge können vom BVG abweichende reglementarische *Aufnahmebedingungen* vorgesehen werden. Diese können insbesondere die Versicherung von Arbeitnehmern einschliessen, welche gemäss BVG nicht versichert werden müssten. Wenn eine Person im Zeitpunkt der Aufnahme vollständig invalid war, ist die Aufnahme in die überobligatorische Versicherung gestützt auf eine sinngemäss Anwendung von Art. 9 VVG jedoch zumindest ohne besondere reglementarische Bestimmungen nichtig[54].

Die Aufnahme von Versicherten in die überobligatorische Versicherung privatrechtlicher Vorsorgeeinrichtungen erfolgt nicht von Gesetzes wegen, sondern beruht rechtsdogmatisch auf einem Vorsorgevertrag[55]. Dieser ist ein Innominatskontrakt sui generis[56] mit der Besonderheit, dass sein Inhalt vom zuständigen

---

53 Änderung per 1.1.1997 in Kraft, vgl. oben, Rz. 9.27, Fn. 43.
54 BGE 118 V 158 ff. MOSER bejaht diese Folge mit eingehender Begründung auch mit Wirkung auf die Risiken Tod und Alter (Sonderheft SZS 1997, 125 ff.).
55 Für den rechtswirksamen Abschluss des Vertrags ist dementsprechend seitens der Versicherten Vertragsfähigkeit erforderlich (EVG in: SZS 4/1996, 335 ff.).
56 EVG in: SZS 4/1989, 218. Der Vorsorgevertrag darf nicht mit dem Arbeitsvertrag im Sinne von Art. 319 ff. OR verwechselt oder als Bestandteil desselben angesehen werden (BGE 122 V 145).

§ 9 System der beruflichen Vorsorge

Vorsorgeorgan in Gestalt eines Reglements erlassen wird[57]. Der Vertragsabschluss erfolgt regelmässig stillschweigend[58]. Änderungen des Reglements bedürfen der Zustimmung der einzelnen Versicherten, die stillschweigend erfolgen kann (z.B. durch widerspruchslose Entgegennahme des geänderten Reglements); häufig anzutreffen und zulässig sind jedoch auch Klauseln in den Reglementen, die einseitige Änderungen durch die zuständigen Vorsorgeorgane ermöglichen[59].

Öffentlichrechtliche überobligatorische Vorsorgeverhältnisse entstehen in der Regel mit dem Arbeitsantritt entsprechend den Bestimmungen von Bund, Kantonen oder Gemeinden über das öffentlichrechtliche Berufsvorsorgeverhältnis[60].

IV. Rechtspflege und Verjährung von Ansprüchen gemäss BVG

Bei Streitigkeiten zwischen der Vorsorgeeinrichtung, Anspruchsberechtigten und dem Arbeitgeber empfiehlt es sich, vorerst von der Vorsorgeeinrichtung detaillierte Auskunft zu verlangen (dazu Rz. 10.17 ff.). Darüber hinaus kann auch die zuständige Aufsichtsbehörde (vgl. oben, Rz. 9.12) um Stellungnahme gebeten werden.   9.34

Das BVG (Art. 73 und 74) unterscheidet zwei Rechtswege, den Beschwerde- bzw. *Verwaltungsrechtsweg* (Anfechtung von Verfügungen der Aufsichtsbehörde) und den zivilen Rechtsweg bzw. *Klageweg* (Streitigkeiten zwischen der Vorsorgeeinrichtung, Anspruchsberechtigten und Arbeitgebern)[61]. Die Verfahrensbestimmungen gelten für alle registrierten Vorsorgeeinrichtungen[62] und für nicht registrierte Vorsorgeeinrichtungen, welche in Form einer Stiftung gegründet wurden (Art. 89bis Abs. 6 ZGB). Öffentlichrechtliche und privatrechtliche, registrierte Vorsorgeeinrichtungen sind bezüglich Rechtsweg und Verfahren gleichgestellt[63].   9.35

Die beiden Rechtswege sind nachfolgend graphisch dargestellt:

---

57 BGE 115 V 99 mit Kommentar von MEYER-BLASER, in: SZS 2/1990, 76; BGE 122 V 145.
58 Vgl. unter anderem BGE 119 V 19.
59 BGE 117 V 226; EVG in: SZS 2/1996, 154.
60 MEYER-BLASER in: SZS 2/1990, 78; EVG in: SZS 5/1994, 372.
61 Zur Abgrenzung von Klageweg, Verwaltungsrechtsweg und Zivilrichter vgl. die nachfolgenden Ausführungen sowie HOSTETTLER, Der Gang zur Aufsicht oder zum Richter? in: SPV 9/1996, 507 ff.
62 Unabhängig davon, ob der Streitpunkt Gegenstand einer ausdrücklichen Regelung des BVG oder seiner Ausführungsvorschriften ist oder sich lediglich auf die Anwendung des Reglements der Vorsorgeeinrichtung bezieht (BGE 114 V 104 f., 117 V 51 sowie EVG in: SZS 5/1994, 348).
63 BGE 113 Ib 190; 116 V 334. Auch öffentlichrechtlichen Vorsorgeeinrichtungen steht im Anwendungsbereich von Art. 73 BVG keine Verfügungskompetenz zu (BGE 115 V 229 f.; 117 V 342).

```
Verwaltungsrechtsweg:              Klageweg:


        Aufsicht                    Begünstigte
           |                           / \
        Verfügung                     /   \
           ↓                         /     \
    Vorsorgeeinrichtung     Vorsorge-/      \ Arbeitgeber
           |                einrichtung------
        Beschwerde                  Klage
           ↓                          ↓
    Eidg. Beschwerde-             kant. Gericht
    kommission
           |                    Verwaltungsgerichts-
    Verwaltungsgerichts-             beschwerde
         beschwerde                      ↓
           ↓
      Bundesgericht              Eidg. Versicherungs-
                                      gericht
```

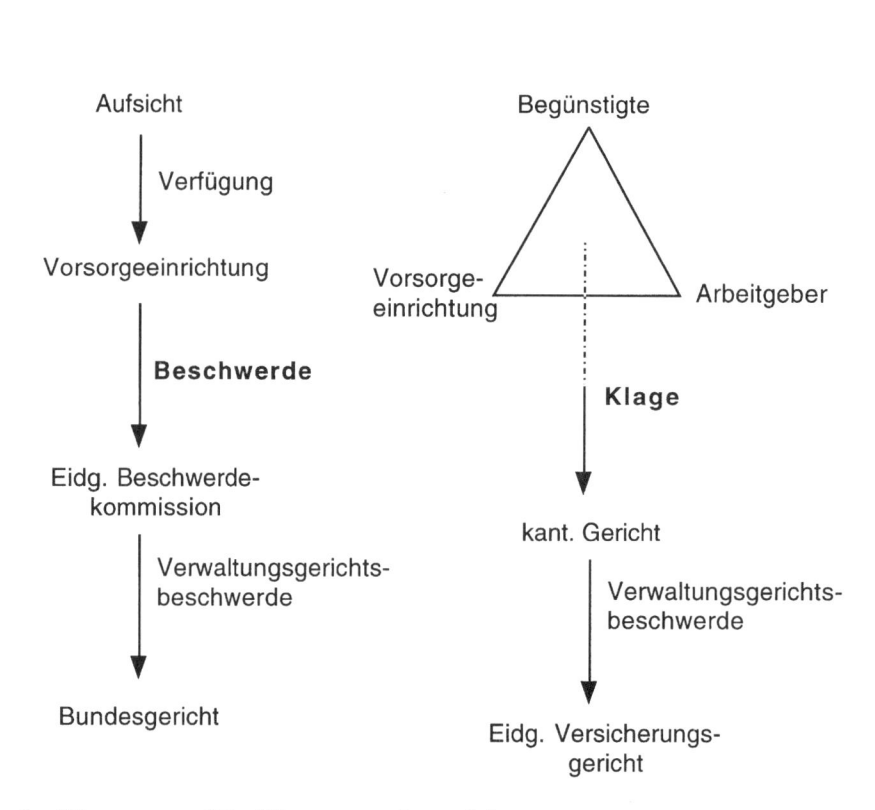

1. Klageweg und Verjährung von Ansprüchen

9.36   Streitigkeiten fallen unter die Zuständigkeitsordnung von Art. 73 BVG, wenn sie die berufliche Vorsorge betreffen[64], die Beteiligten demnach in ihrer Eigenschaft als (grundsätzlich gleichgestellte) am Vorsorgeverhältnis mitwirkende Parteien

---

64 Die Zuständigkeit nach Art. 73 BVG ist e contrario nicht gegeben, wenn Versicherte und Vorsorgeeinrichtung über andere Dinge als die berufliche Vorsorge miteinander im Streit liegen. Beispiele hierfür sind Streitigkeiten aus Miet-, Darlehens- oder Pfandvertrag. Vorsorgerechtlicher Natur sind demgegenüber Streitigkeiten über Verpfändungen gestützt auf die Bestimmungen über die Wohneigentumsförderung mit Mitteln der beruflichen Vorsorge, ebenso Streitigkeiten über Darlehen der Vorsorgeeinrichtung, die nicht zu Anlage-, sondern zu Unterstützungszwecken gewährt werden (nicht publiziertes Urteil des EVG vom 7. Juni 1989 i.S. B gegen Z; Urteil des EVG in: SZS 1/1991, 42; MEYER-BLASER, in: SZS 2/1990, 87).

§ 9 System der beruflichen Vorsorge

Rechtsschutz suchen[65]. Hauptgegenstände solcher Streitigkeiten sind[66]: Geldleistungen der Vorsorgeeinrichtung[67] (Renten und Freizügigkeitsleistungen), Beitragsleistungen, Aufforderungen zur Einreichung von Unterlagen, Abgabe von Erklärungen[68], Erteilung von Auskünften, Feststellungs- und Gestaltungsansprüche (beispielsweise bezüglich der Versicherungspflicht, der Kassenaufnahme sowie der Gesundheitsvorbehalte).

Das Klageverfahren ist auf die Streiterledigung im konkreten Anwendungsfall ausgerichtet[69]. Im Verfahren nach Art. 73 BVG kann eine versicherte Person dementsprechend nur Begehren stellen, die sie direkt betreffen[70]. Feststellungsklagen anstelle von Leistungsklagen sind zulässig, wenn dafür ein schutzwürdiges Interesse besteht[71]. 9.37

Auch auf Streitigkeiten zwischen Arbeitgeber und Arbeitnehmer[72] sowie zwischen Arbeitgeber und Vorsorgeeinrichtung[73] ist Art. 73 BVG anwendbar, wenn sie spezifische Fragen der beruflichen Vorsorge betreffen. Die Rechtspflegeorgane sind ferner zuständig, wenn zwei Vorsorgeeinrichtungen im Streit über ein konkretes Vorsorgeverhältnis liegen[74]. 9.38

Ausgenommen vom Rechtsweg nach Art. 73 BVG sind Streitigkeiten betreffend Ermessensleistungen[75]. 9.39

---

65 Dies trifft z.B. nicht zu bei Streitigkeiten betr. den Rückversicherungsvertrag (BGE 119 V 444).
66 BGE 113 Ib 190.
67 Im Zusammenhang mit Leistungsansprüchen kann sich die Frage stellen, ob arbeitsrechtliche Vorfragen vom Berufsvorsorgerichter oder vom Zivilrichter (bzw. vom Verwaltungsrichter bei öffentlichrechtlichen Arbeitsverhältnissen) zu beurteilen sind (vgl. WALSER, in: Sozialversicherungsrecht im Wandel, 479 ff. So ist z.B. die Frage, ob die Entlassung eines Beamten auf dessen Verschulden beruht, vorsorgerechtlicher Natur, wenn ihre Bejahung zu Leistungsansprüchen gegen die Vorsorgeeinrichtung führt (BGE 116 V 340 ff., 118 Ib 172 ff. und 118 V 252). Ebenso hat ein Antragsteller klageweise an den Berufsvorsorgerichter zu gelangen, wenn er geltend macht, ein Dienstverhältnis sei nicht wegen ungenügenden Leistungen, sondern infolge Invalidität aufzulösen (MEYER-BLASER, in: SZS 2/1995, 107).
68 118 V 253.
69 Versicherungsgericht ZH in: SZS 5/1991, 271.
70 Für das Begehren auf Aufhebung einer Leistung an eine Drittperson ist nicht das Versicherungsgericht, sondern die Aufsichtsbehörde zuständig (Urteil des Versicherungsgerichts des Kantons Zürich vom 9. Februar 1989 i.S. H gegen Z und H).
71 BGE 118 V 253, 120 V 301. Auch in der kantonalen Instanz sind von Bundesrechts wegen vorsorgliche Massnahmen möglich (BGE 119 V 297).
72 EVG in: SZS 4/1990, 203; BGE 116 V 339; 119 V 29 f. Der Rechtsweg steht umgekehrt nicht offen, wenn sich der Streit zwischen Arbeitgeber und Arbeitnehmenden auf Themen ausserhalb der beruflichen Vorsorge bezieht; vgl. z.B. 116 V 113; 119 V 30 f.; MEYER-BLASER, in: SZS 2/1995, 106.
73 BGE 115 V 363.
74 BGE 119 V 18.
75 EVG in: SZS 5/1995, 389 ff. Kritisch hierzu MEYER-BLASER, in: SZS 2/1995, 108. Bei Ermessens-

9.40 In jedem Kanton besteht für vorsorgerechtliche Streitigkeiten als letzte kantonale Instanz[76] ein Gericht (Art. 73 Abs. 1 BVG)[77]. Gerichtsstand ist der schweizerische Sitz oder der Wohnsitz des Beklagten oder der Ort des Betriebes, bei dem die versicherte Person angestellt ist bzw. war[78]. Die Entscheide der kantonalen Gerichte können auf dem Weg der Verwaltungsbeschwerde beim Eidgenössischen Versicherungsgericht in Luzern angefochten werden (Art. 73 Abs. 4 BVG).

9.41 Für das Verfahren gilt (auch in kantonaler Instanz) die Offizialmaxime, der Richter ist hinsichtlich der Rechtsbegehren und der Beweisführung nicht an die Parteianträge gebunden[79].

9.42 Verfahren über Bewilligung oder Verweigerung von Versicherungsleistungen sind im allgemeinen *kostenlos*[80]. Das Recht auf Parteientschädigung richtet sich im kantonalen Verfahren ausschliesslich nach kantonalem Recht[81]. Die Vorsorgeeinrichtungen haben in Prozessen mit Versicherten grundsätzlich keinen Anspruch auf Parteientschädigung[82]. Es bestehen keine Streitwertgrenzen.

9.43 Ansprüche von Versicherten, die sich auf das BVG oder das Vorsorgereglement stützen (sowie alle anderen Ansprüche, die nach dem Klageverfahren gemäss Art. 73 BVG beurteilt werden), können als Folge des Zeitablaufs nur aufgrund der Verjährung erlöschen. Im übrigen ist die Klageerhebung *nicht* an eine Frist gebunden[83].

---

 fehlern kann die Aufsichtsbehörde von Amtes wegen oder auf Beschwerde hin eingreifen.
76 Kantonale gerichtliche Zwischeninstanzen sind bundesrechtlich zulässig: Es kann bei ihnen Klage erhoben werden und gegen ihren Entscheid ist die Beschwerde an die letzte kantonale Instanz zulässig (BGE 117 V 343, 118 V 162). Auch gegenüber einem (nicht gerichtlichen) Verfahren, das dem letztinstanzlichen Klageverfahren vorausgeht, ist nichts einzuwenden. Entscheide in solchen Verfahren haben im Anwendungsbereich von Art. 73 BVG jedoch keinen Verfügungscharakter und vermögen somit das Recht der Verfahrensbeteiligten nicht zu beschränken, innert der Verjährungsfristen Klage beim Versicherungsgericht zu erheben (BGE 116 V 204 f.).
77 Das nach Art. 73 BVG zuständige Gericht hat selber zu entscheiden, darf mithin keine Rückweisung an die Organe der Vorsorgeeinrichtung aussprechen (BGE 117 V 242, 118 V 247 f.).
78 Art. 73 Abs. 3 BVG. Gerichtsstandsklauseln sind unwirksam (MEYER-BLASER, in: SZS 2/1995, 110), ebenso Schiedsabreden (WALSER, in: Sozialversicherungsrecht im Wandel, 470 f.).
79 EVG in: SZS 5/1990, 268.
80 Die Auferlegung von Gerichtskosten richtet sich im Grundsatz ausschliesslich nach dem Bundesrecht. Sie ist auf Fälle mutwilliger oder leichtsinniger Prozessführung beschränkt (BGE 118 V 239, 118 V 317 ff. sowie MEYER-BLASER, in: SZS 2/1995, 87). Die grundsätzliche Kostenlosigkeit schliesst auch die Anwendbarkeit kantonalrechtlicher Bestimmungen über Prozesskautionen aus (Urteil des Versicherungsgerichts ZH, vom 3. April 1992 i.S. B.).
81 LEUZINGER in: SZS 4/1991, 180; MEYER-BLASER, in: SZS 2/1995, 112.
82 Art. 73 Abs. 2 BVG; EVG in: SZS 2/1990, 97.
83 BGE 117 V 332.

Gemäss Art. 41 BVG *verjähren* periodische Leistungen und Beiträge nach 5 Jahren, 9.44
die anderen nach 10 Jahren.

Beispiel 1: Eine versicherte Person sei aus einer Vorsorgeeinrichtung ausgetreten. Sie hätte gemäss Reglement der Vorsorgeeinrichtung Anspruch auf eine Invalidenrente. Falls sie diesen Anspruch sieben Jahre nach dem Austritt geltend macht, muss die Vorsorgeeinrichtung auch die Invalidenrenten für die letzten fünf Jahre erbringen. Falls sie diesen Anspruch zwölf Jahre nach dem Austritt geltend macht, ist jedoch das Rentenstammrecht verjährt, d.h. die Vorsorgeeinrichtung muss keine Leistungen mehr erbringen[84].

Beispiel 2: Eine versicherte Person sei aus einer Vorsorgeeinrichtung ausgetreten, ihre Freizügigkeitsleistung sei auf ein Freizügigkeitskonto bei einer Bank überwiesen worden. Da diese Leistung von der Bank spätestens fünf Jahre nach Erreichen des AHV-Rentenalters fällig wird (vgl. Art. 16 FZV[85]), verjährt sie erst 10 Jahre nach Beginn der Fälligkeit.

2. Verwaltungsrechtsweg

Art. 62 BVG stattet die Aufsichtsbehörde mit weitgehenden Aufsichtsbefugnissen 9.45
aus[86]. (Die Aufsichtsbehörden wirken zudem bei Teil- und Gesamtliquidationen von Vorsorgeeinrichtungen mit; vgl. unten, Rz. 10.11 ff.) Einzelne Versicherte können den Aufsichtsweg im nachfolgend dargelegten Rahmen mittels einer Anzeige oder einer förmlichen Beschwerde mit Erledigungsanspruch in Gang setzen[87].

Das Verfahren nach Art. 74 BVG ist in Verbindung mit Art. 62 geeignet und vorgesehen für die von einem streitigen Anwendungsverfahren losgelöste Kontrolle reglementarischer Bestimmungen. Es tritt an die Stelle des Klageverfahrens gemäss Art. 73 BVG bei Feststellungsbegehren, wenn der Feststellungsantrag ausschliesslich oder doch vorwiegend zu einer abstrakten Kontrolle der beanstandeten Normen führt[88].

Verfügungen der Aufsichtsbehörde, des Sicherheitsfonds und Verfügungen der 9.46
Auffangeinrichtung betreffend den Anschluss von Arbeitgebern können bei einer von der Verwaltung unabhängigen Beschwerdekommission (der eidg. Beschwerdekommission in Lausanne[89]) *innert 30 Tagen* seit der Eröffnung der Verfügung angefochten werden. Auf das Verfahren (einschliesslich Beschwerdelegitimation, Auferlegung von Verfahrenskosten und Parteientschädigung) ist das Bundesgesetz über das Verwaltungsverfahren anwendbar. Die Entscheide der eidg. Beschwerde-

---

84 Vgl. zum Beispiel BGE 117 V 332 f.
85 Verordnung über die Freizügigkeit in der beruflichen Alters-, Hinterlassenen- und Invalidenvorsorge (Freizügigkeitsverordnung, FZV) vom 3. Oktober 1994, SR 831.425.
86 Siehe oben, Übersicht in Rz. 9.12 sowie BGE 119 V 197.
87 Vgl. zum Beispiel Versicherungsgericht ZH in: SZS 4/1994, 289; MEYER-BLASER, in: SZS 2/1990, 88
88 BGE 119 V 198; MEYER-BLASER, in: SZS 2/1990, 88. Zur Feststellungsklage vgl. oben, Rz. 9.37, Fn. 71.
89 Betreffend Aufgaben und Verfahren der Beschwerdekommission vgl. SPV 9/1994, 377 ff.

kommission können auf dem Weg der Verwaltungsbeschwerde beim Bundesgericht in Lausanne angefochten werden. (Art. 74 BVG)

V. Exkurs: Wohneigentumsförderung mit Mitteln der beruflichen Vorsorge

9.47 Das Bundesgesetz über die Wohneigentumsförderung mit Mitteln der beruflichen Vorsorge (die Bestimmungen sind in Art. 30a–f und Art. 83a BVG sowie in Art. 331e OR enthalten) ist am 1. Januar 1995 in Kraft getreten[90]. Das Gesetz ermöglicht es den versicherten Personen, Mittel aus der Vorsorgeeinrichtung für den Erwerb *von selbstgenutztem Wohneigentum* zu verwenden. Die Versicherten können also Vorsorgekapital nur vorbeziehen, falls sie damit Wohneigentum zum eigenen Bedarf (Selbstnutzung an ihrem Wohnsitz oder ihrem gewöhnlichen Aufenthalt) finanzieren.

Darunter fallen:

– Erwerb oder Erstellung von Wohneigentum, das selbst und dauernd von der versicherten Person bewohnt wird (Wohnung, Einfamilienhaus, nicht aber Ferienhäuser oder Zweitwohnungen);
– ganze oder teilweise Rückzahlung eines Hypothekardarlehens;
– Erwerb von Anteilscheinen einer Wohnbaugenossenschaft oder von Aktien einer Mieter-Aktiengesellschaft oder Gewährung eines partiarischen Darlehens an einen gemeinnützigen Wohnbauträger, wenn eine damit mitfinanzierte Wohnung selbst benutzt wird[91].

Zur Sicherstellung des Vorsorgezweckes muss der Vorbezug von der Vorsorgeeinrichtung dem Grundbuchamt zur Anmerkung angemeldet werden. Dieses trägt auf dem Grundstück eine *Veräusserungsbeschränkung* ein.

9.48 Der Vorbezug untersteht einer *Sondersteuer* und wird sofort besteuert. Bei einer späteren Rückzahlung des Vorbezuges können die an die Vorsorgeeinrichtung wiedereinbezahlten Beiträge nicht steuerlich abgezogen werden, jedoch ist die bezahlte Steuer ohne Zins rückforderbar. Die Belege sind deshalb sorgfältig aufzubewahren.

---

90 Zusammen mit der Verordnung über die Wohneigentumsförderung mit Mitteln der beruflichen Vorsorge (WEFV) vom 3. Oktober 1994 (SR 831.411).
91 Das Reglement muss vorsehen, dass die von den Versicherten für den Erwerb von Anteilscheinen, Aktien oder als Darlehen einbezahlten Vorsorgegelder bei Austritt entweder einer anderen Wohnbaugenossenschaft, Mieter-Aktiengesellschaft, einem anderen Wohnbauträger oder einer Vorsorgeeinrichtung überwiesen werden.

§ 9 System der beruflichen Vorsorge

Im Zusammenhang mit einem *Wechsel des Wohnortes* (z.B. infolge einer neuen Arbeitsstelle) ist die *Pflicht zur Rückzahlung* des Vorbezuges von besonderer Bedeutung. Grundsätzlich gilt, dass die versicherte Person[92] die Pflicht hat, den Vorbezug an die Vorsorgeeinrichtung[93] zurückzuzahlen, wenn sie das Wohneigentum veräussert oder an Dritte vermietet[94]. Die Voraussetzung des Eigenbedarfs ist dann nicht mehr erfüllt. Die Pflicht und das Recht auf Rückzahlung bestehen bis drei Jahre vor Entstehen des Anspruchs auf Altersleistungen, bis zum Eintritt eines andern Vorsorgefalls (infolge Tod oder Invalidität) oder bis zur Barauszahlung der Austrittsleistung.

9.49

Die Anmerkung betreffend *Veräusserungsbeschränkung* des Wohneigentums darf gelöscht werden, sobald der Vorbezug zurückbezahlt ist oder keine Rückzahlungspflicht mehr besteht. Das Löschen muss von der versicherten Person veranlasst werden.

Betreffend die Rückforderung der bezahlten *Steuern* muss ein schriftliches Gesuch an diejenige Behörde gerichtet werden, die den Steuerbetrag erhoben hat. Der Gesuchsteller hat eine Bescheinigung einzureichen über

– die Rückzahlung[95];
– das im Wohneigentum investierte Kapital;
– den für den Bund, den Kanton und die Gemeinde aufgrund des Vorbezugs bezahlten Steuerbetrag.

Das Recht auf Einforderung der bezahlten Steuern erlischt nach 3 Jahren seit Wiedereinzahlung des Vorbezuges an eine Vorsorgeeinrichtung (Art. 83a BVG).

---

92 Der Vorbezug muss auch von den Erben an die Vorsorgeeinrichtung zurückbezahlt werden, wenn beim Tod der aktiven versicherten Person keine Vorsorgeleistungen fällig werden. – Die Rückzahlung kann auch freiwillig erfolgen.
93 Die Rückzahlungspflicht besteht gegenüber derjenigen Vorsorgeeinrichtung, bei welcher die versicherte Person im Zeitpunkt der Rückerstattungspflicht versichert ist.
94 Gemäss Art. 4 Abs. 2 WEFV liegt eine zulässige (keine Rückzahlungspflicht auslösende) Vermietung vor, wenn die versicherte Person nachweist, dass die Nutzung vorübergehend nicht möglich ist. Gemäss den Erläuterungen zur WEFV kann dabei von einer Frist von zwei Jahren ausgegangen werden. MOSER (in: SZS 3/1995, 216 f.) betrachtet diese Bestimmung als gesetzwidrig und vertritt die Auffassung, die blosse Vermietung des Wohnobjekts ohne Einräumung weitergehender Rechte führe nicht zur Rückerstattungspflicht.
95 Die Vorsorgeeinrichtung muss der versicherten Person die Rückzahlung des Vorbezugs auf dem von der Eidg. Steuerverwaltung herausgegebenen Formular bescheinigen.

§ 10 Berufliche Vorsorge und Stellenwechsel

ARMIN BRAUN/OLIVIER DEPREZ/BRIGITTE TERIM-HÖSLI

Literatur: vgl. die Literaturauswahl vor Rz. 9.1.

I. Problemübersicht

Endet das Arbeitsverhältnis einer versicherten Person aus anderen Gründen als Alterspensionierung, Invalidität oder Tod, insbesondere infolge Stellenwechsel oder Entlassung, tritt diese Person normalerweise aus der Vorsorgeeinrichtung aus. In diesem Fall endet der Vorsorgeschutz, und die Person hat Anspruch auf eine Austrittsleistung (auch Freizügigkeitsleistung genannt). Dies gilt unabhängig davon, ob die Person selbst oder der Arbeitgeber das Arbeitsverhältnis aufgelöst hat.   10.1

In Abschnitt II wird erläutert, wie hoch die Austrittsleistung mindestens sein muss und wie der Anspruch, die Fälligkeit und Verwendung geregelt sein können bzw. müssen (Rz. 10.2 ff.). In Abschnitt III sind die Informationspflichten der Vorsorgeeinrichtung, des Arbeitgebers und der versicherten Person bei einem Aus- bzw. Eintritt in eine Vorsorgeeinrichtung aufgeführt (Rz. 10.17 ff.). Wie der Vorsorgeschutz erhalten werden kann bzw. muss, wird in Abschnitt IV dargestellt (Rz. 10.21 ff.).

II. Freizügigkeit

Die Austrittsleistungen sind im Bundesgesetz über die Freizügigkeit in der beruflichen Alters-, Hinterlassenen- und Invalidenvorsorge (Freizügigkeitsgesetz; FZG)[1] geregelt, welches seit dem 1.1.1995 in Kraft ist. Das FZG ist auf alle Vorsorgeeinrichtungen, die aufgrund ihrer Bestimmungen bei Alter, Tod oder Invalidität Anspruch auf Leistungen gewähren, anwendbar (Art. 1 Abs. 2 FZG). Das FZG ist somit sowohl auf alle registrierten Vorsorgeeinrichtungen anwendbar als auch auf alle nicht registrierten Vorsorgeeinrichtungen, falls diese Leistungsversprechungen der umschriebenen Art gewähren.   10.2

---

1 Vom 17. Dezember 1993, SR 831,42. Gemäss Art. 27 FZG gelten die Bestimmungen betreffend die Berechnung der Eintritts- und Austrittsleistungen für Ein- bzw. Austritte nach dem 31.12.1994 (vgl. auch EVG in: SZS 5/1995, 370).

Beim Austritt aus einer Vorsorgeeinrichtung bevor ein Vorsorgefall eintritt (Freizügigkeitsfall) hat die versicherte Person gemäss Art. 2 Abs. 2 FZG Anspruch auf eine Austrittsleistung (auch Freizügigkeitsleistung genannt). Diese Austrittsleistung, ein Geldbetrag, soll der versicherten Person die *Erhaltung des Vorsorgeschutzes gewährleisten*[2]. Nachfolgend wird erklärt, wie die Höhe der Austrittsleistung berechnet wird, wann sie fällig wird und wie sie verwendet werden muss (Rz. 10.3 ff.). Danach werden die speziellen Bestimmungen aufgeführt, welche bei einer Teil- bzw. Gesamtliquidation der Vorsorgeeinrichtung zur Anwendung kommen und auf die Höhe der Austrittsleistung einen Einfluss haben können (Rz. 10.11 ff.).

1. Austrittsleistung

a) Höhe

aa) Allgemeiner gesetzlicher Rahmen

10.3 Die Vorsorgeeinrichtungen müssen gemäss Art. 2 Abs. 2 FZG in ihrem Reglement bestimmen, wie hoch die Austrittsleistung ist. Je nach Vorsorgeeinrichtung kann die Höhe der Austrittsleistung sehr unterschiedlich definiert bzw. berechnet werden. Das Freizügigkeitsgesetz legt jedoch in Artikel 15 bis 18 fest, *wie hoch die Austrittsleistung mindestens sein muss.*

Die Austrittsleistung muss mindestens dem höchsten der folgenden drei Werte entsprechen:

- Technische Austrittsleistung (Art. 15 bzw. 16 FZG)[3];
- Mindestbetrag (Art. 17 FZG)[4];
- Altersguthaben gemäss BVG (Art. 18 FZG); gilt nur für registrierte Vorsorgeeinrichtung[5].

In Art. 19 FZG wird zudem festgehalten, inwiefern ein versicherungstechnischer Fehlbetrag der Vorsorgeeinrichtungen von der Austrittsleistung abgezogen werden darf (vgl. unten, Rz. 10.16).

Es sei an dieser Stelle noch erwähnt, dass das FZG neben der Mindesthöhe der Austrittsleistung auch die maximale Höhe der Eintrittsleistung bestimmt (Art. 10 FZG). Die Eintrittsleistung darf nicht höher sein als die nach Art. 15 – 17 FZG berechnete Freizügigkeitsleistung.

---

2 In § 10 Abschnitt IV. «Erhaltung des Vorsorgeschutzes» wird erläutert, wie die Austrittsleistung verwendet werden kann bzw. muss.
3 Unten, Rz. 10.4.
4 Unten, Rz. 10.5.
5 Unten, Rz. 9.15.

§ 10 Berufliche Vorsorge und Stellenwechsel

bb) Technische Austrittsleistung und Mindestbetrag im einzelnen

Die *technische Austrittsleistung* ist in Abhängigkeit des Typus der Vorsorgeeinrichtung (Leistungs- oder Beitragsprimat[6]) definiert. Dabei gilt gemäss Art. 5 FZV, dass die Vorsorgeeinrichtungen in ihrem Reglement festlegen muss, gemäss welchem Typus sie die Austrittsleistung berechnet. 10.4

Bei *Vorsorgeeinrichtungen im Beitragsprimat* entspricht die Austrittsleistung dem Sparguthaben (auch Altersguthaben genannt) bzw. dem Deckungskapital (Art. 15 FZG).

Beispiel: Siehe oben, Beispiel zur Berechnung des Altersguthabens in Rz. 9.15.

Bei *Vorsorgeeinrichtungen im Leistungsprimat* entspricht die Austrittsleistung dem Barwert der erworbenen Leistungen (Art. 16 FZG). Die erworbenen Leistungen sind definiert, als

$$\text{versicherte Leistung} \times \frac{\text{anrechenbare Versicherungsdauer}}{\text{mögliche Versicherungsdauer}}$$

Zudem muss die Vorsorgeeinrichtung in ihrem Reglement die zur Berechnung notwendigen Barwertfaktoren tabellarisch festhalten.

Beispiel: Ein 50jähriger männlicher Versicherter habe eine versicherte Altersrente von Fr. 40 000.–.
Seine anrechenbare Versicherungsdauer betrage 25 Jahre (ab Alter 25 bis zum Alter 50), seine mögliche Versicherungsdauer betrage 40 Jahre (ab Alter 25 bis zum Alter 65).
Seine erworbene Leistung entspricht somit Fr. 25 000.– (= Fr. 40 000 x 25 / 40).
Gemäss der Barwerttabelle des Reglements betrage der Barwert für eine versicherte Leistung der Höhe Fr. 1.– für einen 50jährigen männlichen Versicherten Fr. 7.90.
Seine Austrittsleistung gemäss Art. 16 FZG beträgt somit Fr. 197 500.– (= Fr. 25 000 x 7.9).

Der *Mindestbetrag* ist unabhängig vom Typus der Vorsorgeeinrichtung definiert (Art. 17 FZG) und entspricht der Summe aller von der versicherten Person eingebrachten Gelder samt Zins und Zinseszins[7], erhöht um die von der versicherten Person geleisteten Beiträge[8] ohne Zins, samt einem Zuschlag auf diesen Beiträgen. Der Zuschlag ist abhängig vom Alter der versicherten Person beim Austritt und 10.5

---

6   Je nach Finanzierungssystem gehört eine Vorsorgeeinrichtung dem Typus Leistungsprimat oder Beitragsprimat an. Im Leistungsprimat stehen die Leistungen der Vorsorgeeinrichtung im Vordergrund, die zu entrichtenden Beiträge werden aufgrund der versicherten Leistungen berechnet. Im Beitragsprimat stehen die Beiträge im Vordergrund, die versicherten Leistungen der Vorsorgeeinrichtung werden aufgrund der zu entrichtende Beiträge berechnet.

7   Der Zinssatz entspricht dem Mindestzinssatz gemäss BVG für die Altersguthaben, d.h. 4% (Stand 1997).

8   Mindestens ein Drittel der gesamten reglementarischen Beiträge müssen dabei als Versichertenbeiträge betrachtet werden.

beträgt 4% pro Altersjahr über 20, höchstens aber 100%. Das Alter ist definiert als das Kalenderjahr abzüglich dem Geburtsjahr.

Beispiel: Bei den 35jährigen Versicherten beträgt der Zuschlag auf den eigenen Beiträgen somit 60% (= 15 Jahre über 20; 15 x 4% = 60%); der Zuschlag von 100% wird ab Alter 45 erreicht. Der Zuschlag ist nicht von der Beitragsdauer abhängig, sondern einzig vom Alter der versicherten Person beim Austritt.

Die Arbeitnehmerbeiträge dürfen um gewisse Beitragsteile (Risikobeiträge, Sondermassnahmen gemäss BVG, Beiträge für AHV-Überbrückungsleistungen) reduziert werden, die verbleibenden Beiträge sind dann allerdings zu verzinsen. Falls eine versicherte Person während einer gewissen Zeit nur Risikobeiträge entrichtet hat, müssen diese nicht mitgegeben werden.

Beispiel: Eine im Jahre 1956 geborene, versicherte Person sei per 1.1.1995 in die Vorsorgeeinrichtung eingetreten und habe Fr. 100 000.– in die Vorsorgeeinrichtung eingebracht. Sie trete per 31.12.1997 aus der Vorsorgeeinrichtung aus. Während der Beitragszeit (1.1.1996 bis 31.12.1997) habe sie insgesamt Fr. 15 000.– Beiträge entrichtet. Im Reglement der Vorsorgeeinrichtung sei festgehalten, dass beim Austritt alle von der versicherten Person bezahlten Beiträge berücksichtigt werden, jedoch ohne Zins.

Der Mindestbetrag entspricht:
    Fr. 100 000.– inkl. 4% Zins (2 Jahre)   = Fr. 108 160.–
    Persönliche Beiträge   = Fr.   15 000.–
    Zuschlag von 84% auf pers. Beiträgen*)   = Fr.   12 600.–
    Mindestbetrag   = Fr. 135 760.–

*) Massgebendes Alter: 1997 – 1956 = 41 Jahre; Zuschlag = (41 – 20) x 4% = 84%

Registrierte Vorsorgeeinrichtungen sind verpflichtet, für alle Versicherten die BVG-Mindestleistungen und insbesondere das *BVG-Altersguthaben* (Art. 18 FZG) zu berechnen[9].

b) Anspruch, Fälligkeit, Verwendung

10.6 Die versicherte Person hat *Anspruch* auf eine Austrittsleistung, wenn sie aus der Vorsorgeeinrichtung ausscheidet[10]. Passivlegitimiert bei Klagen auf Ausrichtung der Freizügigkeitsleistung ist immer eine Vorsorgeeinrichtung, sei es die Vorsor-

---

9 Laut Art. 28 BVG in der bis Ende 1994 geltenden Fassung hatten umhüllende Kassen für die Berechnung der Austrittsleistung nach BVG eine Vergleichsrechnung mit der Freizügigkeitsleistung gemäss Art. 331a oder 331b OR vorzunehmen. Im Rahmen des FZG, welches Art. 28 BVG aufhob, hat der Gesetzgeber auf diese Vergleichsrechnung verzichtet (SCHNEIDER, in: SZS 6/1994, 421).

10 Dieser Anspruch besteht auch, wenn ein (zumeist öffentlich-rechtlicher) Arbeitgeber Leistungen wegen unverschuldeter Entlassung ausrichtet. Der (kantonale oder kommunale) Pensionskassengesetzgeber kann aber anordnen, dass die Freizügigkeitsleistung bei Übertritt in eine andere Vorsorgeeinrichtung den Anspruch auf Abfindung oder Rente wegen unverschuldeter Entlassung ausschliesst (BGE 119 V 138 f.) oder dass die Austrittsleistung bei der Festsetzung der Entlassenenrente angerechnet wird (BGE 119 V 141).

§ 10 Berufliche Vorsorge und Stellenwechsel

geeinrichtung, welcher der Arbeitgeber angeschlossen ist, oder sei es die Auffangeinrichtung[11].

Für den Anspruch auf eine Austrittsleistung ist immer der Austritt aus der Vorsorgeeinrichtung massgebend und nicht die Beendigung des Arbeitsverhältnisses.   10.7

Bei bestehendem Arbeitsverhältnis kann ein Austritt aus der Vorsorgeeinrichtung erfolgen, wenn die Aufnahmebedingungen der Vorsorgeeinrichtung nicht mehr erfüllt sind. So untersteht ein Arbeitnehmer der obligatorischen Versicherung gemäss BVG nicht mehr, wenn sein AHV-pflichtiger Jahreslohn dauernd unter den Mindestlohn (Fr. 23 880.– pro Jahr; Stand 1997) sinkt.

Trotz Beendigung des Arbeitsverhältnisses erfolgt kein Austritt aus der Vorsorgeeinrichtung (d.h. es liegt kein Freizügigkeitsfall vor), wenn der Arbeitnehmer Anspruch auf Alters- oder Invalidenleistungen hat (d.h. wenn ein Vorsorgefall eingetreten ist; Art. 2 Abs. 1 FZG[12]). Dies gilt auch dann, wenn die Bestimmungen der Vorsorgeeinrichtung vorsehen, dass die Person ab einem bestimmten Alter Anspruch auf eine (vorzeitige) Altersrente hat[13]. Somit kann dieser Person eine vorzeitige Altersrente ausgerichtet werden, auch wenn sie eine neue Arbeitsstelle antritt.

Die Vorsorgeeinrichtung kann es der versicherten Person ermöglichen, trotz Beendigung des Arbeitsverhältnisses weiterhin bei der Vorsorgeeinrichtung versichert zu bleiben (vgl. unten, Rz. 10.23, externe Versicherung). In diesem Fall erfolgt kein Austritt aus der Vorsorgeeinrichtung.

Mit Ausnahme der oben erwähnten Fälle erfolgt mit der Beendigung des Arbeitsverhältnisses automatisch der Austritt aus der Vorsorgeeinrichtung. Der Versicherungsschutz bleibt jedoch für die Risiken Tod und Invalidität noch während einem Monat gewahrt (vgl. unten, Rz. 10.22).

Gemäss Art. 2 Abs. 3 FZG wird die Austrittsleistung mit dem Austritt aus der Vorsorgeeinrichtung *fällig*. Ab diesem Zeitpunkt muss die Vorsorgeeinrichtung die   10.8

---

11   EVG in: SZS 4/1990, 203. Zur Leistungspflicht der Auffangeinrichtung bei fehlendem Anschluss eines Arbeitgebers an eine Vorsorgeeinrichtung, vgl. oben, Rz. 9.31, Fn. 52.
12   Grundsatz der Subsidiarität der Freizügigkeitsleistung gegenüber den Versicherungsleistungen; vgl. BGE 119 V 137 f.
13   BGE 120 V 307 ff. Dieses Urteil betrifft allerdings einen Fall vor dem Inkrafttreten des FZG. Die Urteilserwägungen zum Begriff des Versicherungsfalles dürften jedoch auch auf den in Art. 2 Abs. 1 FZG verwendeten Ausdruck «Vorsorgefall» zutreffen.

Austrittsleistung verzinsen[14]. Der Zinssatz entspricht dem BVG-Mindestzinssatz plus ein Prozent, d.h. er beträgt zur Zeit 5% (Stand 1997).

10.9 Gemäss Art. 3 Abs. 1 FZG *muss* die alte Vorsorgeeinrichtung die gesamte Austrittsleistung an die neue Vorsorgeeinrichtung *überweisen*. Falls die versicherte Person in keine neue Vorsorgeeinrichtung eintritt, muss sie der Vorsorgeeinrichtung gemäss Art. 1 Abs. 2 FZV mitteilen, in welcher Form der Vorsorgeschutz erhalten werden soll (freiwillige Versicherung bei einer Vorsorgeeinrichtung, Errichtung einer Freizügigkeitspolice oder eines Freizügigkeitskontos, vgl. § 10 Abschnitt IV. «Erhaltung des Vorsorgeschutzes»). Dabei muss die alte Vorsorgeeinrichtung die versicherte Person auf alle gesetzlich und reglementarisch vorgesehenen Möglichkeiten der Erhaltung des Vorsorgeschutzes hinweisen (vgl. § 10 Abschnitt III. «Informationspflicht»). Fehlt eine entsprechende Erklärung der versicherten Person, muss die Vorsorgeeinrichtung die Austrittsleistung samt Zinsen spätestens zwei Jahre nach dem Austritt an die *Auffangeinrichtung* überweisen (Art. 4 Abs. 2 FZG)[15]. Damit ist aber kein Vorsorgeschutz verbunden, sondern die Auffangeinrichtung führt für die versicherte Person ein Freizügigkeitskonto (Art. 60 Abs. 5 BVG).

10.10 Versicherte Personen können gemäss Art. 5 FZG die *Barauszahlung der Austrittsleistung* verlangen, wenn:

– sie die Schweiz endgültig verlassen;
– sie eine selbständige Erwerbstätigkeit[16] aufnehmen und der obligatorischen Versicherung gemäss BVG nicht mehr unterstehen;
– die Austrittsleistung weniger als ihr Jahresbeitrag beträgt.

---

14 Die Pflicht zur Verzinsung besteht gemäss der Botschaft des Bundesrates zum FZG (BBl 1992 III, 572 f.) unmittelbar im Zeitpunkt des Austritts, d.h. ohne Mahnung und unabhängig davon, ob der Arbeitgeber der Vorsorgeeinrichtung die Beendigung des Arbeitsverhältnisses mitgeteilt hat oder ob die versicherte Person noch erklären muss, in welcher Form sie ihre Vorsorge fortsetzen will. Im Gegensatz zur Vorlage des Bundesrates wurde in den parlamentarischen Beratungen jedoch die Präzisierung eingefügt, dass es sich beim Zins um einen Verzugszins handelt (SCHNEIDER in: SZS 6/1994, 410). Es stellt sich deshalb die Frage, ob Fälligkeit und Zinspflicht erst gegeben sind, nachdem die Versicherten ihre Informationspflichten erfüllt haben. SCHNEIDER (a.a.O., 425) bejaht die Frage. Der Auffassung steht entgegen, dass nach dem Wortlaut von Art. 2 Abs. 3 FZG der Verzugszins ab dem Austrittszeitpunkt zu zahlen ist und dass das Gesetz auch einen «Verzugszins» vorsieht, wenn die versicherte Person ihre Informationspflicht überhaupt nicht erfüllt, d.h. die Austrittsleistung der Auffangeinrichtung überwiesen werden muss.
15 Die Verpflichtung, nicht plazierbare Austrittsleistungen der Auffangeinrichtung zu überweisen, gilt nur für Austritte ab 1. Januar 1995 (Mitteilungen des Bundesamtes für Sozialversicherung Nr. 34 Rz.199).
16 Der Begriff des Selbständigerwerbenden richtet sich nach dem Begriff der selbständigen Erwerbstätigkeit im AHV-Recht (VON KAENEL, in: SPV 12/1995, 672).

An verheiratete Personen ist die Barauszahlung nur zulässig, wenn der Ehegatte schriftlich zustimmt.

Im Zusammenhang mit der Barauszahlung gilt es zu beachten, dass die bar ausbezahlte Austrittsleistung pfändbar ist. Im Gegensatz dazu verbietet das Gesetz jede freiwillige Verfügung, insbesondere jede Abtretung und Verpfändung[17] und jede Zwangsvollstreckung (gemäss Art. 92 Ziff. 13 SchKG), solange das Recht auf Vorsorgeleistungen nicht fällig ist (mit Ausnahme der Verpfändung für selbstgenutztes Wohneigentum, vgl. § 9 Abschnitt V.). Die bar auszubezahlende Freizügigkeitsleistung ist pfändbar[18], sobald die erwähnten gesetzlichen Voraussetzungen für die Barauszahlung erfüllt sind und die versicherte Person das entsprechende Gesuch gestellt hat[19]. Die bar ausbezahlte Austrittsleistung muss versteuert werden[20].

2. Teilhabe am Liquidationsergebnis

Die Beendigung eines Arbeitsverhältnisses kann aus Gründen erfolgen, die gleichzeitig die Liquidation oder Teilliquidation der Vorsorgeeinrichtung zur Folge haben, welcher die betroffene versicherte Person angeschlossen ist. Das Freizügigkeitsgesetz enthält für diesen Fall in den Art. 19 und 23 Sonderbestimmungen, die ergänzend zu berücksichtigen sind[21]. Diese Bestimmungen entsprechen weitgehend der stiftungsrechtlichen Praxis, die bereits vor Inkrafttreten des FZG auf Vorsorgeeinrichtungen in der Form von Stiftungen angewandt wurde[22]. Ob eine Liquidation oder Teilliquidation der Vorsorgeeinrichtung erfolgt, wird immer durch die Aufsichtsbehörde entschieden (Art. 23 Abs. 1 FZG).

10.11

Für die Auflösung und *Liquidation einer Vorsorgeeinrichtung* sind die Bestimmungen des Freizügigkeitsgesetzes und die Bestimmungen der Vorsorgeeinrich-

---

17 Art. 39 BVG, Art. 331b OR; RIEMER, in: SZS 4/1990, 177. Jeder Rechtsakt, der gegen das Verpfändungsverbot nicht fälliger Leistungen verstösst, ist nichtig (BGE 115 V 248).
18 Bei Barauszahlung wegen endgültigem Verlassen der Schweiz kurz vor dem Pensionierungsalter stellt sich die Frage, ob der ausbezahlte Betrag (wie die Kapitalabfindung anstelle der Rente) für den künftigen Unterhalt des Schuldners und seiner Familie bestimmt und demgemäss in Anwendung von Art. 93 SchKG nur beschränkt pfändbar ist (ZR 6/1993, 169 f.).
19 BGE 119 III 18 ff. Das Barauszahlungsgesuch kann auch mündlich gestellt worden sein, Schriftform ist m.a.W. nicht erforderlich (BGE 121 III 31 ff.).
20 Ohne Barauszahlungsbegehren (bei erfüllten gesetzlichen Voraussetzungen) bleibt die Freizügigkeitsleistung gebunden und für den Vorsorgenehmer und den Fiskus anwartschaftlicher Natur (CONRAD, in: Treuhänder 5/1991, 236).
21 Vgl. Botschaft des Bundesrates zum Freizügigkeitsgesetz, BBl 1992 III, 594 f. und 600 sowie LANG: Liquidation und Teilliquidation von Personalvorsorgeeinrichtungen unter Berücksichtigung des Freizügigkeitsgesetzes, in: SZS 2/1994, 108 ff.
22 LANG, a.a.O., 115.

tung selbst (z.B. Stiftungsurkunde) massgebend[23]. Die Liquidation wird immer unter Mitwirkung der Aufsichtsbehörde durchgeführt.

Die Voraussetzungen für eine *Teilliquidation*[24] sind gemäss Art. 23 Abs. 4 FZG vermutungsweise erfüllt, wenn

- eine erhebliche Verminderung der Belegschaft erfolgt;
- eine Unternehmung restrukturiert wird;
- ein Arbeitgeber den Anschlussvertrag mit einer Vorsorgeeinrichtung auflöst und die Vorsorgeeinrichtung nach der Auflösung weiterbesteht.

a) Freie Mittel

10.12 Die versicherten Personen haben bei einer Gesamt- oder Teilliquidation der Vorsorgeeinrichtung neben dem Anspruch auf die Austrittsleistung *einen individuellen oder einen kollektiven Anspruch auf die freien Mittel der Kasse*[25]. Beim individuellen Anspruch erhält die versicherte Person eine höhere Austrittsleistung. Beim kollektiven Anspruch, wenn beispielsweise eine ganze Versichertengruppe zusammen in eine neue Vorsorgeeinrichtung eintritt, werden die freien Mittel typischerweise dazu verwendet, diese Versichertengruppe in die freien Mittel der neuen Vorsorgeeinrichtung einzukaufen.

10.13 Die *freien Mittel* entsprechen demjenigen Teil des Vermögens, welcher nicht für die Erfüllung der reglementarischen Verpflichtungen benötigt werden[26]. Bei der Berechnung der freien Mittel muss das Vermögen zu Veräusserungswerten bewertet werden (Art. 23 Abs. 2 FZG). Die Vorsorgeeinrichtung muss sich auf eine kaufmännische und technische Bilanz mit Erläuterungen abstützen, aus denen die tatsächliche finanzielle Lage deutlich hervorgeht (Art. 9 FZV).

---

23 Wird der Arbeitgeber liquidiert, muss unter Umständen auch die Vorsorgeeinrichtung liquidiert werden.
24 Zum Begriff und den Voraussetzungen der Teilliquidation vgl. auch Eidg. Beschwerdekommission BVG in: SZS 3/1995, 232 f. mit Hinweisen sowie WALSER, Fragen zum Tatbestand der Teilliquidation, Manuskript zu Referat an «Informationstage des Amtes für berufliche Vorsorge des Kantons Zürich 1997».
25 Prüfung und Genehmigung des Verteilplans fallen in die Zuständigkeit der Aufsichtsbehörde. Ansprüche auf freie Stiftungsmittel können daher auf dem Verwaltungsrechtsweg nach Art. 74 BVG geltend gemacht werden (EVG in: SZS 5/1995, 376 f.).
26 Verwaltungsgericht BE in: SZS 5/1995, 381 mit Hinweisen. Der Experte für berufliche Vorsorge berechnet, wieviele Mittel die Vorsorgeeinrichtung benötigt, um die versicherten Leistungen erbringen zu können.

§ 10 Berufliche Vorsorge und Stellenwechsel

Falls die Vorsorgeeinrichtung über freie Mittel verfügt, muss sie festlegen 10.14
- wie hoch die freien Mittel sind,
- welche versicherten und rentenbeziehenden Personen Anspruch auf diese freien Mittel haben[27] und
- wie die freien Mittel auf die einzelnen Personen aufgeteilt werden[28].

Die Aufsichtsbehörde muss gemäss Art. 23 Abs. 1 FZG die *Verteilung* der freien Mittel genehmigen.

Bei einer Teilliquidation ist das Interesse der «verbleibenden» Vorsorgeeinrichtung gebührend zu beachten. Insbesondere sind bei der Bestimmung der freien Mittel vorgängig Vermögensschwankungsreserven auszuscheiden, damit die Weiterexistenz der Vorsorgeeinrichtung nicht gefährdet ist[29].

b) Technischer Fehlbetrag

Eine Vorsorgeeinrichtung weist einen *technischen Fehlbetrag* aus, falls ihr Vermögen nicht ausreicht, ihre Verpflichtungen (allfällige Schuldverpflichtungen sowie die Verpflichtungen aufgrund der versicherten Leistungen) erbringen zu können. 10.15

Die Freizügigkeitsleistung darf infolge eines Fehlbetrages grundsätzlich nur bei einer Teil- oder Gesamtliquidation *gekürzt* werden und nur von Vorsorgeeinrichtungen, welche *nicht* von der Bilanzierung in geschlossener Kasse abweichen[30] (Art. 19 FZG). Zudem darf der Fehlbetrag nur dann abgezogen werden, wenn dadurch das Altersguthaben gemäss BVG nicht geschmälert wird (Art. 23 Abs. 3 FZG)[31]. 10.16

---

27 Unter Umständen haben auch versicherte Personen Anspruch auf die freien Mittel, welche vor der Teil- oder Gesamtliquidation aus der Vorsorgeeinrichtung ausgetreten sind. Insbesondere dann, wenn die Beendigung ihres Arbeitsverhältnisses einen kausalen Zusammenhang mit den Ursachen hat, welche zur Teilliquidation führten.
28 Die freien Mittel können beispielsweise im Verhältnis zum Deckungskapital (=notwendiger Geldbetrag, um die versicherten Leistungen erbringen zu können) auf die versicherten und rentenbeziehenden Personen aufgeteilt werden.
29 Die Wertberichtigungs-Rückstellung stellt einen Korrekturposten der Aktiven und kein Vorsorgekapital bzw. keine freien Mittel dar (BACHMANN, Bewertung bei Teilliquidationen, Manuskript zu Referat an Informationstage des Amtes für berufliche Vorsorge des Kantons Zürich 1994, 3).
30 Als Bilanzierung in geschlossener Kasse wird diejenige Bilanzierung bezeichnet, welche bei der Berechnung der zur Erbringung der versicherten Leistungen notwendigen Mittel annimmt, dass keine neuen Versicherten mehr in die Vorsorgeeinrichtung eintreten, und dass alle vorhandenen Versicherten bis zum Leistungsfall in der Vorsorgeeinrichtung bleiben. Vorsorgeeinrichtungen von öffentlichrechtlichen Körperschaften können ev. von der Bilanzierung in geschlossener Kasse abweichen.
31 Es sei an dieser Stelle auf die Problematik in bezug auf die Insolvenzdeckung verwiesen (vgl. oben, Rz. 9.24). Zudem ist nicht eindeutig geregelt, ob die Anrechnung eines Fehlbetrages ebenfalls einen von der Aufsicht zu genehmigenden «Verteilplan» benötigt, wie dies bei der Verteilung von freien Mitteln vorgeschrieben ist.

III. Informationspflichten

10.17 Im Zusammenhang mit einem Stellenwechsel oder einer Entlassung haben sowohl der versicherte Arbeitnehmer, als auch der Arbeitgeber, als auch die Vorsorgeeinrichtung bestimmte Informationspflichten wahrzunehmen. Unterlassen der Information kann für die Beteiligten unter Umständen empfindliche Nachteile nach sich ziehen.

1. Austritt aus der Vorsorgeeinrichtung

10.18 Der *Arbeitgeber* muss der Vorsorgeeinrichtung melden, ob das Arbeitsverhältnis einer versicherten Person aufgelöst ist und ob die Auflösung aus gesundheitlichen Gründen erfolgt ist (Art. 1 Abs. 1 FZV). Dadurch kann die Vorsorgeeinrichtung feststellen, ob ein Austritt aus der Vorsorgeeinrichtung erfolgt. – Die *Vorsorgeeinrichtung* muss bei einem Austritt der versicherten Person eine Abrechnung über ihre Austrittsleistung erstellen[32] und ihr mitteilen, wie sie den Vorsorgeschutz weiter erhalten kann, insbesondere ob eine freiwillige Versicherung bei der Vorsorgeeinrichtung möglich ist (Art. 8 FZG). Unkenntnis mangels Information kann zu Ansprüchen der Versicherten gegen die Vorsorgeeinrichtung führen, wenn sie mit einem deshalb fehlenden Vorsorgeschutz im Kausalzusammenhang steht[33]. – Die *versicherte Person* hat dann ihrerseits die Pflicht, die Vorsorgeeinrichtung darüber zu informieren, wohin die Vorsorgeeinrichtung die Austrittsleistung zur Erhaltung des Vorsorgeschutzes überweisen muss. Fehlt eine entsprechende Erklärung der versicherten Person, muss die Vorsorgeeinrichtung die Austrittsleistung samt Zinsen spätestens zwei Jahre nach dem Austritt an die Auffangeinrichtung überweisen (Art. 4 Abs. 1 und 2 FZG).

Die *Vorsorgeeinrichtung* muss gestützt auf Art. 2 FZV bei der Überweisung der Austrittsleistung der neuen Vorsorgeeinrichtung bzw. Freizügigkeitseinrichtung folgendes mitteilen:

– die Austrittsleistung beim Austritt;
– das BVG-Altersguthaben beim Austritt;
– die Austrittsleistung bei Erreichen des 50. Altersjahres nach dem 1.1.1995 und das BVG-Altersguthaben bei Erreichen des 50. Altersjahres;

---

[32] Bereits vor Inkrafttreten des FZG waren die Vorsorgeeinrichtungen verpflichtet, klare, transparente und vollständige Freizügigkeitsabrechnungen vorzulegen. Vgl. die Urteile des Versicherungsgerichts ZH in: SZS 3/1992, 177 f., SZS 4/1992, 214. Die Arbeitgeberbeiträge müssen in der Freizügigkeitsabrechnung nur enthalten sein, wenn sie eine reglementarisch relevante Grösse für die Berechnung der Höhe der Freizügigkeitsleistung sind (Versicherungsgericht ZH in: SZS 3/1994, 215 sowie nicht publizierter Entscheid des EVG vom 14.3.1994).
[33] BGE 117 V 41.

- die Austrittsleistung im Zeitpunkt der Eheschliessung nach dem 1.1.1995;
- ob und in welchem Umfang die versicherte Person einen Vorbezug geltend gemacht hat;
- ob und in welchem Umfang die versicherte Person die Freizügigkeits- bzw. Vorsorgeleistung verpfändet hat[34];
- die erste mitgeteilte Austrittsleistung nach dem 1.1.1995 und den massgebenden Zeitpunkt dieser Mitteilung.

2. Eintritt in eine Vorsorgeeinrichtung

Der *Arbeitgeber* muss der Vorsorgeeinrichtung alle versicherungspflichtigen Arbeitnehmer melden und ihr alle zur Erfüllung der Versicherungspflicht notwendigen Angaben machen (Art. 10 BVV 2). Auf Anfrage des Arbeitnehmers muss der Arbeitgeber ihn über seine Forderungsrechte gegenüber der Vorsorgeeinrichtung informieren (Art. 331 Abs. 4 OR).

10.19

Die *Vorsorgeeinrichtung* muss die versicherte Person auf deren Anfrage hin über ihre versicherten Leistungen informieren, insbesondere über die Möglichkeit eines freiwilligen Einkaufs auf die vollen reglementarischen Leistungen. Zudem muss sie die versicherte Person auf Anfrage über die reglementarischen Bestimmungen, die Organisation und die Vermögensanlage der Vorsorgeeinrichtung informieren (Art. 89bis Abs. 2 ZGB, Weisungen des Bundesrates[35]).

Die *versicherte Person* muss der neuen Vorsorgeeinrichtung *Einsicht in die Abrechnungen* über die Austrittsleistung aus früheren Vorsorgeeinrichtungen gewähren (Art. 11 Abs. 1 FZG). Sie ist jedoch nicht verpflichtet, die Kasse über *gesundheitliche Vorbehalte* in früheren Vorsorgeeinrichtungen zu informieren. Falls die neue Vorsorgeeinrichtung für die Risiken Tod und Invalidität gesundheitliche Vorbehalte anbringt, gelten diese nicht für den obligatorischen Teil der Versicherung[36] und sind auf maximal fünf Jahre beschränkt (Art. 331c OR). Der durch die eingebrachte Freizügigkeitsleistung erworbene Vorsorgeschutz darf nicht durch neue gesundheitliche Vorbehalte geschmälert werden[37] und die bei der

---

34 Falls die Austrittsleistung verpfändet wurde, muss die Vorsorgeeinrichtung dem Pfandgläubiger mitteilen, an wen die Austrittsleistung überwiesen wurde.
35 «Weisung über die Pflicht der registrierten Vorsorgeeinrichtungen zur Auskunftserteilung an ihre Versicherten» des Bundesrates vom 11. Mai 1988; BBl *1988 II 641*; Punkt 214. Das Amt für berufliche Vorsorge des Kantons Zürich legt demgegenüber Gewicht darauf, dass den Versicherten ein Recht auf spontane Information zukommt, welche die Vorsorgeeinrichtung nicht nur auf Anfrage zu erteilen hat (Handbuch der Personalvorsorge-Aufsicht, Zürich 1991, Kapitel 4.2.1).
36 Auf den Mindestleistungen gemäss BVG darf kein gesundheitlicher Vorbehalt angebracht werden.
37 Unseres Erachtens entspricht der durch die eingebrachte Freizügigkeitsleistung erworbene Vorsorgeschutz der Differenz zwischen dem Vorsorgeschutz unter Berücksichtigung der eingebrachten Freizügigkeitsleistungen und dem Vorsorgeschutz, welcher ohne eingebrachte Freizügigkeitsleistungen bestehen würde.

früheren Vorsorgeeinrichtung abgelaufene Zeit eines Vorbehaltes ist dabei auf die neue Vorbehaltsdauer anzurechnen (Art. 14 FZG). Es liegt an der versicherten Person, die Vorsorgeeinrichtung über die früher abgelaufene Zeit eines Vorbehaltes zu informieren. – Betreffend die Übermittlung von medizinischen Daten sei noch erwähnt, dass diese nur vom vertrauensärztlichen Dienst der bisherigen Vorsorgeeinrichtung demjenigen der neuen Vorsorgeeinrichtung übermittelt werden dürfen, und dass zur Übermittlung die Einwilligung der versicherten Person notwendig ist (Art. 3 FZV).

10.20   Bei einem Stellenwechsel sollte sich der Arbeitnehmer frühzeitig beim neuen Arbeitgeber über die Vorsorgeeinrichtung informieren und insbesondere ein Reglement verlangen. So kann er feststellen, ob der bisherige Vorsorgeschutz in ähnlicher Höhe weiterbesteht und ob er die Möglichkeit eines freiwilligen Einkaufes hat. (Das freiwillige Einkaufsgeld, welches die überwiesene Austrittsleistung übersteigt, kann in der Regel steuerlich in Abzug gebracht werden[38]).

IV. Erhaltung des Vorsorgeschutzes

10.21   Mit dem Austritt aus einer Vorsorgeeinrichtung endet grundsätzlich der Vorsorgeschutz durch diese Vorsorgeeinrichtung. Tritt die versicherte Person in eine neue Vorsorgeeinrichtung ein, ist ihr Vorsorgeschutz gewährleistet. Im Leistungsfall können sich Abgrenzungsprobleme zwischen der bisherigen und der neuen Vorsorgeeinrichtung ergeben (Rz. 10.27 ff.)

Erfolgt kein Eintritt in eine neue Vorsorgeeinrichtung, so bestehen verschiedene Möglichkeiten, einen gewissen Vorsorgeschutz aufrecht zu erhalten bzw. auszubauen, entweder bei der Auffangeinrichtung oder bei einer Freizügigkeitseinrichtung.

Lücken betreffend den Vorsorgeschutz vom Austritt aus einer Vorsorgeeinrichtung bis zum Eintritt in eine neue Vorsorgeeinrichtung bzw. in eine Freizügigkeitseinrichtung werden teilweise dadurch gefüllt, dass die versicherte Person bei der bisherigen Vorsorgeeinrichtung noch während längstens eines Monats nach Austritt gegen die Risiken Tod und Invalidität versichert ist (Rz. 10.22 f.). Da die Vorsorgeeinrichtungen im überobligatorischen Bereich sowohl betreffend die Leistungshöhe als auch die Anspruchsvoraussetzungen einen grossen Gestaltungsspielraum

---

38   Es handelt sich hierbei um Einlagen im Sinne von Art. 33 Abs. 1 lit. d DBG. Abzugsfähig ist gemäss der Übergangsbestimmung von Art. 205 DBG der Einkauf von Beitragsjahren, wenn die Altersleistungen nach dem 31. Dezember 2001 zu laufen beginnen oder fällig werden. Zum Begriff des Einkaufs von Beitragsjahren vgl. Schweizerischer Versicherungskurier 7/8 1996, 47 f. – Gemäss Art. 14 WEFV werden bei der Berechnung des maximalen steuerlich absetzbaren Einkaufes allfällige Vorbezüge für Wohneigentum berücksichtigt.

haben, wird im allgemeinen jeder Wechsel der Vorsorgeeinrichtung einen Einfluss auf den persönlichen (überobligatorischen) Vorsorgeschutz haben. Um hier einen gewissen Ausgleich zu schaffen, hat die versicherte Person das Recht, sich in der neuen Vorsorgeeinrichtung auf die vollen reglementarischen Leistungen einzukaufen (Rz. 10.24 ff.).

1. Vorsorgeschutz durch die bisherige Vorsorgeeinrichtung

Der Versicherungsschutz endet mit dem Austritt aus der Vorsorgeeinrichtung, 10.22
wobei die versicherte Person für die Risiken Tod und Invalidität noch *während eines Monats,* längstens jedoch bis zum Eintritt in eine neue Vorsorgeeinrichtung, versichert ist *(Nachdeckung)*[39].

Umstritten ist, ob Entschädigungen wegen ungerechtfertigter Entlassung (Art. 337c Abs. 1 OR und analoge Bestimmungen im öffentlich-rechtlichen Dienstrecht) koordinierter Lohn im Sinn des BVG darstellen und ob sie zu einer Verlängerung des Versicherungsschutzes führen[40].

Je nach den Bestimmungen der Vorsorgeeinrichtung kann es für die Versicherten 10.23
möglich sein, sich trotz Beendigung des Arbeitsverhältnisses weiterhin bei der bisherigen Vorsorgeeinrichtung zu versichern *(externe Versicherung).* In diesem

---

39 Gemäss der bis zum 31. Dezember 1994 geltenden Fassung von Art. 10 Abs. 3 BVG betrug die Nachdeckungsfrist für die obligatorische Versicherung 30 Tage. Zusammen mit dem Freizügigkeitsgesetz wurde die Frist neu auf einen Monat festgesetzt. Gleichzeitig wurde sie durch den neu formulierten Art. 331a Abs. 2 OR auch auf die überobligatorische Personalvorsorge ausgedehnt.
40 Zur Problematik vgl. MUNOT, Droit du contrat de travail et droit des assurances sociales in: Droit privé et assurance soziales, Fribourg 1990, 79 ff. In einem Urteil des Versicherungsgerichts ZH (in SZS 4/1996, 345) wurde die Verlängerung des Versicherungsschutzes im wesentlichen mit der Begründung bejaht, es wäre mit dem Schutzzweck des BVG nicht vereinbar, bei einer zu Unrecht erfolgten fristlosen Auflösung eines Arbeitsverhältnisses einem Arbeitnehmer den Vorsorgeschutz während der Dauer, für welche ihm ein Lohnersatzanspruch zusteht, nicht zu gewähren. Diesem Urteil steht in gewissem Masse der Gesetzeswortlaut entgegen. Einerseits endet gemäss Art. 10 Abs. 2 BVG die Versicherungspflicht mit der Auflösung des Arbeitsverhältnisses, andererseits spricht Art. 337c Abs. 1 OR in der seit 1989 geltenden Fassung von «Ersatz» dessen, was der Arbeitnehmer verdient hätte, wenn das Arbeitsverhältnis unter Einhaltung der Kündigungsfrist beendet worden wäre, was darauf hindeutet, dass solche Entschädigungen nicht als Lohn sondern als Schadenersatz zu qualifizieren sind, welcher den Versicherungsschutz nicht verlängern kann. FLÜTSCH (in SPV 10/1994, 497) spricht dem von einer ungerechtfertigten Entlassung betroffenen Arbeitnehmer und seinen Angehörigen im Risikofall einen Schadenersatzanspruch gegenüber dem Arbeitgeber (nicht gegenüber der Vorsorgeeinrichtung) zu, der auch entgangene Risikoleistungen umfasst, wobei allfällige Vorsorgeleistungen aus der Pensionskasse eines neuen Arbeitgebers anzurechnen sind.

Fall erfolgt kein Austritt aus der Vorsorgeeinrichtung[41]. Die Vorsorgeeinrichtung ist gesetzlich nicht verpflichtet, eine externe Versicherung für ehemalige Arbeitnehmer anzubieten. Falls eine externe Versicherung möglich ist, muss der ehemalige Arbeitnehmer typischerweise die gesamten Beiträge (Arbeitnehmer- und Arbeitgeberbeitrag) aufgrund des Lohnes vor Beendigung des Arbeitsverhältnisses entrichten. Allenfalls kann die bisherige Vorsorgeeinrichtung auch eine externe Versicherung beschränkt auf die Risiken Tod und Invalidität anbieten. In diesem Fall müssen während der externen Versicherung keine Beiträge für die Altersversicherung bezahlt werden.

Falls die versicherte Person ein neues Arbeitsverhältnis beginnt und dadurch der obligatorischen Versicherung gemäss BVG untersteht, muss der neue Arbeitgeber damit einverstanden sein, dass sich die versicherte Person bei der bisherigen Vorsorgeeinrichtung extern weiterversichert. Zudem müssen die Bestimmungen der Vorsorgeeinrichtung des neuen Arbeitgeber es zulassen, dass sich Arbeitnehmer bei der bisherigen Vorsorgeeinrichtung weiterversichern. Normalerweise erfolgt jedoch ein Eintritt in die Vorsorgeeinrichtung des neuen Arbeitgebers.

2. Vorsorgeschutz durch die neue Vorsorgeeinrichtung

10.24 Falls die versicherte Person die Stelle wechselt, nicht bei der bisherigen Vorsorgeeinrichtung extern versichert bleibt (vgl. oben, Rz. 10.23) und im neuen Arbeitsverhältnis[42] weiterhin der obligatorischen Versicherung gemäss BVG untersteht, tritt sie in die Vorsorgeeinrichtung des neuen Arbeitgebers ein. Die obligatorische Versicherung beginnt mit dem Antritt des Arbeitsverhältnisses[43]. Auch in der überobligatorischen Versicherung beginnt der Vorsorgeschutz mit dem Tag, an dem das Arbeitsverhältnis anfängt[44]. Der neue Arbeitgeber ist verpflichtet, die Vorsor-

---

41 Das BVG in der bis 31. Dezember 1994 geltenden Fassung liess die externe Mitgliedschaft gestützt auf eine entsprechende reglementarische Bestimmung ausdrücklich zu (Art. 29 Abs. 2). Die Praxis hat aus dem Hinweis auf die reglementarischen Bestimmungen geschlossen, dass die Vorsorgeeinrichtung beim Fehlen solcher Bestimmungen, unter Vorbehalt des Rechtsgleichheitsgebotes und von Treu und Glauben, nicht verpflichtet sei, einer ausscheidenden versicherten Person zu einer externen Versicherung Hand zu bieten (MEYER-BLASER, in: SZS 2/1990, 84 sowie EVG in: SZS 5/1994, 372). Zusammen mit dem Freizügigkeitsgesetz wurde Art. 29 BVG aufgehoben. Die Zulässigkeit externer Versicherungen bleibt jedoch bestehen, was sich daraus ergibt, dass der Freizügigkeitsfall in Art. 2 Abs. 1 FZG als das Verlassen der Vorsorgeeinrichtung definiert wird (vgl. Botschaft des Bundesrates zum Freizügigkeitsgesetz, BBl 1992 III, 572). Zur freiwilligen Versicherung bei Ausscheiden von Versicherten aus der beruflichen Vorsorge vgl. oben, Rz. 9.32.
42 Tritt ein Arbeitnehmer vor Beendigung des Arbeitsverhältnisses eine neue Stelle an, so wird auf den Beginn des nachfolgenden Arbeitsverhältnisses abgestellt (BGE 119 V 18 ff.).
43 Zum Begriff des Antritts des Arbeitsverhältnisses als Voraussetzung für den Beginn der Versicherungsdeckung vgl. Urteil des Versicherungsgerichts ZH in: SZS 3/1994, 201.
44 Art. 331a Abs. 1 OR in der mit dem Freizügigkeitsgesetz eingeführten Fassung.

§ 10 Berufliche Vorsorge und Stellenwechsel

geeinrichtung über den neuen Arbeitnehmer zu informieren (Art. 10 BVV 2). Die Aufnahme der versicherten Person erfolgt dann durch die neue Vorsorgeeinrichtung. (Ausnahmen sind beispielsweise möglich für Arbeitnehmer, die nicht dauernd in der Schweiz tätig sind und im Ausland genügend versichert sind. Der Arbeitnehmer muss in all diesen Fällen jedoch ein Gesuch um Nichtaufnahme an die Vorsorgeeinrichtung stellen).

Tritt die versicherte Person in eine neue Vorsorgeeinrichtung ein, ist ihr Vorsorgeschutz gewährleistet. Da es den Vorsorgeeinrichtungen erlaubt ist, Leistungen über die Mindestleistungen gemäss BVG hinaus zu versichern, kann der *Vorsorgeschutz* (vor allem betreffend die Leistungshöhe) in einer neuen Vorsorgeeinrichtung stark vom bisherigen Vorsorgeschutz abweichen. Um den bisherigen Vorsorgeschutz in ähnlicher Höhe zu erhalten, hat die versicherte Person beim Austritt aus einer Vorsorgeeinrichtung Anspruch auf eine Austrittsleistung; diese Austrittsleistung muss an die neue Vorsorgeeinrichtung überwiesen werden (vgl. Rz. 10.2 ff.). 10.25

Die neue Vorsorgeeinrichtung muss der versicherten Person beim Eintritt ermöglichen, sich auf die vollen reglementarischen Leistungen *einzukaufen* (Art. 9 Abs. 2 FZG). Bei der Berechnung der Leistungen darf die Vorsorgeeinrichtung nicht unterscheiden, ob die Leistungen auf Beiträge oder auf Eintrittsleistungen zurückzuführen sind (Art. 9 Abs. 3 FZG)[45]. 10.26

Falls die eingebrachte Austrittsleistung höher ist als die maximale Einkaufssumme, so kann mit dem Rest ein zusätzlicher Vorsorgeschutz bei einer Freizügigkeitseinrichtung aufgebaut werden (vgl. unten, Rz. 10.39 ff.) oder es können damit spätere Leistungserhöhungen finanziert werden.

Falls die eingebrachte Austrittsleistung kleiner ist als die maximale Einkaufssumme, so hat die versicherte Person das Recht, den fehlenden Einkauf in Form einer Einmaleinlage oder mittels Ratenzahlungen zu begleichen (Art. 10 Abs. 3 FZG). (Das erbrachte Einkaufsgeld, welches die überwiesene Austrittsleistung übersteigt, kann in der Regel steuerlich in Abzug gebracht werden[46]). Wird der fehlende Einkauf nicht beglichen, kann die Vorsorgeeinrichtung die versicherten Leistungen kürzen.

Die Vorsorgeeinrichtung ist verpflichtet, der versicherten Person auf ihre Anfrage Auskunft zu erteilen betreffend die maximale Einkaufssumme und die Höhe der versicherten Leistungen (vgl. oben, Rz.10.17 ff.).

---

45 Der Einkauf von Beitragsjahren hat aber nicht zur Folge, dass er den eigentlichen Beitritt zur Vorsorgeeinrichtung vorverschiebt und damit die zeitliche Anwendbarkeit der reglementarischen Bestimmungen beeinflusst (VIRET, in: SVZ 5/6 1991, 109)
46 Vgl. oben, Rz. 10.20, Fn. 38.

3. Abgrenzung des Risikoschutzes beim Stellenwechsel[47]

a) Obligatorische berufliche Vorsorge

10.27 Anspruch auf *Invalidenleistungen* haben gemäss Art. 23 BVG Personen, die im Sinne der IV zu mindestens 50% invalid sind und bei Eintritt der Arbeitsunfähigkeit, deren Ursache zur Invalidität geführt hat, bei der Vorsorgeeinrichtung versichert waren[48]. Falls die IV eine Invalidität von 50% oder mehr verfügt, hat die versicherte Person somit grundsätzlich Anspruch auf Invalidenleistungen der Vorsorgeeinrichtung.

10.28 Invalidenleistungen werden von derjenigen Vorsorgeeinrichtung geschuldet, welcher der Ansprecher bei Eintritt des versicherten Ereignisses angeschlossen war (bzw. während der Nachdeckung Versicherungsschutz genoss). Im Bereich der obligatorischen Vorsorge fällt dieser Zeitpunkt mit dem *Eintritt der Arbeitsunfähigkeit* zusammen[49]. Nicht massgebend ist danach, wann und in welchem Grad ein Anspruch auf Invalidenleistungen der IV entstanden ist[50]. Eine Vorsorgeeinrichtung ist somit auch dann zu Invalidenleistungen verpflichtet, wenn eine versicherte Person erst nach dem Austritt eine Invalidenrente ausbezahlt erhält, der Beginn der ihr zugrunde liegenden Arbeitsunfähigkeit (versichertes Ereignis) aber während der Dauer des Versicherungsschutzes eintrat.

10.29 Die Vorsorgeeinrichtung ist bezüglich des Zeitpunkts, in welchem die Arbeitsunfähigkeit eintrat, an den Entscheid der IV-Organe gebunden, sofern dieser nicht offensichtlich unrichtig ist[51]. In der Regel beginnt die IV-Rente nach einer einjährigen Wartefrist (Art. 29 Abs. 1 lit. b IVG). Daraus ergibt sich als grobe Faustregel, dass die Vorsorgeeinrichtung für eine nach dem Austritt invalid gewordene versicherte Person leistungspflichtig ist, wenn diese ein Jahr vor Beginn der IV-Rente noch bei ihr versichert war.

---

47 Vgl. zum folgenden auch MOSER, Bedeutung und Tragweite von Art. 23 BVG, in: SZS 6/1995, 401 ff. und SZS 1/1996, 31 ff.
48 In gleichem Sinne statuiert Art. 18 BVG für Leistungen an die Hinterlassenen von verstorbenen aktiven Versicherten, dass die Leistungen im Zeitpunkt des Todes oder bei Eintritt der Arbeitsunfähigkeit, deren Ursache zum Tod geführt hat, versichert waren. – Zur Nachdeckung vgl. oben, Rz. 10.22, Fn. 39.
49 BGE 118 V 35 ff. mit Hinweisen, BGE 120 V 116.
50 EVG in: SZS 6/1994, 469.
51 BGE 118 V 43 f. In diesem Fall konnte die Vorsorgeeinrichtung nicht nachweisen, dass der IV-Entscheid offensichtlich unrichtig war. Das EVG knüpfte hieran die Bemerkung, die Vorsorgeeinrichtung habe es selber zu verantworten, dass sie die IV-Rentenverfügung nicht angefochten habe. Damit scheint das EVG von einer selbständigen Beschwerdelegitimation der Vorsorgeeinrichtung gegen Verfügungen der IV auszugehen. In BGE 115 V 213 wurde die Frage noch offen gelassen.

§ 10 Berufliche Vorsorge und Stellenwechsel

Nicht massgebend ist, wann der *Gesundheitsschaden* eingetreten ist, der zur Invalidität führt. Wenn Versicherte einen Unfall erleiden oder von einer Krankheit befallen werden, die erst in einem späteren Zeitpunkt zur ganzen oder teilweisen Arbeitsunfähigkeit führt, so ist einzig dieser Zeitpunkt dafür entscheidend, welche Vorsorgeeinrichtung leistungspflichtig ist[52]. 10.30

Versichertes Ereignis ist *jede relevante Arbeitsunfähigkeit*, unabhängig davon, ob diese vollständig oder bloss teilweise[53] sei. Die im Zeitpunkt des Eintritts einer relevanten Teilarbeitsunfähigkeit zuständige Vorsorgeeinrichtung bleibt deshalb für alle daraus folgenden Entwicklungen der Arbeitsunfähigkeit leistungspflichtig[54]. Wenn also z.B. eine zu 50% arbeitsunfähige versicherte Person aus der Vorsorgeeinrichtung austritt und nachher 100% erwerbsunfähig wird, hat diese Vorsorgeeinrichtung unter der im folgenden Absatz angegebenen Einschränkung eine volle Invalidenrente zu leisten. Die neue Vorsorgeeinrichtung der versicherten Person ist demgegenüber nicht leistungspflichtig[55]. 10.31

Die Leistungspflicht der früheren Vorsorgeeinrichtung setzt allerdings einen engen Zusammenhang zwischen der unter ihren Versicherungsschutz fallenden Arbeitsunfähigkeit und der nachher entstandenen oder im Grad erhöhten Invalidität voraus[56]. Materiell muss diese aufgrund der gleichen gesundheitlichen Beeinträchtigung entstanden sein, die sich während der Mitgliedschaft bei der ersten Vorsorgeeinrichtung manifestiert hat. Zeitlich darf nicht eine lange Unterbrechung der Arbeitsunfähigkeit vorliegen[57]. Das EVG geht damit von einer *ursachenabhängigen Betrachtungsweise des Versicherungsfalles* aus: Die Erhöhung der Erwerbsunfähigkeit nach dem Austritt oder dem Wechsel der Vorsorgeeinrichtung ist (nur) dann kein neues versichertes Ereignis, wenn sie *auf der gleichen Gesundheitsursache beruht und nicht unterbrochen ist*. Wenn sich dagegen der Grad der Erwerbsunfähigkeit aus einer anderen Gesundheitsursache oder nach einer länger dauernden Wiederherstellung der vollen Arbeitsfähigkeit erhöht, liegt ein neuer Versicherungsfall vor, der dementsprechend die Leistungspflicht der neuen Vorsorgeeinrichtung auslöst. 10.32

---

52 BGE 118 V 239 ff.
53 Relevant ist das Auftreten einer Arbeitsunfähigkeit von einer gewissen Bedeutung (EVG in: SZS 6/1994, 471 und SZS 5/1995, 465). Inwieweit auch ganz geringe Beeinträchtigungen der Arbeitsfähigkeit relevant sind, ist durch die Rechtsprechung noch nicht geklärt.
54 BGE 120 V 112 ff.
55 Das versicherte Ereignis ist vor dem Beginn des Versicherungsschutzes bei der neuen Vorsorgeeinrichtung eingetreten.
56 BGE 120 V 117 f.
57 Eine kurze Wiedereingliederungsdauer genügt zum Unterbruch des zeitlichen Zusammenhangs nicht. Eine Dauer von weniger als drei Monaten gilt generell als kurz. Im übrigen sind die Umstände des Einzelfalles massgebend (vgl. MOSER in: Sonderheft SZS 1997, 121 ff.).

b) Überobligatorische berufliche Vorsorge

10.33 Im Bereich der überobligatorischen Leistungen steht es der Vorsorgeeinrichtung frei, das *versicherte Risiko* abweichend vom BVG zu definieren[58]. Sie kann insbesondere vom Invaliditätsfall oder von der Erwerbsunfähigkeit anstelle der Arbeitsunfähigkeit als versichertem Risiko ausgehen. In diesem Fall besteht (überobligatorisch) keine Leistungspflicht, soweit die Erwerbsunfähigkeit nach dem Austritt (und dem Ablauf der Nachdeckungsfrist) zunimmt[59]. Damit kann allerdings die Koordination des Risikoschutzes, die der Gesetzgeber im FZG mit der Einschränkung der Zulässigkeit von Versicherungsvorbehalten anstrebte, vereitelt werden und es können Deckungslücken entstehen[60].

10.34 Wie bereits unter Abschnitt III erwähnt, kann die Vorsorgeeinrichtung im Rahmen von Art. 14 FZG und Art. 331c OR Gesundheitsvorbehalte anbringen für gesundheitliche Beeinträchtigungen, die vor dem Kasseneintritt bestanden und erst während der Mitgliedschaft zu einem vorsorgerechtlich gedeckten Versicherungsfall führen.

c) Rückerstattung der Austrittsleistung bei nachträglichen Risikoleistungen

10.35 Hat die Vorsorgeeinrichtung (nach dem Austritt) die *Austrittsleistung* erbracht und muss sie später Hinterlassenen- oder Invalidenleistungen ausrichten, so muss die bereits erbrachte Austrittsleistung der Vorsorgeeinrichtung soweit *zurückzuerstattet* werden, als dies zur Auszahlung der Hinterlassenen- oder Invalidenleistungen nötig ist[61]. Die Hinterlassenen- und Invalidenleistungen können gekürzt werden, soweit eine Rückerstattung unterbleibt (Art. 3 Abs. 2 und 3 FZG). Die Vorsorgeeinrichtung muss die versicherte Person über die Höhe einer allfälligen Rückerstattung bzw. über die allfällige Kürzung bei nicht erfolgter Rückerstattung informieren.

---

58 EVG in SZS 6/95, 465 f. und 470.
59 Vgl. zum Beispiel EVG in: SVR-Rechtsprechung 12/1995, 127 ff. Andererseits kann die Vorsorgeeinrichtung diesfalls bei Verwirklichung des Invaliditätsrisikos während der Versicherungsdauer die Leistungspflicht nicht mit dem Argument verneinen, die versicherte Person sei schon in einer früheren Vorsorgeeinrichtung in relevantem Ausmass arbeitsunfähig gewesen.
60 Auch die mit der Änderung von Art. 331a Abs. 2 OR für die überobligatorische Vorsorge eingeführte zwingende Nachdeckungsfrist (vgl. oben, Rz. 10.22) hängt in ihrer Bedeutung damit von der reglementarischen Umschreibung des Versicherungsfalles ab.
61 Dieser Betrag entspricht dem aufgrund der technischen Grundlagen der leistungspflichtigen Vorsorgeeinrichtung berechneten Barwert der geschuldeten Leistungen (Kommentar zur FZV in: Mitteilungen des Bundesamtes für Sozialversicherung Nr. 30, 10).

§ 10 Berufliche Vorsorge und Stellenwechsel

4. Vorsorgeschutz durch die Auffangeinrichtung

Die Stiftung Auffangeinrichtung BVG[62] ist eine gesamtschweizerische Vorsorgeeinrichtung in der Rechtsform einer privatrechtlichen Stiftung unter der Aufsicht des Bundes[63]. 10.36

Seit dem 1.1.1997 ist die Auffangeinrichtung gemäss Art. 60 Abs. 2 lit. e verpflichtet, die *Arbeitslosenversicherung* anzuschliessen und für die von dieser Versicherung gemeldeten Bezüger von Taggeldern die obligatorische Versicherung (gegen Invalidität und Tod) durchzuführen (vgl. oben, Rz. 9.27). 10.37

Gemäss Art. 22a Abs. 3 AVIG[64] sind die Beiträge für diesen obligatorischen Vorsorgeschutz von den Taggeldbezügern und der Arbeitslosenversicherung zusammen zu entrichten.

Die Auffangeinrichtung bietet zudem folgenden Personen die Möglichkeit, sich *freiwillig versichern* zu lassen, wobei grundsätzlich nur die gesetzlichen Mindestleistungen erfüllt werden: 10.38

– Selbständigerwerbenden,
– Arbeitnehmern, die während mindestens sechs Monaten der obligatorischen Versicherung unterstellt waren und nun aus Ihrer Kasse ausscheiden,
– Arbeitnehmern, die bei verschiedenen Arbeitgebern beschäftigt sind (für die Lohnteile, welche Sie nicht in der Kasse ihrer Arbeitgeber versichern können).

In der Auffangeinrichtung sind sowohl Beiträge für die Leistungen nach der Alterspensionierung (Altersgutschriften) als auch für die Leistungen im Todes- oder Invaliditätsfall (Risikoprämien) zu bezahlen. Alle Beiträge können steuerlich abgezogen werden. Im Gegensatz zu den Freizügigkeitspolicen und -konten (vgl. unten, Rz. 10.39 bis 10.43) bietet die freiwillige Versicherung bei der Auffangeinrichtung die Möglichkeit, den Vorsorgeschutz weiter auszubauen.

5. Vorsorgeschutz durch eine Freizügigkeitseinrichtung

Versicherte, die nicht in eine neue Vorsorgeeinrichtung eintreten, haben grundsätzlich *zwei Möglichkeiten* zur Erhaltung des Vorsorgeschutzes: Die Eröffnung einer Freizügigkeitspolice oder eines Freizügigkeitskontos (Art. 10–19 FZV). 10.39

---

62 Auffangeinrichtung BVG, Geschäftsstelle, Postfach 4338, 8022 Zürich, Tel. 01 / 284 44 36.
63 Art. 54 und Art. 60 BVG. Neben den üblichen Aufgaben einer Vorsorgeeinrichtung führt die Auffangeinrichtung auch Freizügigkeitskonten von Personen, die ihrer früheren Vorsorgeeinrichtung keine Angaben betreffend Verwendung ihrer Austrittsleistungen gemacht haben (Art. 60 Abs. 4 BVG und Art. 4 Abs. 2 und 3 FZG).
64 Arbeitslosenversicherungsgesetz (AVIG), Änderung vom 23. Juni 1995, *AS 1996*.

Die versicherte Person hat jederzeit das Recht, die Art und Form der Freizügigkeitseinrichtung zu *wechseln*, d.h. das Geld (den Rückkaufswert bei einer Freizügigkeitspolice bzw. das Guthaben des Freizügigkeitskontos) beispielsweise von einer Freizügigkeitspolice auf eine andere Freizügigkeitspolice oder auf ein Freizügigkeitskonto übertragen zu lassen (Art. 12 Abs. 4 FZV).

Tritt die versicherte Person innerhalb eines Jahres nach Austritt aus einer Vorsorgeeinrichtung in eine neue ein, so *muss* sie dies ihrer Freizügigkeitseinrichtung mitteilen. Diese muss den Rückkaufswert der Police bzw. das Guthaben des Freizügigkeitskontos an die neue Vorsorgeeinrichtung überweisen, soweit es zur Finanzierung des Einkaufes benötigt wird (Art. 12 Abs. 2 und 3 FZV).

Die versicherte Person kann sich den Rückkaufswert der Police bzw. das Guthaben des Freizügigkeitskontos gemäss Art. 14 FZV in Verbindung mit Art. 5 FZG bar auszahlen lassen, wenn

– sie die Schweiz endgültig verlässt;
– sie eine selbständige Erwerbstätigkeit aufnimmt und der obligatorischen Versicherung gemäss BVG nicht mehr untersteht;
– sie im Sinne der IV zu mindestens zwei Dritteln invalid ist.

An verheiratete Personen ist die Barauszahlung nur zulässig, wenn der Ehegatte schriftlich zustimmt.

a) Freizügigkeitspolice

10.40 Die Austrittsleistung kann an eine geeignete Versicherungseinrichtung[65] überwiesen werden, um damit eine prämienfreie Freizügigkeitspolice (Freizügigkeitsversicherung) zu eröffnen[66]. Die versicherte Person kann die Leistungen der Versicherung selbst wählen, wobei folgende Möglichkeiten bestehen:
– Kapital; Zahlbar beim Tode[67], spätestens bei Erreichen des AHV-Rentenalters.
– Altersrente; Zahlbar ab dem AHV-Rentenalter bis zum Tode.

Zu diesen beiden Leistungsformen können wahlweise noch folgende zusätzliche Leistungen mitversichert werden: Invalidenrente, Witwenrente, Waisenrente.

---

[65] Es muss sich gemäss Art. 10 Abs. 21 FZV um eine der ordentlichen Versicherungsaufsicht unterstellte Versicherungseinrichtung oder eine durch diese Versicherungseinrichtungen gebildete Gruppe handeln. Um eine solche Gruppe handelt es sich bei der Zentralstelle des Pools Schweizerischer Lebensversicherungs-Gesellschaften für Freizügigkeitspolicen, Wengistrasse 7, Postfach 50, 8026 Zürich. Telefon 01 / 241 45 77.
[66] Die genauen Vertragsbestimmungen und insbesondere die Höhe der Leistungen müssen bei der Versicherungseinrichtung nachgefragt werden.
[67] Das Kapital gelangt an den Ehegatten, an die Kinder, an Personen, die von ihm in erheblichem Masse unterstützt worden sind, oder an gesetzliche Erben (unter Ausschluss des Gemeinwesens).

Beispiel 1: Eine versicherte Person kann bestimmen, dass ihr bei Invalidität, spätestens jedoch bei Erreichen des Rentenalters eine lebenslängliche Rente ausbezahlt wird.

Beispiel 2: Eine versicherte Person kann bestimmen, dass beim Tod, spätestens jedoch bei Erreichen des Rentenalters ein Kapital ausbezahlt wird. Sollte die versicherte Person jedoch vor Erreichen des Rentenalters invalid werden, soll ihr zusätzlich bis zum Erreichen des Rentenalters, längstens jedoch bis zum Tod, eine Invalidenrente bezahlt werden.

Die Höhe der Leistungen ist abhängig von der eingebrachten Austrittsleistung, den gewählten versicherten Leistungsarten und dem Alter der versicherten Person bei Abschluss der Freizügigkeitspolice. Der Rückkaufswert der Police wird versicherungstechnisch bestimmt. 10.41

b) Freizügigkeitskonto

Die Austrittsleistung kann zur Eröffnung eines Freizügigkeitskontos an eine dafür vorgesehene Freizügigkeitsstiftung[68] überwiesen werden. Das Geld wird dort verzinst[69]. Die versicherte Person kann die Auszahlung des verzinsten Kapitals bis fünf Jahre vor oder nach Erreichen des AHV-Rentenalters verlangen. Im Todesfall gelangt das verzinste Kapital gemäss Art. 15 FZV an den Ehegatten, die Kinder, Personen, die vom Versicherten in erheblichem Masse unterstützt worden sind, oder an gesetzliche Erben (unter Ausschluss des Gemeinwesens). 10.42

Als Alternative zum Freizügigkeitskonto bieten verschiedene Freizügigkeitseinrichtungen auch einen *Freizügigkeitsfonds* an. Die eingebrachte Austrittsleistung wird hier nicht fest verzinst, sondern das Geld wird in Anlagen investiert und der Ertrag ist somit von der Rendite der Anlagen abhängig. Je nach Freizügigkeitseinrichtung kann ein Freizügigkeitsfonds jedoch erst ab einer bestimmten Höhe der eingebrachten Austrittsleistung eröffnet werden. 10.43

V. Checklisten

Nachfolgend wird dargestellt, worauf bei Beginn und Beendigung des Arbeitsverhältnisses (bzw. bei Ausscheiden aus der Vorsorgeeinrichtung) betreffend die berufliche Vorsorge geachtet werden sollte. Dabei wird angenommen, dass die Beendigung des Arbeitsverhältnisses aus anderen Gründen als Alterspensionierung, Tod oder Invalidität erfolgte, und dass die Person vorher einer Vorsorgeeinrichtung angehörte. – Je nach Situation sind verschiedene Abklärungen zu treffen.

---

68 Z.B. Freizügigkeitseinrichtungen von Banken.
69 Der Zinssatz wird von der Freizügigkeitseinrichtung nach bestimmten Richtlinien festgelegt, er kann unter dem Mindestzinssatz gemäss BVG (zur Zeit 4%; Stand 1997) liegen. Insbesondere kann er bei verschiedenen Freizügigkeitseinrichtungen unterschiedlich hoch sein.

1. Beginn eines neuen Arbeitsverhältnisses

a) Prüfen, ob die betreffende Person gemäss den reglementarischen Bestimmungen der Vorsorgeeinrichtung des neuen Arbeitgebers versichert wird (die obligatorische Versicherungspflicht ist in Art. 2 BVG geregelt)[70]. Grundsätzlich ist der neue Arbeitgeber verpflichtet, der Vorsorgeeinrichtung einen versicherungspflichtigen Arbeitnehmer zu melden[71].

b) Erfolgt eine Aufnahme in die Vorsorgeeinrichtung, so muss diese die versicherte Person auf deren Anfrage hin über ihre versicherten Leistungen und die Möglichkeit eines freiwilligen Einkaufs (Art. 9 und 10 FZG) informieren[72].
Allfällige gesundheitliche Vorbehalte gelten *nicht* für den obligatorischen Teil der Versicherung (d.h. auf den Mindestleistungen gemäss BVG) und sind auf maximal fünf Jahre zu beschränken (Art. 331c OR)[73].

2. Ende des Arbeitsverhältnisses, Beginn eines neuen Arbeitsverhältnisses und Aufnahme in die neue Vorsorgeeinrichtung

a) Grundsätzlich besteht ein Anspruch auf eine Freizügigkeitsleistung von der bisherigen Vorsorgeeinrichtung (Art. 2 FZG)[74]. Betreffend die Mindesthöhe der Freizügigkeitsleistung sind die Artikel 15 bis 18 FZG massgebend[75]. Erfolgte die Beendigung des Arbeitsverhältnisses im Zusammenhang mit Restrukturierungen am Arbeitsplatz oder mit einem grösseren Stellenabbau, sollte geprüft werden, ob die Vorsorgeeinrichtung eine (Teil-)Liquidation durchführen muss. Im Falle einer (Teil-)Liquidation partizipiert die versicherte Person grundsätzlich am Liquidationsergebnis, welches positiv oder negativ[76] sein kann (Art. 23 FZG)[77].

b) Die Freizügigkeitsleistung muss an die neue Vorsorgeeinrichtung überwiesen werden[78].

c) Siehe oben, Punkt 1.

---

70 Vgl. § 9 Abschnitt III: «Versichrungspflicht».
71 Vgl. oben, Rz. 10.19 und Rz. 10.20.
72 Vgl. oben, Rz. 10.19 und Rz. 10.26.
73 Vgl. oben, Rz. 10.19.
74 Vgl. oben, Rz. 10.2 und Rz. 10.6 bis 10.10.
75 Vgl. oben, Rz. 10.3 bis 10.5.
76 In diesem Fall muss eine Insolvenzdeckung durch den Sicherheitsfonds geprüft werden. Vgl. oben, Rz. 9.33.
77 Vgl. oben, Rz. 10.11 bis 10.17.
78 Vgl. oben, Rz. 10.24 bis 10.26 und Rz. 10.19 bis 10.20.

§ 10 Berufliche Vorsorge und Stellenwechsel

3. Ende des Arbeitsverhältnisses, Bezug von Taggeldern der Arbeitslosenversicherung

a) Es sollte geprüft werden, ob in der bisherigen Vorsorgeeinrichtung eine externe Versicherung[79] möglich ist. Im Falle einer externen Versicherung erfolgt kein Austritt aus der Vorsorgeeinrichtung; die Abklärungen sind beendet.

b) Bei einem Austritt aus der Vorsorgeeinrichtung besteht ein Anspruch auf eine Freizügigkeitsleistung, vgl. oben, Punkt 2.a.

c) Grundsätzlich erfolgt eine Versicherung gegen die Risiken Tod und Invalidität durch die Arbeitslosenversicherung bei der Auffangeinrichtung[80], wobei die Freizügigkeitsleistung auf eine Freizügigkeitspolice[81] oder auf ein Freizügigkeitskonto[82] überwiesen werden muss. Die betreffende Person hat aber auch die Möglichkeit, sich bei der Auffangeinrichtung freiwillig versichern zu lassen (dh. sowohl gegen die Risiken Tod und Invalidität als auch gegen die Folgen des Alters), wobei das bisher angesparte BVG-Altersguthaben an die Auffangeinrichtung überwiesen werden muss. In diesem Fall erfolgt keine Risikoversicherung durch die Arbeitslosenversicherung und die betreffende Person muss alle Beiträge selber bezahlen.

4. Ende des Arbeitsverhältnisses und weder Fall 2 noch Fall 3

a) Siehe oben, Punkt 3.a.

b) Bei einem Austritt aus der Vorsorgeeinrichtung besteht ein Anspruch auf eine Freizügigkeitsleistung, vgl. oben, Punkt 2.a.

c) Falls die Voraussetzungen für eine Barauszahlung (Art. 5 FZG) nicht erfüllt sind[83] oder falls die Barauszahlung nicht gewünscht wird, kann eine freiwillige Versicherung bei der Auffangeinrichtung erfolgen (d.h. sowohl gegen die Risiken Tod und Invalidität als auch gegen die Folgen des Alters) oder das Geld wird auf eine Freizügigkeitspolice oder ein Freizügigkeitskonto überwiesen (siehe auch oben, Punkt 3.c).

---

79 Vgl. oben, Rz. 10.31.
80 Der Vorsorgeschutz wird aber für ältere Personen sehr gering sein. Und obwohl die Arbeitslosenversicherung einen Teil der Risikoprämien übernimmt, dürfte die externe Versicherung oftmals attraktiver sein. Es muss zudem beachtet werden, dass die Leistungen nur temporär (bis zum Rentenalter) ausgerichtet werden. – Vgl. oben, Rz. 9.27 und Rz. 10.37.
81 Vgl. oben, Rz. 10.40 ff.
82 Vgl. oben, Rz. 10.42 ff.
83 Vgl. oben, Rz. 10.10.

Vierter Teil

ASPEKTE DES SOZIALVERSICHERUNGSRECHTS IM ENGEREN SINNE

§ 11 Arbeitslosenversicherung

ADRIAN VON KAENEL

Literaturauswahl: ENGLER HERMANN/KIGA des Kantons Aargau, Arbeitslosenversicherung – Bundesgesetz und Verordnung, 6. Aufl. Aarau 1997; GERHARDS GERHARD, Kommentar zum Arbeitslosenversicherungsgesetz (AVIG), Bd. 1 und 2 Bern 1987, Bd. 3 (enthaltend die Teilrevision 1990 und die EVG-Regesten 1987 – 1992) Bern 1993 (*zitiert:* GERHARDS, Kommentar); *ders.*, Grundriss des neuen Arbeitslosenversicherungsrechts: eine erste Einführung in das revidierte Arbeitslosenversicherungsrecht (zweite Teilrevision vom 23. Juni 1995), Bern 1996; LANDOLT HARDY, Das Zumutbarkeitsprinzip im schweizerischen Sozialversicherungsrecht, Zürich 1995; LOCHER THOMAS, Grundriss des Sozialversicherungsrechts, 2. Aufl., Bern 1997; RYTER EDITH, Abgrenzungsprobleme bei den Leistungen der Arbeitslosenversicherung, in: Festschrift 75 Jahre EVG, Bern 1992, 611 ff.; SAVIAUX NICOLAS, Les rapports de travail en cas de difficultés économiques de l'employeur et l'assurance-chômage, Lausanne 1993; SPÜHLER KARL, Grundriss des Arbeitslosenversicherungsrechts, Bern 1985; STAUFFER HANS-ULRICH, Die Arbeitslosenversicherung, Zürich 1984 (*zitiert:* STAUFFER, ALV); *ders.*, Rechtsprechung des Bundesgerichts zum Sozialversicherungsrecht, Bundesgesetz über die obligatorische Arbeitslosenversicherung und Insolvenzentschädigung, Zürich 1992 (*zitiert:* STAUFFER, Rechtsprechung).

Gerichtspraxis: ALV-Praxis: Informations- und Weisungsorgan der Abteilung Arbeitlosenversicherung des BIGA (Bern, seit 1985); ARV: Arbeitsrecht und Arbeitslosenversicherung, Mitteilungsblatt des BIGA (Zürich, seit 1953); BGE: Bundesgerichtsentscheide (Lausanne, Entscheide zum Arbeitslosenversicherungsrecht erst seit 1973 in Band V); Pra: Die Praxis (Basel); SVR: Sozialversicherungsrecht – Rechtsprechung (Basel, seit 1994); SZS: Schweizerische Zeitschrift für Sozialversicherung und berufliche Vorsorge (Bern).

I. Problemübersicht

Die Arbeitslosenversicherung will den versicherten Arbeitnehmerinnen und Arbeitnehmern im Falle eines Erwerbsausfalls angemessenen Ersatz garantieren.[1] Mehr und mehr sind Versicherte gezwungen, deren Leistungen nach einem Stellenverlust in Anspruch zu nehmen. Wollen sie dabei keine unnötigen Leistungseinbussen in Kauf nehmen, gilt es jedoch, frühzeitig Verschiedenem Beachtung zu schenken.   11.1

Bereits vor der Kündigung stellen sich für die Arbeitnehmer- wie für die Arbeitgeberseite eine ganze Fülle von Fragen aus dem Bereich des Arbeitslosenversicherungsrechts: Wer soll beispielsweise kündigen (Rz. 11.54)? Welche Möglichkeiten stellt das Arbeitslosenrecht zur Verfügung, um den Verlust von Arbeitsplätzen zu verhindern (vorzeitige Pensionierung, Rz. 11.47; Kurzarbeit)? Wie sollen sich   11.2

---

[1] Art. 1 AVIG; weiter soll durch arbeitsmarktliche Massnahmen die Arbeitslosigkeit bekämpft werden.

Arbeitnehmer und Arbeitnehmerinnen verhalten, welche Lohnausstände haben und deren Arbeitgeber möglicherweise auf einen Konkurs zusteuert (Rz. 11.60 ff.)?

11.3 Für die von einer Entlassung Betroffenen stellt sich die Frage nach der Dauer und Höhe ihres Taggeldanspruches (Rz. 11.37 ff. und Rz. 11.40 f.). Bin ich überhaupt versichert (Rz. 11.6)? Muss ich neue, durch eine Änderungskündigung diktierte Arbeitsbedingungen annehmen (Rz. 11.54)? Wie wirken sich die Kündigungsgründe aus (Rz. 11.54)? Ab wann muss ich mich in welchem Umfang um eine neue Stelle bemühen (Rz. 11.23 und 11.55)? Muss und soll ich eine mir angebotene, wenn möglich schlechter bezahlte Stelle annehmen (Rz. 11.54)? Welche Vor- und Nachteile hat die Aufnahme einer selbständigen Erwerbstätigkeit (Rz. 11.48 ff.)? Was muss ich tun, um rechtzeitig in den Genuss von Taggeldern zu gelangen (Rz. 11.23 ff., 11.55)? Wann erhalte ich Arbeitslosentaggelder, wann Insolvenzentschädigung (Rz. 11.60 ff.)? Wie bin ich nach Auslaufen des Arbeitsverhältnisses versichert (Rz. 11.56 ff.)? Wie kann ich mich gegen Entscheide der Arbeitslosenkassen, der Ämter und Gerichte wehren (Rz. 11.63 ff.)?

II. Grundlagen

11.4 Der Bund ist gemäss Art. 34^{novies} BV verpflichtet, eine für die Arbeitnehmer obligatorische Arbeitslosenversicherung einzuführen.[2] Er ist diesem Verfassungsauftrag im Bundesgesetz über die obligatorische Arbeitslosenversicherung und die Insolvenzentschädigung (Arbeitslosenversicherungsgesetz [AVIG]) vom 25. Juni 1982 nachgekommen.[3, 4] Das Gesetz wird durch die Verordnung über die obligatorische Arbeitslosenversicherung und die Insolvenzentschädigung (Arbeitslosenversicherungsverordnung [AVIV]) vom 31. August 1983 und verschiedene weitere Verordnungen näher ausgeführt.[5] Im internationalen Verhältnis sind sodann

---

2 Vgl. zur verfassungsmässigen Grundlage auch Art. 34ter Abs. 1 Bst. a und e BV. Der Bund wäre auch verpflichtet, dafür zu sorgen, dass sich Selbständigerwerbende unter bestimmten Voraussetzungen versichern können, ein in Art. 34^{novies} Abs. 2 BV ausgesprochener Auftrag, dem der Bund noch nicht nachgekommen ist.

3 SR 837.0. Das Gesetz hat bereits vier Teilrevisionen vom 6. Oktober 1989, 5. Oktober 1990, 23. Juni 1995 und 13. Dezember 1996 hinter sich und es steht zu erwarten, dass weitere dazukommen. Es ist daher besonders darauf zu achten, dass immer die letzte Gesetzesausgabe konsultiert wird.

4 Der dringliche Bundesbeschluss vom 13. Dezember 1996 (AS 1996 3459), welcher das Gesetz befristet bis zum 31. Dezember 2002 abänderte und bereits auf den 1. Januar 1997 in Kraft gesetzt worden war, wurde in der Volksabstimmung vom 28. September 1997 verworfen. Seine Gültigkeit endet damit am 13. Dezember 1997 (vgl. dazu Art. 89bis Abs. 2 BV), doch wird er aus Abrechnungsgründen bereits ab dem 1. Dezember 1997 nicht mehr angewendet werden.

5 Die Arbeitslosenversicherungsverordnung findet sich in SR 827.02. Weitere im vorliegenden Zusammenhang relevante Verordnungen sind die Verordnung über die Unfallversicherung von

§ 11 Arbeitslosenversicherung

verschiedene Staatsverträge zu beachten.[6] Schliesslich hat das BIGA die Arbeitslosengesetzgebung in sechs ausführlichen, mit Ausnahme einzelner Ergänzungen zur Zeit immer noch in der ab 1. Januar 1992 gültigen Fassung vorliegenden Kreisschreiben über die Arbeitslosen-, die Schlechtwetter-, die Kurzarbeits- und die Insolvenzentschädigung sowie über die individuellen und kollektiven Präventivmassnahmen ausgeführt. Seit dem 30. Mai 1997 liegt sodann ein Kreisschreiben über die arbeitsmarktlichen Massnahmen vor.[7]

Die soziale Absicherung der Erwerbslosen ist als Versicherung konzipiert. Dies bedeutet zunächst, dass gewisse Voraussetzungen erfüllen muss, wer deren Leistungen in Anspruch nehmen will (Rz. 11.10 ff.). Zu diesen *Anspruchsvoraussetzungen* gehören unter anderem die Erfüllung der Beitragspflicht,[8] die mindestens teilweise Verwirklichung des versicherten Risikos Arbeitslosigkeit, die Vermittlungsfähigkeit (Rz. 11.17 ff.) sowie das Erfüllen der Kontrollvorschriften (Rz. 11.23 ff.).   11.5

Das Arbeitslosenversicherungsgesetz legt nicht fest, wer als versicherte Person zu gelten hat, sondern enthält lediglich Bestimmungen über die Beitragspflicht. Beitragspflichtig sind nach Art. 2 AVIG Unselbständigerwerbende, die nach der AHV-Gesetzgebung obligatorisch versichert sind.[9] Allerdings sind – und dies mag   11.6

---

arbeitslosen Personen vom 24. Januar 1996 (SR 837.171), die Verordnung über die obligatorische berufliche Vorsorge von arbeitslosen Personen vom 3. März 1997 (SR 837.174) und die Verordnung über die Förderung des Vorruhestandes vom 30. Oktober 1996 (SR 837.181).

6   So bestehen Abkommen mit der Bundesrepublik Deutschland (SR 0.831.109.136.1 sowie 0.837.913.6), Belgien (SR 0.831.109.172.1), Frankreich (SR 0.831.109.349.1, 0.837.934.91 sowie 0.837.934.92), Italien (SR 0.837.945.4), Liechtenstein (SR 0.837.951.4), Österreich (SR 0.837.916.3) sowie drei multilaterale Staatsverträge (SR 0.837.411, 0.837.471 sowie 0.831.107), von denen allerdings nur der letztgenannte über die soziale Sicherheit der Rheinschiffer von einiger praktischer Bedeutung ist.

7   Verwaltungsanweisungen in der Art solcher Kreisschreiben sind für den Sozialversicherungsrichter nicht verbindlich, doch soll er sie mitberücksichtigen, wenn sie eine dem Einzelfall gerecht werdende Gesetzesauslegung zulassen (BGE 123 V 70 E. 4a mit zahlreichen Verweisen).

8   Der Erfüllung der Beitragspflicht gleichzusetzen ist die gesetzliche Befreiung von der Beitragspflicht, unten, Rz. 11.16.

9   Die Beitragspflicht besteht auch, wenn der Arbeitgeber nicht AHV-pflichtig ist. Angestellte solcher Arbeitgeber bezahlen auch den ALV-Arbeitgeberanteil (vgl. dazu auch Art. 6 AHVG). Beitragspflichtig sind auch Arbeitnehmer, die wegen unzumutbarer Doppelbelastung von der AHV ausgenommen sind (BGE 120 V 403 E. 3a). Beitragspflichtig sind ferner auch die Arbeitgeber, die nach Art. 12 AHVG AHV-beitragspflichtig sind (Art. 2 Abs. 1 Bst. b AVIG).
Von der Beitragspflicht ausgenommen sind Unselbständigerwerbende, die ihre AHV-Beiträge in Beitragsmarken entrichten oder bereits das AHV-Alter erreicht haben, gewisse mitarbeitende Familienmitglieder auf Bauernbetrieben und Arbeitslose für Entschädigungen nach Art. 22a Abs. 1 AVIG.

erstaunen – nicht alle, die beitragspflichtig sind, auch versichert.[10] Die ALV-Organe sind an das AHV-Beitragsstatut gebunden, soweit dieses nicht offensichtlich unrichtig ist.[11]

Eine Beitragspflicht statuiert Art. 81b Abs. 2 AVIV auch für Personen, die im Rahmen eines Beschäftigungsprogramms oder eines Berufspraktikums besondere Taggelder in Form von Lohn erhalten. Solche Beiträge werden nicht als Beitragszeit angerechnet und können daher zu keinen Versicherungsleistungen führen (Art. 13 Abs. 2^{quater} AVIG). Art. 2 Abs. 2 Bst. e AVIG nimmt indessen «Arbeitslose für Entschädigungen nach Artikel 22a Absatz 1» von der Beitragspflicht aus. Art. 22a Abs. 1 AVIG verweist wiederum auf Entschädigungen nach Art. 7 Abs. 2 Bst. a oder b AVIG, womit einerseits die Arbeitslosenentschädigung, anderseits die «Entschädigung für die Teilnahme an Massnahmen nach Absatz 1 Buchstabe b» gemeint sind. Bei den Massnahmen nach Art. 7 Abs. 1 Bst. b AVIG handelt es sich um die «Umschulung, Weiterbildung und Eingliederung von versicherten Personen». Darunter fallen jedoch gerade auch arbeitsmarktliche Massnahmen in Form eines Beschäftigungsprogramms oder eines Berufspraktikums (vgl. dazu auch den Abschnittstitel vor Art. 59 AVIG, der wörtlich die Formulierung von Art. 7 Abs. 1 Bst. b aufnimmt). Die dafür bezahlten Entgelte sind damit nach Art. 2 Abs. 2 Bst. e AVIG beitragsbefreit. Die in Art. 81b Abs. 2 AVIV statuierte Beitragspflicht dürfte daher gesetzeswidrig sein und im übrigen angesichts der fehlenden Versicherungsdeckung auch Art. 4 BV widersprechen. Zwar spricht Art. 13 Abs. 2^{quater} AVIG in unspezifischer Weise von beitragspflichtigen Beschäftigungen, legt jedoch eine Beitragspflicht nicht in rechtlich genügender Form für bestimmte Arten von Beschäftigungen fest, um eine Abweichung von dem in Art. 2 Abs. 2 Bst. e AVIG ausgesprochenen Grundsatz zu rechtfertigen.

11.7 Die *Versicherungsleistungen* der Arbeitslosenversicherung gliedern sich in Arbeitslosenentschädigung (Rz. 11.29 ff.), Kurzarbeitsentschädigung (Fn. 63), Schlechtwetterentschädigung, Insolvenzentschädigung (Rz. 11.60 ff.) sowie die arbeitsmarktlichen Massnahmen (Rz. 11.39, 11.47 ff.). Die Versicherungsleistungen unterliegen zeitlichen und betraglichen Beschränkungen.[12] Die Höhe der Arbeitslosenentschädigung hängt vom versicherten Verdienst (Rz. 11.30 ff.), aber auch von weiteren Grössen wie den Unterstützungspflichten der Versicherten ab. Die Dauer der regulären Taggeldberechtigung richtet sich neu allein nach dem Alter der Versicherten;[13] durch die Teilnahme an arbeitsmarktlichen Massnahmen kön-

---

10 Vgl. etwa Art. 8 Abs. 1 Bst. d (Altersrentner, die noch vor dem AHV-Alter stehen), Art. 31 Abs. 3 Bst. b und c, Art. 42 Abs. 3 und Art. 51 Abs. 2 AVIG. Das Bundesgericht geht davon aus, diese verfassungsrechtlich zweifelhafte Situation sei vom Gesetzgeber gewollt und deshalb durch die Rechtsprechung nicht korrigierbar (BGE 105 V 44 E. 3; ARV 1979, 78). Die Beitragspflicht folgt in der Regel dem AHV-Beitragsstatut (vgl. für Akkordanten BGE 106 V 53 E. 2). Bei in leitender Stellung mitarbeitenden Aktionären, welche die Kriterien einer unselbständigen Erwerbstätigkeit nach AHV-Gesetzgebung nicht erfüllen, wird die Beitragspflicht von Fall zu Fall abgeklärt (ARV 1978, 102 und 117).
11 BGE 119 V 156 E. 3, ARV 1993/94, 7.
12 Dazu bezüglich der Arbeitslosentaggelder unten, Rz. 11.30, 11.37 ff. und 11.40 f., bezüglich der Insolvenzentschädigung unten, Rz. 11.62.
13 Art. 27 AVIG, Art. 41b AVIV; unten, Rz. 11.37 f.

§ 11 Arbeitslosenversicherung

nen sie einen Anspruch auf zusätzliche, «besondere» Taggelder erwerben.[14] Die Taggelder werden erst nach Absolvierung einer Wartezeit ausgerichtet.[15]
Leistungseinbussen in Form sog. *Sperrtage* erleidet, wer das versicherte Risiko – die Arbeitslosigkeit – schuldhaft herbeiführt oder verlängert.[16]

Wichtig zum Verständnis der Arbeitslosenversicherung ist das System der Rahmenfristen: Die zweijährige *Beitragsrahmenfrist* und die ebenfalls zweijährige *Leistungsrahmenfrist*.[17] Die Rahmenfrist für den Leistungsbezug beginnt dabei mit dem ersten Tag, an dem sämtliche Anspruchsvoraussetzungen für den Bezug von Arbeitslosenentschädigungen erfüllt sind, die Rahmenfrist für die Beitragszeit beginnt zwei Jahre vor diesem Tag.[18] Mit den Anspruchsvoraussetzungen sind diejenigen nach Art. 8 Abs. 1 AVIG gemeint.[19] Die Beitragszahlungen in der Beitragsrahmenfrist bestimmen dabei, ob und in welcher Höhe die versicherte Person zum Leistungsbezug berechtigt ist. Die Leistungsrahmenfrist ist diejenige Periode, während der die versicherte Person aufgrund ihrer Beitragszahlungen in der dazugehörigen Beitragsrahmenfrist längstens zum Leistungsbezug berechtigt ist.

11.8

Das Arbeitslosenrecht stellt auch gewisse Mittel zur Verfügung, um den Verlust von Arbeitsplätzen zu verhindern.[20] Sodann unterstützt die Arbeitslosenversicherung in engen Grenzen auch die Aufnahme einer selbständigen Erwerbstätigkeit. Von dieser Möglichkeit sollten arbeitslose Personen, die sich selbständig machen wollen, unbedingt Gebrauch machen, da damit eine Verlängerung der Leistungsrahmenfrist verbunden ist (Rz. 11.48 ff.).

11.9

---

14   Art. 59b und 72a AVIG; unten, Rz. 11.39.
15   Art. 11 Abs. 2, Art. 14 Abs. 4 und Art. 18 Abs. 1 AVIG, Art. 6 f. AVIV; unten, Rz. 11.34 ff.
16   Etwa durch eine verschuldete Entlassung oder durch ungenügende Arbeitsbemühungen, vgl. dazu unten, Rz. 11.52 ff.
17   Die Leistungsrahmenfrist läuft für Versicherte, die sich innerhalb der letzten zweieinhalb Jahre vor Erreichen des ordentlichen AHV-Rentenalters als arbeitslos melden, in jedem Fall bis zum Erreichen des AHV-Rentenalters (Art. 27 Abs. 3 AVIG und Art. 41b AVIV). Bei Aufnahme einer selbständigen Erwerbstätigkeit kann sie sich u.U. bis auf vier Jahre erstrecken (Art. 71d Abs. 2 AVIG, vgl. dazu auch unten, Rz. 11.51).
18   Art. 9 Abs. 2 und 3 AVIG.
19   BGE 112 V 220 E. 2b, vgl. zu diesen Anspruchsvoraussetzungen unten, Rz. 11.10 ff. Auslösend für den Beginn der beiden Rahmenfristen ist derjenige Tag, an dem sich die versicherte Person erstmals zur Erfüllung der Kontrollpflicht meldet und an dem alle anderen Voraussetzungen des Art. 8 Abs. 1 AVIG erfüllt sind. Fällt der Beginn der Arbeitslosigkeit auf einen entschädigungsberechtigten Feiertag und meldet sich die versicherte Person am nächsten möglichen Arbeitstag zur Arbeitsvermittlung, richtet sich der Beginn der Rahmenfristen nach diesem Feiertag (ARV 1990, 78 ff.).
20   Kurzarbeitsentschädigung, dazu Art. 31 ff. AVIG; vorzeitige Pensionierung, unten, Rz. 11.47.

III. Anspruchsvoraussetzungen

11.10 Art. 8 Abs. 1 AVIG legt acht Anspruchsvoraussetzungen fest: Die versicherte Person muss

- ganz oder teilweise arbeitslos sein (Art. 10 AVIG);
- einen anrechenbaren Arbeitsausfall erlitten haben (Art. 11 AVIG, Art. 4 ff. AVIV);
- in der Schweiz wohnen (Art. 12 AVIG);[21]
- die obligatorische Schulzeit zurückgelegt haben;
- noch vor dem AHV-Alter stehen und darf auch sonst keine Altersrente der AHV beziehen;
- die Beitragszeit erfüllt haben oder von der Erfüllung der Beitragszeit befreit sein (Art. 13 f. AVIG, Art. 6 und 11 ff. AVIV);
- vermittlungsfähig sein (Art. 15 AVIG, Art. 14 f. und 24 AVIV);
- die Kontrollvorschriften erfüllen (Art. 17 AVIG, Art. 18 ff. AVIV).

Zu näheren Ausführungen Anlass geben in der Praxis lediglich die Voraussetzungen der bestehenden Arbeitslosigkeit (Rz. 11.11), des anrechenbaren Arbeitsausfalls (Rz. 11.12 ff.), der Erfüllung der Beitragszeit (Rz. 11.15 ff.), der Vermittlungsfähigkeit (Rz. 11.17 ff.) sowie der Erfüllung der Kontrollvorschriften (Rz. 11.23 ff.).

1. Arbeitslosigkeit

11.11 Als *ganz arbeitslos* gilt, wer in keinem Arbeitsverhältnis steht und eine Vollzeitbeschäftigung sucht, als *teilweise arbeitslos*, wer in keinem Arbeitsverhältnis steht und lediglich eine Teilzeitbeschäftigung sucht oder wer eine Teilzeitbeschäftigung hat und eine Vollzeit- oder weitere Teilzeitbeschäftigung sucht.[22] Die Suche eines blossen Nebenerwerbs begründet dabei keine Arbeitslosigkeit.[23] Die Frage, ob jemand noch in einem Arbeitsverhältnis steht, wird vom EVG nicht nach rechtlichen

---

21 Vgl. zur Auslegung des Wohnsitzbegriffs BGE 115 V 448.
22 Art. 10 Abs. 1 und 2 AVIG. Zusätzlich muss die arbeitssuchende Person beim Arbeitsamt ihres Wohnorts zur Arbeitsvermittlung gemeldet sein und darf eine teilweise Arbeitslosigkeit nicht bloss auf Kurzarbeit im Sinne von Art. 31 ff. AVIG zurückzuführen sein (Art. 10 Abs. 2bis und 3 AVIG; zum Begriff der Arbeitslosigkeit BGE 119 V 157 E. 2). Für die angestrebte Teilzeitbeschäftigung müssen zeitlich mindestens 20 Prozent einer Vollzeitbeschäftigung zur Verfügung stehen (BGE 115 V 428 E. 2b, s. dazu auch unten, Rz. 11.12 und Fn. 23).
Zur Interpretation des in sich widersprüchlichen, das öffentliche Dienstverhältnis betreffenden Abs. 4 von Art. 10 AVIG vgl. Art. 10 AVIV sowie GERHARDS, Kommentar Bd. 1, N 34 ff. zu Art. 10 AVIG sowie den unveröffentlichten BGE vom 19.4.1978 im Sinne B. c. EMD.
23 Zur Definition des Nebenerwerbs vgl. Art. 23 Abs. 3 AVIG und ARV 1996/97, 8.

Kriterien, sondern in faktischer Betrachtungsweise danach entschieden, ob Arbeit und Lohnanspruch beendet sind.[24]

2. Anrechenbarer Arbeitsausfall

Ein Arbeitsausfall ist nur anrechenbar, wenn er einen Verdienstausfall zur Folge hat und mindestens zwei aufeinanderfolgende volle Arbeitstage dauert.[25] Damit sollen Bagatellfälle von der Entschädigung ausgeschlossen werden. Der Arbeitsausfall von teilweise Arbeitslosen ist anrechenbar, wenn er innerhalb von zwei Wochen mindestens zwei volle Arbeitstage ausmacht.[26] 11.12

Bestehen begründete Zweifel darüber, ob die arbeitslose Person für die Zeit des Arbeitsausfalls noch Lohn- oder Entschädigungsansprüche hat oder ob diese erfüllt werden, richtet die Kasse ihre Leistungen aus, sofern die weiteren Anspruchsvoraussetzungen erfüllt sind. Damit gehen die allfälligen Ansprüche bis zur Höhe der Taggeldzahlungen von Gesetzes wegen auf die Arbeitslosenkasse über.[27] Diese 11.13

---

24 BGE 119 V 156 E. 2, ARV 1989, 78 E. 4.
25 Art. 11 Abs. 1 AVIG. Als voller Arbeitstag gilt der fünfte Teil der früheren wöchentlichen Normalarbeitszeit des Arbeitslosen, als ausgefallener Arbeitstag gilt auch ein Feiertag, für den nach Art. 19 AVIG ein Entschädigungsanspruch besteht (Art. 4 AVIV).
Für Tätigkeiten in einem Saisonberuf oder Berufen mit häufig wechselnden oder befristeten Anstellungen wird der Arbeitsausfall während eines zusätzlichen Tages nicht angerechnet, Art. 11 Abs. 2 AVIG und Art. 6 Abs. 4–6 AVIV sowie Art. 7 f. AVIV. Kasuistik zu den Saisonberufen und Ausführungen zur Abgrenzung Saisonanstellung/Aushilfsarbeit bei STAUFFER, Rechtsprechung, 12 f. Zum Arbeitsausfall bei Temporärangestellten vgl. BGE 119 V 46 und 114 V 336; bei Teilarbeitslosigkeit BGE 112 V 229; bei Abrufverhältnissen ARV 1995, 45 und 1991, 80.
26 Art. 5 AVIV. Dies führt dazu, dass die zur Arbeitsaufnahme zur Verfügung stehende Zeit mindestens 20 Prozent einer Vollzeitbeschäftigung betragen muss (GERHARDS, Kommentar Bd. 1, N 68 zu Art. 15 AVIG und ihm folgend BGE 115 V 428 E. 2b, wobei beide unter «Vollzeitbeschäftigung» den früheren Beschäftigungsgrad der teilarbeitslosen Person zu verstehen scheinen, eine Interpretation von Art. 5 AVIV, die angesichts von Art. 4 Abs. 1 AVIV zugestimmt werden muss). Bei Personen, die ihre Teilzeitbeschäftigung ausdehnen möchten, wird der Arbeitsausfall hingegen am angestrebten Beschäftigungsgrad gemessen (BGE 121 V 336 E. 3); häufig wird deren Taggeldanspruch aber an der – bezogen auf die angestrebte Erweiterung ihrer Tätigkeit – fehlenden Beitragszeit scheitern (vgl. dazu unten Fn. 30).
27 Art. 29 AVIG. Dieser kann nur zur Anwendung kommen, wenn die Kasse über mögliche Ansprüche informiert wird, ARV 1990, 13 ff. E. 4. Ergibt eine vorfrageweise Prüfung, dass der versicherten Person keine Ansprüche zustehen, ist hingegen Art. 29 AVIG nicht anwendbar, BGE 117 V 248 E. 4 = ARV 1991, 29 ff.; zum Begriff des «begründeten Zweifels» und zur Abgrenzung zwischen Art. 29 und Art. 11 Abs. 3 AVIG vgl. BGE 114 V 336 E. 5 und 6, zur gesetzlichen Subrogation BGE 120 II 365. Akzeptiert ein Arbeitnehmer oder eine Arbeitnehmerin eine Kündigung auf zu kurzen Termin, kommt Art. 11 Abs. 3 AVIG nicht zur Anwendung; vielmehr liegt allenfalls eine während der restlichen Kündigungsfrist selbstverschuldete Arbeitslosigkeit vor (BGE 112 V 323 E. 2b; zur selbstverschuldeten Arbeitslosigkeit vgl. Art. 30 Abs. 1 Bst. a und b AVIG und unten, Rz. 11.54).

dem Arbeitnehmer durch Subrogation entzogenen Ansprüche können ihm in einem Arbeitsprozess mangels Aktivlegitimation nicht mehr zugesprochen werden.[28] Umgekehrt muss sich der Arbeitgeber bei einem Vergleichsschluss im Arbeitsprozess bewusst sein, dass die Arbeitslosenkasse möglicherweise noch weitere Forderungen an ihn stellen wird.

11.14 Nicht anrechenbar ist ein Arbeitsausfall, für den der arbeitslosen Person Entschädigungsansprüche wegen vorzeitiger Auflösung des Arbeitsverhältnisses oder Lohnansprüche zustehen (Art. 11 Abs. 3 AVIG). Als Entschädigungsansprüche im Sinne dieser Bestimmung gelten dabei nur Schadenersatzansprüche nach Art. 337b und 337c Abs. 1 OR und nicht etwa der Anspruch auf eine Strafzahlung nach Art. 337c Abs. 3 OR.[29]

3. Beitragszeit

a) Erfüllung der Beitragszeit

11.15 Die Beitragszeit hat erfüllt, wer innerhalb der von Art. 9 Abs. 3 AVIG festgesetzten Beitragsrahmenfrist, d.h. in den zwei Jahren vor der Anmeldung beim Gemeindearbeitsamt (dazu oben, Rz. 11.8), während mindestens sechs Monaten eine beitragspflichtige Beschäftigung ausgeübt hat. Wurde die versicherte Person innert dreier Jahre seit Ablauf der letzten Leistungsrahmenfrist erneut arbeitslos, so muss sie in der neuen Beitragsrahmenfrist während mindestens zwölf Monaten Beiträge bezahlt haben.[30] Zur Ermittlung der Beitragszeit sind die Kalendertage massgebend.

---

28 Werden Taggeldzahlungen erst nach erhobener Klage erbracht, wird die Klage im Umfang und im Moment der Taggeldzahlung teilweise gegenstandslos, soweit nicht die Kasse in den Prozess eintritt.

29 Dazu VON KAENEL, Die Entschädigung aus ungerechtfertigter fristloser Entlassung, Bern 1996, 34 f. Ebensowenig als Ansprüche im Sinne von Art. 11 Abs. 3 AVIG gelten Entschädigungen für die Einhaltung eines Konkurrenzverbotes (gesetzliche Lage, sachlich eigentlich nicht haltbar), Abgangsentschädigungen, soweit es sich nicht um versteckte Lohnfortzahlungen handelt und die Auszahlung von aufgelaufenen Ferienguthaben am Ende des Arbeitsverhältnisses (zu letzterem und zu Sonderfragen bei der Ferienentschädigung vgl. Art. 11 Abs. 4 AVIG und Art. 9 AVIV sowie EVG in ARV 1988, 80).

30 Art. 13 Abs. 1 AVIG; die im Falle wiederholter Arbeitslosigkeit auf zwölf Monate verlängerte Mindestbeitragszeit tritt erst auf den 1.1.1998 in Kraft. Als Beitragszeit gilt im Falle einer ungerechtfertigten fristlosen Entlassung auch die hypothetische Kündigungsfrist (BGE 119 V 494 = ARV 1993/94, 191). Zur Berechnung der Beitragszeit vgl. Art. 11 AVIV, zur Sonderregelung der Beitragszeit vorzeitig Pensionierter Art. 13 Abs. 3 AVIG und Art. 12 AVIV, zur Berücksichtigung eines Teilzeit-Zwischenverdienstes in einer neuen Beitragsrahmenfrist BGE 122 V 249. Versicherte, die ihre Teilzeitbeschäftigung ausdehnen wollen, müssen ausreichende Beitragszeiten für den zusätzlichen, neu angestrebten Beschäftigungsgrad ausweisen; die Beitragszahlung aufgrund der bisherigen Teilzeitarbeit genügt nicht zum Taggeldbezug für das angestrebte zusätzliche Pensum (BGE 121 V 336 E. 4).

Arbeitstage, und als solche zählen auch Tage mit stark verkürzter Arbeitszeit, sind mit dem Faktor 1.4 in Kalendertage umzurechnen.[31]

Als Beitragszeit angerechnet werden auch Zeiten, in denen zwar keine Beiträge geleistet wurden, dies jedoch auf das jugendliche Alter der versicherten Person, auf Militärdienst, Krankheit, Schwangerschaft oder ähnliches zurückzuführen ist.[32] Gleiches gilt für Zeiten, in denen Versicherte nicht arbeiteten, weil sie sich der Erziehung von Kindern unter 16 Jahren widmeten, *sofern* die Arbeitsaufnahme aufgrund einer wirtschaftlichen Zwangslage erfolgt.[33] Diese «Erziehungsgutschrift» kann von einer versicherten Person, auch wenn sie mehrere Kinder aufzieht, nur einmal im Leben geltend gemacht werden,[34] wobei die Gutschrift allerdings jeder Betreuungsperson eines Kindes je einzeln zusteht. Nicht als Beitragszeit angerechnet werden dagegen Beschäftigungen, die im Rahmen einer durch die Arbeitslosenversicherung finanzierten, vorübergehenden Beschäftigung ausgeübt worden sind.[35]

b) Befreiung von der Erfüllung der Beitragszeit

Personen, welche aus Gründen wie länger als zwölf Monate dauernder Ausbildung, Krankheit, Mutterschaft, Haft oder Landesabwesenheit die Beitragspflicht nicht erfüllen konnten, sind von deren Erfüllung befreit. Gleiches gilt für Personen, die wegen Trennung oder Scheidung ihrer Ehe, Tod oder Invalidität des Ehegatten oder

11.16

---

31   ARV 1992, 67.
32   Konkret werden nach Art. 13 Abs. 2 und 2bis AVIG angerechnet:
    – Zeiten, in denen die versicherte Person als Arbeitnehmer tätig war, bevor sie das AHV-Beitragsalter erreichte;
    – schweizerischer Militär- und Zivilschutzdienst sowie obligatorische Hauswirtschaftskurse, die ganztägig und ununterbrochen während mindestens drei Wochen geführt werden;
    – Zeiten, in denen die versicherte Person zwar in einem Arbeitsverhältnis steht, aber wegen Krankheit oder Unfall keinen Lohn erhält und daher keine Beiträge bezahlt;
    – Arbeitsunterbrüche wegen Schwangerschaft oder Mutterschaft, soweit sie durch Arbeitnehmerschutzbestimmungen vorgeschrieben oder in einem Gesamtarbeitsvertrag vereinbart sind;
    – Zeiten, in denen Versicherte nicht arbeiteten, weil sie sich der Erziehung von Kindern unter 16 Jahren widmeten, *sofern* die Arbeitsaufnahme aufgrund einer wirtschaftlichen Zwangslage im Sinne von Art. 13 Abs. 2ter AVIG und Art. 11b AVIV erfolgt.
33   Zum Begriff der wirtschaftlichen Zwangslage vgl. Art. 13 Abs. 2ter AVIG und Art. 11b AVIV. Die Erziehungsperiode muss innerhalb der Beitragsrahmenfrist mindestens 18 Monate gedauert haben (Art. 11a Abs. 2 AVIV); dies bedeutet, dass ein Antrag spätestens sechs Monate, nachdem das betreute Kind sein 16. Altersjahr vollendet hat, gestellt werden muss. Den Zeitpunkt der Wiederaufnahme der Erwerbstätigkeit bestimmen die Versicherten selber (Art. 11a Abs. 1 AVIV).
34   So Art. 11a Abs. 3 AVIV, wobei allerdings die gesetzliche Grundlage dieser einschränkenden Verordnungsbestimmung allzu schmal erscheint.
35   Art. 13 Abs. 2^{quater} AVIG, eine Neuerung der Revision von 1995, die sozialpolitisch eher zu bedauern ist.

aus ähnlichen Gründen oder wegen Wegfall einer Invalidenrente gezwungen sind, eine unselbständige Erwerbstätigkeit aufzunehmen oder zu erweitern.[36]

4. Vermittlungsfähigkeit

11.17 Vermittlungsfähig ist, wer bereit, in der Lage und berechtigt ist, eine zumutbare Arbeit anzunehmen.[37] Danach sind also Arbeitslose vermittlungsfähig, die arbeiten *wollen*, arbeiten *können* und arbeiten *dürfen*.[38] Das Wollen manifestiert sich als Arbeits- und Vermittlungsbereitschaft namentlich in der Arbeitssuche und der Annahme einer angebotenen, zumutbaren Arbeit (näheres dazu unten, Rz. 11.18 f. und 11.52 ff.). Das Können offenbart sich in der Arbeitsfähigkeit und der zeitlichen und örtlichen[39] Verfügbarkeit (näheres dazu unten, Rz. 11.20 ff.).[40] Das Dürfen zeigt sich vorwiegend bei Ausländern in der Berechtigung zur Stellenannahme: Diese gelten nur als vermittlungsfähig, wenn sie aufgrund ihres fremdenrechtlichen Status zum Stellenwechsel berechtigt sind (Niedergelassene, «C-Bewilligung») oder die erforderliche Bewilligung in der Regel ohne weiteres erhalten (Jahresaufenthalter, «B-Bewilligung»; Saisonniers, «A-Bewilligung», während der Saison).[41]

---

36 Vgl. für die genauen Voraussetzungen einer Beitragsbefreiung Art. 14 AVIG und Art. 13 AVIV. «Ähnliche Gründe» sind etwa der Konkurs des Ehegatten (BGE 119 V 51 E. 3a; s. aber BGE 120 V 147 E. 3 = ARV 1993/94, 95 und ARV 1993/94, 100). Zur erforderlichen Kausalität zwischen den Befreiungsgründen von Art. 14 Abs. 2 AVIG und der Arbeitsaufnahme vgl. BGE 121 V 336 E. 5 und 119 V 55 E. 3b und c. Zum Begriff der Aus- und Weiterbildung ARV 1995, 12 und 1991, 83, zum Wegfall einer blossen IV-Teilrente ARV 1995, 164, zum fehlenden Anspruch auf Beitragsbefreiung nach der erstmaligen Einreise in die Schweiz ARV 1996/97, 15. Zur besonderen Wartefrist beitragsbefreiter Versicherter vgl. Art. 14 Abs. 4–5bis AVIG und Art. 6 AVIV sowie unten, Rz. 11.36.
37 Art. 15 Abs. 1 AVIG, näheres zum Begriff in BGE 120 V 385 E. 3a und 4c/aa; zur amtlichen Überprüfung der Vermittlungsfähigkeit vgl. Art. 24 AVIV.
38 So GERHARDS, Kommentar, N 10 zu Art. 15 AVIG, ähnlich EVG in ARV 1992, 77.
39 Zur Vermittlungsfähigkeit von Heimarbeitnehmern vgl. Art. 14 Abs. 2 AVIV und dazu BGE 120 V 375 E. 4; zur geforderten geographischen Mobilität ARV 1963 Nr. 7 und 12.
40 Vgl. zur Vermittlungsfähigkeit von Behinderten Art. 15 Abs. 2 AVIG und Art. 15 AVIV sowie ARV 1993/94, 101, zu derjenigen von Temporärarbeitnehmern Art. 14 AVIV sowie BGE 119 V 47 E. 1b und ARV 1993/94, 84, 1991, 26, 1989, 53.
41 Beispiele in BGE 120 V 378 (Flüchtlinge und ihre Familienangehörigen) und 392 (ausländischer Student); BGE 106 V 237 E. 2 und ARV 1980, 11 (ausländischer Musiker bzw. Student, deren Arbeitsbewilligung abgelaufen war, als nicht vermittlungsfähig eingestuft), ARV 1993/94, 11 (Asylbewerber ist vermittlungsfähig), ARV 1980, 90 (deutscher Zahnarzt, der für eine zahnärztliche Tätigkeit in der Schweiz noch eines Zusatzexamens bedürfte, ist nicht vermittlungsfähig) sowie in ARV 1996/97 (Erfordernis des gewöhnlichen Aufenthalts, ausgelaufene Bewilligung). Die Beurteilung der Arbeitsberechtigung eines Ausländers ist eine Vorfrage, welche mangels eines Entscheides der zuständigen Behörde vorfrageweise vom Sozialversicherungsrichter beurteilt wird (ARV 1993/94, 196).

§ 11 Arbeitslosenversicherung

a) Vermittlungsbereitschaft

Versicherten, die andauernd ungenügende Stellensuchbemühungen aufweisen oder wiederholt zumutbare Stellen ausschlagen, kann die Vermittlungsfähigkeit abgesprochen werden.[42] Allerdings bedarf es dazu einer vorgängigen Androhung und muss die vorgängige Verhängung von Einstelltagen nach Art. 30 AVIG (dazu unten, Rz. 11.52 ff.) wirkungslos geblieben sein. Die Vermittlungsbereitschaft wäre auch dann zu verneinen, wenn Versicherte aus persönlichen oder familiären Gründen ihre Arbeitskraft nicht so einsetzen wollen, wie dies ein Arbeitgeber normalerweise verlangt.[43]

11.18

b) Zumutbare Arbeit

Nur die wiederholte Ausschlagung *zumutbarer* Stellen kann zur Verneinung der Vermittlungsfähigkeit führen. Seit Inkrafttreten der Revision vom 23. Juni 1995 müssen Versicherte grundsätzlich jede Arbeit unverzüglich annehmen (Art. 16 Abs. 1 AVIG). Das Gesetz sieht indessen einen langen Katalog von Ausnahmen vor, welche die Annahme einer Arbeit unzumutbar machen. So muss keine Arbeit akzeptiert werden, die den berufs- und ortsüblichen Bedingungen nicht entspricht, den Fähigkeiten,[44] der bisherigen Tätigkeit, dem Alter, den persönlichen Verhältnissen oder dem Gesundheitszustand der stellensuchenden Person nicht angemessen ist, die Wiederbeschäftigung im angestammten Beruf wesentlich erschwert,[45] einen Arbeitsweg von täglich mehr als vier Stunden notwendig macht, eine Abrufbereitschaft über den Umfang der garantierten Beschäftigung hinaus erfordert oder dem Versicherten einen Lohn einbringt, der geringer ist als 70 Prozent des versi-

11.19

---

42 BGE 112 V 215 E. 1b; ARV 1996/97, 29 und 98, ARV 1986, 20 E. III.1.; s. auch Art. 30a AVIG. Für Versicherte, die bloss zeitlich befristete Stellen annehmen wollen, vgl. unten Fn. 53.

43 ARV 1977, 141, 1980, 48 und 1991, 18 E. 2. Personen, die Elternpflichten erfüllen und nur während einzelner Stunden einsatzbereit sind, sind daher nur sehr bedingt vermittlungsfähig (ARV 1980, 48). Die Tatsache, dass eine Mutter dreier Kinder lediglich Schichtarbeit leisten will, schliesst jedoch ihre Vermittlungsfähigkeit noch nicht aus (ARV 1991, 18). Vgl. zur Vermittlungsfähigkeit aufgrund zeitlicher Einschränkungen auch unten, Rz. 11.21 f.

44 Vgl. dazu den Fall ARV 1977, 153, in welchem die Ausschlagung einer als Überbrückung gedachten Stelle, die unter den Fähigkeiten eines kaufmännischen Angestellten lag, zu 36 Einstelltagen führte.

45 Zur Zumutbarkeit einer ausserberuflichen Tätigkeit vgl. den Wortlaut von Art. 17 Abs. 1 AVIG sowie ARV 1977, 29, 37 und 46. Für einen Koch «in den besten Jahren» wurde in ARV 1977, 76 die Tätigkeit als Bauhandlanger in der Zwischensaison als zumutbar erachtet, für einen Programmierer in ARV 1987, 34 die vorübergehende Teilnahme an Waldreinigungsarbeiten der Gemeinde.

cherten Verdienstes.[46, 47] Diese Zumutbarkeitsgrenze entfällt sogar ganz, wenn die betroffene Person Kompensationsleistungen nach Artikel 24 AVIG (Zwischenverdienst) erhält.[48]

c) Arbeitsfähigkeit und Verfügbarkeit

11.20 Behinderte gelten nur als vermittlungsfähig, wenn ihnen bei ausgeglichener Arbeitsmarktlage eine zumutbare Arbeit vermittelt werden könnte.[49] Für eine bloss vorübergehende Verminderung der Arbeitsfähigkeit wie bei einer Krankheit gilt diese Einschränkung nicht: Die Anspruchsberechtigung ist diesfalls trotzdem gegeben, allerdings nur für eine sehr beschränkte Zeit.[50] Schwangerschaft führt nicht zu einer Vermittlungsunfähigkeit, es sei denn, sie verlaufe derart problematisch, dass eine Arbeitsaufnahme realistischerweise nicht in Frage kommt.[51] Von Versicherten, die Kleinkinder betreuen, kann die Arbeitslosenkasse eine Obhutserklärung verlangen, wenn Zweifel an der Bereitschaft zur Fremdplazierung im Vermittlungsfall bestehen.[52]

11.21 Versicherte, die eine Stelle nur für eine beschränkte Zeit antreten können, etwa weil eine Ausbildung, ein Auslandaufenthalt, ein Stellenantritt oder die Aufnahme einer selbständigen Erwerbstätigkeit bevorsteht, sind in der Regel nicht vermittlungsfähig. Entscheidend ist, ob ein Arbeitgeber die betreffende Person mit einer gewissen Wahrscheinlichkeit für die noch zur Verfügung stehende Zeit anstellen würde.[53]

---

46 Vgl. zum genauen Wortlaut und weiteren Fällen der Unzumutbarkeit den als abschliessend aufzufassenden Art. 16 Abs. 2 AVIG. Ausführlich zur Zumutbarkeit im Arbeitlosenversicherungsrecht sodann LANDOLT, Zumutbarkeitsprinzip, 403 ff.
Massgebend für den Einkommensvergleich ist der Bruttolohn, BGE 114 V 345 E. 2b. Zur lohnmässigen Zumutbarkeit einer Teilzeitbeschäftigung vgl. BGE 114 V 345.

47 Der in der Referendumsabstimmung vom 28. September 1997 verworfene Bundesbeschluss vom 13. Dezember 1996 hatte die Zumutbarkeitsgrenze auf 68 Prozent herabgesetzt (vgl. dazu auch oben, Fn. 4).

48 Vgl. zu diesen Kompensationszahlungen unten, Rz. 11.42 ff. Für Versicherte über 45 Jahren und solche, die Unterstützungspflichten gegenüber Kindern haben, wirkt sich diese neue Regelung mindestens während der zweijährigen Leistungsrahmenfrist nicht nachteilig aus, da die Kompensationszahlungen während der ganzen Rahmenfrist erbracht werden.
In Ausnahmefällen kann auch ohne Kompensationszahlungen eine Arbeit als zumutbar erklärt werden, die weniger als 70 Prozent des versicherten Einkommens einbringt, vgl. dazu Art. 16 Abs. 2 Bst. i AVIG und Art. 17 AVIV.

49 Art. 15 Abs. 2 AVIG; vgl. auch Art. 15 Abs. 3 AVIG und Art. 15 AVIV sowie ARV 1993/94, 101.

50 Art. 28 AVIG und Art. 42 AVIV; vgl. dazu auch unten, Rz. 11.59. Zur Abgrenzung Behinderung/vorübergehende Arbeitsunfähigkeit ARV 1995, 171.

51 ARV 1979, 106, s. auch ALV-Praxis 87 Heft 1, 6.

52 Weisung des BIGA in ALV-Praxis 93/1, vom EVG in ARV 1993/94, 219 als bundesrechtskonform erkannt.

53 Vgl. die Beispiele in BGE 120 V 385 = ARV 1996/967, 21 (Student); ARV 1995, 57 (geplanter Wiedereintritt beim entlassenden Arbeitgeber), 1993/94, 108 und 110 (Aufnahme einer selbstän-

Eine Ausnahme besteht dagegen für Versicherte, die in Erfüllung ihrer Schadenminderungspflicht eine Stelle oder eine selbständige Erwerbstätigkeit auf einen späteren Termin angenommen haben; diese gelten weiterhin als vermittlungsfähig.[54]

Eine bereits bestehende Teilzeitbeschäftigung, ob unselbständiger oder selbständiger Art, schliesst die Vermittlungsfähigkeit ebensowenig aus wie ein parallel zur Stellensuche betriebenes Studium.[55] Anders, wenn bezüglich Dauer und Lage der Arbeitszeit Einschränkungen gemacht werden, die eine Anstellung erheblich erschweren.[56] Immer muss jedoch die für eine Arbeitsaufnahme zur Verfügung stehende Zeit mindestens 20 Prozent einer Vollzeitbeschäftigung ausmachen.[57]

11.22

5. Erfüllung der Kontrollvorschriften

Versicherte, die Versicherungsleistungen beanspruchen wollen, müssen alles Zumutbare unternehmen, um ihre Arbeitslosigkeit zu vermeiden oder zu verkürzen. Sie sind insbesondere verpflichtet, Arbeit zu suchen, wenn nötig auch ausserhalb ihres Berufs, und müssen ihre Suchbemühungen nachweisen können.[58] Die Suchbemühungen müssen bereits in der Kündigungsfrist oder vor Abschluss einer Ausbildung einsetzen.[59] Ungenügende Suchbemühungen können zu einer vorübergehenden Einstellung in der Bezugsberechtigung (unten, Rz. 11.52 ff.), im Extremfall gar zu einer Verneinung der Vermittlungsfähigkeit führen (oben, Rz. 11.18).

11.23

---

digen Erwerbstätigkeit), 1992, 122 (bevorstehende Ferien), 1992, 125 und 129 (Vorbereitung der selbständigen Erwerbstätigkeit), 1991, 22 (Vermittlungsfähigkeit im Gastgewerbe bei Suche einer Stelle für 4.5 Monate bejaht), 1990, 83 (Keine Vermittlungsfähigkeit bei der Suche einer Teilzeitstelle von 2 Monaten vor Antritt eines Sprachkurses) und 139 (vorübergehender Kursbesuch) sowie 1988, 22 (Sprachaufenthalt im Ausland in wenigen Monaten, nicht vermittlungsfähig). Zur Vermittlungsfähigkeit von Temporärarbeitnehmern vgl. Art. 14 AVIV sowie BGE 119 V 47 E. 1b, ARV 1993/94, 84, 1991, 26 und 1989, 35.

54 Vgl. die Beispiele in BGE 112 V 326 E. 3d, 110 V 207 E. 1 und ARV 1993/94, 206. Anders, wenn die Aufnahme einer selbständigen Erwerbstätigkeit ohnehin schon lange geplant war, BGE 111 V 38 E. 2b; s. ferner die Beispiele in ARV 1995, 52; 1993/94, 212 und 1990, 25.
55 BGE 120 V 385 und ARV 1982, 100 (Student); BGE 115 V 428 und 434 (Teilzeitangestellte); ARV 1986, 79 (teilweise selbständige Erwerbstätigkeit).
56 BGE 112 V 136 E. 3; ARV 1980, 90.
57 BGE 115 V 428 E. 2b und c und 115 V 434 E. 2c; vgl. dazu oben, Rz. 11.12 und Fn. 26.
58 Art. 17 Abs. 1 AVIG und Art. 26 AVIV.
59 ARV 1966, 24 (Suchbemühungen während der ordentlichen Kündigungsfrist), ARV 1981, 126 (Suchbemühungen bereits vor Abschluss des Studiums), ARV 1982, 37 (Suchbemühungen sofort nach Rückkehr aus dem Ausland und nicht erst nach Anmeldung beim Arbeitsamt). Auch während eines Kursbesuchs (ARV 1990, 139) und während andere Bewerbungen pendent sind (ARV 1980, 105) muss die Arbeitssuche fortgesetzt werden. Ebensowenig entbindet eine Ferienabwesenheit im Ausland von der Pflicht zur persönlichen Stellensuche (ARV 1988, 95). Bemühungen zum Aufbau eines eigenen Geschäfts können nicht als Arbeitssuche anerkannt werden (BGE 112 V 326 E. 3).

11.24 Die versicherte Person muss sich möglichst frühzeitig, spätestens jedoch am ersten Tag, für den sie Arbeitslosenentschädigung oder Ausbildungsbeiträge beansprucht, persönlich beim Arbeitsamt ihres Wohnsitzes zur Arbeitsvermittlung melden.[60] Danach sind die Kontrollvorschriften zu befolgen, welche spätestens ab dem 1. Januar 1998 nicht mehr im «Stempeln» auf dem Gemeindearbeitsamt, sondern in monatlich mindestens zwei Beratungsgesprächen auf dem regionalen Arbeitsvermittlungszentrum (RAV) bestehen.[61]

11.25 Zu den Kontrollpflichten gehört auch, dass die versicherte Person auf Weisung des Arbeitsamtes Kurse zu besuchen hat, die ihre Vermittlungsfähigkeit fördern, oder sich in Einzelfällen der Zuweisung an eine berufliche, soziale oder psychologische Fachberatung zu unterziehen hat.[62]

11.26 Die versicherte Person hat nach je 50 Tagen kontrollierter Arbeitslosigkeit Anspruch auf fünf kontrollfreie Tage, wobei sie den Zeitpunkt für deren Bezug frei wählen kann (sog. *Stempelferien*).[63] Während dieser kontrollfreien Tage muss die versicherte Person nicht vermittlungsfähig sein und sich auch nicht persönlich um Arbeit bemühen,[64] hingegen muss sie die weiteren Anspruchsvoraussetzung nach Art. 8 AVIG nach wie vor erfüllen.

11.27 Die Verletzung der Kontrollvorschriften oder der weiteren Pflichten der Versicherten kann zur Einstellung in der Anspruchsberechtigung führen (unten, Rz. 11.52 ff.).

IV. Geltendmachung des Anspruchs

11.28 Will eine versicherte Person Arbeitslosenentschädigung beanspruchen, muss sie sich spätestens am ersten Tag ihrer Arbeitslosigkeit *persönlich* bei ihrer Wohngemeinde zur Arbeitsvermittlung anmelden und in der Folge ihre gesetzlichen Pflichten als Leistungsbezügerin, so namentlich ihre Kontrollpflicht (oben, Rz. 11.23 ff.), erfüllen.[65] Mit der Meldung bei der Gemeinde wählt die versicherte Person nach ihrer freien Wahl eine Arbeitslosenkasse, bei der sie ihren Entschädigungsanspruch

---

60 Art. 17 Abs. 2 AVIG, Art. 18–20 AVIV.
61 Vgl. zu den Details dieser Beratungs- und Kontrollgespräche Art. 21–25 AVIV.
62 Art. 17 Abs. 3 und 5 AVIG. Auf Weisung des Arbeitsamtes besteht sodann eine Teilnahmepflicht für Besprechungen und Orientierungsveranstaltungen sowie die Pflicht, Unterlagen zur Beurteilung der Vermittlungsfähigkeit und der Zumutbarkeit einer Arbeit zu liefern.
63 Art. 27 Abs. 1 AVIV, der auf 50 bezogene Taggelder abstellt, ist gesetz- und verfassungswidrig (BGE 122 V 435 = ARV 1996/97, 102; s. dazu auch BGE 114 V 194). Für Details der Berechnung und der Handhabung des Ferienbezugs während eines Zwischenverdienstes vgl. Art. 27 AVIV.
64 ARV 1985, 23.
65 Art. 10 Abs. 3 und Art. 17 AVIG; zu den einzureichenden Unterlagen vgl. Art. 20 AVIV.

geltend macht.⁶⁶ Der Taggeldanspruch für eine bestimmte Kontrollperiode erlischt, wenn er nicht innert der *Verwirkungsfrist* von drei Monaten unter Vorlage von Belegen geltend gemacht wird.⁶⁷

V. Leistungen der Arbeitslosenversicherung

Die *Versicherungsleistungen* der Arbeitslosenversicherung lassen sich in Arbeitslosenentschädigung, Kurzarbeitsentschädigung,⁶⁸ Schlechtwetterentschädigung, Insolvenzentschädigung (Rz. 11.60 ff.) sowie die arbeitsmarktlichen Massnahmen (Rz. 11.39, 11.47 ff.) aufteilen. Die Arbeitslosenentschädigung wird in der Form von Taggeldern ausgerichtet, wobei pro Kalenderwoche fünf Taggelder ausgerichtet werden (Art. 21 AVIG). Die Höhe der Arbeitslosenentschädigung hängt vom versicherten Verdienst (Rz. 11.30 ff.) und von den Unterstützungspflichten der versicherten Person ab. Die Dauer der regulären Taggeldberechtigung richtet sich nach dem Alter des Versicherten (Rz. 11.37 f.); durch die Teilnahme an arbeitsmarktlichen Massnahmen kann ein Anspruch auf zusätzliche, «besondere» Taggelder erworben werden (Rz. 11.39). Die Taggelder werden erst nach Absolvierung einer Wartezeit ausgerichtet (Rz. 11.34 ff.). Die Arbeitslosenversicherung erbringt auch Kompensationszahlungen bei Zwischenverdienst (Rz. 11.42 ff.), leistet besondere Taggelder bei der Aufnahme einer selbständigen Erwerbstätigkeit (Rz. 11.48 ff.) und unterstützt unter bestimmten Umständen vorzeitige Pensionierungen (Rz. 11.47). Die Leistungen der Arbeitslosenversicherung werden für eine bestimmte Zeit eingestellt (sog. Sperrtage), wenn die versicherte Person ihre Obliegenheiten verletzt (Rz. 11.52 ff.).

11.29

1. Versicherter Verdienst

a) Ermittlung des versicherten Verdiensts aufgrund des früheren Einkommens

Die Höhe der verschiedenen Taggelder hängt zuallererst vom versicherten Verdienst ab. Als versicherter Verdienst gilt der im Sinne der AHV-Gesetzgebung massgebende Lohn, der während des Bemessungszeitraumes (Rz. 11.31) normaler-

11.30

---

66 Art. 20 AVIG und Art. 28 AVIV; zu den Unterlagen, welche der Kasse eingereicht werden müssen, vgl. Art. 29 AVIV.
67 Art. 20 Abs. 3 AVIG, dazu BGE 113 V 66, zur Fristwiederherstellung BGE 114 V 123 und ARV 1993/94, 231.
68 Der Anspruch auf Kurzarbeitsentschädigung wird hier nicht behandelt, da er nur für ungekündigte Arbeitsverhältnisse besteht (Art. 31 Abs. 1 Bst. c AVIG). Eine Ausnahme sollte immerhin im Falle einer blossen Änderungskündigung gemacht werden, mindestens sofern diese ebenfalls der Erhaltung von Arbeitsplätzen dient und deren Bedingungen nicht unangemessen sind.

weise erzielt wurde.[69] Verdienste bei verschiedenen Arbeitgebern sind zusammenzuzählen, wobei blosse Nebenverdienste im Sinne von Art. 23 Abs. 3 AVIG nicht versichert sind und daher zur Bemessung des versicherten Verdienstes nicht in Betracht fallen. Der Höchstbetrag des versicherten Verdienstes entspricht demjenigen der Unfallversicherung, zur Zeit nach Art. 22 Abs. 1 UVV also Fr. 8 100.– pro Monat. Der Mindestbetrag für den versicherten Verdienst beträgt Fr. 500.– pro Monat.[70]

11.31 Als Bemessungszeitraum gilt in der Regel der letzte Beitragsmonat vor Beginn der Leistungsrahmenfrist. Weicht der in diesem Monat erzielte Verdienst um mindestens zehn Prozent vom Durchschnittslohn der letzten sechs Monate ab, so ist auf diesen Durchschnittslohn abzustellen.[71] Ist eine Bemessung aufgrund dieser beiden Methoden unbillig, so kann die Kasse auf einen längeren Bemessungszeitraum, höchstens aber auf die letzten zwölf Beitragsmonate, abstellen.[72] Wurde die Beitragszeit für einen erneuten Anspruch auf Arbeitslosenentschädigung ausschliesslich in einer abgelaufenen Leistungsrahmenfrist z.B. durch Zwischenverdienste erfüllt, so berechnet sich der versicherte Verdienst «grundsätzlich» aufgrund der letzten sechs Beitragsmonate (Art. 37 Abs. 3ter AVIV).

11.32 Der versicherte Monatsverdienst geteilt durch 21.7 ergibt den versicherten Tagesverdienst,[73] aufgrund dessen unter Anwendung der Prozentsätze des Art. 22 AVIG das Taggeld berechnet wird (dazu unten, Rz. 11.40 f.).

---

69 Art. 23 Abs. 1 AVIG; eingeschlossen sind die vertraglich vereinbarten, regelmässigen Zulagen, soweit diese nicht arbeitsbedingte Inkonvenienzen abgelten. Nicht zum versicherten Verdienst gehören Überstundenentschädigungen (BGE 116 V 281 E. 2d), im Stundenlohn enthaltene Ferienentschädigungen (BGE 123 V 70, anders noch BGE 112 V 220 E. 2d und 111 V 244 E. 3b), ein Doppelverdienst in der Freistellungszeit (ARV 1992, 139), Familienzulagen (ARV 1988, 118) und Schichtzulagen, sofern letztere nicht auch z.B. während der Ferien auszahlbarer Lohnbestandteil, sondern echte Inkonvenienzentschädigungen sind (BGE 115 V 326 E. 5b). Miteinzuberechnen sind hingegen ohne Rücksicht auf ihre Klagbarkeit Gratifikationen (BGE 122 V 362). Zur Berechnung des versicherten Verdienstes von Behinderten vgl. Art. 40c AVIV und ARV 1991, 92, zu den komplizierten Verhältnissen bei Teilarbeitslosigkeit BGE 112 V 229, bei Mehrfachbeschäftigten BGE 111 V 244.
70 Art. 23 Abs. 1 letzter Satz AVIG und Art. 40 AVIV. Für Heimarbeitnehmer beträgt die Mindestgrenze Fr. 300.– pro Monat.
71 Art. 37 Abs. 2 AVIV. Abzustellen ist auf die letzten sechs Beitragsmonate, nicht einfach auf die letzten sechs Kalendermonate (BGE 121 V 165 = ARV 1995, 83). In die Berechnung des Durchschnittslohnes können auch Monatslöhne, die den versicherten Maximalverdienst von zur Zeit Fr. 8 100.– übersteigen, miteinbezogen werden.
72 Vgl. dazu und zu weiteren Besonderheiten des Bemessungszeitraums sowie zu den seltenen Fällen einer Neuberechnung des versicherten Verdienstes innerhalb der Leistungsrahmenfrist Art. 37 und 39 AVIV sowie BGE 121 V 165 = ARV 1995, 83, ARV 1996/97, 35 und 1992, 67.
73 Art. 40b AVIV, zur Berechnung des Divisors 21.7 BGE 111 V 244 E. 4.

§ 11 Arbeitslosenversicherung

b) Pauschalansätze für den versicherten Verdienst

Für Versicherte, die von der Erfüllung der Beitragszeit befreit sind oder die im Anschluss an eine Berufslehre oder eine Erziehungsperiode Arbeitslosenentschädigung beziehen, gelten bestimmte Pauschalansätze für den versicherten Verdienst.[74]   11.33

2. Wartezeiten

Wartezeiten sind Zeiten, während denen eine versicherte Person zwar alle Anspruchsvoraussetzungen erfüllen muss, für welche sie aber trotzdem keine Entschädigung erhält. Die Wartezeit ist kontrollierte Zeit; sie kann also nicht absolviert werden, indem einfach mit der Anmeldung beim Gemeindearbeitsamt zugewartet wird.[75]   11.34

Eine bestimmte Wartezeit, handle es sich um die allgemeine Wartezeit oder um besondere Wartezeiten, muss innerhalb einer Leistungsrahmenfrist auch bei wiederholter Arbeitslosigkeit nur einmal absolviert werden.[76] Eine Ausnahme besteht nur für die besondere Wartezeit für Saisonberufe.[77] Die besonderen Wartezeiten sind hingegen immer zusätzlich zur allgemeinen Wartezeit zu bestehen (Art. 6 Abs. 6 AVIV).[78]

a) Allgemeine Wartezeit

Der Anspruch auf Arbeitslosenentschädigung beginnt grundsätzlich erst nach einer *Wartezeit von fünf Tagen* kontrollierter Arbeitslosigkeit (Art. 18 Abs. 1 AVIG). Personen, deren versicherter Verdienst Fr. 3 000.– im Monat unterschreitet, haben   11.35

---

74 Art. 23 Abs. 2 AVIG und Art. 41 Abs. 1 AVIV. Diese können vom EVD laufend der Lohnentwicklung angepasst werden und betragen zur Zeit (1.8.1997) pro Tag Fr. 153.– für Absolventen einer Hochschule oder einer Fachhochschule, Fr. 127.– für Personen mit abgeschlossener Berufslehre oder mit ähnlicher Ausbildung, Fr. 102.– für die übrigen Personen über 20 Jahren und Fr. 40.– für Personen unter 20 Jahren ohne Berufsabschluss. Die Maturität gilt nicht als Berufsabschluss. Für Arbeitslose unter 25 Jahren ohne Unterhaltspflichten gegenüber Kindern, die im Anschluss an eine Berufslehre arbeitslos werden oder aus Ausbildungsgründen von der Erfüllung der Beitragszeit befreit sind, werden die vorgenannten Ansätze um 50 Prozent reduziert. Vgl. zum Ganzen Art. 41 AVIV. – Die Pauschalansätze sind auch anwendbar für Praktikanten und Volontäre, bei deren Tätigkeit der Ausbildungszweck im Vordergrund steht und deren Lohn nicht bereits den normalen Lebensunterhalt abdeckt (ARV 1982, 32, 1980, 102).
75 Vgl. Art. 6 Abs. 6 und Art. 6a Abs. 1 Satz 2 AVIV.
76 Art. 6a Abs. 1 AVIV und Art. 14 Abs. 4 AVIG.
77 Art. 6 Abs. 4 AVIV e contrario; diese besondere Wartezeit von einem Tag ist immerhin in einem Kalendermonat nur einmal zu bestehen..
78 Zur Berechnung der wertmässig und nicht in Tagen vorzunehmenden Abgeltung von Wartezeiten bei Zwischenverdienst vgl. ARV 1987, 62.

diese Wartezeit indessen nicht zu bestehen.[79] Versicherte mit reduzierten Pauschalansätzen nach Art. 41 Abs. 2 AVIV (dazu oben Fn. 74) haben die allgemeine Wartefrist allerdings immer zu bestehen.

b) Besondere Wartezeiten

11.36 Versicherte, die wegen einer Ausbildung nach Art. 14 Abs. 1 Bst. a AVIG von der Erfüllung der Beitragszeit befreit sind, haben eine zusätzliche Wartezeit von 120 Tagen zu bestehen, wenn sie weniger als 25 Jahre alt sind, keine Unterhaltspflichten gegenüber Kindern haben und über keinen Berufsabschluss verfügen.[80] Die übrigen Versicherten, die von der Erfüllung der Beitragszeit befreit sind, haben eine zusätzliche Wartezeit von fünf Tagen zu bestehen.[81] Für Saisonangestellte oder nach einer Tätigkeit in einem Beruf, in dem häufig wechselnde oder befristete Anstellungen üblich sind, besteht eine zusätzliche Wartezeit von einem Tag, die allerdings innerhalb eines Kalendermonats nur einmal zu bestehen ist und die in zahlreichen Sonderfällen dahinfällt.[82]

Die besonderen Wartezeiten müssen nicht absolviert werden von Versicherten, die an einer arbeitsmarktlichen Massnahme teilnehmen, soweit es sich nicht um Schul- oder Studienabgänger ohne Berufsabschluss handelt (Art. 14 Abs. 5 AVIG). Werden aber im Anschluss an eine arbeitsmarktliche Massnahme reguläre Taggelder geltend gemacht, ist die besondere Wartezeit in diesem Zeitpunkt zu bestehen.

3. Dauer des Taggeldanspruches

11.37 Die früher bestehende Abstufung der Dauer des Taggeldanspruchs nach der Beitragsdauer wurde per 1. Januar 1997 vollständig aufgehoben. Neu wird die Taggeldberechtigung nach dem Alter der Versicherten abgestuft. Ebenfalls neu wurde das Institut der besonderen Taggelder eingeführt, welche sich Versicherte zusätzlich

---

79 Art. 18 Abs. 1bis AVIG, Art. 6a Abs. 2 AVIV; dieser Grenzbetrag erhöht sich für das erste Kind um Fr. 1 000.– und für jedes weitere um Fr. 500.–, sofern für diese Kinder eine Unterhaltspflicht besteht.

80 Art. 14 Abs. 4 AVIG und Art. 6 Abs. 1 AVIV. Die Maturität gilt nicht als Berufsabschluss. Zum sog. «Motivationssemester», das stellenlosen Schulabgängern nach der obligatorischen Schulzeit im Rahmen eines Beschäftigungsprogramms zu einem Monatslohn von Fr. 450.– offensteht, vgl. Art. 14 Abs. 5bis AVIG und Art. 97b AVIV. Der Wortlaut von Art. 14 Abs. 5bis AVIG («während der ... Wartezeit») legt nahe, dass die besondere Wartezeit von 120 Tagen von den Teilnehmern an einem solchen Motivationssemester nach dessen Ende nicht nochmals zu bestehen ist.

81 Art. 6 Abs. 2 AVIV. Dabei ist darauf hinzuweisen, dass die Erziehungsgutschriften nach Art. 13 Abs. 2bis AVIG (dazu oben, Rz. 11.15) wie auch die Taggeldpauschalierung nach einer Berufslehre gemäss Art. 23 Abs. 2 AVIG trotz der Verwendung von Pauschalansätzen nicht auf eine Beitragsbefreiung zurückgehen, weshalb in diesen Fällen keine besondere Wartezeit zu bestehen ist (ENGLER/KIGA, 31).

82 Art. 11 Abs. 2 AVIG und Art. 6 Abs. 4 f. AVIV; vgl. dazu auch Art. 7 f. AVIV.

§ 11 Arbeitslosenversicherung

zu den «allgemeinen» Taggeldern durch eine Teilnahme an arbeitsmarktlichen Massnahmen erwerben können. Allgemeine wie besondere Taggelder können nur innerhalb der Leistungsrahmenfrist (dazu oben, Rz. 11.8) ausgerichtet werden.[83] Die beiden Ansprüche auf die zwei verschiedenen Taggeldarten bestehen nebeneinander und der Bezug von Taggeldern der einen Art kann nicht den Anspruch auf Taggelder der andern Art schmälern (vgl. Art. 59b Abs. 2 AVIG).

a) Allgemeiner Taggeldanspruch

Wer die Anspruchsvoraussetzungen erfüllt (dazu oben, Rz. 11.10 ff.), hat gemäss Art. 27 Abs. 2 Bst. a AVIG folgenden Anspruch auf allgemeine Taggelder: 11.38

- 150 Taggelder bis zum Alter 50;
- 250 Taggelder ab dem Alter 50 bis zum Alter 60;
- 400 Taggelder ab dem Alter 60;
- 520 Taggelder, wenn eine Rente der Invaliden- oder der obligatorischen Unfallversicherung bezogen wird oder wenn eine solche Rente beantragt ist, ohne dass dieser Antrag als aussichtslos erscheint.

Versicherte, die sich innerhalb der letzten zweieinhalb Jahre vor Erreichen des ordentlichen AHV-Rentenalters als arbeitslos melden, haben Anspruch auf bis zu 120 zusätzliche Taggelder.[84] Diese Sonderregelung erging aufgrund des Gedankens, dass eine vor dem Rentenalter stehende Person nicht an für sie nutzlosen arbeitsmarktlichen Massnahmen teilnehmen müssen soll, nur um sich einen Anspruch auf bis zur Pensionierung reichende besondere Taggelder zu erwerben. Allerdings steht die Teilnahme an solchen Massnahmen auch den vor der Pensionierung stehenden Versicherten frei. Sie können sich so theoretisch zu ihren auf 520 erhöhten, allgemeinen Taggeldern maximal weitere 130 besondere, total also 650 Taggelder erwerben; danach ist die auf zweieinhalb Jahre verlängerte Leistungsrahmenfrist abgelaufen (vgl. dazu oben, Fn. 17).[85]

b) Besonderer Taggeldanspruch

Die Arbeitslosenversicherung richtet besondere Taggelder aus für Tage, an denen Versicherte auf Weisung oder mit Zustimmung der kantonalen Amtsstelle an einer arbeitsmarktlichen Massnahme teilnehmen (Art. 59b Abs. 1 AVIG). Zu den arbeitsmarktlichen Massnahmen, welche zu einem Anspruch auf besondere Taggelder 11.39

---

83 Art. 27 Abs. 1 und Abs. 2 Bst. b AVIG.
84 Art. 27 Abs. 3 AVIG und Art. 41b AVIV.
85 Von der Stellensuche und der Kontrollpflicht sind auch kurz vor der Pensionierung stehende Erwerbslose allerdings nicht befreit. Der Bundesrat hat von der ihm in Art. 17 Abs. 4 AVIG diesbezüglich eingeräumten Kompetenz bisher keinen Gebrauch gemacht.

führen, gehören zunächst die Teilnahme an einem Umschulungs-, Weiterbildungs- oder Eingliederungskurs[86] sowie die Aufnahme einer selbständigen Erwerbstätigkeit mit Unterstützung der Arbeitslosenkasse (dazu unten, Rz. 11.48 ff.). Anspruch auf vorerst 80 besondere Taggelder hat sodann, wer eine vorübergehende Beschäftigung im Sinne von Art. 72 AVIG antreten will, mangels genügenden Angebots vom Kanton jedoch keinen Platz zugewiesen erhält.[87] Die Versicherten haben nämlich einen Rechtsanspruch darauf, dass ihnen innerhalb der Leistungsrahmenfrist eine vorübergehende Beschäftigung zugewiesen wird.[88] Kann Ihnen nach Auslaufen der 80 besonderen Taggelder der Kanton wiederum keine vorübergehende Beschäftigung anbieten, haben sie erneut Anspruch auf 80 besondere Taggelder. Theoretisch kann so die ganze Rahmenfrist mit besonderen Taggeldern abgedeckt werden (Art. 72a Abs. 3 AVIG). Allerdings ist dies keinesfalls der Zweck der neuen Bestimmungen über die arbeitsmarktlichen Massnahmen: Vielmehr sollten die Kantone genügend Einsatzplätze bereitstellen, damit die vom Gesetz angestrebte Wiedereingliederung in den Arbeitsprozess erfolgen kann.[89] Nehmen Versicherte an einem solchen Einsatzprogramm teil, erhalten sie die besonderen Taggelder zwar in der Form von Lohn (Art. 81b AVIV). Trotzdem handelt es sich um Taggelder, auf denen zwar ALV-Beiträge abgeführt werden (Art. 81b Abs. 2 AVIV), die aber nicht zur Erfüllung der Beitragszeit in einer allfälligen neuen Beitragsrahmenfrist beizutragen vermögen (Art. 13 Abs. 2^{quater} AVIG).[90]

---

86 Art. 60 Abs. 1 AVIG. Zu den besonderen Leistungsvoraussetzungen und zum Anmeldeprozedere bei Kursbesuchen vgl. Art. 60 ff. AVIG und Art. 81 AVIV. Ein Gesuch um Zustimmung zu einem Kursbesuch muss spätestens zehn Tage vor Kursbeginn beim Arbeitsamt, bei Übertragung von dessen Kompetenzen an ein RAV nach Art. 85b AVIG bei dieser Amtsstelle, eingereicht werden (Art. 81 Abs. 3 AVIV).
87 Es wird gefordert, dass Erwerbslose ihren Anspruch auf die ersatzweise Ausrichtung besonderer Taggelder ausdrücklich geltend machen müssen, indem sie das RAV rechtzeitig auffordern, ihnen eine zumutbare Stelle, einen Platz in einem Beschäftigungsprogramm oder in einer andern arbeitsmarktlichen Massnahme zu verschaffen oder subsidiär diese bis zu 80 besonderen Taggelder auszuzahlen. In einer ersten Anlaufphase soll darauf jedoch verzichtet und allen, die keinen Anspruch auf allgemeine Taggelder mehr haben, die besonderen Taggelder nach Art. 72a Abs. 3 AVIG ausbezahlt werden, sofern ihnen kein Platz in einer arbeitsmarktlichen Massnahme geboten werden kann (ENGLER/KIGA, 28 f.).
88 Art. 72a Abs. 1 AVIG. Die vorübergehende Beschäftigung kann in einem Beschäftigungsprogramm oder in einem Berufspraktikum erfolgen.
89 Zu den finanziellen Anreizen für die Kantone, genügend Einsatzplätze zu schaffen, vgl. Art. 72a Abs. 4 AVIG und Art. 98b AVIV, zum Mindestangebot, das die Kantone bereitstellen müssen, Art. 72b AVIG und Art. 99 f. AVIV.
90 Dies setzt nach den bisherigen Erfahrungen die Motivation zur Teilnahme an arbeitsmarktlichen Massnahmen vor Auslaufen des allgemeinen Taggeldanspruches leider stark herab. Zur rechtlichen Fragwürdigkeit des Prämienbezugs ohne Versicherungsdeckung vgl. oben, Rz. 11.6.

4. Höhe des Taggeldanspruchs

Zur Taggeldbestimmung ist zuallererst der versicherte Verdienst zu ermitteln,[91] auf den dann der massgebliche Taggeldansatz anzuwenden ist. Dieser beträgt grundsätzlich 80 Prozent des versicherten Verdienstes (Art. 22 Abs. 1 AVIG). Versicherte, die keine Unterhaltspflichten gegenüber Kindern haben, deren volles Taggeld mehr als 130 Franken beträgt und die nicht invalid sind, erhalten lediglich ein Taggeld von 70 Prozent ihres versicherten Verdienstes.[92] Einen Zuschlag zu diesen Ansätzen erhalten Versicherte, welche durch die Arbeitslosigkeit einen Wegfall von Kinder- oder Ausbildungszulagen zu beklagen haben.[93]

11.40

Die teilweise Kürzung dieser Taggeldansätze um ein bis drei Prozent, welche der dringliche Bundesbeschluss vom 13. Dezember 1996 vorgesehen hatte, wird seit dem 1. Dezember 1997 nicht mehr angewendet, nachdem der Bundesbeschluss in der Referendumsabstimmung gescheitert ist.[94]

Nach diesen Grundsätzen erfolgt nicht nur die Berechnung der allgemeinen, sondern auch diejenige der besonderen Taggelder (Art. 59b Abs. 2 AVIV). Vom resultierenden Taggeld kommt der Arbeitnehmeranteil für AHV/IV/EO sowie die auf den Vorsorgeschutz bei Tod und Invalidität beschränkte berufliche Vorsorge zum Abzug, sodann die vollen Kosten für die Nichtbetriebsunfallversicherung (NBU).[95]

11.41

---

91 Vgl. dazu oben, Rz. 11.30 ff.
92 Art. 22 Abs. 2 AVIG. Das Taggeld von Versicherten, die lediglich den reduzierten Ansatz von 70 Prozent erhalten, beträgt allerdings immer mindestens 130 Franken (Art. 33 Abs. 2 AVIV). Damit soll verhindert werden, dass Versicherte, deren volles Taggeld zu 80 Prozent nur knapp die Grenze von 130 Franken übersteigt, infolge der Herabsetzung auf 70 Prozent weniger erhalten als Versicherte, deren volles Taggeld knapp unter 130 Franken liegt und die daher keine Reduktion auf 70 Prozent hinnehmen müssen.
Zu den Begriffen der Unterhaltspflicht und der Invalidität vgl. Art. 33 Abs. 1 und 3 AVIV.
93 Art. 22 Abs. 1 AVIG, Art. 34 AVIV.
94 Vgl. dazu oben, Fn. 4. Der dringliche Bundesbeschluss hatte Art. 22 AVIG einen neuen dritten Absatz angefügt, der in der Zeit vom 1. Januar bis 30. November 1997 zur Anwendung kam und wie folgt lautete:
«³Übersteigt das nach den Absätzen 1 und 2 errechnete Taggeld den Betrag von 130 Franken, so wird es um 3 Prozent gekürzt. Beträgt es 130 Franken oder weniger, so wird es um 1 Prozent gekürzt. Bei Personen mit Unterhaltspflichten gegenüber Kindern beträgt die Kürzung 1 Prozent.»
95 Art. 22a AVIG und Art. 35 und 36 AVIV. Da den nach Art. 72 AVIG vorübergehend Beschäftigten Lohn und nicht Taggelder ausgerichtet werden, sind diese im Rahmen der beruflichen Vorsorge zusätzlich gegen das Risiko Alter versichert; ausserdem werden ihnen ALV-Beiträge abgezogen (Art. 81b AVIV).

5. Ausgleichszahlungen bei Zwischenverdienst

11.42 Als *Zwischenverdienst* gilt jedes Einkommen aus unselbständiger oder selbständiger Erwerbstätigkeit, das Arbeitslose innerhalb einer Kontrollperiode erzielen (Art. 24 Abs. 1 AVIG). Versicherte erzielen ihn durch *vorübergehende* Annahme einer Stelle zur kurzfristigen Vermeidung der Arbeitslosigkeit, ohne dass sie deshalb die Stellensuche aufgeben und sich bei der Arbeitslosenversicherung abmelden. Mit dem Formular «Bescheinigung über Zwischenverdienst» ist jeder Zwischenverdienst unaufgefordert zu melden (Art. 96 Abs. 2 AVIG). Kein Zwischenverdienst liegt bei der Aufnahme einer im Sinne von Art. 16 AVIG zumutbaren Arbeit vor, denn dadurch wird die Arbeitslosigkeit beendet.[96]

11.43 Nehmen Erwerbslose einen Zwischenverdienst zu einem Lohn an, der unter der ihnen zustehenden Arbeitslosenentschädigung liegt, so wird die Differenz zwischen diesem Zwischenverdienst und dem versicherten Verdienst teilweise von der Arbeitslosenversicherung kompensiert, nämlich zu dem für die Taggeldermittlung nach Art. 22 AVIG massgebenden Prozentsatz.[97] Um Missbräuchen vorzubeugen, muss allerdings jeder Zwischenverdienst zu den orts- und berufsüblichen Konditionen entlöhnt werden; wird dieser Ansatz unterschritten, stellt die ALV für die Kompensation auf den höheren üblichen Ansatz ab.[98] Ebenfalls um Missbräuchen vorzubeugen werden Kompensationszahlungen für eine Tätigkeit beim früheren Arbeitgeber nur geleistet, wenn der Arbeitsunterbruch mindestens ein Jahr betrug, ausser der zu kompensierende Verdienstausfall ergebe sich ausschliesslich aus der reduzierten Arbeitszeit und sei nicht auf eine Lohnreduktion zurückzuführen (Art. 41a Abs. 3 AVIV).

---

96 BGE 120 V 233 = ARV 1993/94, 115, letztmals bestätigt in BGE 121 V 51 E. 2 sowie ARV 1995, 73 und 98. Zum Übergangsrecht hinsichtlich des revidierten Art. 24 AVIG und der Abgrenzung von dessen Absatz 5 zu den Absätzen 2 und 4 vgl. Pra 86 (1997) Nr. 17.

97 Art. 24 Abs. 2 f. AVIG, Art. 41a Abs. 1 AVIV. Erklärendes Beispiel: Bei einem versicherten Einkommen von Fr. 6 000.– nimmt eine Person vorübergehend eine mit Fr. 2 000.– entlöhnte Teilzeitstelle an. Angenommen, der versicherten Person stehe nach Art. 22 AVIG ein Taggeldansatz von 70% zu, so wird die Differenz von Fr. 4 000.– zu diesem Ansatz oder mit Fr. 2 800.– kompensiert. Der Gesamtverdienst beträgt so Fr. 4 800.– statt nur Fr. 4 200.– (70% von Fr. 6 000.–) ohne Zwischenverdienst. Zur Berechnung des anrechenbaren Verdienstausfalls vgl. BGE 121 V 353, zur Ermittlung der Kompensationszahlungen bei Teilzeitverhältnissen BGE 121 V 51. Übersteigt der Restverdienst des Teilarbeitslosen seinen Taggeldanspruch bei Ganzarbeitslosigkeit, werden keine Leistungen erbracht (BGE 122 V 433, 120 V 502 E. 9).

98 Art. 24 Abs. 3 AVIG. Auch ein selbständiger Zwischenverdienst muss einen üblichen Ertrag abwerfen (BGE 120 V 515 = ARV 1993/94, 236), da eine Zwischenverdiensttätigkeit der kurzfristigen Einkommenserzielung und nicht dem langfristigen Aufbau einer selbständigen Erwerbstätigkeit dient (dazu vgl. unten, Rz. 11.48 ff.).

Der Anspruch auf Kompensationszahlungen besteht während längstens 12 Monaten, für über 45 Jahre alte Versicherte und für solche mit Kinderunterhaltspflichten während längstens zwei Jahren.[99]

Die Versicherten sind verpflichtet, jede ihnen vom Arbeitsamt zugewiesene Zwischenverdiensttätigkeit, auch wenn es sich bloss um eine Teilzeitarbeit handelt, anzunehmen und beizubehalten, solange Kompensationszahlungen geleistet werden.[100] Der Zwischenverdienst bringt für die Versicherten nicht nur den Vorteil des höheren Einkommens und des weniger belasteten Taggeldguthabens, sondern auch denjenigen der Anrechnung des Zwischenverdienstes als Beitragszeit für eine künftige weitere Beitragsrahmenfrist.[101]   11.44

Ist der Anspruch auf Kompensationszahlungen vor Ablauf der Rahmenfrist erschöpft, so erhält die versicherte Person bis zum Ablauf ihrer Taggeldberechtigung immerhin noch die Differenz zwischen ihrem Einkommen und der Arbeitslosenentschädigung, die ihr eigentlich zustehen würde, vergütet.[102]   11.45

6. Vorzeitige Pensionierung

Arbeitnehmer, die sich vorzeitig pensionieren lassen, können nicht ohne weiteres damit rechnen, dass ihre Einkommenslücke bis zum AHV-Alter von der Arbeitslosenversicherung mitgetragen wird. Die vor der Pensionierung liegenden Beitragszeiten werden nämlich mindestens dem Grundsatze nach nicht berücksichtigt; um   11.46

---

99 Art. 24 Abs. 4 AVIG. Personen, die einer vorübergehenden Beschäftigung im Sinne von Art. 72 AVIG nachgehen, haben in jedem Falle Anspruch auf Kompensationszahlungen bis zum Ablauf ihrer Leistungsrahmenfrist.
100 Dank Kompensation der Lohndifferenz gilt die Stelle als zumutbar. Lehnt eine versicherte Person einen Zwischenverdienst ab, obwohl sie auf ihren Kompensationsanspruch hingewiesen wurde, hat sie mit Einstelltagen zu rechnen (dazu unten, Rz. 11.52 ff.). Während dieser Einstelltage darf das Taggeld allerdings nur um den der Kasse verursachten Schadensbetrag gekürzt werden, mithin um die Differenz zwischen dem Taggeld und der Ausgleichszahlung, die bei Annahme des Zwischenverdienstes geschuldet gewesen wäre (BGE 122 V 34 E. 4c und 5a).
101 Als versicherter Verdienst wird dabei später nicht nur der Zwischenverdienst, sondern auch die Kompensationszahlung angerechnet. Damit es überhaupt zu einer Anrechnung kommt, muss allerdings der Zwischenverdienst allein monatlich mindestens Fr. 500.– ausgemacht haben (Art. 40a i.V.m. Art. 40 AVIV).
102 Art. 41a Abs. 4 AVIV. Die weitere, an die Leistung dieser Differenzzahlung geknüpfte Voraussetzung, dass nämlich das Einkommen aus einer unzumutbaren Tätigkeit stammt, ist gegenstandslos: Ist nämlich eine Tätigkeit – ohne dass Kompensationszahlungen erbracht werden – zumutbar im Sinne von Art. 16 AVIG, liegt kein Zwischenverdienst mehr vor, sondern ist die Arbeitslosigkeit beendet. Zugunsten der Erwerbslosen werden Beitragszeiten, während denen solche Differenzzahlungen erbracht werden mussten, nicht berücksichtigt, sondern auf das vorherige, unter Einschluss der Kompensationszahlungen höhere Zwischenverdiensteinkommen abgestellt (Art. 37 Abs. 3ter letzter Satz AVIV).

in jedem Fall anspruchsberechtigt zu sein, muss daher nach der Pensionierung eine beitragspflichtige Tätigkeit von mindestens sechs Monaten ausgeübt worden sein (Art. 13 Abs. 3 AVIG und Art. 12 AVIV). Immerhin besteht eine Ausnahme dann und wird die vor der Pensionierung liegende Beitragszeit berücksichtigt, wenn die vorzeitige Pensionierung aus wirtschaftlichen Gründen oder aufgrund zwingender Pensionskassenregelungen erfolgte und die Rente aus beruflicher Vorsorge die Arbeitslosenentschädigung unterschreitet.[103]

11.47 Die Arbeitslosenversicherung unterstützt, vorerst befristet bis Ende 1998, unter gewissen Voraussetzungen Arbeitgeber, die vorzeitige Pensionierungen vornehmen und die freigewordenen Stellen dauerhaft mit Arbeitslosen besetzen, mit bis zu 50% der vorherigen Lohnkosten.[104]

7. Aufnahme einer selbständigen Erwerbstätigkeit

11.48 Immer mehr Erwerbslose nehmen, um die Arbeitslosigkeit zu vermeiden oder abzukürzen, eine selbständige Erwerbstätigkeit auf. Dabei müssen auch Aspekte des Arbeitslosenversicherungsrechts beachtet werden. Offensichtliche Folge der Aufnahme einer selbständigen Erwerbstätigkeit ist zunächst, dass der Anspruch auf allgemeine Taggelder entfällt, angesichts der oft unsicheren Verdienstaussichten zu Beginn der Selbständigkeit namentlich für Versicherte mit Familienpflichten ein nicht zu unterschätzender Nachteil (vgl. immerhin unten, Rz. 11.49). Dieser könnte dadurch gemildert werden, dass die selbständige Erwerbstätigkeit zunächst nur in Form einer Teilzeitbeschäftigung aufgenommen wird. So bleibt die versicherte Person teilarbeitslos und damit mindestens reduziert taggeldberechtigt,[105] sofern sie die weiteren Anspruchsvoraussetzungen wie namentlich die Vermittelbarkeit weiterhin erfüllt. Sodann kann die selbständige Erwerbstätigkeit auch als Zwischenverdienst deklariert werden, sofern die Voraussetzungen dafür erfüllt sind.

11.49 Will ein arbeitsloser oder ein von Arbeitslosigkeit bedrohter Versicherter eine dauernde selbständige Erwerbstätigkeit aufnehmen, so kann ihn die Arbeitslosenversicherung mit Zustimmung des KIGA während einer Planungsphase (vgl. dazu Art. 95a AVIV) mit bis zu 60 besonderen Taggeldern unterstützen und den Versicherten während dieser Zeit von der Kontrollpflicht und von der Pflicht zur

---

103 Zur Koordination der beiden Sozialversicherungsleistungen vgl. Art. 18 Abs. 4 AVIG und Art. 32 AVIV, welche die Gesamtleistung auf 90% des Einkommens vor der Pensionierung beschränken. Zur Umrechnung im Falle des Bezugs einer Kapitalabfindung vgl. die Tabellen in ALV-Praxis 96 Heft 4.
104 Vgl. zu den Details Art. 65a AVIG und die Verordnung über die Förderung des Vorruhestandes vom 30. Oktober 1996 (SR 837.181).
105 Zur Berechnung nach dem Verhältnis der zeitlichen Beanspruchung vgl. BGE 112 V 229 E. 2b ff.

§ 11 Arbeitslosenversicherung

Stellensuche befreien (Art. 71a Abs. 1 AVIG). Damit soll dem Arbeitslosen ermöglicht werden, während knapp 3 Monaten sein Projekt einer selbständigen Erwerbstätigkeit ungestört voranzutreiben. Die maximal 60 besonderen Taggelder werden auf den ordentlichen Taggeldanspruch des Versicherten nach Art. 27 Abs. 2 lit. a AVIG nicht angerechnet. Besondere Taggelder dieser Art werden nur einmal pro Rahmenfrist ausgerichtet (Art. 95b Abs. 4 AVIV), dies unabhängig davon, ob der Maximalanspruch von 60 Taggeldern ausgeschöpft ist oder nicht. Im Resultat kann damit nur ein Projekt pro Rahmenfrist unterstützt werden.

Das Gesuch um Ausrichtung besonderer Taggelder ist an die kantonale Amtsstelle oder das regionale Arbeitsvermittlungszentrum zu stellen.[106] Es ist grundsätzlich nicht an bestimmte Fristen gebunden; da jedoch auch besondere Taggelder nur innerhalb der zweijährigen Leistungsrahmenfrist ausgerichtet werden können, wird es sinnvollerweise spätestens 16 Wochen vor deren Ablauf eingereicht (12 Wochen bzw. 60 Tage Leistungsanspruch zuzüglich mindestens 4 Wochen Behandlungsdauer).

Die Arbeitslosenversicherung kann gemäss Art. 21a Abs. 2 AVIG 20% des Verlustrisikos für eine von einer gewerblichen Bürgschaftsgenossenschaft gewährte Bürgschaft übernehmen.[107] Dies soll den Arbeitslosen in bestimmtem Umfange kreditfähiger machen und ihm so den Start in die selbständige Erwerbstätigkeit erleichtern. Das Gesuch muss ein ausgearbeitetes Projekt mit detaillierten Unterlagen über den Kapitalbedarf sowie über die Finanzierung während des ersten Geschäftsjahres enthalten.[108] Wichtig ist, dass das Gesuch um Übernahme des Verlustrisikos lediglich *innert der ersten 22 Wochen* kontrollierter Arbeitslosigkeit eingereicht werden kann (Art. 95c Abs. 1 AVIV). Die Frist ist eine *Verwirkungsfrist*. Im Verlustfall wird der Taggeldanspruch des Versicherten um den vom Ausgleichsfonds bezahlten Betrag herabgesetzt (Art. 71a Abs. 2 AVIG).

11.50

Die Übernahme des Verlustrisikos durch die Arbeitslosenversicherung kann auch mit dem Bezug von besonderen Taggeldern im Sinne von Art. 71a AVIG kombiniert werden. Diesfalls ist das Gesuch bereits *innert der ersten 10 Wochen* kontrollierter Arbeitslosigkeit einzureichen.[109]

Ein Hauptnachteil der Aufnahme einer selbständigen Erwerbstätigkeit besteht darin, dass Selbständigerwerbende gegen Arbeitslosigkeit grundsätzlich nicht ver-

11.51

---

106 Zum Inhalt vgl. Art. 95b Abs. 1 AVIV sowie das Kreisschreiben des BIGA über die arbeitsmarktlichen Massnahmen vom 30. Mai 1997, 139 ff.
107 Vgl. dazu auch den Bundesbeschluss vom 22. Juni 1949 über die Förderung der gewerblichen Bürgschaftsgenossenschaften, SR 951.24.
108 Vgl. dazu Art. 95c AVIV sowie das in Fn. 106 erwähnte Kreisschreiben des BIGA, welches auch eine hilfreiche Checkliste für den als Unterlage geforderten Business-Plan enthält.
109 Es handelt sich wiederum um eine *Verwirkungsfrist*. Für die weiteren Voraussetzungen sei auf Art. 95d AVIV sowie das in Fn. 106 erwähnte Kreisschreiben des BIGA verwiesen.

sichert sind. Ein Taggeldanspruch besteht indessen bereits dann, wenn innerhalb der Beitragsrahmenfrist von 2 Jahren während mindestens 6 Monaten Beiträge bezahlt wurden. Es ist daher in jedem Fall, in dem die Selbständigkeit scheitert, zu prüfen, ob die betreffende Person nicht aufgrund früherer, unselbständiger Erwerbstätigkeit die notwendige Beitragszeit in den letzten 2 Jahren trotzdem erfüllt hat.

Hat der Erwerbslose seine selbständige Erwerbstätigkeit mit Unterstützung der Arbeitslosenversicherung aufgenommen, so gilt für den Leistungsbezug eine *vierjährige Rahmenfrist* (Art. 71d Abs. 2 AVIG). Dies bedeutet, dass der Versicherte selbst bei einem Scheitern seines selbständigen Projektes nach z.B. 3 Jahren noch die ihm nach Art. 27 Abs. 2 Bst. a AVIG zustehenden Taggelder beziehen darf. Allerdings dürfen die Versicherungsleistungen insgesamt die Dauer von 2 Jahren nicht übersteigen und können Taggelder wie immer nur innerhalb der (diesfalls von 2 auf 4 Jahre verlängerten) Leistungsrahmenfrist ausgerichtet werden.

Um das Risiko im Falle eines Scheiterns mit der selbständigen Erwerbstätigkeit abzufedern, empfiehlt es sich daher, die selbständige Erwerbstätigkeit immer mit Unterstützung der Arbeitslosenversicherung aufzunehmen. Nur so kann ein allfälliger, späterer Taggeldbezug noch während 4 Jahren gewährleistet werden.[110]

8. Einstellung in der Anspruchsberechtigung (Sperrtage)

11.52 Die Versicherten haben das ihnen Zumutbare zu unternehmen, um die Arbeitslosigkeit zu vermeiden oder abzukürzen; ausserdem haben sie die ihnen vom Gesetz auferlegten Verfahrenspflichten zu erfüllen. Für eine Verletzung dieser Obliegenheiten sieht Art. 30 AVIG als Sanktion die vorübergehende Einstellung in der Anspruchsberechtigung vor.[111] Vom Katalog der Verfehlungen, die zu diesen in der Praxis *Sperrtage* genannten Einstelltagen führen, seien die Arbeitslosigkeit durch eigenes Verschulden (Rz. 11.54) sowie die ungenügenden Arbeitsbemühun-

---

[110] Die Gründe des Scheiterns werden wie bei jeder Arbeitslosigkeit untersucht; erscheinen sie als verschuldet, führt dies zu Einstelltagen nach Art. 30 Abs. 1 Bst. a AVIG (dazu unten, Rz. 11.52 ff.). Zum Fall, in dem trotz des Bezugs besonderer Taggelder gemäss Art. 71a Abs. 1 AVIG keine selbständige Tätigkeit aufgenommen wird, vgl. Art. 30 Abs. 1 Bst. g AVIG.

[111] Zum weitergehenden vollständigen Entzug des Leistungsanspruchs vgl. Art. 30a AVIG und oben, Rz. 11.18.

gen (Rz. 11.55) hervorgehoben.[112] Die Sperrtage werden je nach Einstellungsgrund von der Arbeitslosenkasse oder von der kantonalen Amtsstelle bzw. im Delegationsfall vom Regionalen Arbeitsvermittlungszentrum (RAV, vgl. Art. 85b Abs. 1 AVIG) durch beschwerdefähige Verfügung festgelegt.[113] Es genügt dabei der im Sozialversicherungsrecht allgemein geforderte Beweisgrad der überwiegenden Wahrscheinlichkeit.[114] Für mehrere Einstellungsgründe sind auch mehrere Einstellungsverfügungen zu erlassen.[115] Ein Einstellungsgrund, über den keine Verfügung vorliegt, kann im Prozess nur in engen Schranken zur weiteren Begründung einer verfügten Einstellung nachgeschoben werden.[116]

Die Einstellungsdauer hat bei leichtem Verschulden 1 – 15 Tage, bei mittelschwerem Verschulden 16 – 30 Tage und bei schwerem Verschulden 31 – 60 Tage zu betragen (Art. 45 Abs. 2 AVIV). Die Praxis berücksichtigt bei deren Festlegung auch das Ausmass des der Kasse zugefügten Schadens. Bei «Wiederholungstätern» ist die Einstellungsdauer angemessen zu erhöhen (Art. 45 Abs. 2bis AVIV). Die   11.53

---

112 Der vollständige Katalog lautet wie folgt:
«*Art. 30 Einstellung in der Anspruchsberechtigung*
¹Der Versicherte ist in den Anspruchsberechtigung einzustellen, wenn er:
  a. durch eigenes Verschulden arbeitslos ist;
  b. zu Lasten der Versicherung auf Lohn- oder Entschädigungsansprüche gegenüber dem bisherigen Arbeitgeber verzichtet hat;
  c. sich persönlich nicht genügend um zumutbare Arbeit bemüht;
  d. die Kontrollvorschriften oder die Weisungen des Arbeitsamtes nicht befolgt, namentlich eine ihm zugewiesene zumutbare Arbeit nicht annimmt, oder einen Kurs, zu dessen Besuch er angewiesen worden ist, ohne entschuldbaren Grund nicht antritt oder abbricht;
  e. unwahre oder unvollständige Angaben gemacht oder in anderer Weise die Auskunfts- oder Meldepflicht verletzt hat, oder
  f. Arbeitslosenentschädigung zu Unrecht erwirkt oder zu erwirken versucht hat;
  g. während der Planungsphase eines Projektes besondere Taggelder bezog (Art. 71a Abs. 1) und nach Abschluss der Planungsphase aus eigenem Verschulden keine selbständige Erwerbstätigkeit aufnimmt.»
Zu Art. 30 Abs. 1 Bst. b AVIG vgl. STAUFFER, Der Verzicht auf Forderungen aus Arbeitsvertrag und seine Auswirkung auf die Arbeitslosenversicherung, in SZS 1988, 180 ff. sowie SPÜHLER, Beziehungen und Nahtstellen zwischen Arbeitsvertrags- und Arbeitslosenversicherungsrecht, in SJZ 83 (1987), 110. Auch substantielle Zugeständnisse in einem Vergleich führen in aller Regel zu Sperrtagen (ARV 1996/97, 113 E. 6b). Einstelltage wegen Kursabbruchs nach Art. 30 Abs. 1 Bst. d AVIG sind unzulässig bei Kursen, die Versicherte aus eigenem Antrieb mit Zustimmung der kantonalen Amtsstelle besuchen (BGE 121 V 58 = Pra 85 (1996) Nr. 140); allerdings wird die Kasse diesfalls die restlichen Kurstage nicht mehr bezahlen. Zur Einstellung nach Art. 30 Abs. 1 Bst. f. AVIG vgl. ARV 1993/94, 17.
113 Vgl. zur Abgrenzung der Zuständigkeit Art. 22 Abs. 2 AVIG.
114 ARV 1986, 20 E. II.1c.
115 ARV 1989, 88 E. 4c; 1988, 28 E. 2c. Anders, wenn z.B. der Ablehnung mehrerer Stellen ein einheitlicher «Tatentschluss» zugrunde liegt, ARV 1988, 26.
116 BGE 122 V 34 E. 2 mit weiteren Verweisen; insoweit sind ARV 1992, 143 und 1989, 88 E. 4c überholt.

Versicherten müssen sich dabei im Klaren sein, dass es sich bei der Einstellung nicht etwa um einen blossen Aufschub der entsprechenden Taggelder handelt; vielmehr werden die Einstelltage auf die Höchstzahl der Taggelder nach Art. 27 AVIG angerechnet (Art. 30 Abs. 3 AVIG). Genau wie bei den Wartezeiten können auch Sperrtage nur an Tagen «abgesessen» werden, an denen alle Anspruchsvoraussetzungen nach Art. 8 AVIG erfüllt sind; es nützt also nichts, beispielsweise nach einer selbstverschuldeten Kündigung einfach mit der Anmeldung beim Arbeitsamt zuzuwarten.

Für konkrete Fälle der Verschuldenseinstufung vgl. die nützliche Zusammenstellung in ARV 1989, 88 E. 2. Als *schweres Verschulden* galt etwa das fristlose Verlassen des Arbeitsplatzes, weil der Versicherte wegen seiner Kassenführung wiederholt zur Rede gestellt werden musste (ARV 1954, 165), ferner die Kündigung noch während der Probezeit ohne schuldmindernde Momente (ARV 1987, 107), weiter die Ablehnung eines zumutbaren Arbeitsplatzwechsels im Betrieb mit anschliessender Auflösung des Arbeitsverhältnisses im gegenseitigen Einvernehmen (ARV 1979, 117) und schliesslich das Nichtantreten einer Stelle wegen Meinungsverschiedenheiten darüber, ob eine Wochenarbeitszeit von 42 oder von 42.5 Stunden gelte (ARV 1986, 93).

Als *mittelschwer* wurde das Verschulden in folgenden Fällen beurteilt: Velomechaniker, der seine Stelle auf dem Bau nach wenigen Tagen verliess, weil sie ihm zu schwer geworden war (ARV 1954, 32, ähnlich 1955, 24); Versicherte, die kündigte, um weiterhin mit dem eine ausserkantonale Stelle antretenden Freund in Wohngemeinschaft leben zu können, wobei ihr zugute gehalten wurde, dass sie erst einen Monat nach Eintritt der Arbeitslosigkeit um Taggelder nachsuchte (ARV 1979, 121); Versicherter, der kündigte, weil ihm der tägliche Arbeitsweg von insgesamt drei Stunden zu beschwerlich wurde (ARV 1977, 33, s. dazu nun auch Art. 16 Abs. 2 Bst. f. AVIG); fristlose Kündigung durch den Arbeitnehmer, nachdem solches von Seiten des Arbeitgebers bevorstand, dies jedoch auf ungebührliches Verhalten des Versicherten zurückzuführen war, etwas, weswegen dieser schon mehrere Stellen verloren hatte (ARV 1970, 47); fristloses Verlassen der Arbeitsstelle wegen sehr gespanntem Verhältnis zu den Mitarbeitern (ARV 1976, 17); Kündigung wegen Differenzen mit dem Vorgesetzten, dem durch die Arbeit bedingten Wochenaufenthalterstatus und aus gesundheitlichen Gründen, dies allerdings in einer Zeit eines sich verschlechternden Arbeitsmarktes (ARV 1976, 22); Kündigung nach Meinungsverschiedenheiten mit dem Arbeitgeber über Leistung und Arbeitsmethode (ARV 1954, 32; ähnliche Fälle nach Kündigungen nach Differenzen mit Vorgesetzten in ARV 1977, 32, 1968, 47 und 1961, 28); Kündigung durch den Arbeitnehmer in für ihn ungünstiger Arbeitsmarktlage, nachdem er eine Lohnkürzung akzeptieren sollte (ARV 1976, 114; zu weiteren Einstellungsfällen nach Kündigungen wegen Lohnreduktionen vgl. ARV 1986, 90 und 1953, 103, zu Kündigungen wegen Differenzen über den vereinbarten Lohn ARV 1963, 65 und 1955, 103).

Als *leichtes Verschulden* wurde taxiert, dass eine Kinoplatzanweiserin mit kleinem Fixum ihre Stelle noch in der Probezeit aufgab, weil die Trinkgelder unter den Erwartungen blieben (ARV 1982, 78), und dass eine Handelsreisende mit kleinem Fixum ihre Stelle schon nach wenigen Tagen aufgab, weil keine Aufträge vorhanden waren (ARV 1953, 28).

11.54 Die selbstverschuldete Arbeitslosigkeit kann auf ganz verschiedene Ursachen zurückgehen: Oft geben Versicherte eine zumutbare Arbeitsstelle ohne Zusicherung einer neuen auf oder lehnen eine zumutbare Arbeit ab.[117] War dafür kein entschuldbarer Grund gegeben, so liegt gemäss Art. 45 Abs. 3 AVIV immer ein schweres

---

117 Zum Begriff der zumutbaren Arbeit vgl. oben, Rz. 11.19, Art. 16 AVIG und ausführlich LANDOLT, Zumutbarkeitsprinzip, 403 ff..

§ 11 Arbeitslosenversicherung

Verschulden vor, was zu einer Einstelldauer von mindestens 31 Tagen führt. Der «entschuldbare Grund» gibt aber den Durchführungsstellen Ermessensspielraum, auch diese Grenze zu unterschreiten.[118] Allerdings kann nicht jeder halbwegs einsehbare Grund genügen, denn solche liegen praktisch jeder Kündigung zugrunde. Anderseits muss die alte Stelle auch nicht den strengen Kriterien einer Unzumutbarkeit genügen,[119] damit der Kündigungsgrund entschuldbar wird, denn eine unzumutbare Stelle darf jederzeit gekündigt werden, ohne dass Einstelltage verhängt werden dürfen. Kündigen Angestellte selbst, um der unausweichlichen Entlassung durch den Arbeitgeber zuvorzukommen, ist dies einer Arbeitgeberkündigung gleichzusetzen und kann nicht zu Einstelltagen führen.[120]

Ein weiterer Fall selbstverschuldeter Arbeitslosigkeit liegt vor, wenn die versicherte Person durch ihr Verhalten, insbesondere wegen Verletzung arbeitsvertraglicher Pflichten, dem Arbeitgeber Anlass zur Kündigung gegeben hat.[121]

So führten zu Einstelltagen ungenügende Arbeitsleistungen und häufige Arbeitsunterbrüche durch private Telefongespräche trotz mehrfacher Verwarnung (ARV 1988, 91, Verschulden mittelschwer), fehlende Bereitschaft zur weiteren Zusammenarbeit am alten Arbeitsplatz nach Streit mit einem Vorgesetzten (ARV 1986, 96, Verschulden mittelschwer), Weigerung zur Leistung zumutbarer Überstunden (ARV 1982, 111, Verschulden mittelschwer), Arbeitsniederlegung eines Kranführers nach einer Auseinandersetzung mit dem vorgesetzten Polier (ARV 1979, 140, Verschulden mittelschwer), Ablehnung einer kurzfristigen Arbeitszeitverschiebung durch eine Stewardess bei der Speisewagen-Gesellschaft (ARV 1977, 147, Verschulden mittelschwer), ja selbst ausserdienstliches Verhalten, das Mitursache einer Kündigung war (BGE 112 V 242 E. 1, ARV 1981, 50).

Als verschuldete Arbeitslosigkeit dürfte von der Gerichtspraxis auch weiterhin eingestuft werden (so ARV 1986, 90, Verschulden mittelschwer), wenn Versicherte eine durch *Änderungskündigung* herbeigeführte Vertragsänderung nicht akzeptieren, mindestens soweit die Arbeitsbedingungen nicht wesentlich schlechter sind (Art. 16 Abs. 2 Bst. h AVIG analog).

Kein Verschulden darf dagegen angenommen werden, wenn Angestellte auf ihren Rechten beharren (so vorausgesetzt in BGE 112 V 242 E. 2b), mindestens wenn dafür auch nur einigermassen verständliche Gründe bestehen. So konnte die Weigerung, Überstunden zu kompensieren oder mit dem Arbeitgeber einen zusätzlichen Arbeitsvertrag über einen zeitweisen Concierge-Dienst abzuschliessen, nicht zu Einstelltagen führen (BGE 112 V 242), ebensowenig die Weigerung, unzulässige Fragen in einem Bewerbungsfragebogen zu beantworten (BGE 122 V 267) oder die vereinbarte Arbeitszeit zu erhöhen (ARV 1995, 106).

---

118 Die Rechtsprechung zum «entschuldbaren Verhalten», welches jede Einstellung ausschliesst (ARV 1990, 92, 1989 78 E. 7c), kann nicht auf den neu eingeführten «entschuldbaren Grund» übertragen werden. Die neue Formulierung in Art. 45 Abs. 3 AVIV will den Behörden der Verschuldenslage angepasste, differenzierte Lösungen erlauben (im Resultat gl. M. ENGLER/KIGA Aargau, 34 unten).
119 An die Unzumutbarkeit werden strenge Anforderungen gestellt. Als ungenügend erachtet wurden etwa nicht erfüllte Lohnerwartungen (ARV 1982, 78), gespanntes Verhältnis zu den Vorgesetzten (ARV 1976, 114) oder die Pflicht zur Leistung einzelner Überstunden (ARV 1953 Nr. 78). Unzumutbar war es dagegen für einen kaufmännischen Angestellten, regelmässig 50,5 Stunden pro Woche zu arbeiten. Medizinische Gründe, die zu einer Unzumutbarkeit führen sollen, sind durch ein Arztzeugnis zu belegen (ARV 1970 Nr. 15, 1964 Nr. 46).
120 ARV 1980, 13; 1977, 149.
121 Art. 44 Abs. 1 Bst. a AVIV; vgl. im übrigen Art. 44 AVIV auch zu weiteren Fällen selbstverschuldeter Arbeitslosigkeit.

Selbstverschuldet arbeitslos ist auch, wer eine Kündigung des Arbeitgebers akzeptiert, welche die Kündigungsfrist oder eine Sperrfrist nach Art. 336c OR verletzt.[122]

11.55 Die von Versicherten oft gestellte Frage, wie viele Bewerbungen es denn nun pro Monat brauche, lässt sich selbstverständlich nicht allgemein beantworten. Entscheidend ist gerade auch die Qualität der Bewerbungen.[123]

Ungenügend wäre in jedem Fall die blosse Anmeldung bei Stellenvermittlungsbüros verbunden mit Stellenbemühungen im privaten Kreis (ARV 1979, 144). Die Stellenbemühungen sind auch während pendenter Bewerbungen (ARV 1980, 105) oder eines ferienbedingten Auslandaufenthaltes (ARV 1988, 95, nicht aber während der Stempelferien, vgl. oben, Rz. 11.26) fortzusetzen. Die Stellenbemühungen sind auch bei fortgeschrittener Schwangerschaft fortzuführen (ARV 1980, 110), ja selbst bei praktisch vollständig fehlenden Erfolgsaussichten (ARV 1960 Nr. 69), da ansonsten die Vermittlungsfähigkeit und damit jeder Taggeldanspruch verneint werden müsste.

Die Stellenbemühungen müssen nicht etwa erst nach der Anmeldung zum Taggeldbezug, sondern bereits während der Kündigungsfrist einsetzen.[124] Als Fall ungenügender Arbeitsbemühungen gilt nach Art. 44 Abs. 2 AVIV insbesondere auch die unbegründete Ablehnung einer von privater Seite angebotenen, zumutbaren Stelle.

---

122 BGE 112 V 323, ARV 1989, 78; s. auch BGE 121 V 377. Meist werden Versicherte es unterlassen haben, nach dem Ende der Arbeitsverhinderung ihre Arbeit anzubieten. Diesfalls liegt nicht etwa ein Verzicht auf Lohnansprüche im Sinne von Art. 30 Abs. 1 Bst. b AVIG vor, da ein Lohnanspruch nur entsteht, wenn dem Arbeitgeber die Arbeit nach dem Ende der Arbeitsverhinderung unmissverständlich angeboten wurde. Die Verhältnisse bei der Verlängerung des Arbeitsverhältnisses nach Art. 336c OR sind jedoch oft kompliziert, so dass der Irrtum eines juristischen Laien über den Zeitpunkt des Endtermins des Arbeitsverhältnisses meist entschuldbar erscheint und nicht zu einer Einstellung führt (ARV 1989, 78 E. 7c).
123 ARV 1986, 20 E. II.1.a 1978, 16; 1977, 157. Blosse Formularschreiben auf beliebige Stellenangebote, welche für die versicherte Person nicht wirklich in Frage kommen, können nicht als ernsthafte Bewerbung betrachtet werden und vermögen auch in hoher Zahl den Anforderungen an die persönlichen Arbeitsbemühungen nicht zu genügen. Dagegen können schon wenige, dafür aber qualifizierte Bewerbungen für Stellen, die wirklich in Frage kommen, bereits genügen. Die Anzahl der notwendigen Bewerbungen hängt auch von der Lage auf dem Arbeitsmarkt, den Berufschancen und der persönlichen Situation der Versicherten ab (s. dazu auch BGE 120 V 74 E. 4 und 112 V 215 E. 1b sowie das Kreisschreiben des BIGA über die Arbeitslosenentschädigung in der seit 1.1.1992 gültigen Fassung Rz. 96–98).
124 ARV 1982, 37; 1981, 126 (Stellenbemühungen nach Studienabschluss); SPÜHLER, zitiert in Fn. 112, in SJZ 83 (1987), 111.

VI. Exkurs: Die Versicherungssituation der Erwerbslosen

1. Alters-, Hinterlassenen- und Invalidenversicherung

Arbeitslose bleiben im Rahmen der ersten Säule sowohl gegen die Risiken Alter, Tod als auch Invalidität versichert.[125] Als massgebender Lohn gelten die Taggelder nach Art. 7 Abs. 2 Bst. a und b AVIG.[126]   11.56

2. Berufliche Vorsorge

Im Bereich der beruflichen Vorsorge sind Erwerbslose seit dem 1. Juli 1997 mindestens gegen die Risiken Tod und Invalidität bei der Auffangeinrichtung versichert.[127] Versichert ist systemgemäss nur der koordinierte Anteil des Taggeldes.[128] Im Unterschied zu den Einstelltagen besteht bedauerlicherweise während den Wartezeiten (dazu oben, Rz. 11.34 ff.) kein Versicherungsschutz.[129] Das Risiko Alter ist im Rahmen der beruflichen Vorsorge gar nicht abgedeckt, dies vor allem, weil die zur Deckung notwendigen Prämien Versicherte und Kassen zu sehr belasten würden.[130]   11.57

---

125 Art. 22a AVIG und Art. 81b AVIV. Für die Invalidenversicherung ist die Herleitung der Beitragspflicht aufgrund von Art. 22a AVIG und Art. 2 IVG i.V.m. Art. 3 und 12 AHVG allerdings sehr dünn, s. immerhin Art. 81b Abs. 2 AVIV.

126 Der «Arbeitnehmer»anteil wird vom Taggeld abgezogen, den «Arbeitgeber»anteil hat die Kasse zu übernehmen (Art. 22a Abs. 2 AVIG).

127 Art. 2 Abs. 1bis BVG, Art. 22a Abs. 3 AVIG, Art. 81b Abs. 2 AVIV und zur Durchführung die Verordnung über die obligatorische berufliche Vorsorge von arbeitslosen Personen vom 3. März 1997 (SR 837.174, zur Zeit der Drucklegung erst in AS 1997, 1101 greifbar).

128 Zur Ermittlung des versicherten Taggeldanteils wird der einer maximalen einfachen AHV-Altersrente entsprechende Koordinationsabzug gemäss Art. 2 BVG/Art. 5 BVV 2 von zur Zeit (1997) Fr. 23 880.– durch 260,4 geteilt und vom Taggeld abgezogen (Art. 3 f. der V über die obligatorische berufliche Vorsorge von arbeitslosen Personen; Koordinationsabzug also heute Fr. 91.70). Über die Berechnung bei Zwischenverdienst, Teilarbeitslosigkeit, Teilnahme am Beschäftigungsprogramm und bei teilinvaliden Personen vgl. Art. 5 f. der erwähnten Verordnung.

129 Art. 2 der V über die obligatorische berufliche Vorsorge von arbeitslosen Personen. Dies führt dazu, dass vorsichtige Versicherte eigentlich für wenige Tage eine Lebens- und Invaliditätsversicherung abschliessen müssten, etwas, was namentlich bei den eintägigen Wartezeiten für Saisonberufe in der Praxis undenkbar ist. Die Tatsache, dass das Risiko eines Versicherungsfalls während der wenigen Wartetage sehr gering ist, spricht nicht gegen, sondern für einen Einschluss in die obligatorische Versicherung; der im Einzelfall dann doch betroffenen Person ist die Statistik ein schlechter Trost.

130 Die Prämien für die Risiken Tod und Invalidität betragen zur Zeit (1997) bereits 5,28% und sind je zur Hälfte von den Versicherten in der Form eines Taggeldabzuges und von der Arbeitslosenversicherung zu tragen (Art. 22a Abs. 3 AVIG und Art. 8 f. der V über die obligatorische berufliche Vorsorge von arbeitslosen Personen).

3. Unfallversicherung

11.58 Erwerbslose, welche die Anspruchsvoraussetzungen nach Art. 8 AVIG erfüllen oder Leistungen nach Art. 29 AVIG (zweifelhafte Ansprüche aus dem Arbeitsvertrag) beziehen, sind bei der Schweizerischen Unfallversicherungsanstalt (SUVA) obligatorisch gegen Unfälle versichert.[131] Den Versicherten wird die ganze Prämie vom Taggeld abgezogen.[132] Das Taggeld entspricht dem normalen Nettotaggeld und wird auch während Einstell- und Wartetagen ausgerichtet.[133] Die Versicherten können damit während der Zeit ihrer Arbeitslosigkeit den in ihrer Krankenpflegeversicherung enthaltenen Unfallversicherungsschutz aufheben.[134]

4. Kranken- und Mutterschaftsversicherung

11.59 Versicherte, die wegen Krankheit, Mutterschaft (oder auch Unfall, vgl. aber oben, Rz. 11.58) vorübergehend ganz oder teilweise vermittlungsunfähig sind, haben während den ersten 30 Tagen der Vermittlungsunfähigkeit Anspruch auf das volle Taggeld. Der Anspruch auf solche Taggelder ist innerhalb einer Leistungsrahmenfrist auf total 34 Taggelder beschränkt, und zwar für alle Verhinderungsgründe Krankheit, Mutterschaft und Unfall zusammen.[135] Die Vermittlungsunfähigkeit muss innert einer Woche gemeldet werden, ansonsten der Taggeldanspruch für die Tage vor der Meldung verwirkt ist.[136]

Die soziale Absicherung der Erwerbslosen bei Krankheit und Mutterschaft ist ungenügend. Es empfiehlt sich, den Abschluss einer privaten Taggeldversicherung

---

131 Art. 22a Abs. 4 AVIG und Art. 36 AVIV sowie Art. 2 der Verordnung über die Unfallversicherung von arbeitslosen Personen vom 24. Januar 1996 (SR 837.171).

132 Art. 22a Abs. 4 AVIG und Art. 81b Abs. 2 AVIV. Die Prämie wird von der SUVA nach dem Risikoverlauf festgelegt und beträgt zur Zeit (1997) 3,1%.

133 Art. 4 f. der Verordnung über die Unfallversicherung von arbeitslosen Personen; für die besonderen Verhältnisse bei Zwischenverdienst, vorübergehender Beschäftigung nach Art. 72 AVIG und Teilarbeitslosigkeit vgl. Art. 6–8, zu den Unfallmeldepflichten Art. 9 der genannten Verordnung.

134 Allerdings darf nicht vergessen werden, diesen spätestens 30 Tage nach Beendigung der Arbeitslosigkeit auch wieder «einzuschalten», da der Unfallversicherungsschutz für Erwerbslose ab diesem Zeitpunkt nicht mehr besteht (Art. 3 Abs. 2 der Verordnung über die Unfallversicherung von arbeitslosen Personen).

135 Art. 28 AVIG und Art. 42 AVIV. Taggelder der Kranken- oder Unfallversicherung, die das gesetzliche Mindesttaggeld übersteigen, werden vom Arbeitslosentaggeld abgezogen (Art. 28 Abs. 2 AVIG und Art. 42 Abs. 4 AVIV). Taggeldleistungen der SUVA werden allerdings auf den Anspruch gemäss Art. 28 AVIG nicht angerechnet.

136 Art. 42 Abs. 1 und 2 AVIV. Nach dem Wortlaut von Art. 42 Abs. 2 AVIV verfallen bei einer verspäteten Meldung nicht etwa nur die Taggelder für Tage, die mehr als eine Woche zurückliegen, sondern für alle vor der Meldung zurückliegenden Tage, so auch die Praxis in ARV 1991, 98.

oder, sofern der bisherige Arbeitgeber eine Kollektivtaggeldversicherung hatte, den Übertritt in die Einzelversicherung[137] in Betracht zu ziehen.[138] Besteht bereits eine Taggeldversicherung, haben die Versicherten das Recht, eine allfällige Karenzfrist ohne Berücksichtigung des Gesundheitszustandes auf 30 Tage zu verkürzen.[139]

VII. Sonderfall Insolvenzentschädigung

Die Insolvenzentschädigung deckt Lohnforderungen für die letzten sechs Monate des Arbeitsverhältnisses, wenn gegen den Arbeitgeber der Konkurs eröffnet wird oder der oder die Versicherte gegen den Arbeitgeber für Lohnforderungen das Pfändungsbegehren gestellt hat.[140] Die Insolvenzentschädigung ist damit insofern ein Sonderfall, als sie bei einem normalen Stellenverlust gar nie zum Tragen kommt. Ist dagegen der Arbeitgeber finanziell angeschlagen und sind möglicherweise gar Lohnzahlungen ausstehend, müssen sich Versicherte sehr wohl damit befassen. Inwieweit sind ihre Lohnansprüche gedeckt? Ab wann müssen sie sich zur Vermittlung anmelden? Wann wird die Insolvenzentschädigung von der Arbeitslosenentschädigung abgelöst? Soll und darf das Arbeitsverhältnis fristlos gekündigt werden?   11.60

Nach der bundesgerichtlichen Rechtsprechung werden Lohnforderungen aus der Zeit nach Eröffnung des Konkurses oder Einreichung des Pfändungsbegehrens von der Insolvenzentschädigung nicht mehr abgedeckt.[141] Das Arbeitsverhältnis wird durch die Konkurseröffnung jedoch nicht beendet. Das Erstklassprivileg nach Art. 219 SchKG besteht ebenfalls nur für die Zeit vor der Konkurseröffnung. Der Lohnanspruch der Versicherten für die Zeit nach der Konkurseröffnung ist damit stark gefährdet. Die Anmeldung beim Arbeitsamt zum Bezug von Arbeitslosenversicherungsleistungen fruchtet oft nichts, weil entsprechende Ansprüche wegen des rechtlich fortbestehenden Arbeitsverhältnisses abgewiesen werden.[142] Wie kann sich der Versicherte behelfen? Um die Anspruchsvoraussetzungen zu erfüllen, läge es nahe, eine fristlose Kündigung auszusprechen. Eine solche nach Art. 337 OR   11.61

---

137 Vgl. dazu unten, Rz. 13.13 ff. und 13.18 f.
138 Leider verweigern einzelne Krankenkassen und -versicherer namentlich älteren Erwerbslosen den Abschluss einer Taggeldversicherung.
139 Art. 73 KVG.
140 Art. 51 und 52 AVIG. Gleichgestellt ist der Fall, in dem der Konkurs nur deswegen nicht eröffnet wird, weil sich infolge der offensichtlichen Überschuldung des Arbeitgebers kein Gläubiger bereit findet, die Konkurskosten vorzuschiessen (Art. 51 Abs. 1 Bst. 2 AVIG) sowie die Fälle der Nachlassstundung und des richterlichen Konkursaufschubes (Art. 58 AVIG).
141 BGE 119 V 56 = ARV 1993/94, 34, BGE 111 V 269.
142 Vgl. immerhin das Gegenbeispiel in BGE 119 V 56. Richtigerweise ist denn auch nicht an den rechtlichen Bestand des Arbeitsverhältnisses, sondern an dessen tatsächliche Beendigung anzuknüpfen, vgl. oben, Rz. 11.11 und ARV 1989, 78 E. 4.

wird nicht immer zulässig sein (dazu unten Fn. 145), diejenige nach Art. 337a OR setzt eine vorgängige Fristansetzung voraus. Zudem wissen die Versicherten ja nicht, ob der Betrieb nicht doch von der Konkursverwaltung weitergeführt oder von einem Dritten übernommen wird. Diesfalls hätten sie nicht nur ihre Stelle verloren, sondern möglicherweise sogar Einstelltage wegen selbstverschuldeter Arbeitslosigkeit zu gewärtigen. Es scheint damit keine Möglichkeit für die Versicherten zu geben, sich richtig zu verhalten.

Der Grund für diese Situation liegt seit der auf den 1. Januar 1992 in Kraft getretenen Neufassung des Art. 52 AVIG nicht mehr so sehr in der unglücklichen Gesetzeslage, als vielmehr in der aktuellen Bundesgerichtspraxis, welche auch unter dem geänderten Recht an der zu Art. 52 a AVIG begründeten Praxis festhalten will (so ein ausführliches obiter dictum in BGE 119 V 61 E. b). Indessen hat der Wortlaut von Art. 52 AVIG markant geändert, indem die Insolvenzentschädigung nicht mehr Lohnforderungen «für die letzten drei Monate vor der Konkurseröffnung» deckt, sondern neu «für die letzten sechs Monate des Arbeitsverhältnisses». Nachdem die Einschränkung «vor der Konkurseröffnung» gestrichen wurde, lässt sich die Praxis, Insolvenzentschädigung nur für die Periode vor der Konkurseröffnung zuzusprechen, nicht mehr halten. Art. 52 AVIG spricht von den letzten sechs Monaten des Arbeitsverhältnisses und wenn dieses über die Konkurseröffnung hinaus andauert, sind auch die nach der Konkurseröffnung entstandenen Löhne zu decken. Die gegenteilige, auf den systematischen Zusammenhang von Art. 52 zu Art. 51 AVIG gestützte Argumentation des Bundesgerichts im erwähnten obiter dictum vermag nicht zu überzeugen. Weder stützen die Materialien die Annahme, dass eine Ausdehnung des Versicherungsschutzes auf die Zeit nach der Konkurseröffnung hätte ausgeschlossen werden sollen, noch spricht eine an Art. 1 AVIG orientierte, teleologische Auslegung für die Praxis des Bundesgerichts. Schliesslich lässt sich die höchstrichterliche Argumentation jedenfalls nicht auf die Situation anwenden, in der ein Pfändungsbegehren gestellt wird, sieht doch Art. 51 Abs. 1 Bst. c AVIG keine Art. 51 Abs. 1 Bst. a AVIG analoge Formulierung vor; dies würde aber zu einer nicht zu rechtfertigenden Besserstellung der Versicherten führen, die für einen nicht konkursfähigen Arbeitgeber arbeiten.[143]

Die Insolvenzentschädigung ist daher auch für Lohnforderungen auszurichten, die *nach* der Konkurseröffnung oder der Stellung des Pfändungsbegehrens entstanden sind. Dies bedeutet jedoch nicht, dass die Versicherten im Vertrauen auf die Versicherungsdeckung ihre Hände in den Schoss legen können. Vielmehr haben sie in Erfüllung ihrer Schadenminderungspflicht in dem Moment sich zur Arbeitsvermittlung anzumelden oder eine neue Stelle anzutreten, in dem mit grosser Wahrscheinlichkeit anzunehmen ist, dass sie ihre Arbeit infolge des Konkurses nicht mehr aufnehmen können.[144] Je nach betrieblicher Situation und Auskünften des Konkursamtes wird dies in den meisten Fällen schon vor dem Entscheid der ersten Gläubigerversammlung der Fall sein. Die Annahme einer neuen Stelle oder die

---

[143] Diese Ausführungen stützen sich auf ein unveröffentlichtes Gutachten von Prof. Thomas Geiser vom 13. September 1996.

[144] Die Stellensuche muss unter arbeitslosenrechtlichen Gesichtspunkten bereits früher aufgenommen werden, nämlich bereits dann, wenn ernste Anzeichen für den Stellenverlust auftreten, was mit dem Konkurseintritt immer der Fall sein wird.

Anmeldung beim Arbeitsamt wird in der Regel durch eine fristlose Kündigung nach Art. 337 oder 337a OR vorzubereiten sein.[145]

Die Insolvenzentschädigung deckt während längstens den letzten sechs Monaten des Arbeitsverhältnisses 100% des massgebenden Lohnes im Sinne der AHV-Gesetzgebung, maximal allerdings den Höchstbetrag gemäss Art. 3 Abs. 1 AVIG.[146] Von den Taggeldern werden die Arbeitnehmeranteile der Sozialversicherungsbeiträge abgezogen; der Arbeitgeberanteil wird von der Kasse übernommen.[147] Nicht gedeckt werden von der Insolvenzentschädigung Schadenersatz- und Entschädigungsansprüche wegen fristloser oder missbräuchlicher Entlassung oder Auflösung des Arbeitsverhältnisses zur Unzeit.[148] Überhaupt keinen Anspruch auf Insolvenzentschädigung haben Angestellte, welche die Entscheidungen des Arbeitgebers kraft ihrer Eigentümerstellung oder ihrer Führungsposition massgeblich beeinflussen können sowie deren Ehegatten.[149] Der Anspruch auf Insolvenzentschädigung ist beschränkt abtretbar.[150]

11.62

Der Anspruch auf Insolvenzentschädigung muss von den Versicherten innert der *Verwirkungsfrist* von 60 Tagen ab Veröffentlichung des Konkurses oder ab dem Pfändungsvollzug geltend gemacht werden.[151] Mit der Ausrichtung der Insolvenzentschädigung gehen die Ansprüche der Versicherten im entsprechenden Umfang samt dem Konkursprivileg auf die Kasse über (Art. 54 AVIG).[152] Die Versicherten haben vorgängig alles zu unternehmen, um ihre Ansprüche gegenüber dem Arbeit-

---

145 Allerdings gelten Versicherte bereits mit der tatsächlichen und nicht erst mit der rechtlichen Beendigung des Arbeitsverhältnisses als arbeitslos und können die Anspruchsvoraussetzungen für den Bezug von Arbeitslosentaggeldern erfüllen, vgl. oben, Rz. 11.11. Der Konkurs des Arbeitgebers allein berechtigt die Angestellten noch nicht zu einer fristlosen Kündigung nach Art. 337 OR. In besonderen Fällen, so namentlich bei erheblichen Lohnrückständen, wird man dieses Recht aber zugestehen müssen (so STAEHELIN, Zürcher Kommentar, Bd. V/2/c, Zürich 1996, N 27 zu Art. 337 OR). Andernfalls muss nach Art. 337a OR vorgegangen werden. Vgl. zu dieser Thematik weiterführend BÉATRICE GROB-ANDERMACHER, Die Rechtslage des Arbeitnehmers bei Zahlungsunfähigkeit und Konkurs des Arbeitgebers, Diss. Zürich 1992.
146 Art. 52 Abs. 1 AVIG. Der Höchstbetrag beträgt zur Zeit (1997) Fr. 8 100.– pro Monat. Zum für die Insolvenzentschädigung massgebenden Lohn vgl. BGE 112 V 55 E. 2b und c.
147 Vgl. für die Details Art. 52 Abs. 2 AVIG und Art. 76 AVIV.
148 BGE 121 V 377, 110 V 30. Gedeckt ist aber derjenige Entschädigungsanspruch, der während eines Annahmeverzugs des Arbeitgebers erworben wird, denn bei den Ansprüchen nach Art. 324 OR handelt es sich um «Lohnforderungen» im Sinne von Art. 52 Abs. 1 AVIG.
149 Art. 51 Abs. 1 AVIG. Für Verwaltungsratsmitglieder s. BGE 112 V 55 E. 3.
150 ARV 1995, 127.
151 Art. 53 AVIG, für die zu erfüllenden Formalien vgl. Art. 77 AVIV. Zuständig ist die öffentliche Kasse am Ort des für den Arbeitgeber zuständigen Betreibungs- oder Konkursamtes. Zum Fristbeginn bei Einstellung des Konkursverfahrens s. BGE 114 V 354, zum Anspruch auf eine Nachfrist bei fehlenden Unterlagen ARV 1995, 122, zur Fristwiederherstellung ARV 1996/97, 69.
152 Zum Verhältnis der Arbeitnehmerklage zur parallel erhobenen Kollokationsklage der Kasse BGE 120 II 365.

geber zu wahren, dies insbesondere auch durch Eingabe im Konkurs (Art. 55 AVIG).[153]

VIII. Verfahren und Rechtsschutz

11.63 Die Versicherten eröffnen das Verfahren durch persönliche Meldung zur Arbeitsvermittlung auf dem Arbeitsamt ihres Wohnortes.[154] Anschliessend gelten die normalen Regeln des nichtstreitigen Verwaltungsverfahrens in der Sozialversicherung.[155] Dies bedeutet u.a., dass Offizialmaxime herrscht, wobei die Versicherten ihren Mitwirkungspflichten und weiteren Obliegenheiten selbstverständlich nachzukommen haben.[156] Im Arbeitslosenrecht genügt wie allgemein im Sozialversicherungsrecht grundsätzlich der Beweisgrad der überwiegenden Wahrscheinlichkeit.[157] Den Versicherten steht selbstverständlich umfassendes rechtliches Gehör zu, dessen Verletzung allerdings durch Anhörung vor einer mit voller Kognition ausgestatteten Oberinstanz geheilt werden kann.[158] Entscheide, welche in die Rechtsstellung der Versicherten eingreifen können, sind in die Form einer beschwerdefähigen, mit einer Rechtsmittelbelehrung versehenen Verfügung zu kleiden.[159] Im übrigen richtet sich das Verwaltungsverfahren nach kantonalem

---

[153] Der Anspruch auf Insolvenzentschädigung darf allerdings nicht von der Anfechtung des Kollokationsplanes durch den Versicherten abhängig gemacht werden (BGE 123 V 75). Immerhin hat dieser einen Kollokationsprozess auf der Passivseite bis zum allfälligen Eintritt der Kasse zu führen (ZR 96 [1997] Nr. 37).

[154] Art. 10 Abs. 3 und Art. 17 AVIG, wobei die in Art. 20 AVIV erwähnten Unterlagen einzureichen sind. Vgl. dazu auch oben, Rz. 11.28.
Das Verfahren auf Ausrichtung einer Insolvenzentschädigung wird ebenfalls durch das Gesuch der Versicherten ausgelöst, vgl. dazu oben, Rz. 11.62.

[155] Vgl. dazu die Beiträge im von RENÉ SCHAFFHAUSER und FRANK SCHLAURI herausgegebenen Werk Verfahrensfragen in der Sozialversicherung, St. Gallen 1996, und darin namentlich den Beitrag «Grundstrukturen des nichtstreitigen Verwaltungsverfahrens in der Sozialversicherung» von FRANK SCHLAURI.

[156] ARV 1992, 111.

[157] Vgl. ARV 1986, 20 E. II.1c bezüglich einer Einstellung in der Bezugsberechtigung, ARV 1996/97, 79 zu den Anforderungen an die Beweisführung.

[158] Im Leistungsbereich also sogar noch vor dem Eidgenössischen Versicherungsgericht (Art. 132 OG), BGE 103 V 131 E. 1, bestätigt in ARV 1979, 59. Vgl. zum rechtlichen Gehör auch den instruktiven Fall in ARV 1993/94, 181 sowie grundlegend ULRICH ZIMMERLI, Zum rechtlichen Gehör im sozialversicherungsrechtlichen Verfahren, in: Sozialversicherungsrecht im Wandel, Festschrift 75 Jahre EVG, Bern 1992, 313 ff.

[159] Art. 103 Abs. 2 AVIG. Der anwendbare Verfügungsbegriff ist derjenige von Art. 5 VwVG. Als Verfügung sind etwa zu erlassen der Entscheid über Ausrichtung und Höhe des Taggeldes oder über die Festsetzung von Einstelltagen.

§ 11 Arbeitslosenversicherung

Recht,[160] für das Verwaltungsverfahren vor Bundesbehörden nach dem eidgenössischen Verwaltungsverfahrensgesetz.

Verfügungen sind mit Beschwerde anfechtbar.[161] Beschwerdeinstanzen für Verfügungen der Gemeindearbeitsämter sind die kantonale Amtsstelle (meist also das «KIGA»), für Verfügungen dieser kantonalen Amtsstellen, der Kassen und der regionalen Arbeitsvermittlungszentren ein kantonales Gericht oder eine verwaltungsunabhängige Rekurskommission.[162] Rechtsverweigerungs- oder Rechtsverzögerungsbeschwerden gegen die Arbeitslosenkassen oder kantonale Durchführungsstellen sind an das BIGA zu richten.[163] Entscheide des BIGA und Verfügungen der Ausgleichsstelle können an die Rekurskommission des EVD, deren Entscheide wiederum an das Eidgenössische Versicherungsgericht weitergezogen werden. Letzteres ist auch zuständig zur Behandlung von Beschwerden gegen Entscheide der letzten kantonalen Gerichts- oder Rekursinstanzen. Die Beschwerdefrist beträgt 30 Tage, bei Beschwerden gegen Verfügungen der Gemeindearbeitsämter 10 Tage.[164] Das kantonale Beschwerdeverfahren «soll einfach, rasch und ausser bei mutwilliger Beschwerdeführung kostenlos sein».[165] Auch im Beschwerdeverfahren gilt die Offizialmaxime (Art. 103 Abs. 4 Satz 2 AVIG). Im übrigen richtet sich das Beschwerdeverfahren nach kantonalem Recht, dasjenige vor dem Versicherungsgericht nach Art. 122 ff. des Bundesgesetzes über die Organisation der Bundesrechtspflege.[166]

11.64

---

160 Vgl. immerhin Art. 1 Abs. 3 VwVG, der für Eröffnung von weiterziehbaren Entscheiden letzter kantonaler Instanzen sowie den Entzug der aufschiebenden Wirkung ins kantonale Recht eingreift.
161 Art. 100 AVIG. Zur Beschwerdelegitimation vgl. Art. 102 AVIG.
162 Art. 101 AVIG. Viele Kantone haben spezialisierte Sozialversicherungsgerichte eingerichtet.
163 BGE 114 V 358.
164 Art. 103 Abs. 3 AVIG und Art. 132 i.V.m. Art. 106 OG. Ebenfalls nur 10 Tage beträgt die Beschwerdefrist bei der Anfechtung von Zwischenverfügungen beim Eidgenössischen Versicherungsgericht.
165 Art. 103 Abs. 4 AVIG. Die Formulierung zeigt, dass der Gesetzgeber selbst nicht so ganz an das rasche Verfahren glaubte; die Verfahrensdauern vor den Gerichtsinstanzen sind denn auch wegen deren Überlastung bzw. personalmässiger Unterdotierung viel zu lang. Letzteres gilt leider auch für die Kassen und die regionalen Arbeitsvermittlungszentren, welche ihrem Beratungsauftrag in den meisten Kantonen kaum nachkommen können.
166 Zum Anspruch auf Öffentlichkeit des Verfahrens nach Art. 6 EMRK und dem dazu erforderlichen Parteiantrag vgl. BGE 122 V 47 E. 2e und 3a, 120 V 1 E. 3 und 119 V 375 E. 4b/dd.

IX. Checklisten

1. Arbeitslosenentschädigung

a) Beendigung des Arbeitsverhältnisses

11.65
- Wer soll kündigen?[167]
- Genügt die Beitragzeit den Anforderungen zum Leistungsbezug?[168] Liegen allenfalls Gründe für eine Beitragsbefreiung vor?[169]
- Werden die Anforderungen an eine nachweisbare Stellensuche bereits während der Kündigungsfrist erfüllt?[170]
- Muss aufgrund der Gründe, die zur Kündigung führen, mit Einstelltagen gerechnet werden?[171]

b) Anspruchsvoraussetzungen

11.66
- Sind alle acht Anspruchsvoraussetzungen des Art. 8 Abs. 1 AVIG erfüllt? Voraussetzungen sind:[172]
  - Ganze oder teilweise Arbeitslosigkeit (Art. 10 AVIG);[173]
  - Anrechenbarer Arbeitsausfall (Art. 11 AVIG, Art. 4 ff. AVIV);[174]
  - Wohnsitz in der Schweiz (Art. 12 AVIG);
  - Obligatorische Schulzeit zurückgelegt;
  - Noch vor dem AHV-Alter stehend, keine Altersrente der AHV beziehend;
  - Beitragszeit erfüllt oder von deren Erfüllung befreit (Art. 13 f. AVIG, Art. 6 und 11 ff. AVIV);[175]
  - Vermittlungsfähigkeit (Art. 15 AVIG, Art. 14 f. und 24 AVIV);[176]
  - Erfüllen der Kontrollvorschriften (Art. 17 AVIG, Art. 18 ff. AVIV).[177]
- Sind im Falle einer vorzeitigen Pensionierung die Anforderungen an die Beitragszeit wirklich erfüllt?[178]

---

167 Oben, Rz. 11.54
168 Oben, Rz. 11.15.
169 Oben, Rz. 11.16.
170 Oben, Rz. 11.55.
171 Oben, Rz. 11.52 ff.
172 Oben, Rz. 11.10 ff.
173 Oben, Rz. 11.11.
174 Oben, Rz. 11.12 ff.
175 Oben, Rz. 11.15 f.
176 Oben, Rz. 11.17 ff.
177 Oben, Rz. 11.23 ff.
178 Oben, Rz. 11.46.

§ 11 Arbeitslosenversicherung

c) *Geltendmachung des Anspruchs*[179]
- Erfolgt die persönliche Anmeldung beim Arbeitsamt der Wohngemeinde möglichst frühzeitig, *spätestens* aber am Tag, von dem an Arbeitslosenentschädigung bezogen werden soll?
- Liegen zur Anmeldung die in Art. 20 Abs. 1 AVIV genannten Unterlagen vor (Wohnsitzbestätigung, evtl. Ausländerausweis; AHV-Versicherungsausweis; Kündigungsschreiben; Arbeitszeugnisse; Ausbildungsbescheinigungen; Nachweis der persönlichen Arbeitsbemühungen)?

11.67

d) *Arbeitslosentaggelder*
- Wie hoch ist der versicherte Verdienst,[180] wie hoch wird demnach unter Anwendung des massgebenden Taggeldsatzes[181] das Taggeld?
- Sind Wartezeiten zu bestehen?[182]
- Wie lange dauert der Anspruch auf allgemeine Taggelder im vorliegenden Fall?[183]
- Wird der Empfehlung, möglichst frühzeitig an arbeitsmarktlichen Massnahmen zur Wiedereingliederung und zum Erwerb besonderer Taggelder teilzunehmen, nachgelebt?[184]
- Besteht die Möglichkeit, eine Zwischenverdiensttätigkeit aufzunehmen und gegebenenfalls Kompensationszahlungen zu erhalten?[185] Werden die Meldepflichten bei Zwischenverdienst erfüllt?[186]
- Hat ein Arbeitgeber die Möglichkeit, durch vorzeitige Pensionierung eine freie Stelle zu schaffen, diese dauerhaft mit einer arbeitslosen Person zu besetzen und damit einen Anspruch auf Unterstützung durch die Arbeitslosenversicherung zu erwerben?[187]
- Kann und will sich die versicherte Person selbständig machen? Wird der Empfehlung, dies mit Unterstützung der Arbeitslosenversicherung zu tun, nachgelebt?[188]

11.68

---

179 Oben, Rz. 11.28.
180 Oben, Rz. 11.30 ff.
181 Oben, Rz. 11.40 f.
182 Oben, Rz. 11.34 ff.
183 Oben, Rz. 11.37 f. Je nach Alter beträgt der Anspruch 150 bis 400 Taggelder, für invalide Versicherte erstreckt er sich bis auf 520 Taggelder.
184 Oben, Rz. 11.39. Anrecht auf vorerst 80 besondere Taggelder hat auch, wer eine vorübergehende Beschäftigung im Sinne von Art. 72 AVIG antreten will, mangels genügenden Angebots aber keinen Platz zugewiesen erhält.
185 Oben, Rz. 11.42 ff.
186 Art. 96 Abs. 2 AVIG.
187 Oben, Rz. 11.47.
188 Oben, Rz. 11.48 ff.

– Wird den Schadenminderungs- und Kontrollpflichten nachgelebt oder besteht – etwa durch ungenügende Arbeitsbemühungen – das Risiko von Einstelltagen?[189]

e) Versicherungssituation

11.69 Wurde der Empfehlung, im Falle von Arbeitslosigkeit die Versicherungssituation zu überprüfen, nachgelebt?[190]

2. Insolvenzentschädigung

11.70 – Anmeldung innert 60 Tagen ab Veröffentlichung des Konkurses oder Pfändungsvollzugs (*Verwirkungsfrist*) durch Einreichen der Unterlagen nach Art. 77 AVIV (Antragsformular; AHV-Versicherungsausweis; Wohnsitz-, gegebenenfalls Ausländerausweis und ausländerrechtliche Bewilligung; weitere Unterlagen, welche die Kasse namentlich zur Überprüfung des Lohnanspruches verlangt).[191]
– Rasches Handeln nach einem Konkurs, da die Deckung von Lohnausständen aus der Zeit nach der Konkurseröffnung umstritten ist.[192]
– Spätestens dann, wenn der Arbeitsplatz mit hoher Wahrscheinlichkeit verloren ist, Anmeldung beim Arbeitsamt zur Arbeitsvermittlung. Abklärung, ob der Anmeldung eine fristlose Kündigung vorauszugehen hat.[192]

---

189 Oben, Rz. 11.52 ff.
190 Oben, Rz. 11.56 ff.
191 Oben, Rz. 11.62.
192 Oben, Rz. 11.61.

§ 12 Alters-, Hinterlassenen- und Invalidenversicherung (AHV/IV)

HANS MÜNCH

Literaturauswahl: KÄSER HANSPETER, Unterstellung und Beitragswesen in der obligatorischen AHV, 2. Aufl., Bern 1996; KIESER UELI, Rechtsprechung des Bundesgerichts zum AHVG, Zürich 1996; MAURER ALFRED, Bundessozialversicherungsrecht, Basel 1993; ders., Schweizerisches Sozialversicherungsrecht, Band I, 2. Aufl., Bern 1983, Band II, 2. Aufl, Bern 1981; BUNDESAMT FÜR SOZIALVERSICHERUNG (Hrsg.), AHI-Praxis (erscheint monatlich und trat 1993 an die Stelle der früheren Zeitschrift für die Ausgleichskassen, ZAK).

I. Problemübersicht

Ein Arbeitsverhältnis endigt. Müssen Arbeitgeber oder Arbeitnehmer bezüglich AHV/IV etwas vorkehren? Die Antwort ist einfach: im Normalfall nein. 12.1

Allerdings setzt der Verlust einer Arbeitsstelle die Gefahr von Beitragslücken, die sich nachteilig auf spätere Renten auswirken können (Rz. 12.9) und deshalb tunlichst zu vermeiden sind (Rz. 12.11 ff.). Bei Wegzug aus der Schweiz können nur Schweizerbürger den Versicherungsschutz integral beibehalten (Rz. 12.19 f.). Schliesslich werfen einzelne Leistungen, die bei Beendigung von Arbeitsverhältnissen anfallen können, Fragen der Beitragspflicht auf (Rz. 12.21 ff.).

II. Grundlagen

1. Allgemeines

Die *grundlegenden Merkmale* des Systems finden sich in Art. 34^{quater} BV vorgezeichnet: eine für die ganze Bevölkerung obligatorische Alters-, Hinterlassenen- und Invalidenversicherung, die unter Mitwirkung der Kantone und unter Beizug der Berufsverbände durchgeführt werden soll. 12.2

Seit 1948 gilt das Bundesgesetz über die *Alters- und Hinterlassenenversicherung* (AHVG)[1]. Das 1960 hinzugekommene Bundesgesetz über die *Invalidenversicherung* (IVG)[2] lehnt sich im Beitrags- und Rentensystem an die AHV an. Beide Versicherungswerke sind seit jeher ein politisches Dauerthema. Der heutige Lei- 12.3

---

1 SR 831.10.
2 SR 831.20.

stungsstandard wurde, sieht man von den Anpassungen an die Lohn- und Preisentwicklung ab, Ende der Siebzigerjahre erreicht. Der insgesamt beachtliche Ausbau der Leistungen zog eine entsprechende Erhöhung der Beiträge nach sich. Anfangs 1997 trat die 10. AHV-Revision[3] in Kraft, welche die angestrebte höhere Gerechtigkeit gegenüber haushaltführenden Ehegatten und Kinder erziehenden Personen mit einem massiven Kompliziertheitsschub erkaufen musste.

12.4 Der Vollzug der Gesetze obliegt, soweit es sich um die Beiträge und die Geldleistungen handelt, in erster Linie den *Ausgleichskassen*, die unter der Aufsicht des Bundesamtes für Sozialversicherung wirken. Jeder Arbeitgeber ist einer Ausgleichskasse angeschlossen (oder müsste es sein). Gehört er einem Berufsverband an, der eine Kasse errichtet hat, so ist es diese, andernfalls die kantonale Ausgleichskasse. Die Eidgenössische Ausgleichskasse ist für das Bundespersonal zuständig und die Schweizerische Ausgleichskasse (mit Sitz in Genf, angelehnt an die Zentrale Ausgleichsstelle) für die Versicherten im Ausland[4].

2. Versicherungs- und Beitragspflicht

a) Versicherungspflicht

12.5 Das Obligatorium von AHV und IV knüpft in erster Linie an den *zivilrechtlichen Wohnsitz* in der Schweiz an (Art. 1 Abs. 1 lit. a und Art. 95a AHVG). Die gesamte Wohnbevölkerung ist, gleichgültig ob erwerbstätig oder nicht, obligatorisch versichert. Für die in der Schweiz Ansässigen berührt deshalb das Ende eines Arbeitsverhältnisses die Unterstellung unter die Versicherung nicht.

Versicherungspflichtig ist aber auch, wer – ohne hier zu wohnen – in der Schweiz eine *Erwerbstätigkeit* ausübt (Art. 1 Abs. 1 lit. b AHVG). Das betrifft insbesondere die Grenzgänger und die ausländischen Saisonniers. Hier endet unter Umständen mit dem Ende eines Arbeitsverhältnisses auch die Versicherungspflicht.

b) Beiträge

12.6 Die Sozialwerke AHV und IV sollen vorab das im Alter, bei Invalidität oder Tod ausfallende *Erwerbseinkommen* ersetzen. Also lag es nahe, die entsprechenden Prämien von den Erwerbseinkommen abzuzweigen[5]. Das schafft eine enge Verbindung zwischen der Versicherung und der Arbeitswelt.

---

3 AS 1996, 2466
4 Die Namen, Adressen und Telefonnummern aller Ausgleichskassen sind auf den beiden letzten Textseiten jedes Telefonbuchs der Telecom PTT greifbar.
5 Vorschläge, weitere Einkommensbestandteile, vorab den Vermögensertrag, als Beitragssubstrat heranzuziehen, blieben schon in einem frühen Stadium der Vorberatungen stecken. Näheres bei PETER BINSWANGER, Geschichte der AHV, Zürich 1986, 34.

AHV und IV sind aber aus Verfassungsauftrag[6] als Versicherungen nicht nur für die Erwerbstätigen, sondern für die gesamte Bevölkerung konzipiert. Wo ein Erwerbseinkommen fehlt, muss eine andere Bemessungsgrundlage für die Beiträge herangezogen werden. Näheres unter Rz. 12.15 ff.

c) Beitragsschuldner

Der Arbeitnehmer braucht sich grundsätzlich um die Ablieferung der Beiträge nicht zu kümmern. Die Ausgleichskasse bezieht sie beim *Arbeitgeber* (Art. 14 Abs. 1 AHVG). Dieser zieht den Beitragsanteil des Arbeitnehmers vom Lohn ab (verzichtet er darauf, so liegt hierin auch wieder eine beitragspflichtige Leistung; Art. 7 lit. p AHVV). Dem Arbeitnehmer werden abgezogene Beiträge selbst dann zugerechnet, wenn sie, etwa wegen Zahlungsunfähigkeit des Arbeitgebers, nicht an die Ausgleichskasse weitergeleitet wurden (Art. 30ter Abs. 2 AHVG).

12.7

d) Individuelle Konten

Die Ausgleichskasse hält die der Beitragspflicht unterliegenden Jahreseinkommen auf individuellen Konten fest (Art. 30ter AHVG)[7]. Grundlage dazu ist für unselbständig Erwerbende die nach Jahresende vom Arbeitgeber abzuliefernde Lohnbescheinigung. Die individuellen Konten liefern im Rentenfall die benötigten Angaben über durchlaufene Beitragszeiten und entrichtete Beiträge (Rz. 12.9). Anders als bei der beruflichen Vorsorge repräsentieren sie jedoch kein Altersguthaben. Da die AHV nach dem Umlageverfahren arbeitet, also die eingesammelten Beiträge laufend in den Rentendienst fliessen lässt, bildet sie keine individuellen Deckungskapitalien. Es gibt also keine persönlichen AHV-Ersparnisse, auf die man, etwa zum Erwerb von Wohneigentum, zurückgreifen könnte[8].

12.8

3. Einfluss der Beiträge auf die Leistungen

Die Renten der AHV und IV sind – innert einer bestimmten Bandbreite – beitragsabhängig (Art. 29bis ff. AHVG, Art. 26 Abs. 2 IVG).

12.9

– Das erste für die Rentenberechnung massgebende Element ist die *Beitragsdauer*. Entscheidend ist nicht die Beitragsdauer an sich, sondern das Verhältnis zwischen der tatsächlich durchlaufenen und der nach Jahrgang möglichen Beitragszeit. Je mehr sich die dieses Verhältnis repräsentierende Bruchzahl dem Wert 1 nähert, umso höher ist die zur Anwendung gelangende Teilrentenskala, und wer die Zahl

---

6 Rz. 12.2.
7 Siehe dazu auch Rz. 12.11 ff.
8 Dies im Gegensatz zur Beruflichen Vorsorge: Vgl. oben, Rz. 9.22 ff. und 9.47 ff.

1 erreicht, also über eine vollständige Beitragsdauer verfügt, erhält die Vollrente (Skala 44). Im System steckt noch eine Komplikation, indem Jahre mit höherem Beitragsansatz stärker gewichtet werden als solche mit niedrigerem. – In beschränktem Umfange können fehlende Beitragsjahre aus der Zeit vor 1979 durch Zusatzjahre ersetzt werden und wirken sich dann nicht nachteilig aus.
- Das zweite Berechnungselement ist das *durchschnittliche Jahreseinkommen*. Innerhalb jeder einzelnen Rentenskala gibt es nämlich auch wiederum Abstufungen, und hier entscheidet das durchschnittliche beitragspflichtige Jahreseinkommen darüber, wo sich ein Rentenansprecher plaziert. Der im Laufe der Jahre eingetretenen Geldentwertung wird mit einem in die Berechnung einfliessenden, eintrittsabhängigen Aufwertungsfaktor Rechnung getragen.

Dieses Rentensystem legt es nahe, schon während der Aktivitätszeit die korrekte Leistung der Beiträge im Auge zu behalten und vor allem auf die Vermeidung von Beitragslücken zu achten.

4. AHV/IV und Beendigung von Arbeitsverhältnissen

12.10 Im Gegensatz zur beruflichen Vorsorge, wo es eine Vielzahl von mit den einzelnen Arbeitgebern verbundenen und voneinander unabhängigen Vorsorgeeinrichtungen gibt, sind AHV und IV landesweite Sozialversicherungswerke. Für die in der Schweiz Ansässigen tangiert damit die Beendigung eines Arbeitsverhältnisses die Unterstellung unter die Versicherung nicht. Bei einem Stellenwechsel hat der alte Arbeitgeber gegenüber den AHV-Organen *nichts vorzukehren* (der betreffende Arbeitnehmer fehlt dann einfach auf der Lohnbescheinigung für das Folgejahr); der neue muss den Eintretenden hingegen unter Vorlage von dessen AHV-Ausweis bei der Ausgleichskasse anmelden, damit diese ein individuelles Konto eröffnen kann (sofern sie nicht schon eines führt).

III. Vermeiden von Beitragslücken

12.11 Der Verlust einer Arbeitsstelle birgt die Gefahr in sich, dass Beitragslücken entstehen. Geschuldete Beiträge lassen sich zwar nachzahlen, aber grundsätzlich nur innert einer Frist von fünf Jahren (Art. 16 AHVG). Jeder Versicherte tut gut daran, für eine möglichst vollständige Beitragskarriere zu sorgen. – Neben den eigentlichen Beitragslücken gibt es auch solche, die man als unechte bezeichnen könnte: Die Beiträge wurden zwar entrichtet, sind aber auf dem individuellen Konto nicht festgehalten. Solche Lücken entstehen nicht nur wegen Pflichtverletzungen des Arbeitgebers, der die Beiträge nicht abliefert oder nicht bescheinigt, sondern zuweilen auch wegen Fehlleistungen bei der Ausgleichskasse. Auch dort läuft nicht immer alles rund. In der AHV-Administration beseitigte zwar die heute stark entwickelte elektronische Datenverarbeitung frühere Gefahrenquellen, schuf aber dafür neue.

1. Auszug aus dem individuellen Konto

Das geeignete Kontrollmittel für die bei der AHV registrierten beitragspflichtigen Einkommen und Beitragszeiten ist ein Auszug aus dem individuellen Konto. Man verlangt ihn von der Ausgleichskasse schriftlich unter Angabe seiner AHV-Nummer. Er wird kostenlos geliefert, es sei denn, seit dem letzten wären weniger als vier Jahre verstrichen (Art. 141 Abs. 1 AHVV). Gegen eine geringfügige Gebühr kann man sogar eine kontoführende Ausgleichskasse beauftragen, bei den andern involvierten Kassen Kontoauszüge zusammenzurufen (Art. 141 Abs. 1bis AHVV).

12.12

Wer die Richtigkeit seines individuellen Kontos nicht anerkennt, kann innert 30 Tagen seit Zustellung des Auszuges bei der Ausgleichskasse Einspruch erheben (Art. 141 Abs. 2 AHVV). Die Kasse entscheidet darüber in Form einer rekursfähigen Verfügung. Wird kein Auszug verlangt, kein Einspruch erhoben oder ein erhobener Einspruch abgewiesen, so kann später die Berichtigung von Eintragungen im individuellen Konto nur verlangt werden, soweit deren Unrichtigkeit offenkundig ist oder dafür der volle Beweis erbracht wird (Art. 141 Abs. 3 AHVV). Diese Beweisregelung schliesst immerhin den Untersuchungsgrundsatz nicht aus; der volle Beweis ist nach den üblichen Beweisführungs- und Beweislastgrundsätzen der im Sozialversicherungsrecht geltenden Untersuchungsmaxime zu leisten, wobei der Mitwirkungspflicht des Betroffenen erhöhtes Gewicht zukommt[9]. Die allfällige Kontobereinigung erstreckt sich auf die gesamte Beitragsdauer des Versicherten, betrifft also auch jene Beitragsjahre, für welche gemäss Art. 16 Abs. 1 AHVG jede Nachzahlung von Beiträgen ausgeschlossen ist[10]. – Im übrigen entspricht die Beweiskraft der individuellen Konten derjenigen eines öffentlichen Registers (Art. 9 ZGB)[11].

12.13

2. Aufnahme einer selbständigen Erwerbstätigkeit

Nicht selten bildet das Ende eines Arbeitsverhältnisses Anlass, sich selbständig zu machen. *Selbständigerwerbende* rechnen ihre Beiträge an die AHV/IV (sowie EO) direkt mit der für sie zuständigen Ausgleichskasse ab. Für die Kassenzugehörigkeit gelten die gleichen Regeln wie für Arbeitgeber (Rz. 12.4). Wer von keiner Aus-

12.14

---

9 BGE 117 V 261 ff.
10 BGE 117 V 263.
11 ZAK 1969, 73.

gleichskasse erfasst wird, muss selber aktiv werden und sich bei der kantonalen Ausgleichskasse melden (Art. 64 Abs. 5 AHVG).

3. Aufgabe der Erwerbstätigkeit

12.15 Ein vor dem Rentenalter ausscheidender Arbeitnehmer, der weder eine neue Stelle antritt noch eine selbständige Erwerbstätigkeit aufnimmt und auch kein beitragspflichtiges Ersatzeinkommen[12] bezieht, wechselt beitragsrechtlich in den Status eines *Nichterwerbstätigen*. Die Nichterwerbstätigen werden nach Massgabe ihres Vermögens zu Beiträgen herangezogen (Art. 10 AHVG und Art. 28 ff. AHVV). Renteneinkommen wird mit Faktor 20 kapitalisiert und zum Vermögen hinzugerechnet.

12.16 Bis Ende 1996 waren nichterwerbstätige verheiratete oder verwitwete *Frauen* von der Beitragspflicht befreit (Art. 3 Abs. 2 lit. b AHVG in der bis Ende 1996 geltenden Fassung). Die 10. AHV-Revision beseitigte dieses geschlechtsspezifische Privileg, führte dafür aber ein geschlechtsneutrales ein: Die Beiträge verheirateter nichterwerbstätiger Personen gelten als bezahlt, wenn der Ehegatte aus Erwerbstätigkeit (gegebenenfalls zusammen mit dem Arbeitgeber) wenigstens den doppelten Mindestbeitrag bezahlt (Art. 3 Abs. 3 AHVG). Für AHV, IV und EO zusammen beträgt der Mindestbeitrag zurzeit (1997) Fr. 390.– pro Jahr[13].

12.17 Die Qualifikation als Erwerbs- oder Nichterwerbstätiger bezieht sich immer auf ein ganzes *Kalenderjahr*; der Status kann also immer nur am Beginn eines Jahres wechseln. Auch eine nicht dauernde oder nicht volle Erwerbstätigkeit verleiht dann die Qualifikation «erwerbstätig», wenn aus ihr mindestens die Hälfte der Beiträge anfällt, die man als Nichterwerbstätiger schulden würde (Art. 28bis AHVV). Ist diese Voraussetzung nicht erfüllt, so werden immerhin die aus Erwerbstätigkeit geleisteten Beiträge – auf Antrag – an die Nichterwerbstätigen-Beiträge angerechnet. Endigt das Arbeitsverhältnis nicht zu früh in einem Jahr, sind die Voraussetzungen, um für das ganze Jahr als Erwerbstätiger zu gelten, erfahrungsgemäss meistens erfüllt.

---

[12] Rz. 12.18.
[13] Wer diese Angabe zu belegen sucht, gerät unversehens mitten in die Wirrnis des AHV-Rechts. Die soeben zitierte Gesetzesbestimmung lässt erwarten, dass der Mindestbeitrag irgendwo definiert wird. Eine Definition ergibt sich aber nur indirekt aus Art. 10 Abs. 1 AHVG, und der dort stehenden Zahl darf man erst noch keinen Glauben schenken. Sie ist nämlich durch eine Norm auf Verordnungsstufe überholt. Via Art. 10 Abs. 1 und Art. 9bis AHVG gelangt man zur Verordnung 96 über Anpassungen an die Lohn- und Preisentwicklung bei der AHV/IV vom 13. September 1995, SR 831.106, und muss dort die in Art. 2 Abs. 2, Art. 3 und Art. 4 genannten Beträge zusammenzählen. Gute Reise!

4. Ersatzeinkommen

Manchmal tritt nach Beendigung eines Arbeitsverhältnisses an die Stelle des bisherigen Erwerbseinkommens ein Ersatzeinkommen. Die AHV-Beitragspflicht auf solchen Bezügen ist nicht konsequent geregelt, was beim Bestreben auf Vermeidung von Beitragslücken zu beachten ist. Taggelder der Invaliden- und der Arbeitslosenversicherung sowie Entschädigungen der Erwerbsersatzordnung für Dienstleistende in Armee, Zivildienst und Zivilschutz unterliegen der Beitragspflicht (Art. 25ter IVG und Art. 6 Abs. 2 lit. b AHVV, Art. 22a AVIG, Art. 19a EOG), anderes Ersatzeinkommen hingegen nicht, insbesondere nicht die Taggelder aus Unfall- oder Krankenversicherung und die Leistungen aus beruflicher Vorsorge.

12.18

Wer auf Ersatzeinkommen Beiträge entrichtet, gilt AHV-rechtlich als erwerbstätig. Um die Entrichtung der Beiträge kümmern sich die betreffenden Sozialwerke ohne Zutun des Leistungsempfängers.

IV. Wegzug aus der Schweiz

1. Schweizer

Schweizer Bürger, die aus der obligatorischen Versicherung ausscheiden, können die Versicherung freiwillig weiterführen (Art. 2 Abs. 2 AHVG) und damit für eine vollständige Beitragsdauer sorgen[14]. Wie lange noch? Dem angestrebten freien Personenverkehr mit den Staaten der Europäischen Gemeinschaft muss dieses Privileg dereinst wohl geopfert werden.

12.19

2. Ausländer

Ausländer, mit deren Heimatstaat kein Sozialversicherungsabkommen besteht, haben nach dem Wegzug aus der Schweiz keine Anwartschaft auf eine AHV-Rente (Art. 18 Abs. 2 AHVG), können aber dafür die geleisteten Beiträge zurückfordern (Art. 18 Abs. 3 AHVG)[15].

12.20

Wegziehenden Ausländern aus Vertragsstaaten bleiben im Versicherungsfall die Ansprüche gegenüber der AHV gewahrt. Wegen unvollständiger Beitragsdauer wird ihnen allerdings nur eine Teilrente zustehen. Die IV erbringt ausländischen

---

14 Die Ausführungsbestimmungen finden sich in der Verordnung über die freiwillige AHV/IV für Auslandschweizer, SR 831.111.
15 Für die Einzelheiten konsultiere man die Verordung über die Rückvergütung der von Ausländern an die Alters- und Hinterlassenenversicherung bezahlten Beiträge, SR 831.131.12.

Staatsangehörigen Leistungen im Prinzip nur bei Wohnsitz oder gewöhnlichem Aufenthalt in der Schweiz (Art. 6 Abs. 2 IVG), doch enthalten einige Staatsverträge Ausnahmen[16].

V. Beitragsfragen

1. Abgangsentschädigungen, freiwillige Vorsorgeleistungen

12.21 Ein zu Ende gehendes Arbeitsverhältnis löst gelegentlich eine *Abgangsentschädigung*[17] oder eine *freiwillige Vorsorgeleistung* aus. Ein gesetzlicher Anspruch auf eine Abgangsentschädigung im Sinne von Art. 339b OR ist selten geworden, weil das Obligatorium der beruflichen Vorsorge in den meisten Fällen für die Anwendbarkeit der Ausnahmebestimmung von Art. 339d sorgt. Auch die Abgangsentschädigung hat Vorsorgecharakter[18].

12.22 Es stellt sich die Frage der *Beitragspflicht* auf solchen Leistungen. Grundsätzlich gehören zu dem der Beitragspflicht unterliegenden Einkommen aus unselbständiger Erwerbstätigkeit sämtliche Bezüge des Arbeitnehmers, die wirtschaftlich mit dem Arbeitsverhältnis zusammenhängen, gleichgültig, ob dieses Verhältnis fortbesteht oder gelöst worden ist und ob die Leistungen geschuldet werden oder freiwillig erfolgen. Als beitragspflichtiges Einkommen aus unselbständiger Erwerbstätigkeit gilt somit nicht nur unmittelbares Einkommen für geleistete Arbeit, sondern grundsätzlich jede Entschädigung oder Zuwendung, die sonstwie aus dem Arbeitsverhältnis bezogen wird, soweit sie nicht ausdrücklich kraft gesetzlicher Vorschrift von der Beitragspflicht ausgenommen ist[19].

12.23 Art. 5 Abs. 4 AHVG ermächtigt den Bundesrat, unter anderem *Sozialleistungen* vom Einbezug in den für die Beitragspflicht massgebenden Lohn auszunehmen. Darauf gestützte Verordnungsbestimmungen finden sich mit Bezug auf die hier interessierende Frage in Art. 6 Abs. 2 lit. h und k, Art. 6bis und Art. 7 lit. q AHVV[20]. Dahinter verbirgt sich das Bestreben, Vorsorgeleistungen auch über das Minimum der zweiten Säule hinaus zu begünstigen, freilich unter sorgfältiger Ausklammerung von nur als Vorsorgeleistungen getarnten Lohnzahlungen[21]. Die Praxis wendet

---

16 Die AHV-Informationsstelle gibt Merkblätter für die Angehörigen der verschiedenen Vertragsstaaten heraus, die bei den Ausgleichskassen bezogen werden können.
17 Oben, Rz. 1.73 ff.
18 BRÜHWILER, Kommentar zum Einzelarbeitsvertrag, ad Art. 339d, Vorbem.
19 EVG-Entscheid in AHI-Praxis 1994, 262, mit weiteren Hinweisen.
20 Merkwürdigerweise beachten weder REHBINDER, Berner Kommentar, N 9 zu Art. 339c OR, noch BRÜHWILER, N 3c zu Art. 339c OR, bei der (summarischen) Abhandlung der Beitragspflicht auf Abgangsentschädigungen diese Bestimmungen.

auf Abgangsentschädigungen und freiwillige Vorsorgeleistungen in gleicher Weise die liberalere Ausnahmebestimmung von Art. 6bis AHVV an. Danach sind derartige Zuwendungen beitragsfrei, soweit sie sich innerhalb einer im wesentlichen aus letztem Jahresgehalt, Lebensalter und Anzahl Dienstjahren zu ermittelnden Grenze bewegen. Kapitalleistungen sind anhand verbindlicher Tabellen des Bundesamtes für Sozialversicherung in Renten umzurechnen. Die Anwendung der zitierten Verordnungsbestimmung erfordert im Einzelfall eine ganze Reihe von Rechenoperationen. Als Illustration möge das am Schluss dieses Beitrages wiedergegebene Beispiel dienen, dem die seit 1. Januar 1997 geltenden Verwaltungsweisungen des Bundesamtes für Sozialversicherung zugrundeliegen.

Der Klarheit halber sei angefügt, dass bei Beendigung des Arbeitsverhältnisses erbrachte *Leistungen ohne Vorsorgecharakter*, etwa eine Schlussgratifikation[22], voll der Beitragspflicht unterliegen. 12.24

2. Leistungen aus Kündigungsschutz

Entschädigungen wegen *missbräuchlicher Kündigung* (Art. 336a OR) und wegen *ungerechtfertigter fristloser Entlassung* (Art. 337c Abs. 3 OR) gehören nicht zu dem für die Festsetzung der AHV-Beiträge massgebenden Lohn und sind damit beitragsfrei[23]. Solche Leistungen sind nicht Schadenersatz, sondern viel eher Strafe für zugefügtes Unrecht und allenfalls Genugtuung. Damit liegen sie ausserhalb des Begriffs des massgebenden Lohnes im Sinne von Art. 5 Abs. 2 AHVG. 12.25

VI. Verfahren und Rechtsschutz

Über Beschwerden gegen Verfügungen der Ausgleichskassen entscheidet die *kantonale Rekursbehörde* am Wohnsitz oder Sitz des Beschwerdeführers (Art. 84 AHVG und Art. 200 AHVV, Art. 69 IGV). Für Beschwerden aus dem Ausland ist die Eidgenössische Rekurskommission[24] (Art. 85bis AHVG und Art. 200bis AHVV) zuständig, deren Entscheide wie die der kantonalen Rekursbehörden mittels Verwaltungsgerichtsbeschwerde an das *Eidgenössische Versicherungsgericht* weitergezogen werden können (Art. 86 AHVG und Art. 202 AHVV). 12.26

---

21 EVG-Entscheid in AHI-Praxis 1994, 263.
22 Aber auch z.B. eine für den Fall der vorzeitigen Auflösung des Arbeitsvertrages vereinbarte Entschädigung: EVG-Entscheid in AHI-Praxis 1997, 22.
23 Noch nicht publiziertes Urteil des EVG vom 17.4.1997, rezensiert von MARTIN WIRTHLIN in ZBJV 133 (1997), 332 f.
24 Eidg. Rekurskommission der AHV/IV für Personen im Ausland, Route de Chavannes 35, 1007 Lausanne.

Die Kantone regeln das *Verfahren* ihrer Rekurskommissionen, wobei aber die Vorgaben von Art. 85 Abs. 2 AHVG der gesetzgeberischen Phantasie recht enge Grenzen setzen. Für das Verfahren vor dem Eidgenössischen Versicherungsgericht gilt das OG (Art. 132 ff.).

§ 12 AHV/IV

Beispiel zu Rz. 12.23

Ausgleichskasse ...   31.07.97

Abgangsentschädigungen und freiwillige Vorsorgeleistungen
Beitragspflicht nach Art. 6bis der Verordnung über die AHV

Angaben gemäss ...				
Name	...	Vers.-Nr.		444.44.444.441
Arbeitgeber	...			Prüfziffer i.O.
Geb.-Datum	13.11.44	Geschlecht (1 = Mann, 2 = Frau)		1
Eintritt	1.01.89	Alter bei Austritt (aufgerundet)		54
Austritt	30.11.97	Dienstjahre (aufgerundet)		9

Austritt wegen rentenbegründender Invalidität? (0 = nein, 1 = ja)   0
                                                                    nein

Letztes Jahresgehalt   Fr.   120'000

Abgangsentschädigung / freiwillige Vorsorgeleistung:
- Kapitalleistung   Fr.   150'000
- jährliche Rente bis Alter 65   Fr.   -

Reglementarische Leistungen:
- Kapital- / Freizügigkeitsleistung PK, verfügbar ab Alter: 65   Fr.   250'000
- jährliche Rente bis Alter 65   Fr.   -
- jährliche Rente ab Alter 65   Fr.   -

			vor 65	nach 65
Grenze der Beitragsfreiheit nach Art. 6bis AHVV aufgrund des letzten Jahresgehaltes		Fr.	78'000	Fr. 78'000
Erhöhung nach Abs. 2	12 x Fr.	1'990 Fr.	23'880	
Grenze für Beitragsfreiheit somit		Fr.	101'880	Fr. 78'000
Kürzung nach Abs. 3 (5% pro fehlendes Altersjahr bis 60) auf		Fr.	71'316	Fr. 54'600
Kürzung nach Abs. 4 (1/15 pro fehlendes Dienstjahr bis 15) auf		Fr.	42'790	Fr. 32'760

Reglementarische Leistungen nach Art. 6 Abs. 2 Bst. h AHVV
- als Rente   Fr.   -   Fr.   -
- Kapitalleistung   Fr.   250'000
  Jahresbetrag; Faktor gemäss Tabelle BSV: 6.7   Fr.   -   Fr. 37'313

Freiwillige Leistungen nach Art. 6 Abs. 2 Bst. i oder k AHVV
- als Rente   Fr.   -
- Kapitalleistung   Fr.   150'000
  Jahresbetrag; Faktor gemäss Tabelle BSV: 15.3   Fr.   9'803   Fr.   9'803
  Jährlicher Gesamtbetrag   Fr.   9'803   Fr. 47'116
  Beitragsfrei sind (wie oben)   Fr. 42'790   Fr. 32'760
  Beitragspflichtiger Jahresbetrag (höchstens die Leistung nach
  Art. 6 Abs. 2 Bst. i oder k)   Fr.   -   Fr.   9'803

Kapitalisierungsfaktor gemäss Tabelle des BSV   8.6   6.7
                                                                    Fr.   -   Fr. 65'680

Ergebnis:
Von der Abgangsentschädigung / freiwilligen Vorsorgeleistung
unterliegen der Beitragspflicht insgesamt   Fr. 65'680

§ 13 Krankenversicherung

Ueli Kieser

Literaturauswahl: Duc Jean-Louis, Statut des invalides dans l'assurance-maladie d'une indemnité jounalière, in: Schweizerische Zeitschrift für Sozialversicherung und berufliche Vorsorge 1987, 177 ff.; Freivogel Andreas, Das Ende der Leistungspflicht von Krankenkassen nach Erlöschen der Kassenmitgliedschaft, SJZ 81 (1985) 282 ff.; Gnaegi Philippe, Le droit du travailleur au salaire en cas de maladie, Zürich 1996; Leuzinger-Naef Susanne, Vorbestehender Gesundheitszustand und Versicherungsschutz in der Sozialversicherung, Diss. Zürich 1994; Locher Thomas, Grundriss des Sozialversicherungsrechts, Bern 1994; Maurer Alfred, Bundessozialversicherungsrecht, 2. Aufl., Basel/Frankfurt a.M. 1994 (*zitiert:* Maurer, Bundessozialversicherungsrecht); *ders.*, Das neue Krankenversicherungsrecht, Basel/Frankfurt a.M. 1996 (*zitiert:* Maurer, Krankenversicherungsrecht); *ders.*, Schweizerisches Privatversicherungsrecht, 3. Aufl., Bern 1995 (*zitiert:* Maurer, Privatversicherungsrecht); Scartazzini Gustavo, L'assurance perte de gain en cas de maladie dans la jurisprudence du Tribunal fédéral des assurances, in: Journée 1992 de droit du travail et de la sécurité sociale, Zürich 1994, 35 ff.; Spira Raymond, Die Rechtspflege in der neuen Krankenversicherung, Soziale Sicherheit (CHSS) 1995 256 ff.; Zinsli Jörg Mathias, Krankheit im Arbeitsverhältnis, Diss. Zürich 1992.

Praxis: CaseTex: Juristische Datenbank mit Entscheiden aus den Gebieten Haftpflichtrecht, Strassenverkehrsrecht, Privat- und Sozialversicherungsrecht; EVGE: Entscheidungen des Eidgenössischen Versicherungsgerichts, Amtliche Sammlung (bis 1969; nachher als Band V der BGE erschienen); RKUV: Rechtsprechung und Verwaltungspraxis zur Kranken- und Unfallversicherung, Bern (ab 1984; vorher: RSKV); RSKV: Rechtsprechung und Verwaltungspraxis zur Krankenversicherung, Bern (bis 1983; nachher: RKUV); SVR: Sozialversicherungsrecht, Rechtsprechung, Basel.

I. Problemübersicht

In der Krankenversicherung sind *Krankenpflegeversicherung* und *Taggeldversicherung* zu unterscheiden. Stellenwechsel und Entlassung haben grundsätzlich – bei Beibehaltung des Wohnsitzes in der Schweiz – keinen Einfluss auf die *Versicherungsdeckung*, doch ergibt sich ein besonderer Handlungsbedarf, wenn Stellenwechsel und insbesondere Entlassung *nach eingetretenem Risiko* erfolgen. Beachtung erfordert die Möglichkeit des *Übertrittes* in die Einzeltaggeldversicherung, und es sind zudem allfällige *Zusatzversicherungen* zu berücksichtigen. Seitens des Arbeitgebers bestehen verschiedene *Informationspflichten*. 13.1

In *verfahrensrechtlicher Hinsicht* gestalten sich die Verhältnisse danach verschieden, ob eine Streitigkeit aus der sozialen Krankenversicherung, aus einer Zusatzversicherung zur sozialen Krankenversicherung oder aus einer sonstigen Zusatzversicherung vorliegt.

II. Grundlagen

1. Arbeitsverhältnis und Krankenversicherung

13.2 Die soziale Krankenversicherung wird durch das seit 1. Januar 1996 in Kraft stehende Bundesgesetz über die Krankenversicherung (KVG) vom 18. März 1994 (SR 832.10) geregelt. Sie umfasst die obligatorische *Krankenpflegeversicherung* und eine freiwillige *Taggeldversicherung* (Art. 1 Abs. 1 KVG)[1].

Für das Bestehen der *Krankenpflegeversicherung* hat das Arbeitsverhältnis grundsätzlich *keine Bedeutung*, da – unabhängig von einer Erwerbstätigkeit – jede Person mit Wohnsitz in der Schweiz sich für die Krankenpflege zu versichern hat (Art. 3 Abs. 1 KVG). Allerdings ist der Bundesrat befugt, die Versicherungspflicht auszudehnen auf in der Schweiz tätige Personen sowie auf solche, die von einem Arbeitgeber mit Sitz in der Schweiz im Ausland beschäftigt werden (Art. 3 Abs. 3 KVG); der Bundesrat hat in Art. 1 ff. KVV[2] den Kreis der versicherten Personen eingehend umschrieben.

Angesichts dieser Ausgangslage sind die Auswirkungen von Stellenwechsel und Entlassung auf die *Krankenpflegeversicherung* und diejenigen auf die *Taggeldversicherung* auseinanderzuhalten.

2. Krankenpflegeversicherung

a) Umschreibung

13.3 In der *Krankenpflegeversicherung* werden diejenigen Leistungen erbracht, welche für die Erkennung, die fachgerechte Behandlung und Heilung einer Krankheit[3] erforderlich sind[4]. Sie werden im einzelnen umschrieben in Art. 25 Abs. 2 KVG[5], wobei vom Grundsatz ausgegangen wird, dass die zu gewährenden Leistungen wirksam, zweckmässig und wirtschaftlich sein müssen[6].

---

1 Vgl. zu diesen beiden hauptsächlichen Leistungsarten eingehender unten, Rz. 13.3 ff. bzw. 13.5 ff.
2 Verordnung über die Krankenversicherung (KVV) vom 27. Juni 1995 (SR 832.102).
3 Die Umschreibung des Begriffes «Krankheit» erfolgt in Art. 2 Abs. 1 KVG.
4 Vgl. MAURER, Krankenversicherungsrecht, 45.
5 Vgl. für Einzelfragen die Verordnung über Leistungen in der obligatorischen Krankenpflegeversicherung (Krankenpflege-Leistungsverordnung, KLV) vom 29. September 1995 (SR 832.112.31).
6 Vgl. Art. 32 Abs. 1 KVG sowie im einzelnen MAURER, Krankenversicherungsrecht, 51 ff. (wobei anzufügen ist, dass zum – von MAURER erwähnten – Gebot der Effizienz dasjenige der Effektivität zu treten hat).

§ 13 Krankenversicherung

b) Gesetzliche Versicherungspflicht

Versicherungspflichtig sind – ohne Wohnsitz in der Schweiz – diejenigen unselbständig erwerbstätigen Ausländer und Ausländerinnen, deren Aufenthaltsbewilligung weniger als drei Monate gültig ist, wenn sie für die Behandlungen in der Schweiz über keinen gleichwertigen Versicherungsschutz verfügen[7]; es obliegt den Kantonen, diese Personen über die Versicherungspflicht zu informieren[8].

13.4

Ebenfalls ohne Wohnsitz in der Schweiz versicherungspflichtig sind unter bestimmten Voraussetzungen entsandte Arbeitnehmer und Arbeitnehmerinnen[9]. Allerdings ist hier die Weiterdauer der Versicherungspflicht auf zwei bzw. – auf entsprechendes Gesuch hin – sechs Jahre beschränkt[10].

Personen, die nach ausländischem Recht obligatorisch krankenversichert sind, werden unter bestimmten Voraussetzungen von der Versicherungspflicht ausgenommen[11].

Grenzgänger und Grenzgängerinnen werden auf Gesuch hin der schweizerischen Versicherung unterstellt[12].

3. Taggeldversicherung

a) Umschreibung sowie Abgrenzungen

Das Krankenversicherungsgesetz regelt in seinem 3. Titel die *freiwillige Taggeldversicherung*. Diese kann von den Krankenkassen sowie den privaten Versicherungseinrichtungen, welche über die Bewilligung gemäss Art. 13 KVG verfügen, betrieben werden[13] und gehört – soweit sie gemäss Art. 67 ff. KVG durchgeführt wird – zur sozialen Krankenversicherung[14].

13.5

---

7   Vgl. Art. 1 Abs. 2 lit. b KVV.
8   Vgl. Art. 10 Abs. 1 KVV. Diese Personen müssen ab Einreise in die Schweiz versichert sein (vgl. Art. 7 Abs. 2 KVV).
9   Vgl. im einzelnen Art. 4 Abs. 1 KVV.
10 Vgl. Art. 4 Abs. 3 KVV. Die hier festgelegte zeitliche Begrenzung wird in bezug auf die mögliche Verlängerung Fragen aufwerfen (Informationspflicht des Arbeitgebers; Zeitpunkt der Gesuchstellung). Es besteht eine Angleichung an die im AHV-Bereich bestehende Regelung, wo die Unterstellung für Personen, die vorübergehend von einem Arbeitgeber in der Schweiz in einen Staatsvertragsstaat entsandt werden, ebenfalls auf höchstens sechs Jahre verlängert werden kann (Entsendungsklauseln in den jeweiligen Abkommen).
11 Vgl. Art. 2 Abs. 2 KVV. Es handelt sich um eine mit Art. 1 Abs. 2 lit. b AHVG nur beschränkt vergleichbare Regelung; denn dort wird eine «nicht zumutbare Doppelbelastung» verlangt, was im Bereich des Krankenversicherungsrechts nicht der Fall ist. Massgebend ist hier vielmehr das Kriterium des gleichwertigen Versicherungsschutzes. Zur Zuständigkeit vgl. Art. 10 Abs. 2 KVV.
12 Vgl. Art. 3 Abs. 1 KVV. Das Gesuch muss innert sechs Monaten nach Beginn der Gültigkeit der Grenzgängerbewilligung gestellt werden (vgl. Art. 7 Abs. 4 KVV).
13 Vgl. Art. 11 KVG.
14 Dies ergibt sich aus Art. 1 Abs. 1 KVG.

Ueli Kieser

Taggelder bezwecken, den krankheitsbedingten Lohnausfall sowie entstehende Kosten zu decken[15]. Insoweit werden Taggeldversicherungen sehr häufig von Arbeitgebern abgeschlossen, um die Lohnfortzahlungspflicht gemäss Art. 324a Abs. 1 OR abzugelten[16].

Abzugrenzen sind die Taggelder der sozialen Krankenversicherung – ausser gegenüber den sogleich darzustellenden Taggeldversicherungen gemäss VVG – insbesondere gegenüber denjenigen der Invalidenversicherung[17] sowie der Unfallversicherung[18].

13.6 Taggeldversicherungen gemäss Art. 67 ff. KVG können sowohl als Einzel- wie auch als Kollektivversicherung abgeschlossen werden (Art. 67 Abs. 3 KVG)[19]. Es besteht ein *Anspruch* der einzelnen versicherten Person darauf, in die Taggeldversicherung aufgenommen zu werden (Art. 68 Abs. 1 KVG)[20], doch können Krankheiten, die bei der Aufnahme bestehen, durch einen Vorbehalt ausgeschlossen werden (Art. 69 Abs. 1 KVG). Für gleiche versicherte Leistungen sind die gleichen Prämien zu erheben, und eine Abstufung darf nur nach dem Eintrittsalter und nach Regionen erfolgen (Art. 76 Abs. 1 und Abs. 3 KVG); in der Kollektivversicherung dürfen von der Einzelversicherung abweichende Prämien vorgesehen werden (Art. 77 KVG). Die versicherte Person darf für die freiwillige Taggeldversicherung einen anderen Versicherungsträger wählen als für die obligatorische Krankenpflegeversicherung (Art. 67 Abs. 2 KVG).

b) Soziale und private Taggeldversicherung

13.7 Taggeldversicherungen werden ebenfalls von Privatversicherungen, welche nicht Inhaberinnen der vorerwähnten Bewilligung sind, angeboten. Diese Versicherungen unterstehen der Regelung von Art. 67 KVG nicht; für sie ist das Versicherungsvertragsgesetz anwendbar[21]. Angesichts der überaus grossen Bedeutung entsprechender Taggeldversicherungen werden die wesentlichen Fragen, die sich in diesem Bereich stellen, nachfolgend ebenfalls kurz gestreift[22].

---

15 Vgl. BGE 114 V 285 sowie MAURER, Bundessozialversicherungsrecht, 286.
16 Eine entsprechende Verpflichtung kann sich auch aus Gesamtarbeitsverträgen ergeben.
17 Vgl. dazu Art. 22 ff. IVG.
18 Vgl. dazu unten, Rz. 14.35.
19 Die Aufzählung der möglichen Versicherungsnehmer der Kollektivversicherung in Art. 67 Abs. 3 KVG wird als abschliessend bezeichnet (vgl. MAURER, Krankenversicherungsrecht, 109), was indessen bezüglich der Kollektivversicherungen von Nichterwerbstätigen wohl anders zu beantworten ist.
20 Nach BBl 1992 I 140 f. ist es dieses Element, welches diese Taggeldversicherung zu einer «sozialen» Versicherung macht.
21 Bundesgesetz über den Versicherungsvertrag vom 2. April 1908 (SR 221.229.1). Beizufügen ist, dass auch Krankenkassen Taggeldversicherungen nach VVG anbieten. Vgl. näheres bei MAURER, Privatversicherungsrecht, 496.

§ 13 Krankenversicherung

Auch im Bereich der Taggeldversicherung nach VVG sind Einzel- und Kollektivversicherungen möglich. Vorbehalte können grundsätzlich unbeschränkt angebracht werden, und in der Prämienausgestaltung besteht weitgehende Freiheit. Ein Anspruch darauf, eine solche Taggeldversicherung abzuschliessen, ist nicht gegeben.

c) Bedeutung einer vertraglichen Versicherungspflicht

Eine Versicherungs*pflicht* besteht aufgrund des Gesetzes nicht[23]; hingegen kann sich eine Verpflichtung des Arbeitgebers, für die Arbeitnehmer eine entsprechende Versicherung abzuschliessen, aus einem Einzel- oder einem Gesamtarbeitsvertrag ergeben.

13.8

Wenn für den Arbeitgeber die Pflicht besteht, eine Lohnfortzahlung während – beispielsweise – 720 Tagen über eine Taggeldversicherung sicherzustellen, die abgeschlossene Versicherungspolice dann jedoch bestimmte weitergehende zeitliche Einschränkungen enthält (z.B. maximal 100 Taggelder nach Beendigung des Arbeitsverhältnisses), hat der Arbeitgeber die deswegen nicht entrichteten Taggelder zu übernehmen[24].

III. Aufrechterhaltung des Versicherungsschutzes

1. Krankenpflegeversicherung

a) Grundsatz: Automatische Weiterversicherung

Soweit die Versicherungsunterstellung wegen des Wohnsitzes in der Schweiz erfolgte, haben der Stellenwechsel und die Entlassung grundsätzlich *keinen Einfluss* auf die Krankenpflegeversicherung. Nicht von Bedeutung ist auch etwa, dass der Arbeitgeber vertraglich verpflichtet war, die Prämien für die Arbeitnehmenden zu übernehmen[25]. Muss wegen eines Stellenwechsels oder wegen Verlegung des Wohnsitzes innerhalb der Schweiz der Versicherer gewechselt werden[26], endet das

13.9

---

22 Von Bedeutung sind insbesondere das Ende der Leistungspflicht sowie die Möglichkeit, von einer Kollektivversicherung in die Einzelversicherung überzutreten.
23 Vgl. den mit «Freiwillige Taggeldversicherung» bezeichneten 3. Titel des KVG.
24 Vgl. so ein Urteil des Bundesgerichts vom 11. September 1995 in Sachen J. (veröffentlicht in: Jahrbuch des schweizerischen Arbeitsrechts 1996, 155 ff.).
25 Vgl. zu den Folgen des Zahlungsverzuges der versicherten Person die eingehende Regelung in Art. 9 KVV.
26 Dies kann sich etwa deshalb ergeben, weil die versicherte Person den örtlichen Tätigkeitsbereich der Krankenkasse verlässt (vgl. dazu Art. 4 Abs. 2 KVG).

Versicherungsverhältnis im Zeitpunkt des Stellenantritts beim neuen Arbeitgeber oder in demjenigen der Verlegung des Wohnortes (Art. 7 Abs. 3 KVG).

b) Sonderfälle

aa) Verlegung des Wohnsitzes ins Ausland (insbesondere auf fremdenpolizeiliche Anordnung hin)

13.10 Wenn die Entlassung fremdenpolizeirechtliche Folgen nach sich zieht und deshalb der Wohnsitz in der Schweiz nicht beibehalten werden kann oder wenn der schweizerische Wohnsitz freiwillig aufgegeben wird, *verliert* die betreffende Person grundsätzlich den Versicherungsschutz; eine Weiterführung desselben ist im Bereich der Krankenpflegeversicherung nur in einem engen Rahmen möglich[27]. Gerade ältere Arbeitnehmerinnen und Arbeitnehmer werden einen adäquaten Versicherungsschutz nur schwer aufbauen können[28]. Zwar kann eine entsprechende Versicherungsdeckung über Privatversicherungen erfolgen; da jedoch angesichts des in der Krankenpflegeversicherung bestehenden Obligatoriums eine nur geringe Nachfrage nach entsprechenden Versicherungen besteht, werden solche Deckungen nur gegen hohe Prämien erhältlich sein.

bb) Entsandte Arbeitnehmer und Arbeitnehmerinnen

13.11 Wenn solche Personen die im Ausland ausgeübte Tätigkeit aufgeben bzw. verlieren, sind sie der schweizerischen Krankenversicherung *nicht mehr unterstellt*. Ob das Ende des Arbeitsverhältnisses oder dasjenige des Lohnanspruches massgebend ist, regelt die Verordnung nicht[29]. Diese Personen sind erst wieder von der Versicherung erfasst, wenn sie Wohnsitz in der Schweiz genommen haben[30].

---

27 Vgl. Art. 34 Abs. 1 KVG; unter dem früheren Recht war es den Kassen möglich, solche Weiterführungen in ihren Statuten vorzusehen. Art. 132 Abs. 1 KVV sieht die Möglichkeit vor, bestehende Versicherungsverhältnisse bis 31. Dezember 1996 weiterzuführen; gemäss Art. 132 Abs. 3 KVV (in Kraft seit 1. Januar 1997) steht es den Kassen zudem frei, bestehende Versicherungsverhältnisse im Rahmen des VVG auch über den letztgenannten Zeitpunkt hinaus weiterzuführen.
28 Vgl. dazu auch die Hinweise bei MAURER, Krankenversicherungsrecht, 43 Fn. 103.
29 In analoger Anwendung von Art. 3 Abs. 2 des Bundesgesetzes über die Unfallversicherung (UVG) vom 20. März 1981 (SR 832.20) (vgl. dazu im einzelnen unten, Rz. 14.9. ff.) müsste auf das Ende des Lohnanspruchs abgestellt werden; demgegenüber lässt die analoge Anwendung von Art. 7 Abs. 4 KVV (betr. Aufgabe der Erwerbstätigkeit von Grenzgängern und Grenzgängerinnen) eher auf die Massgeblichkeit des Zeitpunktes des Endes des Arbeitsverhältnisses schliessen.
30 Vgl. für Einzelheiten Art. 7 Abs. 1 KVV.

cc) Grenzgänger und Grenzgängerinnen

Die Aufgabe der Erwerbstätigkeit in der Schweiz bewirkt das *Ende der Versicherung*[31]. Es besteht grundsätzlich keine Möglichkeit, die Versicherung in der Schweiz weiterzuführen[32].

13.12

2. Taggeldversicherung gemäss Art. 67 ff. KVG

a) Weiterführung einer Einzelversicherung

Stellenwechsel und Entlassung haben grundsätzlich keinen Einfluss auf die durch die *Einzelversicherung* gewährte Versicherungsdeckung. Hingegen endet die Versicherung, wenn die versicherte Person ihren Wohnsitz in der Schweiz oder – bei ausländischem Wohnsitz – ihre Erwerbstätigkeit in der Schweiz aufgibt[33].

13.13

b) Übertritt von einer Kollektiv- in eine Einzelversicherung

Sofern eine *Kollektivversicherung* besteht, bewirken der Stellenwechsel und die Entlassung grundsätzlich das Ausscheiden aus dem Kreis der versicherten Personen und damit aus der Kollektivversicherung[34]. In solchen Fällen besteht ein Recht, in die Einzelversicherung überzutreten (Art. 71 Abs. 1 KVG). Nach der Praxis vermögen sich auch Grenzgänger und Saisonniers bezüglich der Krankentaggeldversicherung auf das Übertrittsrecht zu berufen[35].

13.14

Die Möglichkeit des Übertritts ist deshalb bedeutsam, weil dabei *keine neuen Versicherungsvorbehalte* angebracht werden können[36]; nur im Falle einer Höherversicherung kann für die in Aussicht genommene Deckungsdifferenz ein Vorbehalt aufgenommen werden[37]. Der versicherten Person steht grundsätzlich das Recht zu, in der Einzelversicherung im bisherigen Umfang weiter versichert zu werden; dies gilt insbesondere für den Fall, dass sie nur deshalb nicht erwerbstätig war, weil sie arbeitsunfähig war, und nicht deshalb, weil sie beabsichtigt hätte, aus dem Erwerbsleben auszuscheiden[38]. Die Prämien bemessen sich nach dem Tarif für die

---

31 Vgl. Art. 7 Abs. 4 KVV.
32 Vgl. aber immerhin die in Art. 7a KVV eingeräumte Möglichkeit.
33 Vgl. den Wortlaut von Art. 67 Abs. 1 KVG.
34 Eine Ausnahme besteht etwa dann, wenn beim Stellenwechsel der neue Arbeitgeber Versicherungsnehmer derselben Kollektivversicherung ist.
35 Vgl. RKUV 1996, 109. Beim Eintritt des versicherten Risikos sind Taggeldleistungen jedenfalls so lange zu erbringen, als sich die versicherte Person in der Schweiz aufhält und krankheitshalber arbeitsunfähig ist.
36 Vgl. LEUZINGER-NAEF, 168 f. – Zur Möglichkeit, solche Vorbehalte bei einer Neuversicherung anzubringen, vgl. Art. 69 KVG.
37 Vgl. dazu Art. 69 Abs. 4 KVG; zur Beschränkung des Vorbehalts auf die Differenz vgl. MAURER, Krankenversicherungsrecht, 111.
38 Vgl. RSKV 1974, 139.

Einzelversicherung, welcher von demjenigen der Kollektivversicherung – durchwegs nach oben – abweichen kann (Art. 77 KVG).

13.15 Der Krankenversicherer hat dafür zu sorgen, dass die versicherte Person[39] schriftlich über ihr Recht des Übertritts *aufgeklärt* wird (Art. 71 Abs. 2 KVG). Dabei muss er darauf hinweisen, dass bei einem Übertritt keine neuen Vorbehalte möglich sind[40]. Keine ausreichende Aufklärung stellt es dar, wenn beim Beitritt zum Kollektivversicherungsvertrag eine mündliche Erklärung erfolgt, wonach gemäss den massgebenden Bedingungen im Zeitpunkt des Ausscheidens aus dieser Versicherung ein Übertritt in die Einzelversicherung erfolgen könne[41]. Wenn – was grundsätzlich zulässig ist – die Informationspflicht dem Arbeitgeber übertragen wird, bleibt die Kasse für deren Erfüllung verantwortlich[42]. Die Aufklärung hat auch dann zu erfolgen, wenn im Zeitpunkt des Austrittes aus der Kollektivversicherung ein Übertritt in die Einzelversicherung nicht aktuell erscheint[43].

Erfolgt die Information zum Übertrittsrecht nicht, bleibt die versicherte Person in der Kollektivversicherung[44], ausser wenn dies dem Grundsatz von Treu und Glauben zuwiderlaufen würde[45].

Das Gesetz regelt die Frage nicht, wie die in solchen Fällen regelmässig nicht entrichteten Prämien nachträglich zu begleichen sind; eine analoge Anwendung von Art. 5 Abs. 2 KVG erscheint insoweit als nicht möglich, als dort ein Prämienzuschlag bei nicht entschuldbarer Verspätung vorgesehen wird. Diese Voraussetzung wird bei fehlender Information des Versicherers regelmässig nicht erfüllt sein.

Eine Verzichtserklärung in der Meldung betreffend Austritt aus der Kollektivversicherung ist nicht bedeutsam, wenn die schriftliche Aufklärung über die Möglichkeit des Übertritts nicht erfolgt ist[46].

13.16 Will die versicherte Person in die Einzelversicherung übertreten, hat sie das Recht *innert dreier Monate* geltend zu machen[47]; dabei ist eine schriftliche Erklärung durch das Gesetz nicht verlangt[48].

---

39 Die Praxis hat es akzeptiert, dass das Angebot des Übertritts an die versicherte Person und nicht an deren Vertreter gerichtet wurde; vgl. RKUV 1991, 81.
40 So Maurer, Krankenversicherungsrecht, 113.
41 Vgl. RSKV 1978, 215.
42 Vgl. BGE 103 V 73. Es liegt dieselbe Ausgangslage vor wie bei der Information betreffend die Abredeversicherung; vgl. dazu unten, Rz. 14.27.
43 Vgl. RKUV 1984, 136.
44 Vgl. Art. 71 Abs. 2 KVG.
45 Vgl. für Anwendungsbeispiele BGE 101 V 139; RKUV 1986, 40.
46 Vgl. RSKV 1978, 215. – Immerhin ist natürlich zu prüfen, ob das Verhalten gegen den Grundsatz von Treu und Glauben verstösst.
47 Die Frist kann nicht stillstehen. Zu ihrer Wahrung reicht es aus, wenn innert dreier Monate (zur Berechnung der Frist vgl. Art. 77 Abs. 1 Ziff. 3 OR) die Erklärung der Wahrnehmung des Übertrittsrechts beim Krankenversicherer eintrifft; Kenntnisnahme desselben innert dieser Frist ist nicht erforderlich.

§ 13 Krankenversicherung

3. Exkurs: Taggeldversicherung gemäss VVG

a) Weiterführung einer Einzelversicherung

Abzustellen ist auf die *vertraglich* vereinbarten Rechte und Pflichten der Parteien. 13.17
Bei der Einzelversicherung haben Stellenwechsel und Entlassung in bezug auf die
Versicherungsdeckung häufig keine Bedeutung.

b) Übertritt von einer Kollektiv- in eine Einzelversicherung

Es besteht keine gesetzliche Vorschrift, welche den Versicherer verpflichten würde, 13.18
bei Ausscheiden aus dem Kreis der Kollektivversicherung einen Übertritt in die
Einzelversicherung zu gewähren. Indessen sind häufig entsprechende *vertragliche
Vereinbarungen* getroffen worden.

Zu beachten ist allerdings Art. 100 Abs. 2 VVG. Diese – praktisch bedeutsame – 13.19
Bestimmung legt fest, dass für Versicherungsnehmer und Versicherte, die nach
Art. 10 AVIG[49] als arbeitslos gelten, Art. 71 Abs. 1 und Art. 73 KVG anwendbar
sind. Soweit also eine Kollektivtaggeldversicherung bei einer Versicherungsgesellschaft durch einen Versicherungsvertrag gemäss VVG abgeschlossen wird, besteht
ein Übertrittsrecht im vorstehend dargestellten Sinn[50]. – Es fragt sich, ob das
Übertrittsrecht auch besteht, wenn sich die versicherte Person wegen einer bestehenden gänzlichen Arbeitsunfähigkeit beim Stellenverlust beim Arbeitsamt ihres
Wohnortes gar nicht erst zur Arbeitsvermittlung meldet[51]. Diese Frage muss bejaht
werden; denn es kann nicht angehen, einer Person das grundsätzlich beim Eintritt
der Arbeitslosigkeit gewährte Übertrittsrecht gerade dann zu versagen, wenn sie
wegen einer bereits bestehenden gänzlichen Arbeitsunfähigkeit in besonderem
Mass auf Leistungen aus einer Taggeldversicherung angewiesen ist[52].

Das in Art. 100 Abs. 2 VVG verwendete Wort «*sinngemäss*» kann im übrigen
nur die Bedeutung haben, dass die Privatversicherer diesbezüglich die gleiche
Verantwortung und Pflicht trifft wie die anerkannten Krankenkassen[53].

---

48 Vgl. dazu auch RKUV 1988, 245.
49 Bundesgesetz über die obligatorische Arbeitslosenversicherung und die Insolvenzentschädigung (AVIG) vom 25. Juni 1982 (SR 837.0).
50 Vgl. oben, Rz. 13.14 ff.
51 Wie dies Art. 17 Abs. 2 AVIG vorschreibt. Gemäss Art. 10 Abs. 3 AVIG gilt eine arbeitsuchende Person erst als arbeitslos, wenn sie sich beim Arbeitsamt ihres Wohnortes zur Arbeitsvermittlung gemeldet hat.
52 Gerichtsentscheide zu dieser Frage stehen noch aus. Zu verweisen ist auf MAURER, Privatversicherungsrecht, 154, der ausdrücklich festhält, dass das Übertrittsrecht auch dann gilt, wenn die versicherte Person bei Eintritt der Arbeitslosigkeit bereits krank war. Vgl. auch RSKV 1980, 66, wonach – bei der sozialen Krankenversicherung – ein Übertritt in die Einzelversicherung auch möglich ist, wenn die versicherte Person krank und deshalb arbeitsunfähig ist.
53 So auch ein Urteil des Bezirksgerichtes Zürich vom 2. Mai 1995, in: plädoyer 4/95 72.

Unklar ist allerdings, ob die in Art. 71 Abs. 2 KVG enthaltene Informationspflicht auch für Taggeldversicherungen nach VVG gilt. Es wird zwar in Art. 100 Abs. 2 VVG ausdrücklich nur auf Art. 71 Abs. 1 KVG verwiesen. Doch bestand gemäss der bis Ende 1995 in Kraft gestandenen Regelung des KUVG eine solche Pflicht[54], und es sind aus den Materialien keinerlei Anhaltspunkte ersichtlich, dass der Gesetzgeber hier eine Änderung hätte einführen wollen[55]. Es muss unter diesen Umständen von einem redaktionellen Versehen des Gesetzgebers und somit davon ausgegangen werden, dass die Informationspflicht auch bei dem gemäss Art. 100 Abs. 2 VVG bestehenden Übertrittsrecht besteht[56].

IV. Versicherungsschutz bei bereits eingetretenem Versicherungsfall

1. Krankenpflegeversicherung

a) Fortdauer des Leistungsanspruchs bei Bestehenbleiben der Versicherungsdeckung

13.20 Soweit die Versicherungsdeckung bestehen bleibt, haben Stellenwechsel und Entlassung *keinen Einfluss* auf die Erbringung der Leistungen der Krankenpflegeversicherung[57]. In der sozialen Krankenversicherung ist nämlich grundsätzlich zur Erbringung von Leistungen diejenige Kasse verpflichtet, welcher die versicherte Person im *Zeitpunkt des Entstehens der Leistungspflicht* angeschlossen ist. Anders als etwa in der obligatorischen Unfallversicherung[58] ist es ausgeschlossen, auf eine Kasse, welche in einem früheren Zeitpunkt Leistungen erbracht hat, zurückzugreifen, wenn in der Zwischenzeit ein Übertritt zu einem anderen Krankenversicherer erfolgte.

Anderes gilt allerdings für diejenigen Fälle, in denen das Versicherungsverhältnis endet[59]; hier muss davon ausgegangen werden, dass die Leistungspflicht des Versicherers jedenfalls für Rückfälle und Spätfolgen bestehen bleibt[60].

---

54 Vgl. das Urteil des Bezirksgerichtes Zürich vom 2. Mai 1995, in: plädoyer 4/95 72.
55 Vgl. BBl 1992 I 279 f., 287; Amtl. Bull. Ständerat 1992 1339, wo Ständerat Huber als Berichterstatter ausdrücklich vermerkt, im Bereich des VVG seien nur «redaktionelle Änderungen» vorgeschlagen; vgl. sodann Amtl. Bull. Nationalrat 1993, 1904 (diskussionslose Zustimmung).
56 Es ist allerdings ausdrücklich darauf zu verweisen, dass entsprechende Gerichtsentscheide noch ausstehen.
57 Zum Umfang der Leistungen im Ausland vgl. die Regelung in Art. 36 KVV, insbesondere diejenige in Art. 36 Abs. 4 KVV.
58 Vgl. dazu unten, Rz. 14.37.
59 Zum Ende der Versicherungsdeckung vgl. oben, Rz. 13.10 ff. Beispiel: Stellenverlust verbunden mit Wohnsitzaufgabe in der Schweiz.

b) Ende jedes Leistungsanspruchs bei Ende der Versicherungsdeckung?

Fragen entstehen insbesondere, wenn der Versicherungsfall vor dem Ende der Versicherungsdeckung eingetreten ist, eine medizinische Untersuchung oder Behandlung jedoch *auch danach noch erforderlich* ist[61]. Nach der bisherigen ständigen *Praxis* des Eidgenössischen Versicherungsgerichts (EVG) endet mit dem Ende der Mitgliedschaft bei einer Krankenkasse jeglicher Leistungsanspruch, ausser wenn die Statuten anderes festlegen[62].

13.21

Es fragt sich, ob diese – kritisierte[63] – Rechtsprechung auch nach Inkrafttreten des neuen Krankenversicherungsgesetzes aufrechtzuerhalten ist. Dies ist zu *verneinen*. Zwar verhält es sich so, dass mit dem durch Art. 7 Abs. 1 KVG festgelegten Recht, den Versicherer frei zu wählen, eine direktere Verbindung zwischen Wahl und Leistungspflicht geschaffen wurde[64]; denn der bisherige Versicherer hat für Krankheiten, die beim Übertritt bestanden, in der Folge keine Leistungen mehr zu erbringen. Zudem deuten Art. 7 Abs. 4 und 5 KVG darauf hin, dass das Versicherungsverhältnis beim Wechsel umfassend – d.h. auch in bezug auf die Leistungspflicht – endet[65].

Hingegen ist – neben der Tatsache, dass die bisherige Rechtsprechung in der Lehre ohnehin keine Zustimmung gefunden hat – in bezug auf die genannte Rechtsprechung zu beachten, dass das Krankenversicherungsgesetz bezweckt, der gesamten Bevölkerung eine ausreichende medizinische Versorgung zu gewähren[66]; sodann wird hier – etwa im Gegensatz zur obligatorischen Unfallversicherung[67] – das Prinzip der risikogerechten Prämie ausserordentlich eingeschränkt[68]; da es sich um eine obligatorische Versicherung handelt, ist das Risiko, Leistungen zu erbrin-

---

60 Vgl. dazu dieselbe Auffassung bei MAURER, Krankenversicherungsrecht, 42 f., sowie die nachstehenden Ausführungen in Rz. 13.21.
61 Beispiel: Eine ausländische Arbeitnehmerin erkrankt während der Anstellungsdauer; sie wird in der Folge entlassen und verliert infolge Wohnsitzaufgabe in der Schweiz die Deckung durch die obligatorische Krankenpflegeversicherung.
62 Vgl. BGE 105 V 286; RKUV 1984, 98. Vgl. sodann FREIVOGEL, 283 (mit Hinweisen) sowie – für eine entsprechende kantonale Rechtsprechung – SVR 1994, KV Nr. 18.
63 Vgl. FREIVOGEL, 283 ff.; MAURER, Bundessozialversicherungsrecht, 270 f.; MAURER, Krankenversicherungsrecht, 42 Fn. 99.
64 Nach Art. 5 Abs. 3 KUVG vermochten die Krankenkassen Krankheiten, die bei der Aufnahme bestanden, durch einen Vorbehalt von der Versicherung auszuschliessen; vgl. dazu LEUZINGER-NAEF, passim.
65 Vgl. auch etwa MAURER, Krankenversicherungsrecht, 37, der gerade die Unzufriedenheit mit der Abwicklung eines Krankheitsfalles als Anlass für einen Kassenwechsel nennt.
66 Vgl. MAURER, Krankenversicherungsrecht, 3. Mit diesem Zweck liesse sich eine in Frage stehende Leistungsbegrenzung nicht vereinbaren.
67 Vgl. Art. 91 Abs. 2 UVG; vgl. zur risikogerechten Abstufung der Prämien BGE 112 V 318.
68 Vgl. Art. 61 KVG; im Grundsatz sind für alle versicherten Personen die gleichen Prämien zu erheben. Es kann also nicht eingewendet werden, eine Leistungspflicht bestehe nicht, weil nach Beendigung des Versicherungsverhältnisses keine Prämien mehr entrichtet werden.

gen zu müssen, welche nach Beendigung der obligatorischen Krankenpflegeversicherung erforderlich werden, zudem kaum versicherbar[69]; letztlich ist nicht hinnehmbar, dass der Entscheid einer Drittbehörde – nämlich die fremdenpolizeiliche Festlegung betreffend weiteres Verbleiben in der Schweiz – darüber entscheiden kann, ob eine Person Leistungen der Krankenversicherung zu beziehen vermag oder nicht[70].

Es erstaunt, dass weder das KVG noch die KVV diese Frage explizit regeln. Es wird der Gerichtspraxis obliegen, die sich hier stellenden Fragen zu beantworten.

2. Taggeldversicherung gemäss Art. 67 ff. KVG

a) Ausgangslage

13.22 Der Anspruch auf ein Krankentaggeld setzt regelmässig eine *Arbeitsunfähigkeit* voraus; dabei ist die vollständige von der teilweisen Arbeitsunfähigkeit zu unterscheiden[71].

Grundsätzlich sind dabei der Verdienstausfall und das Entstehen von Auslagen von der versicherten Person *nachzuweisen*[72]. Auszugehen ist dabei vom Beweisgrad der überwiegenden Wahrscheinlichkeit; dieser stellt eine sozialversicherungsrechtliche Eigenheit dar. Mit diesem niedrigeren Beweisgrad soll die Gesetzesanwendung vereinfacht werden, um eine Überforderung der Verwaltungsträger bzw. Rechtspflegeorgane zu vermeiden[73]. Nach der Praxis ist eine Abgrenzung vorzunehmen gegenüber der blossen Möglichkeit[74] bzw. einer Hypothese[75]; es darf anderseits nicht ein strikter Beweis verlangt werden[76]. Von einer überwiegenden Wahrscheinlichkeit kann deshalb die Rede sein, wenn eine begründete Überzeugung besteht, welcher keine konkreten Einwände entgegengehalten werden können und welche insoweit mit hinreichender Sicherheit den Schluss darauf zulässt, dass der betreffende Sachverhalt wahrscheinlich der Wirklichkeit entspricht; dies kann dazu führen, dass davon ausgegangen wird, dass derjenige von mehreren möglichen Abläufen sich verwirklicht hat, bei dem dies mit der grössten Wahrscheinlichkeit der Fall ist.

---

69 Es fehlt angesichts der kleinen Zahl interessierter Personen an einem entsprechenden Markt.
70 Vgl. dazu aber Art. 132 Abs. 4 KVV, wonach die Krankenkassen ein nach Art. 132 Abs. 1 KVV bestehendes Versicherungsverhältnis bis zum Abschluss der Behandlung nach altem Recht weiterzuführen haben, wenn eine vor dem 1. Januar 1997 begonnene Behandlung nach diesem Datum weiterläuft.
71 Vgl. LOCHER, 207 f.
72 So MAURER, Bundessozialversicherungsrecht, 287.
73 Vgl. BGE 119 V 10.
74 Vgl. BGE 119 V 338.
75 Vgl. BGE 103 V 36.
76 Vgl. BGE 117 V 379.

§ 13 Krankenversicherung

b) Festlegung des Verdienstausfalls

Übt die versicherte Person nicht mehr diejenige Tätigkeit – oder überhaupt keine Tätigkeit mehr – aus, welche sie bei Eintritt des versicherten Risikos – d.h. hier der Krankheit – innehatte, muss für die Festlegung des durch die Taggeldzahlungen zu deckenden Schadens entschieden werden, welchen Lohn jene *ohne Krankheit erhalten* würde. Dies wird dann keine Schwierigkeiten bereiten, wenn das Arbeitsverhältnis nicht aufgelöst wurde[77]. Aber auch im übrigen soll angenommen werden, dass ohne Eintritt der Arbeitsunfähigkeit der zuvor bezogene Lohn weiterhin ausgerichtet würde. Dafür spricht die allgemeine Lebenserfahrung, dass diejenige Person, welche eine Stelle bekleidet, diese Erwerbstätigkeit weiterhin ausübt[78]; es gilt insoweit eine gewisse *Vermutung*, welche von der Gerichtspraxis als empirische Feststellung behandelt wird[79]. Dieser Grundsatz wird von der Gerichtspraxis für den Nachweis der Auslagen angewandt[80], und es muss davon ausgegangen werden, dass er auch für den Nachweis des Lohnes massgebend ist. Nicht anders wird in anderen Sozialversicherungszweigen verfahren, wenn es um die Festlegung des – hypothetischen – Valideneinkommens geht[81].

13.23

Die *Gerichtspraxis* hat festgehalten, dass die Frage, ob eine versicherte ausländische Person einen Erwerbsausfall erlitten hat, sich nicht nach dem Statut im Zeitpunkt der Krankheit beurteilt (im konkreten Fall eine bloss temporäre Aufenthaltsbewil-

13.24

---

77 Vgl. zur zeitlich beschränkten Lohnfortzahlungspflicht im Krankheitsfall Art. 324a OR und die dazu entwickelte Rechtsprechung. Für Einzelfragen vgl. ferner ZINSLI, passim.
78 Dass in der gegenwärtigen Wirtschaftslage Massenentlassungen häufiger auftreten (vgl. dazu oben, Rz. 3.1 ff.), vermag noch nicht zu einem andern Schluss zu führen; denn die Lebenserfahrung ist nach wie vor nicht diejenige, dass ein solcher Vorgang regelmässig zu erwarten ist.
79 Vgl. RKUV 1993, 101 (wobei festzuhalten ist, dass sich dieser Entscheid auf die Invaliditätsbemessung bezieht).
80 Vgl. BGE 110 V 320: Auslagen werden bei der Festlegung der Höhe des Krankengeldes «ohne besonderen Nachweis auch dann berücksichtigt (...), ‹wenn sie nach der allgemeinen Lebenserfahrung zu entstehen pflegen und sich im üblichen Rahmen halten› (RSKV 1977 Nr. 296 S. 152 Erw. 2e, bestätigt durch BGE 105 V 196 und RSKV 1982 Nr. 475 S. 32 Erw. 2); ‹diesbezüglich muss der Kasse ein weiter Ermessensspielraum belassen werden› (RSKV 1977 Nr. 296 S. 152)».
81 Als Valideneinkommen wird – bei der Festlegung des Invaliditätsgrades – dasjenige Einkommen bezeichnet, welches zu erzielen wäre, wenn die betreffende Person nicht invalid geworden wäre (vgl. etwa Art. 28 Abs. 2 des Bundesgesetzes über die Invalidenversicherung [IVG] vom 19. Juni 1959 [SR 831.20]). Vgl. zum Valideneinkommen LOCHER, 260 f.; PETER OMLIN, Die Invalidität in der obligatorischen Unfallversicherung, Diss. Freiburg 1995, 168 ff. – MAURER, Bundessozialversicherungsrecht, 287, hält deshalb – unter Hinweis auf BGE 114 V 291 – zu Recht fest, dass bei der Festlegung der Höhe des krankheitsbedingten Verdienstausfalles von der Festlegung der Erwerbsunfähigkeit durch die IV nur abgewichen werden soll, wenn ernsthafte Zweifel an deren Richtigkeit bestehen. Allerdings darf diese Betrachtungsweise nicht dazu führen, dass die – im Bereich des Krankentaggeldes massgebende – Arbeitsunfähigkeit abgelöst wird durch die – für die Festlegung des Invaliditätsgrades bedeutsame – Erwerbsunfähigkeit (vgl. dazu auch DUC, Statut, 178 f., sowie BGE 114 V 288).

ligung aus Gesundheitsgründen), sondern nach demjenigen, welche diese Person vor Eintritt der Krankheit hatte (Saisonnierstatut)[82]. Zutreffend ist auch, Krankengelder während einer Umschulungszeit auszurichten, wenn die berufliche Eingliederung krankheitsbedingt ist und es sich nicht um einen freiwilligen Verzicht auf Erwerbstätigkeit handelt[83]; ein Anspruch auf Taggelder der Krankenversicherung wird auch nicht deshalb ausgeschlossen, weil die versicherte Person eine Invalidenrente bezieht[84]. Nicht verlangt werden darf schliesslich, dass wegen der Arbeitsunfähigkeit in der Schweiz – und nicht beispielsweise auch im Ausland – kein Einkommen erzielt werden kann[85].

13.25 Da das Taggeld bezweckt, den krankheitsbedingten Lohnausfall zu ersetzen[86], erhält die Frage der *Überversicherung* regelmässig ein grosses Gewicht; denn beim Tatbestand der Entlassung könnte vorgebracht werden, es bestehe gar kein Lohnausfall mehr, und bei einem Stellenwechsel mag der Fall eintreten, wo die versicherte Person einen geringeren Lohn bezieht. Geht es um einen möglichen Überversicherungstatbestand, ist die Höhe des krankheitsbedingten Verdienstausfalles und der zu berücksichtigenden Auslagen in Relation zu den in Frage stehenden Leistungen der Sozialversicherung zu setzen[87]. Der Grundsatz des Überentschädigungsverbots findet sich in Art. 78 Abs. 2 KVG[88], und diese Regelung wird in Art. 122 KVV konkretisiert. Festzuhalten ist dabei, dass die Überentschädigung nicht verboten ist, wenn Leistungen der Sozialversicherungen mit solchen ausserhalb dieses Bereiches zusammentreffen[89].

c) *Verwertbarkeit der Arbeitsfähigkeit in einem anderen Berufszweig*

13.26 Es kann die Situation eintreten, dass durch Aufnahme einer Tätigkeit in einem anderem Erwerbsbereich die *Arbeitsfähigkeit erhöht* werden kann[90]. Dies kann mit

---

82 Vgl. SVR 1994 KV Nr. 18.
83 Vgl. BGE 111 V 240 f.
84 Vgl. BGE 120 V 60 (bezüglich einer Invalidenrente der beruflichen Vorsorge), BGE 114 V 288 (bezüglich einer Invalidenrente der Invalidenversicherung).
85 Vgl. RKUV 1996 110.
86 Vgl. dazu oben, Rz. 13.5.
87 Vgl. für ein Anwendungsbeispiel BGE 120 V 60 ff. (gleichzeitige Ausrichtung von Taggeldern der Krankenversicherung sowie einer Invalidenrente der beruflichen Vorsorge).
88 Allgemein zu Fragen der Koordination und der Überentschädigung im Sozialversicherungsrecht FRANZ SCHLAURI, Beiträge zum Koordinationsrecht der Sozialversicherungen, St. Gallen 1995.
89 So stellen sich aus sozialversicherungsrechtlicher Sicht keine Überentschädigungsfragen, wenn die versicherte Person von einer Privatversicherung Taggelder wegen Erwerbsausfalls erhält; vgl. auch MAURER, Krankenversicherungsrecht, 122. Hingegen können durch die Privatversicherer in den Allgemeinen Geschäftsbedingungen Leistungskürzungen vorgesehen werden.
90 Beispiel: Wechsel von einer körperlich belastenden Tätigkeit in eine weniger beanspruchende Tätigkeit.

§ 13 Krankenversicherung

sich bringen, dass die Krankenversicherung unter Hinweis auf den für jede versicherte Person massgebenden Grundsatz der Schadenminderungspflicht[91] ihre Taggeldleistungen einschränkt oder aufhebt.

Da Taggeldleistungen der Krankenversicherung auf die Arbeitsunfähigkeit am angestammten Arbeitsplatz abstellt[92], kann ein solches Vorgehen nur *ausnahmsweise* möglich sein. Denn es gilt auch zu berücksichtigen, dass die Taggeldleistungen der Krankenversicherung zeitlich regelmässig beschränkt sind[93], dass also die Frage der Zumutbarkeit unter Berücksichtigung dieser zeitlich beschränkten Leistungspflicht zu beantworten ist. Es wird vorauszusetzen sein, dass es sich um eine dauernde Arbeitsunfähigkeit im angestammten Beruf handelt, dass eine Erwerbsaufnahme in einem neuen Berufszweig möglich ist[94] und dass die berufliche Neuorientierung zumutbar ist[95]. Sodann ist zu beachten, dass durch die in Aussicht genommene berufliche Selbsteingliederung der krankheitsbedingte Erwerbsausfall in einer Weise vermindert werden muss, dass der Bestand oder der Umfang eines laufenden oder möglichen Krankengeldanspruchs überhaupt beeinflusst wird[96].

Sofern diese Voraussetzungen zu bejahen sind, ist zudem der versicherten Person eine Anpassungszeit einzuräumen, welche praxisgemäss auf drei bis fünf Monate zu bemessen ist[97], jedoch bei besonderen Schwierigkeiten, eine entsprechende Arbeitsstelle zu finden, auch länger dauern kann[98].

d) Leistungen bei Verlegung des Wohnsitzes ins Ausland

Wer aus der Versicherung ausscheidet und seinen Wohnsitz ins Ausland verlegt, hat nach der bisherigen Rechtsprechung keinen Anspruch auf weitere Leistungen

13.27

---

91 Vgl. dazu die Ausführungen bei LOCHER, 88 ff.
92 Vgl. dazu MAURER, Krankenversicherungsrecht, 114, sowie oben, Rz. 13.23.
93 Vgl. Art. 72 Abs. 3 KVG. – Anders sind die Verhältnisse im Rentenbereich, wo denn auch regelmässig das Valideneinkommen nach dem gesamten, für die jeweilige versicherte Person offenstehenden Arbeitsmarkt bemessen wird, d.h. von der Zumutbarkeit eines Berufswechsels ausgegangen wird; vgl. Art. 28 Abs. 2 IVG sowie PETER OMLIN, Die Invalidität in der obligatorischen Unfallversicherung, Diss. Freiburg 1995, 202 ff.
94 Der für die jeweilige versicherte Person offenstehende Arbeitsmarkt ist in Berücksichtigung ihrer Kenntnisse, ihrer Fähigkeiten und ihrer Erfahrungen konkret zu umschreiben. Vgl. dazu auch BGE 114 V 289.
95 Anwendungsbeispiel: BGE 111 V 239 ff. – Zum Begriff der Zumutbarkeit vgl. ALFRED MAURER, Begriff und Grundsatz der Zumutbarkeit im Sozialversicherungsrecht, in: Sozialversicherungsrecht im Wandel, Festschrift 75 Jahre Eidgenössisches Versicherungsgericht, Bern 1992, 407 ff., sowie HARDY LANDOLT, Das Zumutbarkeitsprinzip im Sozialversicherungsrecht unter besonderer Berücksichtigung der Rechtsprechung des eidgenössischen Versicherungsgerichts, Diss. Zürich 1995, passim.
96 Vgl. BGE 114 V 285; in BGE 114 V 287 Übersicht über die Bemessung des Taggeldes bei Verwertung der Restarbeitsfähigkeit in einem anderen Beruf.
97 Vgl. BGE 111 V 239 E. 2.a mit Hinweisen.
98 Vgl. den Hinweis in BGE 114 V 290. Vgl. zur Praxis ferner RKUV 1987, 108; 1989, 255.

der Krankenversicherung mehr[99]. Das Eidgenössische Versicherungsgericht scheint davon auszugehen, dass es sich im Bereich der Taggeldleistungen entsprechend verhält[100].

3. Exkurs: Taggeldversicherung gemäss VVG

13.28 Der Umfang der Leistungspflicht bestimmt sich zunächst danach, ob eine *Summen- oder eine Schadensversicherung* anzunehmen ist.

Grundsätzlich liegt eine Schadensversicherung vor, wenn die Versicherungsleistung an das Vorliegen eines Schadens gebunden ist; bei der Summenversicherung ist demgegenüber die Leistung unabhängig davon geschuldet, ob ein Vermögensschaden vorliegt[101].

Zu beachten sind gelegentlich anzutreffende Bestimmungen, wonach bei *Austritt* aus dem Kreis der versicherten Personen – etwa durch Verlust der bisherigen Arbeitsstelle – eine Leistungspflicht nur während beschränkter Zeit gegeben ist.

Es ist fraglich, ob solche Bestimmungen ohne weiteres hinzunehmen sind. Denn sie beschränken die Leistungspflicht in einer Situation, in welcher das Bedürfnis nach Taggeldern besonders gross ist, und laufen insoweit dem mit der Taggeldversicherung angestrebten Ziel direkt zuwider[102].

In entsprechenden Fällen ist ein Übertritt in die Einzelversicherung anzustreben, da diesfalls die Leistungspflicht weiterdauert[103]. Sofern allerdings im Arbeitsvertrag die Verpflichtung des Arbeitgebers festgelegt wurde, den Lohn (in Form von Taggeldern) während maximal 720 Tagen zu erbringen, darf sich der Arbeitnehmer im Kündigungsfall darauf verlassen, dass die Leistungen auch bei einer Kündigung während dieser Zeit erbracht werden[104].

Bereits hingewiesen wurde darauf, dass Leistungen aus Versicherungen gemäss Versicherungsvertragsgesetz nicht in die Überentschädigungsberechnung der sozialen Krankenversicherung einbezogen werden dürfen[105].

---

99 Vgl. zur Darstellung der Rechtsprechung oben, Rz. 13.21.
100 Vgl. RKUV 1996, 109, wo ausgeführt wird, dass «jedenfalls so lange Taggeldleistungen (zu) erbringen (sind), als sich der Versicherte in der Schweiz aufhält und krankheitshalber arbeitsunfähig ist».
101 Vgl. dazu JOSEF RÜTSCHE/PETRA DUCKSCH, Schadens- und Summenversicherung, in: Alfred Koller (Hrsg.), Haftpflicht- und Versicherungsrechtstagung 1995, St.Gallen 1995, 39 ff.
102 Vgl. zu dieser Frage auch unten, Rz. 14.44.
103 Vgl. dazu eingehender oben, Rz. 13.18 f.
104 Vgl. ein Urteil des Bundesgerichts vom 11. September 1995 in Sachen J. (veröffentlicht in: Jahrbuch des schweizerischen Arbeitsrechts 1996, 155 ff.).
105 Vgl. oben, Rz. 13.25.

V. Hinweise zu den Zusatzversicherungen

Zusatzversicherungen sind Komplementärversicherungen, welche die Grundversicherung in bestimmter Richtung ergänzen[106]. Sie bestehen sowohl in bezug auf die Krankenpflegeversicherung[107] als auch bei Taggeldern. Soweit sie mit dem Arbeitsverhältnis verbunden sind[108], ist abzuklären, ob sie – beispielsweise mit einem Übertritt in die Einzelversicherung – *weitergeführt* werden können[109].   13.29

Ist das versicherte Risiko bei der Auflösung des Arbeitsverhältnisses bereits eingetreten, stellt sich die Frage, ob die Leistungspflicht in diesem Zeitpunkt *endet*. Im Grundsatz ist davon auszugehen, dass der Versicherer auch über das Ende des Arbeitsverhältnisses hinaus leistungspflichtig bleibt, sofern ein Kausalzusammenhang besteht; allerdings kann der Versicherungsvertrag eine andere Regelung vorsehen[110]. Sofern letzteres der Fall ist, wird sich allerdings die Frage stellen, ob es sich um eine Bestimmung handelt, welche wegen der Ungewöhnlichkeitsregel von der Zustimmung der Vertragspartei ausgenommen ist[111]; denn bei einer Regelung, wonach der Versicherungsschutz gerade in denjenigen Fällen erlischt, wo bereits Leistungen erbracht werden und demzufolge ein besonders grosses Interesse an der Aufrechterhaltung derselben besteht, kann nicht ohne weiteres angenommen werden, dass sie innerhalb desjenigen Rahmens liegt, welcher die nach Treu und Glauben zu erwartenden Bestimmungen umfasst[112].   13.30

VI. Pflichten des Arbeitgebers

Das Krankenversicherungsgesetz verpflichtet den Arbeitgeber dazu, eine aus dem Arbeitsverhältnis oder aus der Nichtberufsunfallversicherung nach dem UVG ausscheidende Person schriftlich darüber zu *informieren*, dass sie dies ihrem Krankenversicherer zu melden hat. Wird diese Pflicht verletzt, kann der Krankenversicherer vom Arbeitgeber den Prämienanteil für die Unfalldeckung samt Verzugszinsen verlangen[113]. Weitere Pflichten können sich ferner ergeben aus Vereinbarungen   13.31

---

106 Vgl. zum Begrifflichen MAURER, Privatversicherungsrecht, 376 f.
107 Beispiele: Privatversicherung für den stationären Bereich oder für den ambulanten Bereich.
108 In solchen Fällen werden Zusatzversicherungen regelmässig als Kollektivversicherungen abgeschlossen.
109 Es ist der jeweilige Versicherungsvertrag zu konsultieren.
110 Vgl. näheres zum Anspruch auf Versicherungsleistungen nach Beendigung des Versicherungsvertrages bei MAURER, Privatversicherungsrecht, 239 f.
111 Vgl. zu diesem Grundsatz MAURER, Privatversicherungsrecht, 163 f. Fn. 297a.
112 Gerichtsentscheide zu dieser Frage sind nach dem Kenntnisstand des Verfassers nicht publiziert.
113 Vgl. Art. 10 KVG. Soweit keine Unfallversicherung für Leistungen bei einem Unfall aufkommt, gewährt die soziale Krankenversicherung Leistungen (vgl. Art. 1 Abs. 2 lit. b KVG).

zwischen Versicherern und Arbeitgebern[114]. So kann die Informationspflicht betreffend das Übertrittsrecht von der Kollektivversicherung in die Einzelversicherung[115] dem Arbeitgeber übertragen werden. Bei Taggeldversicherungen gemäss VVG werden die Informationspflichten in aller Regel dem Arbeitgeber zugeordnet. Zu beachten sind schliesslich die sich für den Arbeitgeber aus den Gesamtarbeitsverträgen ergebenden Pflichten.

VII. Verfahren und Rechtsschutz

1. Soziale Krankenversicherung

13.32 Die Krankenversicherer sind zum Erlass von *Verfügungen* befugt (und verpflichtet[116]). Innerhalb von dreissig Tagen nach Eröffnung der Verfügung kann beim Versicherer Einsprache erhoben werden (Art. 85 Abs. 1 KVG). Der Einspracheentscheid kann mit Beschwerde an die kantonale Gerichtsinstanz weitergezogen werden (vgl. Art. 86 KVG). Deren Verfahren hat eine Reihe von bundesrechtlichen Minimalbestimmungen zu beachten; insbesondere muss das Verfahren grundsätzlich kostenlos sein, und es kann die versicherte Person nicht zur Entrichtung einer Parteientschädigung an den obsiegenden Versicherer verpflichtet werden[117]. Auf eidgenössischer Ebene ist das Eidgenössische Versicherungsgericht mit Verwaltungsgerichtsbeschwerde anzurufen (Art. 91 KVG).

2. Zusatzversicherungen zur sozialen Krankenversicherung

13.33 Art. 47 Abs. 2 VAG[118] legt fest, dass für Streitigkeiten aus Zusatzversicherungen zur sozialen Krankenversicherung auf kantonaler Ebene ein *einfaches und rasches Verfahren* einzurichten ist, in welchem das Untersuchungsprinzip sowie der Grundsatz der freien Beweiswürdigung gelten. Der Begriff «Zusatzversicherung» schliesst die in Art. 12 Abs. 2 KVG genannten «weitere(n) Versicherungsarten» ein[119].

---

114 Vgl. für ein Beispiel RKUV 1996, 116 (Pflicht des Arbeitgebers, die Prämien zu überweisen und die Taggeldleistungen entgegenzunehmen).
115 Vgl. dazu näheres oben, Rz. 13.15.
116 Erlässt der Versicherer entgegen dem Begehren der versicherten Person keine Verfügung, kann bei der zuständigen kantonalen Gerichtsinstanz eine (Rechtsverzögerungs- bzw. Rechtsverweigerungs-) Beschwerde erhoben werden. Vgl. ein Beispiel in BGE 112 V 25.
117 Vgl. zu den Minimalbestimmungen Art. 87 KVG.
118 Bundesgesetz betreffend die Aufsicht über die privaten Versicherungseinrichtungen vom 23. Juni 1978 (SR 961.01).
119 So MAURER, Krankenversicherungsrecht, 135. Der Gesetz- bzw. Verordnungsgeber hat zwar im

Damit werden verfahrensmässig die Zusatzversicherungen zur sozialen Krankenversicherung in die Nähe dieser Versicherung selbst gerückt. Dem entspricht, wenn die Kantone zur Behandlung solcher Streitigkeiten dasjenige Gericht als zuständig erklären, welches auch Streitigkeiten der sozialen Krankenversicherung zu behandeln hat.

Da Art. 47 Abs. 3 VAG lediglich bestimmt, dass den Parteien «keine Verfahrenskosten auferlegt werden» dürfen, kann nicht ausgeschlossen werden, dass – gestützt auf eine entsprechende Festlegung des kantonalen Rechts – die unterliegende Partei zur Ausrichtung einer Parteientschädigung an die Gegenpartei verpflichtet werden kann[120].

Zu prüfen ist aber, ob die Verpflichtung zur Ausrichtung einer Parteientschädigung nicht den Grundsatz des – durch Art. 47 Abs. 3 VAG grundsätzlich gewährleisteten – kostenlosen Verfahrens unterläuft. Jedenfalls wird für den Bereich der beruflichen Vorsorge in bezug auf Art. 73 Abs. 2 des Bundesgesetzes über die berufliche Alters-, Hinterlassenen- und Invalidenvorsorge[121] die Auffassung vertreten, die Zusprechung von Parteientschädigungen stehe im Widerspruch zum – allerdings etwas anders als Art. 47 Abs. 3 VAG formulierten – Art. 73 Abs. 2 BVG[122].

Da im Bereich der Zusatzversicherungen keine Verfügungen ergehen können, handelt es sich um ein *Klageverfahren*[123]. Der letztinstanzliche kantonale Entscheid ist nicht an das Eidgenössische Versicherungsgericht, sondern an das Bundesgericht weiterzuziehen.

3. Sonstige Zusatzversicherungen

Zusatzversicherungen, die nicht von einem Versicherer gemäss Art. 11 ff. KVG angeboten werden und somit nicht als Zusatzversicherung zur sozialen Krankenversicherung betrachtet werden können, werden von Art. 47 Abs. 2 VAG nicht erfasst. Sie unterstehen demjenigen Prozessweg, welcher gemäss Art. 47 Abs. 1

13.34

übrigen die beiden Bereiche regelmässig sprachlich auseinandergehalten (vgl. etwa Art. 12 Abs. 2 KVG, Art. 13 und Art. 14 KVV); hingegen hat er festgelegt, dass beide Bereiche dem Versicherungsvertragsgesetz unterstellt werden (vgl. Art. 12 Abs. 3 KVG), und liegt der Sinn von Art. 47 Abs. 2 VAG darin, die von den Krankenkassen ausserhalb der sozialen Krankenversicherung angebotenen Versicherungen einem einheitlichen Verfahren zu unterstellen (vgl. dazu auch Amtl. Bull. Ständerat 1993, 1095, Votum Huber, wo ersichtlich wird, dass lediglich eine Abgrenzung der Grundversicherung von den übrigen Versicherungen bezweckt wurde).

120 Gerichtsentscheide zu dieser Frage stehen aus.
121 (BVG) vom 25. Juni 1982 (SR 831.40).
122 ULRICH MEYER-BLASER, Die Rechtsprechung von Eidgenössischem Versicherungsgericht und Bundesgericht zum BVG, in: Schweizerische Zeitschrift für Sozialversicherung und berufliche Vorsorge 1995, 112 f.
123 Vgl. dazu SPIRA, 258.

VAG für privatrechtliche Streitigkeiten zwischen Versicherungseinrichtungen und den versicherten Personen vorgesehen ist, d.h. in aller Regel dem *Zivilprozessweg*.

4. Ergebnis

13.35 Die geschilderte Verfahrensordnung bringt mit sich, dass für dasselbe Krankheitsereignis bis zu *drei verschiedene Prozesswege* zu beschreiten sind[124]. In letzter Instanz entscheiden einerseits das Eidgenössische Versicherungsgericht, anderseits das Bundesgericht[125].

Dieser Rechtszustand ist – gerade angesichts der nicht in allen Punkten übereinstimmenden Rechtsprechung von Eidgenössischem Versicherungsgericht und Bundesgericht – unbefriedigend. Deshalb muss davon ausgegangen werden, dass ausserhalb der sozialen Krankenversicherung bestehende Versicherungen gesamthaft entweder als Zusatzversicherungen zur sozialen Krankenversicherung oder als dem Versicherungsvertragsgesetz unterstellte Versicherungen betrachtet werden[126]; um die im Interesse der versicherten Person erlassene Regelung von Art. 47 Abs. 2 VAG nicht zu unterlaufen, wird die – gesamthafte – Zuordnung zum zweitgenannten Bereich allerdings nur möglich sein, wenn diejenigen Teile, welche als Zusatzversicherung zur sozialen Krankenversicherung erscheinen, einen ausschliesslich nebensächlichen Bereich betreffen.

VIII. Checklisten

1. Versicherungsdeckung

– Besteht eine *Versicherungsdeckung* (Art. 3 KVG)[127]?
– Liegt eine *Krankenpflegeversicherung* (Art. 3 ff. KVG)[128], eine Taggeldversicherung nach *KVG* (Art. 67 ff. KVG)[129] oder eine Taggeldversicherung nach *VVG*[130] vor?

---

124 Soziale Krankenversicherung: Verfahren gemäss Art. 87 KVG; Zusatzversicherung zur sozialen Krankenversicherung: Verfahren gemäss Art. 47 Abs. 2 VAG; sonstige Zusatzversicherungen: Zivilprozessweg gemäss Art. 47 Abs. 1 VAG.
125 Eidgenössisches Versicherungsgericht: Streitigkeiten gemäss Art. 91 KVG; Bundesgericht: Übrige Streitigkeiten.
126 So auch die Forderung bei MAURER, Krankenversicherungsrecht, 136.
127 Vgl. oben, Rz. 13.4 und 13.8.
128 Vgl. oben, Rz. 13.3 ff.
129 Vgl. oben, Rz. 13.5 f.
130 Vgl. oben, Rz. 13.7.

2. Handlungsbedarf bei Stellenwechsel und Entlassung

- Grundsätzlich keine Weiterführung der Krankenpflegeversicherung bei *Wohnsitzverlegung ins Ausland*[131].
- Bei Bestehen einer Kollektivtaggeldversicherung *Übertritt* in die Einzelversicherung abklären[132]. Geltendmachung innert dreier Monate erforderlich bei der Krankentaggeldversicherung nach KVG (Art. 71 Abs. 2 KVG)[133]. Bei Taggeldversicherungen nach VVG abklären, ob das gesetzliche Recht auf Übertritt in die Einzelversicherung besteht (Art. 100 Abs. 2 VVG); im übrigen auf vertragliche Vereinbarung abstützen[134].

3. Handlungsbedarf bei bereits eingetretenem Versicherungsfall

- Nach geltender Praxis keine Leistungspflicht bei *Wohnsitzverlegung ins Ausland*[135].
- Bei *Taggeldversicherungen* Höhe des erlittenen Erwerbsausfalles bzw. Zumutbarkeit der Verwertbarkeit der Arbeitsfähigkeit in einem anderen Berufszweig abklären[136].

4. Handlungsbedarf in bezug auf Zusatzversicherungen

- *Weiterführung* von Zusatzversicherungen prüfen[137].
- Bei bereits eingetretenem Versicherungsfall abklären, für welchen Zeitraum nach Stellenwechsel bzw. Entlassung die Leistungen noch erbracht werden[138].

5. Handlungsbedarf des Arbeitgebers

- *Informationspflichten* wahrnehmen[139].

---

131 Vgl. oben, Rz. 13.10 ff.
132 Vgl. oben, Rz. 13.14 ff.
133 Vgl. oben, Rz. 13.16.
134 Vgl. oben, Rz. 13.18 f.
135 Vgl. oben, Rz. 13.21.
136 Vgl. oben, Rz. 13.23 ff.
137 Vgl. oben, Rz. 13.29.
138 Vgl. oben, Rz. 13.30.
139 Vgl. oben, Rz. 13.31.

§ 14 Unfallversicherung

UELI KIESER

Literaturauswahl: GHÉLEW ANDRÉ/RAMELET OLIVIER/RITTER JEAN-BAPTISTE, Commentaire de la loi sur l'assurance-accidents (LAA), Lausanne 1992; MAURER ALFRED, Bundessozialversicherungsrecht, 2. Aufl., Basel/Frankfurt a.M. 1994 (*zitiert:* MAURER, Bundessozialversicherungsrecht); *ders.*, Schweizerisches Unfallversicherungsrecht, 2. Aufl., Bern 1989; Ergänzungsband, Bern 1989 (*zitiert:* MAURER, Unfallversicherungsrecht); NEF URS CH., Arbeitsrechtliche und sozialversicherungsrechtliche Aspekte des Bildungsurlaubs, Schweizerische Zeitschrift für Sozialversicherung und berufliche Vorsorge 1993, 1 ff.; OMLIN PETER, Die Invalidität in der obligatorischen Unfallversicherung (mit besonderer Berücksichtigung der älteren Arbeitnehmerinnen und Arbeitnehmer), Diss. Freiburg 1995; RUMO-JUNGO ALEXANDRA, Rechtsprechung des Bundesgerichts zum Sozialversicherungsrecht, Bundesgesetz über die Unfallversicherung, 2. Aufl., Zürich 1995 (*zitiert:* RUMO-JUNGO, Rechtsprechung); *dies.*, Das Verwaltungsverfahren in der Unfallversicherung, in: René Schaffhauser/Franz Schlauri (Hrsg.), Verfahrensfragen in der Sozialversicherung, St. Gallen 1995, 179 ff. (*zitiert:* RUMO-JUNGO, Verwaltungsverfahren); SCHLEGEL PETER, Gedanken zum Arbeitnehmerbegriff in der obligatorischen Unfallversicherung, in: Schweizerische Zeitschrift für Sozialversicherung und berufliche Vorsorge 1986, 239 ff.

Praxis: CaseTex: Juristische Datenbank mit Entscheiden aus den Gebieten Haftpflichtrecht, Strassenverkehrsrecht, Privat- und Sozialversicherungsrecht; EVGE: Entscheidungen des Eidgenössischen Versicherungsgerichts, Amtliche Sammlung (bis 1969; nachher als Band V der BGE erschienen); RKUV: Rechtsprechung und Verwaltungspraxis zur Kranken- und Unfallversicherung, Bern (ab 1984; vorher: RSKV); RSKV: Rechtsprechung und Verwaltungspraxis zur Krankenversicherung, Bern (bis 1983; nachher: RKUV); SVR: Sozialversicherungsrecht, Rechtsprechung, Basel.

I. Problemübersicht

Die *obligatorische Unfallversicherung* erfasst Arbeitnehmerinnen und Arbeitnehmer. Ihre *Deckung* erstreckt sich 30 Tage über das Ende des Anspruchs auf mindestens den halben Lohn (bzw. bestimmter Ersatzeinkünfte) hinaus. Zur weiteren Verlängerung der Versicherungsdeckung kann eine *Abredeversicherung* abgeschlossen werden. 14.1

Stellenwechsel und Entlassung können einen Einfluss auf bereits *laufende Versicherungsleistungen* haben. Taggelder sind anzupassen; der Invaliditätsgrad kann sich ändern; Rückfälle und Spätfolgen werfen besondere Probleme auf.

Zu beachten sind Ansprüche aus allfälligen *Zusatzversicherungen*.

In *verfahrensrechtlicher Hinsicht* schliesst sich an den Erlass der Verfügung das Einspracheverfahren an; auf kantonaler sowie Bundesebene entscheiden Versicherungsgerichte.

II. Grundlagen

14.2 Die Frage, ob beim Stellenwechsel oder der Entlassung unfallversicherungsrechtliche Gesichtspunkte zu beachten sind, kann sich nur stellen, wenn die betreffende Person bei der jeweiligen Erwerbstätigkeit der *obligatorischen Unfallversicherung* unterstellt war.

14.3 Grundlage des Versicherungsverhältnisses ist ein *Arbeitsvertrag* mit einem Arbeitgeber[1]. Liegt ein Arbeitsvertrag im Sinne von Art. 319 ff. OR oder ein öffentlich-rechtliches Anstellungs- oder Beamtenverhältnis vor, besteht kaum je ein Zweifel daran, dass es sich um einen Arbeitnehmer im Sinne von Art. 1 Abs. 1 UVG handelt. Im übrigen ist auf bestimmte Grundsätze abzustellen, wobei eher eine ausdehnende Umschreibung des Arbeitnehmerbegriffes[2] vorzunehmen ist. Als Arbeitnehmer ist zu bezeichnen, wer um des Erwerbes oder der Ausbildung willen für einen Arbeitgeber, mehr oder weniger untergeordnet, dauernd oder vorübergehend tätig ist, ohne hierbei ein eigenes wirtschaftliches Risiko tragen zu müssen[3]. Eine kurzfristige, aus Gefälligkeit erfolgende Tätigkeit für einen andern vermag noch keine Unterstellung unter die obligatorische Unfallversicherung zu bewirken[4]. Nicht massgebend sind von der äusseren Erscheinungsform wirtschaftlicher Sachverhalte abweichende interne Vereinbarungen[5].

Im Grundsatz ist nur obligatorisch unfallversichert, wer in der *Schweiz* erwerbstätig ist, doch sehen sowohl Gesetz als auch Verordnung verschiedene Ausnahmen vor[6].

14.4 Beizufügen ist, dass sich *Selbständigerwerbende* freiwillig versichern können[7].

---

1 BGE 113 V 333.
2 Zum Arbeitnehmerbegriff allgemein vgl. SCHLEGEL, 239 ff.
3 BGE 115 V 58.
4 BGE 115 V 59.
5 Dies gilt im Bereich der Unfallversicherung ebenso wie in demjenigen der AHV, wo es um die Abgrenzung zwischen selbständiger und unselbständiger Erwerbstätigkeit geht (vgl. etwa BGE 119 V 162); zu vgl. ist deshalb auch etwa FERDINAND ZUPPINGER, Die Abgrenzung zwischen dem Einkommen aus unselbständiger und dem Einkommen aus selbständiger Erwerbstätigkeit, in: Festschrift 75 Jahre Eidgenössisches Versicherungsgericht, Bern 1992, 385 ff.
6 Vgl. Art. 2 UVG sowie Art. 3 bis Art. 6 UVV; vgl. die eingehende Erläuterung dieser Bestimmungen bei MAURER, Unfallversicherungsrecht, 120 ff.
7 Vgl. dazu unten, Rz. 14.30.

III. Aufrechterhaltung des Versicherungsschutzes

1. Ende der Versicherungsdeckung

a) Allgemeines

Die Versicherung *endet* mit dem 30. Tag nach dem Tag, an dem der Anspruch auf mindestens den halben Lohn aufhört. Oft wird diese 30tägige Zeitspanne als Nachdeckungsfrist bezeichnet. Damit nimmt Art. 3 Abs. 2 UVG die bereits von Art. 62 Abs. 2 altKUVG vorgesehene Regelung auf[8]. – Beizufügen ist, dass es sich nicht um eine Frist im Sinne von Art. 97 UVG handelt, dass also beispielsweise eine Fristwiederherstellung nicht möglich ist; ihr Lauf wird nur unter der Voraussetzung von Art. 3 Abs. 4 UVG gehemmt[9].

14.5

Zu beachten ist, dass nicht auf das Ende des Arbeitsverhältnisses, sondern auf dasjenige des *Lohnanspruches* abzustellen ist[10]. Kein Hinausschieben des Endes des Versicherungsschutzes vermag etwa zu bewirken, wer ohne zusätzlichen Lohnanspruch nach Beendigung des Arbeitsverhältnisses vorher zu erledigende Arbeiten nachholt[11]. Eine Ausnahme besteht immerhin bei denjenigen Arbeitsverhältnissen, bei welchen trotz Fehlens eines Anspruchs auf Lohn (z.B. bei Volontariaten) eine Unterstellung unter die obligatorische Unfallversicherung angenommen wird; hier muss das Ende des Arbeitsverhältnisses massgebend sein[12].

Wer während der Nachdeckungszeit eine *neue Stelle* antritt bzw. hätte antreten sollen, ist mit dem Datum des Stellenantritts für Berufs- sowie Nichtberufsunfälle[13] über die Unfallversicherung des neuen Arbeitgebers abgedeckt. Insoweit besteht eine Doppeldeckung[14]. Die Regelung von Art. 77 Abs. 2 UVG zeigt auf, dass in diesen Fällen die Unfallversicherung des neuen Arbeitgebers leistungspflichtig ist[15].

Der Bezug eines *unbezahlten Urlaubs* – beispielsweise für Weiterbildungszwecke – bringt mit sich, dass nach Ablauf der Nachdeckungsfrist gegenüber der

---

8 Deshalb ist die auf die frühere Regelung bezogene Rechtsprechung im Grundsatz nach wie vor anwendbar; vgl. dazu auch RKUV 1992, 27.
9 Vgl. dazu näheres unten, Rz. 14.32.
10 Vgl. RKUV 1991, 265 sowie MAURER, Unfallversicherungsrecht, 141. – Zur Auslegung des Begriffes Lohnanspruch vgl. unten, Rz. 14.9 ff.
11 Vgl. einen Anwendungsfall bei einem Hochschulassistenten in RKUV 1996, 89 ff.
12 Ebenso MAURER, Unfallversicherungsrecht, 145; GHÉLEW/RAMELET/RITTER, 31 f.
13 Letzteres gemäss den Voraussetzungen nach Art. 13 Abs. 1 UVV.
14 Vgl. dazu ein Beispiel in CaseTex Nr. 1392.
15 Immerhin ist eine Leistungspflicht des früheren Unfallversicherers zu bejahen, wenn die während der Nachdeckungsdauer angetretene Stelle nur eine Versicherung der Berufsunfälle erlaubt. – Eine analoge Lösung sieht Art. 10 Abs. 3 Satz 2 des Bundesgesetzes über die berufliche Alters-, Hinterlassenen- und Invalidenvorsorge (BVG) vom 25. Juni 1982 (SR 831.40) vor.

obligatorischen Unfallversicherung keine Ansprüche mehr erhoben werden können[16].

14.6 Keine entsprechende Nachdeckung besteht bei denjenigen *Teilzeitverhältnissen*, bei welchen sich die Versicherung nicht auf Nichtberufsunfälle erstreckt[17]. Denn in diesen Fällen würde ein wörtliches Verständnis von Art. 3 Abs. 2 UVG eine Ausdehnung des Versicherungsschutzes bewirken, was mit der ratio legis – Vermeiden von Versicherungslücken[18] – nicht zu vereinbaren wäre[19].

14.7 Was das Ende der Versicherungsdeckung bei der *freiwilligen Versicherung*[20] betrifft, ist auf Art. 137 UVV zu verweisen[21].

b) Exkurs: Leistungen der sozialen Krankenversicherung

14.8 Soweit keine Unfallversicherung für einen Unfall aufkommt, gewährt die soziale *Krankenversicherung* Leistungen[22]. Dabei meint der vom Gesetz verwendete Begriff «Unfallversicherung» sowohl die obligatorische wie auch eine private Unfallversicherung[23].

Es besteht eine Aufklärungspflicht[24] des Arbeitgebers bzw. der Arbeitslosenversicherung, welche dahingeht, dass die aus dem Arbeitsverhältnis bzw. aus der Nichtberufsunfallversicherung ausscheidende Person dies ihrem Krankenversicherer zu melden hat; von der Arbeitslosenversicherung ist die genannte Pflicht zu erfüllen, wenn der Anspruch auf Leistungen ihr gegenüber erlischt, ohne dass die betreffende Person ein neues Arbeitsverhältnis eingeht[25].

---

16 Vgl. zu den Fragen des Bildungsurlaubs einlässlich NEF, 1 ff.
17 Gemäss Art. 13 Abs. 1 UVV sind nur diejenigen Arbeitnehmer, deren wöchentliche Arbeitszeit bei einem Arbeitgeber mindestens zwölf Stunden beträgt, auch gegen Nichtberufsunfälle versichert.
18 Vgl. BGE 102 V 89 unten.
19 Vgl. MAURER, Unfallversicherungsrecht, 145 Fn. 267; GHÉLEW/RAMELET/RITTER, 31. Aus BGE 112 V 132 oben kann geschlossen werden, dass auch das EVG dieser Auffassung folgt.
20 Vgl. zu dieser eingehender oben, Rz. 14.4 sowie unten, Rz. 14.30.
21 Anwendungsfall: RKUV 1996, 97 ff.
22 Vgl. Art. 1 Abs. 2 lit. b des Bundesgesetzes über die Krankenversicherung (KVG) vom 18. März 1994 (SR 832.10). Vgl. ferner die Darstellung bei MAURER, Krankenversicherungsrecht, 31 ff.
23 Vgl. BBl 1992 I 141. Vgl. zu Schwierigkeiten in der praktischen Umsetzung der Bestimmung MAURER, Krankenversicherungsrecht, 31 ff.
24 Sie entspricht in wesentlichen Zügen derjenigen, welche bei der Krankenversicherung in bezug auf den Übertritt von der Kollektivtaggeldversicherung in die Einzelversicherung zu erfüllen ist; vgl. dazu die Grundsätze oben, Rz. 13.15.
25 Vgl. Art. 10 Abs. 1 KVG. Die Information muss vor dem Ende des Arbeitsverhältnisses, des Anspruchs auf Arbeitslosenentschädigung oder der Nichtberufsunfalldeckung erfolgen; daraufhin hat die versicherte Person innert eines Monats den Krankenversicherer in Kenntnis zu setzen (Art. 11 Abs. 2 KVV). – Für die Folgen der Verletzung dieser Pflichten vgl. Art. 10 Abs. 2 KVG.

2. Anspruch auf mindestens den «halben Lohn» als Voraussetzung für den Fortbestand der Versicherungsdeckung

a) Bedeutung

Solange ein Arbeitnehmer Anspruch auf mindestens den *halben Lohn* – bzw. auf entsprechende *Ersatzeinkünfte* – hat, ist er weiterhin der obligatorischen Unfallversicherung angeschlossen. Deshalb bildet bei der Prüfung des Endes der Versicherung die Frage nach der Höhe derjenigen Leistungen, auf welche die versicherte Person noch Anspruch erheben kann, regelmässig die zentrale Auseinandersetzung[26].   14.9

Die Voraussetzung des Anspruchs auf mindestens den *halben Lohn* darf nach der geltenden Praxis nicht gleichgesetzt werden mit einer mindestens hälftigen Arbeitsunfähigkeit. Denn oft gibt eine solche Arbeitsunfähigkeit nicht den Anspruch auf mindestens den halben Lohn; so werden etwa Taggelder der Unfallversicherung lediglich in der Höhe von 80% des versicherten Verdienstes ausgerichtet (Art. 17 Abs. 1 UVG)[27].   14.10

Die Anknüpfung an den halben Lohn bzw. entsprechende Ersatzeinkünfte erlaubt eine klare Abgrenzung der Versicherungsdeckung. Hingegen führt sie auch zu zufälligen Resultaten; denn wer über eine gute Deckung bei den in Frage stehenden Risiken verfügt (insbesondere bei demjenigen der Arbeitsunfähigkeit), kann einen weiterdauernden Schutz über die obligatorische Unfallversicherung eher erwarten als diejenige Person, welche das Risiko des Eintritts der Arbeitsunfähigkeit schlecht abgedeckt hat. Sachgerecht erscheint insoweit, bei den Ersatzeinkünften eine Anknüpfung an eine mindestens hälftige Arbeitsunfähigkeit vorzunehmen[28].

Nicht geregelt ist die Frage, wie es sich mit dem Anspruch auf mindestens den halben Lohn verhält, wenn dieser die in Art. 22 Abs. 1 UVV festgelegte Grenze von gegenwärtig Fr. 97 200.– *überschreitet*. Da im Bereich der obligatorischen Unfallversicherung die genannte Grenze in allen Bereichen – insbesondere auch im Prämienbereich (vgl. Art. 92 Abs. 1 UVG) – gilt, muss davon ausgegangen werden, dass mit dem Begriff des «halben Lohnes» (Art. 3 Abs. 2 UVG) regelmässig der versicherte Verdienst im Sinne von Art. 15 UVG gilt. Dies hat allerdings insofern Ungleichbehandlungen zur Folge, als bei Personen mit einem höheren als dem maximal versicherten Verdienst bereits die Ausrichtung von weniger als der Hälfte des tatsächlich erzielten Verdienstes zur Weiterführung der obligatorischen Unfall-   14.11

---

26 Nach einer älteren Praxis des EVG sind die hier massgebenden Begriffe «strictement» anzuwenden (vgl. EVGE 1940 18). In späteren Entscheiden erscheint dieses Element zutreffenderweise nicht mehr.
27 Anwendungsbeispiel: RKUV 1991, 212 f.
28 Vgl. diesbezüglich auch den von PIERRE-YVES GREBER, Droit suisse de la sécurité sociale, Lausanne 1982, 257, vorgenommenen Bezug des Anspruchs auf mindestens den halben Lohn zur Regelung, wonach eine Versicherung für Nichtberufsunfälle für diejenigen Personen besteht, welche mindestens während der Hälfte der üblichen täglichen Arbeitszeit erwerbstätig sind.

versicherung führen kann[29]. Auch aus dieser Überlegung ist deshalb zu fordern, dass bei Ersatzeinkünften nicht verlangt wird, dass diese mindestens den halben Lohn erreichen, sondern dass hier auf den Grad der Arbeitsunfähigkeit abzustellen ist.

14.12 Nicht beantwortet ist bisher die Frage, ob ein *vorübergehendes* Unterschreiten bzw. Fehlen des Anspruchs auf mindestens den halben Lohn zum Beginn der Nachdeckungsfrist führt.

> Das EVG hat ausgeführt, dass die im Anschluss an einen Rückfall auflebende Taggeldberechtigung nicht geeignet ist, das Versicherungsverhältnis wieder entstehen zu lassen. Es hat dies damit begründet, dass eine versicherte Person, deren Taggeldberechtigung zufolge Wiedererlangung der Arbeitsfähigkeit erlischt, in der Lage ist, sich den Versicherungsschutz zu wahren bzw. wieder zu erlangen. Damit hat es zumindest nicht ausgeschlossen, dass ein Versicherungsschutz bei denjenigen Personen, welche weiterhin Taggelder – wenn auch betragsmässig weniger als die Hälfte des Lohnes – erhalten, wieder aufleben kann, wenn deren Betrag die Hälfte des Lohnes erneut übersteigt[30].
>
> Ein solcher Fall kann etwa eintreten, wenn ein erkrankter Arbeitnehmer nach dem Verlust der Arbeitsstelle vorübergehend zu 70% arbeitsfähig ist, in der Folge jedoch wiederum vollumfänglich arbeitsunfähig wird[31]. Dasselbe gilt, wenn der Anspruch auf Taggelder aufgeschoben ist, was etwa im Bereich der Taggelder der Krankenkassen möglich ist[32].

Jedenfalls reicht es aus, wenn innert der 30tägigen Nachdeckungsfrist der Anspruch auf mindestens den halben Lohn bzw. entsprechende Ersatzeinkünfte entsteht, um die obligatorische Unfallversicherung weiterzuführen[33]; in solchen Fällen ist davon auszugehen, dass mit dem Ende des Anspruchs auf den halben Lohn eine erneute Nachdeckungsfrist zu laufen beginnt.

b) Grundsatz

14.13 Nach Art. 7 Abs. 1 lit. a UVV gilt als Lohn der nach der *AHV-Gesetzgebung* massgebende Lohn. Zu berücksichtigen ist somit jedes Entgelt für die in unselbständiger Stellung geleistete Arbeit, insbesondere auch Teuerungs- und sonstige

---

29 Vgl. für ein Rechenbeispiel unten, Rz. 14.17 f.
30 Vgl. BGE 120 V 68 f.
31 Die Lehre äussert sich nicht zu dieser Frage; MAURER, Unfallversicherungsrecht, 142, betont allerdings, dass die Nachdeckungsfrist «stets» zu laufen beginnt, wenn der Lohnanspruch aufhört. Gerade im Bereich der auf eine Arbeitsunfähigkeit zurückzuführenden Taggelder ist allerdings auch eine Lösung in analoger Anwendung von Art. 88a Abs. 1 IVV denkbar.
32 CLERC/GHÉLEW, Schweizerische Juristische Kartothek, Nr. 347a, 4 f., vertreten die Auffassung, dass in einem solchen Fall eine Weiterdeckung durch die obligatorische Unfallversicherung ausgeschlossen ist. Das EVG scheint ebenfalls dieser Auffassung zuzuneigen (vgl. BGE 113 V 131).
33 Dies ist aus BGE 113 V 131 f. zu schliessen; dort lief die Nachdeckungsfrist bereits, als der Anspruch auf Taggelder der Arbeitslosenversicherung entstand. Vgl. dazu auch BGE 102 V 136, welchem Entscheid zu entnehmen ist, dass eine Weiterführung der obligatorischen Unfallversicherung dann nicht möglich ist, wenn nicht spätestens am 30. Tag der Anspruch auf mindestens den halben Lohn (bzw. der entsprechenden Ersatzeinkünfte) gegeben ist.

Lohnzulagen, Gratifikationen, Naturalleistungen, Ferien- und Feiertagsentschädigung und Trinkgelder[34].

Wer anstelle des effektiven Bezugs bezahlter Ferien eine *Ferienvergütung* erhält, bleibt unter bestimmten Voraussetzungen weiterhin der Unfallversicherung unterstellt; nach der Praxis muss die Ferienvergütung mindestens 50% des Lohnes ausmachen, spätestens anlässlich des ersten Zahltages nach den Ferien ausgerichtet werden, und es müssen Beginn und Ende der Ferien vor dem Unfall vereinbart worden sein[35]. Wird der Ferienanspruch bei Beendigung der Tätigkeit mit einer entsprechenden Ferienentschädigung abgegolten, gilt diese Entschädigung als Lohn gemäss Art. 7 Abs. 1 lit. a UVV (und nicht etwa als Abgangsentschädigung gemäss Art. 7 Abs. 2 lit. a UVV)[36]. Hingegen verlängert eine vom Arbeitgeber bei Beendigung des Arbeitsverhältnisses als Entgelt für Arbeit an freien Tagen geleistete Entschädigung den Anspruch auf den Lohn nicht[37].   14.14

Besteht bei einem Arbeitsverhältnis mit *Gleitzeit* ein Arbeitszeitguthaben, hat dieses – nach einer älteren Gerichtspraxis – auf den Lohnanspruch keinen Einfluss; die Begründung, dass mit der gleitenden Arbeitszeit grundsätzlich nicht Arbeitszeitguthaben geschaffen werden, die später durch Lohnzahlung abgegolten oder durch bezahlte Ferien ausgeglichen werden können[38], trifft auf die heutigen Gleitzeitregelungen allerdings oft nicht mehr zu.

Dass bei monatlichen Lohnzahlungen eine separate Abrechnung in bezug auf den für einige Tage über das Monatsende hinaus bestehenden Lohnanspruch nicht erfolgte, ist nicht entscheidend, wenn angenommen werden kann, dass diese Arbeitstage durch eine zu Beginn des Anstellungsverhältnisses erfolgte spätere Arbeitsaufnahme *kompensiert* worden sind[39].

Unzutreffend wäre es, den in einem sonstigen Verfahren erfolgten *Verzicht* auf Lohnansprüche generell auch als versicherungsrechtlich wirksam zu betrachten[40]. Vielmehr ist bei entsprechenden Verzichten abzuklären, ob diese nicht aus versicherungsrechtlich unmassgebenden Gründen – beispielsweise, um nicht einen Prozess gegen den ehemaligen Arbeitgeber anstrengen zu müssen – erfolgten[41].   14.15

---

34 Vgl. Art. 5 Abs. 2 AHVG sowie Art. 7 ff. AHVG. Vgl. zum Begriff des massgebenden Lohnes eingehend UELI KIESER, Rechtsprechung des Bundesgerichts zum AHVG, Zürich 1996, 40 ff.
35 Vgl. BGE 107 V 109.
36 Vgl. CaseTex Nr. 1399.
37 Vgl. RKUV 1992, 29 f.
38 Vgl. so BGE 102 V 89.
39 Vgl. RKUV 1992, 268.
40 In EVGE 1950, 7 betrachtete das EVG den im Konkurs des Arbeitgebers erfolgten Verzicht als wirksam.
41 Entsprechende Bindungen an einen Drittentscheid werden im Sozialversicherungsrecht auch in anderen Bereichen verneint; vgl. etwa BGE 110 V 374, wo eine im übrigen bestehende Bindung abgelehnt wurde, weil mangels relevanten Streitwertes der Anlass für ein Justizverfahren im Drittbereich nicht gegeben war.

c) Taggelder

14.16 Der Bezug von *Taggeldern*, welcher betragsmässig nach geltender Praxis mindestens dem halben Lohn entsprechen muss[42], schiebt das Ende der Versicherungsdeckung ebenfalls hinaus.

Erfasst sind die in Art. 7 Abs. 1 lit. b UVV – abschliessend[43] – genannten Taggelder, welche – zumindest teilweise[44] – die «Lohnfortzahlung ersetzen»[45]. Dazu sind zu zählen:

14.17 – Taggelder der obligatorischen *Unfallversicherung*[46]: Der Anspruch darauf entsteht am dritten Tag nach dem Unfalltag (vgl. Art. 16 Abs. 2 UVG), und die Taggeldhöhe beträgt bei voller Arbeitsunfähigkeit 80% des versicherten Verdienstes (vgl. Art. 17 Abs. 1 UVG; maximaler versicherter Verdienst gegenwärtig Fr. 97 200.–; vgl. Art. 22 Abs. 1 UVG). Damit die Taggeldleistung mindestens die Hälfte des Lohnes erreicht, muss somit eine Arbeitsunfähigkeit von jedenfalls 63% erreicht sein (80% von 63% = Taggeldleistungen von 50,4% des versicherten Verdienstes).

14.18 – Taggelder der *Militärversicherung*: Die Militärversicherung richtet bei vollständiger Arbeitsunfähigkeit Taggelder in der Höhe von 95% des versicherten Verdienstes aus (vgl. Art. 28 Abs. 2 MVG). Der Höchstbetrag des versicherten Verdienstes liegt dabei gegenwärtig bei Fr. 122 046.– (Art. 15 Abs. 1 MVV). Wenn davon ausgegangen wird, dass zur Weiterführung der obligatorischen Unfallversicherung die Ausrichtung eines Lohnes bzw. von Ersatzeinkünften von mindestens Fr. 48 600.– ausreicht[47], genügt somit bei einer Person, deren Verdienst den Höchstbetrag des in der Militärversicherung erfassten Verdienstes erreicht, eine Arbeitsunfähigkeit von 42% (42% des maximalen versicherten Verdienstes von Fr. 122 046.– = Fr. 51 259.–; 95% davon ergeben Fr. 48 696.–).

14.19 – Taggelder der *Invalidenversicherung*: Solche werden hauptsächlich während der beruflichen oder medizinischen Eingliederung gewährt (vgl. Art. 22 Abs. 1 IVG)[48]. Ihre Bemessung erfolgt im Grundsatz nach den Bestimmungen des EOG (vgl. Art. 24 Abs. 1 IVG). Eine alleinstehende Person erhält deshalb ein Taggeld von 45% des durchschnittlichen vordienstlichen Erwerbseinkommens (vgl.

---

42 Vgl. für eine Kritik daran oben, Rz. 14.10.
43 Vgl. GHÉLEW/RAMELET/RITTER, 32.
44 Nach dem Wortlaut von Art. 7 Abs. 1 lit. b UVV ist eher darauf zu schliessen, dass nur die Taggelder der Krankenkassen sowie der privaten Versicherer diesen «Ersatz»-Charakter aufweisen müssen; vgl. zur Auseinandersetzung auch die Hinweise in BGE 113 V 129 unten.
45 So Art. 7 Abs. 1 lit. b UVV a.E.
46 Anwendungsbeispiel: RKUV 1991, 212 f.
47 Vgl. dazu oben, Rz. 14.9 ff.
48 Vgl. für weitere Sonderfälle Art. 17 ff. IVV.

§ 14 Unfallversicherung

Art. 9 Abs. 2 EOG), wozu gemäss Art. 22ter IVV ein Zuschlag von Fr. 12.– zu rechnen ist. Dies bedeutet, dass – auch bei Berücksichtigung des erwähnten Zuschlages – eine alleinstehende Person bei Ausrichtung von Taggeldern der Invalidenversicherung kaum je auf ein Ersatzeinkommen gelangt, welches die Weiterführung der obligatorischen Unfallversicherung nach sich zieht[49].

– Taggelder der *Erwerbsersatzordnung*: Nach der Praxis[50] beginnt eine neue Nachdeckungsfrist von 30 Tagen, sobald der Anspruch auf Leistungen der Erwerbsersatzordnung – welcher mindestens dem halben Lohn entspricht – aufhört. Dies kann somit dazu führen, dass eine Nachdeckungsfrist von maximal 60 Tagen erreicht werden kann. 14.20

– Taggelder der *Arbeitslosenversicherung*[51]: Seit 1. Januar 1996 führt der Anspruch auf solche Taggelder nicht mehr zum Weiterbestehen der obligatorischen Unfallversicherung; massgebend ist vielmehr die Verordnung über die Unfallversicherung von arbeitslosen Personen[52]. 14.21

– Taggelder der *Krankenkassen*[53] sowie solche einer privaten Kranken- und Unfallversicherung: Vorausgesetzt wird, dass diese Taggelder eine Lohnfortzahlung ersetzen[54]. Erwächst der Anspruch auf dieselben erst nach mehr als 30 Tagen seit dem Ende des Anspruchs auf mindestens den halben Lohn, ist eine Weiterführung der obligatorischen Unfallversicherung nicht mehr möglich; denn es ist davon auszugehen, dass die 30tägige Nachdeckungsfrist verstrichen ist und nicht mehr aufleben kann. Ob die Prämien für die entsprechenden Versicherungen durch den Arbeitnehmer allein oder jedenfalls teilweise durch den Arbeitgeber finanziert werden, kann nicht von Bedeutung sein[55]; dem Gesetz bzw. der Verordnung lässt 14.22

---

49 Dies wird hingegen regelmässig für verheiratete Personen und solche, die mit Kindern zusammenleben, der Fall sein, da diesen eine Entschädigung von 75% des Erwerbseinkommens zusteht (vgl. Art. 9 Abs. 1 EOG in Verbindung mit Art. 4 Abs. 1 EOG).
50 Sie ist wiedergegeben bei MAURER, Unfallversicherungsrecht, 152 f.
51 Vgl. dazu eingehend oben, Rz. 11.1 ff.
52 Vom 24. Januar 1996 (SR 837.171).
53 Vgl. dazu eingehend oben, Rz. 13.5 ff.
54 Vgl. BGE 113 V 129. Zustimmend GHÉLEW/RAMELET/RITTER, 34. Soweit es sich also um Taggelder aus einer Summenversicherung handelt (dazu näheres oben, Rz. 13.28), muss davon ausgegangen werden, dass diese keine Weiterführung der obligatorischen Unfallversicherung bewirken können.
55 Eine andere Auffassung vertritt MAURER, Unfallversicherungsrecht, 144, ohne dieselbe jedoch weiter zu begründen.

sich nichts entnehmen[56], und es werden beispielsweise auch die Taggelder der Militärversicherung nicht durch den Arbeitgeber finanziert[57].

d) Weitere Leistungen des Arbeitgebers

14.23 Die Verordnung nennt zum einen die *Familienzulagen* als Leistungen, welche ebenfalls als Lohn im Sinne von Art. 3 Abs. 2 UVG gelten. Als solche Zulagen sind etwa anzusehen die Kinderzulagen gemäss Art. 6 Abs. 1 EOG, die Haushaltsentschädigungen gemäss Art. 9 Abs. 1 EOG sowie die in Art. 23 Abs. 1 IVG genannten Familienzulagen; dasselbe gilt für die Zulagen gemäss eidgenössischem Familienzulagengesetz[58]. Nicht massgebend ist insoweit, ob die Familienzulagen durch einen Versicherungsträger oder durch den Arbeitgeber ausgerichtet werden[59].

Zum andern gelten auch diejenigen Löhne, auf denen wegen des *Alters* der versicherten Person keine Beiträge der AHV erhoben werden, als Löhne im Sinne von Art. 3 Abs. 2 UVG. Dieser Zusatz erwies sich als erforderlich, weil die Personen im Rentenalter nur einer beschränkten Beitragspflicht unterworfen sind (vgl. Art. 4 Abs. 2 lit. b AHVG) und weil erwerbstätige Kinder bis zum 31. Dezember des Jahres, in welchem sie das 17. Altersjahr zurückgelegt haben, von der Beitragspflicht befreit sind (vgl. Art. 3 Abs. 2 lit. a AHVG[60]).

e) Leistungen ohne Lohncharakter im Sinne von Art. 3 Abs. 2 UVG

14.24 Der Verordnungsgeber hat verschiedene im Zusammenhang mit der Beendigung eines Arbeitsverhältnisses und vergleichbaren Tatbeständen stehende Leistungen von der Unterordnung unter Art. 3 Abs. 2 UVG *ausgenommen*. Andernfalls wären dieselben gemäss Art. 7 Abs. 1 lit. a UVV berücksichtigt worden[61].

---

56 Dies verhält sich beispielsweise anders für den Bereich der beruflichen Vorsorge; hier ist ein Aufschub der Leistungen möglich, wenn die an die Stelle der Invalidenleistung tretenden Taggelder von einer Versicherung erbracht werden, welche vom Arbeitgeber mindestens zur Hälfte mitfinanziert wurde; vgl. Art. 27 lit. b der Verordnung über die berufliche Alters-, Hinterlassenen- und Invalidenvorsorge (BVV 2) vom 18. April 1984 (SR 831.441).
57 Die Militärversicherung wird ausschliesslich durch den Bund finanziert; vgl. Art. 82 MVG.
58 Vgl. Art. 2 des Bundesgesetzes über die Familienzulagen in der Landwirtschaft (FLG) vom 20. Juni 1952 (SR 836.1). GHÉLEW/RAMELET/RITTER, 34, vertreten eine gegenteilige Auffassung.
59 So MAURER, Unfallversicherungsrecht, 144.
60 Für weitere Befreiungstatbestände vgl. Art. 3 Abs. 2 lit. b sowie lit. d AHVG. Im vorliegenden Zusammenhang hat die Befreiung gemäss Art. 3 Abs. 2 lit. b AHVG keine Bedeutung, da sie nicht wegen des Alters der versicherten Person erfolgt.
61 Die in Art. 7 Abs. 2 UVV genannten Bereiche sind – da es sich dabei grundsätzlich um Lohnbestandteile handelt – bei der AHV beitragspflichtig. Zur Qualifikation der Ansprüche aus Art. 337c Abs. 1 OR vgl. SVR 1997 UV Nr. 64.

3. Möglichkeit der Weiterführung der Versicherung durch den Abschluss einer Abredeversicherung

Das Gesetz sieht vor, dass der Versicherer der versicherten Person die Möglichkeit zu bieten hat, die Versicherung durch besondere *Abrede* bis zu 180 Tagen zu verlängern. Damit hat der Gesetzgeber der Erfahrungstatsache Rechnung getragen, dass die Regelung gemäss Art. 3 Abs. 2 UVG (Nachdeckung während 30 Tagen) Versicherungslücken nicht durchwegs zu vermeiden vermag. Wer etwa einen längeren unbezahlten Urlaub bezieht oder zwischen zwei Arbeitsverhältnissen eine zeitliche Pause einlegen will, bedarf möglicherweise einer länger dauernden Absicherung, als sie durch Art. 3 Abs. 2 UVG vorgesehen ist.

14.25

Die Abredeversicherung muss von jedem Versicherer, der die obligatorische Unfallversicherung durchführt, angeboten werden[62]. Deren Abschluss hat vor dem Ende der obligatorischen Unfallversicherung zu erfolgen (vgl. Art. 8 UVV). Massgebend ist dabei nicht das Ende des Arbeitsverhältnisses, sondern dasjenige des Lohnanspruchs bzw. entsprechender Ersatzeinkünfte[63].

14.26

Dass die 180 Tage nach dem letzten Tag, an welchem die obligatorische Unfallversicherung bestand, zu laufen beginnen, ergibt sich aus dem Wortlaut von Art. 3 Abs. 3 UVG[64]. Dies bedeutet etwa, dass eine Abredeversicherung noch während derjenigen Zeit abgeschlossen werden kann, während welcher von der obligatorischen Unfallversicherung Taggelder ausgerichtet werden, die mindestens dem halben Lohn entsprechen.

Erhebliche durchführungstechnische Schwierigkeiten entstehen, wenn die Ersatzleistungen rückwirkend eingestellt werden. Denn in einem solchen Fall entsteht die Notwendigkeit, eine Abredeversicherung abzuschliessen, in einem Zeitpunkt, in welchem bereits keine Leistungen mehr zu erbringen sind, was grundsätzlich den Abschluss ausschliesst. In solchen Fällen muss aber angenommen werden, dass – beispielsweise innert 30 Tagen nach Kenntnisnahme der rückwirkenden Einstellung – eine Abredeversicherung noch abgeschlossen werden kann.

Noch heiklere Schwierigkeiten ergeben sich, wenn die rückwirkende Einstellung der Ersatzleistungen auf dem Rechtsmittelweg angefochten wird[65].

---

62 Vgl. den Wortlaut von Art. 3 Abs. 3 UVG sowie MAURER, Unfallversicherungsrecht, 156 f. (insbesondere auch zur – grundsätzlich zu bejahenden – Frage, ob eine Abredeversicherung bei einem anderen Versicherer abgeschlossen werden kann, als die obligatorische Unfallversicherung bestanden hat).

63 Vgl. im einzelnen oben, Rz. 14.5 ff. zur Frage, wann die Versicherungsdeckung endet.

64 Dies wurde im übrigen auch anlässlich der parlamentarischen Beratung festgehalten; vgl. Amtl. Bull. Nationalrat 1979 165 (Nationalrat Jelmini).

65 Durchführungstechnisch einfach zu bewältigen wäre es, wenn Art. 8 UVV dahingehend ausgelegt würde, dass die Abredeversicherung vor dem Ende des Arbeitsverhältnisses abgeschlossen werden muss; dabei müsste aber angenommen werden, dass die Versicherungsdeckung erst mit dem Ende der obligatorischen Unfallversicherung einsetzen würde; dieser Auslegung steht jedoch der Wortlaut der Bestimmung entgegen.

Der Abschluss dieser Versicherung hat einzeln oder kollektiv zu erfolgen. In der Literatur wird dabei die Auffassung vertreten, dass die Versicherer nicht verpflichtet sind, beide Formen anzubieten[66].

Dieser Auffassung kann nur insoweit zugestimmt werden, als keine Pflicht besteht, zur Einzelabredeversicherung zusätzlich eine Kollektivversicherung zu führen. Denn wenn nur eine Kollektivabredeversicherung angeboten würde, könnte der einzelne Arbeitnehmer in die Lage kommen, keine Abredeversicherung abschliessen zu können, wenn dessen Arbeitgeber sich weigern würde, eine Kollektivversicherung abzuschliessen. Dies verträgt sich nicht mit dem Sinn von Art. 3 Abs. 3 UVG[67].

14.27 Wie der Versicherte über die Abredeversicherung *aufgeklärt* werden soll, ergibt sich weder aus Art. 3 Abs. 3 UVG noch aus Art. 8 UVV; hingegen gebietet es die allgemeine Informationspflicht, wie sie durch Art. 72 UVV geregelt wird, dass der Arbeitnehmer über die Möglichkeit der Abredeversicherung hinreichend aufgeklärt wird.

Nach der Gerichtspraxis kann diese Aufklärung erfolgen etwa durch einen Aushang am ständigen Anschlag im Betrieb oder durch Informationen an Betriebsversammlungen Diese Informationsmittel vermögen früher eine Bedeutung gehabt haben; in der heutigen Arbeitswelt sind sie indessen untauglich und über weite Strecken ungebräuchlich[68].

Dabei obliegt dem Versicherer die Beweislast sowohl dafür, dass der Arbeitgeber durch den Versicherer informiert wurde, als auch insoweit, als die Erfüllung der Informationspflicht durch den Arbeitgeber in Frage steht[69]. Steht nicht mit überwiegender Wahrscheinlichkeit fest, dass die Informationspflicht wahrgenommen wurde, ist eine Berufung durch den Versicherten auf den Vertrauensschutz möglich; was die Voraussetzung betrifft, dass die Disposition des Arbeitnehmers aus unterbliebener Informationspflicht kausal verursacht wurde, sind beweismässig keine hohen Anforderungen zu stellen[70].

14.28 Durch die Abredeversicherung wird die *Nichtberufsunfallversicherung* verlängert. Deshalb können Arbeitnehmer, welche lediglich für Berufsunfälle versichert sind[71], eine Abredeversicherung nicht abschliessen[72]. Da es sich insoweit um eine Weiterführung der obligatorischen Versicherung handelt, ist die Abredeversicherung

---

66 Vgl. MAURER, Unfallversicherungsrecht, 156.
67 Vgl. auch den Wortlaut der Bestimmung: «... dem Versicherten ...».
68 Vgl. BGE 121 V 33. Der vom Gericht zitierte MAURER, Unfallversicherungsrecht, 75 f., verweist denn auch auf die lebensnäheren Informationsmittel des Zirkulars oder des an die Versicherten direkt gerichteten Mitteilungsblattes.
69 Zum Handlungsbedarf auf Seiten des Arbeitgebers allgemein vgl. unten, Rz. 14.45.
70 Vgl. zur Informationspflicht und zu den beweisrechtlichen Fragen den massgebenden Entscheid BGE 121 V 28 ff.
71 Es handelt sich dabei um Teilzeitbeschäftigte, welche bei keinem Arbeitgeber mindestens zwölf Stunden erwerbstätig sind (vgl. Art. 13 Abs. 1 UVV).
72 Ebenso MAURER, Unfallversicherungsrecht, 155.

grundsätzlich[73] in jeder Hinsicht den Bestimmungen der obligatorischen Unfallversicherung unterstellt.

Nach der Praxis *erlischt* die Abredeversicherung, wenn während deren Laufzeit eine neue Erwerbstätigkeit mit einer Arbeitszeit von mindestens zwölf Stunden pro Woche aufgenommen wird[74]. Wird diese Arbeit vor Ablauf der Abredeversicherung wieder aufgegeben, lebt dieselbe wieder auf und verlängert sich um die Dauer der Erwerbstätigkeit (zuzüglich der Nachdeckungsfrist)[75]. 14.29

Nach der Praxis der Unfallversicherer wird von einem entsprechenden Wiederaufleben nur ausgegangen, sofern der Abredeversicherer auch der Versicherer der vorübergehend aufgenommenen Erwerbstätigkeit ist. Es ist fraglich, ob diese Praxis mit Art. 4 BV vereinbar ist. Denn es ist nicht einsehbar, dass es sich bei der Frage, welches der Versicherer der Erwerbstätigkeit ist, um ein sachliches Kriterium handelt, welches eine Ungleichbehandlung der beiden Tatbestände erlauben würde[76].

4. Aufnahme einer selbständigen Erwerbstätigkeit

Wer eine *selbständige Erwerbstätigkeit* aufnimmt, kann sich – bei Wohnsitz in der Schweiz – freiwillig der Unfallversicherung unterstellen (Art. 4 Abs. 1 UVG)[77]. Für solche Personen gelten die Bestimmungen der obligatorischen Unfallversicherung sinngemäss (Art. 5 Abs. 1 UVG)[78]; in einzelnen Bereichen sind analog die Bestimmung des Versicherungsvertragsgesetzes anwendbar[79]. Die vom Bundesrat erlassenen ergänzenden Bestimmungen betreffen insbesondere den Beitritt, den Rücktritt, den Ausschluss sowie die Prämienbemessung[80]. 14.30

Zu beachten ist, dass der *Versicherungsschutz* nicht mit der Aufnahme der Tätigkeit, sondern mit dem vertragsmässig festgelegten Tag beginnt (vgl. Art. 136 UVV). Eine Einschränkung der Möglichkeit, eine freiwillige Versicherung abzuschliessen, besteht bei Erreichen des AHV-Alters; hier legt Art. 134 Abs. 2 UVV

---

73 Eine Ausnahme besteht etwa in bezug auf die Finanzierung; für die Abredeversicherung wird gegenwärtig eine Prämie von rund 50 Rappen pro Tag erhoben; es handelt sich um eine sehr günstige Versicherung.
74 Es muss angenommen werden, dass ein Anspruch auf anteilsmässige Rückerstattung der Prämien besteht.
75 Vgl. dazu CaseTex Nr. 2127.
76 Die Bindung der Verwaltungsträger an die Minimalgarantien des Art. 4 BV ergibt sich daraus, dass von einem hoheitlichen Handeln auszugehen ist; vgl. dazu näheres etwa bei ULRICH MEYER-BLASER, Die Bedeutung von Art. 4 Bundesverfassung für das Sozialversicherungsrecht, ZSR 111 II (1992) 428.
77 Zum Ende der Versicherungsdeckung bei der freiwilligen Versicherung vgl. Art. 137 UVV.
78 Vgl. für ein Beispiel RKUV 1994, 49 ff. (versicherter Verdienst in der freiwilligen Versicherung).
79 Bundesgesetz über den Versicherungsvertrag vom 2. April 1908 (SR 221.229.1) (VVG). MAURER, Unfallversicherungsrecht, 150, nennt den Prämienverzug sowie die Folgen der Verletzung der Anzeigepflicht.
80 Vgl. Art. 5 Abs. 2 UVG sowie die Regelung in Art. 135 ff. UVV.

fest, dass eine solche Versicherung nur dann neu begründet werden kann, wenn unmittelbar zuvor während mindestens eines Jahres eine obligatorische Versicherung bestand.

Diese Regelung ist wohl kaum vom Gesetz gedeckt; denn der Bundesrat ist lediglich zum Erlass ergänzender Vorschriften ermächtigt (vgl. Art. 5 Abs. 2 UVG), und Art. 4 Abs. 1 UVG sieht die uneingeschränkte Möglichkeit des Abschlusses einer freiwilligen Versicherung vor[81].

Eine freiwillige Versicherung vermag auch abzuschliessen, wer nur teilweise als Arbeitnehmer erwerbstätig ist (vgl. Art. 134 UVV).

Ein *Kontrahierungszwang* besteht nicht. Immerhin ist anzunehmen, dass in denjenigen Fällen, in denen ein Selbständigerwerbender keine abschlusswillige Unfallversicherung findet[82], dieser die Ersatzkasse[83] um Bestimmung eines Versicherers ersuchen kann[84]; schlechte Risiken werden allerdings mit hohen Prämien zu rechnen haben[85].

5. Zuständigkeiten

14.31 Wird das Ende der Versicherungsdeckung durch Weiterentrichtung mindestens des halben Lohnes bzw. von Ersatzeinkünften hinausgeschoben, bleibt zur Leistungserbringung der *Unfallversicherer des Arbeitgebers* zuständig; es verhält sich nicht etwa so, dass in solchen Fällen die Ersatzkasse leistungspflichtig wird[86].

6. Ruhen der Versicherung

14.32 Durch Art. 3 Abs. 4 UVG werden insbesondere Zeiten der *Doppelversicherung* ausgeschlossen. Wer der schweizerischen[87] Militärversicherung oder einer ausländischen obligatorischen Unfallversicherung untersteht, vermag keine Leistungen der obligatorischen Unfallversicherung zu beanspruchen.

---

81 Auch FRANZ SCHLAURI, Die soziale Sicherung der Altersarbeit, in: Schweizerische Zeitschrift für Sozialversicherung und berufliche Vorsorge, 1992, 44 ff., erhebt Einwände gegen die Gesetzmässigkeit dieser Bestimmung; MAURER, Unfallversicherungsrecht, 128, bezeichnet die Bestimmung unter einem anderen Aspekt als «unbefriedigend».
82 Art. 135 Abs. 1 UVV schränkt allerdings die Wahl erheblich ein; kritisch zur Gesetzmässigkeit dieser Bestimmung MAURER, Unfallversicherungsrecht, 60 Fn. 60.
83 Vgl. zu dieser Art. 72 ff. UVG.
84 Vgl. MAURER, Unfallversicherungsrecht, 127 Fn. 214.
85 Art. 139 Abs. 1 Satz 2 UVV legt nämlich fest, dass die Prämien so zu bemessen sind, dass die freiwillige Versicherung selbsttragend ist.
86 Vgl. BGE 120 V 493 f.
87 Kein Ruhen der Versicherungsdeckung – hingegen eine Leistungsverweigerung (vgl. Art. 49 Abs. 1 lit. a UVV) – tritt ein bei ausländischem Militärdienst; ebenso GHÉLEW/RAMELET/RITTER, 35.

Beim Stellenwechsel oder bei einer Entlassung ist diese Bestimmung deshalb von Bedeutung, weil die in Art. 3 Abs. 2 UVG festgelegte 30tägige Nachdeckungsfrist nicht zu laufen beginnt bzw. stillsteht, wenn die obligatorische Versicherung ruht[88]. Wenn in unmittelbarem Anschluss an die Aufgabe einer schweizerische Beschäftigung eine ausländische Arbeitsstelle, bei welcher eine obligatorische Unfallversicherung besteht, angetreten wird, nimmt – falls letztere aufgegeben wird – erst in jenem Zeitpunkt die Nachdeckungsfrist ihren Lauf.

Dies kann zu eigenartigen Deckungsverhältnissen führen: Wer per 31. März die schweizerische Stelle aufgibt und am 1. April die neue ausländische Stelle antritt, ist bei einer – mehrere Jahre später erfolgenden – Aufgabe der ausländische Stelle für 30 Tage der schweizerischen obligatorischen Unfallversicherung unterstellt[89].

IV. Versicherungsschutz bei bereits eingetretenem Versicherungsfall

1. Umfang der Leistungen der obligatorischen Unfallversicherung

Die obligatorische Unfallversicherung sieht als Leistungen neben Pflegeleistungen und Kostenvergütungen hauptsächlich *Geldleistungen* vor[90]. Fragen werfen der Stellenwechsel und die Entlassung insbesondere im Zusammenhang mit der letztgenannten Leistungskategorie auf. Es handelt sich dabei um in der Praxis überaus relevante Fragen.

14.33

Grundsätzlich ist für die Festlegung des *versicherten Verdienstes* massgebend der letzte vor dem Aufhören des Lohnanspruches gemäss Art. 3 Abs. 2 bzw. Abs. 3 UVG bezogene Lohn[91]. Da in manchen Fällen die Versicherungsdeckung weit über diesen Zeitpunkt hinaus bestehen kann, muss angenommen werden, dass die in Art. 23 sowie Art. 24 UVV festgelegten Sonderbestimmungen analog Anwendung finden; wer also einen Unfall während einer zeitlich weit vom Aufhören des Lohnanspruches entfernten Nachdeckungsfrist erleidet, hat Anspruch darauf, dass derjenige Verdienst berücksichtigt wird, welchen er während der Nachdeckungsfrist erzielt hätte. Nur dadurch können nämlich die sonst eintretenden unbillig erscheinenden Nachteile vermieden werden[92].

14.34

---

88 So auch CaseTex Nr. 1372.
89 Vgl. für einige weitere Spezialfragen GHÉLEW/RAMELET/RITTER, 36.
90 Pflegeleistungen stellen Heilbehandlungen dar (Art. 10 UVG); als Kostenvergütungen fallen etwa der Ersatz von Sachschaden, von Reise-, Transport- oder Rettungskosten in Betracht (Art. 11 ff. UVG); Geldleistungen werden in Form von Taggeldern, Renten, Integritätsentschädigungen sowie Hilflosenentschädigungen erbracht (Art. 16 ff. UVG).
91 So CaseTex Nr. 1329 bezüglich der Abredeversicherung.
92 Dies stellt den Grund dar, dass die in Art. 23 f. UVV festgelegten Sonderbestimmungen in die Verordnung aufgenommen wurden; vgl. dazu MAURER, Unfallversicherungsrecht, 326.

14.35 Erleidet jemand einen Unfall und werden ihm in der Folge *Taggelder* der obligatorischen Unfallversicherung ausgerichtet, müssen diese *angepasst* werden, wenn die Taggeldberechtigung mindestens drei Monate gedauert hat und der Lohn der versicherten Person um mindestens 10% erhöht worden wäre[93]. Wer also wegen eines Unfalles eine Stelle nicht anzutreten vermag, bei welcher ein höherer Lohn ausgerichtet worden wäre, hat Anspruch darauf, dass das Taggeld entsprechend angepasst wird; dasselbe gilt, wenn der Lohn wegen einer Änderung des Arbeitspensums (beispielsweise wegen eines Wechsels von einer teilzeitlichen Anstellung in eine ganztägige Beschäftigung) angestiegen wäre[94]; ebenso zu behandeln ist etwa ein Fall, in welchem die versicherte Person sich in einer Einarbeitungsphase befunden hat und in der Folge beim gleichen Arbeitgeber eine besser entlöhnte Stelle hätte antreten können. Immerhin muss vorausgesetzt werden, dass der – anzunehmende – Eintritt der Lohnerhöhung mit überwiegender Wahrscheinlichkeit nachgewiesen wird[95].

Allerdings erscheint als verfehlt, zu verlangen, dass diese Erhöhung bereits vor dem Zeitpunkt des Unfalls voraussehbar gewesen sein muss[96]; denn sehr oft werden entsprechende Gesichtspunkte erst danach erkennbar werden. Bereits die Praxis macht eine Ausnahme bei schicksalshaften Umständen wie Tod, Invalidität, Konkurs des Ehepartners oder Scheidung[97]. Die hier massgebenden Gründe sind den in Art. 14 Abs. 1 und 2 AVIG genannten vergleichbar. Analog zu behandeln ist aber auch etwa ein unvorhersehbar eintretender sonstiger Umstand (wie etwa das Freiwerden einer besser entlöhnten Stelle).

Festzuhalten ist, dass eine voraussehbar eingetretene *Lohnverminderung* nicht zu einer Herabsetzung des Taggeldes zu führen vermag; dieses darf also selbst dann nicht neu bemessen werden, wenn feststeht, dass die versicherte Person in eine Teilzeitbeschäftigung gewechselt hätte[98].

Ausgeschlossen ist die analoge Anwendung der soeben dargestellten Regelung auf die Festsetzung des für den Rentenanspruches massgebenden versicherten Verdienstes[99]; immerhin gilt in bestimmten Fällen eine besondere Regelung[100].

---

[93] Vgl. Art. 23 Abs. 7 UVV. Damit wird in einem wesentlichen Bereich von der Grundregel abgewichen, wonach bei der Festlegung der Leistungen von demjenigen Einkommen auszugehen ist, auf welchem Prämien erhoben wurden.
[94] Vgl. RKUV 1994, 211; RKUV 1994, 272.
[95] Keine besonderen Schwierigkeiten bestehen etwa beim Abschluss eines Lehrverhältnisses; hier wird regelmässig angenommen, dass in der Folge eine – besser entlöhnte – Erwerbstätigkeit aufgenommen wird.
[96] So die Praxis in RKUV 1994, 211.
[97] Vgl. etwa RKUV 1994, 272.
[98] So auch MAURER, Unfallversicherungsrecht, 329.
[99] Vgl. RKUV 1994, 34. Vgl. allerdings die besondere Regelung in Art. 24 Abs. 2 UVV.
[100] Vgl. dazu Art. 24 UVV sowie die ausführliche Darstellung bei MAURER, Unfallversicherungsrecht, 329 ff. – Zum Anwendungsbereich von Art. 24 Abs. 4 und Abs. 5 UVV vgl. BGE 122 V 110 ff.

§ 14 Unfallversicherung

Einzugehen ist sodann auf die Umschreibung der Arbeitsfähigkeit. Ist dieselbe eingeschränkt, besteht nach Art. 16 Abs. 1 UVG Anspruch auf ein Taggeld. Dabei bemisst sich der Grad der Arbeitsunfähigkeit grundsätzlich im Hinblick auf die bisherige Tätigkeit der versicherten Person. Allerdings erfolgt eine *Ausweitung* dieses Bereiches, wenn das Ausweichen auf einen anderen Tätigkeitsbereich zumutbar ist[101]. In einem solchen Fall muss allerdings gegebenenfalls eine Anpassungszeit berücksichtigt werden; diese kann durchaus mehrere Monate umfassen[102].

14.36

2. Ende der Leistungspflicht der obligatorischen Unfallversicherung

Leistungen der obligatorischen Unfallversicherung sind *unabhängig* von der Weiterführung bzw. Nichtweiterführung desjenigen Arbeitsverhältnisses, welches zur Unterstellung unter diese Versicherung geführt hat, zu gewähren. In diesem Versicherungszweig stehen die etwa im Privatversicherungsbereich möglichen Leistungsbegrenzungen[103] nicht zur Verfügung. Dies bedeutet, dass die Heilbehandlung so lange zu gewähren ist, als eine namhafte Besserung des Gesundheitszustandes noch erwartet werden kann[104]; Taggelder sind bis zur Erlangung der vollen Arbeitsfähigkeit (bzw. bis zum Rentenbeginn oder dem Tod der versicherten Person) auszurichten[105].

14.37

3. Rückfälle, Spätfolgen sowie sonstige Änderungen der für die Leistungsausrichtung massgebenden Verhältnisse

a) Rückfälle

Ein *Rückfall* wird angenommen, wenn ein vermeintlich geheiltes Leiden wieder aufflackert und erneut eine ärztliche Behandlung erforderlich macht[106]. Der Rückfall ist – wie ein Unfall – der Versicherung zu melden[107]. Er schliesst somit an ein bestehendes Unfallereignis an, und es kann deshalb eine Leistungspflicht des

14.38

---

101 Vgl. BGE 115 V 133.
102 Vgl. dazu etwa RSKV 1978, 90, wo bei einer ausgeglichenen Arbeitsmarktlage die Gewährung einer viermonatigen Anpassungszeit nicht beanstandet wurde. Vgl. zur analogen Frage in der Krankenversicherung oben, Rz. 13.26.
103 Vgl. dazu die Ausführungen unten, Rz. 14.44.
104 Vgl. BGE 116 V 44.
105 Eine volle Arbeitsfähigkeit ist anzunehmen, wenn es der versicherten Person möglich ist, am angestammten Arbeitsplatz – bzw. im zumutbaren Tätigkeitsbereich – wieder uneingeschränkt nutzbringend tätig zu sein (vgl. BGE 111 V 239).
106 Vgl. zum Begriff BGE 118 V 296.
107 Vgl. BGE 118 V 296 mit Hinweisen.

damals zuständigen Unfallversicherers nur angenommen werden, wenn zwischen der bei diesem Unfall erlittenen Gesundheitsschädigung und den erneuten Beschwerden ein natürlicher und adäquater Kausalzusammenhang[108] besteht[109].

Von Bedeutung ist insbesondere, dass nach der Praxis bei organischen Unfallfolgen die Adäquanzprüfung keine selbständige Bedeutung mehr hat, wenn die Beweiswürdigung das Vorliegen eines natürlichen Kausalzusammenhanges ergeben hat. Anders behandelt die Praxis hingegen psychogene Beschwerden[110].

Keine Bedeutung hat demgegenüber die seit dem Unfallereignis verflossene Zeit; der Anspruch auf Leistungen aus einem Rückfall kann weder verjähren noch verwirken[111].

Bei einem Rückfall bleibt somit der *frühere Unfallversicherer* zuständig; Stellenwechsel und Entlassung haben insoweit keinen Einfluss. Allerdings vermag die im Anschluss an einen Rückfall einsetzende Taggeldberechtigung nicht zum Wiederaufleben der Versicherungsdeckung zu führen[112].

14.39 Art. 23 Abs. 8 UVV regelt die *Bemessung des Taggeldes* bei einem Rückfall. Massgebend ist der unmittelbar zuvor bezogene Lohn; dabei ist der Begriff «unmittelbar» als zeitliche Umschreibung zu verstehen[113]. Mindestens ist jedoch ein Tagesverdienst von 10 Prozent des Höchstbetrages des versicherten Tagesverdienstes massgebend, welche Regelung die Problematik jener versicherten Personen betrifft, welche vor Eintritt des Rückfalles keinen Lohn bezogen haben[114].

Entsteht wegen eines Rückfalles in der Folge ein *Rentenanspruch*, ist grundsätzlich auf den letzten vor dem Unfall bezogenen Lohn abzustellen; anderes gilt – zum Vorteil der versicherten Person – unter den Voraussetzungen von Art. 24 Abs. 2 UVV[115].

---

108 Vgl. eingehend zu den Fragen des Kausalzusammenhangs in der Sozialversicherung ULRICH MEYER-BLASER, Kausalitätsfragen aus dem Gebiet des Sozialversicherungsrechts, in: Schweizerische Zeitschrift für Sozialversicherung und berufliche Vorsorge 1994, 81 ff.
109 Vgl. BGE 118 V 296 f.
110 Vgl. die Darstellung bei MEYER-BLASER, Kausalitätsfragen, a.a.O., 99 f.
111 Vgl. dazu MAURER, Unfallversicherungsrecht, 277.
112 Vgl. BGE 120 V 69. Vgl. dazu auch oben, Rz. 14.22.
113 BGE 117 V 172 f. – Offengelassen hat das EVG, ob diese Wendung einer Auslegung im Sinne einer gewissen zeitlichen Ausdehnung zugänglich ist.
114 Vgl. die Hinweise in BGE 117 V 172 E. 4.c.
115 Vgl. ein Beispiel in RKUV 1988, 223. Zur Anwendung der Bestimmung auf Rückfälle vgl. auch MAURER, Bundessozialversicherungsrecht, 366. Im Bereich der Renten fehlt eine der Bestimmung von Art. 23 Abs. 8 UVV (Taggeldbemessung bei Rückfall) entsprechende Regelung. Vgl. zur Frage auch BGE 99 V 16 ff.

b) Spätfolgen

Spätfolgen liegen vor, wenn ein scheinbar geheiltes Leiden im Verlaufe längerer   14.40
Zeit organische oder auch psychische Veränderungen bewirkt, welche zu einem
andersgearteten Krankheitsbild führen können[116]. Sie werden grundsätzlich gleich
behandelt wie Rückfälle. Letzteres betrifft auch die Bemessung des Taggeldes.
Zwar spricht Art. 23 Abs. 8 UVV lediglich vom Rückfall, doch wird in Art. 21
Abs. 3 UVG der Grundsatz, wonach das Taggeld nach dem letzten vor der erneut
erforderlichen Behandlung erzielten Verdienst zu bemessen ist, auch in bezug auf
Spätfolgen genannt; daraus muss entnommen werden, dass der Gesetzgeber Rückfälle und Spätfolgen grundsätzlich gleich behandeln will[117].

c) Erneuter Unfall

Die Leistungspflicht bei einem erneuten Unfall wird durch Art. 100 UVV geregelt.   14.41
Die oft recht komplizierten Tatbestände bei solchen Fällen erfordern eine Regelung
betreffend die Bestimmung des zuständigen Versicherers. *Leitgedanke* ist dabei,
dass sich die versicherte Person an einen Versicherer soll halten können[118]. Ferner
statuiert die Bestimmung eine Ausgleichspflicht unter den beteiligten Versicherern.

Festzuhalten ist, dass Art. 100 UVV regelmässig voraussetzt, dass auch im
Zeitpunkt des zweiten Unfalles eine Unterstellung unter die obligatorische Versicherung bestand[119]. Dies bedeutet, dass die Bestimmung für diejenigen versicherten
Personen, welche im Zeitpunkt des zweiten Unfalles der obligatorischen Versicherung nicht unterstellt waren, nicht anwendbar ist. In solchen Fällen ändert das
Hinzutreten eines weiteren Unfalles grundsätzlich nichts an der Leistungspflicht
des Unfallversicherers.

Beispiel[120]: Verlust des rechten Daumens durch ein versichertes Unfallereignis; später Amputation des
rechten Arms durch einen nicht versicherten Vorfall. Hier bleibt der (allfällige) Anspruch auf eine Rente
des Unfallversicherers bestehen.

Unter bestimmten Voraussetzungen hat der Unfallversicherer aber auch für die
Verschlimmerung der Folgen des ersten Unfalles durch einen zweiten einzustehen
oder selbst für einen späteren Unfall einzustehen[121].

---

116   Vgl. BGE 118 V 296.
117   Dieser Parallelismus der Behandlung von Rückfällen und Spätfolgen erscheint auch in den
      Materialien (vgl. etwa die Hinweise in BGE 117 V 175). Vgl. auch etwa die einheitliche Behandlung
      von Rückfällen und Spätfolgen bei MAURER, Bundessozialversicherungsrecht, 354.
118   Vgl. dazu auch MAURER, Unfallversicherungsrecht, 71 ff.
119   Vgl. zur diesbezüglichen Auslegung von Art. 100 Abs. 1 UVV BGE 120 V 73.
120   Entnommen aus OMLIN, 141 Fn. 507.
121   Vgl. im einzelnen OMLIN, 141 ff. Die Frage beantwortet sich im wesentlichen nach dem Bestehen
      eines Kausalzusammenhanges.

d) Revisionsfälle

14.42 Es kann der Fall eintreten, dass eine rentenberechtigte Person, welche teilzeitlich erwerbstätig ist, eine neue Stelle antritt bzw. die bisher innegehabte Stelle verliert. Solche Entwicklungen vermögen einen Einfluss auf die *Bemessung des Invaliditätsgrades* auszuüben.

Der Invaliditätsgrad wird so bemessen, dass das Valideneinkommen (= Erwerbseinkommen, welches die versicherte Person erzielen könnte, wenn sie nicht invalid geworden wäre) dem Invalideneinkommen (= Erwerbseinkommen, das sie nach Eintritt der unfallbedingten Invalidität und nach Durchführung allfälliger Eingliederungsmassnahmen durch eine ihr zumutbare Tätigkeit bei ausgeglichener Arbeitsmarktlage erzielen könnte)[122] gegenübergestellt wird. Der derart festgesetzte Invaliditätsgrad kann sich – beispielsweise wegen einer Verschlechterung des Gesundheitsschadens – ändern, was zu einer Revision der Rente führt. Stellenwechsel bzw. Entlassung einer rentenberechtigten Person können die wirtschaftlichen Auswirkungen des gleichgebliebenen Gesundheitszustandes beeinflussen. Auch dies stellt einen Rentenrevisionsgrund dar[123].

14.43 So unterliegt die Rente des früheren Bauhandlangers der Revision, wenn er zum Gruppenchef im Betonwerk befördert worden ist[124]; dasselbe gilt für den Bauführer, welcher zum technischen Direktor aufsteigt[125]. Denn dadurch erhöht sich das Invalideneinkommen, weshalb im Vergleich zum Valideneinkommen ein niedrigerer Invaliditätsgrad resultiert. Allerdings ist regelmässig zu prüfen, ob nicht zugleich das Valideneinkommen angestiegen wäre, was eine Revision ausschliessen würde.

Eine Entlassung einer rentenberechtigten Person vermag unter Umständen zu einer Erhöhung des Invaliditätsgrades zu führen. Dies verhält sich dann so, wenn eine zumutbare Tätigkeit selbst bei ausgeglichener Arbeitsmarktlage nicht mehr gefunden werden kann[126]. Hier sinkt mit der Entlassung das Invalideneinkommen, weshalb sich eine Erhöhung des Invaliditätsgrades ergibt.

---

122 Vgl. Art. 18 Abs. 2 UVG. Vgl. zur Festlegung des Invaliditätsgrades in der Unfallversicherung allgemein OMLIN, passim.
123 Vgl. BGE 119 V 478.
124 Vgl. den bei RUMO-JUNGO, Rechtsprechung, 127, zitierten Entscheid des EVG (veröffentlicht in SUVA-Jahresbericht 1972, 19).
125 Vgl. den bei RUMO-JUNGO, Rechtsprechung, 127, zitierten Entscheid des EVG (veröffentlicht in SUVA-Jahresbericht 1977, 5 f.).
126 Dies verhält sich bei gewissen Berufen so, die früher ausgeübt werden konnten, heute jedoch völlig oder weitgehend verschwunden sind (z.B. Schriftsetzer, Melker).

V. Hinweise auf Zusatzversicherungen

Die obligatorische Unfallversicherung stellt im Leistungsbereich grundsätzlich auf   14.44
den versicherten Verdienst ab[127]. Dieser beträgt gegenwärtig höchstens
Fr. 97 200.– pro Jahr bzw. Fr. 267.– pro Tag (Art. 22 Abs. 1 UVG). Wer weitergehende Leistungen erhalten will, muss sich über *Zusatzversicherungen* abdecken.

Solche können – neben den Privatversicherern – von den Unfallversicherern gemäss Art. 68 Abs. 1 UVG – nicht jedoch von der SUVA – betrieben werden[128]. Sie unterstehen dem Unfallversicherungsgesetz nicht. Häufig werden sie von einem Arbeitgeber für bestimmte Kategorien von Arbeitnehmerinnen und Arbeitnehmern abgeschlossen.

Ist abzuklären, ob beim Stellenwechsel oder bei der Entlassung die *Versicherungsdeckung* endet, muss die Police der betreffenden Zusatzversicherung konsultiert werden. Versicherungen, die durch den Arbeitgeber abgeschlossen werden, sehen in der Regel vor, dass mit dem Austritt die Versicherungsdeckung erlischt. Besondere Beachtung ist der Frage zu schenken, ob – bei einem *bereits eingetretenen Unfall* – die Leistungspflicht beim Austritt beschränkt wird[129].

VI. Pflichten des Arbeitgebers

Da die obligatorische Unfallversicherung eine Arbeitnehmerversicherung ist[130],   14.45
ergeben sich für die Arbeitgeber beim Stellenwechsel und der Entlassung *weitergehende Pflichten* als etwa bei der Krankenversicherung[131]. Neben der grundlegenden Pflicht, die Arbeitnehmer zu versichern (vgl. Art. 69 UVG), ist insbesondere Art. 72 UVV von Bedeutung. Diese Bestimmung verpflichtet die Arbeitgeber, die ihnen von den Unfallversicherern zugekommene ausreichende Information an die Arbeitnehmer weiterzugeben; dies kann etwa in der Form eines an die versicherten

---

127 Dies gilt für Taggelder sowie Renten (Art. 15 Abs. 1 UVG), Abfindungen (Art. 23 Abs. 1 UVG), Integritätsentschädigungen (Art. 25 Abs. 1 UVG), Hilflosenentschädigungen (Art. 27 UVG), Rettungs-, Bergungs-, Reise- und Transportkosten im Ausland (Art. 20 Abs. 2 UVV), Kosten von Leichentransporten im Ausland (Art. 21 Abs. 1 UVV), Bestattungskosten (Art. 14 Abs. 2 UVG).
128 Vgl. bezüglich der SUVA MAURER, Unfallversicherungsrecht, 49. – Die Befugnis der übrigen Unfallversicherer ergibt sich aus Art. 70 Abs. 1 UVG.
129 Vgl. näheres zu solchen regelmässig einschneidenden Bestimmungen, welche auch im Bereich der Krankenversicherung vorkommen, näheres oben, Rz. 13.28.
130 Vgl. dazu MAURER, Unfallversicherungsrecht, 106 ff.
131 Vgl. dazu oben, Rz. 13.31.

Personen gerichteten Schreibens erfolgen[132]. Eine weitere Informationspflicht enthält Art. 10 Abs. 1 KVG[133].

VII. Verfahren und Rechtsschutz

14.46 Die obligatorische Unfallversicherung wird durch die SUVA sowie durch die anderen Versicherer gemäss Art. 68 UVG vollzogen. Während die SUVA dem *Verwaltungsverfahrensgesetz* untersteht[134], sind die anderen Versicherer grundsätzlich nur den im Unfallversicherungsgesetz selbst enthaltenen verfahrensrechtlichen Bestimmungen unterworfen[135].

Diese Regelung ist zu kritisieren. Es ist nicht einsehbar, weshalb die Person des Trägers der Unfallversicherung zu bestimmen vermag über die anwendbare Verfahrensordnung. Die Praxis hat immerhin in Teilbereichen festgelegt, dass Bestimmungen des VwVG ebenfalls für diese Versicherer gelten[136].

Soweit ein Anspruch aus einer Zusatzversicherung zu beurteilen ist, handelt es sich – da dieser auf einem privatrechtlichen Versicherungsvertrag beruht – um einen auf dem zivilprozessualen Weg zu verfolgenden Anspruch.

14.47 Der Versicherer hat über erhebliche Leistungen und Forderungen sowie über solche, mit denen die betroffene Person nicht einverstanden ist, eine schriftliche *Verfügung* zu erlassen (Art. 99 UVG). Dagegen kann innert 30 Tagen bei der verfügenden Stelle Einsprache erhoben werden (Art. 105 Abs. 1 UVG). Einspracheentscheide unterliegen der Beschwerde an die kantonale Gerichtsinstanz, welche – soweit es sich um Versicherungsleistungen handelt – innert dreier Monate anzurufen ist (Art. 106 Abs. 1 UVG). Das kantonale Gerichtsverfahren hat den in Art. 108 Abs. 1 UVG festgelegten Mindestanforderungen zu genügen. Das Verfahren ist kostenlos, und dem Versicherer steht kein Anspruch auf eine Entschädigung zu; es gilt das Untersuchungsprinzip; grundsätzlich hat eine öffentliche Verhandlung stattzufinden.

Wichtige Entscheide zu verfahrensrechtlichen Fragen: BGE 115 V 299 ff. (Akteneinsicht im Verwaltungsverfahren), 120 V 357 ff. (Sachverständigengutachten im Verwaltungsverfahren), 121 V 150 ff. (Recht zur Teilnahme an einem Augenschein im Verwaltungsverfahren), 119 V 350 (Geltung des

---

132 Vgl. MAURER, Unfallversicherungsrecht, 76. Vgl. für ein Beispiel BGE 121 V 28 ff. (Abredeversicherung). Kritik an der Gerichtspraxis oben, Rz. 14.27 mit Fussnoten.
133 Vgl. dazu oben, Rz. 14.8.
134 Vgl. Art. 1 Abs. 2 lit. c des Bundesgesetzes über das Verwaltungsverfahren (vom 20. Dezember 1968) (SR 172.021) sowie BGE 115 V 299.
135 Vgl. eingehend zum Verwaltungsverfahren in der Unfallversicherung RUMO-JUNGO, Verwaltungsverfahren, 179 ff.
136 Vgl. BGE 108 V 230 f. (bezüglich Art. 13 Abs. 2 VwVG), BGE 120 V 362 (bezüglich der für die Einholung von Sachverständigengutachten geltenden Regeln), SVR 1995 UV Nr. 18 (bezüglich Art. 22a VwVG).

Rügeprinzips im Einspracheverfahren), 118 V 186 (Möglichkeit der reformatio in peius im Einspracheverfahren), 117 V 401 ff. (Anspruch auf Parteientschädigung im Einspracheverfahren, Bemessung der Parteientschädigung im kantonalen Gerichtsverfahren), 122 V 47 ff. (Öffentlichkeit des Gerichtsverfahrens), 122 V 157 ff. (Beweiswert von Gutachten).

Die Entscheide der kantonalen Gerichtsinstanz können mit Verwaltungsgerichtsbeschwerde an das *Eidgenössische Versicherungsgericht* (EVG) weitergezogen werden (Art. 128 OG). 14.48

VIII. Checklisten

1. Vorliegen einer Versicherungsdeckung

– Liegt eine *obligatorische* (Art. 1 ff. UVG)[137] oder eine *freiwillige* (Art. 4 f. UVG)[138] Versicherung vor?

2. Ende der Versicherungsdeckung bei Stellenwechsel und Entlassung

– *Grundsatz*: Ende mit dem 30. Tag nach demjenigen Tag, an dem der Anspruch auf mindestens den halben Lohn bzw. bestimmter Ersatzeinkünfte aufhört (Art. 3 Abs. 2 UVG)[139]. *Ausnahme* bei Arbeitsverhältnissen, bei welchen sich Versicherung nicht auf Nichtberufsunfälle erstreckt (Art. 8 Abs. 2 UVG)[140].
– Deshalb: Abklären wie lange Anspruch auf mindestens den *halben Lohn*[141] bzw. eine der ihm gleichgestellten *Ersatzeinkünfte* (insbesondere Taggelder)[142] besteht.
– Bei Aufnahme einer *selbständigen Erwerbstätigkeit* Möglichkeit der freiwilligen Versicherung prüfen (Art. 4 f. UVG)[143].

3. Abredeversicherung

– Möglichkeit, die Versicherung durch Abschluss einer *Abredeversicherung* für eine beschränkte Zeit weiterzuführen (Art. 3 Abs. 3 UVG)[144].

---

137 Vgl. oben, Rz. 14.3.
138 Vgl. oben, Rz. 14.4.
139 Vgl. oben, Rz. 14.5 ff.
140 Vgl. oben, Rz. 14.6.
141 Vgl. oben, Rz. 14.9 ff.
142 Vgl. oben, Rz. 14.16 ff.
143 Vgl. oben, Rz. 14.30.
144 Vgl. oben, Rz. 14.25 ff.

4. Handlungsbedarf bei bereits eingetretenem Versicherungsfall

- Grundsatz: Stellenwechsel und Entlassung haben *keinen Einfluss* auf die Dauer der Erbringung der Versicherungsleistungen[145].
- Besonderheiten in bezug auf *Festlegung*[146] bzw. *Anpassung*[147] von Taggeldern und Renten beachten.
- *Rückfälle*[148], *Spätfolgen* (Art. 21 Abs. 3 UVG)[149], *erneuter Unfall* (Art. 100 UVV)[150] und *Revisionstatbestände* (Art. 22 Abs. 1 UVG)[151] bedürfen besonderer Beachtung.

5. Zusatzversicherungen

- Vertragliche Vereinbarungen insbesondere daraufhin prüfen, ob *Weiterführung* möglich ist bei Stellenwechsel bzw. Entlassung und ob bei bereits eingetretenem Versicherungsfall eine zeitliche *Beschränkung der Leistungspflicht* besteht[152].

6. Handlungsbedarf auf Seiten des Arbeitgebers

- Hauptsächlich *Informationspflichten*[153].

---

145 Vgl. oben, Rz. 14.37.
146 Vgl. oben, Rz. 14.34.
147 Vgl. oben, Rz. 14.35 f.
148 Vgl. oben, Rz. 14.38 f.
149 Vgl. oben, Rz. 14.40.
150 Vgl. oben, Rz. 14.41.
151 Vgl. oben, Rz. 14.42 f.
152 Vgl. oben, Rz. 14.44.
153 Vgl. oben, Rz. 14.45.

Fünfter Teil

STEUERRECHTLICHE ASPEKTE

§ 15 Steuerfolgen von Stellenwechsel und Entlassung

HEINRICH JUD

Literaturauswahl: AGNER PETER/JUNG BEAT/STEINMANN GOTTHARD, Kommentar zum Gesetz über die direkte Bundessteuer, Zürich 1995; BAUR JÜRG/KLÖTI-WEBER MARIANNE/KOCH WALTER/MEIER BERNHARD/URSPRUNG URS, Kommentar zum Aargauer Steuergesetz, Muri-Bern 1991; FUNK PHILIP, Der Begriff der Gewinnungskosten nach schweizerischem Einkommenssteuerrecht, 2. unveränd. Aufl., Chur/Zürich 1991; JUD HEINRICH, Besteuerung von Leistungen aus Sozialplänen im Zürcher Steuerrecht, ZStP 1995, 184; KÄNZIG ERNST, Die eidgenössische Wehrsteuer (Direkte Bundessteuer), 2. Aufl., Basel 1982; KREISSCHREIBEN, Kreisschreiben Nr. 11 der Eidgenössischen Steuerverwaltung vom 17. Dezember 1986 betreffend Wegleitung zur Anwendung der Artikel 42 und 96 (Zwischenveranlagung) des Beschlusses über die direkte Bundessteuer, ASA 54, 432; REICH MARKUS, Steuerharmonisierung: Die zeitliche Bemessung bei den natürlichen Personen, ASA 61, 327 (*zitiert:* REICH, Bemessung); *ders.,* Zeitliche Bemessung (natürliche und juristische Personen, inkl. Übergangsregelung), in: Höhn Ernst/Athanas Peter (Hrsg.), Das neue Bundesrecht über die direkten Steuern. Direkte Bundessteuer und Steuerharmonisierung, Bern/Stuttgart/Wien 1993, 317 ff. (*zitiert:* REICH, Bemessung DBG); *ders.,* Postnumerandobesteuerung natürlicher Personen, Bern 1993 (*zitiert:* REICH, Postnumerandobesteuerung); REIMANN AUGUST/ZUPPINGER FERDINAND/SCHÄRRER ERWIN, Kommentar zum Zürcher Steuergesetz, Band II, Bern 1963 sowie Band III, Bern 1969; STEINMANN GOTTHARD, Neue Anwendungsfälle aus der Steuerpraxis im Bereich der Vorsorge, StR 52 (1997), 293; ZUPPINGER FERDINAND/SCHÄRRER ERWIN/FESSLER FERDINAND/REICH MARKUS, Kommentar zum Zürcher Steuergesetz, Ergänzungsband, 2. Aufl., Bern 1983;

I. Problemübersicht

Der Stellenwechsel oder die Entlassung eines unselbständig Erwerbstätigen – und nur von diesem soll hier die Rede sein – ist für den Betroffenen häufig mit einer Reduktion des Lohnes verbunden. Für ihn ist wichtig, dass die geänderten Einkommensverhältnisse möglichst verzugslos auch steuerlich beachtet werden. Diese Anpassung erfolgt – wenn bestimmte Voraussetzungen erfüllt sind – im Rahmen einer Zwischenveranlagung oder Zwischeneinschätzung (Rz. 15.2 ff.). Mit einem Stellenwechsel oder einer Entlassung kann auch eine Änderung der Berufsauslagen und Aufwendungen für die Vorsorge (AHV, 2. und 3. Säule) einhergehen. Überdies können den Entlassenen Weiterbildungs- und Umschulungskosten treffen. Inwiefern können die Auslagen hierfür steuerlich zum Abzug gebracht werden? (Rz. 15.29). Häufig ist mit einem Stellenwechsel oder einer Entlassung die Ausrichtung von Abfindungszahlungen verbunden. Wie werden solche Zahlungen und weitere Leistungen besteuert? (Rz. 15.44). Schliesslich kann sich im Zusammenhang mit der Beendigung von Arbeitsverhältnissen die Frage stellen, welche Möglichkeiten für denjenigen bestehen, der infolge unverschuldeter Notlage nicht mehr imstande ist, seine Steuern zu bezahlen (Rz. 15.53).

15.1

II. Zwischenveranlagung

1. Warum eine Zwischenveranlagung?

15.2 Ein Steuerpflichtiger füllt in der Regel alle zwei Jahre – in einigen Kantonen jedes Jahr – seine Steuererklärung aus. In manchen Kantonen hat der Steuerpflichtige in seiner Steuererklärung das Einkommen aus dem Vorjahr zu deklarieren. Dieses *System der Vergangenheitsbemessung* beruht auf der Fiktion, dass das Einkommen der Steuerjahre in etwa gleich hoch ist wie dasjenige früherer Jahre. Dieses verbreitete System der Vergangenheitsbemessung kann so dazu führen, dass zwischen dem Zeitpunkt der Einkommenserzielung und demjenigen der Fälligkeit der Steuer eine grosse Zeitspanne liegt. Anders sind die Verhältnisse bei der Gegenwartsbemessung: Hier ist diese Zeitspanne wesentlich kürzer. Im vorliegenden Zusammenhang interessiert, ob derjenige, der seinen Arbeitsplatz verliert oder eine Stelle annehmen muss, bei der er viel weniger verdient als an seiner bisherigen Stelle, weiterhin Steuern bezahlen muss auf der Grundlage seines bisherigen (höheren) Einkommens. Mit einer sog. Zwischenveranlagung kann eine unmittelbare Korrektur der steuerlichen Verhältnisse vorgenommen werden. Damit eine solche Zwischenveranlagung durchgeführt werden kann, müssen bestimmte Voraussetzungen erfüllt sein. Bevor wir diese Voraussetzungen kennenlernen, werfen wir einen Blick auf die zeitliche Bemessung der Steuer.

2. Exkurs: Die zeitliche Bemessung

15.3 Die Bemühungen um ein *einheitliches Bemessungssystem* bilden ein Kernstück der Steuerharmonisierung in der Schweiz[1]. Für die natürlichen Personen sehen die Art. 15 und 16 StHG entweder die zweijährige Vergangenheitsbemessung oder wahlweise die einjährige Gegenwartsbemessung vor[2]. Die Kantone können bei den natürlichen Personen zwischen diesen beiden Bemessungsordnungen frei wählen. Zum Verständnis der unterschiedlichen Bemessungsarten müssen die nachstehenden Begriffe auseinandergehalten werden:

– *Steuerperiode* = Zeitraum, für welchen die Steuer geschuldet ist. Sie beträgt in der Regel ein Jahr («Steuerjahr»).

---

[1] Art. 42^{quinquies} Abs. 2 BV; Vgl. zur zeitlichen Bemessung im Rahmen der Steuerharmonisierung statt vieler die Beiträge von REICH (Bemessung und Bemessung DBG).

[2] Langfristig wird eine vollumfängliche Vereinheitlichung der zeitlichen Bemessung angestrebt: Art. 70 StHG und Art. 219 DBG sehen vor, dass der Bundesrat der Bundesversammlung nach Ablauf der Anpassungsfrist im Jahre 2001 Bericht zu erstatten und einen Antrag auf Vereinheitlichung der zeitlichen Bemessung zu stellen hat.

§ 15 Steuerfolgen von Stellenwechsel und Entlassung

– *Bemessungsperiode* = Zeitraum, in welchem das für die Steuerberechnung massgebende Einkommen erzielt wurde. Sie beträgt ein oder zwei Jahre. Beträgt sie zwei Jahre, so ist für die Steuerbemessung das Mittel der Einkommen beider Jahre massgebend.
– *Veranlagungsperiode* = Zeitraum, für welche die für die geschuldete Steuer massgebende Veranlagung Gültigkeit hat.

Bei der Vergangenheitsbemessung (Praenumerandobesteuerung) wird die Steuer auf dem Einkommen der vorangegangenen Periode berechnet, bei der Gegenwartsbemessung (Postnumerandobesteuerung) wird dafür auf das aktuelle Einkommen abgestellt – hier fallen Bemessungsjahr und Steuerjahr zusammen. In der Steuerrechtswissenschaft besteht Einigkeit darüber, dass die *Postnumerando- der Praenumerandobesteuerung klar überlegen ist*[3]. Weil bei der Postnumerandobesteuerung die Steuer auf dem effektiv erzielten Einkommen berechnet wird, diese somit immer den aktuellen wirtschaftlichen Verhältnissen des Steuerpflichtigen entspricht, muss die einmal getroffene Veranlagung nicht geänderten Verhältnissen angepasst werden. Anders sind die Verhältnisse bei der Praenumerandobesteuerung: hier muss die Anpassung an geänderte wirtschaftliche Verhältnisse mittels einer Zwischenveranlagung hergestellt werden. Zwischenveranlagungen müssen jedoch bis zur Anpassung der kantonalen Steuergesetze an die eidgenössischen Harmonisierungsvorschriften noch in den meisten Kantonen vorgenommen werden und später noch in denjenigen Kantonen, die eine Vergangenheitsbemessung kennen.

15.4

Art. 16 StHG belässt den Kantonen die *Wahl zwischen der zweijährigen Steuerperiode mit Vergangenheitsbemessung und der einjährigen Steuerperiode mit Gegenwartsbemessung*. Zwischenformen sind ab dem 1. Januar 2001 (Frist für die Kantone zur Umsetzung des StHG[4]) nicht mehr zulässig[5]. Zu den Kantonen, die im Rahmen der Anpassung der Steuervorschriften an die Harmonisierungsvorschriften zur Gegenwartsbemessung gewechselt haben, gehört u.a. der Kanton Zürich[6]. Es kann damit gerechnet werden, dass in nächster Zeit weitere Kantone zur Gegenwartsbemessung wechseln werden[7].

15.5

---

3   Vgl. statt vieler: REICH, Bemessung, 327.
4   Art. 72 StHG.
5   REICH, Bemessung, 333.
6   Vgl. Steuergesetz vom 8. Juni 1997, in Kraft ab 1. Januar 1999.
7   So etwa der Kanton Aargau: vgl. Botschaft des Regierungsrates des Kantons Aargau an den Grossen Rat vom 21. Mai 1997 zur Totalrevision der aargauischen Steuergesetze, 16 ff. sowie der Kanton Thurgau: vgl. Botschaft des Regierungsrates an den Grossen Rat vom 27. Mai 1997 zur Teilrevision des Steuergesetzes, 4 ff.

15.6 Der *Hauptvorteil der einjährigen Gegenwartsbemessung* liegt darin, dass die Erfassung des Steuersubstrates zeitlich nah bei der Erzielung der entsprechenden Einkünfte liegt. Die Identität von Steuer- und Bemessungsperiode ist die beste Garantie für eine Besteuerung nach der aktuellen wirtschaftlichen Leistungsfähigkeit: Der Steuerpflichtige bezahlt für das Steuerjahr die Steuern auf jenem Einkommen, das er in diesem Zeitraum tatsächlich erzielt hat. Einkommensschwankungen können in diesem System sofort berücksichtigt werden.

15.7 Im System der Vergangenheitsbemessung müssen für *verschiedene Fälle vorübergehende Phasen der Gegenwartsbemessung vorgesehen* werden. So etwa bei Zuzug des Steuerpflichtigen aus einem anderen Kanton oder aus dem Ausland sowie namentlich bei Zwischenveranlagungen. Das Nebeneinander von Vergangenheits- und Gegenwartsbemessung kann vom Steuerpflichtigen nicht immer im Detail nachvollzogen werden. Es gilt nun, die Voraussetzungen für die Durchführung einer Zwischenveranlagung nach Gesetz und Praxis aufzuzeigen

3. Gesetzliche Regelungen

15.8 Zwischeneinschätzungen werden sowohl bei den Bundessteuern wie auch in den meisten Kantonen durchgeführt. Die *Voraussetzungen sind nicht einheitlich.*

a) Zwischenveranlagung bei der Bundessteuer

15.9 Nach Art. 45 lit. b DBG wird eine Zwischenveranlagung bei «*dauernder und wesentlicher Änderung der Erwerbsgrundlagen infolge Aufnahme oder Aufgabe der Erwerbstätigkeit oder Berufswechsels*» durchgeführt. Diese Formulierung stimmt überein mit der harmonisierungsrechtlichen Bestimmung Art. 17 lit. b StHG. Die Durchführung einer Zwischenveranlagung insbesondere wegen Aufnahme oder Aufgabe der Erwerbstätigkeit war bereits in Art. 42 und 96 BdBSt vorgesehen, die bis Ende 1994 in Kraft standen. Für die Praxis ist wichtig, dass die hier interessierenden Bestimmungen über die Zwischenveranlagung im alten und neuen Recht ähnlich formuliert sind und die reiche bundesgerichtliche Rechtsprechung zur bisherigen Regelung weiterhin massgeblich sein wird[8].

b) Zwischenveranlagungen im kantonalen Recht

15.10 Kantone mit Vergangenheitsbemessung sehen regelmässig das Institut der Zwischenveranlagung vor: Bezüglich der von der Änderung betroffenen Einkommens-

---

[8] Vgl. auch AGNER/JUNG/STEINMANN, Art. 45 N 2. Die bundesgerichtliche Rechtsprechung zu Art. 96 und 42 BdBSt ist in das Kreisschreiben Nr. 11 der Eidgenössischen Steuerverwaltung vom 17. Dezember 1985 und in die dazugehörende Wegleitung eingeflossen.

§ 15 Steuerfolgen von Stellenwechsel und Entlassung

und Vermögensbestandteile tritt anstelle der Vergangenheitsbemessung die Gegenwartsbemessung. Die gesetzlichen Normierungen der Zwischenveranlagungen in den kantonalen Steuergesetzen weichen zwar voneinander ab, setzen aber doch meist voraus, dass sich die *Veranlagungsgrundlagen in qualitativer und quantitativer Hinsicht dauernd und wesentlich geändert haben*. Es ist im Einzelfall unerlässlich, die Voraussetzungen für eine Zwischenveranlagung anhand der konkreten gesetzlichen Grundlage zu prüfen.

Die Kantone haben laut Art. 72 StHG Zeit bis zum Jahr 2001 für die *Anpassung ihres Rechts an die Harmonisierungsbestimmungen des StHG*. Nach Ablauf dieser Frist findet das Bundesrecht direkt Anwendung, wenn ihm das kantonale Steuerrecht widerspricht. Alsdann wird – bei Kantonen mit Vergangenheitsbemessung – eine Zwischenveranlagung für Einkommen und Vermögen u.a. durchgeführt bei «dauernder und wesentlicher Änderung der Erwerbsgrundlagen zufolge Aufnahme oder Aufgabe der Erwerbstätigkeit oder Berufswechsels»[9]. Die Aufzählung der Zwischenveranlagungsgründe ist regelmässig abschliessend. Ausserdem sind die entsprechenden Bestimmungen einschränkend auszulegen: Zwischenveranlagungen sollen grundsätzlich Ausnahmen bleiben[10]. 15.11

4. Voraussetzungen für die Durchführung einer Zwischenveranlagung

Das System der Vergangenheitsbemessung nimmt gewisse Ungleichheiten als Folge der normalerweise auftretenden Einkommensschwankungen in Kauf. Nur dort, wo aufgrund *ausserordentlicher Umstände die Einkommensentwicklung zu einem erheblichen Auseinanderklaffen* von wirtschaftlicher Leistungsfähigkeit und Steuerbelastung führen würde, soll die Zwischenveranlagung Abhilfe schaffen[11]. Insbesondere stellen Einkommensschwankungen beim Stellenwechsel für sich allein keinen Zwischenveranlagungsgrund dar[12]. Besondere Regeln gelten bei der stufenweisen Aufgabe der Erwerbstätigkeit[13]. 15.12

Notwendig für einen Wechsel zur Gegenwartsbemessung ist zunächst, dass sich die Verhältnisse qualitativ und nicht bloss quantitativ einschneidend geändert haben.

---

9 Art. 17 lit. b StHG.
10 BGr, 3. September 1990, StE 1991 B 63.13 Nr. 31 = ASA 60, 334 = StR 46 (1991), 611.
11 ZH RK II, 21. Juni 1995, StE 1996 B 63.13 Nr.49.
12 BGr, 14. November 1996, BStPra Bd. XIII, 296; SG VwGer, 22. März 1994, GVP 1994 Nr. 24 = StE 1995 B 63.13 Nr.46.
13 Vgl. hiezu etwa AG VwGer, 13. Juli 1995, AGVE 1995, 222; AG VwGer, 15. Oktober 1991, StE 1992 B 63.13 Nr.36; GR VwGer, 16. November 1994, PVG 1994 Nr. 46.

a) Qualitative Voraussetzung: Wesentlichkeit der Einkommensänderung

15.13 Eine Zwischenveranlagung kann nur vorgenommen werden, wenn die dauernde Änderung der Besteuerungsgrundlage durch einen besonderen, entweder im Gesetz namentlich aufgeführten oder in der Praxis anerkannten Tatbestand ausgelöst wurde. Sowohl im Bundesrecht als auch in den meisten kantonalen Regelungen werden *die Zwischenveranlagungsgründe abschliessend aufgezählt.* Mit anderen Worten können die steuerlichen Folgen von Einkommens- oder Vermögensschwankungen, die während der Veranlagungsperiode eintreten, jedoch nicht auf einen im Gesetz ausdrücklich normierten Zwischenveranlagungsgrund zurückgeführt werden können, nicht mit einer Zwischenveranlagung aufgefangen werden.

Im folgenden sollen typische Fallgruppen daraufhin geprüft werden, ob sie einen Zwischenveranlagungsgrund darstellen.

aa) Aufgabe der Haupterwerbstätigkeit

15.14 Bei Aufgabe des Haupterwerbes wird in allen Kantonen sowie im Bund eine Zwischenveranlagung durchgeführt. Eine Zwischenveranlagung *wegen Aufgabe der Erwerbstätigkeit ist im allgemeinen nur einmal vorzunehmen,* nämlich bei der alters- oder gesundheitsbedingten Aufgabe der Haupterwerbstätigkeit, und nicht schon, wenn diese teilweise vermindert wird, wenn eine Nebenerwerbstätigkeit aufgegeben wird oder wenn eine von verschiedenen Erwerbsquellen versiegt[14]. Die Arbeitseinstellung muss nicht endgültig, aber von einer gewissen Dauer sein[15]. Bei der Aufgabe der Haupterwerbstätigkeit kann es sich sowohl um die Einstellung einer Vollzeit- wie einer Teilzeiterwerbstätigkeit handeln.

15.15 Die *Entlassung aus einem Haupterwerb löst noch keine Zwischenveranlagung aus.* Im Fall der Entlassung ist lediglich eine Zwischenveranlagung wegen Erwerbsaufgabe möglich. Bei der Bundessteuer wird allerdings für die Zwischenveranlagung wegen Erwerbsaufgabe eine Mindestdauer von 2 Jahren vorausgesetzt[16]. Die Anforderungen in den Kantonen an die Mindestdauer bei Erwerbsaufgabe können milder sein[17].

---

14 BGE vom 14. November 1996, BStPra XIII, 296.
15 Vgl. hiezu KÄNZIG, Rz. 11 zu Art. 42.
16 BGE vom 14. November 1996, BStPra XIII, 296.
17 Einen informativen Überblick über die kantonalen Erfordernisse hinsichtlich der Mindestdauer der Änderung der Veranlagungsgrundlagen, welche für die Vornahme einer Zwischenveranlagung gegeben sein muss findet der Leser in den Steuerinformationen der Interkantonalen Kommission für Steueraufklärung, hrsg. von der Informationsstelle für Steuerfragen, Bern.

§ 15 Steuerfolgen von Stellenwechsel und Entlassung

bb) Stellenwechsel

Wechselt der Steuerpflichtige – allenfalls unter wirtschaftlichem Druck – zu einer neuen Stelle mit schlechteren Anstellungsbedingungen, stellt sich die Frage, ob eine Zwischenveranlagung durchzuführen ist. Bei der Bundessteuer sind die Voraussetzungen für eine Zwischenveranlagung – sofern mit dem Stellenwechsel nicht zugleich ein Berufswechsel einhergeht – kaum jemals erfüllt. Auch bei den kantonalen Steuern stellen *Einkommensschwankungen bei Stellenwechseln in der Regel noch keinen Zwischenveranlagungsgrund* dar. Eine Zwischenveranlagung bei Stellenwechsel wird in der Praxis mancher Kantone dann durchgeführt, wenn sich das reine Erwerbseinkommen dabei wesentlich vermindert. Die Gehaltseinbusse muss aber dauernd sein. Dauernd ist sie nicht nur dann, wenn die neuen Verhältnisse des Steuerpflichtigen unabänderlich sind, sondern auch dann, wenn mit ihrem Bestand während unbestimmter Zeit gerechnet werden muss[18]. Die Kantone Zürich und St. Gallen sehen beispielsweise bei einer Gehaltsveränderung von 40% oder mehr ein bedeutsames Indiz für eine tiefgreifende Änderung der Veranlagungsgrundlagen[19]. 15.16

cc) Änderung des Beschäftigungsgrades

Ein Stellenwechsel oder die Entlassung aus einer Teilzeitbeschäftigung kann zur Reduktion des Beschäftigungsgrades eines Steuerpflichtigen führen. Kann in diesen Fällen eine Zwischenveranlagung durchgeführt werden? *Der Übergang von einer Vollzeit- zu einer Teilzeitbeschäftigung und umgekehrt stellt bei der direkten Bundessteuer grundsätzlich ebensowenig ein Zwischenveranlagungsgrund dar wie die Aufgabe einer Nebenerwerbstätigkeit:* Diese Ereignisse führen in der Regel nicht zu einer tiefgreifenden strukturellen Änderung der gesamten beruflichen Situation[20]. Beim Bund wird hiefür vorausgesetzt, dass die Änderung praktisch der Aufgabe der Erwerbstätigkeit gleichkommt. 15.17

Die Regelung in den *Kantonen ist flexibler, jedoch uneinheitlich.* Meist wird sie durch die Praxis festgelegt, teilweise auch vom Gesetzgeber. Im Kanton Bern gilt etwa, dass bei einer Reduktion des Beschäftigungsgrades – in casu innert Jahresfrist in mehreren Schritten – um 50% eine Zwischenveranlagung durchgeführt wird[21]. Im Kanton Thurgau anerkennt der Gesetzgeber die Änderung des Beschäftigungsgrades dann als Zwischenveranlagungsgrund, wenn diese mindestens 20% der bisherigen Beschäftigung beträgt[22]. 15.18

---

18 ZUPPINGER/SCHÄRRER/FESSLER/REICH, § 59 N 22.
19 ZUPPINGER/SCHÄRRER/FESSLER/REICH, § 59 N 20 mit Hinweisen; SG VwGer, 22. März 1994, GVP 1994 Nr. 24 = StE 1995 B 63.13 Nr.46; SG VwGer, 4. Juli 1991, GVP 1991 Nr. 23.
20 BGE vom 3. September 1990, StE 1991 B 63.13 Nr. 31 = ASA 60, 334 = StR 46 (1991), 611.
21 BE RK, 13. August 1996, BVR 1997, 149.
22 § 15 TG Vollziehungsverordnung zum Gesetz über die Staats- und Gemeindesteuern vom 2. Dezember 1970 (StV; RB 640.11); vgl. dazu TG VGr, 14. Juni 1995, TVR 1995 Nr. 20.

dd) Berufswechsel

15.19 Die Entlassung oder der Stellenwechsel können zu einem Berufswechsel führen. Ein solcher liegt vor, wenn in der *Art der bisherigen Berufstätigkeit oder in der Ausübung derselben eine grundlegende Änderung eintritt*[23]. Er besteht ordentlicherweise darin, dass der Steuerpflichtige einen neuen Beruf ergreift oder die Verhältnisse im Rahmen seiner Berufsstellung sich wesentlich verändern. Beispiele sind etwa der Übergang von einer unselbständigen zu einer selbständigen Erwerbstätigkeit und umgekehrt wie auch das «Umsatteln» auf einen andern Beruf.

15.20 Die Vornahme einer Zwischenveranlagung bei dauernder und wesentlicher Änderung der Erwerbsgrundlagen infolge Berufswechsels im Bundesrecht war unter der Herrschaft des BdBSt Praxis[24] und ist nunmehr vom Gesetzgeber ausdrücklich normiert worden[25]. Die Durchführung einer *Zwischenveranlagung bei Berufswechsel ist auch in den meisten Kantonen Praxis*[26]. Regelmässig wird vorausgesetzt, dass sich die Anforderungen an den Arbeitnehmer verändert haben: Er wird auf einem Fachgebiet tätig, auf dem er nicht mehr die im bisherigen Beruf erworbenen Kenntnisse und Erfahrungen fruchtbar machen kann.

ee) Freiwillige Unterbrechung der Erwerbstätigkeit

15.21 In der *freiwilligen Unterbrechung der Erwerbstätigkeit liegt keine Aufgabe der Erwerbstätigkeit:* Der Steuerpflichtige nimmt seine Tätigkeit nach dem Unterbruch in vollem Umfang wieder auf. Dementsprechend wird grundsätzlich auch keine Zwischenveranlagung durchgeführt. Dauert die Unterbrechung längere Zeit, wird ein Unterbruch der Erwerbstätigkeit angenommen und es wird eine Zwischenveranlagung durchgeführt. Als Aufgabe der Erwerbstätigkeit gilt bei der direkten Bundessteuer ein Unterbruch von mindestens zwei Jahren. Wird keine Zwischenveranlagung vorgenommen, wirkt sich die erwerbslose Zeit erst auf die Veranlagung für die nächste Steuerperiode aus. Im übrigen gilt für die freiwillige Unterbrechung der Erwerbstätigkeit das vorne bei der Aufgabe der Haupterwerbstätigkeit Gesagte[27].

---

[23] Vgl. zum Begriff und den Erscheinungsformen des Berufswechsels KÄNZIG, Rz. 21 ff. zu Art. 42 (auch zum folgenden); vgl. für das kantonale Recht etwa GR VwGer, 8. März 1996, StE 1996 B 63.13 Nr.50.
[24] Vgl. KREISSCHREIBEN lit. B.
[25] Art. 45 lit. b DBG und Art. 17 lit. b StHG.
[26] Vgl. zur Illustration mit Hinweisen: KÄNZIG, Rz. 21 ff. zu Art. 42; KREISSCHREIBEN lit. B; aus jüngerer Zeit: Wechsel vom Schuladministrator zum vollamtlichen Sozialvorsteher und Gemeinderat als Berufswechsel bejaht: LU VwGer, 2. Juli 1993, LGVE 1993 II Nr. 18; Wechsel vom Ärztebesucher zum Dissertanten der Chemie als Berufswechsel bejaht: BL RK, 30. August 1991, BlStPr XI, 191.
[27] Vgl. oben, Rz. 15.14.

§ 15 Steuerfolgen von Stellenwechsel und Entlassung

ff) Arbeitslosigkeit

Arbeitslosigkeit ist weder im Bundesrecht noch nach kantonalen Vorschriften ein selbständiger Zwischenveranlagungsgrund[28]. Sie kann aber *zeitlich so lange andauern, dass sie die Voraussetzung einer wesentlichen und tiefgreifenden Änderung der Erwerbstätigkeit darstellt.* Beim Bund werden im Fall von Arbeitslosigkeit die Anforderungen an die Erwerbslosigkeit gelockert: Sind sonst die Voraussetzungen für eine Zwischenveranlagung erst nach einem Erwerbsunterbruch von zwei Jahren erfüllt, genügt bei Arbeitslosigkeit ein Unterbruch von *einem* Jahr[29]. Bei teilweiser Arbeitslosigkeit kann nicht von Aufgabe der Erwerbstätigkeit gesprochen werden – die Voraussetzungen für eine Zwischenveranlagung nach Bundesrecht sind nicht erfüllt.   15.22

Die kantonalen Regelungen entsprechen in den meisten Kantonen der bundesrechtlichen Lösung. *Mit dem Eintritt der Arbeitslosigkeit bei einem älteren Arbeitnehmer sind die Anforderungen an eine Zwischenveranlagung in qualitativer Hinsicht meist erfüllt.* Es ist notorisch, dass zur Zeit die Aussichten für einen solchen Arbeitnehmer ausgesprochen schlecht sind[30]. Natürlich kann es Unterschiede nach Regionen und Beschäftigungsbranchen geben.   15.23

b) Zeitliche Voraussetzung: dauernde Änderung

Nicht jede Änderung in den Erwerbsverhältnissen stellt einen Grund für eine Zwischeneinschätzung dar. Wenn jedoch nach einem Stellenwechsel oder Berufswechsel *kaum Aussicht darauf besteht, dass die früheren Erwerbseinkünfte wiederum erzielt werden, erweist sich der Minderverdienst als dauernd*[31]. Ein Minderverdienst während 4 Jahren gilt nicht als dauernde Änderung des Erwerbseinkommens[32]. Auch ein Unterbruch der Erwerbstätigkeit muss minimale Voraussetzungen erfüllen, damit er steuerlich – im Rahmen einer Zwischenveranlagung – nachvollzogen wird. (zeitliche Voraussetzung bei Arbeitslosigkeit: länger als 1 Jahr, Kreisschreiben S.154).   15.24

---

28 Vgl. für das Bundesrecht BGE vom 14. November 1996, BStPra XIII, 296 (auch zum folgenden).
29 Vgl. KREISSCHREIBEN lit. B.
30 Voraussetzungen für eine Zwischenveranlagung bejaht bei einem im 58. Altersjahr stehenden Radioelektriker, der Ende 1992 arbeitslos geworden ist: ZH RK II, 21. Juni 1995, StE 1996 B 63.13 Nr.49.
31 AGVE 1992, 445 Nr. 10
32 AG Steuerrekursgericht 17.11.1993, K 465/P 260, in AG Steuerjustizentscheide N 3/1995 (zu § 57 Abs. 1 lit. d AG StG).

c) Quantitative Voraussetzungen

15.25 Sowohl der Bund als auch die meisten Kantone lassen eine Zwischenveranlagung nur dann zu, wenn die in Frage stehenden *Einkommens- bzw. Vermögensänderungen ein gewisses Mindestausmass erreichen oder überschreiten*. Die Erfüllung der quantitativen Voraussetzung allein genügt aber regelmässig nicht für die sofortige Neueinschätzung: Die Einkommens- bzw. Vermögensverhältnisse müssen sich qualitativ und nicht bloss quantitativ einschneidend geändert haben[33].

15.26 Art. 45 lit. b DBG und Art. 17 lit. b StHG verlangen für die Durchführung einer Zwischenveranlagung eine *dauernde und wesentliche Änderung der Erwerbsgrundlagen infolge Aufnahme oder Aufgabe der Erwerbstätigkeit oder Berufswechsels*. Wie die Kantone, verzichtet auch der Bund auf eine ausdrückliche prozentuale oder absolute Begrenzung der Einkommensveränderung als Voraussetzung für die Vornahme einer Zwischenveranlagung. Bei der Bundessteuer kann eine berufliche Veränderung innerhalb desselben Fachgebietes nur ausnahmsweise zu einer Zwischenveranlagung führen: allein eine Reduktion der Lohneinkünfte um ca. 60% genügt noch nicht für eine Zwischenveranlagung[34]. Steht eine Zwischenveranlagung infolge Berufswechsels in Frage, fordert das Bundesgericht bei der Bundessteuer, dass sich das Gesamteinkommen in der Regel um mindestens 20% verändert hat[35]. Die quantitativen Voraussetzungen für die Vornahme einer kantonalrechtlichen Zwischenveranlagung variieren von Kanton zu Kanton[36].

5. Wirkungen

15.27 Die Zwischenveranlagung führt dazu, dass die von der Veränderung betroffenen Einkommensbestandteile für den *Rest der Veranlagungsperiode auf dem Wege der Gegenwartsbemessung* neu festgelegt werden[37]. Dafür wird das ab Eintritt der Veränderung bis zum Ende der laufenden Steuerperiode erzielte Einkommen auf ein Jahr umgerechnet. Wird eine Zwischenveranlagung infolge Arbeitslosigkeit

---

33 Vgl. statt vieler: BGE vom 22. November 1985, StE 1986 B 63.13 Nr. 8; BL RKE, 18. Oktober 1995, BStPra XIII, 314 (für den Kanton Basel-Land); GR VwGer, 16. November 1994, PVG 1994 Nr. 46 (für den Kanton Graubünden); SG VwGer, 4. November 1993, StR 49 (1994), 155 = StE 1995 B 63.13 Nr. 45 (für den Kanton St. Gallen); ZH VwGer, 28. August 1996, StE 1997 B 63.11 Nr. 7 und ZH RK I, 21. Juni 1995, StE 1996 B 63.13 Nr.49 (für den Kanton Zürich);
34 BGE 115 Ib 8 = Pra 78 Nr. 134 = StR 44 (1989), 290 = StE 1991 B 63.13 Nr. 27 = ASA 60, 254.
35 Vgl. KREISSCHREIBEN lit. B.
36 Einen informativen Überblick über die quantitativen Voraussetzungen für die Vornahme einer Zwischenveranlagung nach kantonalem Recht findet der Leser in den Steuerinformationen der Interkantonalen Kommission für Steueraufklärung, hrsg. von der Informationsstelle für Steuerfragen, Bern.
37 Art. 46 DBG und Art. 15 Abs. 3 StHG.

§ 15 Steuerfolgen von Stellenwechsel und Entlassung

durchgeführt, so ist zu prüfen, ob die Veränderungen nicht bereits im Zeitpunkt der Aufgabe der Erwerbstätigkeit eingetreten sind[38]. Dieses umgerechnete Jahreseinkommen bestimmt den anwendbaren Steuersatz. Die geschuldete Steuer berechnet sich pro rata temporis, d.h. nach Massgabe der steuerbaren Tage. Für die Berechnung werden die Monate mit 30 und das Jahr mit 360 Tagen gerechnet.

Die Wirkungen einer Zwischenveranlagung auf die Steuerberechnung ist vom jeweiligen Steuer-Bemessungssystem abhängig. Die Regel, wonach das der Zwischenveranlagung zugrunde gelegte Einkommen auch für die Berechnung der Steuer der nächstfolgenden ordentlichen Veranlagung ausschlaggebend ist, ist zwar verbreitet. Es ist dennoch unerlässlich, die Wirkungen *im einzelnen anhand der konkreten gesetzlichen Ausgestaltung* zu beurteilen. 15.28

III. Abzüge

1. Berufsauslagen des unselbständig Erwerbstätigen; Besonderheiten beim Stellensuchenden und Arbeitslosen

a) Allgemeines

In Bund und Kanton können diejenigen Aufwendungen von den steuerbaren Einkünften abgezogen werden, die *zu ihrer Erzielung notwendig* sind[39]. Solche Berufsauslagen sind dann notwendig, wenn sie ihren Grund in der beruflichen Tätigkeit haben, d.h. nicht vorwiegend mit der allgemeinen Lebenshaltung zusammenhängen[40]. Es ist denkbar, dass sich die Berufsauslagen bei Stellensuchenden bzw. Entlassenen im Vergleich zu Vollzeitangestellten unterscheiden. 15.29

Die Stellensuche kann mit der Aufgabe von Inseraten in Tageszeitungen verbunden sein. Es ist zu prüfen, ob die anfallenden Kosten als Gewinnungskosten von den steuerbaren Einkünften abgezogen werden können. Grundsätzlich gilt, dass Ausgaben, welche der Schaffung künftiger Erwerbsquellen dienen, nicht als Gewinnungskosten abgezogen werden können, weil ihnen der direkte Bezug zum Einkommen der Veranlagungsperiode fehlt[41]. Diese – allenfalls für den Berufseinsteiger geltende – Praxis kann nicht für jemanden gelten, der im Laufe seiner aktiven Erwerbstätigkeit von der Arbeitslosigkeit überrascht wird und mit der Absicht, baldmög- 15.30

---

38 So bei einem Radioelektriker, der mit 58 Jahren arbeitslos geworden ist: ZH RK II, 21. Juni 1995, StE B 63.13 Nr.49.
39 Siehe statt vieler: Art. 26 DBG; Art. 9 Abs. 1 StHG; § 26 ZH StG (vom 8. Juni 1997).
40 Vgl. statt vieler die Formulierung in RB 1990 Nr. 32.
41 BAUR/KLÖTI-WEBER/KOCH/MEIER/URSPRUNG, N 98 zu § 24 StG (mit Hinweisen); Kritisch zu dieser Praxis: FUNK, 117 f.

lichst eine Wiederanstellung zu finden, Stelleninserate aufgibt. *Die hiefür anfallenden Kosten sind ebenso als Berufsauslagen abziehbar* wie diejenigen Auslagen, die ein arbeitslos Gewordener für allfällige Stellenvermittlung aufzuwenden hat.

15.31 Fallen auf der einen Seite beim Arbeitslosen – wie wir soeben gesehen haben – Mehraufwendung an, gibt es auf der anderen Seite *Minderaufwendungen wie etwa Kosten für den Arbeitsweg oder die auswärtige Verpflegung,* die beim Arbeitslosen wegfallen. Diese Berufsauslagenabzüge reduzieren sich für die Dauer der Arbeitslosigkeit aufgrund der ausfallenden Arbeitstage[42].

b) Weiterbildungs- und Umschulungskosten im besonderen

15.32 Im Bund[43] und in den Kantonen[44] können die mit dem Beruf zusammenhängenden Weiterbildungs- und Umschulungskosten als Berufskosten von den steuerbaren Einkünften abgezogen werden. *Weiterbildung* ist die Ausbildung, durch welche der Steuerpflichtige einerseits die in der Grundausbildung erworbenen beruflichen Kenntnisse dem aktuellen Entwicklungsstand anpasst, um den Anforderungen seiner beruflichen Stellung gewachsen zu sein und gewachsen zu bleiben und andererseits, um die berufliche Mobilität zu steigern und um anspruchsvollere Aufgaben übernehmen zu können[45]. Kosten für den beruflichen Aufstieg sind nur dann als Berufsauslagen zu würdigen, wenn der Aufstieg im angestammten Beruf erfolgt[46].

Zwischen Weiterbildung und Berufsausübung muss ein unmittelbarer Zusammenhang bestehen. Dieser Zusammenhang ist auch dann gegeben, wenn die Berufsausübung infolge Arbeitslosigkeit vorübergehend unterbrochen worden ist. Dies gilt jedenfalls dann, wenn der Steuerpflichtige ein Ersatzeinkommen in Form von Arbeitslosenunterstützung erhält[47].

15.33 *Umschulung* ist die Ausbildung zum Zweck der Berufsumstellung. Voraussetzung für eine Umschulung ist eine abgeschlossene Erstausbildung. Die Umschulung ist auf das Erlangen der für die Ausübung eines anderen als des bisherigen Berufs erforderlichen Kenntnisse gerichtet: sie schafft die fachlichen Voraussetzungen für einen Berufswechsel bzw. eine Berufsumstellung und erweist sich als besondere Art der Ausbildung, ausgehend von einer abgeschlossenen Erstausbildung in einem

---

42 Zur Illustration SZ Steuerkommission, 1. Oktober 1992, StPS 1993, 21.
43 Art. 26 Abs. 1 lit. d DBG (vgl. dazu das Kreisschreiben Nr. 26 der Eidgenössischen Steuerverwaltung vom 22. September 1995: Abzug von Berufskosten der unselbständigen Erwerbstätigkeit, ASA 64, 692 = ZStB Nr. 69/58-a); Art. 9 Abs. 1 StHG.
44 Vgl. statt vieler § 26 Abs. 1 lit. b ZH StG (vom 8. Juli 1951).
45 ZH RK II, 4. Juli 1986, StE 1987 B 27.6 Nr. 2.
46 ZH VwGer, 3. Juli 1996, StE 1997 B 27.6 Nr. 12 = ZStP 1996, 208 (vgl. hier auch die Ausführungen zur Abgrenzung von den Lebenshaltungskosten).
47 ZH RK II, 16. Dezember 1987, StE 1988 B 27.6 Nr. 6.

öffentlich anerkannten Beruf aufgrund eines abgeschlossenen Studiums oder eines Lehrabschlusses. Eine Erwerbstätigkeit während der Umschulung wird nicht vorausgesetzt. Die Ausbildung muss jedoch die Erwerbstätigkeit im neu erlernten Beruf ermöglichen. So sind etwa die Kosten für ein Studium eines Rentners nicht als Umschulungskosten vom Renteneinkommen absetzbar[48]. Umschulungskosten, die einer steuerpflichtigen Person zufolge eines Wechsels der bisher ausgeübten Tätigkeit anfallen, sind abziehbar. Die Gründe, die zur Umschulung führen, bleiben unbeachtlich[49].

Kosten des Berufswechsels können hingegen als Umschulungskosten wie die Weiterbildungskosten abgezogen werden, wenn wirtschaftliche, technologische oder auch gesundheitliche Entwicklungen und Ereignisse eine Umschulung erzwingen. Da diese Bestimmung eine Ausnahme von der Regel, wonach Auslagen des Berufswechsels nur im Rahmen der Ausbildungskosten abzuziehen sind, darstellt, ist sie restriktiv auszulegen, d.h. an die Voraussetzungen für den vollen Abzug von Umschulungskosten sind relativ hohe Anforderungen zu stellen. Der Gesetzgeber dachte bei dieser Bestimmung vor allem an Härtefälle im Zusammenhang mit Betriebsschliessungen[50].   15.34

Überwiegen private Interessen am Besuch eines Sprachkurses und liegt keine berufliche Notwendigkeit im Sinn von Weiterbildung, Umschulung oder Ausbildung vor, können die Kosten nicht in Abzug gebracht werden[51].

2. Zweiverdienerabzug

Ehegatten, die in *rechtlich und tatsächlich ungetrennter Ehe* leben, können nach dem Recht des Bundes und der meisten Kantone vom Erwerbseinkommen, das ein Ehegatte unabhängig vom Beruf, Geschäft oder Gewerbe des andern Ehegatten erzielt, einen bestimmten Betrag vom steuerbaren Einkommen abziehen. Beim Bund beträgt dieser Abzug Fr. 5 900.–[52]. Der Abzug wird im Bund vom Erwerbseinkommen des zweitverdienenden bzw. weniger verdienenden Ehegatten gewährt.   15.35

---

48 TG VGr, 12. August 1992, StE 1993 B 27.6 Nr.11 = TVR 1992 Nr.12.
49 Kreisschreiben Nr. 26 der Eidgenössischen Steuerverwaltung vom 22. September 1995: Abzug von Berufskosten der unselbständigen Erwerbstätigkeit, ASA 64, 692 = ZStB Nr. 69/58-a.
50 AG Steuerrekursgericht 2.6.1993 in AG Steuerjustizentscheide N 3/1995 (zu § 30 lit. c Ziff. 2 AG StG).
51 ZH RK IV, 21. Februar 1996, IV 72/1995.
52 Art. 33 Abs. 2 DBG. Vgl. zu dieser Bestimmung die Kreisschreiben der Eidgenössischen Steuerverwaltung Nr. 13 vom 28. Juli 1994 zum Abzug bei Erwerbstätigkeit beider Ehegatten (ASA 63, 280 = ZStB Nr. 69/73) und Nr. 14 vom 29. Juni 1994 zur Familienbesteuerung nach dem DBG, ASA 63, 284 = ZStB Nr. 69/74. Ein Zweiverdienerabzug bis zu einem von den Kantonen festzulegenden Maximalbetrag ist auch in Art. 9 Abs. 2 lit. k StHG vorgesehen. Vgl. für das kantonale Recht statt vieler § 25 Abs. 2 ZH StG (vom 8. Juli 1951).

Ist das Erwerbseinkommen des zweitverdienenden Ehegatten niedriger als der zulässige Abzug, kann nur dieser niedrigere Betrag abgezogen werden[53].

15.36 Übt ein Steuerpflichtiger *keine Vollzeit- oder Ganzjahresbeschäftigung* aus, gilt im Bundesrecht folgendes[54]: Der Zweiverdienerabzug erfährt keine Kürzung, wenn die Erwerbstätigkeit nur während eines Teils des Jahres oder als Teilzeitarbeit ausgeübt wird. Unter dem Erwerbseinkommen ist die Gesamtheit des Einkommens eines Steuerpflichtigen aus selbständiger und unselbständiger haupt- und nebenberuflicher Erwerbstätigkeit gemäss Steuererklärung zu verstehen. Dem Erwerbseinkommen gleichgestellt sind Erwerbsausfallentschädigungen – dies jedoch nur bei vorübergehendem Unterbruch der Erwerbstätigkeit (z.B. Taggelder aus der Arbeitslosenversicherung). Kein Erwerbseinkommen stellt das Ersatzeinkommen dar, welches nach der Pensionierung zufliesst[55].

15.37 Die *kantonale Praxis stimmt in manchen Kantonen mit derjenigen des Bundes überein*. Im Kanton Zürich etwa ist der Sonderabzug bei Erwerbstätigkeit beider Ehegatten auch nur dann zulässig, wenn die Quelle des Einkommens eine Erwerbstätigkeit im eigentlichen Sinn des Worts ist. Der Gesetzgeber bezweckte mit der Verankerung des Sonderabzugs, den bei Erwerbstätigkeit beider Ehegatten anfallenden Mehrkosten der Haushaltführung angemessen Rechnung zu tragen[56]. Unterbricht ein Ehegatte seine Erwerbstätigkeit, so rechtfertigt sich die Gewährung des Sonderabzugs einzig dann, wenn der Unterbruch bloss vorübergehend ist[57]. Bei einer Arbeitslosigkeit von über einem Jahr – in casu von über 16 Monaten – kann nicht mehr von einem nur vorübergehenden Unterbruch der Erwerbstätigkeit gesprochen werden[58]. Daran änderte in dem vom Verwaltungsgericht beurteilten Fall auch nicht, dass die pflichtige Ehefrau während der Arbeitslosigkeit mit Stellenbewerbungen und dem Besuch von Kursen beschäftigt war, was zu Mehrkosten der Haushaltsführung geführt hat.

3. BVG Abzüge

a) 2. Säule

15.38 Arbeitnehmer mit einem Jahreseinkommen über dem unteren Grenzbetrag sind im Obligatorium der 2. Säule versichert[59]. Im Bund und den Kantonen können die

---

53 AGNER/JUNG/STEINMANN, Art. 33 N 26.
54 Vgl. hiezu Kreisschreiben Nr. 13 vom 28. Juli 1994 (Fn. 52).
55 BE RK, 11. Juni 1991, NStP 1991, 120.
56 ZH VwGer, 5. März 1996, SB.95.00057 mit Hinweis auf ZH VwGer, 28. April 1986, StE 1987 B 26.27 Nr. 2.
57 Vgl. so auch das Kreisschreiben Nr. 13 vom 28. Juli 1994 (Fn. 52).
58 ZH VwGer, 5. März 1996, SB.95.00057.

§ 15 Steuerfolgen von Stellenwechsel und Entlassung

gemäss Gesetz, Statut oder Reglement geleisteten Einlagen, Prämien und Beiträge zum Erwerb von Ansprüchen aus Einrichtungen der beruflichen Vorsorge *von den steuerbaren Einkünften abgezogen* werden[60].

Art. 47 BVG sieht vor, dass Arbeitnehmer, die aus der obligatorischen Versicherung ausscheiden, die Versicherung im bisherigen Umfang bei derselben Vorsorgeeinrichtung weiterführen können, wenn sie ihr während mindestens sechs Monaten unterstellt waren und die Weiterführung vom Vorsorgereglement zugelassen wird. Mit dieser Lösung wollte der Bundesgesetzgeber ermöglichen, dass Steuerpflichtige ihre Versicherung im Hinblick auf eine spätere Wiederaufnahme der Tätigkeit beibehalten können, wenn sie vorübergehend – etwa wegen Arbeitslosigkeit – nicht erwerbstätig sind[61]. *Auch solche Beiträge an die 2. Säule können vom Versicherten von den Steuern abgezogen* werden. 15.39

b) Säule 3a

Eine Säule 3a können nur Personen errichten, die ein Erwerbseinkommen erzielen und Beiträge an die AHV zahlen. Im Hinblick auf die Koordination zwischen den drei Säulen muss der Begriff des Erwerbseinkommens gleich sein wie bei der Alters- und Hinterbliebenen-Versicherung (AHV). Unterstützungs- und Fürsorgeleistungen, die einem Arbeitslosen von der kommunalen Fürsorgebehörde ausgerichtet werden, sind demnach in diesem Begriff nicht enthalten[62]. Ein *Arbeitsloser kann bis zum Ende der Leistungen aus der Arbeitslosenversicherung, die das Erwerbseinkommen ersetzen, Beiträge in die gebundene Selbstvorsorge einzahlen.* Der zulässige Betrag dieser Einzahlungen hängt davon ab, ob der Arbeitslose einer Pensionskasse angehört. 15.40

Der Arbeitslose kann seine Vorsorge im bisherigen Umfang bei der bisherigen Pensionskasse oder bei der Auffangeinrichtung gemäss Art. 47 BVG weiterführen oder aber mittels einer Freizügigkeitspolice oder eines Freizügigkeitskontos die Vorsorge beibehalten. Im ersten Fall hat er Anspruch auf den *«kleinen» Abzug* gemäss Art. 7 BVV 3, im zweiten Fall auf den *«grossen»*, aufgrund des Betrages der Arbeitslosenentschädigung abzüglich der an die erste Säule geleisteten Beiträge[63]. 15.41

---

59 Art. 7 BVG.
60 Art. 33 Abs. 1 lit. d DBG; Art. 9 Abs. 2 lit. d StHG; Art. 81 BVG.
61 Vgl. zur ratio dieser Bestimmung EVG, 5. April 1994, SZS 1997, 331 (mit Hinweisen).
62 Art. 6 Abs. 2 lit. c AHVV.
63 Die Maximalabzüge an die Säule 3a betragen seit dem 1. Januar 1997 Fr. 5 731.– (klein) bzw. Fr. 28 656.– (gross) (Art. 7 Abs. 1 lit. a und b BVV 3).

15.42 Der Nationalrat hat am 21. März 1997 einer parlamentarischen Initiative zugestimmt, die eine *gezielte Öffnung der gebundenen Selbstvorsorge* (Säule 3a) für bestimmte, nichterwerbstätige Personenkategorien – namentlich auch für arbeitslos gewordene Personen – verlangt[64].

c) Beiträge von Arbeitslosen

15.43 Seit dem 1. Juli 1997 sind auch Arbeitslose, die nicht nach Art. 47 Abs. 1 BVG versichert sind, für die Risiken Tod und Invalidität obligatorisch versichert[65]. Nach ausdrücklicher Bestimmung können die von Bezügern von Taggeldern der Arbeitslosenversicherung *geleisteten Beiträge von Bundesrechts wegen bei den direkten Steuern des Bundes, der Kantone und der Gemeinden von den steuerbaren Einkünften abgezogen werden.*[66] Diese Bestimmung ist auch für die Kantone und Gemeinden direkt anwendbar. Arbeitslose im Sinn von Art. 2 Abs. 1bis BVG werden mit dieser Regelung den Arbeitnehmern und Selbständigerwerbenden gleichgestellt, die Beiträge an die berufliche Vorsorge leisten.

IV. Besteuerung von Leistungen

1. Allgemeines

15.44 Grundsätzlich unterliegen im Bund wie in den Kantonen alle wiederkehrenden und einmaligen Einkünfte der Einkommenssteuer[67]. Steuerbar sind insbesondere auch alle Einkünfte, die an die Stelle eines Einkommens aus Erwerbstätigkeit treten[68]. Taggelder infolge Arbeitslosigkeit stellen solches steuerbares *Erwerbsersatzeinkommen* dar und sind *voll zu versteuern*. Sie ersetzen weggefallenes Arbeitseinkommen – ihre Höhe bemisst sich auch nach dem bisherigen Erwerbseinkommen[69]. Einkommenssteuerpflichtig sind auch die dem arbeitslosen Versicherten als Zuschlag zum Taggeld ausbezahlten Kinder- und Ausbildungszulagen (Familienzulagen)[70].

---

64 Parlamentarische Initiative Nabholz, 17. Sitzung des Nationalrates vom 21. März 1997; vgl. hiezu NZZ 22./23. März 1997 Nr. 68, 13; Soziale Sicherheit (CHSS) 1997, 62.

65 Vgl. die Regelung in der Verordnung über die obligatorische berufliche Vorsorge von arbeitslosen Personen vom 3. März 1997, in Kraft seit 1. Juli 1997 (SR 837.174, AS 1997, 1101). Vgl. zu dieser Verordnung die Mitteilung über die berufliche Vorsorge Nr. 38 des Bundesamtes für Sozialversicherung vom 12. März 1997.

66 Art. 10 der Verordnung über die obligatorische berufliche Vorsorge von arbeitslosen Personen vom 3.3.1997, in Kraft ab 1.7.1997, SR 837.174, AS 1997, 1101 ff.

67 Vgl. statt vieler: Art. 16 Abs. 1 DBG; Art. 7 Abs. 1 StHG; § 16 Abs. 1 ZH StG (vom 8. Juni 1997).

68 Vgl. statt vieler: Art. 23 lit. a DBG.

69 Vgl. oben, Rz. 11.30 ff. und 11.40 f.

§ 15 Steuerfolgen von Stellenwechsel und Entlassung

Anlässlich eines Stellenwechsels oder einer Entlassung können dem bisherigen Arbeitnehmer neben periodisch zu erbringenden Leistungen auch einmalige Abgangsentschädigungen zufliessen. Solche Leistungen, die vor allem im Zusammenhang mit einer vorzeitigen Pensionierung stehen, können beispielsweise in Sozialplänen, aber auch im Einzelfall vereinbart werden[71]. Für die *Besteuerung der Leistungen gelten folgende Überlegungen:* 15.45

2. Rentenleistungen des Arbeitgebers

Rentenleistungen bei vorzeitiger Pensionierung, die vom Arbeitgeber bis zum Eintritt des Terminalters ausbezahlt und auch von diesem finanziert werden, sind im Bund und zahlreichen Kantonen *voll, d.h. zu 100% steuerbar*[72]. 15.46

3. Abgangsentschädigungen

Zahlungen des ehemaligen Arbeitgebers können auch als Kapitalleistung ausgerichtet werden. Sind bestimmte Voraussetzungen erfüllt, können solche Leistungen nach eidgenössischem Recht und dem Recht mancher Kantone *zu einem reduzierten Satz besteuert* werden. 15.47

Grundlage im Bund bildet Art. 17 Abs. 2 DBG. Danach werden Kapitalabfindungen aus einer mit dem Arbeitsverhältnis verbundenen Vorsorgeeinrichtung oder gleichartige Kapitalabfindungen des Arbeitgebers nach Art. 38 DBG besteuert. Um in den Genuss der privilegierten Besteuerung zu gelangen, muss im neuen Bundesrecht nicht mehr zwingend eine steuerbefreite Vorsorgeeinrichtung Leistungserbringerin sein[73]. Vorausgesetzt wird aber bei einer Leistung des Arbeitgebers, dass diese ebenfalls Vorsorgecharakter hat. Dies ist nicht der Fall bei einer Kapitalabfindung, bei der die Vorsorgeansprüche bloss marginal sind oder bei der die Lohnfortzahlung im Vordergrund steht[74]. Kapitalzahlungen ohne Vorsorgecharakter sind voll zu versteuern[75]. Ob einer Kapitalleistung des Arbeitgebers Vorsorgecharakter zukommt und somit privilegiert besteuert werden kann, ist im konkreten Einzelfall zu prüfen. Bei der Frage, ob eine Kapitalabfindung Vorsorgecharakter 15.48

---

70 BAUR/KLÖTI-WEBER/KOCH/MEIER/URSPRUNG, N 278 zu § 22 StG.
71 Vgl. zur Besteuerung von Leistungen aus Sozialplänen JUD, passim, auch zum folgenden; vgl. auch die Mitteilung des kantonalen Steueramts Zürich vom 15. Mai 1995: Besteuerung von Leistungen aus Sozialplänen, in ZStP 1995, 180.
72 Vgl. statt vieler § 19 lit. g ZH StG (vom 8. Juli 1951, Fassung vom 6. März 1988).
73 Vgl. zum alten Recht (BdBSt): ROGER IFF, Neuerungen bei der direkten Bundessteuer zur beruflichen Vorsorge, Schweizer Personalvorsorge 1994, 69.
74 So auch STEINMANN, 296.
75 Art. 17 DBG.

aufweist und daher privilegiert zu besteuern ist, handelt es sich um einen steuermindernden Umstand. Solche Umstände sind vom Steuerpflichtigen nachzuweisen.

15.49 Auch das *kantonale Recht privilegiert* nicht nur Kapitalleistungen von Vorsorgeeinrichtungen, sondern auch vorsorgeähnliche Zahlungen des Arbeitgebers[76]. Für die Privilegierung wird vorausgesetzt, dass die Leistung des Arbeitgebers Vorsorgecharakter aufweist – sie muss zur Fortführung der gewohnten Lebenshaltung ausgerichtet worden sein. Unwesentlich ist, wie der Arbeitgeber die Leistung finanziert und nach welchen Kriterien er deren Empfänger bestimmt.

15.50 Eine *Leistung weist dann Vorsorgecharakter* auf, wenn sie bestimmt ist, eine Fürsorgebedürftigkeit völlig oder teilweise zu beheben. Fürsorgebedürftigkeit besteht nach Zürcher Praxis nicht einzig im Rahmen des Existenzbedarfs, wie er durch die Alters-, Hinterlassenen- und Invalidenversicherung angemessen gedeckt werden soll, sondern auch dann, wenn die Fortsetzung der gewohnten Lebenshaltung Betagten, Hinterlassenen und Invaliden verwehrt ist, wobei Mittel der Selbstvorsorge (Dritte Säule) nicht in Abschlag gebracht werden[77]. Der Fürsorgecharakter kann sodann erst ab einem gewissen fortgeschrittenen Alter des Steuerpflichtigen bejaht werden und ist bei jüngeren Steuerpflichtigen nicht gegeben[78]. Auch ein fortgeschrittenes Alter des Leistungsempfängers führt aber nicht ohne weiteres zu einer privilegierten Besteuerung – dies dann nicht, wenn der Leistung kein Fürsorgecharakter zukommt[79].

4. Unterstützungsleistungen

15.51 Die finanziellen Folgen von erzwungenem Stellenwechsel oder Entlassung können sich bis zur Bedürftigkeit verschärfen: Die Betroffenen sind auf öffentliche und/oder private Unterstützungsleistungen angewiesen. Es ist zu prüfen, ob solche Leistungen vom Empfänger zu versteuern sind. Grundsätzlich gilt, dass Unterstützungen aus öffentlichen oder privaten Mitteln *der Einkommenssteuer des Bundes und mancher Kantone nicht unterworfen* sind[80].

---

76 Vgl. z.B. § 32 Abs. 6 ZH StG (vom 8. Juli 1951, Fassung vom 23. September 1990); § 17 Abs. 3 in Verbindung mit 37 ZH StG (vom 8. Juni 1997). Vgl. dazu JUD, 197.
77 ZH VwGer, 27. März 1984, StE 1984 B 26.13 Nr. 3.
78 ZH RK I, 11. Juli 1990, StE 1991 B 26.13 Nr. 11.
79 Privilegierung verneint im Fall eines 63-jährigen Leistungsempfängers, weil der Fürsorgecharakter der Kapitalleistung fehlte: ZH RK I, 25. April 1996, I 90/1995.
80 Vgl. statt vieler: Art. 24 lit. d DBG; Art. 7 Abs. 4 lit. f. StHG; vgl. auch Art. 21 Abs. 3 BdBSt und die darauf basierende Praxis bei KÄNZIG, Rz. 243 zu Art. 21; § 24 lit. d ZH StG (vom 8. Juni 1997); dazu: REIMANN/ZUPPINGER/SCHÄRRER, § 24 N 53 f., 64.

Damit die Unterstützungsleistungen steuerfrei bleiben, wird vorausgesetzt, dass der 15.52
Empfänger bedürftig ist: die Leistungen müssen dem *existenznotwendigen Lebensunterhalt des Empfängers dienen*[81]. Darunter fallen auch Unterstützungsleistungen im Sinn von Art. 328 f. ZGB (Verwandtenunterstützung)[82]. Ausserdem sind Leistungen, die aufgrund von Fürsorgegesetzen ausgerichtet werden steuerfrei[83].

Den Unterstützungsleistungen darf *kein Erwerbsverhältnis* zugrunde liegen – Erwerbseinkünfte sind grundsätzlich steuerbar[84].

V. Steuererlass

Anhaltende Arbeitslosigkeit kann dazu führen, dass der betroffene Steuerpflichtige 15.53
seine Steuer nicht mehr bezahlen kann. Im Bund und in manchen Kantonen können *unter bestimmten Voraussetzungen die Steuern erlassen* werden[85].

Typischerweise wird für den Steuererlass vorausgesetzt, dass sich der Steuerpflichtige u.a. infolge andauernder Arbeitslosigkeit, Erwerbsunfähigkeit usw. in einer *Notlage* befindet, die es ihm verunmöglicht, die Steuern ganz oder teilweise zu zahlen[86].

Im Kanton Zürich kann sich nach Weisung der Finanzdirektion über Erlass und 15.54
Abschreibung von Staats- und Gemeindesteuern[87] nur derjenige Steuerpflichtige auf § 123 ZH StG berufen, der sich ohne eigenes Verschulden in einer derartigen finanziellen Notlage befindet, dass ihm die Steuerzahlung nach den Umständen des Einzelfalles nicht oder nur unter unzumutbaren Einschränkungen in seiner Lebenshaltung möglich ist. Gemäss ständiger Praxis sind solche Umstände dann anzunehmen, wenn ein Steuerpflichtiger, ohne im Besitz eines wesentlichen Vermögens zu sein, unter oder am Rande des Existenzminimums leben muss. Notwendige Voraussetzungen des Steuererlasses sind somit einerseits das Ungenügen der laufenden Einkünfte für die Steuerzahlung und die Notwendigkeit, diese Einkünfte voll und ganz für den Lebensunterhalt zu gebrauchen, sowie anderseits das Fehlen wesent-

---

81 Bedürftigkeit verneint: BS RK, 10. Januar 1992, BStPra XIII, 190.
82 BAUR/KLÖTI-WEBER/KOCH/MEIER/URSPRUNG, N 7a zu § 83 StG (mit Hinweisen); RB 1966 Nr. 33. In einer Notlage gemäss Art. 328 Abs. 1 ZGB befindet sich laut BGE 121 III 441, wer sich das zum Lebensunterhalt Notwendige nicht aus eigener Kraft verschaffen kann (vgl. dazu auch die Bemerkungen von INGEBORG SCHWENZER in AJP 1996, 1162).
83 Vgl. statt vieler das kantonalzürcherische Gesetz über Leistungen an Arbeitslose vom 3. März 1991 (LS 837.2).
84 Zur Illustration (Erwerbsverhältnis in casu bejaht): BS RK, 10. Januar 1992, BStPra XIII, 190.
85 Vgl. etwa die Regelungen in Art. 167 DBG, § 123 ZH StG (vom 8. Juli 1951), §§ 168 ff. AG StG.
86 Vgl. die Zusammenfassung der Praxis bei AGNER/JUNG/STEINMANN, Art. 167 N 1 ff.; BAUR/KLÖTI-WEBER/KOCH/MEIER/URSPRUNG, N 1 ff. zu § 168 StG.
87 Vom 26. November 1986, ZStB IA Nr. 28/63.

licher Aktiven, deren Versilberung es dem Steuerpflichtigen ermöglichen würde, die Steuern zu bezahlen. Eine weitere Voraussetzung des Steuererlasses ist, dass dieser ausschliesslich dem Steuerpflichtigen und nicht etwa Dritten zugute kommt[88].

15.55 In welchem *Verfahren* ein Steuererlass verlangt werden muss, ist anhand der konkreten gesetzlichen Regelung ausfindig zu machen. Sowohl die Verfahrensschritte als auch die zuständigen Instanzen sind von Kanton zu Kanton verschieden.

VI. Checklisten

1. Soll eine Zwischenveranlagung verlangt werden?

Eine Zwischenveranlagung[89] kommt unter Umständen in Betracht bei

– Aufgabe der Haupterwerbstätigkeit[90];
– Änderung des Beschäftigungsgrades[91];
– Berufswechsel[92];
– längerer Arbeitslosigkeit[93].

Die Voraussetzungen sind jeweils im einzelnen zu prüfen (auch in zeitlicher[94] und in quantitativer[95] Hinsicht). Sie sind im Bund[96] in der Regel strenger als in den Kantonen[97].

2. Welche Abzugsmöglichkeiten sind im Auge zu behalten?

– Abzüge für Weiterbildungs- und Umschulungskosten[98];
– Zweiverdienerabzug[99];
– BVG-Abzüge[100].

---

88 REIMANN/ZUPPINGER/SCHÄRRER, § 123 N 9.
89 Zu den Vorteilen einer Zwischenveranlagung: Rz. 15.2 sowie 15.27 f.
90 Rz. 15.14 ff.. – Eine freiwillige Unterbrechung der Erwerbstätigkeit genügt hingegen nicht (Rz. 15.21).
91 Rz. 15.17 f.
92 Rz. 15.19 f.
93 Rz. 15.22 f. – Vgl. auch Rz. 15.27.
94 Rz. 15.24.
95 Rz. 15.25 f.
96 Rz. 15.9.
97 Rz. 15.10 f.
98 Rz. 15.32 ff.
99 Rz. 15.35 ff.

§ 15 Steuerfolgen von Stellenwechsel und Entlassung

3. Wie werden Leistungen an Entlassene/Stellensuchende besteuert?

- Renten: zu 100%[101];
- Abgangsentschädigungen: bei Vorliegen besonderer Voraussetzungen zu einem reduzierten Satz[102];
- Unterstützungsleistungen: nur bei Bedüftigkeit steuerfrei[103].

4. Notlage

Führen Stellenverlust und anhaltende Arbeitslosigkeit zu einer Notlage, ist zu prüfen, ob die Voraussetzungen für einen Steuererlass gegeben sind[104].

---

100 Rz. 15.38 ff.
101 Rz. 15.46.
102 Rz. 15.47 ff.
103 Rz. 15.51 f.
104 Rz. 15.53 ff.

Sachregister[1]

A

Abfindung, 5.50; 6.60; 15.1; 15.44

Abgangsentschädigung, 1.73 ff.; 2.34; 4.19; 4.27; 6.57; 7.5[16]; 12.21 ff.; 15.47 ff.; *s. Karenzentschädigung*

Abredeversicherung, 14.25 ff.

Absenden der Kündigung, 3.44

Absprachen im Einzelfall, 6.11

Abtretung bar ausbezahlter Austrittsleistung, 10.10

Abweisung der Klage im Diskriminierungsverfahren, 8.16

Abzüge von steuerbaren Einkünften, 15.1; 15.29 ff.
- Berufsauslagen, 15.29 ff.
- Berufswechsel-Kosten, 15.34
- BVG- Abzüge, 15.38 ff.
  - 2. Säule, 15.38 f.
  - Säule 3a, 15.40 ff.
- Leistungen von Arbeitslosen an ALV, 15.43
- Umschulungskosten, 15.32 ff.
- Weiterbildungskosten, 15.32 ff.
- Zweiverdienerabzug, 15.35 ff.

Administrative Entlassung, 6.33; 6.34 ff.; 6.36; 6.40; 6.42; 6.51 f.

Änderung des Beschäftigungsgrades, 15.17 f.

Änderungskündigung, 1.17; 3.26; 3.28 ff.; 4.25; 4.27; 4.28

AHV-Überbrückungsrenten, 6.38; 6.41

AHV/IV-Versicherung in der ALV, 11.56

Akkordlohn, 1.52; 1.71

Akzeptieren der Kündigung, 8.17

Allgemeiner Taggeldanspruch, 11.38

Altersguthaben, 9.15 f.; 10.4

Alters-, Hinterlassenen- u. Invalidenversicherung, 12.1 ff.

Alterskonto, 9.15 f.

Altersleistungen, 9.13 ff.; 9.23

Amtsdauer, 6.8; 6.15; 6.18 ff.; 6.40; 6.42

Amtsgeheimnis, 6.11

Amtspflichtverletzung, 6.36

Anbieten der Arbeitsleistung, 1.11; 1.45; 2.56; 3.67

Anderweitige Tätigkeit bei Freistellung, 1.46

Androhung disziplinarischer Entlassung, 6.36

Anfechtbare Endverfügung, 6.44; 7.24

Anfechtbarkeit von Rachekündigungen, 8.1; 8.13; 8.14 ff.; 8.19
- Legitimation, 8.19
- Klagefristen, 8.21

Anfechtung des Aufhebungsvertrages, 1.106 ff.

Anfechtung von Verfügungen der Aufsichtsbehörde, 9.35

---

1 Die Verweise beziehen sich auf die Randziffern im Text.

Sachregister

- Anfechtungsfrist, 9.46
Angemessene Massnahmen zur Verwirklichung der Gleichstellung, 7.8
Angemessenheitsprüfung, 6.75
Angestelltenverhältnis,
- öffentlichrechtliches, 6.6 ff.; 6.10 ff.; 6.20 ff.
- privatrechtliches, 6.6; 6.47 ff.
Anhörungsrecht, 4.18; 4.32 f.
Anmeldung beim Gemeindearbeitsamt, 11.15; 11.8; 11.24; 11.28; 11.63
Annahmeverzug, 1.46; 1.50; 1.52; 1.61[115]
Anpassung der Renten, 9.18
Anrechenbarer Arbeitsausfall, 11.12
Anspruch auf Arbeislosengeld, 1.104
Anspruch auf Austrittsleistung, 10.6 f.
Anspruch auf Beendigung des Dienstverhältnisses, 6.19
Anspruch auf mindestens halben Lohn, 14.9 ff.
Anspruch auf Taggeldversicherung, 13.6; 13.7
Anspruchsvoraussetzungen, 11.5; 11.8; 11.10 ff.
Anstellung, geschlechtsbezogene Unterscheidung, 7.7, 7.8
Anteil am Geschäftsergebnis, 1.31
Anwaltsverbot, 1.119
Anzahl von Kündigungen, 3.7; 3.18 ff.; 3.23; 3.38 ff.; 3.62
Anzeige an Aufsichtsbehörde, 9.45
Arbeitgeber, Beitragsschuldner, 12.7

Arbeitgeberverband, Klageleg., 3.89
Arbeitnehmerbegriff, 14.3
Arbeitnehmerverband, 2.26
Arbeitnehmervertreter, 2.27 f.; 3.59
Arbeitsamt, 3.6; 3.10; 3.27; 3.47; 3.51; 3.55; 3.56 ff.; 3.61; 3.63; 3.65; 3.72 ff.; 3.80; 3.81; 3.84; 3.85; 3.90; 4.34; *s. auch Gemeindearbeisamt*
Arbeitsbereitschaft, 11.17 ff.
Arbeitsbestätigung, 1.83
Arbeitsfähigkeit, 11.17; 11.20 ff.
Arbeitsfähigkeit erhöhen, 13.26
Arbeitsgericht, 1.116; 7.40
Arbeitskampf, 4.5; 4.36 ff.
Arbeitslosenentschädigung, 11.7; 11.29 ff.
Arbeitslosenversicherung, 1.100; 1.104; 9.27; 10.37; *11.1 ff.*
Arbeitslosigkeit, 11.11; 13.19; 15.22 f.; 15.40; 15.41
Arbeitsmarktliche Massnahmen, 11.6; 11.7; 11.29; 11.36; 11.39; 11.47 ff.
Arbeitsort, 3.10
Arbeitspflicht; 1.61[117]; 4.37; 4.44; 6.50[159]
Arbeitsplatzveränderungen, 3.25
Arbeitsunfähigkeit, 1.28; 1.51; 1.99; 2.43 ff.; 10.27 ff.; 13.14; 13.19; 13.22 ff.; 14.36
Arbeitsverhältnis,
- gekündigt, 1.37 ff.; 2.6 ff.
- ungekündigt, ungültiger Arbeitsvertrag, 2.5
Arbeitsvertrag, 1.1; 2.4 ff.; 14.3

Sachregister

- ungültig wegen Rechtsmangels, 2.5
- Vereinbarung einer Maximal- bzw. Minimaldauer, 2.7

Arbeitszeit, 1.58

Arbeitszeugnis, 1.81 ff.
- äussere Gestaltung, 1.88
- Arbeitsbestätigung, 1.83
- Berichtigungsanspruch, 1.89; 1.94 ff.
- Haftungsfolgen, 1.96 ff.
- Inhalt, 1.87, 1.89 ff., 1.93
- Streitwert, 1.121
- Unabdingbarkeit des Zeugnisanspruchs, 1.85
- Unverzichtbarkeit des Zeugnisanspruchs, 1.85
- Verjährung des Zeugnisanspruchs, 1.114
- Vollzeugnis, 1.82, 1.90 f.
- Zeugnissprache, 1.93
- Zwischenzeugnis, 1.86

Arten öffentlichrechtlicher Dienstverhältnisse, 6.5 ff.

Auffangeinrichtung BVG, 9.8; 9.27; 9.31; 9.32; 10.9; 10.18; 10.36 ff.; 15.41

Aufgabe der Erwerbstätigkeit:
- Haupterwerbstätigkeit, 15.14 f.
- im Ausland, 13.11
- vor Rentenalter, 12.15

Aufhebung der Entlassungsverfügung, 6.54; 7.24

Aufhebungsvertrag, 1.4; *1.101 ff.*; 2.6; 3.21 ff.; 7.10
- Anfechtung, 1.106
- Drohung, 1.106
- Form, 1.104 ff.
- Grenzen, 1.102 f.
- Grundlagenirrtum, 1.108

- Konkurrenzverbot, 5.30; 5.37
- Massenentlassung, 3.79; 3.85; 3.88
- stillschweigend geschlossener, 1.104
- Täuschung, 1.107
- unzulässige Umgehung, 1.103
- Willensmängel, 1.106 ff.
- Zustandekommen, 1.104 ff.

Aufklärungspflicht, *s. Informationspflicht*

Auflösung des Gesamtarbeitsvertrages aus wichtigem Grund, 4.23 f.

Aufrechterhaltung des Versicherungsschutzes, 14.5 ff.

Aufwertungsfaktor, 12.9

Ausbildungskosten, 15.34

Ausdehnungsklauseln im Gesamtarbeitsvertrag, 4.9

Ausgang des Diskriminierungsverfahrens, 8.8

Ausgleichskasse, 12.4; 12.7; 12.8; 12.13; 12.14

Aushilfskräfte, 3.40

Auskunftspflicht der Vorsorgeeinrichtung, 9.10

Ausländer, 12.20

Auslegung
- der Kündigungserklärung, 1.16
- des Arbeitsvertrages betr. Gratifikation, 1.65
- des Arbeitsvertrages betr. Kündbarkeit, 1.9
- reglementar. Bestimmungen der Vorsorgeeinrichtung, 9.11

Ausschluss der Kündbarkeit während gesetzlicher Sperrzeiten, 1.10 ff.

439

Ausschluss der Verwaltungsgerichtsbeschwerde an das Bundesgericht, 6.76; 6.77
Ausserordentliche Beendigung
– öffentlichrechtlicher Dienstverhältnisse, 6.31 ff., 6.59
– privatrechtlicher Dienstverhältnisse, 6.50 f.
Ausserordentliche flexible Pensionierung, 6.29; 6.38 f.; 6.41
Ausserordentliche Kündbarkeit, 1.13
Austrittsleistung, 9.2; 9.14; 9.18; 9.23; *10.1 ff.*; *s. auch Berufliche Vorsorge*
Ausübung verfassungsmässiger Rechte, 2.20 f.
Auszug aus individuellem Konto, 12.12 f.
Automatische Weiterversicherung, 13.9

B
Barauszahlung der Austrittsleistung, 10.10; 10.39
Beamte, 3.12; 6.6 ff.; 6.10 ff.; 6.15 ff.; 6.34; 6.42; 6.45
Beamtenstreikverbot, 6.9
Beamtenverhältnis, 6.7; 6.10 ff.
Bedingte Kündigung, 1.16; 1.17; 3.31
Bedingter rechtlicher Anspruch auf Weiterbeschäftigung, 6.83
Bedingtes Recht auf Wiederwahl, 6.16
Beendigung des Arbeitsverhältnisses, 1.1; 1.23 ff.; 1.36; 2.31; 5.6; 6.7; 10.7; 11.11; 11.61; 12.10
Beendigung des Gesamtarbeitsvertrages, 4.10; 4.22 ff.

Beendigung
– öffentlichrechtlicher Dienstverhältnisse, 6.6 ff.; 6.13; 6.15 ff.; 6.20 ff.; 6.56 ff.; 7.26
– privatrechtlicher Dienstverhältnisse (im Rahmen öff. Dienstverh.), 6.6; 6.47 ff.
Beendigungsfolgen bei öffentlichrechtlichen Dienstverhältnissen, 6.53 ff.
Beförderung, 6.9; 6.12; 7.8
Befolgungspflicht, 6.11
Befristetes/r Arbeitsverhältnis/-vertrag, 1.7 ff.; 2.7; 2.8; 2.9; 3.20 f.; 5.29; 6.13; 6.21; 6.25; 6.44
Begründeter Anlass für Kündigung, 2.28; 5.31; 8.2; 8.9 ff.; 8.12
Begründung öffentlichrechtlicher Dienstverhältnisse, 6.8; 6.10 ff.
Begründungspflicht (Kündigung), 1.18; 1.78 ff.; 1.80
Behördlich angeordnete Betriebsschliessung, 3.14 ff.
Beiträge, entrichtete, 12.8; 12.9
Beitrags-
– befreiung, 11.16; 11.36
– lücken, 12.1; 12.9; 12.11 ff.; 12.18
– pflicht, 11.6; 12.6; 12.15 ff.
– privat, 10.4
– schuldner, 12.7
– zeit, 11.8; 11.15 f.; 11.36; 12.8; 12.9; 12.13
Belegschaft, 3.59; 3.89
Bemessungsarten für Steuern, 15.3 ff.
Bemessungsperiode, 15.3
Beratungsgespräche, 11.24

Berechnung der
- Steuer (Zwischenveranlagung), 15.27 f.
- verlängerten Kündigungsfrist, 2.51 f.; 3.75 ff.

Bereitschaft zur Weiterführung des Arbeitsverhältnisses, 3.67

Berichtigungsanspruch (Zeugnis), 1.89; 1.94 ff.

Berufliche Vorsorge, 6.56; 6.60; *9.1 ff.; 10.1 ff.; s. auch Austrittsleistung*

Berufsauslagen, 15.29 ff.; 15.32 ff.

Berufspraktikum, 11.6

Berufsunfall, 14.5

Berufsverbot, 5.46; 5.59

Berufswechsel, 15.19 f.; 15.34

Berufung, 6.10

Beschäftigung, 6.82

Beschäftigungsgrad, 15.17

Beschäftigungsprogramm, 11.6

Beschwerde, 1.12; 6.64; 6.65 ff.; 6.79 f.; 7.14 f.; 8.1; 8.2; 8.4; 8.7; 9.35; 9.45 ff.; 11.52; 11.63 f.; 13.32; 14.47

Beschwerdefrist, 11.64; 14.47

Beschwerdeinstanzen, 6.64 ff.; 6.67 ff.; 6.79 ff.; 6.82 ff.; 11.64; 13.32; 14.47

Beschwerdekommission, 9.46

Beschwerdelegitimation, 9.46, 11.64[161]

Beschwerdemöglichkeiten, 6.72 ff.

Besoldung, 6.12

Besoldungserhöhung, 6.9[25]

Besoldungsnachgenuss, 6.57

Besonderer Kündigungsschutz nach Art. 10 GlG, 7.14; 8.1 ff.; 8.9 ff.; 8.13

- Anfechtungsverfahren, 8.1; 8.13; 8.14 ff.
- Anordnung provisorischer Wiedereinstellung durch Gericht, 8.14
- Beginn des besonderen Kündigungsschutzes, 8.6 f.
- Ende des besonderen Kündigungsschutzes, 8.6; 8.16
- Hängigkeit eines Verfahrens wegen geschlechtsbezogener Diskriminierung, 8.3 f.; 8.16
- kein begründeter Anlass, 8.9 ff.
- Klage bei Gericht/Schlichtungsstelle, 8.14
- Klagefristen, 8.21

Besonderer Taggeldanspruch, 11.39; 11.49

Bestandesschutz, 1.22; 3.69; 7.3; 7.13 ff.; 7.19

Besteuerung von Leistungen, 15.44 ff.

- Abgangsentschädigung, 15.47 ff.
- Familienzulagen für Arbeitslose, 15.44
- Rentenleistungen des Arbeitgebers, 15.46
- Taggelder infolge Arbeitslosigkeit, 15.44
- Unterstützungsleistungen, 15.51 f.

Betreibung, 2.70

Betrieb, 3.38 ff; 3.42 ff.; 3.49

Betriebliche Mitwirkung, 3.2 ff.

Betriebsort, 1.115; 7.40; 9.40

Betriebsrisiko, 7.10[28]

Betriebsschliessung auf behördliche Anordnung, 3.14 ff.; 4.30

Betriebsübergang, 5.27; 5.32

Betriebsübung, 1.54; 1.58; 1.67
Beweisanforderungen, 1.59;
    5.75; 5.78; 5.82; 5.84; 11.52;
    11.63; 12.13; 13.22; 14.27
Beweiserleichterung, 1.59; 7.45;
    8.7; 8.9; 8.16; 8.18
Beweislast, 1.19; 1.59; 1.70[150];
    1.72; 1.96; 1.124; 2.27; 2.30;
    3.27; 3.52; 3.58; 3.69 f.;
    3.91 ff.; 5.33; 5.36; 5.48;
    5.65; 5.69 f.; 5.72; 5.77 ff.;
    5.87 ff.; 7.45; 8.2; 8.9; 8.10;
    8.12; 8.18; 9.41; 14.27
Beweisnotstand, 1.59; 2.30; 7.45
Beweissicherung, 1.105
Beweiswürdigung, 1.80; 1.126;
    2.30; 3.94; 5.42; 5.45; 7.44;
    8.11; 8.15; 13.33
Bilanzierung in geschlossener
    Kasse, 10.16
Bindung an den Gesamtarbeitsvertrag, 4.9
Branchenübung, 1.54; 1.58;
    1.67; 5.4
Bürgschaft (Aufnahme selbständiger Erwerbstätigkeit), 11.50
Bundesgericht, 6.81; 9.35;
    13.35; *s. Prozessuales*
BVG Abzüge, 15.38 ff.:
– 2. Säule, 15.38 f.
– Säule 3a, 15.40 ff.
BVG-Minimaleinrichtungen, 9.9

D
Dahinfallen des Konkurrenzverbotes, 5.26 ff.
Dauer der Taggeldberechtigung,
    11.7; 11.37 f.
Dauernde Änderung, 15.24
Demission

– auf Ablauf der Amtsdauer,
    6.18 f.
– während Amtsdauer, 6.18;
    6.37
Dienstalter, 7.5
Dienstaltersgeschenk, 2.34
Dienstbefehle, 6.11
Dienstleistung für Hilfsaktion im
    Ausland, 2.47
Dienstordnung, 6.8; 6.9; 6.11;
    6.24; 6.29; 6.37; 6.38; 6.42 f.,
    6.48; 6.58; 6.82; 6.83
Dienstpflichtverletzung, 6.36
Dienstverhältnis, öffentliches
– Beamtenverhältnis, 6.6;
    6.10 ff.; *s. auch Beamte*
– öffentlichrechtliches Angestelltenverhältnis, 6.6 ff.;
    6.10 ff.; 6.20 ff.
– privatrechtliches Angestelltenverhältnis, 6.6; 6.47 ff.
Dienstwohnung, 1.33
Direkte Diskriminierung, 7.4
Diskriminierende Entlassung,
    1.21; 1.76; 1.100; *7.1 ff.*
Diskriminierung/-verbot, 5.33;
    6.30; 6.45; 6.78; 7.1; 7.3;
    7.16; 7.24; 7.26; 7.33; 8.1
Diskriminierungsverfahren,
    7.14 f.; 8.8; 8.14 ff.
Disziplinarische Entlassung,
    4.26; 6.16; 6.33; 6.36 ff.;
    6.48; 6.50; 6.51
Disziplinarmassnahmen des Bundesrates, 6.75
Doppeldeckung, 14.5
Doppelversicherung, 14.32
Dreisäulenkonzept, 9.1
Dreizehnter Monatslohn, 1.53;
    1.63; 2.66

Durchschnittliches Jahreseinkommen, 12.9
Durchschnittslohn, 11.31

E
Ehrverletzende Kündigung, 2.35
Eidg. Beschwerdekommission, 9.46
Eidg. Personalrekurskommission, 6.64
Eidg. Rekurskommission, 12.26
Eidg. Versicherungsgericht, 6.65; 9.35; 9.40; 11.64; 12.26; 13.32; 13.35; 14.48; *s. Prozessuales*
Eigenschaft, persönliche, 2.16 ff.
Einfachheit und Raschheit des Verfahrens, 1.127; 7.41; 11.64; 13.33
Eingang der Kündigung, 1.19 f.
Eingetretener Versicherungsfall, 14.33; 14.44
Einigungsverhandlungen, 3.48; 3.84
Einkauf in Vorsorgeeinrichtung, 10.26
Einleitung des Verfahrens wegen Diskriminierung, 8.6 f.
Einseitiger Erklärungsakt, 6.23
Einsprache, 13.32; 14.1; 14.47
Einsprache betr. individuellem Konto, 12.13
Einsprachefrist, 13.32; 14.47
Einsprache gegen Kündigung, 2.37; 3.84; 7.27 ff.; 7.48; 8.18; 8.19; 8.23; *s. auch Interne Einsprache*
Einstellung in Anspruchberechtigung, 11.27; 11.52 ff.
Eintritt in neue Vorsorgeeinrichtung, 10.24 ff.

Eintrittsleistung, 10.3; 10.26
Einvernehmliche Auflösung, *s. Aufhebungsvertrag*
Einzelarbeitsvertrag, 1.2; 1.6 ff.; 1.15; 1.25; 1.26; 1.27; 1.31; 1.36; 1.52 f.; 1.56 ff.; 1.58; 1.61; 1.63; 1.65; 1.66; 1.68; 1.69; 1.72; 1.75; 1.85; 2.9; 3.9; 3.28; 3.86; 4.7 ff.; 4.12 ff.; 4.25; 4.26; 7.21; 7.22; 13.8
Einzelversicherung, 13.6; 13.13 ff.; 13.17; 13.28
Ende der Leistungspflicht, 14.37
Ende der Versicherungsdeckung, 13.20; 13.21; 14.5 ff.; 14.9
Ende des Arbeitsverhältnisses, 14.5
Ende des Leistungsanspruchs, 13.21
Ende des Lohnanspruchs, 14.5
Ende des Vorsorgeschutzes, 10.1; 10.21; 10.22
Entgeltliches Konkurrenzverbot, 5.28; 5.35
Entlassung, diskriminierende, 7.7; 7.8; *s. Diskriminierende Entlassung*
Entlassung, KV, 13.9 f.; 13.14
Entlassungsverfahren, 3.47 ff.
Entlassungsverfügung, 6.37; 7.24; *s. auch Aufhebung der Entlassungsverfügung*
Entschädigung, 1.41 ff.; 1.70 ff.; 1.111 ff.; 3.6; 3.26; 3.27; 3.32; 3.33; 3.36; 3.37; 3.45; 3.63[138]; 3.92 f.; 6.42 ff.; 6.54; 6.57 ff.; 7.12; 7.17; 7.19; 7.21; 7.22; 7.32; 7.47 ff.; 7.52; 7.53; 7.60;

443

8.13; 8.17 f.; 8.23; 11.13; 11.14; 11.62; 12.25
Entstehen der Leistungspflicht, 13.20
Erfüllungsanspruch; 5.71 ff.
Erheblichkeit
- des Interesses, 5.26
- des Schadens, 5.23
Erhöhung der Arbeitsfähigkeit, 13.26
Ermessen, 1.51; 1.54; 1.65; 1.67; 1.75; 1.95; 1.121; 2.32; 2.39; 2.61; 2.68; 3.87; 6.10; 6.16; 6.32; 6.34; 6.39; 6.41; 6.59; 6.75; 6.83; 7.44; 9.39; 11.54
Ernennung, 6.10
Erneuter Unfall, 14.41
Ersatzeinkommen, 12.18; 14.9 ff.
Ersatzkasse, 14.30; 14.31
Erwerbstätigkeit, 9.2; 9.26 ff.; 12.5; 12.6; 12.15 ff.; 13.2; 13.11; 13.12; 13.13; 14.3; 15.12
Erwerbsunfähigkeit, 10.33
Europäische Sozialcharta, 6.9
Externe Versicherung, 10.7; 10.23

F
Fabrikationsgeheimnis, 1.35; 5.3; 5.14 ff.
Fälligkeit der Austrittsleistung, 10.8
Fälligkeit der Forderungen aus Arbeitsverhältnis, 1.30 ff.
- Anteil am Geschäftsergebnis, 1.31
- Fälligkeit von Provisionsforderungen, 1.31
- Verjährungsfristen 1.32; 1.113
- Verzug, 1.32

Familienzulagen, 1.53; 14.23
Fehlbetrag der Vorsorgeeinrichtung, 10.3
Fehlstunden, 1.52
Ferien, 6.12
Ferienabgeltung/-rückerstattung, 1.70 ff.; 2.66; 14.14
Ferienbezug während Kündigungsfrist, 1.41 ff.
Ferienguthaben, 1.70 f.
Ferienlohn, 1.70 f.
Feststellungsbegehren, 9.45
Feststellungsklagen, 3.82; 3.87; 3.88; 3.90; 5.67; 5.80; 7.22 f.; 7.56 ff.; 7.60; 8.13; 9.37; 9.45
Finanzielle Folgen der Kündigung, 1.47 ff.
Finanzierung der beruflichen Vorsorge, 9.22 ff.
Flexible Pensionierung, *s. Vorzeitige Pensionierung*
Forderungen aus dem Dienstverhältnis, 6.64
Forderungsklagen, 1.111 ff.; 7.16 ff.; *s. Entschädigung, Schadenersatz, Genugtuung*
Form der Kündigung, 1.14; 1.15
- formwidrig erklärte Kündigung, 1.15
Form des Aufhebungsvertrages, 1.104 ff.
Fortdauer des Leistungsanspruchs, 13.20
Fortdauer des Lohnanspruchs, 2.53 f.
Fortwirkungen der Treuepflicht, 1.35 ff.
Freie Beweiswürdigung, *s. Beweiswürdigung*

Freie Mittel der Vorsorgeeinrichtung, 10.12 ff.
Freistellung, 1.44 ff.
- Lohnanspruch, 1.45 f., 1.50
- Überstundenvergütung, 1.61
- Verdienst aus anderweitiger Tätigkeit, 1.46

Freiwillige Leistungen, 6.59; 6.60
Freiwillige Unterbrechung der Erwerbstätigkeit, 15.21
Freiwillige Versicherung, 9.32; 10.9; 10.18; 10.38; 14.4; 14.7; 14.30
Freiwillige Vorsorgeleistung, 12.21 ff.
Freizeitausgleich von Überstunden, 1.61
Freizeit für Stellensuchende, 1.38
Freizügigkeitsanspruch, 9.2; 9.14; 9.31; 10.1 ff.
Freizügigkeitsfall, 10.2
Freizügigkeitsfonds, 10.43
Freizügigkeitsgesetz, 10.2
Freizügigkeitskonto, 10.9; 10.39; 10.42 f.; 15.41
Freizügigkeitspolice, 10.9; 10.39; 10.40 f.; 15.41
Friedensabkommen, 4.23
Friedenspflicht, 2.26; 4.7; 4.31; 4.40; 4.41
Fristablauf, *s. Kündigungsfrist*
Fristberechnung, Massenentlassung, 3.75 ff.
Fristen beim besonderen Kündigungsschutz nach Art. 10 GlG, 8.8
Fristen für die Klageeinleitung, 1.111 ff.; 2.36 ff.; 7.32
Frist für Anrufung der Schlichtungsstelle, 7.35

Frist für Einsprache, 7.27 f.
Frist für Kündigungen bei Massenentlassung, 3.38; 3.44
Fristlose administrative Entlassung, 6.34; 6.35
Fristlose Kündigung, 1.13
- Arbeitskampf, 4.5; 4.37
- Arbeitsversicherung, 11.61
- diskriminierende Kündigung 1.21; 1.76; 7.10 ff.; 7.49
- Ferienabgeltung, 1.41 ff.; 1.70
- Gültigkeit, 1.11
- Massenentlassungen, 3.21; 3.34 ff.
- öffentlichrechtliches Dienstverhältnis, 6.34; 6.50; 6.52; 6.63
- Streik, 4.37; 4.44
- ungerechtfertigte fristlose Kündigung, 1.11[11], 1.13; 1.21; 1.76; 1.78; 2.58 ff.; 2.65 ff. 3.21; 3.26; 4.37; 4.44; 6.55; 7.12; 7.49
- unverzügliches Aussprechen, 2.64
- verfahrensrechtliche Erleichterungen des Gleichstellungsgesetzes, 7.11
- während Sperrzeit, 1.11
- wichtiger Grund (mit/ohne), 1.13; 1.40; 2.59 ff.; 3.35 ff.; 4.17; 4.37; 6.50; 6.63; 7.10 ff.; *s. Wichtiger Grund*
- zeitlicher Kündigungsschutz, 1.10 ff.; 2.40 ff.

Frist nach Anzeige Massenentlassung, 3.59; 3.74 ff.; 3.81
Fürsorgepflichten des Arbeitgebers, 7.8

Sachregister

G
Gebot der Lohngleichheit, 1.55
Gegenwartsbemessung, 15.2 ff.; 15.6 f.; 15.27
Geheimhaltungsinteresse (Konkurrenzverbot), 5.26; 5.44 f.; 5.54; 5.55 ff.; 5.60; 5.61; 5.63
Geheimhaltungswille, 5.20
Geheimnisse des Arbeitgebers, 1.35 ff.
Geheimsphäre, wettbewerbsrelevante, 5.19 f.
Gehorsamspflicht, 6.11
Gekündigtes Arbeitsverhältnis, 1.28; 1.37 ff.
Geldentschädigung (Abgeltung Ferienanspruch), 1.41 ff.; 1.70 ff.
Geldforderungen (Ende Arbeitsverhältnis), 1.47 ff.
Geldleistungen, 14.33 ff.
Geltendmachung der Ansprüche bei Massenentlassung, 3.81 ff.
Geltendmachung der Arbeitslosenentschädigung, *s. Anmeldung*
Geltendmachung der Insolvenzentschädigung, 11.62
Geltungsbereich:
– Bestimmungen über Massenentlassung, 3.9 ff
– des Gleichstellungsgesetzes, 7.1 ff.
Gemeindearbeitsamt, 11.15; 11.8; 11.24; 11.28; 11.63
Gemeinschaftsstiftungen, 9.8
Genugtuung, 1.76; 2.32[40], 2.34 f.; 7.18 ff.; 7.52 f.
Gerichtlich angeordnete Betriebsschliessung, 3.14

Gerichtliches Nachlassverfahren (Massenentlassung), 3.17
Gerichtsstand, 1.115; 1.117; 3.86; 5.54; 5.80; 7.33; 7.40; 9.40
Gerichtsverfahren wegen Diskriminierung, 1.12; 7.14 f.; 7.39; 7.40 ff.; 8.2; 8.5; 8.6; 8.12; 8.22
– Frist für Anfechtung der Kündigung, 7.14
Gesamtarbeitsvertrag, 1.15; 1.25; 1.27; 1.54; 1.55; 1.57; 1.58; 1.66; 1.75; 1.110; 2.26; 3.8; 3.9; 3.28; *4.1 ff.*; 7.21; 7.22; 7.31; 7.55; 13.8; 13.31
Geschäftsgeheimnisse, 1.35; 5.3; 5.14 ff.
Geschäftsradius, 5.52
Geschlechtergleichheitsgebot, *s. Gleichheitsgebot*
Geschlechtsbezogene Unterscheidung, 7.6; 7.7; 7.9; 7.10
Gesetzliche Grundlagen
– AHV, 12.2 ff.
– ALV, 11.4
– berufliche Vorsorge, 9.5 f.; Tabellen 1 und 2; 9.47
– Freizügigkeit, 10.2
– Gleichstellung, 7.1 f.; 7.4; 7.9; 7.25 f.; 8.1
– Krankenversicherung, 13.2
– Massenentlassung, 3.12 ff.
– öffentlichrechtliche Dienstverhältnisse, 6.3 f.; 6.11
– Zwischenveranlagung, 15.8 ff.
  – Bundessteuer, 15.9
  – Kantonales Recht, 15.10 f.
Gesetzliche Kündigungsfristen, 1.27

Gesetzliche Pflichten (Kündigungsmissbrauch), 2.25
Gespräche über Weiterbeschäftigung, 3.84
Gestaltung des Zeugnisses, 1.88
Gesundheitliche Vorbehalte, 10.19; 10.34
Gewerbliches Schiedsgericht, 1.118
Gewerkschaften (Klagelegitimation), 3.82; 3.89
Gewerkschaften, Mitwirkung, 3.8; 3.49; 4.32 f.
Gewerkschaftszugehörigkeit, 2.26
Gewinnbeteiligung, 1.53
Glaubhaftmachung bei vorsorglichen Massnahmen, 5.82; 5.84; 5.89
Glaubhaftmachung der diskriminierenden Kündigung, 7.45
Gleichbehandlungsgebot, 1.67; 4.20; 6.30
Gleichstellung, 1.55; 2.17; 4.20; 6.30; 6.45; 6.78; 7.1 ff.; 7.4; 8.1; *s. auch Diskriminierende Entlassung*
Gleitzeit, Arbeitszeitguthaben, 14.14
Goldene Fesseln, 1.25
Gratifikation, 1.53; 1.63; *1.64 ff.;* 2.34
– Abgrenzung zum Lohn, 1.65
– Behandlung im Sozialversicherungs- und Steuerrecht, 1.65
– freiwillige Leistung, 1.65
– Klage, 1.111
– Konkludentes Verhalten, 1.66; 1.67

– Kürzung der Gratifikation, 1.67
– Pro-rata-Anspruch, 1.68
– Rechtsanspruch auf Gratifikation, 1.66
– Rückzahlungspflicht des Arbeitnehmers, 1.69
– Umfang des Gratifikationsanspruchs, 1.65; 1.67
– Vertragsauslegung, 1.65
Grenzen des Konkurrenzverbotes, 5.52 ff.
Grenzgänger, 13.4; 13.12; 13.14
Grundbuch, Anmerkung des Vorbezugs (Wohneigentumsförderung), 9.47
Grunddienstpflicht, 6.11; *s. auch Treuepflicht*
Grundlohn, 1.53
Grundsatz der freien Beweiswürdigung, *s. Beweiswürdigung*
Grundsatz der Gleichbehandlung von Mann und Frau, 7.2
Gültigkeitsvoraussetzungen der Kündigung, 1.5 ff.; 1.15; 1.28
Gültigkeit von Kündigungen, 1.13; 1.14 ff.; 1.18; 1.76; 1.80; 2.12; 2.31; 3.6; 6.54 f.; 7.13; 8.1; 8.11
Günstigkeitsprinzip, 4.7; 7.21; 7.26
Gutheissung der Klage im Diskriminierungsverfahren, 8.16

H
Hängigkeit eines Verfahrens wegen Diskriminierung, 1.12; 7.51; 8.2; 8.3; 8.7; 8.9; 8.16
Haftungsfolgen (Arbeitszeugnis), 1.96 f.
– gegenüber Arbeitnehmer, 1.96

447

– gegenüber Dritten, 1.97
Halber Lohn, 14.9 ff.
Handlungsfähigkeit der verpflichteten Person, 5.9 ff.
Hauptdienstpflicht, 6.11; *s. Treuepflicht*
Haupterwerbstätigkeit, Aufgabe, 15.14 f.
Hausgemeinschaft (Verjährung von Forderungen), 1.113
Herausgabe- und Rückerstattungspflichten, 1.33 ff.
Hilfsaktion im Ausland, 2.47
Hinterlassenenleistungen, 9.13 ff.
Höchstbetrag des versicherten Verdienstes, 11.30
Höhe der Arbeitslosenentschädigung, 11.7; 11.30 ff.; 11.40 f.
Höhe der Austrittsleistung, 10.2
Höhe des Ferienlohnes, 1.71
Höherversicherung (Übertritt in Einzelversicherung), 13.14

I
Illegaler Streik, 4.37
Indirekte Diskriminierung, 7.5
Individuelle Konten, 12.8; 12.12 f.
Informationspflichten, 1.108; 3.50 ff.; 10.9; 10.17 ff.; 13.15; 13.19; 13.31; 14.8; 14.27; 14.45; *s. auch Mitteilungspflicht*
Informationsrechte, *s. Konsultation*
Inhalt der Einsprache, 2.37
Inhalt der Kündigung, 1.16 ff.
Inhalt des Gesamtarbeitsvertrages, 4.7 ff.
Inhalt des Zeugnisses, 1.87; 1.89 ff.; 1.93

Inhaltliche Begrenzung des Konkurrenzverbots, 5.58 f.
Innerbetriebliche Beschwerde über Diskriminierung, 1.12; 7.14 f.; 8.2; 8.4; 8.6 ff.; 8.12; *s. auch Interne Einsprache*
Insolvenzdeckung, 9.24
Insolvenzentschädigung, 11.7; 11.60 ff.
Interesse des Berechtigten (Konkurrenzverbot), 5.26
Internationaler Geltungsbereich des Konkurrenzverbots, 5.54
Interne Einsprache gegen diskriminierende Kündigung, 7.27 ff.; 8.23
– Adressat, 7.31
– Einsprecher, 7.30
– Form, 7.29; 7.48
– Frist, 7.27 f.; 7.48; 8.23
Invalidenleistungen, 9.13 ff.; 10.27 ff.
Invaliditätsfall, 10.27 ff.; 10.33
Invaliditätsgrad, 14.42 f.
IPRG, 5.54

K
Kantonales Dienstrecht, 6.82
Kantonale Rekursbehörde, 12.26
Kapitalabfindung ohne Vorsorgecharakter, 15.48
Kapitalbeteiligung an Konkurrenzunternehmen, 5.41 f.
Kapitaldeckungsverfahren, 9.22 ff.; 10.4
Karenzentschädigung, 1.111; 5.9; 5.12; 5.28; 5.35; 5.37; 5.45; 5.48; 5.49 ff.; 5.64; 5.68
Kassenverhältnis, 6.56; 6.60; *s. auch Berufliche Vorsorge*

Sachregister

Katastrophenhilfskorps, 2.25
Kettenarbeitsverträge, 2.8
Klageänderung (Anfechtung der Kündigung/Entschädigung), 8.19; 8.23
Klage, 1.80; 1.94; 1.111 ff.; 2.38 f.; 2.56 f.; 2.70; 2.71; 3.81 ff.; 3.85; 3.93; 5.81 f.; 6.81; 7.12; 7.39; 7.47 ff.; 7.52 f.; 7.54 ff.; 7.60; 8.14 ff.; 8.18; 8.19; 8.21; 8.23; 9.34 ff.; 13.33
Klagefristen, 1.111 ff.; 2.57; 2.71; 7.12; 7.32; 7.35; 7.39; 7.49; 7.53; 7.59; 9.43
Klagefristen bei besonderem Kündigungsschutz (Art. 10 GlG), 8.14; 8.18; 8.19; 8.21
Klagelegitimation, 3.88 ff.; 7.47; 7.52; 7.54; 7.55; 8.19; 9.38
Kollektive Beitragsparität, 9.23
Kollektivversicherung, 13.6; 13.14; 13.29
Kollektivvertrag, *s. Gesamtarbeitsvertrag*
Kompensationszahlungen, 11.19; 11.29; 11.42 ff.
Konkurrenzierende Tätigkeit, 1.35; 1.46
Konkurrenzunternehmen, 5.40 ff.
Konkurrenzverbot, 1.35; 1.36; *5.1 ff.*
Konkurs, Betriebsschliessung, 3.17
Konsultation der Arbeitnehmer-/vertreter, 3.3; 3.6; 3.10; 3.36; 3.47; 3.48 ff.; 3.54; 3.62; 3.63; 3.65; 3.71 f.; 3.85; 4.32 f.
Kontobereinigung, 12.13
Kontrollfreie Tage, 11.26

Kontrollorgane von Vorsorgeeinrichtungen, 9.12
Kontrollpflichten, 11.23 ff.
Konventionalstrafe, 1.25; 5.69 f.
Koordination: klagende Organisation/betroffene Person, 7.60
Koordinierter Lohn, 9.15
Kopie der Mitteilung an das Arbeitsamt, 3.59; 3.76
Kosten bei Streitigkeiten
– Arbeitsrechtliche Zivilprozesse, 1.80; 1.122 ff.; 7.46; 8.24
– Berufliche Vorsorge, 9.42; 9.46
– Beschwerde, 6.64; 11.64
– Diskriminierende Entlassung
  – Gerichtsverfahren, 7.46
  – Schlichtungsverfahren, 7.37; 8.24
– Krankenversicherung, 13.32; 13.33
– Rachekündigung, 8.24
– Unfallversicherung, 14.47
Krankenpflegeversicherung, 13.2; 13.3 f.; 13.9 ff.; 13.20 ff.; 13.29 f.
Krankenversicherung, 11.59; *13.1 ff.;* 14.8
Krankheit, 1.28; 1.51; 1.99; 1.103; 2.43 ff.
Krisenartikel, 4.23
Kündbarkeit des Vertrages, *1.6 ff.*
– Ausschluss der Kündbarkeit während gesetzlicher Sperrzeiten, 1.10 ff.
– ausserordentliche Kündbarkeit, 1.13; *s. Wichtiger Grund*
– befristete Arbeitsverträge, 1.7 ff.

Sachregister

- ordentliche Kündbarkeit, 1.6 ff.; 1.23 ff.
- unbefristete Arbeitsverträge, 1.6
- Vertragsauslegung, 1.9

Kündigung, 1.1 ff.
- des Gesamtarbeitsvertrages, 4.22
- diskriminierende Entlassung, 1.21; 1.76; 1.100; 7.2; 7.10 ff.; 7.14; 7.16
- Konkurrenzverbot, 5.29 ff.
- Massenentlassung, 3.6; 3.12; 3.19 ff.; 3.23; 3.26 f.; 3.30; 3.32; 3.45 f.; 3.61 f.; 3.63 ff.; 3.85
- mit Verfügung, 6.22; 6.25
- öffentliche Dienstverhältnisse, 6.21 ff.; 6.24 ff.; 6.47 ff.
- privatrechtliche Dienstverhältnisse, 6.49
- Rachekündigung, *s. dort s. spez. Begriffe*

Kündigungsbegründung, 1.18; 1.78 ff.; 3.27; 3.84; 6.23; 6.26; 6.27; 6.49; 7.28

Kündigungsbeschränkungen, 4.18 ff.; 4.26; 8.1

Kündigungsdrohung, 1.4; 1.98 ff.

Kündigungserklärung, rechtsgenügliche, 1.14 ff.

Kündigungsform, 1.14; 1.15

Kündigungsfreiheit, 1.1; 1.21; 1.101; 2.1; 2.41; 3.5; 4.15 f.; 7.13

Kündigungsfrist, 1.24 ff.; 6.49
- diskriminierende Entlassung, 7.14
- gesetzliche, 1.27

- Massenentlassung, 3.6; 3.27; 3.37; 3.44; 3.59; 3.61; 3.74 ff.; 3.81
- Verlängerung (Kündigungsschutz), 1.28; 2.50 ff.
- vertragliche, 1.25 ff.
- Zeit bis Ablauf, 1.37 ff.

Kündigungsgrund, 2.12 ff.; 2.29; 3.24 ff.; 3.35 ff.; 3.66

Kündigungsparität, 1.25

Kündigungsprozess, 1.80

Kündigungsrecht, 1.1

Kündigungsschutz, 1.2; 1.5; 1.8; 1.10 ff.; 1.21 ff.; 1.28; 1.76; 1.78; 1.99 f.; 1.101; 1.104; *2.1 ff.;* 2.4; 2.6; 3.20; 3.79[157]; 4.12 ff.; 7.14 f.; 8.1 ff.; 8.12; *s. auch Besonderer Kündigungsschutz*

Kündigungssperrzeiten, *s. Sperrzeiten*

Kündigungstermin, 1.26 f.; 3.77

Kündigungsumstände, 5.29

Kündigungswille, 1.16

Kündigungszugang, 1.19; 1.20

Kündigung unter Freistellung, 1.44 ff.

Kündigung verfügungsbegründeter Angestelltenverhältnisse, 6.21 ff.

Kündigung wegen Teilnahme am Arbeitskampf, 4.36 ff.

Kündigung wegen Verweigerung der Leistung, 4.44

Kündigung zur Unzeit, 1.10; 2.2; 2.40 ff.; 6.49; 6.55; 7.4

Kürzung der Gratifikation, 1.67

Kundenkreis, 5.3; 5.16 ff.

Kundenliste, 5.16

Kundenstamm, 5.17

Kurzarbeitsentschädigung, 11.7; 11.29

L

Laufende Versicherungsleistungen, 14.1
Leistungen der beruflichen Vorsorge, 9.13 ff.
Leistungen der obligatorischen Unfallversicherung, 14.33 ff.
Leistungen von Arbeitslosen an ALV, 15.43
Leistung ohne Lohncharakter, 14.24
Leistungserbringung, 14.31
Leistungsklage, 9.37
Leistungspflicht, 13.28; 13.30
Leistungsprämien, 1.53
Leistungsprimat, 10.4
Leistungsverweigerung, 4.44
Lex specialis, Art. 3 GlG, 7.9
Liquidation einer Vorsorgeeinrichtung, 9.45; 10.11
Löschung der Grundbuchanmerkung betr. Veräusserungsbeschränkung (Wohneigentumsförderung), 9.49
Lohn, 1.45; 1.48 ff.; 14.13; 14.23 ff.; 14.39; 14.40
– Abgrenzung zu Gratifikation, 1.65
– Akkordlohn, 1.52
– entgangener Lohn, 7.19
– Lohnabreden, 1.52 ff.
– Lohnanspruch, 1.11; 1.45; 1.49 ff.; 1.103; 3.81; 3.93; 7.19; 14.5 f.; 14.9 ff.
– Lohnanspruch bei Freistellung, 1.45
– Lohnbestandteile, 1.53; 1.111; 2.66; 14.23 f.

– Lohnersatz, 1.11; 1.103; 2.66 f.
– Lohnfortzahlungspflicht, 1.51; 2.53 ff.; 7.5[16]
– Lohngleichheit von Mann und Frau, 1.55; 7.42; 7.43; 8.1
– Lohnhöhe, 1.52 ff.
– Lohnklagen, 1.111; 2.56 f.; 3.81 f.; 3.93
– Lohnkürzungen, 1.52
– Lohnverminderung, 14.35
– Lohnvorschuss, 1.33
– Restlohnforderung, 1.48 ff.
– üblicher Lohn, 1.54

M

Massenänderungskündigungen, 4.28
Massenentlassung, *3.1 ff.;* 4.28; 4.30; 4.32
Massnahmen, angemessene, zur Verwirklichung der Gleichstellung, 7.8
Maximaldauer von Arbeitsverträgen, 2.7; 7.19
Mehraufwendungen (Berufsauslagen), 15.30; 15.31
Mietwohnung, 1.33
Militärdienst, 1.28; 2.25; 2.42
Militärischer Frauendienst, 2.25; 2.42
Minderaufwendungen (Berufsauslagen), 15.31
Mindestanzahl von Kündigungen, *s. Anzahl von Kündigungen*
Mindestbetrag der Austrittsleistung, 10.5
Mindestbetrag des versicherten Verdienstes, 11.30
Mindestfrist für Kündigung, 1.25

Mindestleistungen, 9.13 ff.
Mindestlohn, 1.55
Minimaldauer von Arbeitsveträgen, 2.7
Missbrauchstatbestände, 2.13 ff.
- Amtsführung als gewählter Arbeitnehmervertreter, 2.27 f.
- Ausübung verfassungsmässiger Rechte, 2.20 f.
- Gewerkschaftszugehörigkeit, 2.26
- Militärdienst etc., 2.25
- persönliche Eigenschaften, 216 ff.; 7.1 ff.
- Rachekündigung, 2.23 f.
- Vereitelung von Ansprüchen, 2.22

Missbräuchliche Kündigung, 1.17; 1.21; 1.68; 1.76; 1.78; 1.80; 1.100; 2.10 f.; 2.12 ff.; 2.31 ff.; 6.55; 7.2; 7.5[13]; 7.7; 7.9; 7.12; 7.17; 7.19; 7.21; 8.1; 8.9
Missbräuchliche Massenkündigung, 3.6; 3.26; 3.27; 3.32; 3.33; 3.47; 3.57; 3.61 f.; 3.63 ff.; 3.85
Mitbestimmungsrecht, 3.52
Mitsprache
- der Arbeitnehmer, 3.52
- der Gewerkschaften, 3.8

Mitteilungen des Arbeitsamtes, *s. Arbeitsamt*
Mitteilungspflicht, 2.46; 3.6; 3.10; 3.47; 3.50 f.; 3.56 ff.; *s. auch Informationspflicht, Arbeitsamt*
Mitwirkung, 3.2 ff.; 3.48 ff; 3.87; 3.89 f.; 3.94; 4.32 f.; 11.63

Mitwirkungsbedürftige Verfügung, 6.8; 6.10
Motiv der Kündigung, 2.12 ff.
Mutterschaftsversicherung, 11.59
Mutwillige Prozessführung, 1.123; 6.64

N
Nachdeckung, Versicherungsschutz, 10.22; 14.5; 14.12; 14.25; 14.32
Nachlassverfahren, Massenentlassungen, 3.17
Nachwirkung des Gesamtarbeitsvertrages, 4.25 ff.
Nachzahlung von Beiträgen, 12.11
Naturallohn, 1.71
Nebenerwerb, 1.46; 11.11; 11.30
Nebenfolgen der Vertragsbeendigung, 1.29 ff.
- Fälligkeit der Forderungen, 1.30 ff.
- Fortwirkungen der Treuepflicht, 1.35 ff.
- Herausgabe- u. Rückerstattungspflichten, 1.33 ff.
Nebenpflichten des Dienstnehmers, 6.11
Neuverhandlung des Gesamtarbeitsvertrages, 4.23 f.
Nichtberufsunfall, 14.5; 14.28
Nichterwerbstätige, 12.15 ff.
Nichtigkeit von
- abweichenden Gerichtsstandsvereinbarungen, 1.115
- Arbeitsverträgen, 2.5
- Bestimmungen im Einzelvertrag, 4.7
- Konkurrenzverbotsklauseln, 5.61

Sachregister

– Kündigungen, 1.10; 1.15; 1.16; 1.22; 1.28; 1.76; 1.100; 2.49; 6.55; 7.16; 8.1; 8.14

Nicht registrierte Vorsorgeeinrichtung, 9.9; 9.35

Nichtwiederwahl, 6.15 ff; 8.1

Niederkunft, 1.28; 1.51; 1.103; 2.46; 7.16

Normalarbeitsvertrag, 1.25; 1.27; 1.54; 1.57; 1.58; 1.66; 1.75

Normativer Teil des Gesamtarbeitsvertrages, 4.7 ff.; 4.12 ff.; 4.25

Notlage (Steuererlass), 15.53 ff.

Noven, 1.125

O

Obligatorische Leistungen der Vorsorgeeinrichtung, 9.13 ff.

Obligatorische Unfallversicherung, 14.1; 14.2 f.; 14.30; 14.45

Obligatorische Vorsorge, 9.27 ff.

Öffentliche Verhandlung, 14.47

Öffentlichrechtliches Angestelltenverhältnis, 6.6 ff.; 6.10 ff; 6.20 ff.

Öffentlichrechtliches Dienstverhältnis, 3.12 ff.; *6.1 ff.*

– Diskriminierende Entlassungsverfügung, 7.24; 8.1

Öffentlichrechtliche Dienstverträge, 6.8; 6.24 ff.; 7.3

Öffentlichrechtliche Vorschriften für Arbeitsverhältnisse, 6.3 ff.

Öffentlichrechtliche Vorsorgeeinrichtungen, 9.21; 9.35

Örtliche Zuständigkeit *s. Gerichtsstand*

Offizialmaxime, 9.41; 11.63; 11.64 s. *Untersuchungsmaxime*

Ordentliche Beendigung öffentlichrechtlicher Dienstverhältnisse, 6.15 ff.; 6.59

– Angestelltenverhältnis, 6.20 ff
  – verfügungsbegründete, 6.21 ff.
  – öffentlichrechtliche Dienstverträge, 6.24 ff.
– Beamtenverhältnis, 6.15 ff.

Ordentliche Beendigung privatrechtlicher Dienstverhältnisse, 6.49

Ordentliche Kündbarkeit, 1.6 ff.; 1.23 ff.

Organisationen, Klagen und Beschwerden wegen diskriminierender Kündigung, 7.54 ff.

Ortsübung, 1.54; 1.58

P

Parteien bei Streitigkeiten betreffend beruflicher Vorsorge, 9.38

Parteientschädigung, 1.123; 7.37; 7.46; 9.42; 9.46; 13.32; 13.33; 14.47

Parteivertretung, 7.30; 7.38

Passivlegitimation bei Klagen auf Austrittsleistung, 10.6

Pauschalansätze für versicherten Verdienst, 11.33; 11.35

Pension, 4.21; 6.60

Pensionierung, 3.22; 4.21; 6.13; 6.28 ff.

Pensionierungsalter, 6.13; 6.28; 6.30

Persönliche Eigenschaft, 2.16 ff.

453

Sachregister

Persönlichkeitsverletzung, 2.34 f.; 7.18; 7.20
Personalrekurskommission, 6.64; 6.66
Personalvorsorgeeinrichtung, 6.65
Pflichten des Arbeitgebers (Information), 13.31; 14.45
Pflichten des Dienstnehmers, 6.11
Pflichtenheft, 6.11
Pflicht zur Rückerstattung des Vorbezugs an Vorsorgeeinrichtung, 9.49
Politischer Streik, 4.39
Postnumerandobesteuerung, 15.4; 15.6 f.
Praenumerandobesteuerung, 15.4; 15.7
Private Taggeldversicherung, 13.7
Privatrechtliche Dienstverhältnisse der öffentlichen Hand, 3.12 f.; 6.6; 6.47 ff.; 7.3
Privatrechtliche Vorsorgeeinrichtungen, 9.21; 9.35
Privatversicherung, 13.7; 13.10; 13.17 ff.
Probearbeitsverhältnisse, 1.25[43]; 1.27; 2.4; 2.10 ff.; 3.33; 3.78
Provisionsforderungen, 1.31; 1.53; 1.111; 2.66
Provisorischer Rechtsschutz, 5.83 ff.
Provisorische Wiedereinstellung, 7.14; 8.14; 8.15; 8.16; 8.19; 8.22
– Zuständigkeit des Gerichts, 8.22
Prozessuales, 1.3; 1.12; 1.109 ff.; 2.12; 2.36 ff.; 2.56 f.; 2.70; 2.71; 3.81 ff.; 4.30 f.; 5.63 f.; 5.75; 5.77 ff.; 6.51; 6.61 ff.; 6.84; 7.2; 7.3; 7.11; 7.21; 7.25 ff.; 8.1; 8.3; 8.16; 8.18; 8.19 ff.; 9.34 ff.; 11.52; 11.63 f.; 12.26; 13.1; 13.32 ff.; 14.1; 14.46 ff.
Prozessvertretung, 1.119; 7.43; 7.46; 8.24
Prüfungspflicht, 3.52

Q

Qualifizierte Ermessensfehler, 6.75
Qualifizierte Änderung der Veranlagungsgrundlagen, 15.10 f.; 15.25 f.
Qualitative Änderung der Veranlagungsgrundlagen, 15.10 f.; 15.13 ff.

R

Rachekündigung, 1.22; 2.23; 7.3; 7.14 f.; *8.1 ff.*
Räumlicher Geltungsbereich:
– Bestimmungen über Massenentlassungen, 3.10; 3.40; 3.46
– Einzelvertragsrecht (IPR), 3.9
– Internationaler Geltungsbereich des Konkurrenzverbots, 5.54
– Kollektives Arbeitsrecht, 3.9 ff.
– Konkurrenzverbot, 5.53 ff.
Rahmenfrist für
– Beitragszeit, 11.8; 11.15 f.; 11.39; 11.44; 11.46
– Leistungsbezug, 11.8; 11.9; 11.31; 11.34; 11.37; 11.39; 11.51

Raschheit als Verfahren, 1.127; 7.41; 11.64; 13.33

Realerfüllung:
- Konkurrenzverbot, 5.71 ff.
- Massenentlassung (Konsultationen), 3.71

Realexekution, 5.71 ff.

Rechenschaftspflicht, 1.35

Rechte der Dienstnehmer, 6.12

Rechtfertigung geschlechtsbezogener Unterscheidung, 7.6; 7.7

Rechtsanspruch auf Gratifikation, 1.66

Rechtsansprüche der Diskriminierten, 8.3

Rechtsfolgen bei
- diskriminierender Entlassung, 7.13 ff.
- missbräuchlicher Kündigung, 2.31 ff.
- Rachekündigung, 8.13 ff.
- ungerechtfertigt fristloser Kündigung, 2.65 ff.
- Verletzung von Verfahrensvorschriften (Massenentlassungen), 3.63 ff.
   s. auch Sanktionen

Rechtsgenügliche Kündigungserklärung, 1.14 ff.

Rechtsgleichheitsgebot, 6.10 f.; 6.15; 6.30; 6.45; 6.48; 7.2; s. auch Verfassungsmässige Rechte, Diskriminierung

Rechtsgrundlagen der beruflichen Vorsorge, 9.4 ff.; Tabellen 1 und 2

Rechtshängigkeit, s. Hängigkeit

Rechtsmässigkeit des Arbeitskampfs, 4.38 ff.

Rechtsmissbräuchliche Geltendmachung einer Überstundenvergütung, 1.62

Rechtsmissbräuchliche Kündigung, s. auch Missbräuchliche Kündigung

Rechtsmissbräuchliches Verfahren wegen Diskriminierung, 8.10; 8.12

Rechtsmissbrauchsverbot, Art. 2 ZGB, 2.13

Rechtsschutz, öffentlicher Dienstverhältnisse, 6.61 ff.; 6.64 ff.
- bundesrechtliche Dienstverhältnisse, 6.64 ff.
- Gleichstellungsgesetz, 6.78
- kantonale Dienstverhältnisse, 6.79 ff.
- privatrechtliche Dienstverhältnisse, 6.84

Rechtsverletzungsbusse, 1.76; 1.80; 1.103; 2.11; 2.32 f.; 2.35; 2.36 f.; 2.58; 2.68; 2.70; 3.65 ff.
- Einsprache, 2.37
- Fristen, 2.36 ff.
- Klage, 2.38

Rechtsverweigerungsbeschwerde, 11.64

Rechtsverzögerungsbeschwerde, 11.64

Rechtswidriger Streik, 3.26

Rechtswidrigkeit von Kündigungen, 1.13; 1.21; 1.22; 1.28; 1.76; 2.32 f.; 2.36 ff.

Reduktion übermässiger Konkurrenzverbote, 5.60 ff.

Reduktion übermässiger Konventionalstrafen, 5.70

Register für die berufliche Vorsorge, 9.9
Registrierte Vorsorgeeinrichtung, 9.9 ff.; 9.35
Reglementarische Bestimmungen der Vorsorgeeinrichtungen, 9.10 f.
Rekurskommission des EVD, 11.64
Rente, 6.60; 9.13 ff.; 14.35; 14.37; 14.39; 14.42
Rentenalter, 6.30
Rentenleistungen des Arbeitgebers, 15.46
Restlohnforderungen, 1.48 ff.
Retentionsrecht, 1.34; 1.45
Revisionsfälle, 14.42 f.
Risikobeiträge, 10.5
Risikoleistungen, 9.23; 9.27
Risikoschutz beim Stellenwechsel, 10.27 ff.
– obligatorische berufliche Vorsorge, 10.27 ff.
– überobligatorische berufliche Vorsorge, 10.33 f.
Rotkreuzdienst, 2.25; 2.42
Rückerstattung der Austrittsleistung, 10.35
Rückerstattungspflichten, 1.33 ff.; 1.72
Rückfälle, 14.38
Rückforderung der für Vorbezug bezahlten Steuern, 9.49
Rückforderungsanspruch des Arbeitgebers beim entgeltlichen Konkurrenzverbot, 5.68
Rückwirkungsverbot, 3.11
Ruhen der Versicherung, 14.32

S
Sachliche Geltung, Bestimmungen über Massenentlassungen, 3.12 ff.
Sachlicher Kündigungsschutz, 2.2; 2.10; 2.11; 2.12 ff.; *s. Missbräuchliche Kündigung*
Sachliche Rechtfertigung einer geschlechtsbezogenen Unterscheidung, 7.6; 7.7
Sachliche Voraussetzungen des besonderen Kündigungsschutzes, 8.3 ff.
Sachliche Zuständigkeit, 1.116 ff.; 3.87
Saisonberufe, 11.17; 11.34; 11.36
Saisonbertrieb, 3.40
Saisonnier (Übertrittsrecht), 13.14
Saldoklauseln, 1.47
Sammelstiftungen, 9.8
Sanktionen
– diskriminierende, ungerechtfertigte fristlose Kündigung, 7.12; 7.17 ff.; *s. auch Schadenersatz, Genugtuung*
– Gesamtarbeitsvertrag, 4.30
– Kündigungsschutz, 1.76; 2.12; 2.31 ff.
– Verletzung der Begründungspflicht des Kündigenden, 1.80
– Verletzung von Pflichten des Dienstnehmers, 6.11
– Verletzung von Verfahrensvorschriften bei Massenentlassungen, 3.6; 3.47; 3.58; 3.59; 3.61; 3.63 ff.
Schadenersatz, 1.72; 1.76; 1.77; 1.80; 1.89; 1.96 f.; 1.111 ff.; 2.34; 2.58; 2.65 ff.; 3.36;

Sachregister

3.58; 3.68 ff.; 3.83 ff.; 4.16;
5.65 ff.; 5.69; 5.72; 6.55;
6.57 ff.; 7.12; 7.18 ff.; 7.52 f.;
8.15; 11.14; 11.62
Schadenminderungspflicht, 2.67;
5.50; 13.26
Schadensversicherung, 13.28
Schädigungsmöglichkeit (Konkurrenzverbot), 5.21 ff.; 5.39;
5.40; 5.43; 5.61; 5.73
Schiedsgericht, 1.117; 4.24; 4.31
Schiedsvereinbarungen,
1.117 ff.; 4.24; 4.30 f.
Schlechtwetterentschädigung,
11.7; 11.29
Schlichtungsverfahren über Diskriminierungen, 1.12; 7.14 f.;
7.33 ff.; 7.50; 7.51; 8.2; 8.5;
8.6; 8.12; 8.19; 8.20; 8.21
Schranken der Vertragsfreiheit,
1.25
Schriftform, 1.14 ff.; 1.25; 1.88;
3.51; 3.56; 3.59; 3.76; 4.18;
5.12 f.; 5.72; 8.18; 14.47
Schriftliche Kündigungsbegründung, 1.18; 1.78 ff.; 3.84; 7.28
Schriftliches Verfahren, 7.29;
7.36; 7.42; 8.24
Schützenswerte Dateien, 5.58 f.
Schutzvorschriften (Kündigung),
1.5; 1.8; 1.21 ff.
Schwangerschaft, 128; 1.51;
1.103; 2.46; 7.4; 7.5; 7.16
Selbständige Erwerbstätigkeit,
11.9; 11.29; 11.39; 11.48 ff.;
12.14; 14.4; 14.30
Selbständigkeitsbereich, 9.19
Selbstgenutztes Wohneigentum,
9.47
Sicherheitsfonds, 9.24 f.

Sicherheitsleistung des Arbeitgebers, 5.84
Sonderleistungen, 9.13; 9.23
Sondersteuer bei Vorbezug von
Mitteln aus der Vorsorgeeinrichtung, 9.48 f.
Sorgfaltspflicht, 1.35; 1.77;
1.112; 6.11
Sozialcharta, 6.9
Soziale Taggeldversicherung,
13.7
Sozialleistungen, 6.12
Sozialplan, 3.8; 3.50; 4.4;
4.29 ff.; 7.55
Sozial- und Härteklauseln, 4.20
Sozialschutz bei Kündigung
durch Arbeitgeber, 1.2
Spätfolgen, 14.40
Sperrtage, 11.7; 11.18; 11.23;
11.29; 11.52 ff.
Sperrzeiten für Kündigungen,
1.10 ff.; 1.24; 1.28; 2.40 ff.;
7.4; 7.16; 7.49; 8.1
– Kumulation der Sperrfristen,
2.52
– Wirkungen, 2.49 ff.;
s. auch Kündigungsschutz
Spesen, 1.53; 1.71
Spezialkenntnisse, 5.14 ff.; 5.39;
5.46; 5.54; 5.59
Staatshaftung, 6.58; 6.59
Staatsrechtliche Beschwerde,
5.86; 6.82; 6.83
Staatsverträge betreffend Arbeitslosenversicherung, 11.4
Staffelung der Kündigungen,
3.44
Stellenabbau, *s. Stellenaufhebung*
Stellenantritt, 14.5; 14.29
Stellenaufhebung, 2.28; 6.17;
6.38

457

Stellenbesetzung bei öffentlichen Dienstverhältnissen, 6.10
Stellensuche, 1.38
Stellenwechsel, 12.10; 13.9 f.; 13.14; 15.12; 15.16; *s. auch Austrittsleistung*
Stempelferien, s. *Kontrollfreie Tage*
Steuerberechnung bei Zwischenveranlagung, 15.27 f.
Steuererlass, 15.1; 15.53 ff.
Steuerfolgen, *15.1 ff.*
Steuerlich absetzbarer Einkauf, bzw. Beitrag, 10.20; 10.26; 10.38
Steuerperiode, 15.3; 15.5
Steuerrechtliche Vorschriften bei überobligatorischen Leistungen, 9.20
Stiftung, 9.35
Stillschweigend geschlossener Aufhebungsvertrag, 1.104
Strafdrohung nach Art. 292 StGB, 1.80; 3.71; 4.30; 5.90
Strafgelder, 2.33
Streik, 2.26; 3.26; 4.36 ff.; 6.9
Streitgegenstand, 9.36; 9.45
Streitigkeiten mit Vorsorgeeinrichtung, 6.65, 9.34 ff.
Streitwert, 1.118; 1.120 ff.; 1.124; 3.87; 3.94; 7.41; 7.44; 7.46; 8.24; 9.42
Studium, 11.22; 11.36
Stufenweise Aufgabe der Erwerbstätigkeit, 15.12
Stundenlohn, 1.63; 1.70
Subordinationsrechtlicher Vortrag, 6.26
Subsidiaritätsprinzip bez. Feststellungslage, 7.22; 7.23
Summenversicherung, 13.28

Suspensiontheorie, 4.5
SUVA, 14.44; 14.46
System der
– Gegenwartsbemessung, 15.2 ff.
– Vergangenheitsbemessung, 15.2 ff.

T
Taggeld, 11.29; 11.30 ff.; 11.49; 14.35; 14.39; 14.40
Taggelder (halber Lohn), 14.16 ff.
– Arbeitslosenversicherung, 14.21
– Erwerbsersatzordnung, 14.20
– Invalidenversicherung, 14.19
– Krankenkassen, 14.22
– Militärversicherung, 14.18
– obligatorische Unfallversicherung, 14.17
Taggeldversicherung, 13.2; 13.5 ff.; 13.13 ff.; 13.17 ff.; 13.28; 13.29
Technische Austrittsleistung, 10.4
Technischer Fehlbetrag, 10.15 f.
Teilhaben am Liquidationsergebnis, 10.11
Teilliquidation einer Vorsorgeeinrichtung, 10.11
Teilzeitarbeit, 1.70; 1.73; 3.40; 11.11; 11.22; 11.44; 11.48; 14.6; 14.30; 14.36
Treuepflicht, 1.35 f.; 1.77; 1.112; 5.32; 5.72 f.; 6.11; 6.50[159]
Triftige Gründe, 6.15; 6.32; 6.33
Trinkgelder, 1.71

U
Überbrückungsrente, 6.38; 6.41

Überentschädigungsverbot, 13.25; 13.28
Übermässige Verbote, 5.60 ff.
Übernahme des Verlustrisikos, 11.50
Überobligatorische Vorsorge, 9.19 ff.; 9.33
Überstunden, 1.35; 1.56 ff.
– Anordnung oder Genehmigung des Arbeitgebers, 1.60
– Beweis für die Erbringung von Überstunden, 1.59
– Freizeitausgleich von Überstunden, 1.61
– Klage, 1.111
– Rechtsmissbräuchliche Geltendmachung einer Überstundenvergütung, 1.62
– Überschreitung der gewöhnlichen Arbeitszeit, 1.58
– Überstundenvergütung, 1.56 ff.; 1.63; 1.71
– Vereinbarung bez. Überstunden, 1.56 f.; 1.61; 1.63
Übertrittsrecht, 13.14 ff.; 13.19
Übertritt von Kollektiv- in Einzelversicherung, 13.14 ff.; 13.18 f.; 13.29; 13.31
Überversicherung, 13.25
Überwiegende Wahrscheinlichkeit, 11.52; 11.63; 13.22; 14.27; 14.35
Überzeitarbeit, 1.58^{108}; 1.63;
Üblicher Lohn, 1.54
Übung, 1.54; 1.58; 1.66; 1.67; 1.68
Umgehung
– Aufhebungsvertrag, 1.103
– Kettenarbeitsvertrag, 2.8
– Massenentlassung, 3.44

Umhüllende Vorsorgeeinrichtung, 9.9
Umkehr der Beweislast, 7.45
Umlageverfahren, 9.22^{26}; 12.8
Umsatzbeteiligung, 1.53
Umschulungskosten, 15.1; 15.32 ff.
Umstrukturierungsmassnahmen, 3.26
Unabdingbarkeit des Zeugnisanspruchs, 1.85
Unbefristete Arbeitsverträge, 1.6; 2.7; 3.20
Unbezahlter Urlaub, 14.5
Unechte Beitragslücken, 12.11
Unfall, 1.28; 1.51; 1.99; 1.103; 2.43 ff.
Unfallversicherung, 11.58; *14.1 ff.*
Ungenügende Arbeitsbemühungen, 11.52 ff.
Ungerechtfertigte Beendigung öffentlichrechtlicher Dienstverhältnisse, 6.54; 6.58 f.
Ungerechtfertigte fristlose Kündigung (private Arbeitsverhältnisse), 1.11; 1.13; 1.21; 1.76; 1.78; 1.103; 2.58 ff.; 2.65 ff.; 3.21; 3.26; 3.36; 4.37; 7.12
Ungerechtfertigtes fristloses Verlassen der Arbeitsstelle, 2.70
Ungültige Bestimmungen eines Gesamtarbeitsvertrages, 4.15 f.
Ungültigerklärung der Kündigung, 8.13; 8.14
Ungewöhnlichkeitsregel, 9.11; 13.30
Unklarheitsregeln, 1.65; 9.11
Unlauterer Wettbewerb, 5.55; 5.76

459

Unselbständigerwerbende, 11.6
Unterlassung der Konsultaionen, 3.65 ff.
Unterlassung der Mitteilung an das Arbeitsamt, 3.73 ff.; 3.80; *s. auch Arbeitsamt*
Unterlassung frist- und formgerechter Einsprache, 7.32
Unterlassungspflichten, 1.36
Unterschiedliche Kündigungsfristen für Arbeitgeber und -nehmer, 1.25
Unterschiedlliches Pensionierungsalter, 6.30
Unterstützungsleistungen, 15.51 f.
Unterstützungspflichten der Versicherten, 11.7; 11.29; 11.36; 11.40
Unternehmungsmaxime, 1.120; 1.124 ff.; 3.94; 7.44 f.; 8.24; 9.41; 11.63 f.; 12.13; 13.33; 14.47
Unverschuldete Beeinträchtigung der Leistungsfähigkeit, 6.16; 6.22; 6.34
Unverschuldete Notlage, 15.1; 15.53
Unverzichtbarkeit des Zeugnisanspruchs, 1.85
Unzeitige Kündigungen, *s. Sperrzeiten*
Unzumutbarkeit, 2.60; 4.22; 4.37; 4.44; 5.33; 6.32 f.; 6.34 f.; 6.36; 6.37; 6.63; 7.10
Unzuständiges Gericht, 8.5

V
Veränderungen des Arbeitsplatzes, 3.25
Veräusserungsbeschränkung auf Grundstück, 9.47
Veranlagungsperiode, 15.3
Verbände, 3.86 f.; 3.88 ff.; 3.91; 7.47; 7.52; 7.54 ff.
Verbandsklage auf Feststellung diskriminierender Kündigung, 7.23; 7.47; 7.52; 7.54 ff.; 8.2; 8.5; 8.7; 8.13; 8.19
Verbot des Ausschlusses der Prozessvertretung, 7.43
Verbotene Tätigkeit, 5.38 ff.; 5.43
Verbot unterschiedlicher Kündigungsfristen für Arbeitgeber und -nehmer, 1.25; 1.69; 4.18
Verdienst aus anderweitiger Tätigkeit, 1.46
Verdienstausfall, Taggeld, 13.23 ff.
Vereinbarung des Konkurrenzverbots, 5.6 ff.
Verteilung und Ansprüche aus dem Arbeitsverhältnis, 2.22
Verfahren
– AHV, 12.26
– Arbeitslosenversicherung, 11.63 ff.
– arbeitsrechtliche Zivilprozesse, 1.120 ff.
– Berufliche Vorsorge, 9.35 ff.; 9.46
– Diskriminierende Entlassung, 7.25 ff.; 8.3
– einfach und rasch, 1.120; 1.127; 7.41; 11.64; 13.33
– Kosten, 1.120; 1.122 ff.; 6.64; 7.37; 7.46; 8.24; 9.42; 9.46; 11.64; 13.32 f.; 14.47; *s. auch Kosten bei Streitigkeiten*

- Krankenversicherung, 13.1; 13.32 ff.
- Massenentlassung, 3.47 ff.; 3.63 ff.
- Prozessvertretung, *s. unter diesem Wort*
- Rachekündigung, 8.1; 8.2 ff.; 8.19 ff.
- Schriftliches, s. *Schriftliches Verfahren*
- Streitwert, *s. unter diesem Wort*
- Unfallversicherung, 14.1; 14.46 f.
- Untersuchungsmaxime, *s. unter diesem Wort*
- Verfahrensgarantien aus Art. 4 BV, 6.36; 6.58; 6.62; *s. auch Rechtsgleichheitsgebot, Verfassungsmässige Rechte*
- Verfahrensgrundsätze, 8.19; 8.24
- Verwaltungsverfahren in Sozialversicherung, 11.63; 11.64; 14.46
  s. *Prozessuales*

Verfassungsmässige Rechte/Pflichten, 2.20 f.; 6.10; 6.15; 6.25; 6.30; 6.48; 6.63; 6.83; 7.2; 7.43; 9.21; 11.63

Verfassungsmässige Verankerung, 9.4; 11.4; 12.2

Verfügbarkeit, 11.17; 11.20 ff.

Verfügung
- des Krankenversicherers, 13.32; 13.33
- des Versicherers, 14.1; 14.47
- der Aufsichtsbehörde, des Sicherheitsfonds, der Auffangeinrichtung, 9.46
- der Ausgleichskasse,. 12.13; 12.26
- der Gemeindearbeitsämter, 11.63 f.
- der Wahl- oder Anstellungsbehörde, 6.8; 6.10; 6.22; 6.37; 6.38; 6.44; 6.54; 6.66

Verfügungsbedingte Angestelltenverhältnisse, 6.21 ff.; 6.34; 6.80

Verfügung zur Verpflichtung zu Verhandlungen, GAV, 4.30

Vergangenheitsbemessung, 15.2 ff.; 15.7

Vergleich, 1.101; 1.110; 7.39; 8.20

Verhältnismässigkeit, 4.43; 5.44 f.; 5.60 ff.; 6.22[76]; 6.41; 6.43; 6.45; 6.48; 6.63; 7.8

Verjährung von Forderungen aus dem Arbeitsverhältnis, 1.32; 1.62; 1.111 ff.; 2.57; 2.71; 7.12; 7.35; 7.53

Verjährung von vorsorgerechtlichen Ansprüchen, 9.43; 9.44

Verlängerung der Kündigungsfrist
- Kündigungsschutz, 1.28; 2.50 ff.
- Massenentlassung, 3.74 ff.; 3.81; *s. auch Kündigungsfrist*

Verlassen der Arbeitsstelle, 2.70

Verlegung des Wohnsitzes ins Ausland, 13.10 f.

Verletzung der Begründungspflicht, 1.80

Verletzung des Konkurrenzverbots, 5.65 ff.

Verletzungsklage des berechtigten Arbeitgebers, 5.81 f.

Verletzung von Sorgfalts- und Treuepflicht, 1.77; 1.112
Verletzung von Verfahrensvorschriften bei Massenentlassungen, 3.58; 3.63 ff.; 3.80
Vermittlungsbereitschaft, 11.17; 11.18
Vermittlungsfähigkeit, 11.17 ff.
Vermögensrechtliche Folge, Beendigung aus
– Dienstverhältnis, 6.57 ff.; 6.66; 6.81
– Kassenverhältnis, 6.60
Vermutung der Rachekündigung, 8.2; 8.11
Verpfändung der Austrittsleistung, 10.10
Verpflichtung zu Verhandlungen, GAV, 4.30
Verrechnung (Schadenersatzansprüche des Arbeitgebers), 1.77
Verschulden, 6.22; 6.33; 6.34; 6.36; 6.56 ff.; 6.58; 6.59; 6.60
Verschuldete Arbeitslosigkeit, 11.52 ff.
Verschwiegenheitpflicht, 1.35 f.; *s. Treuepflicht*
Versetzung, 6.43; 6.83
Versicherte Person, 9.2 f.; 11.6; 12.5; 13.2; 14.1; 14.3
Versicherter Verdienst, 11.30 ff.; 14.34
Versicherungsdeckung, 14.5; 14.9; 14.44
Versicherungsfall, bereits eingetreten, 13.20 ff.; 14.33; 14.44
Versicherungsleistungen, 6.56; 6.60; 11.7; *s. auch Berufliche Vorsorge*

Versicherungspflicht, 12.5; 13.2; 13.4; 13.8
Versicherungsschutz
– Aufrechterhaltung, 13.9 ff.; 14.5 ff.
– bereits eingetretener Versicherungsfall, 13.20 ff.; 14.33; 14.44
Versorgungsansprüche, 6.60
Verstoss gegen Schutzvorschriften, 1.21; 1.22
Vertragliche Kündigungsfristen, 1.25 ff.
Vertragsauslegung, 1.9; 1.16; 1.65
Vertragsbeendigung, 1.24 ff.
Vertragsfreiheit, 1.25; 1.57; 1.101; *s. auch Kündigungsfreiheit*
Vertrauensschutz, 9.11; 14.27; 14.30
Vertretung des Vorgesetzten oder des Arbeitgebers, Sperrfrist, 2.48
Verwaltungsgerichtsbarkeit, 6.81
Verwaltungsgerichtsbeschwerde, 6.73; 6.80; 12.26; 13.32
Verwaltungsgerichtsbeschwerde an das Bundesgericht, 6.69; 6.72; 6.74; 6.78; 6.82; 9.46
Verwaltungsgerichtsbeschwerde beim Eidg. Versicherungsgericht, 6.65; 6.72; 9.40; 12.26; 14.48
Verwaltungsrechtliches Dienstrecht, 6.3 ff.
Verwaltungsrechtsweg, 9.35; 9.45 ff.
Verwaltungsstrafrechtliche Folgen, Unterlassung der Mittei-

lung an das Arbeitsamt, 3.58; 3.64; 3.80
Verwaltungsverfahren, 11.63; 14.46
Verwaltung von Vorsorgeeinrichtungen, 9.12
Verweigerung der Leistung, 4.44
Verzicht auf Forderungen, 1.102; 1.110; 1.112; 14.15
Verzicht auf Konkurrenzverbot, 5.37
Verzicht auf Wiederwahl, 6.19
Verzichtsverbot, 1.102; 1.110
Verzug, 1.32
Vollzeugnis, 1.82; 1.90 f.
Voraussetzungen für
- Anwendung der Bestimmungen über Massenentlassung, 3.18 ff.
- besonderen Kündigungsschutz nach Art. 10 GlG, 8.2 ff.
- Kündigungsschutz, 2.4 ff.
Vorbehalt, 13.6; 13.7; 13.14; 13.15
Vorbehalt angemessener Massnahmen zur Verwirklichung der Gleichstellung, 7.8
Vorbehalt bez. Wiederwahl, 6.44
Vorbehalt des OR bei öffentlich-rechtlichen Arbeitsverträgen, 6.26 f.
Vorbezug, 9.47 ff.
Vorprozessuale interne Einsprache, *s. Interne Einsprache*
Vorprozessuales Verfahren, Massenentlassung, 3.84 f.
Vorschlagsrecht der Behörden, 6.63
Vorschuss, 1.33

Vorsorgecharakter einer Leistung, 15.50
Vorsorgeeinrichtungen, 9.7 ff.
Vorsorgevertrag, 9.33
Vorsorgliche Massnahmen zur Durchsetzung der Realerfüllung, 5.75; 5.81 f.; 5.83 ff.
Vorsorgliche Wiedereinstellung, *s. Provisorische Wiedereinstellung*
Vorübergehende Beschäftigung, 11.39
Vorübergehende Einstellung in Bezugsberechtigung, *s. Sperrtage*
Vorzeitige Beendigung des Gesamtarbeitsvertrages, 4.22 ff.
Vorzeitige Pensionierung, 1.101; 3.22; 4.21; 6.13; 6.29 ff.; 6.38 f.; 6.40; 6.41; 11.29; 11.46 f.

W
Wahl, 6.10; 6.15
Wahlgerichtsstand, 1.115
Wartezeit, 11.7; 11.29; 11.34 ff.
Wegfall des Konkurrenzverbots, 5.26 ff.
Wegfall des Sperrtatbestandes, 1.11
Wegzug aus der Schweiz, 12.19 ff.
- Ausländer, 12.20
- Schweizer, 12.19
Weisung, 6.11
Weiterbeschäftigung, 6.39; 6.82; 7.3; 7.13; 7.19; 7.21
Weiterbildungskosten, 15.1; 15.32 ff.
Weiterführung des Arbeitsverhältnisses, 3.67

Weiterversicherung, automatische, 13.9
Wesentliche Einkommensänderung, 15.13 ff.; 15.25 f.
Wettbewerbsrelevante Geheimsphäre, 5.19 f.
Wichtiger Grund (mit/ohne), 1.13; 1.103; 2.58 ff.; 3.26; 3.35 ff.; 4.17; 4.22 ff.; 4.37; 6.15; 6.31 ff.; 6.34; 6.36; 6.42; 6.50;6.51; 6.55; 6.58; 6.63; 7.10; 8.11; 8.12
Wiedereinstellung, 7.3; 7.14
Wiederwahl, 6.12; 6.15 ff.; 6.63; 6.82
Wiederwahl, unter Vorbehalt, 6.44
Wilder Streik, 4.42
Willensmängel, 1.106 ff.; 2.5
Willkürüberprüfung, 6.83
Willkürverbot, 6.10; 6.15; 6.48
Wirkung des Konkurrenzverbotes, 5.6 ff.
Wirkungen
- der Kündigung, 1.23 ff.; 1.37 ff.; 1.47 ff.; 1.78 ff.; 1.81 ff.
- der Sperrfristen, 2.49 ff.
- der Zwischenveranlagung, 15.27 f.
Wirtschaftliche Gründe, 3.24 ff.; 4.16; 4.20; 7.8
Wirtschaftliche Interessen des Arbeitgebers (Realexekution), 5.72 f.
Wirtschaftliches Fortkommen, 1.46; 1.81; 1.82; 1.89; 1.95; 5.29; 5.44; 5.46 ff.; 5.51; 5.52; 5.59
Wohneigentumsförderung, 9.47 ff.

Wohnsitz
- im Ausland, 13.11; 13.13; 13.21; 13.27
- in der Schweiz, 13.1; 13.4; 13.9; 13.11; 13.13; 14.30
Wohnsitzpflicht, 6.11

Z
Zahlungsunfähigkeit einer Vorsorgeeinrichtung, 9.24
Zeitliche Begrenzung des Konkurrenzverbots, 5.55 ff.
Zeitlicher Geltungsbereich der Bestimmungen über Massenentlassung, 3.11
Zeitlicher Kündigungsschutz, 1.10 ff.; 1.28; 2.10; 2.40 ff.
Zeitlicher Umfang des Lohnanspruchs, 1.49 ff.
Zeitliche Voraussetzung für besonderen Kündigungsschutz (Art. 10 GlG), 8.6 ff.
Zeitliche Voraussetzung für Zwischenveranlagung, 15.24
Zeitlohn, 1.52; 1.63
Zeitpunkt der Kündigung (Massenentlassung), 3.61 ff.
Zeitpunkt der Mitteilung an das Arbeitsamt, 3.56 ff.
Zeitpunkt der Vertragsbeendigung, 1.24
Zeitraum der Kündigungen (Massenentlassung), 3.44; 3.57; 3.61 f.; 3.63
Zeugnis, *s. Arbeitszeugnis*
Zeugnisklagen, 1.114
Zeugnissprache, 1.93
Zins bei Austrittsleistung, 10.5; 10.8
Zivilgericht, 1.116; *s. auch Klage, Gerichtsverfahren*

Zivilprozesse,
- arbeitsrechtliche, 1.120 f.; *s. auch Klage, Gerichtsverfahren*
- Zusatzversicherungen, 13.34; 14.46

Zivilschutzdienst, 2.25; 2.42
Zugang der Einsprache, 2.37
Zugang der Kündigung, 1.19; 1.20
Zulässige Kündigungsbeschränkungen im GAV, 4.18 ff.
Zulagen, 1.53; 1.54; 1.63; 1.71; 1.111; 2.55; 2.66
Zumutbare Arbeit, 6.11[42]; 11.17; 11.19
Zusatzversicherungen, 13.29 f.; 13.33; 14.1; 14.44; 14.46

Zuständigkeit,
- örtliche, 1.115; 3.86
- sachliche, 1.116; 1.118; 3.87

Zustandekommen des Aufhebungsvertrags, 1.104
Zwangsvollstreckung, Austrittsleistung, 10.10
Zweitverdienerabzug, 15.35 ff.

Zwingende Mindestansprüche des OR bei öffentlichrechtlichen Arbeitsverträgen, 6.26 f.
Zwingende Vorschriften des OR, 4.12 ff.; 6.26 f.
Zwischeneinschätzung, *s. Zwischenveranlagung*
Zwischenveranlagung, 15.1; 15.2 ff.

Zwischenveranlagungsgründe
- Änderung des Beschäftigungsgrades, 15.17 f.
- Arbeitslosigkeit, 15.22 f.
- Aufgabe der Haupterwerbstätigkeit, 15.14 f.
- Berufswechsel, 15.19 f.
- dauernde Änderung, 15.24
- freiwillige Unterbrechung der Erwerbstätigkeit, 15.21
- Stellenwechsel, 15.16
- wesentliche Änderung, 15.25 f.

Zwischenverdienst, 11.29; 11.31; 11.42 ff.
Zwischenzeugnis, 1.86

Autorenverzeichnis

PETER BOHNY
Dr. iur., Advokat, Basel

ARMIN BRAUN
Lic. iur., Vorsitzender der Geschäftsleitung der Versicherungskasse der Stadt Zürich

OLIVIER DEPREZ
Dr. ès sc. act., dipl. Math. ETH, Experte für berufliche Vorsorge, Zürich

THOMAS GEISER
Prof. Dr. iur., Fürsprech und Notar, Professor an der Universität St. Gallen

PHILIPP GREMPER
Dr. iur., Advokat, Basel

PETER HÄNNI
Prof. Dr. iur., Professor an der Universität Freiburg i.Ue.

HEINRICH JUD
Dr. iur., Rechtsanwalt, Chef der Rechtsabteilung in Steuersachen der Finanzdirektion des Kantons Zürich

ADRIAN VON KAENEL
Dr. iur., Rechtsanwalt, Wetzikon

KATHRIN KLETT
Dr. iur., Advokatin, Bundesrichterin, Lausanne/Pratteln

UELI KIESER
Dr. iur., Rechtsanwalt, Zürich

HANS MÜNCH
Dr. iur., Advokat und Notar, Basel

PETER MÜNCH
Dr. iur., Advokat, wissenschaftlicher Mitarbeiter am Bundesgericht, Lausanne

ANDREA TARNUTZER-MÜNCH
Lic. iur., Advokat, Binningen/Basel

BRIGITTE TERIM-HÖSLI
Dr. sc. math. ETH, Mathematikerin und Expertin für berufliche Vorsorge, Zürich

FRANK VISCHER
Prof. Dr. iur., Advokat, em. Professor an der Universität Basel